ESV

D1673192

Dingliche Nutzungsrechte

Nießbrauch – Dienstbarkeiten – Wohnungsrechte

von

Professor Dr. Claus Ahrens
Bergische Universität Wuppertal

2. völlig neu bearbeitete und wesentlich erweiterte Auflage

ERICH SCHMIDT VERLAG

Bibliografische Information der Deutschen Bibliothek
Die Deutsche Bibliothek verzeichnet diese Publikation
in der Deutschen Nationalbibliografie; detaillierte bibliografische Daten
sind im Internet über dnb.ddb.de abrufbar.

Weitere Informationen zu diesem Titel finden Sie im Internet unter
ESV.info/978 3 503 09795 1

1. Auflage 2004
2. Auflage 2007

ISBN 978 3 503 09795 1

Alle Rechte vorbehalten
© Erich Schmidt Verlag GmbH & Co., Berlin 2007
www.ESV.info

Dieses Papier erfüllt die Frankfurter Forderungen
der Deutschen Bibliothek und der Gesellschaft für das Buch
bezüglich der Alterungsbeständigkeit und entspricht sowohl den
strengen Bestimmungen der US Norm Ansi/Niso Z 39.48-1992
als auch der ISO Norm 9706.

Satz: multitext, Berlin
Druck: Strauss, Mörlenbach

Vorwort zur 2. Auflage

Mit dem vorliegenden Werk ist die Monographie „Dingliche Nutzungsrechte – Nießbrauch, Dienstbarkeiten, Wohnungsrechte" nunmehr in zweiter Auflage erschienen.

Im wesentlichen kann auf das Vorwort der Erstauflage verwiesen werden, welches im Anschluss beibehalten wird. Immer noch haben die Nutzungsrechte an Aktualität in keiner Weise eingebüßt. Wie es aber bei Werken in ihrer ersten Auflage nun einmal zu eigen ist, gibt es zu diesen stets Ungesagtes oder Vertiefungswürdiges. Aber einmal muss „das Eis gebrochen werden" und das Geschriebene auf den Weg gebracht werden. Sofern einer Monographie die Vergünstigung einer weiteren Auflage zuteil wird, bietet sich dann die Gelegenheit weiterer Ausführungen. Diesem Ziel dient nun auch die jetzige Auflage, die die bisherige Darstellung ergänzt.

Um die wesentlichsten Änderungen im Vergleich zur Vorauflage grob zu skizzieren, sei auf zusätzliche steuerrechtliche Würdigungen hingewiesen. Ebenso wurden die Darstellungen zu gesellschafts- und unternehmensrechtlichen Konstellationen vertieft. Weitere Erweiterungen erfolgten im Bereich des Zwangsvollstreckungs- und Insolvenzrechts, wobei es hier darum ging, die dinglichen Nutzungsrechte in dessen Gesamtsystematik zu präsentieren. Schließlich seien die vertieften Ausführungen zu dem Nebeneinander von schuldrechtlicher Gebrauchsüberlassung und dinglichen Nutzungsrechtseinräumungen erwähnt, welche in der Praxis nicht wegzudenken sind. Ferner soll ein im Vergleich zur Vorauflage detaillierteres Inhalts- und Stichwortverzeichnis die Auffindbarkeit von einzelnen Problemkreisen erleichtern.

Es ist weiterhin das Bestreben des Verfassers, einen Brückenschlag zwischen allgemeiner Rechtsdogmatik und Praxisbezogenheit zu vollziehen. Erstere vermittelt das Rüstzeug für stets neue Fragestellungen, letztere stellt die Anforderungen, denen sich die Dogmatik zu stellen und vor denen sie zu bestehen hat. Das Eine kann ohne das Andere nicht sein.

Wie seinerzeit bei der Erstauflage ist der Adressat dieses Buchs sowohl die Theorie als auch die Praxis.

Wuppertal, Oktober 2006   Der Verfasser

Vorwort zur 1. Auflage

Gebrauchsüberlassungen sind in vielfältigsten Erscheinungen im Rechtsleben präsent. Ebenso vielfältig sind auch die rechtlichen Gestaltungsmöglichkeiten. Eine dieser Möglichkeit besteht in der Einräumung dinglicher Nutzungsrechte.

Im allgemeinen stehen diese Recht nicht im Vordergrund, viel geläufiger sind schuldrechtliche Gebrauchsüberlassungen (Miete, Pacht). Ungeachtet dessen sind dingliche Nutzungsrechte in keiner Weise gering zu veranschlagen. Sie tragen die Tendenz in sich, den Nutzungsberechtigten mit einer stärkeren Position auszustatten als es die schuldrechtlichen Varianten tun (auch wenn hier gewisse Tendenzen zu einer verdinglichten Rechtstellung nicht verkannt werden dürfen).

Der Kanon der dinglichen Nutzungsrechte ist überraschend vielgestaltig, entsprechendes gilt folglich auch für die Zwecke, die mit ihnen verfolgt werden können. Auf der anderen Seite ist ein Gesamtsystem nicht zu übersehen. Welches Recht im konkreten Einzelfall die Bedürfnisse effizient befriedigt, ist jeweils individuell zu ermitteln.

Das vorliegende Werk widmet sich diesen Rechten und stellt sie im einzelnen vor. Neben der Darstellung der Grundstrukturen wird auf gängige Gestaltungen und praktische Erscheinungsformen eingegangen. Ziel ist es, sowohl die jeweiligen Nutzungsrechte vorzustellen als auch aufzuzeigen, zu welchen Zwecken sie eingesetzt werden können. Insgesamt kann man die Aussage wagen, dass auch hier jedem sachenrechtlichen numerus clausus zum Trotz eine für die Praxis interessante und relevante Palette von Optionen offen steht.

Das Werk richtet sich in seiner Zielsetzung sowohl an die Theorie wie auch an die Praxis.

Würzburg, September 2003   Der Verfasser

Inhaltsverzeichnis

		Seite	Randnummer
Vorwort zur 2. Auflage...................		5	
Abkürzungsverzeichnis................		25	
1.	**Einführung**................	31	1
1.1	Allgemeine Merkmale des dinglichen Nutzungsrechts................	31	1
1.1.1	Die Berechtigung zur Nutzung.........	31	2
1.1.2	Die Dinglichkeit................	33	3
1.1.2.1	Die Ausschließlichkeitsfunktion........	33	4
1.1.2.1.1	Ein Vergleich mit verdinglichten Rechtspositionen der schuldrechtlichen Gebrauchsüberlassung................	34	4
1.1.2.1.2	Kombinationen................	36	4a
1.1.2.2	Nutzungsrechte als eine sachenrechtliche Erscheinungsform................	39	5
1.2	Zusammenfassung................	40	5a
2.	**Der Nießbrauch**................	42	6
2.1	Funktion................	42	6
2.1.1	Regelungsinstrument von Vermögensübergängen................	42	7
2.1.1.1	Vorweggenommene Erbfolge..........	43	7
2.1.1.1.1	Insbesondere der Pflichtteilsergänzungsanspruch........	44	7a
2.1.1.1.1.1	Die Berechnung des Nießbrauchs......	44	7a
2.1.1.1.1.2	Sonstiges................	46	7b
2.1.1.1.2	Die Anrechnung auf den Pflichtteil.....	47	7c
2.1.1.1.3	Erbschafts- und Schenkungssteuer......	48	7d
2.1.1.2	Alternative zu erbrechtlichen Konzepten................	49	8
2.1.1.3	Alternative zu güterrechtlichen Konzepten................	51	11
2.1.1.4	Hof- oder Unternehmens-übergabekonzepte................	52	12
2.1.1.5	Vermächtnisnießbrauch................	52	13
2.1.1.6	Scheidungsvereinbarungen............	54	13

Inhaltsverzeichnis

		Seite	Randnummer
2.1.2	Sonstige Funktionen.	54	14
2.1.2.1	Sicherungsnießbrauch	54	14
2.1.2.1.1	Allgemeines.	54	14
2.1.2.1.2	Sicherungsnießbrauch und Insolvenzrisiko	56	15a
2.1.2.1.2.1	Lizenzsicherungsnießbrauch?	56	15a
2.1.2.1.2.2	Der Sicherungsnießbrauch im übrigen.	58	15a
2.1.2.2	Verfügungsnießbrauch?	58	16
2.1.2.3	Eigennießbrauch?	59	17
2.1.2.3.1	Immobiliarrecht	60	18
2.1.2.3.2	Der Nießbrauch im übrigen.	60	19
2.1.2.3.3	Schlussfolgerung.	61	20
2.1.2.4	Steuerliche Aspekte	63	24
2.1.2.4.1	Versorgungsaspekte	64	24
2.1.2.4.2	Zuwendungsnießbrauch.	65	25
2.1.2.4.2.1	Entgeltlichkeit.	66	25
2.1.2.4.2.2	Unentgeltlicher Nießbrauch	66	25
2.1.2.4.2.3	Entgeltlicher Nießbrauch.	67	25
2.1.2.4.3	Vorbehaltsnießbrauch	68	26
2.1.2.4.3.1	Nießbraucher	68	26
2.1.2.4.3.2	Eigentümer	68	26
2.1.2.4.3.3	Sonstiges	69	26
2.1.2.4.4	Vermächtnisnießbrauch.	69	27
2.1.2.4.5	Sicherungsnießbrauch	69	27
2.1.2.4.6	Kombinationen.	70	27
2.1.2.4.7	Zivilrechtsdogmatische Anmerkung.	70	28
2.1.3	Fazit.	71	28a
2.2	Abgrenzungen.	71	29
2.2.1	Handlungspflichten	71	30
2.2.1.1	Obligatorische Rechte	72	30
2.2.1.2	Dingliche Rechte, insbesondere die Reallast	73	31
2.2.2	Nutznießungsrechte	74	32
2.2.2.1	Sondergut	74	32
2.2.2.2	Kindesvermögen.	75	32
2.2.2.3	Charakteristika	75	32
2.2.3	Sonstiges	75	33
2.3	Fahrnisnießbrauch	76	34
2.3.1	Entstehung kraft Rechtsgeschäfts.	76	35
2.3.1.1	Einigung	76	35

Inhaltsverzeichnis

		Seite	Randnummer
2.3.1.1.1	Minderjährigenschutz	76	36
2.3.1.1.2	Insichgeschäfte	77	37
2.3.1.1.3	Sonstiges	77	38
2.3.1.2	Übergabe	78	39
2.3.1.2.1	Die Grundform	78	39
2.3.1.2.2	Geheißerwerb?	78	40
2.3.1.2.3	Traditio brevi manu	79	41
2.3.1.2.4	Besitzkonstitut	80	42
2.3.1.2.5	Abtretung des Herausgabeanspruchs	81	44
2.3.1.2.6	Gutgläubiger Erwerb	82	45
2.3.1.2.6.1	Allgemeines	82	45
2.3.1.2.6.2	Nebenbesitz?	83	47
2.3.1.2.6.3	Abhandenkommen	84	48
2.3.1.2.6.4	Lastenfreier Erwerb	85	49
2.3.1.2.6.4.1	Allgemeines	85	49
2.3.1.2.6.4.2	Nießbrauchsvorbehalt des Nichtberechtigten	86	50
2.3.1.2.7	Verfügungsbefugnis	86	51
2.3.2	Ersitzung	86	52
2.4	Grundstücksnießbrauch	87	53
2.4.1	Entstehung kraft Rechtsgeschäfts	87	53
2.4.1.1	Erwerb vom Berechtigten	87	53
2.4.1.1.1	Annex: Familienrechtliche Besonderheiten	88	53
2.4.1.1.1.1	Vormundschaftsgerichtliche Genehmigung	88	53
2.4.1.1.1.2	Ergänzungspflegschaft	89	53
2.4.1.1.2	Einigung	90	54
2.4.1.1.3	Eintragung	90	54
2.4.1.1.4	Annex: Sicherung durch Vormerkung	91	54
2.4.1.2	Gutgläubiger Erwerb	91	55
2.4.2	Entstehung kraft Gesetzes	92	57
2.4.2.1	Ersitzung	92	57
2.4.2.2	Sonstiges	93	58
2.4.2.3	Umsatzsteuerliche Anmerkung	93	58
2.4.3	Annex: Zubehör	94	59
2.5	Inhalt	95	60
2.5.1	Nutzungsziehungsrecht	95	60
2.5.1.1	Nutzungen	95	61
2.5.1.2	Das Ziehen der Nutzungen	96	62

Inhaltsverzeichnis

		Seite	Randnummer
2.5.1.2.1	Die eigentumsrechtliche Zuordnung ...	96	62
2.5.1.2.2	Vollstreckungszugriff auf Miet- oder Pachtzinsforderungen?	97	65
2.5.1.2.3	Versicherungsforderungen	98	65a
2.5.2	Recht zum Besitz	98	66
2.5.3	Ausschluss einzelner Nutzungen	99	67
2.5.3.1	Grundstücksnießbrauch	100	68
2.5.3.2	Sonstiges	101	70
2.5.3.2.1	Abgrenzungsfragen	101	70
2.5.3.2.2	Partielle Überlassung einzelner Nutzungen	101	70
2.5.3.2.3	Schatz	102	71
2.5.4	Verfügungsmacht	102	72
2.5.5	Eigentumserwerb an verbrauchbaren Sachen	104	73
2.5.6	Schutzansprüche	105	75
2.5.6.1	Herausgabe- und Unterlassungsansprüche	105	75
2.5.6.1.1	Herausgabeansprüche	105	75
2.5.6.1.2	Unterlassung und Beseitigung	107	77
2.5.6.1.2.1	Inhalt	107	77
2.5.6.1.2.2	Durchsetzung	107	77
2.5.6.1.3	Besitzschutz	108	78
2.5.6.1.4	Grundbuchberichtigung	109	79
2.5.6.1.5	Prozessuales	109	79
2.5.6.2	Schadensersatzansprüche	110	80
2.5.7	Annex: Zusammentreffen mit anderen Nutzungsrechten	110	81
2.6	Das gesetzliche Schuldverhältnis	110	82
2.6.1	Die Eigentumsvermutung	112	83
2.6.1.1	Inhalt	113	84
2.6.1.2	Prozessuales	114	85
2.6.1.3	Sonstiges	114	85
2.6.2	Miteinander korrespondierende Rechte und Pflichten	115	86
2.6.3	Pflichten des Nießbrauchsbestellers	116	87
2.6.3.1	Verwendungsersatz	116	87
2.6.3.2	Wegnahme von Einrichtungen	118	88
2.6.3.3	Außergewöhnliche Verwendungen	118	89
2.6.4	Pflichten des Nießbrauchsinhabers	119	90

Inhaltsverzeichnis

		Seite	Randnummer
2.6.4.1	Erhaltungspflichten	119	90
2.6.4.1.1	Exkurs: Sachenrechtliche Grundfälle ...	120	90a
2.6.4.1.1.1	Grundstücksverbindung und aufgedrängte Bereicherung............	120	90a
2.6.4.1.1.2	Verarbeiterklauseln..................	121	90a
2.6.4.1.2	Sonstiges..........................	121	90b
2.6.4.2	Versicherung und Tragen öffentlicher Lasten............................	122	91
2.6.4.2.1	Versicherung	122	91
2.6.4.2.2	Öffentliche Lasten...................	122	91
2.6.4.3	Ausgleichspflichten	124	92
2.6.5	Rechtsfolgen von Pflichtverletzungen ...	124	93
2.6.5.1	Allgemeines	124	93
2.6.5.2	Einschränkungen des Eigentumsschutzes?.................	125	93
2.6.5.3	Sonstiges..........................	125	93
2.6.5.4	Sicherheitsleistung und Verwaltung.....	126	94
2.6.5.4.1	Inhalt.............................	126	94
2.6.5.4.2	Verhältnis zu Unterlassungsansprüchen .	127	95
2.6.5.5	Sonstiges..........................	128	96
2.6.5.5.1	Verbrauchbare Sachen	128	96
2.6.5.5.2	Miteigentum.......................	128	96
2.6.5.5.2.1	Allgemeines	128	96
2.6.5.5.2.2	Aufhebung der Gemeinschaft..........	129	96a
2.6.5.5.2.3	Surrogation........................	129	96a
2.6.5.5.2.4	Sonstiges..........................	130	96a
2.7	Der Nießbrauch an Rechten...........	131	97
2.7.1	Rechte............................	131	97
2.7.1.1	Forderungen.......................	131	97
2.7.1.2	Dingliche Rechte	132	99
2.7.1.2.1	Allgemeines	132	99
2.7.1.2.2	Insbesondere Wohnungseigentum......	133	99
2.7.1.3	Immaterielle Güter	134	100
2.7.1.3.1	Immaterialgüterrechte................	134	100
2.7.1.3.1.1	Allgemeines	134	100
2.7.1.3.1.2	Lizenzen	136	100
2.7.1.3.2	Wettbewerbsrechtliche Positionen......	136	100a
2.7.1.4	Gesellschaftsanteile	137	101
2.7.1.4.1	Allgemeines	137	101
2.7.1.4.2	Insbesondere Personengesellschaften ...	139	102

Inhaltsverzeichnis

		Seite	Randnummer
2.7.1.4.2.1	Allgemeines	139	102
2.7.1.4.2.2	Einmannpersonengesellschaftsnießbrauch?	141	102a
2.7.1.4.2.3	Umdeutung	143	102a
2.7.1.4.3	Kapitalgesellschaften	143	103
2.7.1.5	Sonstige Gesamthandsgemeinschaften	145	103a
2.7.1.6	Bruchteilsgemeinschaften	145	103a
2.7.1.7	Schlussfolgerungen	146	103a
2.7.2	Entstehung	146	104
2.7.2.1	Forderungen	146	104
2.7.2.1.1	Allgemeines	146	104
2.7.2.1.2	Wertpapierrecht	146	105
2.7.2.2	Dingliche Rechte	148	107
2.7.2.3	Immaterialgüterrechte	149	108
2.7.2.4	Gesellschaftsanteile	149	108
2.7.2.5	Sonstige Gesamthandsanteile	150	108
2.7.2.6	Anteile an Bruchteilsgemeinschaften	150	108
2.7.3	Inhalt	150	109
2.7.3.1	Nutzungsziehung	150	109
2.7.3.2	Das Leistungsverhältnis gegenüber dem dritten Schuldner	151	110
2.7.3.2.1	Allgemeines	151	111
2.7.3.2.2	Verzinsliche Rechte	152	113
2.7.3.2.2.1	Allgemeines	153	113
2.7.3.2.2.2	Kündigung	153	114
2.7.3.2.2.3	Mahnungen	154	114
2.7.3.2.2.4	Leistungen	154	115
2.7.3.2.2.5	Grund- und Rentenschulden	155	115
2.7.3.2.3	Schuldnerschutz	155	116
2.7.3.2.3.1	Allgemeines	155	117
2.7.3.2.3.1.1	Gegenrechte	156	117
2.7.3.2.3.1.2	Aufrechnung	157	117
2.7.3.2.3.1.3	Leistungen an den Nießbrauchsbesteller	157	118
2.7.3.2.3.1.4	Rechtsschein aus Anzeige und Urkunden	158	118
2.7.3.2.3.1.5	Sonstiges	158	119
2.7.3.2.3.2	Besonderheiten	158	120
2.7.3.2.3.2.1	Wertpapierrechtlicher Einwendungsausschluss	158	120

		Seite	Randnummer
2.7.3.2.3.2.2	Hypothekarisch gesicherte Forderungen	159	120
2.7.3.2.3.2.3	Verwaltung nach § 1052 BGB	159	121
2.7.3.2.3.3	Fazit	160	121
2.7.4	Dingliches Recht?	160	122
2.7.5	Gesetzliches Schuldverhältnis	163	125
2.7.5.1	Feststellung des Sachzustands und Bestandsverzeichnis	163	125
2.7.5.2	Erhalt der wirtschaftlichen Bestimmung	163	126
2.7.5.3	Gefährdungslagen	164	127
2.7.5.4	Verwendungsersatz	164	127
2.7.5.5	Verjährung	165	127
2.7.5.6	Sonderregeln	165	128
2.8	Nießbrauch an Vermögen	165	129
2.8.1	Vermögen	166	130
2.8.2	Entstehung	166	131
2.8.2.1	Allgemeines	166	131
2.8.2.2	Abgrenzungsfragen	167	132
2.8.2.3	Verfügungsbeschränkungen	168	133
2.8.3	Annex: Wirksamkeitsfragen des Kausalgeschäfts	168	134
2.8.4	Annex: Der Unternehmensnießbrauch	169	135
2.8.4.1	Grundsätzliches	170	135
2.8.4.1.1	Abgrenzungsfragen	170	135
2.8.4.1.2	Der Nießbrauchsgegenstand	171	135
2.8.4.1.3	Zur Unternehmereigenschaft	171	135a
2.8.4.1.4	Insbesondere Betriebsaufgabe und Betriebsaufspaltung	173	135a
2.8.4.1.5	Umsatzsteuer	174	135a
2.8.4.2	Haftungsfragen und Vertragsübernahmen	174	135a
2.8.4.2.1	Firmenfortführung	175	135b
2.8.4.2.2	Betriebsübergang	175	135b
2.8.4.3	Haftung für Steuerschulden	176	135c
2.8.4.4	Kartellrechtliches	177	135d
2.8.4.5	Konzernrecht	178	135d
2.8.4.6	Grundsätzliche Strukturen	178	136
2.8.4.6.1	Die Verschaffung des Unternehmens	178	136
2.8.4.6.2	Vertragsgestalterische Aspekte	180	137a

Inhaltsverzeichnis

		Seite	Randnummer
2.8.4.7	Fazit	182	138
2.8.4.8	Erbschafts- und schenkungssteuerliche Anmerkung	183	138a
2.8.5	Gesetzliches Schuldverhältnis	184	139
2.8.6	Haftungs- und vollstreckungsrechtliche Besonderheiten	185	140
2.8.6.1	Schutz dritter Gläubiger	185	140
2.8.6.1.1	Voraussetzungen	186	141
2.8.6.1.2	Rechtsfolgen	186	141
2.8.6.1.3	Titelumschreibung	186	141
2.8.6.2	Eigenhaftung des Nießbrauchers	187	142
2.8.6.3	Das Innenverhältnis Nießbraucher – Schuldner	188	143
2.8.6.4	Vollstreckungsabwendung durch den Nießbraucher	188	144
2.8.6.5	Fazit	189	145
2.8.7	Erbschaftsnießbrauch	190	146
2.8.7.1	Allgemeines	190	146
2.8.7.2	Abgrenzungsfragen	191	147
2.8.7.3	Bestellung	191	147
2.9	Gemeinsames	192	148
2.9.1	Dispositionen	192	148
2.9.1.1	Dispositionen unter Lebenden	192	149
2.9.1.1.1	Allgemeines	192	149
2.9.1.1.2	Ausnahmen	194	150
2.9.1.1.2.1	Gesellschaftsrechtliche Konstellationen	194	150
2.9.1.1.2.1.1	Gesamtrechtsnachfolgen	195	151
2.9.1.1.2.1.2	Internationales Gesellschaftsrecht	195	151a
2.9.1.1.2.1.3	Grenzüberschreitende Verschmelzungen	197	151b
2.9.1.1.2.1.4	Insbesondere die Europäische Aktiengesellschaft	199	151c
2.9.1.1.2.1.5	Abhängigkeit vom Parteiwillen	199	151d
2.9.1.1.2.2	Unternehmenskontinuität	200	152
2.9.1.1.3	Sonstiges	200	153
2.9.1.1.4	Schuldrechtliche Überlassung	201	154
2.9.1.2	Unvererblichkeit	202	155
2.9.1.2.1	Insbesondere die Beteiligung Mehrerer an einem Nießbrauch	202	155

Inhaltsverzeichnis

		Seite	Randnummer
2.9.1.2.2	Wiederbestellung des Nießbrauchs und Erbschaftssteuer	204	155
2.10	Zwangsvollstreckung	204	156
2.10.1	Die Vollstreckung in den Nießbrauch	204	156
2.10.1.1	Allgemeines	204	156
2.10.1.2	Der Umfang der Verwertung	205	157
2.10.2	Die Vollstreckung in das belastete Recht	208	158
2.10.2.1	Allgemeines	208	158
2.10.2.2	Die Anfechtung in der Singularvollstreckung	209	158a
2.10.2.2.1	Nahestehende Personen	209	158a
2.10.2.2.2	Unentgeltliche Rechtshandlungen	210	158a
2.10.2.2.3	Eigenkapitalersatz	210	158b
2.10.2.2.4	Fristen	210	158c
2.10.2.2.5	Rechtsfolgen	211	158c
2.11	Insolvenz	212	159
2.11.1	Insolvenz des Nießbrauchers	212	159
2.11.2	Insolvenz des Nießbrauchsbestellers	213	159
2.11.3	Eigenkapitalersatz	213	159a
2.11.4	Insolvenzanfechtung	214	159b
2.11.4.1	Kongruente Deckung	214	159b
2.11.4.2	Inkongruente Deckung	215	159b
2.11.4.3	Unmittelbare Gläubigerbenachteiligung	215	159b
2.11.4.4	Vorsätzliche Rechtshandlungen	215	159b
2.11.4.5	Sonstiges	215	159b
2.11.4.6	Rechtsfolgen	216	159c
2.12	Beendigung	217	160
2.12.1	Erlöschensgründe	217	160
2.12.1.1	Erlöschen kraft Rechtsgeschäfts	218	160
2.12.1.2	Zusammentreffen mit dem Eigentum	218	160
2.12.1.3	Vereinigung von Gesamthandsanteilen in einer Hand	219	160
2.12.1.4	Pfandverwertung	219	160
2.12.2	Rückabwicklung	220	161
2.12.3	Insbesondere Nießbrauch und schuldrechtliche Gebrauchsüberlassung	221	162

		Seite	Randnummer
2.12.3.1	Eintritt in das schuldrechtliche Gebrauchsüberlassungsverhältnis	222	162
2.12.3.2	Die Verantwortlichkeit des Nießbrauchers	222	162
2.12.3.3	Mietsicherheiten	224	162a
2.12.3.4	Vorausverfügungen und Aufrechnung die Miete betreffend	224	162a
2.12.3.5	Unrichtige Mitteilungen über die Nießbrauchsbeendigung	225	162a
2.12.3.6	Grundstücksveräußerungen	226	162a
2.12.3.7	Kündigungsrechte	227	162b
2.12.3.8	Sonstiges	227	162b
2.12.4	Verjährung	228	162c
2.12.5	Annex: Steuerliche Behandlung der Nießbrauchsablösung	230	162d
2.12.5.1	Vorbehaltsnießbrauch	230	162d
2.12.5.1.1	Vorweggenommene Erbfolge	230	162d
2.12.5.1.2	Sonstige Vermögensübertragungen	231	162d
2.12.5.2	Zuwendungsnießbrauch	231	162e
2.12.5.3	Vermächtnisnießbrauch	232	162e
2.13	Sonstige steuerrechtliche Anmerkungen	232	162f
3.	**Dienstbarkeiten**	234	163
3.1	Allgemeines	234	163
3.2	Funktion	235	164
3.2.1	Allgemeines	235	164
3.2.2	Telekommunikationsrecht	236	164
3.2.3	Energiewirtschaftsrecht	237	164
3.2.4	Insbesondere Sicherungsfunktionen	238	164
3.2.4.1	Insbesondere die Absicherung von Insolvenzrisiken	238	164
3.2.4.2	Sonstiges	240	164
3.3	Arten	241	165
3.3.1	Die Grunddienstbarkeit	242	166
3.3.1.1	Inhalt	242	166
3.3.1.1.1	Herrschendes und dienendes Grundstück	242	166
3.3.1.1.1.1	Grundstück	242	167
3.3.1.1.1.2	Grundstücksgleiche Rechte	243	167

		Seite	Randnummer
3.3.1.1.1.3	Herrschend und dienend	244	168
3.3.1.1.2	Umfang der Nutzungen	244	169
3.3.1.1.3	Subjektiv-dingliches Recht	245	170
3.3.1.1.4	Eigentümerdienstbarkeit	246	171
3.3.1.2	Nutzungsarten	246	172
3.3.1.2.1	Duldung der Benutzung in einzelnen Beziehungen	247	172
3.3.1.2.1.1	Allgemeines	247	173
3.3.1.2.1.2	Veränderungen des Nutzungsrahmens	248	174
3.3.1.2.2	Untersagung von Handlungen	249	175
3.3.1.2.2.1	Allgemeines	249	175
3.3.1.2.2.2	Wettbewerbsbeschränkungen	251	176
3.3.1.2.2.2.1	Inhalt	251	176
3.3.1.2.2.2.2	Befristungen	252	177
3.3.1.2.2.2.3	Kartellrecht	253	178
3.3.1.2.2.3	Veränderungen des Nutzungsrahmens	256	181
3.3.1.2.3	Ausschluss von Eigentümerbefugnissen	256	182
3.3.1.2.4	Annex: Einbindung in komplexe Vertragssysteme	258	185
3.3.1.2.5	Annex: Sonstiges	260	187
3.3.1.2.6	Annex: Kollision mit anderen dinglichen Rechten	261	189
3.3.1.2.6.1	Rechte unterschiedlichen Ranges	261	189
3.3.1.2.6.2	Gleichrangige Rechte	262	190
3.3.1.2.6.2.1	Ausgleich	262	190
3.3.1.2.6.2.2	Inhaltsänderung?	263	191
3.3.1.2.6.2.3	Rechtsnachfolge	264	192
3.3.1.2.6.2.4	Verjährung	265	192
3.3.1.2.6.3	Schuldrechtliche Nutzungen	265	193
3.3.1.3	Entstehung	266	194
3.3.1.3.1	Rechtsgeschäftliche Bestellung	266	194
3.3.1.3.1.1	Allgemeines	266	194
3.3.1.3.1.2	Insbesondere der Eintragungsantrag	266	195
3.3.1.3.1.3	Gutgläubiger Erwerb	268	195a
3.3.1.3.2	Entstehung kraft Gesetzes	268	196
3.3.1.3.2.1	Ersitzung	268	196
3.3.1.3.2.2	Öffentliches Recht	268	197
3.3.1.4	Teilung des Grundstücks	269	198
3.3.1.4.1	Teilung des herrschenden Grundstücks	269	198
3.3.1.4.2	Teilung des dienenden Grundstücks	270	198

Inhaltsverzeichnis

		Seite	Randnummer
3.3.1.5	Schutzansprüche	270	199
3.3.1.5.1	Unterlassungs- und Beseitigungsansprüche	270	199
3.3.1.5.1.1	Allgemeines	270	199
3.3.1.5.1.2	Beeinträchtigender Überbau	272	200
3.3.1.5.2	Schadensersatz	273	202
3.3.1.5.3	Besitzschutz	273	203
3.3.1.5.3.1	Allgemeines	273	203
3.3.1.5.3.2	Der sog. Rechtsbesitz	273	204
3.3.1.5.3.2.1	Inhalt	274	205
3.3.1.5.3.2.2	Einwendungsbeschränkungen?	276	205
3.3.1.5.3.2.3	Deliktsrechtliche Anschlussfragen	277	208
3.3.1.5.3.2.4	Passivlegitimation	278	208
3.3.1.5.3.3	Verjährungsfragen	278	209
3.3.1.6	Gesetzliches Schuldverhältnis	279	210
3.3.1.6.1	Allgemeines	279	211
3.3.1.6.2	Unterhaltungspflichten für Anlagen	280	212
3.3.1.6.2.1	Allgemeines	281	212
3.3.1.6.2.2	Insbesondere die Teilung des herrschenden Grundstücks	282	212
3.3.1.6.2.3	Sonstiges	283	212
3.3.1.6.3	Ausübungsverlegung	284	213
3.3.1.6.4	Sonstiges	285	214
3.3.1.7	Dispositionen	286	215
3.3.1.7.1	Verfügungen	286	215
3.3.1.7.2	Schuldrechtliche Überlassungen	287	216
3.3.1.7.3	Verfügungen von Todes wegen	287	216
3.3.1.7.4	Fazit	288	217
3.3.1.8	Beendigung	288	218
3.3.1.8.1	Erlöschen kraft Rechtsgeschäfts	288	218
3.3.1.8.2	Vorteilswegfall, Grundstücksteilung	289	218
3.3.1.8.3	Zuschlag in der Zwangsversteigerung	289	218
3.3.1.9	Beendigung und schuldrechtliche Gebrauchsüberlassung	290	218
3.3.2	Die beschränkte persönliche Dienstbarkeit	290	219
3.3.2.1	Allgemeines	290	219
3.3.2.1.1	Unterschiede zur Grunddienstbarkeit	290	219
3.3.2.1.2	Funktionen	290	220

		Seite	Randnummer
3.3.2.1.3	Gemeinsamkeiten mit der Grunddienstbarkeit	292	221a
3.3.2.1.3.1	Belastungsgegenstand	292	221a
3.3.2.1.3.2	Berechtigte	293	221a
3.3.2.2	Inhalt	293	221b
3.3.2.2.1	Duldung der Nutzung in einzelnen Beziehungen	294	221b
3.3.2.2.1.1	Allgemeines	294	221b
3.3.2.2.1.2	Telekommunikationsrechtliche Nutzungserweiterungen	296	221c
3.3.2.2.2	Untersagung von Handlungen	297	222
3.3.2.2.3	Ausschluss von Eigentümerbefugnissen	300	224
3.3.2.2.4	Umfang der Nutzungen	300	224
3.3.2.3	Entstehung	302	226
3.3.2.3.1	Entstehung durch Rechtsgeschäft	302	226
3.3.2.3.2	Ersitzung	302	226
3.3.2.3.3	Entstehung durch Hoheitsakt	302	226
3.3.2.3.4	Keine Umwandlung von Grunddienstbarkeit und beschränkter persönlicher Dienstbarkeit	303	226
3.3.2.4	Schutzansprüche	303	227
3.3.2.4.1	Unterlassung und Beseitigung	304	227
3.3.2.4.2	Schadensersatz	304	227
3.3.2.4.3	Besitzschutz und Rechtsbesitz	304	227
3.3.2.4.4	Verjährung	305	227
3.3.2.5	Gesetzliches Schuldverhältnis	305	228
3.3.2.5.1	Schonende Ausübung	305	228
3.3.2.5.2	Abweichende Vereinbarungen als Inhaltsänderungen?	306	229
3.3.2.6	Dispositionen	307	230
3.3.2.6.1	Verfügungen	307	230
3.3.2.6.2	Schuldrechtliche Überlassungen	308	231
3.3.2.6.3	Unvererblichkeit	309	232
3.3.2.7	Beendigung	310	232
3.3.2.8	Annex: Eigenkapitalersatz	311	232
3.3.2.9	Beendigung und schuldrechtliche Gebrauchsüberlassung	311	232
3.4	Zwangsvollstreckung	311	233
3.4.1	Die Grunddienstbarkeit	312	233

		Seite	Randnummer
3.4.2	Beschränkte persönliche Dienstbarkeit .	313	234
3.5	Insolvenz	314	236
3.5.1	Die Grunddienstbarkeit	315	236
3.5.2	Die beschränkte persönliche Dienstbarkeit	315	236
3.6	Annex: Steuerliche Behandlung der Ablösung von Dienstbarkeiten	316	237a
3.7	Annex: Umsatzsteuer	317	237a
3.8	Annex: Sonstiges	317	237a
4.	**Wohnungsrechte**	318	238
4.1	Allgemeines	318	238
4.1.1	Arten	318	238
4.1.2	Schenkungs- und Erbschaftssteuer	319	238
4.1.3	Pflichtteilsrecht	319	238
4.1.4	Wohnungsrechte und schuldrechtliche Gebrauchsüberlassungen	319	238a
4.1.5	Insbesondere das sog. Stuttgarter Modell	320	238a
4.2	Das Wohnungsrecht gem. § 1093 BGB .	321	239
4.2.1	Allgemeines	321	239
4.2.1.1	Versorgungsfunktionen	321	239
4.2.1.2	Sicherungsfunktionen	321	239
4.2.1.3	Berechtigte	322	239
4.2.2	Abgrenzungsfragen	323	239
4.2.2.1	Schuldrechtliche Gebrauchsüberlassung	323	240
4.2.2.2	Wohnungsreallast	324	240
4.2.2.3	Nießbrauch	324	240
4.2.2.4	Sonstige Dienstbarkeiten	324	240
4.2.3	Inhalt	325	241
4.2.3.1	Allgemeines	325	241
4.2.3.1.1	Gebäude oder Gebäudeteil	325	241
4.2.3.1.2	Inhalt	326	241
4.2.3.1.3	Künftige Gebäude	326	241
4.2.3.2	Ausschluss des Eigentümers	327	242
4.2.3.2.1	Allgemeines	327	242
4.2.3.2.2	Annex: Die Gegenleistung	328	242
4.2.3.2.3	Annex: Stimmrechtsaufteilung in der Wohnungseigentümerversammlung?	328	242

		Seite	Randnummer
4.2.3.3	Nutznießer	329	243
4.2.3.3.1	Familie	329	243
4.2.3.3.2	Zur standesgemäßen Bedienung oder zur Pflege erforderliche Personen	330	243
4.2.3.3.3	Mitbenutzungsrechte	330	243
4.2.3.4	Sonstiges	330	244
4.2.4	Entstehung	331	245
4.2.5	Schutzansprüche	331	246
4.2.6	Gesetzliches Schuldverhältnis	332	247
4.2.6.1	Inhalt	333	247
4.2.6.1.1	Besitzrecht und Erhaltungspflichten	333	247
4.2.6.1.2	Vorsorge- und Anzeigepflichten	333	247
4.2.6.1.3	Betretungsrechte des Eigentümers	333	247
4.2.6.1.4	Duldungspflichten	334	247
4.2.6.1.5	Allgemeine Schonpflicht	334	248
4.2.6.2	Verwendungsersatz	334	248
4.2.6.3	Leistungsstörungen	335	249
4.2.6.4	Zusätzliche schuldrechtliche Abreden	335	249
4.2.7	Dispositionen	336	250
4.2.7.1	Verfügungen	336	250
4.2.7.2	Schuldrechtliche Überlassungen	337	250
4.2.7.2.1	Allgemeines	337	250
4.2.7.2.2	Annex: Heizkosten	337	250
4.2.7.3	Unvererblichkeit	337	250
4.2.8	Beendigung	338	251
4.2.8.1	Allgemeines	338	251
4.2.8.2	Insbesondere die Zerstörung des Gebäudes	338	251
4.2.8.2.1	Allgemeines	338	251
4.2.8.2.2	Möglichkeiten der Absicherung	339	251
4.2.8.3	Beendigung und schuldrechtliche Gebrauchsüberlassung	340	251
4.2.9	Zwangsvollstreckung	340	252
4.2.10	Insolvenz	341	253
4.2.10.1	Allgemeines	341	253
4.2.10.2	Sonderkündigungsrechte für entgeltliche Wohnungsrechte?	342	253
4.2.10.3	Sonstiges	343	253
4.3	Das Dauerwohnrecht gem. §§ 31 ff. WEG	343	254

Inhaltsverzeichnis

		Seite	Randnummer
4.3.1	Allgemeines．．．．．．．．．．．．．．．．．．．．．．	343	254
4.3.1.1	Funktionen ．．．．．．．．．．．．．．．．．．．．．．．．	344	254a
4.3.1.2	Abgrenzung zum Wohnungseigentum．．	345	254b
4.3.1.3	Dauerwohnrecht und Dienstbarkeiten．．	345	254b
4.3.1.4	Dauerwohnrecht und schuldrechtliche Gebrauchsüberlassungen．．．．．．．．．．．．．	346	254b
4.3.2	Berechtigte ．．．．．．．．．．．．．．．．．．．．．．．．	346	254c
4.3.3	Inhalt．．．．．．．．．．．．．．．．．．．．．．．．．．．．．	346	255
4.3.3.1	Grundstücke und grundstücksgleiche Rechte．．．．．．．．．．．．．．．．．．．．．．．．．．．	347	255
4.3.3.2	Wohnung．．．．．．．．．．．．．．．．．．．．．．．．．．	347	256
4.3.3.2.1	Begriff．．．．．．．．．．．．．．．．．．．．．．．．．．．．	347	256
4.3.3.2.2	Insbesondere die Abgeschlossenheit．．．	347	256
4.3.3.3	Ausschluss des Eigentümers．．．．．．．．．．	348	256a
4.3.3.4	Sonstiges．．．．．．．．．．．．．．．．．．．．．．．．．．	348	256a
4.3.3.5	Verfügungsbeschränkungen．．．．．．．．．．	349	257
4.3.3.6	Außerhalb des Gebäudes liegende Grundstücksteile．．．．．．．．．．．．．．．．．．．．	349	257
4.3.3.7	Mitbenutzungsrechte．．．．．．．．．．．．．．．．	350	257
4.3.3.8	Grundstücksteilungen．．．．．．．．．．．．．．．	350	257
4.3.3.9	Dauernutzungsrecht．．．．．．．．．．．．．．．．．	350	258
4.3.4	Entstehung．．．．．．．．．．．．．．．．．．．．．．．．．	351	259
4.3.4.1	Einigung．．．．．．．．．．．．．．．．．．．．．．．．．．．	352	259
4.3.4.2	Eintragung．．．．．．．．．．．．．．．．．．．．．．．．．	352	260
4.3.4.3	Besonderheiten．．．．．．．．．．．．．．．．．．．．．	352	260
4.3.5	Schutzansprüche．．．．．．．．．．．．．．．．．．．．	354	262
4.3.6	Gesetzliches Schuldverhältnis．．．．．．．．．	354	263
4.3.6.1	Inhalt．．．．．．．．．．．．．．．．．．．．．．．．．．．．．	355	263
4.3.6.1.1	Rücksichts- und Instandhaltungspflichten．．．．．．．．．．．．．．	355	263
4.3.6.1.2	Verwendungsersatz．．．．．．．．．．．．．．．．．	355	263
4.3.6.1.3	Pflichtverletzungen．．．．．．．．．．．．．．．．．．	355	263
4.3.6.1.4	Konkretisierende Vereinbarungen．．．．．	356	263
4.3.6.2	Rechtsnachfolge．．．．．．．．．．．．．．．．．．．．	356	264
4.3.6.3	Annex: Grundstücksveräußerung．．．．．．	358	264
4.3.7	Dispositionen．．．．．．．．．．．．．．．．．．．．．．．	359	265
4.3.7.1	Verfügungen．．．．．．．．．．．．．．．．．．．．．．．	359	265
4.3.7.1.1	Verfügungsbeschränkungen．．．．．．．．．．	359	265
4.3.7.1.2	Begleitschuldverhältnisse．．．．．．．．．．．．．	360	265
4.3.7.1.3	Belastungen．．．．．．．．．．．．．．．．．．．．．．．．	360	265

Inhaltsverzeichnis

		Seite	Randnummer
4.3.7.2	Schuldrechtliche Überlassungen	361	266
4.3.7.3	Vererblichkeit	362	266
4.3.8	Beendigung	362	267
4.3.8.1	Allgemeines	362	267
4.3.8.2	Vereinbarung über den Fortbestand	363	268
4.3.8.3	Erlöschen des Nutzungsrechts und sonstige Rechte	364	268
4.3.8.4	Heimfallanspruch	364	269
4.3.8.4.1	Rechtsnatur	364	269
4.3.8.4.2	Inhalt	365	269
4.3.8.4.3	Verjährung	368	269
4.3.8.4.4	Entschädigung	368	269
4.3.8.4.5	Heimfall und schuldrechtliche Gebrauchsüberlassung	368	269
4.3.8.4.6	Zuständigkeit des Amtsgerichts	369	269
4.3.9	Zwangsvollstreckung	369	271
4.3.9.1	Allgemeines	369	271
4.3.9.2	Das Verhältnis zu Grundpfandrechten	370	272
4.3.10	Insolvenz	371	273
4.4	Annex: Steuerliche Aspekte	373	273a
4.4.1	Ertragssteuerlich	373	273a
4.4.1.1	Zuwendungswohnrecht	373	273a
4.4.1.1.1	Entgeltlich	373	273a
4.4.1.1.2	Unentgeltlichkeit	373	273a
4.4.1.2	Vorbehaltswohnrecht	374	273b
4.4.1.2.1	Der Inhaber des vorbehaltenen Rechts	374	273b
4.4.1.2.2	Der Eigentümer	375	273b
4.4.1.2.2.1	Die AfA-Bemessungsgrundlage	375	273b
4.4.1.2.2.2	Beispiel	375	273b
4.4.1.3	Die Ablösung von Wohnungsrechten	377	273c
4.4.1.3.1	Vorbehaltene Nutzungsrechte	377	273c
4.4.1.3.2	Zugewendete Nutzungsrechte	377	273c
4.4.1.3.3	Vermächtniswohnrechte	378	273d
4.4.2	Umsatzsteuer	378	273e
4.4.3	Sonstiges	378	273e
5.	**Sonstiges**	380	274
5.1	Altrechte	380	274
5.1.1	Grunddienstbarkeiten	380	274
5.1.2	Sonstige dingliche Nutzungsrechte	381	275

		Seite	Randnummer
5.2	Überleitung des Rechts der DDR	381	276
5.2.1	Nutzungsrechte in der DDR	382	276
5.2.2	Die Angleichung an das bundesdeutsche Recht	382	277
5.3	Abgrenzung zu öffentlich-rechtlichen Nutzungsbefugnissen	384	278
5.3.1	Baulasten	384	278
5.3.2	Wegerechte des Telekommunikationsrechts	386	278
5.3.3	Der öffentlich-rechtliche Nießbrauch an Kulturgütern	386	278
5.4	Verbraucherschutz	387	278a
5.4.1	Time-sharing	387	278a
5.4.1.1	Time-sharing und dingliche Nutzungsrechte	388	278a
5.4.1.2	Voraussetzungen	389	278a
5.4.1.3	Rechtsfolgen	389	278a
5.4.2	Verbundene Verträge	391	278a
5.5	Fragen mit Auslandsbezug	392	279
5.5.1	Sachenrecht	392	279
5.5.2	Sonstiges	393	280
5.5.3	Schuldrechtliche Geschäfte bezogen auf dingliche Nutzungsrechte	394	281
5.5.3.1	Grundsätze	394	282
5.5.3.2	Verbraucherschutz	395	283
5.5.4	Formerfordernisse	396	284
5.6	Buchungsfreie Grundstücke	396	285
Literaturverzeichnis		399	
Stichwortverzeichnis		409	

Abkürzungsverzeichnis

a.A.	anderer Ansicht	Bearb.	Bearbeiter
a.a.O.	am angegebenen Ort	BB	Betriebsberater
		betr.	betreffend
ABl.	Amtsblatt	BewG	Bewertungsgesetz
AcP	Archiv für civilistische Praxis	BFH	Bundesfinanzhof
a.E.	am Ende	BGB	Bürgerliches Gesetzbuch
a.F.	alte Fassung		
AfA	Absetzung für Abnutzung	BGB-InfoV	BGB-Informationspflichtenverordnung
AG	Aktiengesellschaft		
		BGH	Bundesgerichtshof
AGB	Allgemeine Geschäftsbedingungen	BGHZ	Entscheidungen des Bundesgerichtshofs in Zivilsachen
AktG	Aktiengesetz		
Alt.	Alternative		
AnfG	Anfechtungsgesetz	BGBl.	Bundesgesetzblatt
AO	Abgabenordnung	BMF	Bundesfinanzministerium
Art.	Artikel		
AtG	Atomgesetz	BSHG	Bundessozialhilfegesetz
Aufl.	Auflage		
BauGB	Baugesetzbuch	BImSchG	Bundesimmissionsschutzgesetz
BayAGBGB	Bayerisches Ausführungsgesetz zum Bürgerlichen Gesetzbuch	BStBl.	Bundessteuerblatt
		BT-Drucks.	Bundestagsdrucksache
BayObLG	Bayerisches oberstes Landesgericht	BVerfG	Bundesverfassungsgericht
BayObLGZ	Entscheidungen des Bayerischen obersten Landesgerichts in Zivilsachen	BVerfGE	Entscheidungen des Bundesverfassungsgerichts

Abkürzungsverzeichnis

BWAGBGB	Baden-Württembergisches Ausführungsgesetz zum Bürgerlichen Gesetzbuch	EStG	Einkommensteuergesetz
bzw.	beziehungsweise	EStDV	Einkommensteuerdurchführungsverordnung
DB	Der Betrieb	EstR	Einkommensteuerrichtlinien
dgl.	dergleichen		
Diss.	Dissertation	EU	Europäische Union
DNotZ	Deutsche Notars-Zeitschrift	EuGH	Europäischer Gerichtshof
DStR	Deutsches Steuerrecht	EuZW	Europäische Zeitschrift für Wirtschaftsrecht
DtZ	Deutsch-Deutsche Rechtszeitschrift	EVÜ	Römisches EWG-Schuldvertragsübereinkommen
EALG	Entschädigungs- und Ausgleichsleistungsgesetz	EWIR	Entscheidungen zum Wirtschaftsrecht
EFG	Entscheidungen der Finanzgerichte	EWR	Europäischer Wirtschaftsraum
		f.	folgende
EGBGB	Einführungsgesetz zum Bürgerlichen Gesetzbuch	FamRZ	Zeitschrift für das gesamte Familienrecht
EG	Europäische Gemeinschaft	ff.	fortfolgende
		FG	Finanzgericht
EGV	Vertrag zur Gründung der Europäischen Gemeinschaft	FGG	Gesetz über die Freiwillige Gerichtsbarkeit
Einl.	Einleitung	FGPrax	Praxis der freiwilligen Gerichtsbarkeit (vormals OLGZ)
EnWG	Energiewirtschaftsgesetz		
ErbbauVO	Erbbaurechtsverordnung	FKVO	Fusionskontrollverordnung
ErbSchStG	Erbschafts- und Schenkungssteuergesetz	FlurbG	Flurbereinigungsgesetz
		FS	Festschrift

Abkürzungsverzeichnis

Fußn.	Fußnote	JuS	Juristische Schulung
GBBerG	Grundbuchbereinigungsgesetz	JR	Juristische Rundschau
GBO	Grundbuchordnung	JZ	Juristenzeitung
GbR	Gesellschaft bürgerlichen Rechts	Kap.	Kapitel
		KG	Kommanditgesellschaft/ Kammergericht
GG	Grundgesetz		
ggf.	gegebenenfalls	KGaA	Kommanditgesellschaft auf Aktien
GmbH	Gesellschaft mit beschränkter Haftung		
		KO	Konkursordnung
GmbHG	GmbH-Gesetz	KSchG	Kündigungsschutzgesetz
GrdrstVG	Grundstücksverkehrsgesetz		
		LG	Landgericht
Hbg.AGBGB	Hamburgisches Ausführungsgesetz zum Bürgerlichen Gesetzbuch	LuftVG	Luftverkehrsgesetz
		MarkenG	Markengesetz
		m.a.W.	mit anderen Worten
HeizkostenVO	Heizkostenverordnung	MDR	Monatsschrift für Deutsches Recht
HGB	Handelsgesetzbuch	MittBayNotK	Mitteilungen der Bayerischen Notarskammer
h.M.	herrschende Meinung	MittRNotK	Mitteilungen der Rheinischen Notarskammer (jetzt: RNotZ)
i.E.	im Ergebnis		
i.e.	im einzelnen		
i.e.S.	im engeren Sinne		
InsO	Insolvenzordnung	M.M.	Mindermeinung
IPrax	Praxis des Internationalen Privatrechts	MMR	Multimediarecht
		Mot.	Motive zum Bürgerlichen Gesetzbuch
i.V.m.	in Verbindung mit		
JA	Juristische Arbeitsblätter	MüKo	Münchener Kommentar
Jura	Juristische Ausbildung	m.w.N.	mit weiteren Nachweisen

27

Nds.AGBGB	Niedersächsisches Ausführungsgesetz zum Bürgerlichen Gesetzbuch	RNotZ	Rheinische Notarszeitschrift (vormals: MittRNotK)
n.F.	neue Fassung	RPfleger	Der Deutsche Rechtspfleger
NJW	Neue Juristische Wochenschrift	RG	Reichsgericht
		RGRK	Reichsgerichtsrätekommentar
NJW-RR	NJW-Rechtsprechungsreport	RGZ	Entscheidungen des Reichsgerichts in Zivilsachen
Nr.	Nummer		
NRWBauO	Nordrhein-westfälische Bauordnung	Rdn.	Randnummer
		RIW	Recht der Internationalen Wirtschaft
NVwZ	Neue Zeitschrift für Verwaltungsrecht		
		Rspr.	Rechtsprechung
NZA	Neue Zeitschrift für Arbeitsrecht	S.	Seite
		s.	siehe
NZG	Neue Zeitschrift für Gesellschaftsrecht	SachRBerG	Sachenrechtsbereinigungsgesetz
NZM	Neue Zeitschrift für Mietrecht	ScheckG	Scheckgesetz
		SE	Societas Europaea (Europäische Aktiengesellschaft)
o.	oben		
OHG	offene Handelsgesellschaft		
OLG	Oberlandesgericht	str.	strittig
		TKG	Telekommunikationsgesetz
OLGZ	Entscheidungen der Oberlandesgericht in Zivilsachen		
		u.a.	und andere
		UmwG	Umwandlungsgesetz
PatG	Patentgesetz	UrhG	Urheberrechtsgesetz
PLC	Private Limited Company		
		UStDV	Umsatzsteuerdurchführungsverordnung
RdL	Recht der Landwirtschaft		
RegBegr.	Regierungsbegründung	UStG	Umsatzsteuergesetz

UstR	Umsatzsteuer-richtlinien	ZGR	Zeitschrift für Unternehmens- und Gesellschaftsrecht
VermG	Vermögensgesetz		
VersR	Versicherungsrecht	ZGS	Zeitschrift für das gesamte Schuldrecht
vgl.	vergleiche		
VIZ	Zeitschrift für Vermögens- und Investitionsrecht	ZHR	Zeitschrift für das gesamte Handels- und Wirtschaftsrecht, bis 1933: Zentralblatt für Handelsrecht
Voraufl.	Vorauflage		
WEG	Wohnungseigentumsgesetz		
WG	Wechselgesetz	Ziff.	Ziffer
WM	Wertpapiermitteilungen	ZIP	Zeitschrift für Wirtschaftsrecht, bis 1982: Zeitschrift für Wirtschaftsrecht und Insolvenzpraxis
WRP	Wettbewerb in Recht und Praxis		
z.B.	zum Beispiel	ZPO	Zivilprozessordnung
ZEV	Zeitschrift für Erbrecht und Vermögensnachfolge	z.T.	zum Teil
		ZVG	Zwangsversteigerungsgesetz
ZGB	Zivilgesetzbuch der DDR		

1. Einführung

Dingliche Nutzungsrechte gibt es in vielfältiger Form. Ebenso variantenreich sind die Ziele, denen sie dienstbar gemacht werden können. Auf der anderen Seite sind dingliche Nutzungsrechte nicht die einzigen Rechte, die zu einer Nutzung berechtigen. Somit ist zunächst der Begriff des dinglichen Nutzungsrechts zu definieren.

1.1 Allgemeine Merkmale des dinglichen Nutzungsrechts

In seiner Allgemeinheit weist das dingliche Nutzungsrecht folgende Merkmale auf:

1.1.1 Die Berechtigung zur Nutzung

Das Recht muss zur Nutzung berechtigen. Man muss also den Gegenstand, an dem die Nutzung eingeräumt wird, positiv zum eigenen Gebrauch verwenden können.

Bei dinglichen Rechten ist die Nutzungsbefugnis keineswegs überall gegeben. Auch wenn das Sachenrecht einem numerus clausus unterliegt, gibt es hier doch unterschiedlichste Zwecksetzungen, die die dinglichen Rechte verfolgen; welchen Zweck und welchen Weg zu seiner Erreichung man wählt, unterliegt wiederum der privatautonomen Wahl. Sicherungsrechte ermöglichen etwa allein den Zugriff für den Sicherungsfall für eine zwangsweise Verwertung (s. etwa §§ 1228 ff., 1147 BGB), nutzen darf man das Sicherungsgut hingegen grundsätzlich nicht.

Im Einzelfall mag sogar eine Sicherungsabrede den Umfang des Sicherungsrecht flankieren und im Ergebnis eine an sich auf dinglicher Ebene gegebene Nutzungsbefugnis auf schuldrechtlicher Ebene beschränken. Dies ist der klassische Fall der Sicherungsübereignung, welche zwecks Umgehung des pfandrechtlichen Offenkundigkeitsprinzips in Form des Übergabeerfordernisses (vgl. §§ 1205 f. BGB) dem Sicherungsnehmer das Eigentum einräumt, die Nutzung (vgl. insoweit § 903 BGB) aber dem Sicherungsgeber belässt. Umgekehrt verfährt gewissermaßen der Eigentumsvorbehalt (§ 449 BGB), hier soll die Nutzungsbefugnis dem Erwerber vor der endgültigen Übereignung gewährt werden. Insoweit schränkt der Noch-Eigentümer seine aus § 903 BGB bestehenden Nutzungsbefugnisse ein.

Einführung

Die Nutzung muss den wesentlichen Inhalt des Rechts ausmachen. Das ist vor allem nicht der Fall beim umfassendsten dinglichen Recht, dem Eigentum, welches seinem Inhaber die absolute Rechtsmacht einräumt, von denen die Nutzung nur einen Ausschnitt bildet. Beim Nutzungsrecht ist die Nutzung die allein hervorstechende absolute Rechtsmacht. Das zum Eigentum Gesagte trifft insoweit auch für das Anwartschaftsrecht des Eigentumsvorbehalts zu, dessen Primärzweck sich auch hier nicht in der Nutzung des jeweiligen Gegenstandes erschöpft, sondern den endgültigen Erwerb bei gleichzeitiger Sicherung des Veräußerers vorbereitet.

Das gilt weiter auch nicht dort, wo Nutzungen eingeräumt werden, diese aber im Hintergrund stehen, das Recht, auf das diese Berechtigung gestützt wird, auf eine ganz andere Funktion konzentriert ist. Solches findet man bei dem sog. Nutzungspfandrecht (§ 1213 BGB, zum Eigentumserwerb an den Nutzungen s. § 954 BGB). Dieses ist nach wie vor Pfandrecht und damit vorrangig ein Sicherungsrecht. Ohne diesen Sicherungscharakter ist dieses Recht nicht denkbar, stattdessen müsste man einen Nießbrauch in Erwägung ziehen. Wird dieser zu Sicherungszwecken eingesetzt, ist es geradezu umgekehrt: Dieses Nutzungsrecht kann ohne Sicherungscharakter existieren, es kommt tatsächlich auf den Nutzungsbezug an.

3   Über die eingangs geschilderte positive Nutzungsberechtigung mag man bei manchen Rechten, die im folgenden behandelt werden, im Zweifel sein. „Positiv" meint, dass man eine eigene Nutzungsbefugnis hat und mit dem solchermaßen belasteten Gegenstand selbst im Rahmen des rechtsgeschäftlich Eingeräumten und gesetzlich Zulässigen verfahren kann. Bei den Dienstbarkeiten außerhalb des Nießbrauchs kennt man die Erscheinungsform der sog. Unterlassungsdienstbarkeit, welche dem Verpflichteten untersagt, ein Grundstück in bestimmter Weise zu nutzen oder seine Eigentümerbefugnisse partiell auszuschließen (s. dazu Rdn. 175 ff. sowie Rdn. 222 ff.; s. etwa Staudinger/Mayer Vorbem. §§ 1018–1029 Rdn. 2).

Eng damit verbunden sind gleichsam einem Spiegelbild Nutzungsbefugnisse. Wer eine Dienstbarkeit anstrebt, welche den anderen Teil beschränkt, dann regelmäßig, um seine eigenen Nutzungsoptionen zu erweitern, sei es auf einen konkreten Tätigkeitsbereich bezogen, sei es allein um die Erweiterung der Nutzung etwa eigenen Eigentums, welches ansonsten Beeinträchtigungen, die mit einer Dienstbarkeit unterbunden werden können, keinen Schutz bieten könnte. Dienstbarkeitsrechtliche Unterlassungsansprüche sind eben nicht Zweck an sich, sondern sie ermöglichen Nutzungen als Pendants. Insoweit kann man auch hier anhand tatsächlicher Gegebenheiten durchaus noch von positiven Befugnissen im hier verstandenen Sinne sprechen.

Hinzu kommt, dass der Gesetzeswortlaut, der die Befugnisse mancher Dienstbarkeiten negativ formuliert, im Lichte der geschilderten Gegebenheiten geradezu antiquiert erscheint. Es ist wohl eine allgemeine Erfahrung, dass Verwertungsrechte zunächst als Schutzrechte gedacht werden und in diesem Anfangsstadium Verwertungen allein als Duldungen von Beeinträchtigungen verstanden werden (vgl. dazu auch Ahrens, S. 111 f.). Die Terminologie des Bürgerlichen Gesetzbuchs trägt dem noch heute Rechnung, wenn der Inhalt mancher Dienstbarkeiten beschrieben wird. Verwertungen sind aber mehr, sie sind positive Einräumungen von Befugnissen. Das schlägt auch auf Unterlassungspflichten durch, denn dort, wo der eine zu unterlassen hat, erweitern sich die Optionen des anderen. Dies wird für die beschriebenen Konstellationen nur gewissermaßen umgekehrt beschrieben – entsprechend hat die negative Komponente dann doch ein positives Spiegelbild.

Alternativ müsste man jedenfalls unterscheiden: Der Nießbrauch beinhaltet danach ganz bestimmt ein positives Nutzungsrecht, bei den sonstigen Dienstbarkeiten wäre das nicht der Fall. Nach den beschriebenen Entwicklungslinien wäre ersterer weiter gediegen als die anderen. Angesichts dessen, dass es letzten Endes um allgemein methodische Fragen geht und damit um auch persönliche Vorstellungswelten, soll auch diese Sichtweise hier nicht als unvertretbar abgetan werden.

1.1.2 Die Dinglichkeit

Das Recht, dessen Primärzweck und Primärinhalt die Berechtigung zur Nutzung ist, muss ein dingliches sein. Damit wird Mehreres statuiert:

1.1.2.1 Die Ausschließlichkeitsfunktion

Das dingliche Recht unterscheidet sich von den übrigen Rechten durch seine Ausschließlichkeit gegenüber jedermann. Es ist also möglich, gestützt auf ein solches Recht sich nicht allein gegenüber demjenigen, von dem man das Recht eingeräumt bekommen hat, durchzusetzen, sondern auch gegenüber Dritten, die an diesem Rechtsgeschäft überhaupt nicht beteiligt waren. Es sind gerade diese Ansprüche dinglicher Natur, die der Durchsetzung dieser Nutzungsbefugnis dienen (s. allgemein Medicus, Bürgerliches Recht, Rdn. 436).

4

1.1.2.1.1 Ein Vergleich mit verdinglichten Rechtspositionen der schuldrechtlichen Gebrauchsüberlassung

Einzuräumen bleibt, dass eine Drittgerichtetheit auch bei obligatorischen Rechten, welche an sich nur durch eine Relativität in ihrer Wirkung geprägt sind, bekannt ist – dies übrigens gerade bei Nutzungsrechten in diesem Bereich (welche grundsätzlich allein als Miet- oder Pachtrechte in Betracht kommen, auch wenn sie gegen Zahlung eines einmaligen Betrages eingeräumt werden, s. BGH NZM 1998,105). § 566 BGB (vor der Schuldrechtsreform: § 571 BGB) normiert einen Vertragspartnerwechsel im Fall der Übertragung des Mietobjekts im Fall der Vermietung von Wohnraum, sofern dieses bereits an den Mieter überlassen worden ist (s. dazu etwa BGH NJW 1989,451; zu den Auswirkungen auf die Mietforderungen s. §§ 566 a ff. BGB). Auch Belastungen des Mietobjekts können sich nicht gegen den Mieter durchsetzen (§ 567 BGB bzw. § 577 BGB a. F., s. weiter noch § 567 a BGB – § 578 BGB a. F. –, wonach eine vor über Überlassung des Mietobjekts erfolgte Übernahme der Pflichten des Vermieters durch den Erwerber allein schon die Wirkung der §§ 566 I, 567 BGB eintreten lässt; hier geht es um eine Erfüllungsübernahme nach § 415 BGB, die aber anders als nach den allgemeinen Regeln keiner Zustimmung ja nicht einmal der Kenntnis des Mieters bedarf; s. Palandt-Weidenkaff § 567 Rdn. 4 ff.). Entsprechendes gilt für Folgeveräußerungen oder –belastungen (§ 567 b BGB; aus der systematischen Stellung dieser Norm gilt das auch für den Fall des § 567 a BGB; vgl. näher dazu aus nießbrauchsrechtlicher Sicht u. Rdn. 162 ff.).

Diese „Verdinglichung" kann sich in gewisser Weise als stärker erweisen als die dinglichen Nutzungsrechte selbst. Ist der mietrechtlich relevante Tatbestand i. S. der §§ 567 BGB oder 567 i. V. m. 578 BGB bereits erfüllt worden (sprich: das Mietobjekt dem Mieter bereits überlassen worden) und erst anschließend ein dingliches Nutzungsrecht (etwa ein Nießbrauch oder eine Dienstbarkeit) an dem Grundstück bestellt worden, so tritt dessen Inhaber analog § 566 I BGB in das Mietverhältnis mit seinen Rechten und Pflichten ein. Das bedeutet, dass er zur Gebrauchsüberlassung an den Mieter getreu dem von diesem geschlossenen Vertrag verpflichtet ist. Sein dingliches Recht räumt ihm gegebenenfalls eigene Befugnisse ein, die ihn gleichfalls zur ebensolchen Nutzung berechtigen. Nimmt er diese wahr, verletzt er aber Pflichten des ipso iure übernommenen Vertrags. Schuldrechtlich treffen ihn Unterlassungspflichten ganz ungeachtet der eigenen Herrschaftsbefugnisse.

Mehr noch, die Überlassungspflicht zur Ausübung kann im Fall der Beeinträchtigung des Gebrauchs durch Dritte (vgl. §§ 567, 566 I, 535 I Satz 1 BGB, gegebenenfalls i. V. m. § 578 BGB) dazu führen, dass der dinglich

Nutzungsberechtigte verpflichtet ist, diese Drittbeeinträchtigungen abzuwehren. Insoweit tritt er gleichsam neben den Eigentümer als der eigentlichen Vertragspartei, so dass im Ergebnis eine Gesamtschuld (§§ 421 ff. BGB) vorliegt. Dass im Innenverhältnis in Abweichung von dem in § 426 BGB pauschal festgelegten „Halbteilungsgrundsatz" der Eigentümer im Regelfall die Aufwendungen hierfür allein tragen muss, ist ein schwacher Trost, denn im Außenverhältnis hindert das keine Inanspruchnahme des dinglich Nutzungsberechtigten selbst. Ihm ist die Pflicht zur Störungsabwehr auch keineswegs unmöglich (s. insoweit § 275 I BGB), denn gestützt auf sein dingliches Recht könnte er die Beeinträchtigungen auch durchaus selbst abwehren (s. u. Rdn. 75 ff.). Schließlich stünde der Besteller, der Grundstückseigentümer, dem dinglich Nutzungsberechtigten selbst in der Verantwortung, sei es wegen einer anfänglichen Unmöglichkeit der ungestörten Gebrauchsverschaffung (§ 311 a BGB) oder aus Rechtsmängelhaftung (vgl. §§ 453, 435, 437 BGB, 633 f. BGB) oder allgemeinem Leistungsstörungsrecht (§§ 280 ff, 323 BGB). Wieder aber gäbe ein solcher nachträglicher Ausgleich dem dinglich Nutzungsberechtigten nicht das, worauf es ihm primär angekommen ist.

Das Gesagte gilt für Pachtverträge grundsätzlich entsprechend (§ 581 II BGB).

Die Vertragsgestaltungspraxis steht hier vor erheblichen Herausforderungen (vgl. auch Ertl DNotZ 1988, 4 ff.). Das betrifft zum einen den Akt der Bestellung eines dinglichen Nutzungsrechts selbst. Hier sind Hinweise auf bestehende Mietverhältnisse bzw. Pachtverhältnisse in jedem Fall obligatorisch, da schon eine culpa in contrahendo im Unterlassungsfall droht (s. § 311 III BGB). Kommt es dann immer noch zu einem Nebeneinander von schuldrechtlicher und dinglicher Gebrauchsüberlassung, bedarf es des Ausgleichs. Die jeweiligen Befugnisse müssen in harmonisierender Weise voneinander abgesteckt werden. Konfliktfälle sollten nicht den gesetzlichen Regeln (etwa denen über die Gesamtschuld) überlassen werden, sondern eigens geregelt werden, so etwa, wer im Innenverhältnis den Ausgleich zu tragen hat (im Regelfall wohl der Grundstückseigentümer als Vermieter/Verpächter und zugleich Besteller des dinglichen Nutzungsrechts), oder gar, wer im Außenverhältnis zur Erfüllung der miet- oder pachtvertraglichen Überlassungs- und Abwehrpflichten berufen sein soll (im Regelfall wohl wieder der Eigentümer, wobei der Mieter/Pächter an Absprachen zwischen ihm und dem dinglich Nutzungsberechtigten freilich nicht gebunden ist; er könnte nach wie vor auch von dem insoweit nicht zur Pflichterfüllung Berufenen die jeweiligen Leistungen verlangen. Insoweit wäre anzuraten, auch zu einem Ausgleichsmechanismus im Außenverhältnis zu dem schuldrechtlich Berechtigten, etwa dem Mieter, im

Vertragswege zu gelangen – ob das im Nachhinein noch möglich ist, ist allerdings eine Tatfrage des konkreten Einzelfalls und nicht stets zu bejahen. Stets bedarf es hier der Zustimmung des schuldrechtlich Berechtigten kraft vertraglicher Erklärung – was letztendlich nahe legt, solche Klauseln gegebenenfalls schon vorab in den eigentlichen Miet- oder Pachtvertrag zu integrieren).

Jedoch handelt es sich hier allen Besonderheiten zum Trotz um partielle Ausnahmen, die nicht an eine Dinglichkeit herankommen können. Dies wird nicht zuletzt dadurch bestätigt, dass die genannten Positionen nicht als absolute Rechte gegenüber jedermann anerkannt sind. Sie genießen etwa keinen Schutz über § 823 I BGB; ein solcher kann allenfalls auf den Besitz gestützt werden, dem aber seinerseits ungeachtet dieses Schutzes keine Rechtsqualität zukommt und der seinerseits als bloßes faktisches Herrschaftsverhältnis nicht zu einer Nutzung berechtigen kann (vgl. hierzu näher Medicus, Bürgerliches Recht, Rdn. 607).

Auch in ertragssteuerlicher Hinsicht kann man davon ausgehen, dass die nun erzielten Mieteinnahmen Einkünfte des Nießbrauchers sind. Anders kann es nur sein, wenn der Nießbrauch tatsächlich nicht ausgeübt wird (so beim sog. Sicherungsnießbrauch, s. zum Gesagten FG Baden-Württemberg EFG 2002,827).

1.1.2.1.2 Kombinationen

4a Kombinationen von schuldrechtlichen und dinglichen Gebrauchsüberlassungen sind möglich und keineswegs selten. So ist es durchaus möglich, einen Nießbrauch mit einem schuldrechtlichen Gebrauchsüberlassungsvertrag zu koppeln (vgl. insoweit auch § 1056 BGB, dazu u. Rdn. 162). In dogmatischer Hinsicht ist aber zu trennen, so dass die schuldrechtliche Gebrauchsüberlassung von der dinglichen zu unterscheiden ist. Hinzu kommt die Unterscheidung zwischen der besagten schuldrechtlichen Gebrauchsüberlassung und dem der dinglichen zugrunde liegenden Verpflichtungsgeschäft, wie dieses sich aus dem sachenrechtlichen Trennungsprinzip ergibt (s. a. u. Rdn. 15, 165). Schlussendlich weisen die dinglichen Nutzungsrechte ein weiteres, nämlich ein gesetzliches Schuldverhältnis auf (was an sich nicht unüblich ist, vgl. nur für die allseits bekannte rei vindicatio die §§ 987 ff. BGB).

Zusammenfassend also kann die Bestellung eines dinglichen Nutzungsrecht, wenn man jedenfalls nach ganz klassischen Überlegungen ein Sachenrecht im Sinne des Dritten Buchs des BGB zugrundelegt (vgl. insoweit für den Rechtsnießbrauch u. Rdn. 122; vgl. ferner im Anschluss

Rdn. 5), folgende „Rechtsschichten" aufweisen (vgl. insoweit auch BGH DNotZ 1999,500):

– das dingliche Recht selbst: Allein dieses ist ein Ausschließlichkeitsrecht mit Drittwirkung und steht in seinem Umfang nicht zur Disposition der Parteien (s. als besondere Ausnahme für das Dauerwohnrecht, s. dazu u. Rdn. 254 ff., § 33 IV WEG, dort insbesondere Nr. 1). Dies gebietet jedenfalls der sachenrechtliche numerus clausus.

– das vom Gesetz vorgesehene flankierende gesetzliche Schuldverhältnis: Dieses ist kraft Gesetzes an das dingliche Recht gekoppelt. Eine dingliche Rechtsnatur geht ihm ab, und sie kann auch nicht zusätzlich erzeugt werden. Abweichende Vereinbarungen (vgl. auch u. Rdn. 30) von seinem Inhalt sind hier grundsätzlich möglich (Diese aber wirken wie jede andere auch grundsätzlich nur relativ, so dass sie eventuellen Rechtsnachfolgern nicht entgegengehalten werden können – anzumerken ist allerdings, dass Rechtsnachfolgen in diesem Bereich vergleichsweise selten sind). Diese Privatautonomie ist gewissermaßen das Spiegelbild zur fehlenden Dinglichkeit. Entsprechende Vereinbarungen lassen den dinglichen Gehalt des zuvor genannten Rechts unberührt. Tendenzen, wonach Inhalte dieses Schuldverhältnisses im Immobiliarrecht in das Grundbuch eingetragen werden können sollen, kann insoweit auch nicht gefolgt werden (Jedenfalls kann man ihnen keinerlei Drittwirkungen über die beteiligten Vertragsparteien hinaus zubilligen, so dass entsprechende Einträge letztlich rein deklaratorisch wären).

– das schuldrechtliche Verpflichtungsgeschäft: Hier handelt es sich um die schuldrechtliche Abrede, welche zur Bestellung des dinglichen Rechts verpflichtet. Es herrscht Privatautonomie, wobei aber die Verpflichtung sich auf ein der eigenen Gestaltungsfreiheit entzogenes dingliches Recht bezieht. In dieser punktuellen Zielsetzung ist dieses Geschäft von seiner Grundstruktur zunächst relativ einfach. Gleichwohl können zusätzliche Aspekte mit aufgenommen werden, welche sich auch auf das Schicksal des dinglichen Rechts selbst unter Wahrung des Abstraktionsprinzips auswirken können (so etwa bei Bedingungen und Befristungen).

– sonstige schuldrechtliche Abreden: Sie flankieren das eigentliche Verpflichtungsgeschäft und schaffen zusätzliche Rechte und Pflichten, welche dieses nicht zwingend aufweisen muss. Sie können durchaus das gesetzliche Schuldverhältnis abändern (Es wären dies die grundsätzlich zulässigen abweichenden Vereinbarungen, welche zuvor zu diesem genannt wurden). Hier herrscht eine nahezu uneingeschränkte Vertragsgestaltungsfreiheit.

Einführung

Zuzugeben ist, dass man im Einzelfall streiten kann, welche Absprache zu welcher Ebene gehört (Ist etwa eine Sicherungsabrede ein Bestandteil des Verpflichtungsgeschäfts oder sonstiger Absprachen, oder modifiziert eine Bedingungen nicht gar schon – dass dann aber durchaus zulässigerweise – das dingliche Recht selbst?). Allen Streitfragen im Detail zum Trotz bleibt es bei dieser grundsätzlichen Einteilung, welche als solche mit Sicherheit nicht geleugnet werden kann. Vor allem ist es so, dass Kündigungen etwa eines Mietvertrages ein daneben bestehendes dingliches Nutzungsrecht in keiner Weise berühren; selbiges gilt auch für das dessen Bestellung zugrunde liegende Verpflichtungsgeschäft. Dieses ist schon gar kein Dauerschuldverhältnis wie der exemplarisch angeführte Mietvertrag, welches einer Kündigung daher auch gar nicht zugänglich ist. Es bleibt als schuldrechtliche causa des dinglichen Nutzungsrechts bestehen und bedarf gegebenenfalls einer eigenen Rückabwicklung mit eigens dafür vorgesehenen Gründen (s. a. BGH DNotZ 1999,500).

Insoweit existiert auch eine prozessuale Parallele: Rechtskräftige Räumungsurteile, die sich als solche auf das wiederum als Beispiel herangezogene Mietverhältnis beziehen, haben keine Aussagekraft, was den Bestand des dinglichen Nutzungsrechts betrifft. Dem entsprechend kann sich die Rechtskraft (§ 322 I ZPO) auch nicht auf diese Frage beziehen (BGH a. a. O.). Das muss folglich auch für Fragen der Wirksamkeit des Verpflichtungsgeschäfts als der causa des dinglichen Rechts gelten.

Besteht daneben ein eigener Gebrauchsüberlassungsvertrag, ist dieser in seiner Wirksamkeit eigenständig zu würdigen. Wirksamkeitsfragen des Verpflichtungsgeschäfts mögen im Rahmen des § 139 BGB bzw. dessen Grundsatzes eine Rolle spielen, sind dogmatisch aber dem Grunde nach zu trennen.

4b Indessen ist es gerade diese dogmatische Trennung, welche eine Koppelung von schuldrechtlicher und dinglicher Nutzungsüberlassung so interessant macht. Generell erweist sich letztere als bestandsfester als erstere, so dass sie zur Risikoabsicherung schuldrechtlicher Überlassungen dienen kann (s. unter den zuvor genannten Randnummern). Hinzu kommt eine überaus attraktive Kombination von unterschiedlichen Befugnissen. Dingliche Rechte unterliegen einem numerus clausus, welcher ihren jeweiligen Umfang gesetzlich festlegt. Wollen die Parteien ein Mehr an Befugnissen, können sie dies durch schuldrechtliche Absprachen ganz im Sinne der Privatautonomie einvernehmlich festlegen. Den Kernbereich, den das dingliche Recht abdeckt, kann man durch begleitende Verpflichtungselemente also noch weiter ausbauen. Angesichts dieser Kombinationsmöglichkeiten sollte man mit dem allzu nahe liegenden Schluss, dass stets das dingliche Recht dominiert, nicht voreilig sein.

Man hat darüber gestritten, ob eine dingliche und eine schuldrechtliche Gebrauchsüberlassung nebeneinander überhaupt möglich wären (vgl. auch Frank DNotZ 1999,503 f.). Diese Problematik betraf vor allem die Frage, ob dies bei gleichlautendem Inhalt der beiderseits verliehenen Befugnisse möglich sei (vgl. hingegen für das Fehlen solcher Kongruenzen – hier am Beispiel von Sicherungsbestellungen – Frank a. a. O. S. 505). Bei genauer Betrachtung hat es sich stets um ein Scheinproblem gehandelt, welches letzten Endes aus unzureichenden Differenzierungen geboren war. Die Frage, ob das schuldrechtliche Verpflichtungsgeschäft zur Bestellung eines Nutzungsrechts eine schuldrechtliche Gebrauchsüberlassung darstellt (vgl. Frank a. a. O., S. 504), hätte sich bei der entsprechenden Differenzierung nie ernsthaft gestellt. Die schuldrechtliche Verpflichtung zur einer solchen beispielsweise infolge eines parallelen Mietvertrages wäre im Ergebnis ohne einen praktischen Gehalt, aber warum sollte man sie deswegen bestreiten? Sie könnte je nach dem weiteren Schicksal des dinglichen Rechts von einer potentiellen zu einer aktuellen Bedeutung heranwachsen – so lange das der Fall ist, kann von einer Unmöglichkeit im Rechtssinne (Vor der Schuldrechtsreform wurde insoweit § 306 BGB in Erwägung gezogen, s. a. a. O. S. 503 f.) nicht die Rede sein. Abgesehen davon wird das dingliche Nutzungsrecht in der Regel dominieren, denn es zeitigt eine dem obligatorischen Recht fremde Drittwirkung gegenüber jedermann, und es kann ohne kündigungsrechtliche Einschränkungen (vgl. dagegen § 543 BGB) etwa auf Lebenszeit eingeräumt werden (Das betrifft insbesondere den Nießbrauch sowie das Wohnungsrecht nach § 1093 BGB, s. insoweit § 1061 BGB; s. a. Mayer/Geck DStR 2005,1471).

Nicht ausgeschlossen ist es, die genannten Rechtsverhältnisse miteinander zu verknüpfen, etwa durch Bedingungsvereinbarungen oder die jeweilige Statuierung besonderer Rückabwicklungsmöglichkeiten (vgl. auch Frank DNotZ 1999,506 f.).

1.1.2.2 Nutzungsrechte als eine sachenrechtliche Erscheinungsform

Nutzungsrechte im hier verstandenen Sinne gehören dem Sachenrecht an. Sie sind zu einem erheblichen Teil im Dritten Buch des BGB geregelt bzw. basieren auf diesen Regelungen, wenn auch Spezialgesetze einschlägig sein mögen.

Nutzungsrechte an den sog. geistigen Gütern (namentlich Immaterialgüterrechte) sind somit hier nicht umfasst. Bei diesen handelt es sich nach heutigem Sprachgebrauch um Lizenzen, die ihrerseits durchaus auch eine verfügungsrechtliche Wirkung zeitigen können.

5

Es wäre zwar eine unzulässige Verkürzung, die hier gemeinten dinglichen Nutzungsrechte nur auf die Nutzung von Sachen, körperlichen Gegenständen also (§ 90 BGB), zu beziehen. Das ist jedoch der Regelfall. Sonstige Nutzungsrechte an anderen Gegenständen (s. §§ 1068 ff. BGB) oder gar Vermögensmassen (§§ 1085 ff. BGB) existieren ebenfalls und bauen zugleich auf den Nutzungsrechten auf, die sich auf Sachen beziehen. Es ist somit aus systematischen Gründen nicht nur zulässig, sondern auch korrekt, sie ebenfalls in den hier zu besprechenden Themenbereich mit einzubeziehen. Die zuvor genannten Lizenzen hingegen haben sich mittlerweile zu einem eigenständigen Typus entwickelt, der somit auch in seiner rechtlichen Ausgestaltung von den hier gemeinten Nutzungsrechten unabhängig ist. Andererseits ist es nicht ausgeschlossen, dass die im Dritten Buche des BGB genannten dinglichen Nutzungsrechte sich an denselben Gütern einstellen können, an denen alternativ auch Lizenzen eingeräumt werden könnten. Soweit das der Fall ist, werden sie hier berücksichtigt werden (s. dazu Rdn. 97 ff. für den Rechtsnießbrauch).

Besagte Lizenzen können an sich auch durchaus einen „dinglichen" Charakter aufweisen und gleichsam analog zu den beschränkt dinglichen Rechten des Sachenrechts im beschriebenen Sinne Drittwirkungen entfalten. Sie zeichnen sich dadurch aus, dass sie insoweit keinem numerus clausus unterliegen, im Gegenteil herrscht hier eine dem allgemeinen Zivilrecht insoweit fremde Vertragsgestaltungsfreiheit (vgl. Forkel NJW 1993, 3183). Mittelbar kann das auch auf einen Rechtsnießbrauch „durchschlagen" (s.u. Rdn. 100), aber ansonsten bleiben die hier zu beschreibenden dinglichen Nutzungsrechte doch weitgehend den allseits bekannten Grundsätzen des Zivilrechts des BGB treu.

Wenn also in der zuvorigen Überschrift von einer „sachenrechtlichen" Erscheinungsform gesprochen wird, ist das nicht technisch zu verstehen. Gemeint sind sämtliche Rechte, die ihre dogmatische Wurzel im dritten Buch des BGB finden.

1.2 Zusammenfassung

5a Dingliche Nutzungsrechte im hier verstandenen Sinne weisen somit folgende Merkmale auf:
1. Ihr primärer Zweck, ihr Hauptzweck gleichsam, liegt in der Verschaffung einer Nutzungsberechtigung. Nur ein Recht, dessen wesentlicher Inhalt allein diese Nutzungsmöglichkeit darstellt, ist ein Nutzungsrecht im hier verstandenen Sinne.
2. Dingliche Nutzungsrechte haben einen Ausschließlichkeitscharakter. Sie entfalten also eine absolute Wirkung gegenüber jedermann.

Zusammenfassung

Gleich, von wem die Beeinträchtigung des Rechtsinhalts ausgehen mag, der Inhaber kann sich allein gestützt auf sein Nutzungsrecht dagegen wehren. Dieser Umfang ist auch wesentlich weiter gefasst als manche verdinglichte Positionen aus dem Bereich der schuldrechtlichen Gebrauchsüberlassungsverträge. Ungeachtet dessen gehen Verpflichtungs- und Verfügungsgeschäfte hier üblicherweise komplexe Allianzen ein, welches über das, was Trennungs- und Abstraktionsgrundsatz vorschreiben, noch hinausgeht. Damit wird die Option eröffnet, sich die Vorteile von Schuld- und Sachenrecht ganz nach den individuellen Bedürfnissen zugleich zunutze zu machen.

3. Die Wurzel dieser Rechte findet sich nach wie vor im Bürgerlichen Recht und hier im Dritten Buch des BGB, dem Sachenrecht. Sonstige Rechte mit Verfügungscharakter, die nicht in diesem Buch angesiedelt sind, gehören nicht in diese Kategorie, selbst wenn sie ihrerseits Nutzungsmöglichkeiten einräumen sollen.

4. Nicht behandelt werden die grundstücksgleichen Rechte wie Wohnungseigentum und Erbbaurecht. Diese sind derart mit dem Eigentumsgedanken verknüpft, dass sie insoweit wie dieses ausgeklammert werden (s. o. Rdn. 2).

Damit umfassen die dinglichen Nutzungsrechte im Ergebnis die sog. Dienstbarkeiten, die sich ihrerseits in weitere Erscheinungsformen untergliedern. Diese Untergliederung ist mittlerweile dermaßen detailliert, dass die einheitlichen Strukturen nur noch bei genauerer Hinsicht offenbar werden. Das Wohnungseigentumsgesetz kennt zusätzliche Erscheinungsformen, die aber ohne den dienstbarkeitsrechtlichen Hintergrund kaum gewürdigt werden können. Es spricht also nichts dagegen, sie in den Reigen der hier als solche bezeichneten dinglichen Nutzungsrechte mit aufzunehmen.

2. Der Nießbrauch

6   Der Nießbrauch ist nach dem Eigentum bzw. der Vollrechtsinhaberschaft die umfassendste an einer Sache (§ 90 BGB), einer Vermögensmasse (vgl. §§ 1085 ff. BGB) oder an einem Recht (§§ 1068 ff. BGB) mögliche Berechtigung. Er gehört an sich zu den Dienstbarkeiten, jedoch wird er auf Grund seines Umfanges im Rechtsleben als etwas eigenständiges wahrgenommen (s. Westermann § 121.I.1. für den Grundstücksnießbrauch). Das rechtfertigt es, den Nießbrauch unter einer eigenen Kategorie zu behandeln.

2.1 Funktion

Die praktische Bedeutung des Nießbrauchs wird kontrovers eingestuft (vgl. Westermann § 121.I.2.; s. andererseits aber auch Schmidt § 61.II.1.a) gegen Teichmann ZGR 1972,1 für den Nießbrauch an Gesellschaftsanteilen). Der Grund liegt wohl gerade darin, dass er seinem Inhaber so weitreichende Befugnisse einräumt. Gewöhnlich werden dingliche Rechte zu einem konkreten Zweck eingesetzt, wobei dieser konkrete Zweck aber es häufig mit weniger umfassenden Rechten auskommen lässt. Gleichwohl finden sich typische Fallgestaltungen, in denen der Nießbrauch effektive Lösungskonzepte bereitzustellen vermag.

Der Nießbrauch ist insbesondere geeignet zu umfassenden Vermögensregelungen. Damit tritt er durchaus in ein gewisses Konkurrenzverhältnis zu anderweitigen Konzepten namentlich aus dem Erb- und Familienrecht. Aber auch andere Funktionen sind nicht ausgeschlossen. Der Zweck wird insoweit von den Parteien selbst bestimmt.

2.1.1 Regelungsinstrument von Vermögensübergängen

7   Da der Nießbrauch wie kaum ein anderes Recht nach dem Eigentum umfassende Befugnisse einräumt, eignet er sich hervorragend für Vermögensnachfolgeregelungen, bei denen der bisherige Inhaber aber nach wie vor noch ein Wörtchen mitreden möchte.

Der Ergänzung halber sei angemerkt, dass man bei Vermögensübernahmen gerne vergisst, dass auch der Vermögensübernehmer vor dem Vermögensübergeber beispielsweise sterben könnte. Hier sollte zusätzlich zu der im Vordergrund stehenden Vermögensnachfolge daran gedacht werden, dass das Vermögen gegebenenfalls auch wieder an den

Übergeber zurückfallen sollte, anstelle auf Dritte (z. B. Erben des Übernehmers) überzugehen. Instrumentarien dazu sind etwa der Erbvertrag, eingeräumte Rücktrittsrechte oder die Vereinbarung von Bedingungen (Moog DStR 2002,181). Nießbrauchsrechtliche Gestaltungen sind hiervon weitgehend unberührt, denn der Nießbrauch erlischt mit dem Tode seines Inhabers (Rdn. 155); damit bleibt die grundsätzliche eigentumsrechtliche Zuordnung von dem Ableben eines Beteiligten unberührt. Will man etwa gezielt an konkrete Personen ohne die Begünstigung Anderer Zuwendungen leisten, ist ein Nießbrauch überaus attraktiv.

2.1.1.1 Vorweggenommene Erbfolge

Den Nießbrauch findet man häufig dort, wo es um Vermögensumschichtungen innerhalb von Familien oder vergleichsweise überschaubaren Personengruppen geht. Hier kann er demjenigen, von dem die Vermögensumschichtung ausgeht, nach wie vor Optionen einbehalten, welcher dieser etwa für seinen Lebensabend braucht. So kann etwa ein Nießbrauch vorbehalten werden, wenn man im Rahmen einer vorweggenommenen Erbfolge Abkömmlingen Vermögenswerte überträgt. Damit kann der Zuwendende sein Vermögen oder einzelne Teile davon immer noch so nutzen, als habe er sie niemals weggegeben. Da der Nießbrauch unvererblich ist (§ 1061 BGB), erschöpft er sich in der Gewährleistung dieser Nutzungen durch eine konkrete Person. Er ist also ein klassisches Instrument der vermögensrechtlichen Aufteilung unter Erhalt der Nutzungsmöglichkeiten für den Lebensabend (s. a. Wilhelm Rdn. 1742 ff.). Zugleich werden schon zu Lebzeiten des Zuwendenden die maßgeblichen Güterzuordnungen getätigt und potentiellen Erbstreitigkeiten vorgebeugt (Reiff NJW 1992,2857 f.) – stets müssen hier aber pflichtteilsrechtliche Fragen berücksichtigt werden, will man die vorgenommene Güterzuordnung wirtschaftlich über schuldrechtliche Ausgleichsansprüche nicht wieder aushöhlen. Hat etwa der vorweg Bedachte potentiell einen solchen Anspruch, muss gegebenenfalls auf einen Verzicht auf diesen hingewirkt werden (s. a. Winkler ZEV 2005,91). Dies geschieht über einen Erbverzicht (§ 2346 I BGB), der zudem auch grundsätzlich für das gesetzliche Erbrecht (§§ 1924 ff. BGB) auf Abkömmlinge erstreckt wird (§ 2349 BGB, das gewillkürte Erbrecht ist freilich zu sehr von dem Erblasserwillen abhängig, als dass man hier eine eigene gesetzliche Vorschrift bräuchte).

Etwa in diesem Zusammenhang ist die Frage aufgetaucht, ob der Zuwendende schon vor der Zuwendung, während er also noch Inhaber der jeweiligen Rechte ist, einen Nießbrauch für sich bestellen kann; später ist er insoweit bis zu einem gewissen Grade doch stark von den Zuwendungsempfängern abhängig (Freilich kann die entsprechende Verpflichtung schon vorher begründet werden). Man wird diese Frage bejahen müssen (s. u. Rdn. 17 ff.).

2.1.1.1.1 Insbesondere der Pflichtteilsergänzungsanspruch

7a Nun kann es freilich dazu kommen, dass erbrechtlich motivierte Ausgleichsansprüche entstehen. Von der Erbfolge ausgeschlossene Abkömmlinge oder Ehepartner haben grundsätzlich einen schuldrechtlichen Pflichtteilsanspruch (§ 2303 BGB, daher sollte insoweit über einen entsprechenden Erbverzicht zu Lebzeiten nachgedacht werden, s. insoweit soeben im vorigen Abschnitt). Dieser bemisst sich an dem Nachlasswert. Ist der (aus der Sicht der Schenkung freilich künftige oder auch nur potentielle) Nachlass aber durch Schenkungen beeinträchtig worden, steht der Pflichtteilsergänzungsanspruch nach § 2325 BGB im Raum (s. auch für den auf die Hälfte des gesetzlichen Erbteils eingesetzten Pflichtteilsberechtigten § 2326 BGB). Der Erbe kann sich insoweit allenfalls auf § 2328 BGB berufen, wenn der Ausgleich ihn selbst wertmäßig unter seinen eigenen (fiktiven) Pflichtteil bringen würde.

Vorausgesetzt wird insoweit eine Schenkung (s. zu den möglichen Varianten Reiff NJW 1992, 2858 f.: Normalschenkung, Schenkung unter Auflage – eine Schenkung, bei der Leistungen aus dem zugewendeten Gegenstand erbracht werden sollen, gemischte Schenkung – diese besteht aus einem entgeltlichen und unentgeltlichen Teil, ist aber gleichwohl immer noch eine Schenkung i. S. v. § 516 BGB, für sog. ehebedingte Zuwendungen s. BGHZ 116, 170), die aber bei einer lebzeitigen Vermögensübergabe unter Nießbrauchsvorbehalt durchaus und zudem üblicherweise vorliegen wird (Reiff a. a. O. S. 2859 f.; vgl. auch Link ZEV 2005, 283 ff.). Die Konsequenz ist ein auf Geldleistung gerichteter Ausgleichsanspruch, der durch Hinzurechnung des zugewendeten Vermögens zum Nachlass berechnet wird (s. insoweit § 2325 I BGB).

2.1.1.1.1.1 Die Berechnung des Nießbrauchs

Die nächste Frage ist, ob und wie der Nießbrauch bei der Wertberechnung des Belastungsobjekts berücksichtigt wird. Dies ist umstritten.

Die Rechtsprechung zieht den kapitalisierten Wert des Nießbrauchs (vgl. insoweit als Orientierung die Möglichkeit über Anlage 9 zu § 14 BewG) von dem Wert des Belastungsobjekts (üblicherweise eines Grundstücks) ab (BGH FamRZ 1991, 553; BGH NJW 1992, 2887; s. aber auch insoweit anders für den Fall einer nur kurzen Rechtsausübung und einem damit verbundenen Missverhältnis von Kapitalwert und tatsächlichem Nutzungswert OLG Oldenburg NJW-RR 1999,734).

Anders, wenn der Wert einer nicht verbrauchbaren (§ 92 BGB) Sache als Belastungsobjekt (wohl gemerkt, es geht im Regelfall um Immobilien) im Erbfallszeitpunkt niedriger ist als im Schenkungszeitpunkt, dann bleibt der Nießbrauch völlig unberücksichtigt (BGH NJW 1992,2887; BGH ZEV 2003,417). Begründet wird dies mit § 2352 II BGB, dessen Satz 2 a. E. ein Niederstwertprinzip beinhaltet.

Diese Vorgehensweise wird oft bestritten (s. nur Link ZEV 2005,283 ff.; Reiff NJW 1992,2860; Behmer FamRZ 1994,1375 ff.), wobei hier wiederum verschiedene Varianten vertreten werden, angefangen von der gänzlichen Nichtberücksichtigung des Nießbrauchs über die ständige Berücksichtigung desselben, wobei dann wieder über die Wertberechnung – kapitalisierter Wert oder tatsächlicher Wert nach der tatsächlichen Nutzungsdauer – sinniert wird.

Als zutreffend erweist sich die völlige Nichtberücksichtigung (so auch Reiff NJW 1998,2860 f.; a. A. die übrigen im vorigen Absatz Genannten). Der von dem Begünstigten zugegebenermaßen nicht realisierte Nießbrauchswert (Der Nießbrauch verbleibt ja dem Erblasser und erlischt mit dessen Tode, s. a. Rdn. 155) ändert nichts daran, dass der Wert des Belastungsobjekts, so wie er sich im Zeitpunkt des Erbfalls darstellt, nun völlig zu seiner Verfügung steht. § 2325 II Satz 2 BGB geht davon aus und statuiert den Ansatz eines niederen Werts zum Schenkungszeitpunkt allein zu dem singulären Zweck, Vermögenszuwächse zwischen diesem Zeitpunkt und dem Erbfallszeitpunkt, die insoweit auch nicht zugewendet waren und einen mehr oder weniger zufälligen Charakter in sich tragen, nicht zu Lasten des Beschenkten ausschlagen zu lassen. Hier aber fehlt es an dem Zufallsmoment, schon zum Schenkungszeitpunkt ist beabsichtigt, allein den Wert des Belastungsobjekts zum Erbfallszeitpunkt zuzuwenden – es ist nur konsequent, diesen Wert dann auch anzusetzen. Eben das besagt folgerichtig auch § 2352 II Satz 2 BGB als Regel, von der das Niederstwertprinzip nur eine Ausnahme für eine bestimmte – hier eben nicht vorliegende – Fallkonstellation bietet.

Das Gesagte gilt freilich allein für nicht verbrauchbare Sachen. Für solche nämlich greift § 2352 II Satz 1 BGB, wonach der Wert im Schenkungszeitpunkt in Ansatz zu bringen ist. Hier ist ein Nießbrauch durchaus und zudem für alle Fälle zu berücksichtigen (Der eben dargestellte Meinungsstreit hat sich dieser Frage nicht gewidmet; hier ging es allein um nicht verbrauchbare Sachen, wobei auch dieser Fall mit Abstand praxisrelevanter ist). Hier nämlich ist der Nießbrauch, der mit dem Umfang der von ihm verliehenen Befugnisse (vgl. Rdn. 60 ff.) den Wert der Sache üblicherweise völlig aufzehrt, in jedem Fall wertbeeinflussend.

Keine Regelung enthält das Gesetz insoweit, wenn es um andere Gegenstände als Sachen gilt. Hier ist der Wert im Zeitpunkt des Erbfalls anzusetzen. Bei genauerer Betrachtung handelt es sich um dieselben Gedanken, die an sich § 2325 II Satz 2 BGB in der hier favorisierten Variante zugrunde liegen. Der Wert zu diesem Zeitpunkt steht dem Beschenkten zur vollen Verfügung, ohne dass eine vormalige (s. § 1061 Satz 1 BGB) dingliche Belastung daran etwas ändern könnte. Anders ist nur, dass es hier mangels einer gesetzlichen Anordnung kein Niederstwertprinzip gibt, stattdessen gilt hier immer nur der konkrete Wert zum Erbfallszeitpunkt. Dem gemäß müssen im Einzelfall auch Abschreibungen berücksichtigt werden. Im Regelfall aber kann der Nennwert, so es einen solchen gibt, eine indizielle Wirkung entfalten.

Diese Fragen können schließlich den Pflichtteilsberechtigten selbst betreffen, wenn er nämlich der Zuwendungsempfänger mittels Schenkung ist (§ 2327 I Satz 2 BGB). Ungeachtet dessen wird in vielen Konstellationen jedenfalls ein Erbverzicht vorzuziehen sein (s. Rdn. 7 c a. E.; für den Erbverzicht s. o. Rdn. 7). Dies ist nicht zuletzt deswegen zu erwägen, weil gem. § 2329 BGB auch gegen den Beschenkten Ansprüche entstehen könnten, was zu einer Rückgängigmachung der ursprünglich beabsichtigten Vermögensverschiebung führen würde.

2.1.1.1.1.2 Sonstiges

7b Nicht zuletzt ist generell die zehnjährige Ausschlussfrist des § 2325 III BGB zu beachten – dies völlig unabhängig von der Frage, ob es sich bei dem Belastungsobjekt um eine verbrauchbare Sache handelt oder nicht.

Indessen wird diese Regelung für den vorbehaltenen Nießbrauch nicht für einschlägig erachtet.

Der Grund liegt darin, dass der Schenkende infolge dieses vorbehaltenen Rechts die Substanz des Schenkungsobjekts sichert und zwar gleich einem Eigentümer. Die Ausschlussfrist soll aber dem Zweck dienen, Schenkungen nicht mehr zu berücksichtigen, weil sie schon zu lange zurückliegen und man mit ihnen insoweit nicht mehr rechnet. Letzteres greift bei Erlöschen des Nießbrauchs infolge des Todes des Schenkers (§ 1061 BGB) nicht, denn erst jetzt gelangt der Beschenkte in den Genuss des Schenkungsobjekts. Bis dato also war ihm also durchaus präsent, dass eine Schenkung vorlag. Diese ihrerseits war bis zum Erbfall noch aktuell, weil ihre eigentlichen Wirkungen durch den Vorbehaltsnießbrauch eingeschränkt waren. Erst jetzt, d. h. mit dem Tode des Schenkers, entfaltete sie ihre eigentliche Wirkung. Dieses „Erst-jetzt-Freiwerden" sorgt also dafür, dass die Schenkung nach wie vor gleichsam im Gedächtnis der Beteiligten verhaftet war – man konnte also noch mit ihr rechnen, und insoweit greift die ratio des § 2325 III BGB nicht ein (BGH NJW 1994,1791).

Sofern man freilich (wie die Rspr. es grundsätzlich tut, s. in den vorigen Abschnitten) den Nießbrauch im Rahmen von § 2325 II BGB von dem Schenkungswert des belasteten Objekts abzieht, mag man in dieser Vorgehensweise eine teilweise Kompensation von der Nichtanwendbarkeit des § 2325 III BGB sehen – ein grundlegendes System steht dahinter allerdings nicht.

2.1.1.1.2 Die Anrechnung auf den Pflichtteil

Auf den Pflichtteil kann angerechnet werden, was der Berechtigte zu Lebzeiten von dem Erblasser erhalten hat (§ 2135 I BGB). Das kann eine Rolle spielen, wenn der Pflichtteilsberechtigte etwa ein Grundstück mit einem vom Erblasser sich selbst vorbehaltenen Nießbrauch durch Rechtsgeschäft unter Lebenden erhalten hat.

7c

Kommt es dann zum Erbfall und sind einzelne Abkömmlinge oder der Ehepartner als Erben ausgeschlossen worden, entstehen Pflichtteilsansprüche (Der häufigste Fall ist wohl derjenige, dass sich Ehegatten im Rahmen eines sog. Berliner Testaments gegenseitig bedenken, zur Ausnutzung schenkungs- und erbschaftssteuerrechtlicher Freibeträge aber schon lebzeitige Zuwendungen zukommen lassen und zwar auch etwa gegenüber Abkömmlingen. Hier wird aus den geschilderten Gründen, s. o. Rdn. 7, eben oft ein Nießbrauch vorbehalten. Getreu der sog. Einheitslösung nach § 2269 I BGB würden die Abkömmlinge mit dem Erstversterben eines Ehepartners nicht Erben, was zunächst Pflichtteilsansprüche auslöst. Hier stellt sich dann die Frage der Anrechnung des lebzeitig Zugewendeten – zur Alternative: würden die Abkömmlinge nach der insoweit eigens anzuordnenden Trennungslösung neben dem überlebenden Ehegatten zu Erben berufen, könnte sich allenfalls die Frage eines Zusatzpflichtteils stellen, § 2305 BGB).

Eine Anrechnung muss gem. § 2135 I BGB bestimmt werden (s. dazu auch Winkler ZEV 2005,91 f.).

Der Wert der Zuwendung wird dem Nachlass hinzugerechnet, der Zeitpunkt desselben bestimmt sich nach der Zuwendung (§ 2135 II BGB). Allerdings stellt sich hier wieder die Frage der Wertbestimmung, über die auch hier gestritten werden kann. Ist etwa ein nießbrauchsbelasteter Gegenstand zugewendet worden, neigt man zum Abzug des Nießbrauchs-

Kapitalwerts von dem Wert des Gegenstands, etwas des Grundstücks (Moog DStR 2002,182). Anders als bei § 2325 II BGB (s. dazu zuvor Rdn. 7a) ist hiergegen nichts einzuwenden, denn die geschilderte Rückdatierung des Zuwendungswerts konzentriert sich tatsächlich auf einen Zeitpunkt, in dem das Eigentum (etwa an dem exemplarisch genannten Grundstück) oder die sonstige Inhaberschaft dem Zuwendungsempfänger nicht ungeschmälert zur Verfügung stand – diese Schmälerung infolge eines Nießbrauchs muss also berücksichtigt werden, was durch die geschilderte Anrechnung denn auch geschieht. Allgemeine Wertsteigerungen nach der Zuwendung bleiben anhand des klaren Gesetzeswortlauts unberücksichtigt.

Die Konsequenz ist, dass eine Anrechnung nicht vollumfänglich erfolgt. Im Ergebnis kann das dazu führen, dass der Pflichtteilsberechtigte an Pflichtteil dann doch mehr erhält als in der Absicht des Erblassers gelegen haben mag.

Dies zu verhindern (s. a. Moog a. a. O.; s. auch schon Rdn. 7 für den Pflichtteilsansprüche grundsätzlich mit erfassenden Erbverzicht insgesamt sowie Winkler ZEV 2005,91), gibt es als Möglichkeiten den Pflichtteilsverzicht (§ 2346 II BGB), der aber eine entsprechende Einigung (zum Vergleich: Die Anrechnungsbestimmung nach § 2315 I BGB ist einseitig möglich, allerdings nicht mehr im Nachhinein, s. a. Winkler ZEV 2005,91) erfordert (zur Form – notarielle Beurkundung – s. § 2348 BGB). Wieder sollte darauf geachtet werden, dass dieser Verzicht vollumfänglich, d. h. auch für die Abkömmlinge des ansonsten pflichtteilsberechtigten Verzichtenden wirkt (s. wieder § 2349 BGB: Entgegen des hier nicht eindeutigen oder gar missverständlichen Gesetzeswortlauts betrifft diese Regelung nämlich auch den Pflichtteilsverzicht, s. etwa Erman/Schlüter § 2346 Rdn. 1).

2.1.1.1.3 Erbschafts- und Schenkungssteuer

7d Häufig erfolgt die Vermögensübertragung mit Vorbehalt eines Nießbrauchs unentgeltlich. Die Folge ist vor allem, dass damit ein schenkungssteuerrechtlicher Vorgang ausgelöst wird (§ 7 I Nr. 1 ErbSchStG, zur Entstehung der Steuer s. § 9 I Nr. 2 ErbSchStG – der Nießbrauchsvorbehalt hat auf den Schenkungsvollzug an sich keinen Einfluss, s. a. Holland, in: Würzburger Notarhandbuch Rdn. 2049); Widerrufs-, Rückgewährs- oder sonstige Klauseln ändern nichts daran (Holland a. a. O.). Hier greift die Sonderregelung des § 25 ErbSchStG für den Fall, dass die Nutzungen dem Schenker selbst oder seinem Ehegatten zustehen (s. dazu sowie zum nachfolgenden Jülicher DStR 2001,1200 ff.; Goertzen DStR 1994,1558 f.; s. a. Wollny Rdn. 7012; Holland a. a. O. Rdn. 2048).

Daraus ergibt sich, dass bei der Vermögensbewertung (§ 10 ErbSchStG) der Nießbrauch unberücksichtigt bleibt (s. § 25 I Satz 1 ErbSchStG). Jedoch wird die Steuer, die auf den Kapitalwert des Nießbrauchs entfällt, bis zu dessen Erlöschen zinslos gestundet. Das Erlöschen tritt bei der vorweggenommenen Erbfolge regelmäßig mit dem Tode des Vorbehaltsnießbrauchers/das Vermögen Übertragenden ein (s. § 1061 BGB, s. u. Rdn. 155). Zu beachten ist, dass die Stundung auch im Fall der völligen oder teilweisen Veräußerung des belasteten Vermögens vorzeitig enden kann (§ 25 II ErbSchStG).

Alternativ kann die Steuer ungeachtet der besagten Stundung auf Antrag jederzeit mit ihrem Barwert (§ 12 III BewG) abgelöst werden (s. dazu auch Jülicher DStR 2001,1201; zur Bewertung des Nießbrauchs s. v. Oertzen/Helios ZEV 2004,485 ff.).

2.1.1.2 Alternative zu erbrechtlichen Konzepten

Weiterhin kann der Nießbrauch Gestaltungen durch Rechtsgeschäfte unter Lebenden ermöglichen, die erbrechtlichen Regelungen nahe kommen. Der Unterschied zu der vorweggenommenen Erbfolge liegt darin, dass es hier auch wirklich zu Konstellationen kommt, die dem Erbrecht nicht verschlossen sind; die vorweggenommene Erbfolge geschieht hingegen noch zu Lebzeiten desjenigen, der ansonsten Erblasser wäre, so dass hier das Erbrecht von Anfang an gar nicht einschlägig sein kann.

8

Auch hier geht es darum, Vermögenswerte zunächst einmal einer Person zukommen zu lassen, ehe andere zum Zuge kommen, m. a. W.: Es soll eine zeitlich gestaffelte Vermögensaufteilung erfolgen.

Das Erbrecht sieht insoweit die Vor- und Nacherbschaft vor (§ 2100 ff. BGB; vgl. zu diesem Konkurrenzverhältnis auch Petzoldt BB 1975, Beil. 6 zu Heft 13). Der Vorerbe gelangt in den Vorzug der alleinigen Nutzung der Erbschaft bis zum Nacherbfall. Danach geht der Nachlass auf den Nacherben über, dem insoweit die jeweiligen Erbschaftsgegenstände und sonstigen Vorteile des Nachlasses zu überlassen sind (s. i. e. §§ 2130 ff. BGB). Der Vorerbe kann den Nachlass umfassend für seine Zwecke verwenden; dessen Bestand wird nur durch einzelne Verfügungsbeschränkungen (§ 2112 ff. BGB, beachte hier aber auch die Möglichkeit der sog. befreiten Vorerbschaft nach § 2136 BGB; allgemein hierzu Dillmann RNotZ 2002,1 ff.) und durch die dingliche Surrogation (§ 2111 BGB) geschützt.

Der Nießbrauch

9   Alternativ kann der Erblasser aber auch denjenigen, der Nacherbe werden soll, als alleinigen Erben einsetzen, der sofort in den Genuss des Nachlasses mit Erbfall kommt. Derjenige, der ansonsten Vorerbe werden sollte, kann mit einem Nießbrauch an dem Vermögen des Erblassers, an dem späteren Nachlass, versehen werden. Hier könnte etwa ein aufschiebend bedingter Nießbrauch bestellt werden (s. zu der Möglichkeit bedingter Verfügungen näher u. Rdn. 14) wobei der Erbfall die aufschiebende Bedingung wäre (§ 158 I BGB, ebenso könnte auch eine auflösende Bedingung für die Beendigung des Nießbrauchs vereinbart werden). Ebenso wenig wie der Nacherbfall zwingend mit Tod des Vorerben eintreten müsste, wäre das auch hier der Fall. In erbrechtlicher Sicht, was im Wege des bedingten Geschäfts unter Lebenden auf den Nießbrauch übertragen werden könnte, spielen etwa sog. Wiederverheiratungsklauseln eine nicht unerhebliche Rolle, s. dazu etwa Brox Rdn. 189. Übertragen auf die Nießbrauchsbestellung wäre der Fall hier so gelagert, dass die Wiederheirat des Nießbrauchsbegünstigten zu einem Erlöschen des Nießbrauchs führt. Die Erben kämen nun in den vollständigen Genuss der Erbschaft, was diese in der Familie des Erblassers halten würde, m. a. W.: Es geht um eine Familienversorgung aus der Sicht des Erblassers allein, nicht etwa noch um eine wirtschaftliche Begünstigung des neuen Ehepartners des Überlebenden.

Freilich wäre hier bei Unentgeltlichkeit und einer Einräumung auf den Todesfall die Formvorschrift des § 2301 BGB zu beachten, wenn aber die Verfügung, also die Nießbrauchsbestellung getätigt wäre und nur noch die Bedingung eintreten müsste, käme es infolge des Schenkungsvollzuges zur Anwendung der Formvorschriften für Rechtsgeschäfte unter Lebenden (§ 2301 II BGB; s. allgemein Palandt-Edenhofer § 2301 Rdn. 10; Lange/Kuchinke § 33.II.2.a). Die Formbedürftigkeit eines Schenkungsversprechens (§ 518 I Satz 2 BGB) würde durch den Bedingungseintritt in seiner Erforderlichkeit wegfallen (§ 518 II BGB).

10 Der Nießbrauchinhaber nimmt hier in einer vergleichenden Betrachtung die Stellung des Vorerben ein, wohingegen der Nacherbe dort bei der hiesigen Gestaltung durch den Vollerben repräsentiert wird. Tendenziell bindet der Nießbrauch ungeachtet seiner weitreichenden Möglichkeiten den Inhaber mehr als es die Nacherbschaft hinsichtlich des Vorerben tut. Der Nießbrauch gestattet nämlich generell keine Verfügung über die betreffenden Gegenstände (vgl. dazu auch u. Rdn. 16). Bei der Vor-/Nacherbschaft finden sich lediglich Verfügungsbeschränkungen bei unentgeltlichen Verfügungen (§ 2113 II BGB, hiervon gibt es auch keine Befreiung nach § 2136 BGB!), Immobiliargeschäften (§§ 2113 I, 2114 BGB) und solchen hinsichtlich von Schiffen oder Schiffsbauwerken

(§ 2113 I BGB), wenn auch gegebenenfalls ein gutgläubiger Erwerb möglich ist (§§ 2113 III, 2114 Satz 3 i. V. m. 2113 III BGB). Auf der anderen Seite kennt der Nießbrauch keine vergleichbare dingliche Surrogation wie bei § 2111 BGB, so dass hier eine Schmälerung der „Nießbrauchsmasse" eher eintreten kann als bei dem Nachlass im Fall einer Vor-/Nacherbschaft. Insgesamt aber sind die Wirkungen bei beiden Strategien durchaus vergleichbar.

Die Ähnlichkeiten zwischen Vor-/Nacherbschaft und Nießbrauch äußern sich auch, wenn es um Abwicklungsmodalitäten geht. Hier können vergleichbare Fragestellungen auftreten, welche man im Analogieschluss doch nach gleichartigen Kriterien lösen kann. Das Gesetz hat dieses erkannt, als es in § 2135 BGB auf Nießbrauchsrecht (§ 1056 BGB) in entsprechender Anwendung rekurriert (s. dazu u. Rdn. 162).

Wiederum sind die schenkungssteuerlichen Vorschriften zu beachten. Auch hier gilt § 25 ErbSchStG (s. o. Rdn. 7 c; vgl. demgegenüber für die Steuerentstehung beim Nacherben § 9 I Nr. 1 lit. h) ErbSchStG: Entstehung erst bei Eintritt der Nacherbfolge, s. § 2319 BGB).

2.1.1.3 Alternative zu güterrechtlichen Konzepten

Auch familienrechtliche Erscheinungsformen können durchaus dieselbe oder eine ähnliche Zielsetzung beinhalten, wie sie uns beim Nießbrauch begegnen kann. Das betrifft vor allem das eheliche Güterrecht.

11

So besteht die Möglichkeit einer fortgesetzten Gütergemeinschaft, nach der die Gesamthand an dem Gesamtgut (§ 1416 BGB) nach dem Tode eines Ehegatten mit dem überlebenden Ehegatten und den gemeinsamen Abkömmlingen (nur mit diesen, bezüglich sonstiger findet eine Auseinandersetzung nach erbrechtlichen Regelungen statt, s. § 1483 II BGB i. V. m. §§ 2031 ff. BGB) fortgesetzt wird. Anders ausgedrückt, treten die gemeinsamen Abkömmlinge, die auch als gesetzliche Erben in Betracht kämen, in die Gesamthand an die Stelle des Verstorbenen. Alles, was nicht in das Gesamtgut fiel, wird nach allgemeinen Vorschriften vererbt (s. näher § 1483 I, II BGB). Die maßgeblichen Transaktionen aber werden schon zu Lebzeiten der Ehegatten und nicht erst durch erbrechtliche Bestimmungen auf den Todesfall getroffen.

Auch hierdurch kann eine umfassende Vermögensnachfolge bezüglich des Gesamtgutes erreicht werden. Schon während der ursprünglichen Gütergemeinschaft besteht kraft der Gesamthand eine Verfügungsbeschränkung der Ehegatten (vgl. §§ 1453 ff., 1427 ff. BGB). Auf der anderen Seite ist gerade bei den so bedeutsamen Unternehmensnachfolgen (s. dazu sogleich im Anschluss) mittels der §§ 1431, 1456 BGB eine Erleichterung geschaffen, die das Unternehmen nicht durch die jeweiligen Verwaltungs-, Verfügungs- und Zustimmungsbefugnisse lahm legt.

Der erstversterbende Ehegatte bleibt hier zu seinen Lebzeiten noch in dem Genuss seines Vermögens ähnlich wie bei einem einbehaltenen Nießbrauch, auf der anderen Seite ist der durch die Regelungen über das Gesamtgut gebunden. Hinsichtlich der bestehenden Verwaltungs-, Verfügungs- und Zustimmungsbefugnisse ist die Bindung hier stärker als beim Nießbrauch. Will man diese vermeiden, kann der Nießbrauch in der Tat eine lohnenswerte Alternative bieten.

2.1.1.4 Hof- oder Unternehmensübergabekonzepte

12 Aus dem Gesagten ergibt sich, dass der Nießbrauch ein hervorragendes Instrument darstellt, ganze Unternehmen auf die nächste Generation übergehen zu lassen (vgl. Wilhelm Rdn. 1743).

Hier kann etwa eine Übertragung der jeweiligen Vermögensgegenstände unter Einbehalt des Nießbrauchs vonstatten gehen, ohne dass sich in der Sache etwas änderte. Der bisherige Unternehmensträger könnte sein Unternehmen als Nießbrauchsberechtigter insgesamt nutzen, dies kann auch kraft Absprache mit den Erwerbern etwa unentgeltlich geschehen. Spätestens mit seinem Ableben (vgl. § 1061 BGB) hat sich die Unternehmensnachfolge denn auch in jeder Hinsicht vollzogen.

Aus diesem Grunde findet sich der Nießbrauch oft auch bei Regelungen des Übergangs landwirtschaftlicher Betriebe, sog. Hofübergaben (s. insoweit auch Wilhelm a. a. O.). Hier dürfte übrigens auch schon eine gewisse historische Komponente eine Rolle spielen, denn gerade in dieser Branche waren Nutzungsrechte in den verschiedensten Ausgestaltungen von jeher anerkannt und akzeptiert.

Nicht zuletzt erlaubt der Nießbrauch einen schrittweisen Transfer der Unternehmerstellung auf den oder die ausgewählten Nachfolger (s. a. Milatz/Sonneborn DNotZ 1999,137). Als Alternative zu einer Vollübertragung (der er wirtschaftlich gesehen durchaus nahe kommen kann) bewirkt er nach wie vor eine Absicherung des ursprünglichen Unternehmers.

2.1.1.5 Vermächtnisnießbrauch

13 In dem Zusammenhang mit dem Genannten steht der sog. Vermächtnisnießbrauch, der etwa zur Absicherung von Unterhaltsberechtigten dienen kann, ohne diesen eine Erbenstellung einzuräumen (s. hierzu auch Schlieper MittRhNotK 1995,249 ff., früher waren vor allem steuerliche Gründe

für eine solche rechtliche Konstruktion maßgeblich; vgl. insoweit auch Petzoldt BB 1975, Beil. 6 zu Heft 13, S. 2, wonach diese für eine Auslegung der jeweiligen Erklärungen in die eine oder andere Richtung – erbrechtliche Konstruktion oder Nießbrauch? – von Bedeutung sein sollten).

Hier wird die Erbschaft mit einer schuldrechtlichen Verpflichtung, dem Vermächtnis eben, belegt, dem Vermächtnisnehmer einen Nießbrauch an dem Nachlass oder einzelnen Gegenständen daran einzuräumen. Mit dem Erbfall erwächst ein schuldrechtlicher Anspruch des Begünstigten auf Einräumung des Nießbrauchs gegen den Erben (§§ 2147, 2174 BGB).

Eine solche Gestaltung empfiehlt sich etwa dann, wenn der Erblasser einer Person etwas post mortem zuwenden will, auf der anderen Seite diese aber nicht in eine Miterbengemeinschaft aufgenommen wissen möchte. Dies kann dann naheliegend sein, wenn ansonsten auf Grund persönlicher Differenzen Zwistigkeiten auftreten könnten, die sich letztendlich auch vermögensschädigend – etwa bei der Auseinandersetzung – auswirken könnten. Eine andere Zielsetzung könnte darin liegen, dass einer der Erben in einem Vorausvermächtnis bereits etwas erhalten soll, was bei der Auseinandersetzung der Miterbengemeinschaft nicht in Ansatz gebracht wird, m. a. W.: Es soll einer der Miterben bevorzugt werden (s. hierzu Lange/Kuchinke, S 640).

Es geht hier also um eine Verknüpfung von Vermächtnis und Nießbrauch. Letzterer ist hier genauso wie sonst auch ein „normaler" Nießbrauch i. S. v. § 1030 ff. BGB. Besondere Bezeichnungen aus der Praxis geboren dürfen nicht darüber hinwegtäuschen, dass es stets um ein und dasselbe Recht geht.

Vermächtnisse sind von Teilungsanordnungen (vgl. § 2048 BGB) oft nur schwer zu unterscheiden. Generell kommt es darauf an, ob die in der jeweiligen Erklärung enthaltene Zuwendung auf den Miterbenanteil angerechnet werden soll – dann Teilungsanordnung – oder nicht. Die Abgrenzung beider Institute ist zum Teil recht schwierig, so dass hier das Gewollte genau zu spezifizieren ist. Im Gegensatz zur Teilungsanordnung zielt das Vorausvermächtnis also darauf ab, dem Begünstigten einen Vorabvorteil zukommen zu lassen (s. etwa Keim, in: Würzburger Notarhandbuch, Teil 4, Rdn. 195). Die Einräumung eines Nießbrauchs kann nur ein Vermächtnis sein, denn sie ist in ihrer Bestellung eigenständig von der Auseinandersetzung einer Miterbengemeinschaft. Will man eine „Quasi-Anrechnung" auf den Erbteil erreichen, muss man alternativ diesen entsprechend vermindert ansetzen. Im „schlimmsten Fall" ist der Weg eines Erbverzichts zu beschreiben und die Zuwendung auf eine solche zu Lebzeiten zu verlagern (vgl. schon zuvor Rdn. 7, s. a. für Pflichtteile Rdn. 7c)

2.1.1.6 Scheidungsvereinbarungen

Ein Nießbrauch kann weiterhin auch dazu eingesetzt werden, durch die damit verbunden Vermögenszuwendung scheidungsbedingte Regelungen so weit möglich abzubedingen bzw. abzuändern. So kann partiell der Versorgungsausgleich ausgeschlossen werden (§ 1587 o BGB). Als adäquate Gegenleistung mit dem entsprechenden Versorgungscharakter kann sich ein Nießbrauch durchaus anbieten (s. a. Langenfeld Rdn. 953, namentlich für den Grundstücksnießbrauch sowie den Unternehmensnießbrauch, zu letzterem s. Rdn. 135 ff.).

2.1.2 Sonstige Funktionen

Der Nießbrauch steht nicht im Dienste einer einzigen Funktion. Die Funktion wird letztendlich privatautonom von den Beteiligten fixiert. Allein die Dogmatik ist vom Recht vorgegeben.

2.1.2.1 Sicherungsnießbrauch

14 Der Nießbrauch steht allerdings nicht allein unter dem Zweck der Ermöglichung einer Vermögensnachfolge. Tatsächlich ist er als solcher zweckneutral. Damit kann er auch anderen Funktionen als den vorgenannten dienen.

2.1.2.1.1 Allgemeines

Der Nießbrauch kann auch als Sicherungsmittel eingesetzt werden (s. dazu etwa Staudinger/Frank § 1030 Rdn. 64 ff.). Er ist kraft Gesetzes dafür zwar nicht vorgesehen, er ist also abstrakt, doch das spricht nicht gegen diese Option. Denselben Befund weist etwa auch eine Grundschuld auf, deren Tauglichkeit als Sicherungsgrundschuld aber heutzutage keiner ernsthaften Überzeugungsarbeit mehr bedarf. Es fehlt lediglich die Abhängigkeit von dem zu sichernden Recht, also die sog. Azessorietät. Jedoch ist die Akzessorietät keine unbedingte Voraussetzung für ein Sicherungsrecht (vgl. Ahrens AcP 200 (2000),132 f.).

Weiterhin kann eine „Quasi-Akzessorietät" durch eine zugrunde liegende schuldrechtliche Sicherungsabrede ins Leben gerufen werden (vgl. dazu etwa Ahrens AcP 200 (2000), 123 f. für die Sicherungsgrundschuld; für den Sicherungsnießbrauch s. Mayer/Geck DStR 2005,1467; vgl. auch o. Rdn. 4a). Keineswegs verstößt ein solches Vorgehen gehen die Abstraktheit des dinglichen Rechts, welches vom Gesetz ursprünglich offensichtlich nicht als Sicherungsmittel gedacht war. Man kann sogar so weit gehen, den Bestand des Nießbrauchs unter eine auflösende Bedingung

(§ 158 II BGB), nämlich derjenigen des Fortfalls des Sicherungszwecks zu stellen, mit der Folge, dass der Nießbrauch in diesem Fall erlischt (Ein Heimfall ist hier nicht vorgesehen, denn aus der Unübertragbarkeit, § 1059 BGB, wie auch der Unvererblichkeit, § 1061 BGB, ergibt sich, dass der Nießbrauch eben nur einmal und das „in der Hand" einer einzigen Person ent- und bestehen soll. Das gilt selbst gegenüber dem Vollrechtsinhaber, wie hier i. Erg. auch Jauernig/Jauernig, Vorbemerkungen zu §§ 1030 ff., Rdn. 5). Dass der Nießbrauch auf dinglicher Ebene an sich als ein abstraktes Recht ausgestaltet ist, verhindert die Kreierung eines Bedingungszusammenhanges mit an sich obligatorischen Abreden nicht. Vielmehr geht das Gesetz selbst im allgemeinen vom Gegenteil aus und statuiert Ausnahmen hiervon ausdrücklich (s. § 925 II BGB, s. hierzu auch allgemein Ahrens AcP 200 (2000),132 f. sowie a. a. O. Fußn. 43 m. w. N.).

Wieder in diesem Zusammenhang ist die Frage aufgetaucht, ob der Rechtsinhaber einen Nießbrauch für sich selbst bestellen kann (s. näher dazu u. Rdn. 17 ff.). Das läuft auf die Kreierung eines Sicherungsrechts auf Vorrat hinaus. Dieser Befund ist dem geltenden Recht keineswegs fremd, wie der Blick auf die Eigentümergrundschuld (§ 1196 BGB, s. dazu ebenfalls im Anschluss a. a. O.) zeigt. Es ist weiterhin von Interesse, ein potentielles Sicherungsrecht möglichst frühzeitig zu bestellen, damit es in seinem Rang anderen dinglichen Rechten vorgehen möge.

15

Der Nießbrauch als Sicherungsmittel kann durchaus in Zusammenhang stehen mit Vermögensnachfolgeregelungen. Der Zuwendende kann sich den Nießbrauch ja nicht nur zur Eigenversorgung, sondern auch zur Sicherung von Gegenleistungen durch die Erwerber seiner Zuwendungen einsetzen.

Weiterhin kann, auch hier mit Vermögensaufteilungen wenigstens nahekommenden Aspekten, ein Sicherungsnießbrauch zur Absicherung von Unterhaltsleistungen eingesetzt werden (s. MüKo-Pohlmann § 1030 Rdn. 76 mit Hinweis auf Petzoldt in der Voraufl. a. a. O. Rdn. 24).

Früher war ein Sicherungsnießbrauch in Konkurrenz zu einem Grundpfandrecht als Sicherungsmittel geschätzt. Hier ging es darum, Miet- und Pachteinnahmen vor einem Grundpfandgläubiger, bevor dieser im Rahmen seiner Befugnisse (vgl. § 1147 BGB) darauf Zugriff nehmen konnte, einer eigenen Besicherung zuzuführen (s. insoweit § 1124 BGB; s. aber auch für grundsätzlich gläubigersichere Einmalzahlungen BGH NZM 1998,105). Seitdem aber anerkannt ist, dass eine Nießbrauchsbestellung keine grundpfandfeste Vorausverfügung i. S. v. § 1124 BGB ist (s. dazu auch u. Rdn. 65), ist diese Motivation entfallen (MüKo-Petzoldt a. a. O.).

Weiterhin muss beachtet werden, dass, wenn ein Sicherungsnießbrauch bestellt ist, das Anknüpfungsobjekt, etwa wieder ein Grundstück, für nachrangige Belastungen angesichts des Umfangs nicht mehr allzu interessant erscheint (s. a. Lwowski Rdn. 317). Im Ergebnis wird man, hat man einen Nießbrauch bestellt, den belasteten Gegenstand dem Kreditsicherungsverkehr im folgenden weithin entziehen, denn dieser wird kaum ein Interesse daran haben, sich ein Sicherungsgut zu verschaffen, welches durch einen vorrangigen Nießbrauch schon weitgehend aufgezehrt wird. Das sollte für alle Fälle beachtet werden.

2.1.2.1.2 Sicherungsnießbrauch und Insolvenzrisiko

15a Mittlerweile ist eine weitere Sicherungsvariante in der Diskussion, die den Nießbrauch an geistigen Gütern betrifft (s. u. Rdn. 100, 108) und vor einem speziellen Insolvenzrisiko absichern soll (sog. Lizenzsicherungsnießbrauch; für sonstige Rechte bietet das geltende Recht Alternativen, so dass der Nießbrauch insoweit nicht dieselbe Relevanz hat wie hier).

2.1.2.1.2.1 Lizenzsicherungsnießbrauch?

Dort werden Nutzungsrechte durch sog. Lizenzen eingeräumt, die insoweit gleichsam das Gegenstück zu den dinglichen Nutzungsrechten, von denen dieses Buch handelt, darstellt (s. o. Rdn. 5).

Nun besteht hier die Tendenz, in Insolvenzfällen, jedenfalls sofern es um die lizenzgeberische Insolvenz geht, diese Lizenzrechte voll und ganz § 103 InsO zu unterwerfen und damit dem Wahlrecht des Insolvenzverwalters auszuliefern (s. etwa Stumpf/Groß Rdn. 494; für die fehlende Analogiefähigkeit des § 108 InsO im Vergleich zu § 21 KO a. F. s. Hombrecher WRP 206,219). Dies, so wird vorgeschlagen, soll verhindert werden können, wenn man die eingeräumte Lizenz mit einem Nießbrauch belastet (§ 1068 ff. BGB; vgl. u. Rdn. 100). Dieses dingliche Nutzungsrecht wäre nämlich von § 103 InsO unabhängig (Berger GRUR 2004, 23 ff.; dagegen aber Hölder/Schmoll GRUR 2004,832 f.).

Gleichwohl muss dieser Variante widersprochen werden.

Zum einen können schon Lizenzen durchaus einen (quasi-) dinglichen Charakter aufweisen, so dass sie im Rahmen einer teleologischen Reduktion § 103 InsO ohnehin zu entziehen sind und wie sonstige dingliche Rechte auch behandelt werden müssten (Insoweit aber noch ablehnend die h. M., s. a. Hombrecher WRP 2006,220). Eines Nießbrauchs als eines weiteren dinglichen Rechts bedürfte es dann erst gar nicht.

Auf der anderen Seite würde der somit bestellte Nießbrauch es nicht verhindern können, dass das zu sichernde Recht, wenn es ein schuldrechtliches ist (oder jedenfalls immer noch wie ein solches behandelt wird – das ist bei den eben genannten dinglichen Lizenzen immer noch der Fall), nicht doch nach den Regeln, denen es als solches unterliegt, erlischt. Schuldrechtliche Verträge im Synallagma unterliegen nun einmal § 103 InsO, was auch bei einem gegenseitigen schuldrechtlichen Lizenzvertrag nicht anders ist. Diese insolvenzrechtliche Norm ermöglicht aber die Beendigung des Nutzungsrechts, womit dann auch dem Nießbrauch die Basis entzogen wird – mit der Folge, dass auch dieser ohne weiteres erlischt. Eine Insolvenzfestigkeit eines Rechts kann nur dadurch erzeugt werden, dass dieses Recht selbst als ein insolvenzfestes kreiert wird und nicht dadurch, dass ein nicht insolvenzfestes Recht mit einem anderen insolvenzfesten versehen wird (vgl. auch Hombrecher WRP 2006, 222 f.).

Insoweit stellt sich die Frage nach einer Unwirksamkeit nach § 119 InsO erst gar nicht. Entweder ist die entsprechende „Dinglichkeit" jeweils gegeben, dann führte diese an sich schon aus dem Anwendungsbereich des § 103 InsO heraus, oder eben diese wird abgelehnt (so noch die h. M.), dann fehlt es ohnehin an der hinreichenden Insolvenzfestigkeit an sich.

Wohl ist den hier geäußerten Vorschlägen zuzugeben, dass eine Nießbrauchsbelastung des Immaterialgüterrechts selbst (s. dazu Rdn. 100) die entsprechenden Sicherungswirkungen zeitigen kann (so wiederum Berger GRUR 2004, 20 ff.). Der Nießbrauch ist nämlich per se entsprechend insolvenzfest (vgl. u. Rdn. 159). Nur wird er sich auf ein Urheberrecht mangels dessen Übertragbarkeit (§ 29 I UrhG) nur für bestimmte erbrechtliche Konstellationen erstrecken lassen können (a. A. Berger a. a. O., s. dazu näher Rdn. 100).

Des weiteren wird man auf Rangverhältnisse zu achten haben (str., a. A. Berger a. a. O.; wie hier Hölder/Schmoll a. a. O.); Lizenzen mit Verfügungscharakter und Nießbrauch treten hier in Konkurrenz zueinander wie etwa in der „klassischen" Situation des Zusammentreffens dinglicher Rechte des Dritten Buchs des BGB auch. Das ergibt sich aus dem jeweils dinglichen bzw. quasi-dinglichen Charakter beider Rechte. Es gilt auch hier ein Prioritätsprinzip. Eine Aufteilung oder ein sonstiger wie auch immer gearteter Ausgleich (vgl. § 1024 BGB) würde eine Zeitgleichheit der jeweiligen Rechtsentstehung verlangen, wie man sie kaum auch nur einmal vorfinden könnte.

2.1.2.1.2.2 Der Sicherungsnießbrauch im übrigen

An sich ist die grundlegende Gestaltung also bedenkenswert. Sie kann dort funktionieren, wo der Nießbrauch selbst bestandsfester ist als eben geschildert und zwar deshalb, weil er schon einem bestandsfesteren Recht ansetzt.

Das ist der Fall, wenn dingliche Rechte des Sachenrechts selbst mit einem solchen belastet werden (Noch einmal ist anzumerken, dass die Besicherung einer ausschließlichen Lizenz ebenso zu behandeln wäre, vgl. im vorigen Abschnitt). Das ist der Fall, wenn Sacheigentum belastet wird. Hier kann das dingliche Recht bewirken, dass im Endeffekt Sonderkündigungsrechte nach den §§ 57a ZVG, 111 InsO leer laufen (s. näher u. Rdn. 164a). Fraglich kann nur sein, ob es gerade der Nießbrauch ist, welcher angesichts seines umfassenden Wesens (§ 1030 BGB) das dazu adäquate Sicherungsmittel darstellt oder ob mehr „punktuelle" Rechte wie sonstige Dienstbarkeiten hier nicht vorzuziehen wären. Das gilt jedenfalls für den Sachnießbrauch, denn der Rechtsnießbrauch findet bei den sonstigen Dienstbarkeiten keine Entsprechung. Auf der anderen Seite wird man dieses fehlende Pendant auch nicht vermissen, denn insoweit ist der Nießbrauch dann doch flexibel genug, um die gewünschten Befugnisse zur Verfügung zu stellen (vgl. auch Rdn. 167).

Der Sicherungsnießbrauch kann insoweit auch flankierend für steuerliche Konzepte herhalten. So verhält es sich mit dem sog. Stuttgarter Modell, wonach Grundstücke übernommen und von dem Übernehmer sogleich rückvermietet werden, um sodann diesem Übernehmer etwa einen Werbungskostenabzug aus Einkünften aus Vermietung und Verpachtung zu sichern (s. dazu Spiegelberger DStR 2004,1107; Mayer/Geck DStR 2005,1425 ff. sowie 1471 ff. und speziell zum Sicherungsnießbrauch S. 1475 f.). Oftmals wird ein Nießbrauch hier allerdings zu weitreichend sein (vgl. § 1030 BGB), so dass sonstige Dienstbarkeiten in diesem Fall hier vorzuziehen sind (s. näher u. Rdn. 164 a. E. sowie Rdn. 238a).

2.1.2.2 Verfügungsnießbrauch?

16 Ab und zu findet sich die Formulierung eines Verfügungsnießbrauchs, womit ein Nießbrauch suggeriert wird, der seinem Inhaber eine Verfügungsbefugnis über den betreffenden Gegenstand einräumt. Ein solcher Nießbrauch stellt jedoch kein dingliches Nutzungsrecht und damit auch keinen Nießbrauch im Sinne der §§ 1030 ff. BGB dar. Das Sachenrecht kennt nämlich einen Nießbrauch, der auch eine Verfügungsbefugnis über einzelne extra geregelte Fälle (§§ 1048 I Satz 2, 1074, 1087 II Satz 2 BGB) hinaus gewährt, nicht. Er kann auch nicht kraft Rechtsgeschäfts geschaf-

fen werden, dem steht der numerus clausus der dinglichen Rechte des dritten Buchs des BGB entgegen (s. a. Jauernig/Jauernig Vor § 1030 Rdn. 2).

Wohl ist es möglich, eine allgemeine Verfügungsermächtigung (§ 185 I BGB) zu erteilen, die aber eben nicht zum Inhalt des dinglichen Rechts wird (s. a. BGH NJW 1982,32). Da diese Ermächtigung neben dem dinglichen Recht gewissermaßen nebenher läuft, ohne an diesem teilzuhaben, steht ein dinglicher numerus clausus dem auch nicht entgegen.

2.1.2.3 Eigennießbrauch?

Ein Nießbrauch gewährt im Endeffekt so weitreichende Befugnisse, dass faktisch sein Inhaber sich wie ein Eigentümer oder sonstiger Rechtsinhaber gerieren kann. Hierin liegt seine wesentliche Existenzberechtigung, sein originärer Zweck. *17*

Dies hat zu der Frage geführt, ob es zulässig ist, dass der Inhaber des Hauptrechts einen Nießbrauch an eben diesem für sich selbst einräumen kann. Auf den ersten Blick offenbart sich hier keine rechte Legitimation dafür, denn das von dem Nießbrauch doch angestrebte Auseinanderfallen von der Inhaberschaft an dem mit dem Nießbrauch belasteten Recht und den Befugnissen, die das solchermaßen belastete Recht gewährt, findet hier nicht statt. Vielmehr bleiben beide doch bei einer Person, die beide Komponenten doch lediglich auf zwei ihr zustehende Rechte verteilt.

Entsprechend begegnete man der Möglichkeit eines solchen Eigennießbrauchs mit Skepsis (s. insoweit die Nachweise bei Staudinger/Frank § 1030 Rdn. 27). Wenigstens sollte ein rechtliches Interesse für eine solche Vorgehensweise vorhanden sein müssen (mittlerweile aber auch nicht mehr eindeutig, s. dazu auch den Überblick bei Müko-Pohlmann § 1030 Rdn. 21 ff.; ein solches Interesse nicht verlangend etwa Staudinger/Frank § 1030 Rdn. 31; Schön, S. 224 f.; s. a. OLG Frankfurt RPfleger 1994,204, dort unter Betonung des § 1009 I BGB, der aber im Vergleich zur Belastung von Alleineigentum keine andersartige allgemeingültige Botschaft beinhaltet, vgl. auch für Dienstbarkeiten BayObLG NJW-RR 1992,847; LG Wuppertal MittRhNotK 1989,172; ganz grundlegend für die Bejahung eines Eigennießbrauchs im Allgemeinen Harder DNotZ 1970,267 ff.; insoweit diese Frage schon gar nicht mehr erörternd OLG Schleswig ZIP 2006,615).

Der Nießbrauch

2.1.2.3.1 Immobiliarrecht

18 Indessen sind jedenfalls für das Immobilarrecht keine besonderen Gründe für eine Einschränkung ersichtlich (so auch mittlerweile die h. M, s. die vorangegangenen Nachweise. Lediglich über das Erfordernis eines besonderen rechtlichen Interesses wird insoweit noch gestritten). Eigenbelastungen eigener Rechte sind im Sachenrecht durchaus bekannt, wie schon der Blick auf die Eigentümergrundschuld (§§ 1196 BGB, 1163, 1177 BGB) oder die Eigentümerhypothek (§ 1163 BGB) zeigt. Auch § 889 BGB, wonach eine nachträgliche Vereinigung von Grundstückseigentum und Belastung dieses Eigentums in einer Person nicht zu einem Erlöschen der Belastung führt (sog. Konsolidation), zeigt auf, dass die Belastung eigener Rechte eben doch möglich ist. Der Fall des § 889 BGB zeichnet sich dabei noch dadurch aus, dass er nicht im Schatten eines bestimmten Zwecks steht. Eine Konsolidation fragt nicht danach, ob das bestehen bleibende dingliche Recht an dem Hauptrecht überhaupt noch eine Existenzberechtigung hätte. Sicherlich steht hier der Gedanke der Rangwahrung gegenüber nachfolgenden dinglichen Rechten im Hintergrund (s. hierzu Westermann § 3. I. 4.; s. a. Weitnauer DNotZ 1958,352), aber abgesehen davon ist § 889 BGB doch abstrakt formuliert. Seine Folge tritt auch dann ein, wenn es um eine Rangwahrung im konkreten Fall überhaupt nicht geht, etwa dann, wenn nachgeordnete Belastungen nicht vorhanden sind und es auch in der Zukunft zu keinerlei Belastungen kommt.

Ferner kann auch die Nichterwähnung des Eigentümernießbrauchs (anders etwa bei der Eigentümergrundschuld, § 1196 BGB) im Gesetz kein tragfähiges Gegenargument liefern. Das liefe auf einen Umkehrschluß hinaus. So weit reicht die Botschaft des Gesetzes indessen nicht. Ansonsten müsste man eine solche dahingehend interpretieren, beschränkt dingliche Rechte an eigenen Hauptrechten könne es generell nicht geben. Dies widerlegt wiederum § 889 BGB.

2.1.2.3.2 Der Nießbrauch im übrigen

19 Zwar bestimmt § 1063 BGB (s. a. § 1072 BGB), dass der Nießbrauch an beweglichen Sachen erlöschen soll, wenn kein anderweitiges rechtliches Interesse besteht. Jedoch besteht ein Bedürfnis nach einer Rangwahrung, also hier dem Verhindern des Aufrückens nachrangiger Rechte, auch hier (vgl. §§ 1060, 1024 BGB; s. a. Palandt-Bassenge § 1063 Rdn. 1).

Aber auch hierin ist kein zwingender Grund zu sehen, den Eigennießbrauch ganz oder nur bei Fehlen eines rechtlichen Interesses (vgl. § 1063 II BGB) auszuschließen. Das System ist hier nämlich nicht dermaßen geschlossen, dass man über den Gesetzeswortlaut hinausgehende Schlussfolgerungen ziehen könnte. Die §§ 1063, 1072 BGB können dahingehend interpretiert werden, dass sie künstliche Aufrechterhaltungen eines Nießbrauchs allein um seiner selbst willen verhindern sollen. Dieses Recht erscheint somit als extrem zweckgebunden, was sich auch in der Fixierung einer konkreten Person allein (s. §§ 1059 Satz 1, 1061 BGB) widerspiegelt. Was aber die Entstehung des Rechts im Rahmen seiner Bestellung betrifft, so wird dieser Zweck doch gerade durch den Besteller definiert. Insoweit hat dieser eine alleinige Entscheidungsfreiheit. Man tut also gut daran, um dieser Privatautonomie willen auf zusätzliche, vom Gesetz nicht zwingend vorgegebene, Voraussetzungen zu verzichten (s. a. Harder DNotZ 1970,272; anders für den Nießbrauch an Fahrnis und an Rechten immer noch die h. M., s. insoweit Staudinger/Frank § 1030 Rdn. 32; für eine Orientierung an §§ 1063, 1072 BGB und damit die Bejahung eines rechtlichen Interesses Reiff, S. 68 ff.; s. a. ablehnend für den Eigennießbrauch an beschränkt dinglichen Grundstücksrechten Weitnauer DNotZ 1958,359).

2.1.2.3.3 Schlussfolgerung

Im Ergebnis ist ein Eigennießbrauch keinen Bedenken ausgesetzt. Zweierlei Begründungen bieten sich an:

Entweder folgt man dem hier geäußerten Gedanken, dass beschränkt dingliche Rechte ungeachtet eines numerus clausus keinem bestimmten Zweck unterworfen sind. Ihre dogmatischen Konturen werden zwar von dem Sachenrecht festgeschrieben, aber die zugrundeliegende Motivation wird zur Gänze der Dispositionsfreiheit des Inhabers des Hauptrechts – mithin seiner auch hier vorhandenen Privatautonomie – unterstellt. Auf rechtliche Interessen oder sonstige vergleichbare Beschränkungen kann es hier nicht ankommen.

Alternativ wäre es ein Leichtes, die rechtlichen Interessen, die man als konstitutiv für einen Eigennießbrauch erachten möge (s. etwa RGZ 142,231), zu begründen (vgl. etwa BGHZ 41,209: Bejahung einer späteren Veräußerungsabsicht ausreichend – wer kann hier aber schon nachprüfen, ob es sich insoweit nicht um eine reine Behauptung handelte?). Schon die Möglichkeit einer Rangwahrung „für alle Fälle" wäre als ein solches nur schwer zu widerlegen. Ebenso käme in Betracht, „Vorratsrechte" zu begründen, die man später einem konkreten Nutzen zuführen könnte, wie es bei einem sog. Vorbehaltsnießbrauch (dazu sogleich im Anschluss) der Fall wäre (s. BGH a. a. O.).

Auch grundsätzliche dogmatische Bedenken bestehen nicht.

21 Wer einen Nießbrauch an einem eigenen Recht bestellt, kann dies analog § 1196 II BGB tun. Eines Vertrages bedarf es insoweit nicht (s. hierzu Reiff, S. 74).

Eine besondere Publizität, wie sie das Gesetz an sich wünschen mag, geht hier freilich verloren, wenn man von der Bestellung eines Grundstücksnießbrauchs infolge des Erfordernisses einer Grundbucheintragung einmal absieht. Das ist aber mittlerweile nichts besonderes, ist dieser Verlust etwa auch bei der Sicherungsabtretung (keine Anzeige erforderlich, anders § 1280 BGB) oder bei der Sicherungsübereignung (keine strengen Übergabevoraussetzungen wie bei §§ 1205 ff. BGB) oder auch beim Eigentumsvorbehalt bekannt. Der Verlust an Publizität spricht im Bereich von Fahrnis und Rechten keineswegs gegen die Möglichkeit von Verfügungen an sich (s. hierzu auch Staudinger/Frank § 1030 Rdn. 32; Reiff, S. 70 ff.).

Schließlich kann es hier auch zu keiner Konfusion kommen, die zu einem Erlöschen des Nießbrauchs führen könnte. Denn dass Nießbrauch und belastetes Recht auch in einer Hand vereint sein können, ohne dass hierin ein Erlöschensgrund zu sehen ist, wird doch von den §§ 1063 II, 1072 BGB gerade widerlegt (vgl. insoweit auch § 1256 II BGB). Zwar sprechen die genannten Vorschriften offenbar von einer Fiktion (Die jeweiligen Rechte „gelten" als nicht erloschen; vgl. insoweit MüKo-Petzoldt § 1063 Rdn. 2), tatsächlich aber bleiben sie auch erhalten. Nur so können die dinglichen Rechte ihre absolute Wirkung gegenüber jedermann entfalten; alles andere liefe auf eine Fiktion mit absoluter Wirkung hinaus.

22 Nicht zuletzt mag man Befürchtungen hegen, der Rechtsinhaber könne mit einem Nießbrauch an seinem Recht sich unbillige Vorteile im Rechtsverkehr verschaffen, etwa dahingehend, dass er einen den Vollstreckungszugriff auf das Hauptrecht erschwert, denn wozu sollte ein solcher angesichts der immensen Belastung durch den Nießbrauch sich noch lohnen (vgl. insoweit die parallele Situation aus sicherungsrechtlicher Sicht, Lwowski Rdn. 317)?

Dem ist jedoch entgegenzuhalten, dass einerseits der Zugriff auf den Nießbrauch ungeachtet seiner generellen Unübertragbarkeit (§ 1059 BGB) selbst möglich ist (§ 857 III ZPO, vgl. insoweit auch BGHZ 103,37 f.). Weiterhin könnte man in übrig bleibenden Fällen gegebenenfalls mit dem Argument des Rechtsmissbrauchs oder § 826 BGB (mit der Folge, dass eine Aufhebung des Nießbrauchs als Naturalrestitution, § 249 I BGB, verlangt werden könnte) arbeiten (vgl. BGH a.a.O.). Für den Fall, dass der Rechtsinhaber/Nießbrauchsberechtigte selbst im Wege der Vollstreckung Befriedigung aus dem Hauptrecht vorrangig vor sonstigen

Gläubigern suchen wollte, könnte eine Analogie zu § 1197 BGB helfen, wonach ein solches für die Eigentümergrundschuld versagt wird. Diese Norm ist sehr wohl in der Lage, einen allgemeinen Gedanken zum Ausdruck zu bringen.

Die Möglichkeit der Eigenbestellung gibt dem Nießbrauch mithin eine weitere Funktion: Selbst wenn konkrete Planungen noch nicht hinreichend absehbar sind, kann der Rechtsinhaber „für alle Fälle" doch schon jetzt Vorsorge für Situationen treffen, in denen ihm ein Nießbrauch nützen kann. Zu den sonstigen Funktionen kommt damit noch eine gewisse „Vorsorgefunktion" hinzu. 23

Noch einmal sei betont: Die geschilderten Argumente treffen auch auf über den Grundstückseigentumsnießbrauch auch auf die sonstigen Nießbrauchsarten zu. Es ist daher nicht gerechtfertigt, den Eigennießbrauch auf den Immobiliarnießbrauch zu beschränken (a. A. die h. M.). Das Interesse etwa an einer „Vorratsbestellung" fragt nicht nach dem Anknüpfungsgegenstand. Dogmatisch ist die Eigenbestellung auch stets verträglich, weil der Nießbrauch, auch wenn er der Vollrechtsinhaberschaft möglichst gleichkommen soll, eben doch mit dieser nicht identisch ist.

2.1.2.4 Steuerliche Aspekte

Das Steuerrecht differenziert teilweise hinsichtlich der Zwecksetzung des Nießbrauchs, weshalb hier die jeweilige Gestaltung auch konkret steuerlich interessant sein kann. Vom zivilrechtlichen Standpunkt aus ist aber ausdrücklich zu betonen, dass steuerrechtliche Unterscheidungen in bezug auf den Nießbrauch in seiner eigentlichen Ausgestaltung keine Aussagekraft haben. Stets geht es hier um das Recht im Sinne der §§ 1030 ff. BGB (vgl. auch Ahrens ZIP 2006,620). 24

Der Nießbrauch ist nach dem Erbbaurecht das tendenziell am weitesten reichende beschränkt dingliche Recht. Für das Steuerrecht führt das aber immer noch nicht zu einer Zurechnung des dort sog. wirtschaftlichen Eigentums (vgl. § 39 II Nr. 1 AO). Die Befugnisse, die der Nießbrauch verleiht, erstrecken sich vor allem nicht auf die Veränderung oder Umgestaltung des Nießbrauchsgegenstands (§ 1037 BGB), und ebenso wenig trägt der Nießbraucher das Risiko für dessen Beeinträchtigungen (Koenig, in: Pahlke/Koenig § 39 Rdn. 44). Die Einräumung weiterer Befugnisse, die in eine Dauernutzungsberechtigung ausarten können, kann nur in vergleichsweise seltenen Ausnahmefällen Anderes nahe legen (s. a. a. O. Rdn. 45).

Grundlegend ist hier der sog. Nießbraucherlass der Finanzverwaltung (Schreiben betr. einkommensteuerrechtliche Behandlung des Nießbrauchs bzw. anderer Nutzungsrechte bei Einkünften aus Vermietung und Verpachtung vom 24. 7. 1998 (BStBl. I S. 914, BMF IV B 3 – S 2253 – 59/98) mit Änderung durch BMF vom 9.2.1001 (BStBl. I S. 171). Er konzentriert sich maßgeblich auf die Frage der Zurechnung von Einkünften aus Vermietung und Verpachtung (§ 21 EStG), enthält darüber hinaus aber auch weitere Aussagen.

2.1.2.4.1 Versorgungsaspekte

24a Über konkrete ertragssteuerliche Würdigungen hinaus gelten die allgemeinen Grundsätze des Steuerrechts überhaupt. Damit geraten die jeweiligen Nutzungsrechte je nach der gewählten Zwecksetzung auf den Prüfstand. Für den Nießbrauch sind dies vor allem die Versorgungsaspekte, die vor allem in Bezug auf Familienmitglieder, Ehepartner oder sonstige nahestehende Personen eine erhebliche Rolle spielen. Auf Grund des hiesigen Näherverhältnisses der Beteiligten stellt sich hier die Frage der steuerlichen Anerkennung hier vorkommender Gestaltungen – Gestaltungen, die das Risiko in sich tragen, anders gewählt worden zu sein als üblicherweise.

Versorgungsleistungen sind grundsätzlich (abgesehen vom sog. Sonderausgabenabzug nach § 10 I Nr. 1 EStG) steuerlich irrelevant, da sie der privaten Sphäre des Steuerpflichtigen zugerechnet werden (§ 12 Nr. 1 EStG). Damit können sie auch nicht steuermindernd in Ansatz gebracht werden. Der Reiz, durch gezielte Gestaltungsformen derartige Ausgaben „in das Steuerrecht zu ziehen", ist groß. Insoweit kann man erwägen, an sich kraft Gesetzes oder nach Sozialmoral bestehende Versorgungspflichten mit vertraglichen Konstruktionen zu untermauern, die ihrerseits grundsätzlich dazu angetan sind, steuerlich relevant zu sein. Für das Steuerrecht im Gegenzug stellt sich die Frage, ob und inwieweit derartige Konstruktionen anzuerkennen sind.

Dem Grunde nach gilt, dass Versorgungsleistungen an nahe Angehörige, welche mit einem steuerrelevanten Tatbestand im Zusammenhang stehen, nicht pauschal als nicht anerkennenswert verdächtigt werden können. Grundsätzlich gilt, dass sie anerkannt werden, wenn sie klar vereinbart, ernsthaft gewollt und tatsächlich durchgeführt werden (Ziff. 2 Nießbrauchserlass). In diesem Fall handelt es sich um mehr als ein bloßes Scheingeschäft, welches einen Steuertatbestand nur vortäuschen soll. § 41 AO steht dem nicht entgegen, denn dort werden nur die unwirksamen oder scheinbaren Geschäfte gemeint, welche ansonsten jeder steuerlichen Würdigung allgemein entzogen wären. Hier geht es um Geschäfte, welche nicht wegen ihrer Unwirksamkeit in Frage stehen, sondern die im Gegenteil um ihre Wirksamkeit streiten.

Daher müssen die Gestaltungen mit nahen Angehörigen auch wirksam zustande gekommen sein und die Rechtsbestellungen ihrerseits wirksam sein (Ziff. 3 Nießbrauchserlass). Auch hier kann auf § 41 AO nicht zurückgegriffen werden.

Zu berücksichtigen sind vor allem Vertretungserfordernisse bei Minderjährigen (Ziff. 4 des Erlasses, s. aber auch u. Rdn. 36). Bemerkenswert ist, dass ein Ergänzungspfleger hier stets als erforderlich angesehen wird, selbst dann, wenn das Vormundschaftsgericht eine solche Erforderlichkeit abgelehnt hat (Ziff. 5 a. a. O.).

Kommt eine Nießbrauchsbestellung nicht zustande, können jedoch immer noch die sonstigen obligatorischen Nutzungsrechte steuerlich relevant sein (Ziff. 6 ff.). Hier wird darauf abgestellt, dass eine sog. gesicherte Rechtsposition erlangt worden ist, das ist eine solche, wonach der Eigentümer dem Nutzenden den Gebrauch des Grundstücks für eine festgelegte Zeit nicht entziehen kann (a. a. O.).

Die Vereinbarungen müssen tatsächlich durchgeführt werden (Ziff. 3 a. a. O.). Ansonsten würde es sich nur um ein steuerorientiertes Scheinmanöver handeln. Die Gestaltung als solche ohne einen echten Vermögenstransfer ist aber steuerlich neutral.

Ferner kann auch ein Missbrauch rechtlicher Gestaltungsmöglichkeiten im Raume stehen (§ 42 AO). Das wird etwa dann angenommen, wenn eine Rückvermietung des belasteten Grundstücks von dem Nießbraucher an den Eigentümer vorgenommen wird (Ziff. 17 Nießbrauchserlass, dort vor allem im Eltern-Kind-Verhältnis, wo ein solches regelmäßig vermutet wird; vgl. auch Schubert DStR 1996, 362). Kündigungsausschlüsse können hier ebenso eine Rolle spielen wie die Verknüpfung des Nießbrauchs in seinem Bestand an die Dauer der Unterhaltsbedürftigkeit des Begünstigten (a. a. O., Satz 2). Das sog. Stuttgarter Modell (s. dazu Rdn. 15, 164a, 238a) ist hingegen mittlerweile anerkannt, so dass allein in einer Rückvermietung überlassenen Vermögens kein Gestaltungsmissbrauch gesehen werden kann. Stets bedarf es zusätzlicher sachfremder Momente.

2.1.2.4.2 Zuwendungsnießbrauch

Wird einem anderen ein Nießbrauch eingeräumt, wird hier von einem Zuwendungsnießbrauch gesprochen. Hier stellt sich die Frage, wem die Einkünfte aus der jeweiligen Einkunftsart (namentlich §§ 2 Nr. 2, 15, 2 Nr. 6, 21 EStG) zuzurechnen sind und wer die Betriebsausgaben bzw. die

25

Werbungskosten in Ansatz bringen kann. Diese Frage ist nicht zuletzt deshalb aufgeworfen, weil gem. §§ 567 bzw. 567, 578 BGB der Nießbraucher gegebenenfalls eine Vermieterstellung übernimmt (Ziff. 14 Nießbrauchserlass, s. bereits o. Rdn. 4a). Das gilt auch für den sog. Quotennießbrauch (s. dazu u. Rdn. 67) sowie für den sog. Bruchteilsnießbrauch, welcher sich nur auf einen Teil des Grundstücks erstreckt (Ziff. 16).

Zunächst ist die Abgrenzung zwischen entgeltlichem und unentgeltlichem Nießbrauch wesentlich (dazu Ziff. 10 ff. Nießbrauchserlass).

2.1.2.4.2.1 Entgeltlichkeit

Entgeltlichkeit liegt vor, wenn jeweils Wert und Gegenwert nach wirtschaftlichen Gesichtspunkten gegeneinander abgewogen sind (Ziff. 10 a. a. O.). Davon wird bei Entgeltspflichten einander nicht nahestehender Personen im Regelfall ausgegangen (Ziff. 11). Fehlt es an dieser Ausgewogenheit, erfolgt eine Aufteilung des Nießbrauchs in einen teilweise entgeltlichen und teilweise unentgeltlichen; für den Nießbrauch zählt für die Bewertung insoweit der sog. Kapitalwert (Ziff. 12). Anders ist es, wenn man anlässlich eines Drittvergleichs einen Gegenwert überhaupt nicht mehr annehmen kann, was vor allem dann so ist, wenn der Wert der Gegenleistung 10 % unter dem Nießbrauchswert liegt – hier ist die Unentgeltlichkeit zu bejahen (Ziff. 13).

2.1.2.4.2.2 Unentgeltlicher Nießbrauch

Generell gilt hier, dass bei einem unentgeltlichen Zuwendungsnießbrauch die Einkünfte dem Nießbrauchsinhaber zuzurechnen sind und dass dieser auch die Betriebsausgaben bzw. Werbungskosten geltend machen kann. Hier kommt es grundsätzlich darauf an, ob diese Kosten vertraglich übernommen und auch tatsächlich getragen wurden. An die Stelle vertraglicher Pflichten können auch gesetzliche treten. Weiterhin nicht ausgeschlossen ist der Abzug freiwillig übernommener Pflichten (etwa im Rahmen von § 1043 BGB).

Grundsätzlich ausgenommen ist die AfA, entweder weil die diesbezüglichen Kosten vom Nießbraucher bei Überschusseinkünften ohnehin nicht getragen wurden, oder weil das entsprechende abschreibungsfähige Gut nicht in seinem Betriebsvermögen gehalten wird. Es gibt also keinen allgemeingültigen AfA-Ausschluss, sondern wie sonst auch allein im Rahmen der Zuordnung von Betriebsausgaben bzw. Werbungskosten. Sind diese dem Nießbraucher zuzuordnen (etwa im Rahmen von vorübergehenden Maßnahmen nach § 95 BGB), ist ein solcher Abzug durchaus möglich (Ziff. 19 f. Nießbrauchserlass).

Es gelten also allgemeine steuerliche Grundsätze, was auch den Eigentümer betrifft. Dieser kann für den unentgeltlichen Zuwendungsnießbrauch häufig schon deswegen keine AfA in Ansatz bringen, weil es dafür bei ihm an den entsprechenden Einkünften fehlt (Ziff. 23 f. Nießbraucherlass). Betrifft der Nießbrauch nur einen Teil des Grundstücks (sog. Bruchteilsnießbrauch) oder liegt ein sog. Quotennießbrauch vor, hat gegebenenfalls eine anteilige Anwendung der geschilderten Grundsätze zu erfolgen (Ziff. 25 Nießbrauchserlass). Die Selbstnutzung durch den Nießbraucher ist seit 1987 steuerfrei (§ 52 XXI Satz 1 EStG; für Übergangsregelungen in dieser Hinsicht s. a. Ziff. 68 ff. Nießbrauchserlass).

2.1.2.4.2.3 Entgeltlicher Nießbrauch

Ist der Zuwendungsnießbrauch entgeltlich bestellt worden, führt das von dem Nießbraucher zu zahlende Entgelt zu den entsprechenden Einkünften beim Eigentümer und damit auch zu den damit korrespondierenden Abschreibungsmöglichkeiten, namentlich auch der AfA. Sonstige abschreibungsfähige Aufwendungen (s. Ziff. 30 Nießbrauchserlass) ergeben sich aus Vertrag oder Gesetz (s. etwa §§ 1041, 1045, 1047 BGB). Es wird zugelassen, dass der Eigentümer das für die Nießbrauchsbestellung innerhalb eines Kalenderjahres erhaltene Entgelt im Billigkeitsfall auf die Nießbrauchslaufzeit, längstens aber für 10 Jahre, verteilen darf.

Dasselbe gilt für den Nießbrauchsinhaber, sofern er hier Einkünfte etwa durch Vermietung oder Verpachtung erzielt; insoweit kann er auch entsprechende AfA und sonstige Abschreibungen geltend machen (Ziff. 26 Nießbrauchserlass). Ist der Nießbrauch lebenslang eingeräumt worden, sind die Aufwendungen für den Erwerb des Nießbrauchs durch AfA auf die mutmaßliche Lebenszeit der betreffenden Person zu verteilen (zur Lebenszeit vgl. Tabelle 6 zu § 12 BewG). Das gilt auch, wenn es auf die Lebenszeit eines anderen als des Berechtigten ankommt. Es wird dabei zugelassen, dass im Fall gleichmäßig laufender Zahlungen für den Nießbrauchserwerb diese Beträge als Werbungskosten abgesetzt werden (a. a. O.).

Zu dem sonstigen Werbungskosten oder Betriebsausgabenabzug gilt das zum unentgeltlichen Nießbrauch Gesagte. Es entscheiden vertragliche oder gesetzliche Verpflichtungen zur entsprechenden Kostentragung mitsamt tatsächlicher Durchführung, aber auch freiwillige Leistungen etwa im Rahmen von § 1043 BGB (Ziff. 27 Nießbrauchserlass).

Teilentgeltliche Nießbrauchsrechte sind entsprechend aufzuteilen (s. Ziff. 31 Nießbrauchserlass). Gem. § 21 II Satz 2 EStG erfolgt das aber nur, wenn das Entgelt für den Nießbrauch nicht mindestens 50 % des wirtschaftlich ausgewogenen Entgelts beträgt.

2.1.2.4.3 Vorbehaltsnießbrauch

26 Der sog. Vorbehaltsnießbrauch ist das Recht, welches im Rahmen einer Übertragung eines Rechts bei dem ursprünglichen Inhaber eben dieses Rechts verbleibt. Aus steuerlicher Sicht erhält der Erwerber des mit dem Nießbrauch belasteten Rechts von Anfang an nur eben ein solches belastetes Recht. Keinesfalls etwa stellt der Nießbrauch eine Gegenleistung für den Erwerb des Rechts dar (BFH BStBl. 1982 II 378). Der Sache nach geht es also um Schenkungen (Ziff. 39 Nießbrauchserlass).

2.1.2.4.3.1 Nießbraucher

Vermietet der Nießbraucher das zu seinen Gunsten belastete Grundstück, erzielt er die entsprechenden Einkünfte, was zu den jeweiligen Abschreibungsmöglichkeiten führt. Das betrifft auch die AfA, welche gewissermaßen aus der ehemaligen Eigentümerstellung heraus fortgeführt werden können (Ziff. 41 f. Nießbrauchserlass, zum sonstigen Abzug, der nach den bereits geschilderten Grundsätzen möglich ist, s. Ziff. 43 des Erlasses). Die AfA ist nicht um ein eventuelles Entgelt seitens des Grundstückserwerbers zu kürzen (Ziff. 44 Nießbrauchserlass).

2.1.2.4.3.2 Eigentümer

Spiegelbildlich dazu sind dem Eigentümer während der Dauer des Vorbehaltsnießbrauchs keine Einkünfte oder allenfalls anteilig analog der Regeln zum Bruchteilsnießbrauch zuzurechen; entsprechendes gilt auch für Abschreibungen (Ziff. 45 Nießbrauchserlass).

Abschreibungen, namentlich die AfA, sind grundsätzlich erst nach dem Erlöschen des Vorbehaltsnießbrauchs möglich (s. zu den Erlöschensgründen u. Rdn. 160 ff.). Im Fall des entgeltlichen Grundstückserwerbs gehört der Kapitalwert des Nießbrauchs nicht zu den Anschaffungskosten. Zusätzliche Herstellungskosten erhöhen die AfA. Allerdings ist die AfA um die AfA-Beträge zu kürzen, die von den Anschaffungskosten des Eigentümers auf den Zeitraum zwischen Anschaffung des Grundstücks und Erlöschen des Nießbrauchs entfallen, anders gewendet: Die AfA zugunsten des Vorbehaltsnießbrauchers wird angerechnet.

2.1.2.4.3.3 Sonstiges

Bei unentgeltlichem Grundstückserwerb wird die AfA des Vorbehaltsnießbrauchers fortgeführt (Ziff. 48). Es kommt hier ohnehin zur Buchwertfortführung gem. § 6 III Satz 3 EStG.

Im Ergebnis bedeutet dies, dass Einkünfteerzielungen beim Eigentümer verbunden mit den jeweiligen steuerlichen Abzügen nur dann möglich sind, wenn der Nießbrauch besonderen Beschränkungen unterliegt, etwa dass er sich allein auf die Erträge bezieht oder jedenfalls kein Totalnießbrauch i. S. v. § 1030 I BGB vorliegt (Hübner, in: Söffing/Thümmel 5 B Rdn. 198).

2.1.2.4.4 Vermächtnisnießbrauch

Beim Vermächtnisnießbrauch wird auf Grund einer letztwilligen Verfügung (Vermächtnis, §§ 1937, 2147, 2174 BGB) des Rechtsinhabers durch dessen Erben einem Dritten der Nießbrauch eingeräumt. Hier wird dem Vermächtnisnehmer die Gebäude-AfA mittlerweile versagt (Ziff. 32 Nießbrauchserlass; s. grundlegend dazu BFH DStR 1994,280).

27

Im Ergebnis wird dieser Nießbrauch ebenso behandelt wie ein unentgeltlicher Zuwendungsnießbrauch (Ziff. 32 Nießbrauchserlass; insoweit an der Unterscheidung zwischen beiden Nießbraucharten zweifelnd etwa Korn DStR 1999,1476). Der Grund dafür liegt darin, dass der Nießbraucher hier den Nießbrauch nicht ohne weiteres via Erbfall erlangt, sondern erst durch eine eigenständige Bestellung als eines eigenständigen Rechtsakts. Die seinerzeitige Annahmen der (steuerrechtlichen) Fiktionen eines direkten Erwerbs und in das Einrücken der Rechtstellung des Erblassers und seiner AfA-Berechtigung steht mit den zivilrechtlichen Übertragungsakten nicht im Einklang. Auch wirtschaftliche Betrachtungsweisen führen zu keinem anderen Ergebnis, denn selbst hiernach muss eine Orientierung an dem Erwerbsakt erfolgen (s. i. E. a. BFH a. a. O.).

2.1.2.4.5 Sicherungsnießbrauch

Gänzlich unbeachtlich in steuerlicher Sicht ist der Sicherungsnießbrauch (Ziff. 9 Nießbrauchserlass), soweit er nicht ausgeübt wird (Mayer/Geck DStR 2005,1476). Das ist dann der Fall, wenn der somit Begünstigte selbst als Nutzender auf Grund dieses Rechts faktisch nicht in Erscheinung tritt (Jedenfalls von seiner dinglichen Rechtsposition aus wäre er dazu grundsätzlich ja berechtigt), sondern allein als Bezieher sonstiger Leistungen, welche durch den Nießbrauch lediglich abgesichert werden sollen.

Für den Sicherungsnießbrauch ist das schließlich der Regelfall, denn dieses Recht soll im günstigsten Fall überhaupt nicht eigenständig ausgeübt werden (vgl. Rdn. 15a). Kommt es zu einer solchen Ausübung, ist nach den vorgenannten Grundsätzen die steuerliche Würdigung vorzunehmen.

2.1.2.4.6 Kombinationen

Es kann vorkommen, dass die verschiedenen Nießbrauchsarten miteinander kombiniert werden (Beispiel: Ein Eigentümer überträgt sein Eigentum, lässt aber sowohl für sich – insoweit vorbehalten – als auch für einen Dritten – insoweit zugewendet – einen Nießbrauch einräumen). Für die steuerliche Würdigung wird grundsätzlich unterschieden wie zuvor dargestellt (Schubert DStR 1996,367). Das bedeutet, dass das einheitliche Recht anteilsweise unterschiedlich behandelt wird.

2.1.2.4.7 Zivilrechtsdogmatische Anmerkung

28   Diese steuerliche Einteilung indiziert, dass es hier namentlich um die Beurteilung von Erbfolgeregelungen, seien dieses nun vorweggenommene Erbfolgen (so beim Zuwendungs- und Vorbehaltsnießbrauch) oder „echte" Erbfolgen (so beim Vermächtnisnießbrauch, da der Anspruch aus den §§ 2147, 2174 BGB erst mit dem Erbfall entsteht, s. aber zur möglichen Fraglichkeit der Unterscheidung von Vermächtnisnießbrauch und Zuwendungsnießbrauch zuvor Rdn. 27). Tatsächlich bedarf es hier sorgfältiger Überlegungen, welche Strategien im konkreten Fall eingeschlagen werden sollen. Eine einheitliche rechtliche Behandlung des Nießbrauchs unter Steuergesichtspunkten gibt es hier in der Tat nicht, wie schon die vorhergegangene Darstellung in ihren Grundzügen gezeigt hat.

Aber noch einmal sei betont, dass diese Vielfalt letztendlich ein Kind des Steuerrechts ist, nicht des Zivilrechts. Das Zivilrecht kennt nur einen Nießbrauch, mag die dahinter stehende Motivation für seine Bestellung jeweils auch unterschiedlich sein. Entsprechend einheitlich ist auch die zivilrechtliche Behandlung. Letztendlich handelt es sich um eine Ausprägung des sachenrechtlichen numerus clausus der dinglichen Rechte.

Die steuerrechtliche Sicht führt zu einer indirekten Bestätigung des Gesagten. Die hiesigen Differenzierungen sind schließlich allein aus der Würdigung der steuerbaren Tatbestände heraus erwachsen. Genau genommen handelt es sich allein um die Prüfung der jeweiligen steuerrechtlichen Vorschriften. Die Unterscheidungen in einzelne Nießbraucharten sind nichts anderes als pauschalisierte Antworten auf besondere Fallkonstellationen, die allein aus den besagten Vorschriften heraus entnommen sind. Damit lässt auch das Steuerrecht die zivilrechtliche Dogmatik völlig unberührt. Allein die Steuertatbestände führen zu der zuvor genannten fehlenden einheitlichen Beurteilung. Das Zivilrecht schweigt dazu voll und ganz.

2.1.3 Fazit

Das Zivilrecht kennt nur einen einzigen Nießbrauch; lediglich seine Gegenstände können variieren. Die Zwecke, zu denen er eingesetzt werden kann, sind hingegen doch recht vielfältig. Teilweise unterscheiden sie sich nicht grundlegend voneinander, sondern sie offenbaren sich etwa nur jeweils aus verschiedenen Blickwinkeln. Generell liegt in dem Gesagten keine Besonderheit, kann man dasselbe Phänomen doch auch bei sonstigen dinglichen Rechten beobachten. Dem Nießbrauch eigen ist sein immenser Umfang, welcher dieses Recht namentlich zu Vermögensübergabekonzepten zu einem beachtlichen Instrument macht. Darüber hinaus ist die konkrete Zweckbindung der Privatautonomie des Einzelnen überlassen.

28a

2.2 Abgrenzungen

Der Nießbrauch repräsentiert nach dem Eigentum (§ 903 BGB) das umfassendste dingliche Recht des Dritten Buchs des Bürgerlichen Gesetzbuchs. Das bringt es mit sich, dass er angesichts dieses Umfangs an Konturen fast schon wieder im Vergleich zu sonstigen Rechten verwischt. Bereits jetzt, bevor die einzelnen seiner Komponenten im Detail dargestellt werden, empfiehlt sich eine Abgrenzung zu anderen rechtlichen Erscheinungsformen.

29

2.2.1 Handlungspflichten

Der Nießbrauch ist ein Nutzungsrecht, und das in einem immensen Umfang. Andererseits sind seinem Inhalt damit aber auch schon Grenzen gesetzt.

30

So können über die Nutzungsbefugnisse hinaus aus dem Nießbrauch heraus keine weitergehenden Ansprüche gegen den Vollrechtsinhaber begründet werden. Insbesondere ist dieser nicht zu weitergehenden, d. h. über die Einräumung der Nutzungsbefugnis hinausgehenden, Aktivitäten (wozu auch Unterlassungen gehören können, s. § 194 I, 2. Alt. BGB) verpflichtet. Ganz allgemein lässt sich schon jetzt für jedes dingliche Nutzungsrecht sagen, dass Handlungspflichten, die also ein aktives Tun (bzw. ein Unterlassen, welches in soweit ein „aktives" ist, als sie den Verpflichteten in seinem Aktionsradius beschränken, er insoweit also von bestimmten Handlungen Abstand nehmen muss) vorschreiben, grundsätzlich nicht den dinglichen Inhalt eines solchen Rechts ausmachen können.

Über das den Nießbrauch begleitende gesetzliche Schuldverhältnis (s. Rdn. 4a, 82 ff.) ergibt sich nichts anderes, denn dieses statuiert eben solche eigenständigen Handlungspflichten nicht. Was aus diesem von den jeweils Beteiligten verlangt werden kann, steht immer im Zusammenhang mit den dinglichen Nutzungsbefugnissen (etwa Erhaltungspflichten, Lastentragungspflichten, Ausgleichspflichten, Rückabwicklungspflichten). Alles was an Pflichten darüber hinausreicht, ist nicht mehr Bestandteil dieses Schuldverhältnisses. Diesbezügliche Modifikationen (s. o. Rdn. 4a) sind also ebenso begrenzt wie das Schuldverhältnis insoweit selbst.

2.2.1.1 Obligatorische Rechte

Freilich können in einer vertraglichen Absprache derartige zusätzlichen Pflichten vereinbart werden, aber diese nehmen eben nicht an dem Inhalt des dinglichen Rechts teil. Vielmehr entfalten sie nur eine obligatorische Wirkung inter partes. Das schließt jedoch nicht aus, dass etwa der Nießbrauch an eine Bedingung geknüpft wird, etwa dergestalt, dass sein Bestand von der Erfüllung bestimmter schuldrechtlicher Ansprüche abhängig gemacht wird (vgl. dazu schon o. Rdn. 14 – dieselbe Rechtslage kehrt auch hier wieder).

Diese Verknüpfung sollte für die Vertragspraxis stets im Auge behalten werden. Sie ermöglicht nämlich doch eine effiziente Durchsetzung des mit einem Nießbrauch versehenen Zwecks.

Man denke nur daran, dass der Nießbrauch im Rahmen von Vermögensübergabe- oder Altersversorgungskonzepten die Gegenleistung für Versorgungsleistungen des Nießbrauchsempfängers darstellen soll. Hier kann eine entsprechende Bedingungsverknüpfung den Nießbrauchsinhaber zu einer entsprechenden Einhaltung der ihm auferlegten Gegenverpflichtung führen, anderenfalls er doch regelmäßig in den Genuss einer ansonsten nur schwer absicherbaren Vorleistung gelangte, da der Nießbrauch ihm regelmäßig vor Erfüllung der auf längere Zeit angelegten und damit auch in die Zukunft reichenden Gegenverpflichtung eingeräumt würde.

Hier würde es sich üblicherweise um eine auflösende Bedingung handeln, denn ansonsten (bei einer aufschiebenden Bedingung) würde der Nießbrauch üblicherweise erst nach einer langen Periode der Unsicherheit in seinem Bestand sicher sein (Hat etwa der Nießbrauchsinhaber den Inhaber des Hauptrechts vertragsgemäß auch bis zu seinem Tod versorgt?

Das weiß man erst, wenn der Letztgenannte gestorben ist). Hier wird gegebenenfalls die Umdeutung einer aufschiebenden Bedingung in eine auflösende bzw. eine entsprechende Auslegung möglich sein (vgl. nur für spiegelbildliche erbrechtliche Konzeptionen § 2075 BGB). Es handelt sich hier übrigens um ein Problemfeld, welches auch bei erbrechtlichen Konzeptionen auftaucht. Auch hier empfehlen sich bei letztwilligen Verfügungen (§ 1937 BGB), denen eine Gegenleistung bereits zu Lebzeiten des Verfügenden gegenüberstehen soll, eine entsprechende oder vergleichbare Vertragsklausel (vgl. dazu Krug Rdn. 238 für den entgeltlichen Erbverzicht sowie zur rechtlichen Behandlung von hier auftretenden Leistungsstörungen, falls solche Klauseln fehlen sollten).

Nutzungsrechte geben generell keine aktiven Handlungspflichten für den Verpflichteten ab, wenn man von untergeordneten Förder- und Schonpflichten einmal absieht. Indes kann für ein konkretes Vorhaben ein Bedürfnis für darüber hinaus gehende Handlungspflichten doch existieren. So kann das zum Beispiel der Fall sein, wenn im Rahmen umfassender Unternehmensübergabekonzepte auch eine Einweisung in den Tätigkeitsbereich oder gar immer noch eine aktive Mitwirkung des Übergebenden erforderlich ist. Entsprechende Verpflichtungen können sehr wohl vereinbart werden, aber sie haben mit dem dinglichen Recht nichts zu tun – gleiches gilt auch für gesetzliche Schuldverhältnisse, die dieses Recht begleiten, aktive Handlungspflichten aber eben immer nur als untergeordnete kennen.

2.2.1.2 Dingliche Rechte, insbesondere die Reallast

Auch auf dinglicher Ebene sind Rechte mit Handlungspflichten denkbar, nur sind sie eben kein Fall des Nießbrauchs. Jedoch ist diese Variante eine nur begrenzte.

31

Leistungspflichten können mit einem dinglichen Recht an einem Grundstück, der sog. Reallast (§§ 1105 ff. BGB) abgesichert werden (Diese können auch als solche mit dem Grundstück auch nicht faktisch zusammenhängen; insoweit ist der Gesetzeswortlaut des § 1105 I Satz 1 BGB zu eng, s. etwa Baur/Stürner § 35 Rdn. 3). Hierfür besteht eine persönliche Schuld des Verpflichteten (vgl. insoweit auch § 1108 BGB, wo insoweit auch von Haftung gesprochen wird, was aber mit der Verpflichtung gleichzusetzen ist, s. zu dieser Terminologie allgemein Larenz, Schuldrecht Allgemeiner Teil, § 2.IV.). Daneben besteht eine dingliche Unterworfenheit des Grundstücks unter einen Vollstreckungszugriff analog dem Hypothekenrecht (§ 1147 BGB) nach Maßgabe des § 1107 BGB.

Auch die Reallast kann von ihrer Zwecksetzung her mit dem Nießbrauch konkurrieren, etwa wenn es um die Absicherung einer Altersversorgung geht (s. hierzu Soergel/Stürner § 1105 Rdn. 26 ff.). Das folgt schon für das Verhältnis zu den Nutzungsrechten im Allgemeinen daraus, dass ein und derselbe Zweck sowohl durch aktive Handlungspflichten als auch alternativ durch Duldungspflichten erreicht werden kann, etwa dass eine zur Sicherung einer Alterversorgung grundstücksbezogene Leistung aktiv von dem Verpflichteten erbracht werden oder dass alternativ dazu der Verpflichtete selbst untätig bleiben kann und lediglich duldet, dass sich der Berechtigte die Leistung von dem Grundstück selbst holt – der erstere Fall wäre derjenige einer Reallast, der zweite derjenige eines Nutzungsrechts. Dabei würde nur das Letztere eigene Einwirkungen des Berechtigten auf das Grundstück erlauben (s. hierzu auch Baur/Stürner § 35 Rdn. 4).

Anders als der Nießbrauch ist die Reallast aber für umfassende Vermögensnachfolgeregelungen unter Lebenden ungeeignet. Hierfür ist sie in ihrem Anwendungsbereich (nur Grundstücke bzw. grundstücksgleiche Rechte) zu beschränkt.

Man kann damit über den Nießbrauch hinaus generell festhalten, dass aktive Leistungspflichten über die Unterworfenheit eines Rechts unter bestimmte Ausübungsbefugnisse hinaus auf dinglicher Ebene eine eng begrenzte Ausnahme darstellen. Insoweit fällt der Nießbrauch auch nicht aus dem Rahmen.

2.2.2   *Nutznießungsrechte*
2.2.2.1   Sondergut

32   Zu dem Sondergut einer ehelichen Gütergemeinschaft (§§ 1415 ff. BGB) gehören diejenigen Gegenstände, welche nicht durch Rechtsgeschäft übertragen werden können (§ 1417 II BGB), was etwa auch den Nießbrauch (§ 1059 BGB) oder auch die beschränkte persönliche Dienstbarkeit (§ 1092 BGB) beträfe. Diese indisponiblen Güter können auch nicht durch § 1416 BGB zu einem ehelichen Gesamtgut gezogen werden, was letztendlich eine wenigstens partielle Übertragung kraft ehelichen Gütervertrags bewirken würde (Von dem Gesagten ist der Fall zu unterscheiden, dass ein Nießbrauch von Anfang an beiden Ehegatten bestellt wird. Hier wird die Möglichkeit der Zugehörigkeit des Nießbrauchs zum Gesamtgut bejaht, s. Staudinger/Frank § 1030 Rdn. 47, denn hier geht es um die erstmalige Bestellung, nicht um den Fall, dass ein Nießbrauch, bevor er durch einen Gütervertrag erfasst wird, bereits einem Ehegatten allein zustand).

Jedoch wird das Sondergut für Rechnung des Gesamtgutes, wenn auch nach wie vor von seinem eigentlichen Inhaber, verwaltet (§ 1417 II BGB).

2.2.2.2 Kindesvermögen

Eine ähnliche Erscheinungsform findet sich bei § 1649 II BGB, wonach Eltern nach Billigkeitskriterien Einkünfte des Kindesvermögens, solange das Kind unverheiratet ist, für ihren eigenen Unterhalt sowie für denjenigen minderjähriger unverheirateter Geschwister verwenden, sofern diese Einkünfte für den Kindesunterhalt nicht benötigt werden.

2.2.2.3 Charakteristika

Beide Fälle sind dadurch gekennzeichnet, dass Personen, denen an sich die Berechtigung fehlt, an Vermögensgütern partizipieren können, mithin auch Nutzen oder gar Nutzungen aus diesen ziehen können. Entsprechend wird hier auch von sog. Nutznießungsrechten gesprochen, die aber gleichwohl mit den hier beschriebenen Nutzungsrechten und vor allem dem Nießbrauch nicht verwechselt werden dürfen. Die hier beschriebenen Rechte sind dinglicher Natur, sie bewirken also auch eine echte Vermögenszuweisung. Das ist bei den familienrechtlichen Nutznießungsrechten gerade nicht der Fall. Hier bleibt die Vermögenszuweisung in ihrer ursprünglichen Weise erhalten, so dass der Berechtigte an den betreffenden Vermögensgütern zwar partizipieren kann, aber er ist eben kein dinglich Berechtigter (s. a. Palandt-Bassenge Einführung vor § 1030 Rdn. 1 a. E.).

2.2.3 Sonstiges

Von den sonstigen dinglichen Nutzungsrechten unterscheidet sich der Nießbrauch, wie bereits gesagt, durch seinen Umfang, der weitgehend den Eigentümerbefugnissen gleichkommt. Abgrenzungsschwierigkeiten können freilich dadurch entstehen, dass einzelne Befugnisse von einem Nießbrauch ausgenommen werden können (s. § 1030 II BGB).

Man kann aber eine Orientierung an dem Eigentum daran treffen, dass, je näher der Nutzungsrechtsinhaber an die Stellung eines Eigentümers herankommt, desto mehr für einen Nießbrauch spricht. Das ist dann der Fall, wenn ihm eine Vielzahl an Nutzungsmöglichkeiten ohne nähere Spezifizierung zusteht. Sind die Nutzungsmöglichkeiten zum anderen begrenzt und zum anderen exakt aufzählbar, spricht das mehr für eine Dienstbarkeit (s. näher dazu u. Rdn. 163).

2.3 Fahrnisnießbrauch

34 Der Nießbrauch ist von seiner Struktur her zwar einheitlichen Erscheinungsformen unterworfen. Hinsichtlich des Anknüpfungsgegenstandes lassen sich jedoch Unterscheidungen treffen. Diese vom Gesetz bereits getroffene Aussage wird in der hiesigen Darstellung beibehalten, wobei aber nach wie vor die Einheitlichkeit des Nießbrauchsrechts ansonsten betont werden muss.

Sachen sind körperliche Gegenstände (§ 90 BGB). An diesen ist ein Nießbrauch möglich (§§ 1030 ff. BGB).

2.3.1 Entstehung kraft Rechtsgeschäfts

35 Der Nießbrauch ist ein beschränkt dingliches Recht, welches regelmäßig kraft Rechtsgeschäfts entsteht.

Die Bestellung des Nießbrauchs folgt an sich bekannten Strukturen. Sie geschieht durch ein Verfügungsgeschäft, welches von dem zugrunde liegenden Kausalgeschäft schuldrechtlicher Natur dem allgemeinen Trennungs- oder Abstraktionsprinzip zufolge auseinanderzuhalten ist.

Die Bestellung des Nießbrauchs an beweglichen Sachen richtet sich gem. § 1032 BGB im wesentlichen nach den Regeln, die an sich auch für die Eigentumsverschaffung an solchen vorgesehen sind.

2.3.1.1 Einigung

Auch hier bedarf es einer dinglichen Einigung, mit dem Inhalt, dass dem Erwerber ein Nießbrauch zustehen solle. Es handelt sich hier um den üblichen dinglichen Vertrag, der jeder Verfügung zugrunde liegt. Er besteht aus zwei sich deckenden Willenserklärungen, auf die die Vorschriften des Bürgerlichen Gesetzbuchs ohne weiteres Anwendung finden. Stellvertretung ist zulässig.

2.3.1.1.1 Minderjährigenschutz

36 Ein beschränkt Geschäftsfähiger kann einen Nießbrauch nicht ohne weiteres erwerben, denn er erwirbt keinen lediglich rechtlichen Vorteil (§ 107 BGB). Das folgt daraus, dass er mit dem Nießbrauch nicht nur erwirbt, sondern damit auch Schuldner eines daneben entstehenden gesetzlichen Schuldverhältnisses (s. u. Rdn. 82 ff.) wird (s. dazu MüKo-Pohlmann § 1030 Rdn. 16 ff.; s. a. o. Rdn. 4a). Anders soll es nach h. M. bei einer Schenkung eines nießbrauchsbelasteten Gegenstands sein, da hier z. B. das Eigentum gewissermaßen in einer Bilanz die Belastung durch den Nießbrauch überwiegt (BayObLG ZAP EN-Nr. 585/98; BGH ZAP En-Nr. 214/2005 – dort jedenfalls für die Kostentragungspflicht des Nießbrauchers auch für außergewöhnliche Ausbesserungen und Erneuerungen sowie die Tragung der außergewöhnlichen Grundstückslasten; s. a. Lange NJW 1955,1340; vgl. zu diesem Problemkreis umfassend Czeguhn Rdn. 61 f.; s. a. RGZ 148,324). Man wird an der h. M. Zweifel äußern können, denn das gesetzliche Schuldverhältnis wird sich einer solchen Bilanz kaum unterordnen können (vgl. insoweit auch die Einschränkung bei BGH a. a. O.; s. nun auch Wilhelm NJW 2006,2353 f.).

2.3.1.1.2 Insichgeschäfte

Die Frage des rechtlichen Vorteils spielt weiterhin eine Rolle, wie bei einem sog. Insichgeschäft (§ 181 BGB) zu verfahren ist (s. hierzu Staudinger/Frank § 1030 Rdn. 32, dort unter dem Aspekt einer eventuell erforderlichen Ergänzungspflegschaft). Angesichts des eben Gesagten kann man hier kaum eine entsprechende teleologische Reduktion des § 181 BGB annehmen können (s. allgemein zur Einschränkung dieser Norm bei lediglich rechtlichen Vorteilen Medicus Rdn. 961). *37*

Wird im Rahmen eines Insichgeschäfts ein Nießbrauch bestellt, ist seine endgültige Entstehung von der Zustimmung des Vertretenen abhängig (§ 177 BGB analog bzw. § 181 BGB a. E., s. hierzu etwa BGH NJW-RR 1994,292). Dies gilt namentlich auch für Nießbrauchsgeschäfte zwischen dem Alleingesellschafter einer Kapitalgesellschaft und der von ihm vertretenen Gesellschaft (s. § 35 IV GmbHG, allerdings kann eine Befreiung von diesen Beschränkungen ohne weiteres in dem Gesellschaftsvertrag vereinbart werden, s. hierzu Scholz/Schneider § 35 Rdn. 115 ff.). Schließlich kann durch das Dazwischenschieben weiterer Vertreter die Wirkung des § 181 BGB nicht umgangen werden (vgl. hierzu etwa BGH NJW 1991,692; anders noch RGZ 108,407).

2.3.1.1.3 Sonstiges

Die Wirkung der dinglichen Einigung ist die allseits übliche: Es entstehen keine Ansprüche daraus (Diese sind dem Verpflichtungsgeschäft vorbehalten), aber im Verein mit den weiteren Erwerbsvoraussetzungen bewirken sie die Entstehung des Nießbrauchs. Die jeweils erklärten Einigungen müssen wie sonst auch dem jeweiligen Rechtsgeschäft zugeordnet werden (s. insoweit o. Rdn. 4a). *38*

2.3.1.2 Übergabe

39 Hinzu kommen muss die Übergabe als Realakt. Auch hier orientiert sich das Gesetz an den Modalitäten der Eigentumsübertragung.

2.3.1.2.1 Die Grundform

Die Übergabe i. S. v. § 1032 I Satz 1 BGB entspricht derjenigen bei § 929 Satz 1 BGB. Es ist nach § 929 Satz 1 erforderlich, dass der Eigentümer den Besitz dem Erwerber so verschafft, dass bei ihm „nicht der kleinste Rest an Besitz zurückbleibt" (Tiedtke, S. 9, s. a. S. 10 ff. für den Einsatz von Hilfspersonen). Für das Nießbrauchsrecht bedeutet das allerdings in der nur entsprechenden Anwendung, dass der Verfügende sich in ein Besitzmittlungsverhältnis begibt (s. § 868 BGB), vermöge dessen der Nießbrauchserwerber unmittelbarer Fremdbesitzer wird und er, der Verfügende, mittelbarer Eigenbesitzer wird. Es kommt also nicht zu der Totalaufgabe von Besitz, sondern zur Besitzlockerung.

Welche Art von Besitz insoweit übergeht, ist gleichgültig. So kann auch der mittelbare Besitz (§ 868 BGB) übertragen werden. Es sind dies die sog. „Anweisungsfälle" (Tiedtke, S. 15), in denen der Eigentümer als mittelbarer Besitzer den unmittelbaren anweist, nunmehr nicht mehr für ihn, den Eigentümer (hier: als den alleinigen Oberbesitzer), sondern für den Nießbrauchserwerber zu besitzen. Sofern der unmittelbarer Besitzer dies tut (aber auch nur dann!), liegt eine Übergabe vor. Hier kommt es zu einem regelrechten Besitzgebäude. Der unmittelbare Besitzer bleibt Fremdbesitzer und vermittelt den Besitz dem Nießbrauchserwerber, welcher seinerseits durch den von ihm ausgeübten mittelbaren Fremdbesitz dem Eigentümer den mittelbaren Eigenbesitz vermittelt. Hier findet die Besitzlockerung dadurch statt, dass sich zwischen Eigentümer und unmittelbarem Besitzer der Nießbraucher als neuer mittelbarer Besitzer einschiebt. Bei der Eigentumsübertragung würde ein solches Gebäude nicht entstehen, denn hier würde der Verfügende seinen Besitz völlig verlieren (s. wieder Tiedtke, S. 9). Das ist hier jedoch deswegen anders, weil es hier lediglich um eine Belastung des Eigentums, welches der Verfügende doch noch behalten soll, geht.

Auch die Heraufstufung eines Besitzdieners (§ 855 BGB) zu einem Besitzer stellt eine Übergabe im Sinne der genannten Norm dar.

2.3.1.2.2 Geheißerwerb?

40 Abzulehnen ist hier allerdings die Möglichkeit eines sog. Geheißerwerbs. Hier geht es hinsichtlich der Eigentumsübertragung darum, dass ein Be-

sitzer, der zu dem Eigentümer in keinerlei besitzrechtlicher Beziehung steht, faktisch in Vollzug einer entsprechenden Weisung des Eigentümers einem Dritten den Besitz verschafft, um hierdurch eine Übereignung des Eigentümers an den Dritten zu vollziehen (s. hierzu etwa Martinek AcP 88 (1988),573).

Das Schulbeispiel für diese auf den ersten Blick kompliziert erscheinende Struktur ist dasjenige des Diebes einer Sache, den später die Reue packt und, weil der Eigentümer die Sache an einen Anderen übereignen wollte, in Unterstützung dieses Vorhabens die Sache bei diesem Anderen abliefert. Wohl lebensnäher sind Übereignungsvorgänge innerhalb sog. Kettengeschäfte, bei denen es ebenfalls zu Übergaben in Vollzug von Übereignungsvorgängen kommen kann und zwischen dem Übereignenden und Übergebenden keinerlei besitzrechtliche Bindungen bestehen (weil es zwischendurch schon zu anderweitigen Lieferungen der Sache gekommen ist, so dass mittlerweile mehrere Personen an diesem Kettengeschäft beteiligt sind, s. hierzu etwa Martinek a. a. O., S. 599 ff.).

Ein solcher Geheißerwerb – jedenfalls im geschilderten klassischen Sinne – kann für eine Nießbrauchsbestellung nicht in Betracht kommen (ohnehin einmal ganz abgesehen davon, dass die genannten Fälle hier kaum denkbar sind, vor allem weil eine Nießbrauchsbestellung oder auch die Bestellung eines sonstigen dinglichen Nutzungsrechts kein Instrument von Kettengeschäften sind). Hier muss es nämlich zu einer besitzrechtlichen Beziehung zwischen Besteller und Erwerber kommen (s. § 868 BGB). Eine solche hat es beim Geheißerwerb jedoch nie gegeben, jedenfalls reicht das faktische Sicherunterwerfen unter den Wunsch des Verfügenden durch die Geheißperson nicht aus (Gerade deswegen hat der Geheißerwerb ja für die Eigentumsübertragung eine eigenständige Bedeutung!). Allenfalls kann also ein Nießbrauch dadurch erworben werden, dass entweder die Geheißperson sich auch rechtlich (also nicht nur faktisch) einem Besitzverhältnis zum Besteller unterwirft oder dass der Erwerber eine entsprechende besitzrechtliche Beziehung knüpft. Bei genauer Betrachtung aber handelt es sich hier um keinen eigenständigen Fall mehr, sondern um die klassische Besitzmittlungsbegründung, wie sie bereits beschrieben worden ist.

2.3.1.2.3 Traditio brevi manu

Hat der Nießbrauchserwerber die Sache hingegen bereits im Besitz, reicht die Einigung über die Nießbrauchsbestellung grundsätzlich aus (§§ 1032 I Satz 2, 929 Satz 2 BGB – Traditio bevi manu oder Übereignung kurzer Hand, wobei es hier um eine Übereignung freilich nicht geht). Anders als

41

bei der Eigentumsübertragung (bei der eine totale Besitzaufgabe seitens des Verfügenden erforderlich wäre) geht es auch hier nur um die Vereinbarung eines entsprechenden Besitzmittlungsverhältnisses. Auch hier ist zu beachten, dass es nicht um den Totalverlust des Eigentums, sondern lediglich um seine Belastung geht.

Nun wird es hier häufig so sein, dass in dieser Konstellation der Nießbrauchserwerber ohnehin in einem Besitzmittlungsverhältnis zu dem Eigentümer steht, kraft dessen er den Besitz überhaupt erst eingeräumt bekommen hat. Nur war es hier dann bisher so, dass dieses Besitzmittlungsverhältnis nicht im Rahmen einer Nießbrauchsbestellung entstanden ist. Das soll sich in Vollzug einer Bestellung gem. §§ 1032 I Satz 2, 929 Satz 2 BGB nun ändern. Im Ergebnis wird hier das bereits bestehende Besitzmittlungsverhältnis quasi zu einem nießbrauchsbegründenden einvernehmlich umgewidmet.

2.3.1.2.4 Besitzkonstitut

42 Wie bei der Eigentumsübertragung auch kann die Übergabe dadurch bewirkt werden, dass der Eigentümer nunmehr als unmittelbarer Besitzer (hier immer noch als Eigenbesitzer, § 872 BGB), der Nießbrauchserwerber als mittelbarer (Fremd-) Besitzer eingeteilt werden (§§ 1032 I Satz 2, 930 BGB). Es wird zwischen beiden ein Besitzmittlungsverhältnis, ein sog. Besitzkonstitut (§ 868 BGB), vereinbart. Auch hier kann die Frage diskutiert werden, ob es ein sog. abstraktes Besitzkonstitut, d. h. ein solches welches „nur Besitzkonstitut" ist, ohne dass es sich unter eine sonstige vertragliche Typisierung einordnen lässt (s. hierzu Westermann § 17.5.). Gerade beim Nießbrauch wird aber typischerweise ein besonderer Vertragstyp hinsichtlich des Besitzmittlungsverhältnisses zu ermitteln sein. Seine besondere Zwecksetzung, die die Parteien ihm verleihen, wird einen anderen Schluss wohl kaum zulassen (Mal ganz abgesehen von der Frage, ob die Diskussion um ein abstraktes Besitzkonstitut ohnehin nicht eine rein theoretische darstellt. Angesichts der Vertragsfreiheit, die auch hinsichtlich der Vereinbarung von Besitzmittlungsverhältnissen eine Rolle spielt, wird sich irgendein konkreter Vertrag, wenn auch ggf. ein gesetzlich nicht ausdrücklich normierter, schon ermitteln lassen).

Praktisch sicherlich selten, aber eben doch denkbar, sind auch sog. antizipierte Besitzkontitute, d. h. die Vereinbarung von Besitzmittlungsverhältnissen über Sachen, die der Nießbrauchsbesteller erst künftig selbst noch als Eigentümer erwerben wird. Mit diesem Erwerb würde simultan der Nießbrauch entstehen. Von Bedeutung ist dieses zeitliche Moment insofern, als dieser Nießbrauch allen anderen Rechten, die an dem Eigentum des Erwerbers/Nießbrauchsbestellers noch entstehen würden, im Rang vorgehen würde (s. hierzu den Überblick bei Palandt-Bassenge § 930 Rdn. 10 ff.). Bei verbrauchbaren Sachen geht jedoch insoweit schon § 1067 BGB vor (s. dazu u. Rdn. 73).

Die Übergabe mittels Besitzkonstitut bietet sich dann an, wenn der Nießbrauch als Sicherungsrecht bestellt werden soll (s. o. Rdn. 14). In diesem Fall soll dieses Recht seinem Inhaber keine aktuellen Nutzungen gewährleisten (obwohl aus dinglicher Sicht es dieses ja durchaus könnte), sondern erst in einem künftigen Sicherungsfall aktiviert werden. Die Situation entspricht derjenigen einer Sicherungsübereignung (Diese stellt wenn nicht den, so doch einen der wichtigsten Fälle des § 930 BGB dar, s. hierzu Palandt-Bassenge § 930 Rdn. 20 ff.), und tatsächlich ist die Interessenlage insoweit auch identisch. 43

2.3.1.2.5 Abtretung des Herausgabeanspruchs

Schließlich ist die Übergabe durch Abtretung des Herausgabeanspruchs gegenüber einem Dritten an den Nießbrauchserwerber möglich (§§ 1032 I Satz 2, 931 BGB, sog. Vindikationszession). Abgetreten wird hier jedoch keinesfalls ein Anspruch aus § 985 (Daher ist der Begriff der Vindikationszession aus heutiger Sicht durchaus missverständlich). Dies erfolgt zum einen schon deswegen nicht, weil dieser Anspruch nicht selbstständig zediert werden kann (§ 399, 1. Alt., BGB, s. dazu etwa Tiedtke, S. 30), und zum anderen hier schon gar nicht, weil das Eigentum ohnehin nicht übertragen werden soll. Es geht vielmehr um die Zession eines Herausgabeanspruchs aus einem Besitzmittlungsverhältnis (§ 870 BGB). Anders als bei den Anweisungsfällen (dazu zuvor Rdn. 39) wird hier also der mittelbare Besitz übertragen und nicht – wie dort – das ursprüngliche Besitzmittlungsverhältnis völlig aufgehoben und ein neues begründet. Aber auch hier – wie dort – entsteht das entsprechende Besitzgebäude (1. Dritter als unmittelbarer Fremdbesitzer, 2. Nießbrauchserwerber als mittelbarer Fremdbesitzer, 3. darüber der Eigentümer als mittelbarer Eigenbesitzer). 44

Diese Vorgehensweise bietet sich an, wenn es nicht darum gehen soll, den Nießbrauchserwerber selbst in die Möglichkeit einer unmittelbaren Selbstnutzung der jeweiligen Sache zu versetzen, sondern wenn es darum gehen soll, die Nutzung bei einem Dritten zu belassen, welcher nunmehr das Nutzungsentgelt an den Nießbrauchserwerber zu erbringen hat. Anders als bei den Anweisungsfällen wird hier eine ggf. gewünschte Kontinuität im Verhältnis zu dem Dritten, aus dessen Sicht faktisch kaum etwas ändert, gewahrt (vgl. auch § 986 II BGB). Hier bleibt das ursprüngliche

Besitzmittlungsverhältnis ja bestehen, lediglich die Personen wechseln, wohingegen im Anweisungsfall (s. o. Rdn. 14) nicht nur diese, sondern auch das Besitzmittlungsverhältnis ausgewechselt wird.

2.3.1.2.6 Gutgläubiger Erwerb

45 Auch hier besteht die Möglichkeit eines gutgläubigen Erwerbes analog den Vorschriften über denjenigen von Sacheigentum (§§ 1032 I Satz 2, 932 ff. BGB).

2.3.1.2.6.1 Allgemeines

Der Erwerb nach §§ 1032 I Satz 1 oder 1032 Satz 2, 929 Satz 1 BGB geht nach § 932 BGB entsprechend vonstatten.

Die Gutgläubigkeit bezieht sich auf die Berechtigung, einen Nießbrauch einräumen zu können, also auch hier auf das Eigentum des Verfügenden. Schädlich sind insoweit positive Kenntnis als auch grobe Fahrlässigkeit (§§ 1032 I Satz 2, 932 II BGB).

Jedoch kommt dem Nießbrauchserwerber die widerlegliche Vermutung des § 1006 BGB zu Hilfe, vorausgesetzt, es handelt sich um Eigenbesitz (§ 872 BGB), welcher von Erlangung des Besitzes an auch als solcher ausgeübt wurde, denn nur dann kann der Erwerber davon ausgehen, der Verfügende habe durch eine Übergabe als einen Teil einer Eigentumsübertragung (§§ 929 ff. BGB) Sacheigentum und damit die entsprechende Berechtigung zur Nießbrauchsbestellung erlangt (s. allgemein dazu BGH NJW 1984,1456 f.).

Ergänzt, um nicht gar zu sagen wesentlich verstärkt, würde die Möglichkeit eines gutgläubigen Erwerbs durch § 1058 BGB, wonach mangels positiver (!) Kenntnis des Nießbrauchserwerbers vom Gegenteil der Besteller als Eigentümer gilt (§ 1058 BGB, s dazu auch u. Rdn. 83 ff.). Diese Norm soll auch im Rahmen eines gutgläubigen Erwerbs anwendbar sein (Staudinger/Frank § 1032 Rdn. 10). § 1006 BGB würde demgegenüber regelmäßig an Bedeutung zurücktreten. Dem muss jedoch insgesamt widersprochen werden, denn § 1058 BGB konzentriert sich allein darauf, hinsichtlich des gesetzlichen Begleitschuldverhältnisses die Parteien so weit wie möglich festzuschreiben. Hinsichtlich der Rechtsbegründung selbst sollen ausweislich des § 1032 BGB gerade die allgemeinen Grundsätze des gutgläubigen Erwerbs gelten. Zu diesen zählt § 1058 BGB nicht.

46 Im Fall der Nießbrauchsbestellung mittels Besitzkonstitut (§§ 1032 I Satz 2, 930 BGB) von einem Nichtberechtigten kommt es neben der Gut-

gläubigkeit (§ 932 II BGB) darauf an, dass eine Übergabe der Sache an den Nießbrauchserwerber stattfindet (§§ 1032 I Satz 2, 933 BGB).

Der Begriff der Übergabe entspricht dabei demjenigem zu § 929 Satz 1 BGB. Hier ist freilich wieder zu beachten, dass die totale Besitzaufgabe auf Verfügendenseite, wie sie bei der Eigentumsübertragung an sich erforderlich ist (s. o. Rdn. 14), hier wiederum nicht verlangt werden kann (§ 868 BGB). Allerdings reicht die Übertragung eines mittelbaren Besitzes durch den Nichtberechtigten auf den gutgläubigen Erwerber für § 933 BGB nicht aus. Diese Variante kann nur im Rahmen des § 934 BGB (dazu sogleich im nächsten Absatz) funktionieren. Auch wenn diese Differenzierung nur bei der Eigentumsübertragung einen rechten Sinn macht – denn sie lebt davon, dass bei den Übergabemodalitäten eben eine totale Besitzaufgabe auf Veräußererseite vorkommt (Baur/Stürner § 52 Rdn. 21 a. E.), was hier aber (§ 868 BGB) nicht angezeigt ist (s. soeben sowie Rdn. 14, § 868 BGB) –, ist sie auch für den gutgläubigen Erwerb eines Fahrnisnießbrauchs aufrecht zu erhalten. Das gebietet die Anknüpfung an §§ 933, 934 BGB, die insoweit zwingende Vorgaben macht.

Für den Erwerb von einem Nichtberechtigten im Fall des § 931 BGB gilt über § 1032 I Satz 2 BGB die Vorschrift des § 934 BGB entsprechend.

Liegt hier tatsächlich ein Besitzmittlungsverhältnis zwischen dem Nichtberechtigten und dem Dritten vor, genügt die Abtretung des entsprechenden Herausgabeanspruchs (s. wieder § 870 BGB), Gutgläubigkeit hier freilich wieder vorausgesetzt (§ 934, 1. Alt., BGB).

Bestand ein Besitzmittlungsverhältnis nicht, so dass eine Übergabeoption nach § 931 BGB (i. V. m. § 1032 I Satz 2 BGB) an sich nicht möglich war, bedarf es neben der Abtretung des vermeintlichen Anspruchs aus einem Besitzmittlungsverhältnis (wohl gemerkt, eine solche ins Leere gehende Abtretung muss stets gegeben sein, denn schließlich knüpft auch diese Variante an einem Veräußerungsgeschäft nach § 931 BGB an! S. hierzu auch Baur/Stürner § 52 Rdn. 21) der Besitzerlangung von dem Dritten, mit dem das vermeintliche Besitzmittlungsverhältnis bestand (§§ 1032 I Satz 2, 934, 2. Alt., BGB). Unmittelbare Besitzerlangung ist hierbei nicht zwingend, mittelbarer Besitz genügt (vgl. BGH NJW 1978, 697). Weiterhin kommt diese Variante in Betracht, wenn ein Erwerb nach §§ 1032 I Satz 2, 934, 1. Alt., BGB aus anderen Gründen als der fehlenden Gutgläubigkeit fehlschlägt.

2.3.1.2.6.2 Nebenbesitz?

Hier hat sich die Frage nach der Möglichkeit eines sog. Nebenbesitzes *47* entzündet, d. h. nach der Möglichkeit der Ausübung eines unmittelbaren

Besitzes sowohl für den Verfügenden als auch den Erwerbenden; dieser Nebenbesitz soll hiernach einen gutgläubigen Erwerb nach der genannten Variante nicht ermöglichen können (s. hierzu Medicus, Bürgerliches Recht, Rdn. 558 ff. mit umfassenden Nachweisen aus der einen Nebenbesitz bejahenden Rspr. sowie der insoweit grundsätzlich ablehnenden Lit.).

Gleich, wie man diesen Streit für die Eigentumsübertragung auch entscheiden möchte, so ist sie jedenfalls als für die Einräumung eines Nießbrauchs nicht geeignet. Der Nebenbesitz stützt sich darauf, dass der unmittelbare Besitzer zwei gleichrangigen Herren dient, einmal dem wahren Eigentümer, einmal dem potentiellen gutgläubigen Erwerber (s. den Grundfall RGZ 135, 75 ff.).

Das ist hier nicht der Fall: Hier müsste er dem übergeordneten Eigentümer dienen und einmal dem gutgläubigen Nießbrauchserwerber als gewissermaßen untergeordnetem Erwerber eines „nur" beschränkt dinglichen Rechts. Letzterem könnte er aber nur dann einen nießbrauchsrelevanten Besitz vermitteln, wenn er insoweit als Bindeglied fungiert, welches den Nießbrauch vom Eigentümer weiter vermittelt. Eben das will der Nebenbesitzer doch gerade nicht! Durch die Verhinderung eines gutgläubigen Erwerbs mittels Nebenbesitzes will er doch gerade die Rechtstellung des Eigentümers stärken und diejenige des Erwerbers von Beginn an gänzlich zunichte machen oder zumindest gegen dessen Willen schmälern – es fehlt mithin an dem einem Nebenbesitz so charakteristischen „Doppelspiel" (vgl. Westermann § 48. II. 3). Spätestens hier würde eine gewissen Schizophrenie des Nebenbesitzers angenommen werden müssen – eben deshalb ist diese Erscheinungsform auch im allgemeinen so kontrovers (s. hierzu Tiedtke Jura 1983, 465).

2.3.1.2.6.3 Abhandenkommen

48 Auch hier ist ein gutgläubiger Erwerb (eines Nießbrauchs) an abhanden gekommenen Sachen nicht möglich (§§ 1032 I Satz 2, 935 BGB). Ein Abhandenkommen ist dann gegeben, wenn die Sache ohne (nicht zwingend gegen) den Willen des Berechtigten aus dessen Besitz gekommen ist, weshalb es hier nur um den Verlust des unmittelbaren Besitzes gehen kann (s. etwa Palandt-Bassenge § 935 Rdn. 3). Die Ausnahmevorschrift des § 935 II BGB dürfte hier kaum von praktischem Belang sein.

2.3.1.2.6.4 Lastenfreier Erwerb
2.3.1.2.6.4.1 Allgemeines

Nicht zuletzt ist ein gutgläubiger (§§ 1032 Satz 2, 936 II BGB) Erwerb vom Berechtigten, dies auch zu Lasten von Rechten Dritter, möglich (§§ 1032 Satz 2, 936 I Satz 1 BGB). 49

Jedoch liegt eine wesentliche Einschränkung darin, dass durch einen hier stattfindenden gutgläubigen Erwerb nicht ein lastenfreier Erwerb möglich ist, sondern stattdessen nur der Nießbrauch dem bisherigen Recht rangmäßig vorgeht (§ 1032 Satz 2 BGB a. E.). Der Nießbrauchsinhaber kommt so in den vollen Genuss seines Rechts, wohingegen der bisherige Inhaber eines dinglichen Rechts immerhin eben dieses nicht zur Gänze verliert, sondern nur eine vormals bestehende günstigere Situation einbüßt. Der Eigentümer muss seinerseits in der üblichen Fallkonstellation beide Rechte respektieren, was aber darin seine Berechtigung findet, dass ihn die Folgen eines gutgläubigen Erwerbs (hinsichtlich des Nießbrauchs) treffen und er hinsichtlich des insoweit zurücktretenden anderen dinglichen Rechts er schließlich auch dieses Recht dem jeweiligen Inhaber eingeräumt hat. Im Fall der Bösgläubigkeit bleibt es bei dem sonstigen Rangverhältnis, welches durch die zeitliche Priorität gesetzt wurde; es bleibt mithin bei dem gesetzlichen Normalfall (Hier ist in Erinnerung zu rufen, dass es um den Erwerb eines Nießbrauchs vom Berechtigten geht und der gutgläubige Erwerb sich auf die Belastung bezieht. Wenn schon der Nießbrauchserwerb nur ein gutgläubiger sein kann, bedarf es hier in Ergänzung zu § 936 BGB einer kumulativen Anwendung der §§ 932 ff. BGB).

Für den Fall der §§ 1032 Satz 2, 929 Satz 2 BGB muss dazu aber der Besitz vom Nießbrauchsbesteller erlangt worden sein (§§ 1032 Satz 2, 936 I Satz 2 BGB), denn nur dann ist der für einen gutgläubigen Erwerb hinreichende Rechtsschein vorhanden. An diesem Gedanken knüpfen auch die §§ 1032 Satz 2, 936 I Satz 3 BGB an; hiernach muss im Fall der §§ 1032 I Satz 2, 930 BGB oder im Fall der §§ 1032 Satz 2, 931 BGB bei fehlendem (mittelbarem) Besitz des Nießbrauchsbestellers der Besitz auf Grund der Nießbrauchsbestellung dem Nießbrauchserwerber verschafft worden sein. Für die Verschaffung des Nießbrauchs nach §§ 1032 Satz 2, 931 BGB kommt noch hinzu, dass Rechte des unmittelbaren Besitzers gegenüber dem Nießbrauchserwerber nach wie vor Geltung haben (§§ 1032 Satz 2, 936 III BGB). Das liegt daran, dass auch hier ein Rechtsschein nicht ausreicht. Wer nur mittelbaren Besitz erlangt, kann nicht darauf vertrauen, dass der unmittelbare Besitzer, welcher seine eigenen Positionen ja in keiner Weise eingebüßt hat (vgl. § 870 BGB), hierdurch eigene Rechte verlieren könnte (vgl. insoweit auch die generelle Aussage in § 404 BGB).

2.3.1.2.6.4.2 Nießbrauchsvorbehalt des Nichtberechtigten

50 In diesem Zusammenhang wird angenommen, dass ein gutgläubiger Erwerb des Nießbrauchs auch dann möglich ist, wenn ein Nichtberechtigter die betreffende Sache veräußert und sich hier den Nießbrauch vorbehält (s. Blomeyer AcP 53 (1954),253; Staudinger/Frank § 1032 Rdn. 9, die übrigen Gutglaubensvoraussetzungen natürlich vorausgesetzt). Grundsätzlich ist hiergegen nichts einzuwenden, jedoch muss insoweit auch ein Verkehrsgeschäft vorliegen (s. a. Staudinger/Frank a. a. O.). Daran fehlt es, wenn, wirtschaftlich gesehen, auf Erwerber und Veräußererseite ein und dieselbe Person stehen. Das kann der Fall sein, wenn das Sichvorbehalten einer Eigenbestellung entspricht.

2.3.1.2.7 Verfügungsbefugnis

51 Nicht zuletzt ist ein Erwerb eines Nießbrauchsrechts auch vom Nichtberechtigten möglich, wenn diesem die entsprechende Verfügungsmacht zusteht (s. dazu § 185 BGB).

Hier kommt ein gutgläubiger Erwerb jedoch kaum in Betracht. Das allgemeine Zivilrecht kennt ihn überhaupt nicht, und für § 366 I HGB bedarf es entweder einer Veräußerung oder Verpfändung, wozu eine Nießbrauchsbestellung nicht gehört (ganz abgesehen davon, dass es üblicherweise an einem Geschäft fehlen wird, das zu dem Betriebe eines Handelsgewerbes gehört). Ein gutgläubiger Erwerb frei von relativen Verfügungsbeschränkungen ist möglich (§§ 135 II, 136 BGB; rechtsgeschäftliche Verfügungsbeschränkungen haben nur eine schuldrechtliche Wirkung, § 137 BGB), nicht aber von absoluten (s. etwa §§ 1365 f. BGB, dazu aber auch u. Rdn. 56, sowie §§ 80, 81 InsO).

Kurzum: Die Nießbrauchsbestellung an Fahrnis ist an der Struktur der Eigentumsübertragung orientiert. Das ist an sich keine Besonderheit, kehren generell im Mobiliarsachenrecht doch eben diese Strukturen stets im grundsätzlichen wieder.

2.3.2 Ersitzung

52 Schließlich kann der Nießbrauch an beweglichen Sachen auch wie Sacheigentum (§§ 937 ff. BGB) ersessen werden (§ 1033 BGB). Diese Variante ist dann von Bedeutung, wenn keine Erwerbsmodalität des § 1032 BGB (etwa im Fall der Unwirksamkeit der Nießbrauchsbestellung gem. §§ 105 ff. BGB oder im Fall des § 935 I BGB).

Hierzu muss man die Sache als (vermeintlicher) Nießbrauchsinhaber (Eigenbesitz scheidet insoweit freilich aus) zehn Jahre im Eigenbesitz gehabt haben. Redlichkeit ist Voraussetzung (s. § 937 II BGB, anders beim Nießbrauch an Grundstückseigentum, dazu u. Rdn. 57). Der entsprechende Besitz wird gem. §§ 1033, 938 BGB vermutet. Eine Hemmung entsprechend den Verjährungsvorschriften ist möglich (s. i. e. §§ 1033, 939 BGB, s. hierzu umfassend Birr Rdn. 60 ff.), nach Beendigung dieser Hemmung läuft die bereits begonnene Ersitzungsfrist weiter. Anders bei der Unterbrechung (durch Besitzverlust, §§ 1033, 940) oder Vollstreckungshandlungen (§§ 1033, 941 BGB); hier beginnt die Frist jeweils neu (§ 1033, 942 BGB). Ersitzungsfristen eines Rechtsvorgängers können theoretisch relevant sein (§§ 1033, 943 BGB), jedoch sind hier die grundsätzliche Unübertragbarkeit des Nießbrauchers (§§ 1059 ff. BGB) sowie seine Unvererblichkeit (§ 1061 BGB) zu beachten (s. hierzu auch allgemein Birr Rdn. 192).

Anders als im Fall des § 945 BGB bleiben jedoch bisherige beschränkt dingliche Rechte an dem Eigentum bestehen. Der Nießbrauchserwerber erlangt insoweit lediglich den Vorrang seines nun ersessenen Rechts von den sonstigen. Dieses Ergebnis steht im Einklang mit den §§ 1032 I Satz 2 BGB a. E. im entsprechenden Fall des § 936 BGB (Palandt-Bassenge § 1033 Rdn. 1). Mehr bedarf es zur Wahrung der Interessen des Ersitzungserwerbers auch nicht.

2.4 Grundstücksnießbrauch

Der Nießbrauch kann auch – was in der Praxis sicherlich häufiger ist – an Grundstückseigentum bestellt werden. Dem wird oft der Nießbrauch an grundstücksgleichen Rechten, namentlich dem Erbbaurecht, gleichgestellt (Jauernig/Jauernig § 1030 Rdn. 2). Letztendlich kann man über diese Einordnungen streiten, ohne dass dies praktische Auswirkungen hätte. In jedem Fall würden die grundstücksgleichen Rechte mit einem Rechtsnießbrauch (s. u. Rdn. 97 ff.) belegt werden können.

53

2.4.1 Entstehung kraft Rechtsgeschäfts

Die bereits vermerkte Einheitlichkeit der Strukturen findet sich auch bezüglich der Nießbrauchsbestellung an Grundstückseigentum. Hier fehlt es gar an einer speziellen Norm, so dass hier auf § 873 I BGB zu rekurrieren ist.

2.4.1.1 Erwerb vom Berechtigten

Der Erwerb des Grundstücksnießbrauchs erfolgt durch ein Verfügungsgeschäft, was keine Besonderheit darstellt.

2.4.1.1.1 Annex: Familienrechtliche Besonderheiten

Vereinzelt kann das Familienrecht besondere Voraussetzungen für die Wirksamkeit der Verfügung statuieren. Dies ist nicht auf den Grundstücksnießbrauch an sich beschränkt, erlangt aber hier seine herausragende Bedeutung.

2.4.1.1.1.1 Vormundschaftsgerichtliche Genehmigung

Gegebenenfalls bedarf diese Verfügung der vormundschaftsgerichtlichen Genehmigung (Zu den Voraussetzungen über die Vormundschaft, welche nur Minderjährige betreffen kann, s. §§ 1773 ff. BGB).

§ 1821 I Nr. 1 BGB unterwirft jede Verfügung über ein Grundstück (ausgenommen sind Grundpfandrechte, s. a. a. O. Abs. 2) diesem Erfordernis. Wird also ein Nießbrauch an einem Grundstück bestellt, muss diese Verfügung genehmigt werden. Generalermächtigungen zu Grundstücksverfügungen sind nicht möglich (arg. § 1825 BGB).

Die Genehmigung muss ex ante erklärt werden, und zwar gegenüber dem Vormund (§ 1828 BGB – man beachte insoweit die Abweichung von der Genehmigung als Willenserklärung, die allein eine nachträgliche Zustimmung meint, vgl. § 184 I BGB).

Ansonsten ist die Verfügung schwebend unwirksam und kann noch nachträglich vom Vormundschaftsgericht genehmigt werden; gegenüber dem Nießbrauchserwerber wird die diese Genehmigung erst dann wirksam, wenn sie ihm durch den Vormund mitgeteilt wird (§ 1829 I BGB). Wird die Genehmigung endgültig verweigert, was die Verfügung nun vollends unwirksam werden lässt, gilt dasselbe (a. a. O.). Wird der Mündel volljährig, geht die Möglichkeit der endgültigen Entscheidung über die Wirksamkeit des Geschäfts auf ihn über (§ 1829 III BGB). Der andere Teil hat seinerseits die Möglichkeit, durch ein Aufforderungsrecht zur Erklärung über das Rechtsgeschäft innerhalb von zwei Wochen Klarheit zu erlangen (s. i. e. § 1829 II BGB).

Ist die Genehmigung wahrheitswidrig behauptet worden, so hat der andere Teil bei Unkenntnis über diese Umstände ein Widerrufsrecht (§ 1830 BGB).

An die Stelle der Vormundschaft über Volljährige ist die Betreuung getreten (§§ 1896 ff. BGB). Die geschilderten Grundsätze gelten hier entsprechend (s. den Verweis auf § 1821 BGB insgesamt – und damit auch auf dessen Abs. 1 Nr. 1 – in § 1908 i I BGB; auf die §§ 1829 f. BGB wird ebenfalls verwiesen).

Auch Eltern haben dieses Genehmigungserfordernis im Rahmen ihrer Vermögenssorge für Kinder zu beachten (§ 1643 I BGB mit Verweis auf § 1821 BGB, zu den Rechtsfolgen s. den Verweis in § 1643 III BGB auf §§ 1829 f. BGB).

Bezeichnenderweise wird aber ein Genehmigungserfordernis dort abgelehnt, wo der Schutzbefohlene (der Minderjährige bzw. Betreute) ein Grundstück erwirbt, dieses aber zugleich dinglich belastet wird (BGHZ 24,374 f.; BGH NJW 1983,1781; BGH ZIP 1997,2081). Für die hier interessierenden Fälle geht es vor allem darum, dass eine Immobilie an den Geschützten übereignet wird, sich aber ein Nießbrauch vorbehalten wird. Der Grund wird darin gesehen, dass die genannten Vorschriften das Erworbene schützen, nicht aber vor einem Erwerb (s. jeweils a. a. O.). Angesichts dessen, dass ein lediglich rechtlicher Vorteil bei genauer Betrachtung eben doch nicht so sicher ist, wie es zunächst scheint, ist Skepsis angebracht (s. bereits o. Rdn. 35, a. A. aber die h. M.). Angemessener erscheint es, die Genehmigungspflicht von denselben Erwägungen abhängig zu machen, wie sie den Minderjährigenschutz insgesamt beherrschen sollten. Für den Betreuten kann insoweit nichts anderes gelten.

2.4.1.1.1.2 Ergänzungspflegschaft

Daneben kann eine Ergänzungspflegschaft erforderlich werden (§ 1909 BGB). Besondere Relevanz erfährt diese hier (vgl. insoweit auch Jauernig/Berger § 1909 Rdn. 2) für Insichgeschäfte (§ 181 BGB) wie auch für diesen ähnelnde Geschäfte etwa zugunsten nahestehender Personen (s. § 1795 I BGB für den Vormund, für Eltern s. §§ 1629 II Satz 1, 1795 I BGB, für Betreuer s. §§ 1908 i I BGB, 1795 I BGB), die zunächst gleichwohl nur schwebend unwirksam sind (§§ 177 ff. BGB analog, vgl. schon o. Rdn. 36).

Aus Gründen einer steuerlichen Anerkennung sollte berücksichtigt werden, dass nach den Grundsätzen der Finanzverwaltung eine Ergänzungspflegschaft auch dort nötig werden kann, wo das Vormundschaftsgericht (s. dazu § 1917 BGB, zur Unanwendbarkeit der Vormundschaftsregeln s. § 1916 BGB; kurzum ist das Vormundschaftsgericht zur Wahrung eines pflichtgemäßen Interesses verpflichtet, Jauernig/Berger § 1909 Rdn. 7) ein solches Erfordernis abgelehnt hat (s. o. Rdn. 24a, Ziff. 5 Nießbrauchserlass, in Konkordanz mit den zivilrechtlichen Vorschriften lässt sich das nur bringen, indem steuerliche Erwägungen für das Vormundschaftsgericht hinsichtlich der Ernennung des Pflegers zu einer Ermessensreduzierung führen).

Der Nießbrauch

2.4.1.1.2 Einigung

54 Auch hier bedarf es einer dinglichen Einigung, was keine Besonderheit darstellt (s. insofern schon o. Rdn. 35). Wiederum darf diese Einigung nicht mit solchen auf Verpflichtungsebene gleichgesetzt, verwechselt werden (vgl. o. Rdn. 4a). Ihre Wirkung ist vor allem nicht die Entstehung eines Anspruchs, sondern sie ist Teil einer Erfüllung, indem sie mit der Grundbucheintragung den Rechtsübergang bewirkt.

2.4.1.1.3 Eintragung

Weiterhin bedarf es einer Eintragung im Grundbuch als des publizitätswirksamen Realakts (s. dazu aus verfahrensrechtlicher Sicht i. e. §§ 13 ff. GBO).

Ist die Einigung nach Maßgabe des § 873 II BGB bindend (d. h. unwiderruflich, für den Antrag s. insoweit § 13 GBO, wonach jeder Teil einen solchen beim Grundbuchamt stellen kann) geworden (notarielle Beurkundung der Erklärung oder deren Abgabe vor dem Grundbuchamt oder Erteilung einer Eintragungsbewilligung), existiert eine Anwartschaft auf den Nießbrauch, welche allerdings nicht mit einem echten Anwartschaftsrecht gleichzusetzen ist (s. dazu etwa Habersack JuS 2000,1145). Nachträgliche Verfügungsbeschränkungen, d. h. solche nach Bindung gem. § 873 II BGB und Eintragungsantragstellung beim Grundbuchamt, sind irrelevant (§ 878 BGB).

Die Eintragung des Nießbrauchs erfolgt in Abteilung II des Grundbuchs. Die Reihenfolge der jeweiligen Rechte bestimmt sich nach deren Eintragung (§ 879 BGB).

In diesem Zusammenhang ist bemerkenswert, dass nach wie vor eine Gesellschaft bürgerlichen Rechts nicht als grundbuchfähig angesehen wird (s. BayObLG NJW 2003,70; OLG Celle ZIP 2006,620; BGH ZIP 2002,174). Das ist vor allem deshalb zu beachten, weil diese Gesellschaft ansonsten als rechtsfähig anerkannt ist (grundlegend BGH NJW 2001,1056) und nach materiellem Recht daher sehr wohl in der Lage ist, Rechte auch an Liegenschaften zu erwerben. Für den Nießbrauch gilt insoweit nichts anderes. Es bedarf hier also noch der Eintragung der Gesellschaftsmitglieder und nicht der Gesellschaft selbst. Ungeachtet dessen ist es auf materiell-rechtlicher Ebene keineswegs ausgeschlossen, dass die GbR hiernach Inhaberin des dinglichen Rechts ist, wird sie doch im Ergebnis einer sonstigen rechtsfähigen Personengesellschaft gleichgestellt (§ 124 I HGB). Für die Grundbucheintragung muss es daher möglich sein, die gesellschafterliche Verbundenheit der eintragbaren Gesellschafter kenntlich zu machen. Dies gebietet das Erfordernis der Publizierung der gesamthänderischen Bindung des Nießbrauchs, welche hier in jedem Fall vorliegt.

2.4.1.1.4 Annex: Sicherung durch Vormerkung

Eine Sicherung des Nießbrauchserwerbs durch eine Vormerkung (§§ 883 ff. BGB) ist möglich (Die Unübertragbarkeit des Nießbrauchs wie auch etwa diejenige eines Anspruchs auf Nießbrauchsbestellung ändert daran nichts, s. a. Rdn. 149). Insbesondere setzt sich der Nießbrauch damit vor seiner Entstehung, aber nach Entstehung der Vormerkung entstandenen Rechten durch (s. § 883 II BGB). Auch die Insolvenzfestigkeit ist nicht zu vernachlässigen (§ 106 InsO). Es liegt auf der Hand, dass der schuldrechtliche Anspruch in dieser Hinsicht wirksam entstanden sein muss, da anderenfalls die Vormerkung ins Leere ginge (vgl. auch OLG Schleswig ZIP 2006,618 f.).

2.4.1.2 Gutgläubiger Erwerb

Ein Nießbrauch kann über § 892 I BGB auch gutgläubig erworben werden. Hierzu bedarf es vor allem der Eintragung des Verfügenden als Eigentümer im Grundbuch, fehlende positive Kenntnis (anders § 932 II BGB, auch hier hat § 1058 BGB keinen Anwendungsbereich, s. o. Rdn. 45, aber str.) von der Unrichtigkeit des Grundbuchs sowie das Fehlen eines Widerspruchs im Grundbuch. Maßgeblich für die subjektiven Momente ist, wie sonst grundsätzlich auch, die Vollendung des Rechtserwerbs (§ 892 II BGB).

55

Hinsichtlich der Verfügungsbefugnis gilt das bereits Gesagte. Anders als im Fahrnisrecht aber kann gem. § 81 II InsO auch gutgläubig frei von der absoluten Verfügungsbeschränkung infolge einer Insolvenz erworben werden.

56

Zwar ist für den Fall, dass das mit einem Nießbrauch belastete Grundstück das gesamte Vermögen eines in Zugewinngemeinschaft lebenden Ehegatten ausmacht (Dieses Vermögen kann auch in einem einzelnen Gegenstand bestehen, sog. Einzeltheorie, h. M., s. etwa BGHZ 35,143 ff.; BGHZ 43,174; BGH NJW 1980,2350; BGH NJW 1984,609 f.; a. A. etwa Rittner FamRZ 1961,10), die daraus resultierende Verfügungsbeschränkung (§§ 1365, 1366 BGB) nicht durch guten Glauben zu überwinden (s. Tiedtke, S. 4 sowie hinsichtlich der fehlenden Eintragbarkeit der Verfügungsbeschränkung aus § 1365 BGB, S. 96). Jedoch können nach h. M. vergleichbare Resultate erzielt werden. Hiernach greifen diese Beschränkungen nämlich dann nicht, wenn der Erwerber (hier: des Nießbrauchs) nicht weiß, das es sich bei dem belasteten Grundstück um das Vermögen im Ganzen i. S. v. § 1365 I BGB ausmacht (sog. subjektive Theorie, s. etwa BGH jeweils a. a. O.; a. A. etwa Gernhuber JZ 1966,193). Weiß er dies hingegen, kann er ansonsten noch so gutgläubig sein, es nützt ihm nicht, wird blanke Rechtsunkenntnis als solche eben nicht geschützt. Hier bleibt es allein bei der Möglichkeit, durch das Einholen einer Genehmigung durch den anderen Ehegatten die schwebend unwirksame Verfügung zu einer wirksamen avancieren zu lassen (s. i. e. § 1366 BGB; s. zu den eherechtlichen Verfügungsbeschränkungen auch u. Rdn. 133).

Auch hier ist für die Nießbrauchsbestellung festzuhalten, dass Besonderheiten hier nicht existieren. Vielmehr fügt sich auch hier die Entstehung des Nießbrauchs in die allseits bekannten zivilrechtlichen Strukturen ein.

2.4.2 *Entstehung kraft Gesetzes*

57 Wie beim Fahrnisnießbrauch auch (s. § 1033 BGB) kennt das Gesetz Fälle, in denen ein Grundstücksnießbrauch auch außerhalb einer rechtsgeschäftlichen Bestellung – insoweit also kraft gesetzlicher Vorgaben – entstehen kann.

2.4.2.1 Ersitzung

Die Ersitzung richtet sich hier, ohne dass es einer Sondervorschrift (vgl. etwa § 1033 BGB) bedürfte, nach § 900 II BGB.

Der Nießbrauchsersitzer muss im Grundbuch 30 Jahre lang eingetragen sein und das Grundstück als Nießbrauchsinhaber besessen haben. Die Fristberechnung erfolgt gem. §§ 900 II, I Satz 2, 939 ff. BGB, wobei als weitere Hemmung die Eintragung eines Widerspruchs in das Grundbuch hinzukommt (§§ 900 II, I Satz 3 BGB). Über den Rang des Nießbrauchs entscheidet die Eintragung (§ 900 II Satz 2 BGB). Eine Ersitzung eines Vorranges wie bei dem Fahrnisnießbrauch (dazu o. Rdn. 52) gibt es hier also nicht. Das Grundbuch spricht hier insoweit eine deutliche Botschaft aus.

Auf eine Redlichkeit kommt es insoweit übrigens nicht an (anders bei der Mobiliarersitzung und damit entsprechend bei § 1033 BGB). Das Grundbuch trägt insoweit eine hinreichende Richtigkeitsgewähr in sich, welche durch die Vorstellung des jeweils Eingetragenen allein nicht erschüttert werden kann.

2.4.2.2 Sonstiges

Im Bauplanungsrecht ist es möglich, innerhalb des Geltungsbereichs 58
eines Bebauungsplans oder der im Zusammenhang bebauten Ortsteile
(§ 34 BauGB) das Grundstückswesen neu zu ordnen, was vom Gesetz als
Umlegung bezeichnet wird (s. i. e. §§ 45 BauGB).

Kommt es hierbei zu Zuteilungen von Grundstücken als „Ersatz" für
alte Grundstücke, kann nach Maßgabe des § 68 BauGB auch ein Nießbrauch – ebenfalls als „Ersatz" für einen vormaligen Nießbrauch an dem
alten Grundstück – neu begründet werden.

Ähnliches findet sich im Rahmen von Flurbereinigungsmaßnahmen bei
Landabfindungen (§ 68 FlurbG).

2.4.2.3 Umsatzsteuerliche Anmerkung

Grundsätzlich ist die Einräumung eines Nutzungsrechts eine unternehmerische Leistung i. S. v. § 2 I UStG (s. a. 18 (3) UStR). Der Unternehmerbegriff des Umsatzsteuerrechts reicht bekanntlich weiter als derjenige
etwa des Gewerbebetriebs i. S. v. § 15 II Satz 1 EStG, indem jede nach-
haltige Tätigkeit zur Einnahmeerzielungsabsicht selbst bei fehlender Ge-
winnabsicht ausreicht. Die Nutzungsrechtseinräumung kann also zu einer
sonstigen Leistung führen (vgl. § 3 IX Satz 1 UStG, 23 (3) UStR), für den
Leistungsort entscheidet die Lage des Grundstücks (§ 3a II Nr. 1 UStG,
34 (8) UStR).

Die Gebrauchsüberlassung an Grundstücken ist allerdings grundsätzlich umsatzsteuerbefreit (§ 4 Nr. 12 UStG). Das betrifft auch die Gewährung dinglicher Nutzungsrechte (a. a. O. Satz 1 lit. c) sowie 83 UStR, die
Ausnahme für die kurzfristige Beherbergung und dergleichen in Satz 2
ebda. spielt hier keine Rolle, denn das Nutzungsrecht ist auf Langfristig-
keit angelegt).

Andererseits verhindert diese Befreiung die Möglichkeit eines Vorsteuerabzuges (§ 15 II Satz 1 Nr. 1 UStG). Dies kann durchaus nachteilig
sein, wenn etwa vor Einräumung des dinglichen Nutzungsrechts umfang-
reiche Bauleistungen auf dem Grundstück ausgeführt worden sind und
entsprechend Umsatzsteuer in Rechnung gestellt worden ist. Dann mag
es attraktiv erscheinen, auf die Befreiung zu verzichten. Die Möglichkeit
dazu eröffnet § 9 I, II UStG. Verlangt wird dabei aber, dass der Umsatz
an einen anderen Unternehmer für dessen Unternehmen ausgeführt
wird, zusätzlich darf das Grundstück ausschließlich für Umsätze verwendet oder zu verwenden beabsichtigt sein, die einen Vorsteuerabzug nicht

ausschließen. Die Beweislast trägt hinsichtlich des zweiten Punkts der Unternehmer.

Kurz gesagt, es fällt ein solcher Verzicht dann aus, wenn das Grundstück rein privat genutzt wird, vor allem wenn es um eine Eigennutzung geht. Schon die Weitervermietung würde einen solchen Verzicht ermöglichen (vgl. wieder § 2 I UStG), wenn insoweit wiederum ein Verzicht auf die Umsatzsteuerbefreiung erklärt würde (was mit den Mietern zu dem Erfordernis eines Ausgleichs führen müsste, denn diese werden nicht begeistert sein, zuzüglich zu der Miete gegebenenfalls auch noch die hier dann sog. Mehrwertsteuer in Rechnung gestellt zu bekommen).

Sollte ein solcher Verzicht angedacht werden, wird er regelmäßig allein schon durch die entsprechende Abrechnung der Umsatzsteuer mit gesondertem Ausweis vollzogen (148 (3) UStR).

2.4.3 Annex: Zubehör

59 Zubehör, d. h. bewegliche Sachen, die, ohne Bestandteile (vgl. dazu § 93 BGB) zu sein, dem Nießbrauchsgegenstand untergeordnet sind, ihm gleichsam dienen (§ 97 BGB), sollen regelmäßig mit diesem zusammen einheitlich dinglich belastet werden. Für den Nießbrauch an Sachen differenziert das Gesetz:

Zubehör beweglicher Sachen muss seinerseits, soll der Nießbrauch sich darauf erstrecken, gem. § 1032 BGB entsprechend belastet werden. Die dinglichen Einigungen werden insofern, wobei sie aber dogmatisch getrennt zu würdigen sind, faktisch zusammenfallen. Die jeweiligen Übergabemodalitäten müssen aber auch in bezug auf jede einzelne Sache, d. h. also für das Zubehör ebenso wie für die Hauptsache, erfüllt sein.

Anders ist es bei unbeweglichen Sachen (Beachte hier die Sondervorschrift des § 98 BGB hinsichtlich der näheren Erläuterung der Zubehöreigenschaft). Hier ist ein eigenständiger Akt regelmäßig nicht vonnöten.

Gehören die Zubehörsachen dem Nießbrauchsbesteller, so erlangt der Erwerber den Nießbrauch auch daran bereits mit Nießbrauch an dem Grundstückseigentum (§§ 1031, 926 I Satz 1 BGB). Jedoch muss auch die dingliche Einigung sich stets darauf beziehen. Einen Erwerb kraft Gesetzes gibt es auch insofern eben nicht. Allerdings statuiert das Gesetz eine Auslegung, wonach sich die Einigung über die Nießbrauchsbestellung an dem Grundstückseigentum auch auf das Zubehör erstreckt (§§ 1031, 926 I Satz 2 BGB). Wie gesagt, mehr als eine Auslegungsregel liegt aber nicht vor. Greift diese nicht, muss der Nießbrauch, soll er sich auch auf das Zubehör erstrecken, wiederum nach § 1032 BGB bestellt werden. Man wird es für zulässig halten müssen, hier eine nachträgliche Einbeziehung von

Zubehörstücken in den bereits an dem Grundstückseigentum bestehenden Nießbrauch vorzunehmen (Alternativ dazu müsste ein eigenständiger Nießbrauch an diesem Zubehör angenommen werden, der aber in seinem Bestand, etwa mittels einer Bedingung nach § 158 II BGB, von dem Grundstückseigentumsnießbrauch abhängig wäre).

Stehen die Zubehörsachen nicht im Eigentum des Nießbrauchsinhabers, so kann der Nießbrauchserwerber daran gutgläubig den Nießbrauch analog den entsprechenden für Fahrnis geltenden Vorschriften erwerben (§§ 1031, 926 II, 932 ff. BGB). Die Situation entspricht derjenigen wie bei der selbständigen Nießbrauchsbestellung an beweglichen Sachen über §§ 1032, 932 ff. BGB.

2.5 Inhalt

Nach dem Sacheigentum ist der Nießbrauch das umfassendste dingliche Recht an einer Sache. *60*

2.5.1 Nutzungsziehungsrecht

Wer einen Nießbrauch innehat, ist berechtigt, die Nutzungen aus der entsprechend belasteten Sache zu ziehen (§ 1030 I BGB).

2.5.1.1 Nutzungen

Nutzungen werden in § 100 BGB definiert. Hiernach sind Nutzungen die Früchte einer Sache (§ 99 BGB) sowie die Gebrauchsvorteile, die eine Sache gewährt. *61*

Früchte (s. hierzu etwa Jauernig/Jauernig, Anmerkungen zu den §§ 99 – 103, Rdn. 2) können zum einen Sachfrüchte sein. Dies lässt sich weiter unterteilen in unmittelbare Sachfrüchte und mittelbare Sachfrüchte.

Unmittelbare Sachfrüchte (§ 99 I BGB) sind organische Erzeugnisse, wie Tier- und Bodenprodukte oder bestimmungsgemäße Ausbeuten (etwa Kohle, Kies). Mittelbare Früchte sind Erträge, die eine Sache vermöge eines Rechtsverhältnisses gewährt (etwa Miete, Pacht).

Unmittelbare Rechtsfrüchte sind die Erträge, welche das Recht seiner Bestimmung nach gewährt, insbesondere bei einem Recht auf Gewinnung von Bodenbestandteilen die gewonnenen Bestandteile (§ 99 II BGB). Es können dieses die Erträge sein, die etwa auf Grund einer Nutzungsüberlassung, gleich ob schuldrechtlicher (Pacht) oder dinglicher (Nießbrauch), gewonnen wurden, sein.

Mittelbare Rechtsfrüchte (§ 99 III BGB) können etwa eine Überbaurente (§ 912 II BGB) oder das Entgelt für die Überlassung von Nutzungsrechten sein.

Gebrauchsvorteile basieren auf der mittels einer Sache verbundenen Rechte im allgemeinen und gehen damit über die Früchte (§ 99 BGB) noch hinaus. Hierzu kann etwa die Nutzung eines Rechts als Kreditunterlage fallen (Palandt-Heinrichs § 100 Rdn. 1). Aus Sicht des Nießbrauchsinhabers ergibt sich hieraus, dass er nicht nur auf die Ausbeutung der Sache im engeren Sinne beschränkt ist. Vielmehr stehen ihm die Nutungsbefugnisse in nahezu jedem erdenklichen Umfang offen.

2.5.1.2 Das Ziehen der Nutzungen

62 Solange die Sachfrüchte mit der Hauptsache verbunden sind, stellen sie keinen Gegenstand eigener Rechte dar (§ 93 BGB). Die Eigenrechtsfähigkeit beginnt erst mit deren Trennung.

2.5.1.2.1 Die eigentumsrechtliche Zuordnung

Grundsätzlich bestimmt § 953 BGB, dass Früchte auch nach ihrer Trennung dem Eigentümer der Hauptsache gebühren. Auch wenn nun neue Rechte entstehen, soll sich an der Zugehörigkeit der wirtschaftlichen Werte insgesamt doch nichts ändern, vorausgesetzt freilich, es liegen keine anderweitigen Umstände vor. Eben das ist jedoch im Fall der Nießbrauchsbestellung der Fall.

Nunmehr erwirbt der Nießbrauchsinhaber das Eigentum an den Früchten mit der Trennung von der Hauptsache (§ 954 BGB). Es kommt hier auch nicht darauf an, wer diese Trennung vornimmt, vorausgesetzt, es liegt kein Fall der §§ 955 ff. BGB vor (Palandt-Bassenge § 954 Rdn. 1).

63 Das Nießbrauchsrecht geht sogar noch über § 954 BGB hinaus. Gem. § 1039 I Satz 1 BGB erwirbt sein Inhaber sogar das Eigentum an Übermaßfrüchten, d. h. solchen, die er einer ordnungsgemäßen Wirtschaft zuwider oder deshalb im Übermaß zieht, weil dies infolge eines besonderen Ereignissen notwendig geworden ist (z. B. bei Kahlschlag infolge von Sturmschäden). Hier wäre nach den allgemeinen Vorschriften lediglich ein gutgläubiger Erwerb im Fall des § 955 II BGB möglich, denn § 954 BGB statuiert den Eigentumserwerb an den Früchten bei Trennung nur innerhalb des Rahmens des jeweils eingeräumten Rechts – dieses wird Übermaßfrüchte normalerweise nicht in diesem Sinne zuweisen. Anders eben § 1039 I Satz 1 BGB (Auf einem anderen Blatt stehen natürlich die daraus folgenden Ausgleichspflichten, dazu im Anschluss Rdn. 75). Diese

Vorschrift als Inhalt des dinglichen Rechts kann dem numerus clausus des Sachenrechts gemäß nicht abbedungen werden (BayObLG RPfleger 1977,252; alternativ können lediglich einzelne Nutzungen ausgeschlossen werden, § 1030 II BGB, s. zu dem Gesagten auch Erman/Hefermehl § 954 Rdn. 2). Schuldrechtliche Absprachen, die von dem dinglichen Inhalt abweichen, sind freilich unproblematisch möglich, werden angesichts der umfassenden Ausgleichsregelung, die schon § 1039 BGB trifft, üblicherweise keinen rechten Sinn machen.

Dasselbe gilt, wenn die Fruchtziehung einem Wirtschaftsplan zuwider geschieht (§ 1038 BGB) sowie wenn gegen die wirtschaftliche Bestimmung der Sachen gem. § 1036 II BGB verstoßen wird – auch dies sind Fälle des § 1039 I Satz 1 BGB (Jauernig/Jauernig § 1039 Rdn. 1).

Mittelbare Sachfrüchte (§ 99 III BGB) werden durch Einziehung erworben (Palandt-Bassenge § 1030 Rdn. 5).   64

Der Nießbraucher hat das Recht die belastete Sache zu vermieten oder zu verpachten. Ist die Sache bereits vermietet oder verpachtet, wird er Gläubiger des entsprechenden Nutzungsentgelts ab Entstehung des Nießbrauchs (RGZ 124,329). Hiervon zu unterscheiden ist § 101 Nr. 2 BGB, welcher die schuldrechtliche Verteilung regelt (Hiernach gilt mangels anderweitiger Bestimmungen aber ebenfalls, dass die Einnahmen letztlich dem Nießbraucher gebühren).

2.5.1.2.2 Vollstreckungszugriff auf Miet- oder Pachtzinsforderungen?

Ungeachtet dieser Gläubigerstellung wird zugelassen, dass ein Nießbrauchsbesteller diese Miet- oder Pachtforderungen pfänden und an sich überweisen kann (RGZ 86,138). Der Grund hierfür findet sich in dem Hypothekenrecht, welches mit dem Nießbrauch im Einzelfall kollidieren könnte. Die Hypothek (entsprechend auch die sonstigen Grundpfandrechte) kann sich auch auf Miet- und Pachtforderungen beziehen (§ 1123 BGB). Nun können hier zwar Verfügungen über diese Forderungen, nämlich dann, wenn sie vor Inbeschlagnahme (§§ 829 ff. ZPO, 148 I Satz 1, 21 II. ZVG) erfolgen, sich gegenüber dem Grundpfandrecht durchsetzen (s. i. e. § 1124 BGB). Jedoch wird eine Nießbrauchsbestellung an dem Grundstück nicht als eine entsprechende Verfügung angesehen (RGZ 101,5 ff.; s. a. MüKo-Eickmann § 1124 Rdn. 20), denn hierin sieht man eben eine Verfügung über das Grundstück, nicht über die genannten Forderungen (an denen ansonsten ein eigener Nießbrauch nach §§ 1068 ff. BGB hätte bestellt werden müssen). Insoweit werden nur Verfügungen, die sich allein auf die Forderungen als solche beziehen (Abtretung, Verpfändung, auch Einziehung, BGH NJW-RR 1989,200), anerkannt. Als Ausweg aus dieser Misere besteht nur die Möglichkeit für den Nießbraucher, durch eine eigene „Inbeschlagnahme", d. h. durch Pfändung und Überweisung (§§ 829 ff. ZPO) der Inbeschlagnahme durch einen Grundpfandgläubiger zuvorzukommen, mithin ein vorrangiges Pfändungspfandrecht zu erlangen.

Man mag bezweifeln, ob dieser Kunstgriff wirklich nötig war oder ob es nicht besser gewesen wäre, die Verfügung, von der § 1124 BGB spricht, auch auf eine Nießbrauchsbestellung an dem Grundstück zu erstrecken. Vom Wortlaut wäre das nicht schlechthin ausgeschlossen, denn man hätte hier doch darauf abstellen können, dass das dingliche Recht, der Nießbrauch an dem Grundstück, nicht seines Inhalts, des Nutzungsziehungsrechts, beraubt werden kann (Anderenfalls: Welchen Nutzen hätte diese dann doch sprichwörtliche Hülse ohne Kern?). Wenn man weiterhin doch anerkennt, dass der Nießbraucher sich auch einem insoweit nachrangigen Grundpfandgläubiger durchsetzen können muss, wäre der hier vorgeschlagene Weg auch der dogmatisch sauberere gewesen.

65a Noch weniger einsichtig ist es in diesem Zusammenhang, wenn man die Abtretung der mittelbare Sachfrüchte darstellenden Forderungen an den Nießbraucher nicht zulassen will, weil er insoweit doch schon durch seinen Nießbrauch hinreichend abgedeckt sei (so aber RGZ 80,316). Hiermit wird der Nießbraucher im Lichte des § 1124 BGB einer Möglichkeit beraubt, einem Grundpfandgläubiger zuvorzukommen, die ansonsten aber jedermann offen steht. Sein Nießbrauch würde sich in dieser Hinsicht geradezu ins Gegenteil verkehren und ihn hier sogar ohne sachlichen Grund benachteiligen. Wenn man weiter bedenkt, dass eine Nießbrauchseinräumung an den Forderungen selbst doch möglich ist (s. a. im vorangegangenen Absatz), die aber einer Abtretung nicht ganz unähnlich ist (vgl. u. Rdn. 97 ff., 104 ff.), kann ein sachlicher Grund für diese Einschränkungen noch weniger gefunden werden.

2.5.1.2.3   Versicherungsforderungen

Gem. § 1046 I BGB steht dem Nießbraucher das Recht an Versicherungsforderungen nach den Vorschriften des Nießbrauchs an Zinsen zu (§ 1046 I BGB; zur Versicherungspflicht s. näher u. Rdn. 91). Auf die Frage, ob es hierbei um Rechtsfrüchte gehen könnte (s. insoweit aber BGHZ 115,159), kommt es nicht an. Insoweit wäre § 1046 I BGB nämlich eben konstitutiv.

2.5.2   *Recht zum Besitz*

66   Die Möglichkeit des Ziehens der Nutzungen beinhaltet auch die Inbesitznahme der nießbrauchsbelasteten Sache. Diese an sich schon aus § 1030 I

BGB folgende Option wird in § 1036 I BGB durch die Statuierung eines entsprechenden Rechts zum Besitz noch einmal betont. Ansprüche aus § 985 BGB des Eigentümers sind hiermit ausgeschlossen (§ 986 I BGB), nach h. M. schon wegen des Fehlens der Tatbestandsvoraussetzungen einer solchen rei vindicatio s. etwa BGH NJW 1999,3717).

Der Umfang des Rechts aus § 1036 I BGB kann variieren. Bei beweglichen Sachen ergibt sich das schon daraus, dass die Übergabe in verschiedenen besitzrechtlichen Modalitäten vonstatten gehen kann (§ 1032 BGB). Aus diesen wird sich auch regelmäßig ergeben, welchen Inhalt das Recht zum Besitz für den Nießbraucher haben soll.

Wirklich konstitutiv scheint § 1036 I BGB insoweit zu sein, als er ein Recht zum Besitz statuiert, welches auch Dritten gegenüber wirkt (s. a. OLG Hamm RPfleger 1983,144). Bei genauerer Betrachtung würde sich das jedoch schon aus der Dinglichkeit des Nießbrauchs selbst schon ergeben, denn insoweit würde auch schon § 1030 I BGB allein das Wesentliche sagen können.

2.5.3 *Ausschluss einzelner Nutzungen*

Es ist zulässig, den Nießbrauchserwerber von einzelnen Nutzungen auszuschließen (§ 1030 II BGB, etwa dergestalt, dass die Vermietung der Sache ausgeschlossen ist).

67

Jedoch ist hier zu beachten, dass der Grundinhalt des Nießbrauchs, eben ein umfassendes Bündel an Nutzungen zu ermöglichen, erhalten bleibt. Es ist daher nur möglich, den Ausschluss einzelner Nutzungen zu vereinbaren, nicht aber umgekehrt den Nießbrauch nur für einzelne Nutzungsarten oder gar nur eine Nutzungsart zu bestellen (BayObLGZ 79,361; LG Aachen RNotZ 2001,587). Dem Erhalt dieses Grundinhalts entspricht es denn auch, wenn das Recht zum Besitz, das der Nießbrauch verleiht (s. § 1036 I BGB, s. aber auch soeben im vorangegangenen Abschnitt), nicht völlig ausgeschlossen werden kann (OLG Hamm RPfleger 1983,144, was vor allem den Grundstücksnießbrauch betreffen kann, denn für den Fahrnisnießbrauch ist eine Besitzbegründung ohnehin konstitutiv für die Rechtsentstehung, § 1032 BGB).

Was auch im Hinblick des § 1030 II BGB unproblematisch ist, ist eine gewissermaßen qualitative Aufteilung einer bestimmten Nutzung auf mehrere Berechtigte, etwa dass Mieteinnahmen nach Bruchteilen mehreren Nießbrauchsinhabern zustehen soll. Hier wird keine Nutzung ausgeschlossen, sondern im Gegenteil die Nutzung von dem Nießbrauch ja gerade erfasst; allein das Nutzungsergebnis soll nicht einem Berechtigten allein zustehen. Insoweit entsteht eine Bruchteilsgemeinschaft (§§ 741 ff.

BGB). Es handelt sich um einen sog. Quotennießbrauch (LG Aachen a. a. O.; Erman/Michalski § 1030 Rdn. 10).

2.5.3.1 Grundstücksnießbrauch

68 Wird der Nießbrauch an Grundstückseigentum bestellt, soll der Nutzungsausschluss nach § 1030 II BGB eintragungsbedürftig sein (MüKo-Pohlmann § 1030 Rdn. 71).

Indessen wird das Versäumnis einer solchen Eintragung tatsächlich nur von einer eingeschränkten praktischen Auswirkung sein. Der Nießbrauchserwerber erhält das Recht nämlich allein mit dem Inhalt, der auch vereinbart wurde (s. gerade für die Fälle, in denen das Vereinbarte ein „Weniger" beinhaltet als die Eintragung Palandt-Bassenge § 873 Rdn. 13; MüKo-Wacke § 873 Rdn. 51; insoweit auf eine Drittwirkung abstellend auch MüKo-Pohlmann a. a. O.). Sind ihm die Nutzungen nicht zur Gänze zugebilligt worden, hat das damit sein Bewenden. Ein gutgläubiger Erwerb durch Dritte, der über die Falscheintragung grundsätzlich möglich ist (§ 892 I BGB), kommt infolge der im Grundsatz fehlenden Übertragbarkeit nicht in Betracht (§ 1059 Satz 1 BGB; hier mag der Hinweis genügen, dass auch hier ein originärer Erwerb mit einem nicht vereinbarten Inhalt wie eben geschildert gleichfalls ausscheidet). Wenn andererseits das Grundstück an jemand anders übertragen wird, wirkt sich ein fehlender Eintrag eines Nutzungsausschlusses ebenfalls nicht aus, denn hinsichtlich des Nießbrauchs stellt diese Rechtsnachfolge in das Eigentum ja keinen neuen Erwerb dar.

Was letztendlich übrig bleibt – auf der anderen Seite aber auch nicht zu unterschätzen ist! – ist die Vermutung der Richtigkeit des Grundbucheintrags (§ 891 BGB). Ein Grundbuchberichtigungsanspruch (§ 894 BGB) ist daher stets auch sachlich gerechtfertigt. Nichtsdestotrotz sind die Auswirkungen einer Falscheintragung doch zugunsten des Eigentümers eingeschränkt.

69 Eng mit dem Gesagten zusammenhängend ist die Abgrenzungsproblematik, wenn es um den Eintragungsantrag beim Grundbuchamt geht.

Im Einzelfall mag es doch fraglich sein, ob man sich (noch) im Bereich des Nießbrauchsrechts oder (schon) in denjenigem der sonstigen Dienstbarkeiten bewegt. Wie mag es nun sein, wenn das Grundbuchamt mit einem Antrag auf Eintragung eines Nießbrauchs konfrontiert wird, selbst aber der Ansicht ist, es handele sich um eine Dienstbarkeit?

Im Einzelfall wird eine Zwischenverfügung gem. § 18 GBO, welche den Beteiligten die Möglichkeit verschafft, selbst eine entsprechende Korrektur herbeizuführen, nicht in Betracht kommen, denn es liegt nicht in der Hand des Antragstellers, hier Abhilfe zu schaffen (s. hierzu allgemein Demharter § 16 Rdn. 6; s. a. BayObLGZ 95,157; BayObLGZ 69,100). Der Fehler liegt hier in der fehlerhaften rechtlichen Würdigung. Eines darf das Grundbuchamt in keinem Fall, nämlich selbst eine vom Antrag abweichende Eintragung vornehmen! Man wird die Möglichkeit eines Hilfsantrages in Erwägung ziehen müssen, dergestalt, dass, wenn das eine Recht nicht angenommen werden sollte, die Eintragung des Alternativrechts beantragt werde (vgl. Demharter § 16 Rdn. 3). § 16 GBO steht dem nicht entgegen, denn Sinn dieser Norm ist es allein, dem Grundbuchamt klare Vorgaben für sein eigenes Agieren zu geben. Diese Klarheit wird durch einen Hilfsantrag nicht beeinträchtigt.

2.5.3.2 Sonstiges
2.5.3.2.1 Abgrenzungsfragen

Im Bereich des Mobiliarrechts können Abgrenzungsprobleme mit anderen Rechten ebenfalls auftauchen, jedoch wirken sie sich hier kaum aus. Wenn nur der Inhalt im Konkreten von beiden Partein gewollt ist, entsteht das Recht, gleich, mit welchem Namen es die Parteien belegen – ein klassischer Fall der falsa demonstratio non nocet. Schlussendlich ist die Abgrenzungsproblematik hier dadurch entschärft, dass die verwechslungsfähigsten Rechte, nämlich sonstige Dienstbarkeiten, im Fahrnisrecht gar nicht vorgesehen sind.

2.5.3.2.2 Partielle Überlassung einzelner Nutzungen

Fraglich ist des weiteren, ob es möglich ist, eine konkrete Nutzung selbst noch einmal aufzuteilen und sie insoweit nur partiell dem Nießbrauchsinhaber zu überlassen. Ein Beispiel möge das verdeutlichen: Ist es möglich, die Mieteinnahmen aus einem Grundstück dem Nießbraucher nur bis zu einer bestimmten Höhe zu überlassen und darüber hinaus beim Eigentümer zu belassen?

Teilweise wird das verneint (s. etwa Baur/Stürner § 32 Rdn. 13), schuldrechtliche Ausgleichsabsprachen sind daneben selbstverständlich wieder möglich), und das scheint auch mit § 1030 II BGB im Einklang zu stehen. Hier wird schließlich nur von der Aufteilung in einzelne Nutzungen, nicht aber von der Aufteilung einer einzelnen Nutzung im Verhältnis von Eigentümer und Nießbraucher gesprochen.

Indessen ist kein wirklich sachlicher Grund für diese Einschränkung ersichtlich. Es ist sehr wohl möglich, den Umfang der Nutzungen i. S. v.

§ 1030 II BGB der Gestaltungsfreiheit der Parteien zu überlassen, das Gesetz jedenfalls gibt keine zwingenden Vorgaben. Da sich dieses durchaus im Rahmen des gesetzlichen Tatbestandes hält, wäre hier auch kein Verstoß gegen einen sachenrechtlichen numerus clausus zu verzeichnen. Schuldner, die sich insoweit mehreren Gläubigern gegenübersehen könnten, könnten gegebenenfalls durch eine Analogie zu § 407 BGB (vgl. insoweit auch § 1069 BGB) geschützt werden (Hier würde sich ohnehin für die Parteien der Nießbrauchseinräumung anbieten, entsprechende Einzugsermächtigungen für den Gesamtbetrag zu erteilen).

Der Rechtsverkehr insgesamt, sofern er diesen Schutzes bedürfte (Grundsätzlich besteht nämlich kein Schutz vor konkreten Absprachen, an denen er nicht beteiligt ist – ansonsten könnte man an eine Analogie zu den §§ 1069 I, 407 BGB denken mögen), könnte durch entsprechende (widerlegliche) Vermutungen geschützt werden. So könnte man vermuten, dass eine solche Nutzungsaufteilung doch eher eine Ausnahme sein könnte, deren Vorliegen im Streitfall von den Parteien bewiesen werden müsste. Sollte der Ausnahmecharakter generell konstatiert werden können, so hätte insofern der Rechtsverkehr ja selbst schon ein entscheidendes Wort gesprochen, denn schließlich hätte er ja diese Ausnahme zur Regel gemacht; zwei Parteien mit einer singulären Absprache wären dazu nämlich nicht in der Lage.

Schließlich ist eine entsprechende Aufteilung dem geltenden Recht auch nicht ganz fremd. Eben ein solches findet sich beim sog. Quotennießbrauch (s. zuvor Rdn. 67), nur dass hier zwischen mehreren Nießbrauchsinhabern aufgeteilt wird und nicht – wie hier – zwischen Nießbraucher und Eigentümer. Der Aufteilungsvorgang als solcher ist aber durchaus anerkannt.

2.5.3.2.3 Schatz

71 Gem. § 1040 BGB erstreckt sich ein Nießbrauch nicht auf den Anteil des Eigentümers an einem Schatz (der auch herrenlos sein kann, vgl. für Fossilienfund BGH NJW 1997, 1172 f.), der in einer Sache gefunden wird. Hier geht es um den hälftigen Anteil gem. § 984 BGB, der neben dem Entdecker nunmehr auch dem Eigentümer zusteht. Anderweitige Absprachen können keine dingliche Wirkung entfalten.

2.5.4 Verfügungsmacht

72 Der Nießbrauch gewährt grundsätzlich keine Verfügungsmacht über die jeweiligen Belastungsgegenstände. Einen sog. Dispositions- oder Ver-

fügungsnießbrauch gibt es nicht, würde ein solcher doch gegen den sachenrechtlichen numerus clausus verstoßen (s. bereits o. Rdn. 16).

Es gibt jedoch einzelne Ausnahmen, wenn auch diese eng begrenzt sind.

Gem. § 1048 I Satz 1 BGB hat der Nießbrauchsinhaber an einem Grundstück über das nach wie vor im Eigentum des Nießbrauchsbestellers stehende Inventar (vgl. insoweit § 98 BGB) eine Verfügungsbefugnis im Rahmen einer ordnungsgemäßen Wirtschaft. Gegebenenfalls ist Ersatz zu beschaffen (s. u. Rdn. 75), der ähnlich einer dinglichen Surrogation mit Einverleibung in das Inventar in das Eigentum des Nießbrauchsbestellers (oder des sonstigen Inventareigentümers) fällt (§ 1048 I 2 BGB a. E.). Ein solcher Erwerb tritt jedoch nur ein, wenn auch der Nießbraucher tatsächlich zu einer Ersatzbeschaffung verpflichtet war (Palandt-Bassenge § 1048 Rdn. 1 a. E.).

Hat der Nießbraucher Inventar zum Schätzwert mit Rückgabeverpflichtung zum Schätzwert übernommen (s. dazu auch Rdn. 162), gelangt Ersatzinventar im Rahmen einer ordnungsgemäßen Wirtschaft in das Eigentum des Grundstückseigentümers (§§ 1048 II, 582 a II Satz BGB).

Nun stellt sich freilich die Frage, was passiert, wenn – gegebenenfalls auch unverschuldet irrtümlich – dieser Verfügungsmacht überschuldet wird, etwa, weil die konkrete Verfügung sich nicht im Rahmen einer ordnungsgemäßen Wirtschaft hält.

Hier wird ein gutgläubiger Erwerb durch den Dritten analog §§ 932 ff. BGB zugelassen (s. Westermann § 121. III. 5. m. w. N., a. A. Wolff/Raiser § 116. IV. Fußn. 12).

Das ist bemerkenswert, denn in diesem Rahmen wird vom geltenden Recht üblicherweise doch – von wenigen Ausnahmen abgesehen (s. etwa § 366 I HGB) – ein guter Glauben an die Verfügungsbefugnis nicht geschützt. Hier kommt noch erschwerend hinzu, dass es hier um eine Berechtigung geht, die dem Nießbraucher kraft Gesetzes eingeräumt wird bzw. jedenfalls nicht zur Disposition der Vertragsparteien steht. Nun wird der guter Glaube an eine bestimmte Rechtslage, die solchermaßen von dem Parteiwillen unabhängig ist, erst recht nicht geschützt (wie hier Wolff/Raiser a. a. O., anders aber die h. M.).

Infolgedessen ist die Möglichkeit eines gutgläubigen Erwerbes abzulehnen. Stattdessen kann eine Lösung über die allgemeinen Beweisgrundsätze versucht werden. Wenn etwa ein Nießbraucher über Inventargegenstände verfügt, kann üblicherweise, gegebenenfalls prima facie, vermutet werden, dass dies unter Einhaltung der Grenzen des § 1048 I Satz 1 BGB geschieht. Ein gutgläubiger Erwerb ist damit nicht verbunden, jedoch wird letztendlich dem Nießbrauchsbesteller auferlegt, das Gegenteil, das

Nichteingreifen von § 1048 I Satz 1 BGB, darzulegen und zu beweisen. Gelingt ihm das nicht, wird auf prozessualem Wege eine Lösung erreicht, die materiell einem gutgläubigen Erwerb teilweise gleichkommen zu vermag. Eine Lösung über einen gutgläubigen Erwerb wäre de lege ferenda vielleicht vorzuziehen gewesen, jedoch ist sie mit der allgemeinen Struktur des gutgläubigen Erwerbs unverträglich.

2.5.5 Eigentumserwerb an verbrauchbaren Sachen

73 Wer den Nießbrauch an einer Sache erhält, erhält grundsätzlich kein Eigentum daran. Es geht schließlich um eine dingliche Belastung von Eigentum, nicht um dessen Übertragung.

Auf der anderen Seite soll es der Nießbrauch mit sich bringen, dass manche Nutzungen eben doch zu einem Eigentumsübergang führen sollen. So ist es vor allem im Fall des § 954 BGB und hier vor allem auch im Fall des § 1039 I Satz 1 BGB (s. dazu schon o. Rdn. 62 f.).

Ein weiterer Fall ist vorgesehen für verbrauchbare Sachen (§ 92 BGB), die zum Gegenstand eines Nießbrauchs gemacht werden sollen. Hier wird der Nießbraucher Eigentümer eben dieser Sachen (§ 1067 I Satz 1 BGB). Es liegt auf der Hand, dass er der „Verbraucher" dieser verbrauchbaren Sachen sein soll.

Das Eigentum geht über mit Bestellung des Nießbrauchs (§ 1032 BGB, Immobilien werden kaum einen Fall des § 92 BGB darstellen können) oder spätestens dann, wenn die jeweiligen Sachen den Status einer verbrauchbaren Sache erlangen (Palandt-Bassenge § 1067 Rdn. 1).

74 Bei genauer Betrachtung wird man dieser Erscheinungsform die rechtliche Qualifizierung als Nießbrauch absprechen mögen (so in der Tat Jauernig/Jauernig § 1067 Rdn. 1). Es geht schließlich nicht mehr um eine Einräumung eines beschränkt dinglichen Rechts, sondern um den eigentumsrechtlichen Vollerwerb. Die Bestellung ist in Wahrheit nichts anderes als eine Übertragung direkt nach §§ 929 ff. BGB.

So mag es zumindest zunächst scheinen. Auf der anderen Seite finden sich in § 1067 BGB Rechtsfolgen, die der Eigentumsübertragung in der Form unbekannt sind. So entsteht für dieses atypische Nießbrauchsrecht ein gesetzliches Schuldverhältnis (s. i. e. § 1067 BGB sowie u. Rdn. 96). Weiterhin ist der Eigentumserwerb für den Fall, dass eine Sache erst später den Status einer verbrauchbaren erlangt, ebenfalls etwas Ungewöhnliches (Man müsste hier schon mit einer arg gekünstelten Variante einer antizipierten Übertragung für den Fall des Erlangens dieser Status arbeiten, was wohl auf eine entsprechende Bedingungsvereinbarung hinauslaufen würde).

Damit ist das Recht i. S. v. § 1067 BGB buchstäblich ein Wanderer zwischen zwei Welten. Die totale Eigentumsübertragung, nach der die Parteien anschließend sich rechtlich nichts mehr zu sagen haben, soll es noch nicht beinhalten, aber es soll auch schon nicht mehr die bloße Nutzungseinräumung als solche zum Gegenstand haben.

2.5.6 Schutzansprüche

Der Nießbrauch als ein dingliches Recht entfaltet seine Wirkung gegenüber jedermann. § 1065 BGB drückt das so aus, indem es die Vorschriften über den Eigentumsschutz für entsprechend anwendbar erklärt. Bei mehreren Nießbrauchsberechtigten gilt § 1011 BGB entsprechend (Jauernig/Jauernig § 1065 Rdn. 2). Es muss jedoch darauf geachtet werden, dass auch tatsächlich der Schutzbereich des jeweiligen dinglichen Rechts beeinträchtigt worden ist. Werden einzelne Nutzungen beeinträchtigt, die dem Nießbrauchsinhaber gem. § 1030 II BGB ohnehin nicht zustehen, fehlt es an einer Rechtsbeeinträchtigung.

75

2.5.6.1 Herausgabe- und Unterlassungsansprüche
2.5.6.1.1 Herausgabeansprüche

Wird die nießbrauchsbelastete Sache dem Nießbrauchsinhaber entzogen, kann er gem. §§ 1067, 985 BGB deren Herausgabe verlangen. Ein solcher Anspruch kommt natürlich nicht in Betracht, wenn der jetzige Besitzer ein Recht zum Besitz (s. etwa § 1059 Satz 2 BGB) hat (§ 986 I BGB).

Auch die Nutzungen sind nach Maßgabe der §§ 987 ff. BGB herauszugeben, sofern sie dem Nießbrauchsinhaber kraft seines dinglichen Rechts (§ 1030 II BGB) zustehen können. Auf Grund des § 1039 I Satz 1 BGB hat das auch für Übermaßfrüchte zu gelten, wobei damit allerdings eine Ausgleichspflicht des Nießbrauchers gegenüber dem Eigentümer korrespondiert (s. i. e. § 1039 BGB).

Es ist umstritten, ob die §§ 987 ff. BGB auch gegenüber dem Nießbrauchsbesteller als Eigentümer erhoben werden können. Hier wird das den Nießbrauch begleitende gesetzliche Schuldverhältnis (Rdn. 82 ff.) als speziellere Regelung vorgehen müssen (Jauernig/Jauernig § 1065 Rdn. 4).

Im Gegenzug werden dem unberechtigten Besitzer die Verwendungsersatzansprüche gem. §§ 994 ff. BGB zugestanden. Diese hat er gegenüber dem Eigentümer, wobei aber für die Beurteilung, welche Art von Verwendungen vorliegt, das Interesse des Nießbrauchers entscheidet (MüKo-Pohlmann § 1065 Rdn. 6; Staudinger/Frank § 1065 Rdn. 13). Das lässt sich dadurch rechtfertigen, dass es schließlich auch der Nießbraucher

76

ist, der in den wesentlichen Genuss der Sache gelangt – dies sogar gegenüber dem Eigentümer. Damit wird er letztendlich nur dann wieder in den Genuss der Sache gelangen, wenn der entsprechende Verwendungsersatz geleistet wird, denn zunächst besteht auch ihm gegenüber grundsätzlich (Ausnahme bei Besitzverschaffung durch unerlaubte Handlung) das Zurückbehaltungsrecht aus § 1000 BGB und später – d. h. nach Fälligkeit des Verwendungsersatzanspruchs – dasjenige aus § 273 II BGB (s. hierzu Ahrens Rdn. 240 ff.). Dass der Eigentümer der Ausgleichsverpflichtete ist und nicht der Nießbraucher erklärt sich daraus, dass auf Dauer dieser auch der eigentliche Nutznießer der Verwendungen ist. Gegebenenfalls können schuldrechtliche Ausgleichsabsprachen zwischen ihm und dem Nießbraucher getroffen werden.

Ansonsten gilt das gesetzlich vorgesehene System: Notwendige (s. insoweit auch für öffentliche Lasten § 995 BGB) Verwendungen sind bei Gutgläubigkeit bis auf die gewöhnlichen Erhaltungskosten zu ersetzen (§ 994 I BGB). Bei Bösgläubigkeit (§ 990 I BGB) oder bei Rechtshängigkeit eines Herausgabeanspruchs (sei es gegenüber dem Eigentümer direkt, § 985 BGB, sei es gegenüber dem Nießbraucher, §§ 1065, 985 BGB) greift das Recht der Geschäftsführung ohne Auftrag (§ 994 II BGB), d. h. die Verwendungen müssen dem wirklichen oder mutmaßlichen Willen des Nießbrauchers (wohl gemerkt, nicht unbedingt des Eigentümers!), entsprochen haben (§ 683 BGB) oder von diesem genehmigt worden sein (§§ 684 Satz 2, 683 BGB). Sonstige Verwendungen verlangen Gutgläubigkeit sowie eine noch vorhandene Wertsteigerung bei Rückerhalt der Sache durch den Nießbraucher (§ 996 BGB). Der deliktische Besitzer (§ 992 BGB, s. insoweit auch § 850 BGB) wird im Ergebnis gleich einem bösgläubigen Besitzer behandelt (s. Ahrens Rdn. 235, anzumerken ist, dass die in § 992 I BGB neben einer Straftat genannte an sich verschuldensunabhängige verbotene Eigenmacht, § 858 BGB, nach h. M. ebenfalls schuldhaft verübt worden sein muss, Westermann, § 32. IV. 2. a); Baur/Stürner § 11 Rdn. 8; Soergel/Stürner § 992 Rdn. 4; Schwab/Prütting Rdn. 541; Müller Rdn. 566; s. a. BGH WM 1960,1148; a. A. Wilhelm Rdn. 1194; RGRK-Pikart § 992 Rdn. 11; strenger wiederum – vorsätzliche verbotene Eigenmacht verlangend, arg.: Nur dann sei der Verletzer wie bei einer Strafnorm vor den Folgen seiner Handlung gewarnt – Wieling § 12. III. 5. c.).

Es ist nur konsequent, wenn zusätzlich analog § 999 I BGB eine Kumulation der Verwendungsersatzansprüche bei dem aktuellen nicht berechtigten Besitzer erfolgt. Über § 999 II BGB analog ist spiegelbildlich bei einem gegebenenfalls mittlerweile erfolgten Eigentümerwechsel stets der aktuelle Eigentümer zum Ersatz sämtlicher Verwendungen gänzlich unabhängig von ihrem Entstehungszeitpunkt dem nichtberechtigten Besitzer gegenüber verpflichtet.

2.5.6.1.2 Unterlassung und Beseitigung
2.5.6.1.2.1 Inhalt

Gegen sonstige Beeinträchtigungen kann der Nießbrauchsinhaber deren Beseitigung verlangen (§§ 1065, 1004 I Satz 1 BGB). Gegen drohende künftige weitere Beeinträchtigungen besteht ein Unterlassungsanspruch (§§ 1065, 1004 I Satz 2 BGB). Hier ist eine Wiederholungsgefahr Voraussetzung (s. allgemein Palandt-Bassenge § 1004 Rdn. 32). Diese kann aber bei bereits erfolgten Störungen zunächst vermutet werden (arg.: Wer einmal sich an das Recht nicht gehalten hat, wird es vermutlich auch weitere Male nicht tun). Daneben besteht auch anerkanntermaßen ein vorbeugender Unterlassungsanspruch für die im Gesetz nicht genannten Fälle, dass eine Beeinträchtigung erstmalig droht (Palandt-Bassenge a. a. O. Rdn. 33); die hier spiegelbildlich zur Wiederholungsgefahr verlangte Erstbegehungsgefahr ist nicht leicht nachweisbar, insbesondere kann sie nicht wie die Wiederholungsgefahr vermutet werden. Insoweit fehlt es an tatsächlichen Anhaltspunkten. Die genannten Ansprüche setzen kein Verschulden voraus.

Diese Ansprüche sind ausgeschlossen, wenn eine Duldungsverpflichtung besteht (§§ 1065, 1004 II BGB), etwa dann, wenn der Nießbrauch dem vermeintlichen Gegner zum Gebrauch überlassen wurde (§§ 1059 Satz 2 BGB).

2.5.6.1.2.2 Durchsetzung

Man tut gut daran, Unterlassungsansprüche nicht sofort mittels einer gerichtlichen Klage geltend zu machen. Bei sofortigem Anerkenntnis dieses Anspruchs droht die Kostenfolge des § 93 ZPO, wonach trotz seines Obsiegens dem Kläger die Kosten des Rechtsstreits auferlegt werden. Man vermeidet dies durch eine vorherige außerprozessuale Abmahnung. Hält sich der Störer nicht an diese, so besteht ein hinreichender Anlass für eine Klage, was § 93 ZPO ausschließt (denn wie sonst könnte sich der Beeinträchtigte jetzt noch behelfen?).

Weiterhin kann die Abmahnung mit einer sog. strafbewehrten Unterlassungserklärung verbunden werden. Eine solche stellt eine eigene Verpflichtungserklärung in Verbindung mit einen Vertragsstrafeversprechen gem. § 339 BGB dar. Fordert man den Störer zu einer solchen (am besten eigens vorformulierten) Erklärung auf (Infolge der hier empfohlenen

Vorformulierung bedarf es hier üblicherweise nur einer Unterschrift und Rücksendung). Sie hat für beide Seiten Vorteile: Der Störer beseitigt die gegebenenfalls vermutete Erstbegehungs- oder Wiederholungsgefahr, so dass der Unterlassungsanspruch aus § 1004 I BGB tatbestandsmäßig ausscheidet; an seine Stelle tritt im Wege der Novation der Anspruch aus dem Versprechen, aber dieser kann erst bei erneuten Verstößen eingreifen – kurz, es wird ein Unterlassungsprozess vermieden (den nun nämlich der Beeinträchtigte verlieren würde). Dieser Effekt kann allein durch eine Erklärung versehen mit einer Strafbewehrung erzielt werden, ansonsten bleiben Erst- oder Wiederholungsgefahr bestehen. Der Beeinträchtigte verliert praktisch keine Rechte und kann zudem für erneute Verstöße bereits aus dem Vertragsstrafeversprechen die dort bezeichnete Summe ohne weitere Darlegungen als Schadensersatz geltend machen. Weiterhin, da die dortige Zahlungsverpflichtung eine vertragliche ist, hat er bezüglich des auch hier erforderlichen Verschuldens einen Beweisvorteil auf seiner Seite, denn nun ist es an der Sache des Störers, sein Nichtverschulden darzulegen und zu beweisen (vgl. § 280 I Satz 2 BGB).

Schlussendlich ist ein verschuldensunabhängiger Anspruch auf Ersatz der durch diese Vorgehensweise erforderlichen Kosten anerkannt. Mangels anderer Regelungen resultiert er aus einer Analogie zu § 687 II BGB.

Die besagte Vorgehensweise ist keine spezielle des Nießbrauchsrechts. Vielmehr handelt es sich um allgemeine Grundsätze, welche die Durchsetzung von Unterlassungsansprüchen beherrschen (vgl. insoweit für das Wettbewerbsrecht Ahrens, Wettbewerbsrecht, Rdn. 319 ff.). Naturgemäß greifen sie auch hier.

2.5.6.1.3 Besitzschutz

78 Daneben besteht regelmäßig (s. für bewegliche Sachen § 1032 BGB) der Besitzschutz der §§ 858 ff. BGB (vgl. § 1036 I BGB) im Fall der ebenfalls verschuldensunabhängigen verbotenen Eigenmacht.

Hier kann Wiedereinräumung des Besitzes nach Maßgabe des § 861 BGB (beachte hier Absatz 2!) verlangt werden (vgl. insoweit §§ 1065, 985 BGB). Sonstige Störungen können nach § 862 BGB (beachte auch hier Absatz 2!) abgewehrt werden (vgl. insoweit §§ 1065, 1004 BGB). Für den Nießbraucher ist die Situation insoweit günstig, als nur sog. petitorische Einwendungen hier beachtlich sein können (§ 863 BGB), wobei jedoch sonstige Ansprüche, die schließlich zu einer endgültigen Klärung führen werden, hierdurch in einem weiteren Rechtstreit nicht ausgeschlossen sind. § 863 BGB verschafft insoweit nur einen vorläufigen Sieg (s. hierzu etwa Baur/Stürner § 9 Rdn. 17 f. – dort aber auch zu der Möglichkeit der

Erhebung einer sog. petitorischen Widerklage –, ganz abgesehen übrigens davon, dass in einem Rechtstreit das Gericht letztendlich die Wahl hat, ob es auf die nur vorläufig wirkenden Besitzschutzansprüche abstellen möchte oder gleich die sonstigen Ansprüche, die eine endgültige Klärung herbeiführen können, bemüht). Nicht zuletzt ist § 864 BGB zu beachten. Schließlich sei noch auf das Verfolgungsrecht nach § 867 BGB hingewiesen.

Neben dem unmittelbaren Besitzer (Nießbraucher im Fall des § 1032 I Satz 1 bzw. des Absatzes 2 i. V. m. § 929 Satz 2 BGB; Eigentümer im Fall der §§ 1032 I Satz 2, 930 BGB bzw. 931 BGB) ist auch der mittelbare Besitzer (je nach der eben dargestellten Rechtslage der jeweils Andere) zur Geltendmachung von Besitzschutzansprüchen befugt (§ 869 BGB).

Wiederum empfehlen sich hier gegebenenfalls vorherige Abmahnungen. Für besitzrechtliche Unterlassungsansprüche ist auch hier eine strafbewehrte Unterlassungserklärung denkbar (s. i. e. zuvor Rdn. 77).

Schlussendlich ist auch ein deliktischer Schutz des Besitzes anerkannt. Angesichts der bereits bestehenden Haftungsansprüche treten diese hier aber praktisch in den Hintergrund (s. zum deliktsrechtlichen Besitzschutz etwa BGH NJW 1998, 380).

2.5.6.1.4 Grundbuchberichtigung

Schließlich kommen auch auf Seite des Nießbrauchsinhabers Grundbuchberichtigungsansprüche (§ 894 BGB) in Betracht. Auch hier ist eine Anwendung der Vorschriften des Eigentümer-Besitzer-Verhältnisses nicht ausgeschlossen (Palandt-Bassenge § 894 Rdn. 10), wobei aber hier wiederum die Vorschriften über das gesetzliche Schuldverhältnis des Nießbrauchs (s. u. Rdn. 82 ff.) leges speciales darstellen.

79

2.5.6.1.5 Prozessuales

Gehen sowohl der Eigentümer als auch der Nießbrauchsinhaber gegen einen Störer vor, handelt es sich auf prozessualer Seite um eine einfache Streitgenossenschaft; damit sind beide Verfahren jeweils getrennt voneinander zu behandeln, und auch die Endentscheidungen müssen nicht aufeinander abgestimmt sein. Handelt es sich um mehrere Berechtigte, gilt § 1011 BGB analog; es kann also jeder entsprechende Schutzansprüche geltend machen, Herausgabeansprüche aber nur in Ansehung einer Herausgabe an alle. Dasselbe muss analog auch für Grundbuchberichtigungsansprüche gelten. Im Innenverhältnis der Genannten gilt § 1042 BGB (Staudinger/Frank § 1065 Rdn. 9).

Der Nießbrauch

2.5.6.2 Schadensersatzansprüche

80 Im Fall einer verschuldeten Beeinträchtigung wird der Nießbrauch als „sonstiges Recht" i. S. v. § 823 I BGB geschützt. Wer hier etwa eine Sache beeinträchtigt, ist zwei Personen gegenüber zum Schadensersatz (s. hierzu § 249 Satz 2 BGB) verpflichtet, dem Nießbraucher wie auch dem Eigentümer. Beide sind hier in einem Prozess einfache Streitgenossen (§ 63 ZPO). Damit besteht wiederum die im vorigen Abschnitt erwähnte verfahrensrechtliche Unabhängigkeit.

Der Anspruch aus § 823 I BGB kann auch gegenüber dem Eigentümer (neben einem Anspruch aus § 280 ff. BGB wegen Verletzung der Pflichten aus der Kausalabrede, was aber kein Problem der dinglichen Ebene ist) bestehen. Die Absolutheit des Nießbrauchs wirkt schließlich auch gegen diesen.

Anders stellt sich die Rechtslage dar, wenn zugleich über § 1065 BGB die §§ 985 ff. BGB eröffnet sind. Hier wird das Deliktsrecht durch das nun einschlägige Haftungssystem der rei vindicatio – hier freilich in entsprechender Anwendung – verdrängt. Eine Haftung besteht bei Prozessbesitz (§§ 1065, 989 BGB) wie auch bei bösgläubigem Besitz (§§ 1065, 990 BGB). Ein Raum für das allgemeine Deliktsrecht verbleibt nur für den sog. deliktischen Besitzer nach § 992 BGB (s. hierzu Müller JuS 1983, 519 f.) wie auch nach h. M. für den Fall des sog. Fremdbesitzerexzesses (Schuldhaftes Überschreiten eines vermeintlichen Besitzrechts durch den ansonsten gutgläubigen unverklagten Besitzer, Grund: Keine Privilegierung in diesem Fall, der Besitzer wird hier so behandelt, als würde sein Glaube an sein Besitzrecht und damit auch dessen Grenzen zutreffend, denn weiter reicht seine Schutzbedürftigkeit nicht, s. etwa Baur/Stürner § 11 Rdn. 27).

2.5.7 Annex: Zusammentreffen mit anderen Nutzungsrechten

81 Es ist denkbar, dass ein Nießbrauch mit anderen Nutzungsrechten zusammentrifft (einem anderen Nießbrauch, Dienstbarkeiten) und beide gleichrangig sind – letzteres deswegen, weil sich die jeweiligen Nutzungsrechten auf unterschiedliche Befugnisse konzentrieren können. Hierzu trifft § 1060 BGB eine Aussage. Es hat ein Ausgleich nach dem Recht der Dienstbarkeiten (§ 1024 BGB) zu erfolgen (s. näher dazu u. Rdn. 189 ff.).

2.6 Das gesetzliche Schuldverhältnis

82 In der dinglichen Wirkung allein erschöpft sich der Nießbrauch nicht. Daneben führt er auch zu einem gesetzlichen Schuldverhältnis. Dieses ent-

steht, auch wenn die Parteien nichts dergleichen vereinbart haben, gleichsam automatisch mit der Entstehung des Nießbrauchsrechts (zu seinem Inhalt im Rahmen der Rückabwicklung s. u. Rdn. 161 ff.). Anders als bezüglich der dinglichen Wirkung bestehen hier keine Bedenken gegen eine grundsätzliche Abänderung dieses Schuldverhältnisses durch anderweitige Absprachen.

Diesbezüglich finden sich vereinzelt Stimmen gegen eine Abänderbarkeit, weil ansonsten der Inhalt des Nießbrauchsrechts selbst dadurch verändert würde (s. etwa Amann DNotZ 1989,541 ff., 548). Dem ist entgegenzuhalten, dass der Inhalt des dinglichen Rechts in seinem Kernbereich (d. h. sofern nicht anderweitiges zugelassen wird, s. etwa § 1030 II BGB) tatsächlich der Disposition entzogen ist. Das Schuldverhältnis hingegen nimmt daran ohnehin nicht teil, selbst wenn es infolge seines Unterstützungscharakters sich an dem dinglichen Inhalt orientiert – dies so weit, dass man streckenweise über die Vorschriften streiten kann, ob sie einen dinglichen Inhalt aufweisen oder Bestandteil des Schuldverhältnisses sind (Beispiel: § 1036 BGB). Richtig ist, dass soweit es eben um das gesetzliche – und nur dieses! – Schuldverhältnis geht, Grenzen gezogen sind. Die Konturen eben dieses Schuldverhältnisses werden vom Gesetz bestimmt und stehen insoweit nicht gänzlich zur Disposition. Gegen Abänderungen in einzelnen Nuancen kann jedoch nichts eingewendet werden.

Jedoch spricht kein Bedürfnis dafür, diesbezüglich beim Grundstücksnießbrauch eine Eintragungsfähigkeit zu versagen – das schon deshalb nicht, weil schuldrechtliche Fragen im Grundbuch ohnehin nichts zu suchen haben. Allein, wenn es um die dingliche Rechtslage geht, besteht ein Bedürfnis nach einer Eintragung (anders insoweit BayObLG RPfleger 1977,251; s. a. Palandt-Bassenge § 1051 Rdn. 1). In diesem Kontext wird die Eintragung auch dazu bemüht, eine Wirkung der jeweiligen Absprachen gegenüber Rechtsnachfolgern (etwa bei Grundstücksveräußerungen) zukommen zu lassen (vgl. a. a. O.).

So etwas kommt ohnehin nicht in Frage. Ebenso wenig wie auch reine Schuldverhältnisse kraft Absprachen auch sonst nicht auf Andere übergehen (etwa, wenn Absprachen die §§ 987 ff. BGB verdrängen), kann das hier der Fall sein. Auch das Grundbuch (etwa durch Eintragung der Absprachen) kann daran nichts ändern. Anders kann es nur sein, wenn das Gesetz ausdrücklich die Eintragung schuldrechtlicher Gegebenheiten erlaubt bzw. diese zu Eintragungsvoraussetzungen erhebt (vgl. etwa § 32 III WEG).

Auf der anderen Seite ist das gesetzliche Schuldverhältnis akzessorisch zu dem Bestand des dinglichen Rechts. Nachfolger, die von dem dinglichen Recht betroffen werden, nehmen dementsprechend auch an dem gesetzlichen Schuldverhältnis teil. Absprachen, die dieses Verhältnis abändern, müssen aber ansonsten ausdrücklich mit übernommen werden.

Was den Parteien im übrigen unbenommen ist, neben das gesetzliche Schuldverhältnis Absprachen treten zu lassen, die mit diesem nichts zu tun haben (s. etwa Amann DNotZ 1989,532), was beispielsweise dann der Fall ist, wenn einer Partei aktive Handlungspflichten auferlegt werden (s. insoweit schon grundsätzlich o. Rdn. 30). Das Nutzungsrecht gewährt so etwas nicht. Dann tritt eben neben das gesetzliche Schuldverhältnis noch ein weiteres, rein rechtsgeschäftlich entstandenes.

Damit klärt sich die Frage eventueller Rechtsnachfolgen ein für allemal und einheitlich schuldrechtlichen Grundsätzen folgend: Soweit eine Rechtsnachfolge möglich ist, wirkt sie sich auch auf das gesetzliche Schuldverhältnis aus. Absprachen, gleich ob sie das gesetzliche Schuldverhältnis abändern oder darüber hinausgehende Regelungen, die nicht Gegenstand eines solchen Schuldverhältnisses sein können, müssen übernommen werden. Zugleich erübrigt sich damit die im Einzelfall diffizile Abgrenzung, was an konkreten Absprachen nur das gesetzliche Schuldverhältnis abändernd und was bereits rein privatautonom ist. Die jeweiligen Konsequenzen sind stets gleich.

Im übrigen stellt dieses gesetzliche Schuldverhältnis an sich keine Besonderheit dar. Dergleichen kennt man schließlich auch von den übrigen dinglichen Rechten. Schon der Blick auf das Eigentum mit seinem überaus komplexen Eigentümer-Besitzer-Verhältnis, der rei vindicatio, belegt ein Anderes. Sofern es um beschränkt dingliche Rechte geht, die nun einmal durch eine nach wie vor bestehende enge Beziehung zu einem Vollrechtsinhaber gekennzeichnet sind, wird das Bedürfnis für ein solches Schuldverhältnis in einem besonderen Maße offenbar.

Man stößt in der Praxis also auf weitgehende Tendenzen, den Inhalt des gesetzlichen Schuldverhältnisses ebenfalls in das Grundbuch einzutragen. Vom hier vertretenen Standpunkt aus kann das keine Rechtswirkungen zeitigen, und an sich ist diese Möglichkeit überhaupt abzulehnen. Gleichwohl sollte man angesichts dieser Praxis natürlich weitestgehend davon Gebrauch machen. In letzter Konsequenz wird dieses Schuldverhältnis dergestalt „verdinglicht", dass es gegenüber jedermann (vgl. § 891 BGB) und vor allem gegenüber Rechtsnachfolgern Wirkungen entfaltet.

2.6.1 Die Eigentumsvermutung

83 Der Besteller des Nießbrauchs wird üblicherweise auch der Eigentümer der Sache sein. Zwingend ist das jedoch nicht. Zum einen kann einem

Nichtberechtigten eine entsprechende Verfügungsmacht zur Nießbrauchsbestellung zustehen (s. etwa § 185 I BGB), und zum anderen besteht die Möglichkeit eines gutgläubigen Erwerbs (§§ 1032 I Satz 2, 932 ff., 892 BGB).

Mit dem Nießbrauchserwerb haben sich für den jetzigen Inhaber dieses Rechts aber noch keine vollendeten Tatsachen eingestellt. Nun muss er wissen, wer die andere Partei des gesetzlichen Schuldverhältnisse ist. Hier greift § 1058 BGB ein (wohl gemerkt, erst hier! Für den Erwerb des Nießbrauchs bleibt es bei den allgemeinen Regeln, aber str., anders etwa Staudinger/Frank § 1058 Rdn. 2).

2.6.1.1 Inhalt

Gem. dieser Norm gilt zugunsten des Nießbrauchers der Besteller als Eigentümer, es sei denn er hat positive Kenntnis von einer hier bestehenden Personenverschiedenheit. Diese positive Kenntnis fragt nicht nach Unterschieden bezüglich des Nießbrauchsobjekts, so dass auch nur sie – anders als beim Erwerb (§§ 1032 I Satz 2, 932 II BGB) – auch beim Mobiliarnießbrauch die diesbezügliche Gutgläubigkeit ausschließt. Auch eine Grundbuchberichtigung oder ein Widerspruch allein können für den Immobiliarnießbrauch die Schutzvorschrift des § 1058 BGB nicht entkräften, wenn diese ohne Wissen des Nießbrauchsinhabers erfolgen (Jauernig/Jauernig § 1058 Rdn. 1).

84

Die Folge besteht darin, dass Rechtshandlungen zugunsten des Bestellers auch gegenüber dem personenverschiedenen Eigentümer gegenüber wirken, so, als seien sie eben ihm, dem Eigentümer, gegenüber erbracht worden. Mag es etwa um eine Rückgabe der Sache oder den Ersatz von Übermaßfrüchten gehen, entsprechende Leistungen an den Besteller befreien auch gegenüber dem Eigentümer vor sonstigen Ansprüchen. Mehr noch, wenn Verwendungen vom Nießbraucher ersetzt verlangt werden (s. zu den genannten Einzelfällen näher im Anschluss), hat der Eigentümer diese zu ersetzen, wobei der Maßstab aber durch den Willen des Bestellers (!) gesetzt wird (§§ 1049, 683 BGB, s. Palandt-Bassenge § 1058 Rdn. 1). Die Verwendungen sollten schließlich gegenüber dem Besteller erbracht werden.

Der Eigentümer ist somit darauf verwiesen, seinen Ausgleich in seinem Verhältnis zum personenverschiedenen Besteller – etwa über Bereicherungs- oder Deliktsrecht – zu suchen; insoweit streitet für ihn § 816 II BGB. Der Nießbrauchsinhaber im Rahmen des § 1058 BGB ist für ihn buchstäblich sakrosankt.

2.6.1.2 Prozessuales

85 § 1058 BGB hat sogar eine prozessuale Dimension: Ein Urteil zwischen Nießbraucher und Besteller hat auch der Eigentümer mit dem jeweiligen Inhalt gegen sich gelten zu lassen (Staudinger/Frank § 1058 Rdn. 5). Hier findet sich eine geradezu frappierende Ähnlichkeit mit einer Rechtskrafterstreckung (s. etwa §§ 325 ff. ZPO), diesmal auf einer materiell-rechtlichen unwiderleglichen Vermutung beruhend.

Hierbei soll es schon ausreichend sein, dass die Gutgläubigkeit i. S. v. § 1058 BGB schon bei Rechtshängigkeit eines Rechtsstreits (§ 253 II ZPO) vorliegt; später erlangte positive Kenntnis soll irrelevant sein (Palandt-Bassenge § 1058 Rdn. 1).

Dem kann man zumindest auf den ersten Blick Zweifel entgegensetzen. Voraussetzung wäre hier, dass eine prozessuale Reaktion auf die nunmehr sich in einem anderen Lichte darstellende Rechtslage nicht mehr möglich sei. Hier könnte man aber an einen sog. gewillkürten Parteiwechsel denken. Der Inhaber des Nießbrauchs könnte einen solchen jedoch vornehmen. Nach der Rspr. erfolgt ein solcher, wenn es um einen Beklagtenwechsel geht, wenigstens in einer Analogie zu §§ 263 ff. ZPO, wobei aber der bisherige Beklagte (der vom Eigentümer personenverschiedene Besteller) analog § 269 I ZPO seine Zustimmung zu seinem Ausscheiden erklären müsste (s. grundlegend BGHZ 65,267 ff.; zum Zustimmungserfordernis s. BGH NJW 1981,989). Nach der in der Lit. auch vertretenen Gegenmeinung handelt es sich hier um ein Rechtsinstitut eigener Art (s. den Überblick bei Musielak/Foerste § 263 Rdn. 13 ff.). Hiernach müsste aber bezüglich beider, des neuen wie auch des alten Beklagten, eine entsprechende Zustimmung vorliegen (s. a. a. O.).

Damit bestätigt sich in letzter Konsequenz nun doch das Gesagte: Ist der Prozess erst einmal im Gange und liegen die Voraussetzungen des § 1058 BGB vor, so wirkt die Entscheidung auch gegen den Eigentümer. Der Grund liegt darin, dass der Nießbrauchsinhaber eben doch keine Möglichkeit hat, durch alleiniges (!) Agieren den Parteiwechsel herbeizuführen. § 1058 BGB steht jedoch nicht zur Disposition seiner Gegner. Was das materielle Recht hier vorschreibt, muss das Prozessrecht konsequent weiterführen.

2.6.1.3 Sonstiges

Für den Besteller greift § 1058 BGB hingegen nicht. Er kann sich allein auf die allgemeine Vorschriften (§§ 1006 III, 891 BGB) berufen. Er ist insoweit auch nicht so schutzwürdig wie der Nießbraucher, hat er sich letztendlich durch seine Verfügung, die immerhin zu einem Erwerb des

Nießbrauchs, wenn auch nicht vom Eigentümer, buchstäblich zu weit vorgewagt.

Schließlich ist eine § 1058 BGB vergleichbare Wirkung über andere Vorschriften nicht ausgeschlossen. Das ist namentlich dann der Fall, wenn der Besteller, obgleich Nichtberechtigter, mit einer für einen Grundstücksnießbrauch relevanten Berechtigung im Grundbuch steht. Leistungen an ihn, die an sich gegenüber dem Eigentümer erbracht werden sollten, können nach Maßgabe des § 893 BGB leistungsbefreiend wirken (MüKo-Pohlmann § 1058 Rdn. 5).

2.6.2 Miteinander korrespondierende Rechte und Pflichten

Nicht stets stehen sich unterschiedliche Rechte und Pflichten der an dem Nießbrauch Beteiligten gegenüber. Sie können auch einander kongruent sein.

86

Sowohl der Eigentümer (Für den Besteller gelten, sofern personenverschieden, insoweit die §§ 891, 1006 III BGB, s. die soeben gemachten Ausführungen) als auch der Nießbraucher haben das Recht, auf eigene Kosten den Wert der Nießbrauchssache feststellen zu lassen (§ 1034 BGB). Diese Wertfeststellung ist deshalb von Interesse, weil sie im Rahmen der Rückgabe (§ 1055 BGB) eine Rolle spielen kann. Das Verfahren richtet sich nach §§ 15, 164 ff. FGG.

§ 1034 wird durch § 1035 BGB ergänzt. Hiernach besteht eine gegenseitige Verpflichtung, bei einem Sachinbegriff zur Aufnahme eines Sachverzeichnisses mitzuwirken. Das Verzeichnis ist mit Tagesangabe von beiden Seiten zu unterzeichnen. Öffentliche Beglaubigung sowie die Aufnahme des Verzeichnisses durch die zuständige Behörde oder durch einen zuständigen Beamten oder Notar können verlangt werden. Der jeweils Verlangende hat die diesbezügliche Kosten zu übernehmen. Die diesbezüglichen Pflichten können nach § 888 I ZPO vollstreckt werden.

Der Zeitpunkt spielt hier keine Rolle. Die genannten Pflichten können auch etwa einige Zeit nach der Nießbrauchsbestellung eingefordert werden. Sie sind etwa nicht an den Nießbrauchsbeginn geknüpft (Staudinger/Frank § 1035 Rdn. 4).

Denselben Gedanken, der den §§ 1034 f. BGB zugrunde liegt, findet man auch bei dem so eigenartigen (s. o. Rdn. 74) Nießbrauch an vertretbaren Sachen (§ 92 BGB). Auch hier können der Besteller (Dass hier von eben dem Besteller gesprochen wird und nicht vom Eigentümer, wie § 1034 BGB das tut, soll sicherlich keine unterschiedliche Wirkung zeitigen. Hier wird eher dem Eigentumsverlust nach § 1067 I Satz 1 BGB Hommage gezollt – Eigentümer ist hiernach ja der Nießbraucher) sowie der Nießbrauchsinhaber den Wert der jeweiligen Sachen auf eigene Kosten feststellen lassen (§ 1067 I Satz 2 BGB).

Ist ein Wald oder ein Bergwerk oder eine sonstige auf Gewinnung von Bodenbestandteilen gerichtete Anlage (§ 1038 II BGB) Gegenstand eines Nießbrauchs, kann jeder Beteiligte (Nießbraucher oder Eigentümer) die Aufstellung oder im Fall der Veränderung wesentlicher Umstände die Änderung eines sog. Wirtschaftsplans über das Nutzungsmaß verlangen. Die Kostenteilungspflicht ist mangels anderer Absprachen eine hälftige (s. i. e. § 1038 I BGB).

Die Kongruenz der jeweiligen Rechte und Pflichten beruhen darauf, dass insoweit die Interessenlage durchaus identisch ist. Beide Parteien muss daran gelegen sein, zu ermitteln, welchen Umfang und welchen Wert das Anknüpfungsobjekt des Nießbrauchs hat. Mit dem jeweiligen Recht korrespondiert die jeweilige Pflicht des anderen Teils. Da beide Parteien nun die jeweils selben Rechte und Pflichten haben, sind sie entsprechend sowohl Schuldner als auch Gläubiger des Anderen. Allenfalls hinsichtlich der einzelnen Kostenregelungen ist derjenige regelmäßig in der Pflicht, „der sich zuerst rührt". Hier empfiehlt es sich, an die Stelle der gesetzlichen Regelung eine vertragliche Regelung bezüglich der Kostentragungspflicht (etwa deren Aufteilung) aufzunehmen.

2.6.3 *Pflichten des Nießbrauchsbestellers*

87 Weiter treffen den Nießbrauchsbesteller bzw. den Eigentümer (§ 1058 BGB (zu dieser Unterscheidung vgl. § 1058 BGB sowie bereits o. Rdn. 83 ff.; hier soll vom Normalfall der Personenidentität ausgehend allein vom Besteller gesprochen werden) auch eigene, inkongruente Pflichten.

2.6.3.1 Verwendungsersatz

Der Nießbraucher ist nicht verpflichtet, jede Art von Verwendung (d. h. Aufwendungen, die der Sache zugute kommen,) auf die Sache selbst zu tragen. Maßgeblich sind die vertraglichen Absprachen wie auch das gesetzliche Schuldverhältnis (s. insoweit §§ 1041, 1047, 1048 BGB). Hier wird oft anderes vereinbart, namentlich, dass der Nießbraucher auch außergewöhnliche Lasten des Grundstücks zu tragen hat; der Hintergrund dafür ist die Ermöglichung der steuerlichen Absetzbarkeit von Reparaturkosten beim Nießbraucher (Moog DStR 2002,181).

Sofern über diese Verpflichtung hinaus Verwendungen getätigt werden, ist der Nießbrauchsbesteller bzw. der Eigentümer zum Ersatz eben dieser nach den Grundsätzen der Geschäftsführung ohne Auftrag verpflichtet (§ 1049 I BGB).

Danach muss die Tätigkeit der Verwendungen im Interesse und dem wirklichen oder mutmaßlichen Willen des Bestellers gelegen haben; in diesem Fall besteht ein Anspruch analog dem Auftragsrecht (§§ 1049 I, 683 Satz 1, 670 BGB). Die fehlenden subjektiven Momente können gegebenenfalls durch § 679 BGB (hier: öffentliches Interesse) überspielt werden (§ 683 Satz 2 BGB).

Anderenfalls kann ein Anspruch nach Bereicherungsrecht (§§ 1049 I, 684 Satz 1, 812 ff. BGB, wobei es hinsichtlich des § 684 Satz 1 BGB um einen Rechtsfolgenverweis handelt, str., s. dazu etwa Palandt-Sprau § 684 Rdn. 1) in Betracht kommen. Dieser Anspruch ist insgesamt schwächer, weil hier der Entreicherungseinwand (§ 818 III BGB) dem Besteller zugute kommen kann; die Ausnahmen (§§ 818 IV, 819 BGB) werden hier selten einschlägig sein. Danach sind die entsprechenden Nutzungen herauszugeben (§ 818 I BGB) oder deren Wert zu ersetzen (§ 818 II BGB).

Ferner kann ein Anspruch nach §§ 1049 I, 684 I Satz 2, 683, 670 BGB in Betracht kommen, wenn der Eigentümer/Besteller die Verwendungen genehmigt (Aber wann wird das schon der Fall sein?).

Dieser Verwendungsersatz ist der einzige, der dem Nießbraucher kraft Gesetzes zustehen kann. Insbesondere greifen die §§ 994 ff. BGB nicht, weil infolge des Rechts zum Besitz (§ 1036 I BGB) die rei vindicatio insgesamt ausgeschlossen ist.

Der Besteller muss Eigentümer zur Zeit der Verwendung gewesen sein. Eine Vorschrift, wie sie sich etwa in § 999 BGB für die rei vindicatio findet, existiert im Nießbrauchsrecht nicht (RGRK-Rothe § 1049 Rdn. 3; MüKo-Pohlmann § 1049 Rdn. 6; Palandt-Bassenge § 1049 Rdn. 1; a. A. etwa Staudinger/Frank § 1049 Rdn. 9, wonach § 999 BGB analog angewendet werden soll).

Ob der Anspruch zu verzinsen ist, ist str. (s. dazu Staudinger/Frank § 1049 Rdn. 10). Dagegen spricht § 256 Satz 2 BGB, denn solange die Herausgabe an den Eigentümer gerade wegen des Nießbrauchs nicht möglich ist und die Nutzungen dem Nießbraucher gebühren, ist die Zinspflicht hiernach generell ausgeschlossen.

Der Anspruch kann im Wege eines Zurückbehaltungsrechts nach § 273 I BGB geltend gemacht werden (RGZ 141,226). In der Insolvenz kommt der Nießbraucher in den Genuss des § 51 Nr. 2 InsO (abgesonderte Befriedigung).

2.6.3.2 Wegnahme von Einrichtungen

88 Hat der Nießbraucher die Sache mit einer Einrichtung versehen, besteht insoweit ein Wegnahmerecht (§ 1049 II BGB). Damit verbunden ist eine kostenpflichtige Versetzung der Sache in den vorigen Stand. Für den Eigentümer/Besteller korrespondiert hiermit eine entsprechende Duldungspflicht, für welche er aber, ist er wieder in dem Besitz der Sache, Sicherheitsleistung (§ 232 ff. BGB) verlangen kann (s. i. e. § 258 BGB).

Über das Wegnahmerecht ist nach h. M. auch das Problem der sog. aufgedrängten Bereicherung zu lösen, also der Fall, in dem der Nießbraucher Verwendungen auf die Sache getätigt hat, die der Eigentümer/Besteller überhaupt nicht haben will (s. etwa BGHZ 23,64 f.; ansonsten besteht die Tendenz, das noch vorhandene Interesse als Maßstab für einen Bereicherungsanspruch zu nehmen und hierbei den Nießbraucher schlimmstenfalls sogar leer ausgehen zu lassen, s. näher dazu Rdn. 90a).

Ähnlich wird man argumentieren müssen, wenn man den Verwendungsersatz mit der Rspr. nicht auf Umgestaltungen einer Sache erstrecken will (s. etwa BGHZ 41,160; s. a. BGHZ 131,220 ff.; a. A. grundsätzlich die Lit., wonach allein ausreicht, dass eine Aufwendung der Sache zugute kommt, s. etwa Westermann § 33. I. 2. b). Gerade was den Nießbrauch betrifft, wird man mit ungünstigen Ergebnissen für den Nießbraucher insoweit leben können, weil hier doch eine grundlegende Umgestaltung des Nießbrauchsobjekts ohnehin nicht den Rahmen dieses Rechts wahrt (vgl. § 1036 II, 1037 I BGB).

2.6.3.3 Außergewöhnliche Verwendungen

89 Schließlich hat es der Eigentümer/Besteller zu dulden, wenn im Rahmen außergewöhnlicher Ausbesserungen oder Erneuerungen Bestandteile des Grundstücks verwendet werden, die nicht zu den natürlichen Früchten gehören (§ 1043 BGB). § 1043 BGB ist ein Pendant zu § 1049 BGB, so dass der Nießbraucher die Wahl hat, ob er eigene Aufwendungen tätigt (dann §§ 1049, 683 ff. BGB) oder ob er dazu die Grundstücksbestandteile verwendet (dann § 1043 BGB). Sprengt er diese Grenzen, kann es nur zu einem Ausgleich über Bereicherungsrecht (vgl. insoweit auch §§ 1049, 684 I Satz 1 BGB, falls nicht genehmigt wird, § 684 Satz 2 BGB) kommen (vgl. zu dem Verhältnis von § 1043 BGB und § 1049 BGB auch Palandt-Bassenge § 1043 Rdn. 1; der Bereicherungsausgleich ist eine logische Konsequenz aus diesem Verhältnis).

Insgesamt kann man feststellen, dass sich die Pflichten des Bestellers im wesentlichen auf den Ausgleich für überobligationsmäßige Leistungen seitens des Nießbrauchsinhabers konzentrieren.

2.6.4 Pflichten des Nießbrauchsinhabers

Anders sieht insoweit die Situation für den Nießbrauchsinhaber aus. Diesen treffen vergleichsweise weit mehr Pflichten als seinen Gegenpart, was darauf beruht, dass er die entsprechend weitere Sorge für den ihm überlassenen Nießbrauchsgegenstand zu treffen hat. Interdependenzen zu den Pflichten des Bestellers/Eigentümers sind freilich vorhanden.

90

2.6.4.1 Erhaltungspflichten

So darf der Nießbraucher die wirtschaftliche Zweckbestimmung des Nießbrauchsobjekts nicht verändern und es daher umgestalten oder wesentlich verändern (§§ 1036 II, 1037 I BGB). Auch wenn ihn gesteigerte Kostenpflichten treffen, so vor allem bezüglich außergewöhnlicher Lasten, ist dies keine Abkehr von § 1037 I BGB (Moog DStR 2002,180). Im Rahmen der wirtschaftlichen Bestimmung ist es zulässig, Anlagen, die die Nutzungsziehung ermöglichen, zu errichten (s. § 1037 II BGB betr. Anlagen zur Gewinnung von Steinen, Kies, Sand; Lehm, Ton, Mergel, Torf und sonstigen Bodenbestandteilen – dieser Gedanke ist sicherlich verallgemeinerungsfähig).

Bei genauer Betrachtung ist diese Begrenzung schon auf die Umfang des dinglichen Rechts zurückzuführen, denn das Recht zur Nutzungsziehung erlaubt nun einmal keine umfassende Disposition über das Eigentum. Jedoch wird durch die Bestimmung des gesetzlichen Schuldverhältnisses dieser Gedanke nochmals präzisiert, was im Einzelfall nicht gering veranschlagt werden sollte. Ferner steht das Schuldverhältnis durchaus zur Disposition der Parteien (anders grundsätzlich das dingliche Recht, s. o. Rdn. 83), so dass hier sowohl konkretisierende wie auch durchaus abändernde Vereinbarungen möglich sind. Aber wohl gemerkt, Inhaltsveränderungen auf dinglicher Ebene sind nicht möglich, die Pflichten des Nießbrauchers haben nur einen rein schuldrechtlichen Charakter.

Man hat darüber gestritten, ob § 1037 BGB abdingbar ist (s. dazu Moog a. a. O. mit Hinweis auf die ablehnenden Entscheidungen von BayObLG und KG). Das hängt davon ab, wie man diese Norm versteht: Weist man sie dem dinglichen Inhalt des Nießbrauchs zu, würde dem der sachenrechtliche numerus clausus entgegenstehen. Handelt es sich dagegen um eine Norm des gesetzlichen Schuldverhältnisses, so wäre die Gestaltungsfreiheit für solches durchaus vorhanden. Aber auch hier ist man offenbar einem Scheinproblem erlegen (vgl. insoweit die grundsätzliche Einteilung der jeweiligen Absprachen o. Rdn. 4a). Nichts spricht dagegen, wenigstens als begleitende schuldrechtliche Absprache, die den dinglichen Bestand des Nießbrauchs freilich unberührt lässt, weitergehende Befugnisse einzuräumen (Als solche wäre sie freilich nicht im Grundbuch eintragungsfähig). Schuldrechtlich dürfte man dann also mehr, als dinglich, aber was spräche denn gegen eine solche Möglichkeit? Der umgekehrte Fall ist einhellig anerkannt, wie schon ein Blick auf Sicherungsübereignungen zeigt (bei denen dinglich mehr erlaubt ist als schuldrechtlich). Man gelangt hier ohne größere Probleme zu einem allgemeinen Grundsatz: Befugnisse auf dinglicher und schuldrechtlicher Ebene müssen einander nicht deckungsgleich sein.

Trotzdem: Wer etwa sein Grundstück unter Vorbehalt eines Nießbrauchs weggibt, sollte sich darüber im Klaren sein, dass seine Zugriffsmöglichkeiten auf das ehemalige Eigentum durchaus eingeschränkt ist. Das folgt an sich aus der Eigentumsübertragung als solche, mag aber angesichts des seinerseits recht weitreichenden Nießbrauchs oft nicht hinreichend klar sein. Gegebenenfalls sollte darauf hingewiesen werden.

Die Erhaltungspflichten betreffen auch übernommenes Inventar eines Grundstücks (§§ 1048 II, 582 a II BGB), für welches gegebenenfalls Ersatz zu besorgen ist (zur dinglichen Surrogation zugunsten des Inventareigentümers s. § 1048 I Satz 2 BGB bzw. – für den Fall des § 1048 II BGB zugunsten des Grundstückseigentümers §§ 1048 II, 582 a II Satz 2 BGB).

2.6.4.1.1.1 Exkurs: Sachenrechtliche Grundfälle

90a Maßnahmen eines Nießbrauchers auf einem Grundstück können zu ganz klassischen sachenrechtlichen Fallkonstellationen führen, die gleichsam lehrbuchhaft sein können. Auch wenn sie hier in einem kurzen Aufriss genannt sein mögen, haben sie mit dem Nießbrauch an sich nichts zu tun. Sie sind gleichwohl erwähnenswert, denn es besteht ein Klarstellungsbedürfnis dahingehend, dass die Nießbrauchsbefugnisse hier keinerlei Aussagekraft haben. Setzt sich der Nießbraucher über § 1037 BGB hinweg, so ist damit kein Argument für vermögenswerte Zuordnungen verbunden (ganz unabhängig von der Frage, dass schuldrechtliche Kompensationen oder Sanktionen einschlägig sein mögen).

2.6.4.1.1.1.1 Grundstücksverbindung und aufgedrängte Bereicherung

Sofern namentlich Gebäudeerrichtungen auf einem belasteten Grundstück erfolgen, gehen die davon betroffenen Gegenstände infolge eines damit erlangten Status als eines wesentlichen Bestandteils (§ 93 BGB) in das Eigentum des Bestellers über (§ 946 BGB). Im Gegenzug kommen Ersatzansprüche mit § 951 I Satz 2 BGB als Rechtsgrundverweis auf das Recht der Eingriffskondiktion (§ 812 I Satz 1, 2. Alt., BGB) in Frage.

Eine Naturalrestitution ist demgegenüber nach § 951 I Satz 1 BGB ausgeschlossen.

Gegebenenfalls kann eine sog. aufgedrängte Bereicherung vorliegen, deren Behandlung nach wie vor umstritten ist (s. dazu für die Gewährung von Wegnahmerechten BGHZ 23,64 f.; s. a. RGRK-Pikart § 951 Rdn 38; für einen „subjektivierten Bereicherungsbegriff" MüKo-Lieb § 812 Rdn. 313; Fikentscher Rdn. 1171, für eine Orientierung an § 818 III BGB MüKo-Lieb a. a. O. Rdn. 314; Staudinger/Gursky § 951 Rdn. 49; Baur/Stürner § 53 Rdn. 33; differenzierend nach Gut- und Bösgläubigkeit Wieling § 11. II. 5. a)aa); für „Vermögensverwertungsobliegenheiten" Larenz/Canaris § 72. IV. 3.). Grundsätzlich wird der genannte Anspruch aus §§ 951 I Satz 2, 812 I Satz 1, 1. Alt., BGB jedenfalls wenigstens eingeschränkt (so für die Annahme von Wegnahmerechten) wenn nicht gar zur Gänze ausgeschlossen.

2.6.4.1.1.2 Verarbeiterklauseln

Nicht zuletzt stellt sich auch hier gegebenenfalls die Frage nach sog. Verarbeiterklauseln, die regeln, wer Verarbeiter i. S. v. § 950 I Satz 1 BGB sein soll – mit der Folge, dass dann, wenn Verbindungen zu einem Grundstück nicht zu wesentlichen Bestandteilen führen, die Wirkungen des damit verbundenen Eigentumserwerbs gesteuert werden können. Solches wird weitgehend zugelassen (s. für die Rspr. BGHZ 14,117; BGHZ 20,163 f.; Erman/Ebbing § 950 Rdn. 9; insoweit für eine Abdingbarkeit des § 950 BGB Baur/Stürner § 53 Rdn. 15; Flume NJW 1950,843, s. aber auch Wieling § 11. II. 4.; Wilhelm Rdn. 975).

2.6.4.1.2 Sonstiges

Der Nießbrauchsinhaber hat für die Erhaltung der Sache in ihrem wirtschaftlichen (was über die bloße Substanzerhaltung hinausgeht) Bestand zu sorgen. Entsprechend obliegt ihm auch die gewöhnliche Unterhaltung der Sache und damit auch die dazugehörigen Ausbesserungen und Erneuerungen in diesem Rahmen – auf der anderen Seite aber auch nicht mehr (§ 1041 BGB). Tut er hier mehr, kommt ein Ausgleichsanspruch gegen den Eigentümer in Betracht (s. o. Rdn. 87).

90b

Ähnlich wie ein Mieter (§ 536 c BGB) hat der Nießbraucher Zerstörungen oder Beschädigung sowie unvorhergesehene Erhaltungsmaßnahmen, die über § 1041 BGB hinausgehen, und schließlich Rechtsanmaßungen Dritter an der Sache unverzüglich (vgl. § 121 I Satz 1 BGB) anzuzeigen (§ 1042 BGB).

Für Veränderungen oder Verschlechterungen der Sache, welche durch die ordnungsgemäße Ausübung des Nießbrauchs entstehen, trifft den Nießbraucher jedoch keine Verantwortlichkeit (§ 1050 BGB). Diesbezüglich hat er lediglich die Nutzungen wahrgenommen, die ihm auch vereinbarungsgemäß eingeräumt worden sind.

Mit der Duldungspflicht des Eigentümers im Fall von Ausbesserungsmaßnahmen korrespondiert eine ebensolche des Nießbrauchers, wenn diese Maßnahmen vom Eigentümer ausgeführt werden (§ 1044 BGB).

2.6.4.2 Versicherung und Tragen öffentlicher Lasten
2.6.4.2.1 Versicherung

91 Weiter ist der Nießbrauchsinhaber verpflichtet, die Sache für die Dauer seines Rechts gegen Brandschaden und sonstige Unfälle aus einer Kosten zu versichern, sofern dieses einer ordnungsgemäßen Wirtschaft entspricht. Begünstigter der Versicherung soll hier der Eigentümer sein (§ 1045 I BGB).

Für den Fall, dass die Sache bereits versichert ist, hat der Nießbraucher im Rahmen seiner (hier potentiellen) Verpflichtung nach § 1045 I BGB die Finanzierung zu übernehmen (§ 1045 II BGB).

Die Leistungen im Versicherungsfall verteilen sich nach Maßgabe des § 1046 BGB: Sowohl der Nießbraucher als auch der Eigentümer können im Rahmen der ordnungsgemäßen Wirtschaft verlangen, dass die Versicherungsleistung zur Kompensation des Versicherungsfalls verwendet werden. Der Eigentümer kann die Versicherungsleistung selbst abfragen oder dies dem Nießbraucher überlassen (§ 1046 II BGB). Letzterer Fall läuft auf eine Einziehungsermächtigung hinaus, wobei das von der h. M. geforderte berechtigte Interesse (Palandt-Heinrichs § 398 Rdn. 33) sich durch die Regelungen über das nießbrauchsrechtliche Schuldverhältnis unproblematisch begründen lässt.

2.6.4.2.2 Öffentliche Lasten

Der Nießbraucher ist gem. § 1047 BGB verpflichtet, die auf der Sache ruhenden öffentlichen Lasten zu tragen. Ausgenommen sind die außerordentlichen Lasten, die auf als auf den Stammwert der Sache gelegt anzusehen sind (etwa Erschließungs- oder Flurbereinigungsbeiträge, s. OVG Lüneburg RdL 1959,332). Der Nießbraucher soll nur an laufenden Erträgen teilhaben, so dass er auch nur hierauf bezogene öffentliche Lasten tragen muss. Des weiteren geht man davon aus, dass dann, wenn der Nießbraucher eine atypische Stellung innehat, so dass faktisch der Eigentümer nach wie vor der Nutzende ist (so bei reinen Verwaltungstätigkeiten für den Eigentümer durch den Nießbraucher oder im Fall der Ausübungsüberlassung an den Eigentümer), § 1047 BGB teleologisch zu reduzieren ist. Aber diese Folge, dass die Lastentragung beim Eigentümer liegt, ist nur in solchen Extremfällen anzunehmen. Es reicht der pauschale Befund, dass die Lasten den Nutzen des Nießbrauchs übersteigen, nicht aus (s. zu dem Gesagten MüKo-Pohlmann § 1047 Rdn. 15).

Des weiteren muss der Nießbrauchsinhaber die privatrechtlichen Lasten tragen, welche schon zur Zeit der Bestellung des Nießbrauchs auf der Sache ruhten, namentlich Grundpfandrechtszinsen oder die auf Grund einer Rentenschuld (§ 1199 BGB) zu entrichtenden Leistungen. Für eigene Grundpfandrechte kann der Nießbraucher keinerlei Zinsen während des Nießbrauchs beanspruchen (RGZ 141,224 f.; MüKo-Pohlmann § 1047 Rdn. 16 – dies sogar im Fall des § 1052 BGB, dazu im Anschluss). Auch nachträgliche Zinserhöhungen, soweit diese innerhalb wirtschaftlich vertretbarer Parameter erfolgen, sind dem Nießbraucher aufzuerlegen (vgl. – jeweils mit unterschiedlichen Lösungsansätzen MüKo-Pohlmann § 1047 Rdn. 16; RGRK-Rothe § 1047 Rdn. 12; für § 1119 BGB analog Soergel/ Stürner § 1047 Rdn. 9).

§ 1047 BGB gilt ausweislich seines Wortlautes allein gegenüber dem Eigentümer. Diese Norm ist also auf das Innenverhältnis Nießbrauchsinhaber – Eigentümer beschränkt. Im Außenverhältnis bleibt es bei der Schuldnerstellung des Letztgenannten für die entsprechenden Lasten (s. a. BGH WM 1965,479; für den Vermögens- wie auch Erbschaftsnießbrauch s. insoweit § 1088 BGB).

Erfolgt also eine Zahlung durch den Nießbraucher, so handelt es sich um eine Leistung durch einen Dritten, die gleichwohl zum Erlöschen der Forderung führen kann (s. a. MüKo-Pohlmann § 1047 Rdn. 17).

Schließlich ist § 1047 BGB nach h. M. mit dinglicher Wirkung abdingbar (MüKo-Pohlmann a. a. O. Rdn. 18; Staudinger/Frank § 1047 Rdn. 31; Erman/Michalski § 1047 Rdn. 2). An der Abdingbarkeit ist nicht zu zweifeln, wohl aber an der Dinglichkeit. Es kommt darauf an, welcher Rechtsebene man diese Norm zuweist. Favorisiert man, wie hier jetzt auch, die Zugehörigkeit zu einem gesetzlichen Schuldverhältnis, so nimmt § 1047 BGB an der Dinglichkeit an sich nicht teil (vgl. zur grundsätzlichen Einteilung o. Rdn. 4a). Das Resultat ist abgesehen davon jeweils dasselbe, denn das Schuldverhältnis, einmal privatautonom verändert, flankiert das dingliche Recht für den Rest seines Weges. Lediglich die Eintragbarkeit im Grundbuch muss bestritten werden.

Die Abdingbarkeit dürfte sich namentlich für den Sicherungsnießbrauch empfehlen (Pohlmann a. a. O. Rdn. 19).

2.6.4.3 Ausgleichspflichten

92 Die Verfügungsbefugnis gem. § 1048 I Satz 1 BGB (dazu o. Rdn. 72) besteht nicht umsonst. Für den gewöhnlichen Abgang sowie innerhalb der ordnungsgemäßen Wirtschaft ist Ersatz für die durch Verfügung verloren gegangenen Inventarstücke zu besorgen (Hierfür kann die vorige Wertermittlung von Bedeutung sein). Die Ersatzstücke treten in das Eigentum ihrer Vorgängerstücke, was also einer dinglichen Surrogation gleichkommt. Dies geschieht durch Einverleibung in das Inventar (§ 1048 I Satz 2 BGB).

Es kann vorkommen, dass der Nießbraucher das Inventar zum Schätzwert mit der Verpflichtung, es bei Beendigung des Nießbrauchs zum Schätzwert wieder zurückzugeben. Diesbezüglich findet Pachtrecht Anwendung (§§ 1048 II, 582 a BGB, s. dazu im Anschluss Rdn. 161).

Weiter hat der Nießbraucher Ausgleich für den Erhalt von Übermaßfrüchten (vgl. insoweit o. Rdn. 63) zu leisten – dies auch dann, wenn ihn insoweit kein Verschulden an diesem „Raubbau" trifft. Es kann Sicherheitsleistung verlangt werden (§ 1039 I Satz 2 BGB), wobei von beiden – Eigentümer und Nießbraucher – verlangt werden kann, dass diese Leistungen zur Wiederherstellung der Nießbrauchssache verwendet werden (a. a. O. Satz 3). Wird ein solches nicht verlangt, fällt die Ersatzpflicht fort, soweit das sonstige Nutzungsziehungsrecht des Nießbrauchers beeinträchtigt würde (Absatz 2).

2.6.5 *Rechtsfolgen von Pflichtverletzungen*

93 Das gesetzliche Schuldverhältnis ist ungeachtet seiner Entstehung ein echtes Schuldverhältnis.

2.6.5.1 Allgemeines

Werden von einer Seite die auferlegten Pflichten verletzt, kann aus dem Schuldverhältnis heraus Unterlassung verlangt werden. § 1053 BGB gibt dem Eigentümer das Recht, bei unbefugtem Gebrauch nach einer Abmahnung Unterlassung zu verlangen und dementsprechend eine Unterlassungsklage anzustrengen (§ 1053 BGB).

Erfolgt die Verletzung aus dem Schuldverhältnis mit Verschulden (§ 276 BGB), steht einer Anwendung der §§ 280 ff. BGB nichts im Wege.

Das gesetzliche Schuldverhältnis

Letztendlich ergeben sich dieselben oder zumindest gleichlautende Ansprüche auch schon aus der Kausalabrede, dem schuldrechtlichen Rechtsgrund.

Daneben bestehen Ansprüche aus Eigentumsverletzung.

2.6.5.2   Einschränkungen des Eigentumsschutzes?

Hier offenbart § 1053 BGB seine eigentliche Wirkung. Er beinhaltet nämlich eine Einschränkung des Unterlassungsanspruchs aus § 1004 BGB für den Eigentümer. Es sind hier nämlich eben die Abmahnung sowie deren Nichtbeachtung Voraussetzung, die § 1004 BGB als solche nicht kennt (Palandt-Bassenge § 1053 Rdn. 1). Auch die vorbeugende Unterlassungsklage soll durch die speziellen Normen der §§ 1051 f. BGB (dazu sogleich im Anschluss) verdrängt werden (Jauernig/Jauernig, Anmerkungen zu den §§ 1051 – 1054, Rdn. 4; jedoch wird hier eine Abdingbarkeit dieser Normen vertreten, s. dazu BayObLG RPfleger 1977,251 – hier wird sogar eine solche mit dinglicher Wirkung zugelassen – sowie sogleich; konsequent daraus muss dann die vorbeugende Unterlassungsklage wieder zugelassen werden).

Aus praktischen Gründen heraus ist freilich anzumerken, dass oft schon so verfahren werden muss, wie es § 1053 BGB vorschreibt. Denn eine Abmahnung ist regelmäßig schon zu Vermeidung negativer Kostenfolgen nötig (s. o. Rdn. 77). Wirklich konstitutiv wäre diese Norm dort, wo Erstbegehungsfälle drohen, denn diese würden nach dem Gesagten in jedem Fall sanktionslos bleiben. Man müsste bis zu einer Pflichtverletzung zuwarten, um erst dann zukünftige Störungen unterbinden zu können. Für das Geschehene bliebe ein Störungsbeseitigungsanspruch (vgl. o. Rdn. 77, dieser würde zugleich aus dem Schuldverhältnis folgen) allenfalls eine finanzielle Kompensation (vgl. § 251 I BGB). Das wäre ein "Dulde und liquidiere" in Reinkultur. Man mag mit Fug und Recht bezweifeln, ob das im Sinne des Gewünschten wäre. Vorzuziehen ist danach, in § 1053 BGB einen deklaratorischen Hinweis auf die anzuratende (vgl. wieder Rdn. 77) Strategie bei Verstößen zu sehen als eine konstitutive Beschränkung der Eigentümerbefugnisse.

2.6.5.3   Sonstiges

Schadensersatz bei Verschulden kann hier weiterhin aus § 823 I BGB verlangt werden. Die §§ 989, 990 BGB sind hier, da ein Recht zum Besitz vorliegt (§ 1036 I BGB) ausgeschlossen.

Schließlich kommt wegen unbefugten Gebrauches der Sache ein entsprechender Bereicherungsausgleich aus § 812 I Satz 1, 2. Alt., BGB in Betracht.

2.6.5.4 Sicherheitsleistung und Verwaltung

94 Eine Besonderheit besteht in der Möglichkeit des Verlangens einer Sicherheitsleistung wie auch der Anordnung einer gerichtlichen Verwaltung.

2.6.5.4.1 Inhalt

Gem. § 1051 BGB kann Sicherheitsleistung verlangt werden, wenn das Verhalten des Nießbrauchers die Besorgnis einer erheblichen Verletzung der Rechte des Eigentümers begründet. Was als Sicherheitsleistung in Frage kommt, besagen die §§ 232 ff. BGB, wobei vertragliche Absprachen (etwa Erweiterungen der gesetzlich vorgesehenen Sicherungsmöglichkeiten, etwa gar, dass der Nießbrauch selbst als Sicherheit zur Nutzung überlassen wird – dies freilich nur schuldrechtlich, vgl. § 1059 Satz 2 BGB) sicherlich unbedenklich sind.

Liegt eine rechtskräftige Verurteilung (oder ein sonstiger Titel, wie ein Vergleich oder eine Urkunde nach § 794 I Nr. 5 ZPO; Staudinger/Frank § 1052 Rdn. 2) zur Sicherheitsleistung vor, kann der Nießbraucher anstelle der Sicherheitsleistung verlangen, dass eine vom Gericht angeordnete und beaufsichtigte Verwaltung (§§ 150 ff. ZVG gelten analog; Erman/Michalski § 1052 Rdn. 3) für Rechnung des Nießbrauchers angeordnet wird (§ 1052 I Satz 1, II Satz 1 BGB).

Jedoch ist ein solches Vorgehen nur zulässig, wenn der Nießbraucher eine – auch bereits vom Prozessgericht zu verhängende (§ 255 II ZPO; Erman/Michalski § 1052 Rdn. 1) – Frist zur Sicherheitsleistung fruchtlos hat verstreichen lassen (§ 1052 I Satz 2 BGB), und die Verwaltung ist aufzuheben, wenn die Sicherheit nachträglich geleistet wird (§ 1052 III BGB). Da auch der Eigentümer selbst zum Verwalter bestellt werden kann (§ 1052 II Satz 2 BGB), besteht hier eine nicht uninteressante Möglichkeit, den Nießbrauch in seiner Ausübung auf das zu beschränken, was ursprünglich auch wirklich vereinbart war: Der Eigentümer erlangt wieder die faktische Herrschaftsmacht über seine Sache, und der Nießbraucher wird auf das beschränkt, was ihm auch allein zusteht. Auch eine rechtsgeschäftlich begründete Verwaltung ist hier zulässig (Erman/Michalski § 1052 Rdn. 10; Schön, S. 318).

2.6.5.4.2 Verhältnis zu Unterlassungsansprüchen

Man muss sich allerdings fragen, ob die Möglichkeiten der §§ 1051 f. BGB für den Eigentümer nicht eher ein Danaergeschenk sind. Das liegt jedenfalls dann nahe, wenn man hier eine lex specialis zu der vorbeugenden Unterlassungsklage sieht. Eine solche in ihrer herkömmlichen Erscheinung ist nämlich doch einfacher in den Voraussetzungen und mag im Einzelfall (Die Vollstreckung erfolgt nach § 890 ZPO) den Nießbraucher eher zur Räson bringen als etwa eine von diesem sogar noch abwendungsfähige gerichtliche Verwaltung.

95

Tatsächlich sprechen keine zwingenden Gründe dafür, § 1051 f. BGB einen absoluten Vorrang vor den allgemeinen Unterlassungsanspruch zuzubilligen. Ein Nebeneinander beider Möglichkeiten erscheint letztlich angemessener, zumal der renitente Nießbrauchsinhaber auch aus keinem sachlichen Argument heraus eine Bevorzugung gegenüber jedem Anderen, etwa auch den Inhabern sonstiger beschränkt dinglicher Rechte, im Fall der Eigentumsbeeinträchtigung haben soll.

Das vermeintliche Konkurrenzverhältnis lässt sich damit auflösen, dass man die § 1051 f. BGB als Bestandteil des gesetzlichen Schuldverhältnisses einordnet, nicht aber als Schutzanspruch, resultierend aus dem dinglichen Recht (des Eigentums) oder gar als eine dingliche Beschränkung eines dinglichen Rechts (dann des Nießbrauchs). Es liegt insoweit eine klassische Anspruchskonkurrenz vor.

Zudem würde eine Absprache in bezug auf die Optionen der § 1051 f. BGB keine dingliche Wirkung entfalten, was ohnehin angesichts des indisponiblen numerus clausus fragwürdig wäre. Betroffen wäre nur das gesetzliche Schuldverhältnis, nicht aber der Nießbrauch als dingliches Recht. Entsprechend erübrigte sich auch eine diesbezügliche Eintragung in das Grundbuch im Fall des Grundstücksnießbrauchs (a. A. BayObLG RPfleger 1977, 251 f.; s. hierzu auch Staudinger/Frank § 1051 Rdn. 10 sowie insoweit schon o. Rdn. 82), ja sie wäre sogar unzulässig. Ferner würde das Konkurrenzproblem zum vorbeugenden Unterlassungsanspruch nach § 1004 BGB entfallen, welches unweigerlich aufträte, wenn es zu Absprachen über die Rechte aus den §§ 1051 BGB käme, unter der Voraussetzung der Annahme einer diesbezüglichen dinglichen Komponente.

Folgt man der hier vertretenen Ansicht, so hat der Eigentümer die gewissermaßen üblichen Rechte gegen den Nießbraucher, wie man sie gemeinhin bei der Pflichtverletzungen und dergleichen im Zusammenhang mit dinglichen Belastungen kennt. Dieser Kanon wird durch die Regelungen über die Sicherheitsleistung oder die gerichtliche Verwaltung der Sache nur noch ergänzt.

2.6.5.5 Sonstiges
2.6.5.5.1 Verbrauchbare Sachen

96 Für den Nießbrauch an verbrauchbaren Sachen (§ 92 BGB, s. dazu o. Rdn. 73) findet sich eine Sonderregelung in § 1067 II BGB, welche den § 1051, 1052 BGB vorgeht. Hiernach kann der Besteller Sicherheitsleistung (§§ 232 ff. BGB) verlangen, wenn der Anspruch auf Ersatz des Wertes (§ 1067 I Satz 1 BGB a. E., s. dazu u. Rdn. 162) gefährdet ist (§ 1067 I Satz 2 BGB).

Für den Nießbraucher ergeben sich im umgekehrten Fall keine Besonderheiten.

Zum einen kann er aus einer Verletzung der jeweiligen Schuldverhältnisse, den konkreten Kausalbsprachen sowie aus dem gesetzlichen Schuldverhältnis gegen seinen Widerpart vorgehen (s. insoweit schon o. Rdn. 93).

Daneben bestehen aus dem dinglichen Recht, dem Nießbrauch die entsprechenden Unterlassungsansprüche (§§ 1065, 1004 BGB) sowie die Schadensersatzansprüche (§ 823 I BGB) auch gegenüber dem Eigentümer (s. dazu o. Rdn. 75 ff.). Diesbezüglich folgt der Mechanismus voll und ganz den allgemeinen Regeln.

2.6.5.5.2 Miteigentum
2.6.5.5.2.1 Allgemeines

Ein Nießbrauch kann auch an Miteigentum begründet werden, das ist dem Grunde nach unproblematisch. Die Regeln hierüber sind dieselben, die für den Eigentumsnießbrauch an sich gelten. Sie werden komplettiert durch § 1066 BGB, der dem gemeinschaftsrechtlichen Element Rechnung trägt.

Danach übt der Nießbraucher die Rechte aus, welche sich aus der Gemeinschaft der Miteigentümer in Ansehung der Verwaltung der Sache und der Art ihrer Benutzung ergeben (§ 1066 I BGB). Es sind dies die Rechte der §§ 743 ff. BGB sowie des § 1011 BGB. Die Verwaltung erfolgt also grundsätzlich gemeinschaftlich, und der Nießbraucher kann im Fall der Gesamteigentumsentziehung Herausgabe (§§ 861, 1007, 985 BGB) an alle Bruchteilsberechtigten verlangen (Gesetzliche Prozessstandschaft, s. BGH NJW 2002,214; zur Urteilsbindung gegenüber den anderen – grundsätzlich nur bei Zustimmung – s. BGH NJW 1985,2825, aber str.). Sonstige Abwehransprüche (insbesondere § 1004 BGB, aber auch § 862 BGB) können ohnehin in Bezug auf die Gesamtsache erhoben werden (§ 1011 BGB entsprechend).

Das gesetzliche Schuldverhältnis

Nichts spricht dagegen, dass der Nießbraucher insoweit auch Verwaltungsregeln (mit) festlegen kann, welche gegenüber auch einem Sonderrechtsnachfolger wirken (vgl. § 746 BGB, im Fall von Grundstücksmiteigentum bedarf es hierzu zusätzlich einer entsprechenden Grundbucheintragung, § 1010 I BGB). Endet der Nießbrauch, ist der betroffene Miteigentümer ohnehin an solche Absprachen gebunden, ohne dass es hierzu einer besonderen Norm bedarf. Die entsprechende Befugnis zu einer solchen Absprache ist von ihm seinerzeit auf den Nießbraucher nach § 1066 I BGB übergegangen, damit verbunden war die Bindung auch seiner selbst im Fall des Wegfalls des Nießbrauchs.

Zu Übertragungen (vgl. § 747 BGB) ist der Nießbraucher jedenfalls auf Grund seines Rechts in keinem Fall berechtigt. Das folgt schon daraus, dass der Nießbrauch eine solche Befugnis ohnehin nicht kennt (s. a. Rdn. 121).

2.6.5.5.2.2 Aufhebung der Gemeinschaft

Die Aufhebung der Gemeinschaft kann nur von dem Nießbraucher und dem Nießbraucher gemeinsam verlangt werden, § 749 BGB wird insoweit eingeschränkt (§ 1066 II BGB; im Fall des Vorliegens eines wichtigen Grundes, welcher jederzeit zur Gemeinschaftsaufhebung berechtigt, § 749 II BGB, wird man aber einen Anspruch des Gemeinschafters gegen den Nießbraucher auf die entsprechende Erklärung jedenfalls für die meisten Fälle bejahen müssen. Der Nießbraucher hat insoweit hinzunehmen, dass der Bestand seines Rechts an akzeptable Bedingungen des Belastungsgegenstands geknüpft ist; zudem ist er im Wege des § 313 BGB wie auch des § 1066 III BGB – dazu sogleich im Anschluss – angemessen geschützt). Nicht hingegen kann der Nießbraucher die Aufhebung im Vereinbarungswege ausschließen (s. dazu § 751 BGB, beachte wieder für Immobiliarmiteigentum § 1010 BGB – Grundbucheintragung!). § 1066 II BGB greift hier eindeutig vom Wortlaut nicht, und um eine Verwaltung i. S. v. § 1066 I BGB handelt es sich hier auch nicht.

96a

2.6.5.5.2.3 Surrogation

Gem. § 1066 III BGB gebührt dem Nießbraucher im Fall der Aufhebung der Gemeinschaft der Nießbrauch an den Gegenständen, welche an die Stelle des Anteils treten. Es findet also eine Surrogation statt, bei der aber fraglich ist, ob es sich um eine dingliche oder eine schuldrechtliche Surrogation handelt. Im ersten Fall würde gleichsam der Nießbrauch nur ausgetauscht werden, im zweiten Fall müsste er neu bestellt werden, wobei aber ein Anspruch auf diese Bestellung bestünde (s. dazu auch Brambring DNotZ 1999,566 f.).

Letztendlich kann es nur um eine schuldrechtliche Surrogation gehen (s. a. Brambring a. a. O.). Eine dingliche Surrogation sieht das Recht der Bruchteilsgemeinschaft selbst nicht vor, so dass es nur konsequent ist, das für dingliche Belastungen fortzuführen. Weiter spricht der Wortlaut des § 1066 III BGB („gebührt") für eine schuldrechtliche Surrogation. Schließlich sind die Entstehungsmodalitäten von Nießbrauch zu Nießbrauch dermaßen unterschiedlich (Man vergleiche nur den Nießbrauch an Fahrnis, an Immobiliarrechten sowie an sonstigen Rechten), dass die Rechtslage nicht hinreichend konsistent wäre – in jedem Fall würde eine dingliche Surrogation dazu führen, dass ein Nießbrauch auch außerhalb der für ihn eigentlich vorgesehenen rechtsgeschäftlichen Tatbestände kraft Gesetzes (eben § 1066 III BGB) entstehen könnte.

Es droht somit die Gefahr, dass die surrogierten Gegenstände durch zwischenzeitliche Verfügungen oder etwa vollstreckungsrechtliche Zugriffe im Ergebnis dem Nießbraucher verloren gehen, bevor sein Ersatznießbrauch an diesen bestellt wird. Dies kann man vermeiden, indem man für den Fall des § 1066 III BGB einen Nießbrauch im Rahmen einer Vorausverfügung aufschiebend bedingt einräumen lässt. An der rechtlichen Zulässigkeit eines solchen Vorgehens ist nicht zu zweifeln, denn Vorausverfügungen sind dem geltenden Recht keineswegs fremd. Die betreffenden Gegenstände werden auch regelmäßig die hinreichende Bestimmbarkeit aufweisen, die für eine Vorausbelastung erforderlich sind.

Diese Vorgehensweise ist auch für Immobiliarrechte möglich, denn die Bedingungsfeindlichkeit vom Grundstücksverfügungen ist kein Regelfall (vgl. § 925 II BGB). Indessen empfiehlt sich hier ohnehin die Sicherung des schuldrechtlichen Anspruchs durch eine Vormerkung, was gem. § 883 I Satz 2 BGB auch für Ansprüche auf Bestellung des Nießbrauchs wie die hier gemeinten zulässig ist (vgl. insoweit auch o. Rdn. 54).

2.6.5.5.2.4 Sonstiges

§ 1066 BGB setzt eine Bruchteilsgemeinschaft gem. § 741 BGB voraus. Kommen weitere organisationsrechtliche Elemente hinzu, werden diese nicht von dieser Norm erfasst. Aus diesem Grunde verbleiben bei der Belastung von Wohnungseigentum weitgehende Befugnisse beim Wohnungseigentümer (s. dazu Rdn. 99).

2.7 Der Nießbrauch an Rechten

Der Nießbrauch ist ein höchst variables Recht, welches nicht allein an Sachen (genauer: Sacheigentum) vorkommen kann. Daneben gibt es auch den Nießbrauch an Rechten (§ 1068 I BGB).

97

2.7.1 Rechte
Der Kanon der hier in Betracht kommenden Rechte ist vielfältig.

2.7.1.1 Forderungen
So kann ein Nießbrauch an Forderungen bestellt werden, sofern diese übertragbar sind (§ 1069 II BGB).

Die Einschränkung in § 1069 II BGB erklärt sich daraus, dass über einen Nießbrauch mit seinem immensen Umfang die gesetzlich angeordnete Unverfügbarkeit hinsichtlich Vollübertragungen nicht ausgehebelt werden soll. Beispiele für die Unübertragbarkeit finden sich etwa in den §§ 399, 400 (keine Nießbrauchsbestellung an unpfändbaren Forderungen), 473 Satz 1 (mangels anderweitiger Bestimmung keine Nießbrauchsbestellung an Vorkaufsrecht) 613 Satz 2 (im Zweifel keine Nießbrauchsbestellung an Ansprüchen auf Dienstleistungen), 664 II (im Zweifel keine Nießbrauchsbestellung an Ansprüchen auf Auftragsleistung), 717 Satz 1 BGB (keine Nießbrauchsbestellung an Ansprüchen der Gesellschafter aus dem Gesellschaftsverhältnis gegeneinander, ausgenommen die sog. vermögenswerten Ansprüche in Satz 2 a. a. O., s. zum Nießbrauch an Gesellschaftsanteilen aber auch Rdn. 101 ff.).

Gem. § 399, 1. Alt., BGB kann ein Anspruch dann nicht übertragen – und somit auch nicht entsprechend mit einem Nießbrauch belastet – werden, wenn die Leistung an einen anderen Gläubiger als den ursprünglichen nicht ohne Veränderung ihres Inhalte erfolgen kann.

Dies ist etwa der Fall bei Unterhaltsleistungen, Gebrauchsüberlassungen oder Unterlassungsansprüchen, zweckgebundenen Auskunfts- oder Darlehensansprüchen, Ansprüchen aus Treuhandverhältnissen (s. i. e Palandt-Heinrichs § 399 Rdn. 4 ff. m. w. N.), wohl aber Schadensersatzansprüchen wegen Verletzung der genannten Pflichten, wenn sie nicht mehr auf Naturalrestitution lauten. Auch dingliche Ansprüche, die der Verwirklichung des dinglichen Rechts dienen, können nicht isoliert von dem dinglichen Recht abgetreten werden (so etwa bei Ansprüchen aus §§ 985, 1004, 894 BGB, vgl. schon o. Rdn. 44).

Weiter können die Parteien die Abtretbarkeit eines Anspruchs auch mit absoluter Wirkung (anders grundsätzlich § 137 BGB, s. etwa BGHZ

98

102,301; Bülow NJW 1993,901 f.; a. A. vor allem Canaris FS Serick 1992, S. 13 ff.) ausschließen. Haben sie das getan, haben sie die Forderung auch dem Nießbrauch entzogen.

Eine wesentliche Durchbrechung dieses Grundsatzes findet sich jetzt allerdings in § 354 a HGB, dessen ratio es ist, Forderungen im kaufmännischen Verkehr nicht dem Zwecke einer Refinanzierung durch Unabtretbarkeitsabsprachen zu entziehen (s. BT-Drucks. 12/7912, S. 4; s. dazu auch den Überblick bei Westermann § 39. V. 2. c).

Danach kann eine Forderung aus einem beiderseitigen Handelsgeschäft (§§ 343, 344 I HGB) bzw. dann, wenn der Schuldner eine juristische Person des öffentlichen Rechts oder ein öffentlich-rechtliches Sondervermögen ist, ungeachtet einer Abrede i. S. v. § 399 BGB abgetreten werden, wobei andererseits aber der Schuldner mit Liberationswirkung immer noch an den Zedenten leisten kann. Es handelt sich um zwingendes Recht (Satz 3 a. a. O.).

Damit steht insoweit auch § 1069 BGB nicht entgegen. Allerdings ist die durch den Nießbrauch eingeräumte Einziehungsermächtigung (s. u. Rdn. 111) durch die insoweit auch nicht abdingbare Befreiungswirkung nach § 354 a Satz 2 HGB entscheidend entwertet worden. Ein Ausgleich im Innenverhältnis greift freilich korrigierend ein (wenn nicht aus der Absprache herzuleiten, dann wenigstens über § 816 II BGB), aber es handelt sich hierbei eben nur um einen schuldrechtlichen Ausgleich im Innenverhältnis (s. hierzu auch Canaris § 28 Rdn. 11). Die Schwächung auch des dinglichen Rechts kann gleichwohl nicht verkannt werden.

2.7.1.2 Dingliche Rechte
2.7.1.2.1 Allgemeines

99 Des gleichen kommt eine entsprechende Bestellung an beschränkt dinglichen Rechten in Betracht. Auch hier ist deren Übertragbarkeit Voraussetzung (§ 1069 II BGB).

Damit scheidet ein Nießbrauch an einem ebensolchen aus (§ 1059 Satz 1 BGB), ebenso an beschränkten persönlichen Dienstbarkeiten (§ 1092 I BGB, die Ausübungsüberlassungsgestattung a. a. O. Satz 2 spielt hier keine Rolle, denn sie bezieht sich einzig und allein auf die schuldrechtliche Überlassung) und schließlich an subjektiv-dinglichen Rechten, da diese gem. § 96 BGB als Grundstücksbestandteile gelten; eine eigenständige Belastbarkeit fällt also aus (s. näher dazu u. Rdn. 215 ff.).

Sofern man die sog. grundstücksgleichen Rechte (vor allem Erbbaurechte) nicht als Grundstücksnießbrauch sehen will, liegt insoweit auf jeden Fall ein Rechtsnießbrauch in Gestalt eines solchen an einem dinglichen Recht vor (s. schon o. Rdn. 53).

Möglich ist schließlich ein Nießbrauch an einem Dauerwohnrecht nach §§ 31 WEG, arg. § 33 I Satz 1 WEG; die Möglichkeit von Veräußerungsbeschränkungen (§ 35 WEG) steht dem nicht entgegen (s. dazu auch u. Rdn. 265 f.).

2.7.1.2.2 Insbesondere Wohnungseigentum

Auch ein Nießbrauch am Wohnungseigentum ist möglich, wobei aber die Verwaltungsrechte dem Wohnungseigentümer verbleiben sollen; diese jedoch müssen dann im Interesse des Nießbrauchsinhabers ausgeübt werden (BGH NJW 2002,1647; vgl. insoweit auch die Situation für den Nießbrauch an Gesellschaftsanteilen, dazu im Anschluss).

Über die Befugnisse des Nießbrauchers an Wohnungseigentum hat man lebhaft gestritten; das Spektrum reicht von der alleinigen Zuständigkeit eben desselben über eine Zuständigkeit nur bei betroffenen Interessen bis hin zu einer gemeinschaftlichen Zuständigkeit zusammen mit dem Wohnungseigentümer (s. den Überblick bei Armbrüster DNotZ 1999, 567 f.).

Die hier im Anschluss an den BGH (a. a. O.: s. nun auch etwa OLG Hamburg ZMR 2003,701 in Abkehr von OLG Hamburg NJW-RR 1988,262; aus der Lit. s. des weiteren Hinz JR 2003,115 ff.; Demharter EWIR 2002,641; Jennißen BGHReport 2004,449 f.) favorisierte Ansicht hat den Vorzug, dass die Interessen des Nießbrauchers in jedem Fall berücksichtigt werden, ansonsten aber die Integrität der Wohnungseigentümergemeinschaft als eine eigene Gruppierung gewahrt bleibt. Dass dort gefasste Beschlüsse dann ebenfalls nicht vom Nießbraucher selbst angefochten werden können (s. a. BayObLG NZM 1998,815; dazu auch Armbrüster a. a. O., S. 562 ff.), ist nur noch eine Frage der Konsequenz.

Dazu gehört, dass auch diesbezügliche Anfechtungsrechte in seinem Interesse ausgeübt werden müssen. Geschieht dies nicht, liegt eine Pflichtverletzung, folgend aus den dem Nießbrauch zugrunde legenden Absprachen, vor. Sofern Beschlüsse noch korrigiert werden können, hat dies im Rahmen der Störungsabwehr bezogen auf den Nießbrauch selbst (vgl. Rdn. 77) oder auch aus der schadensrechtlichen Naturalrestitution (§ 249 I BGB) heraus zu erfolgen.

Nicht ausgeschlossen erscheint eine Ermächtigung des Nießbrauchers zur Ausübung von Stimmrechten und dergleichen, welche zusätzlich zu der Nießbrauchsbelastung erteilt werden muss. Allerdings bedarf dies der

133

entsprechenden Zustimmungen durch die übrigen Wohnungseigentümer bzw. der Versammlung (s. dazu auch Demharter a. a. O.). Alleingänge seitens des Nießbrauchsbestellers sind nicht möglich. Sollte eine solche Ermächtigung in Frage stehen, sollten ihr Inhalt und ihre Reichweite in ihren Voraussetzungen detailliert festgehalten werden.

Entzündet hat sich die Frage der Reichweite nießbraucherlicher Befugnisse vor allem an § 1066 BGB, wonach weitgehend der Nießbraucher die Befugnisse eines Miteigentümers ausübt (s. dazu Rdn. 96 f.). An Miteigentum verknüpft mit Sondereigentum an Wohnraum setzt das Wohnungseigentum natürlich an (§ 1 II WEG), aber es reicht noch weiter. Zusätzlich kommen eigene Organisationsstrukturen vor allem durch die Wohnungseigentümergemeinschaft hinzu. Diese Struktur ist wesentlich komplexer als die übliche Bruchteilsgemeinschaft. Sie wird nicht von § 1066 BGB erfasst. Infolge der Gesamtstruktur des Wohnungseigentums, welches eine Aufteilung von § 1066 BGB zugänglichen Elementen und solchen, bei denen das nicht der Fall ist, nicht zulässt, hat besagte Norm hier von Anbeginn an keinen Anwendungsbereich.

2.7.1.3 Immaterielle Güter

100 Der Nießbrauch ist auch an sog. immateriellen oder geistigen Gütern, namentlich an Immaterialgüterrechten, Rechten also, die an bestimmte unkörperliche Güter anknüpfen, möglich.

2.7.1.3.1 Immaterialgüterrechte

Die sog. Immaterialgüterrechte – mittlerweile auch oft als Geistiges Eigentum bezeichnet – sind Rechte an geistigen Gütern, die durchaus Parallelen mit dem Sacheigentum aufweisen. Das betrifft sowohl die Ausschließungsbefugnisse wie auch die Nutzungsbefugnisse. Letztere schließen grundsätzlich die Belastung mit beschränkt dinglichen Rechten ein.

2.7.1.3.1.1 Allgemeines

Für das Markenrecht wird dieses in § 29 I Nr. 1 MarkenG mehr oder weniger ausdrücklich bestätigt, wenn dort gesagt wird, dass dieses neben der Verpfändung auch „Gegenstand eines sonstigen dinglichen Rechts sein" kann (s. hierzu Fezer § 29 Rdn. 8 ff.). Des weiteren kann eine Marke auch über einen sog. Unternehmensnießbrauch erfasst werden (Fezer § 27 Rdn. 52; s. a. u. Rdn. 135).

Aber auch dort, wo eine solche Statuierung fehlt, wird man die Nießbrauchsmöglichkeit zubilligen müssen (s. etwa für den Nießbrauch an einem Patentrecht Benkard/Ullmann § 15 Rdn. 28).

Es scheidet insoweit jedoch das Urheberrecht infolge seiner grundsätzlichen Unübertragbarkeit aus (§ 29 I UrhG; a. A. Westermann § 140.1.; Berger GRUR 2004,22; s. a. für einzelne Befugnisse aus diesem Recht etwa Schricker/Schricker § 29 Rdn. 7), es sei denn, es wird ein Nießbrauch im Rahmen einer Erbauseinandersetzung oder in Erfüllung einer Verfügung von Todes wegen (Vermächtnis, Auflage) bestellt – infolge seiner Personengebundenheit an den konkreten Begünstigten (§§ 1059 Satz 1, 1061 BGB) kann ein Nießbrauch hier durchaus sinnvoll sein, ohne dass etwa persönlichkeitsrechtliche Bedenken (die zu der Statuierung der generellen Unübertragbarkeit des Urheberrechts geführt haben, s. Schricker/Schricker § 29 Rdn. 4; krit. zu dieser Regelung Forkel, S. 119 ff.) dem entgegenstünden.

Den Gegenstimmen (s. die vorgenannten Fundstellen) ist der grundsätzliche Umfang des Nießbrauchs entgegenzuhalten (vgl. § 1030 BGB, diese Grundaussage gilt auch für den Rechtsnießbrauch, vgl. § 1068 II BGB). Dieser führt zu einer Wirkung, die einer Vollübertragung durchaus nahe kommt (vgl. Rdn. 6 f.). Die Motivationen, die eine Vollübertragbarkeit eines Rechts ausschließen, müssen auch hier zu Buche schlagen.

Die Unfähigkeit zum Nießbrauch wird auch für das Recht der ausübenden Künstler (§§ 73 ff. UrhG) gelten müssen, denn infolge seiner Nähe zum Persönlichkeitsrecht wird es auch hier an einer kompletten Vollübertragbarkeit jedenfalls fehlen; es soll anbei nicht verkannt werden, dass auch dessen Unübertragbarkeitsdogma mittlerweile doch ins Wanken geraten ist (vgl. § 79 UrhG), aber derzeit wird doch noch eine auch hier noch ausgeprägte Personengebundenheit dem entgegenstehen (vgl. dazu Ahrens, S. 485 ff.; s. in diesem Zusammenhang aber auch BGH NJW 2002,2195 ff. – Marlene Dietrich – sowie a. a. O. S. 2202 f. – Der blaue Engel, wo jedenfalls vermögensrechtliche Bestandteile des Persönlichkeitsrechts jedenfalls vererblich sein sollen. Indessen kann diese hochinteressante und derzeit in einem erheblichen Fluss befindliche Materie hier – man muss sagen: leider – nicht weiter vertieft werden. An die Möglichkeit von Nießbrauchseinräumungen wurde hier sicherlich nicht gedacht).

Ähnlich wird für den Firmennießbrauch (welcher insbesondere im Fall des sog. Unternehmensnießbrauchs eine Rolle spielt, dazu u. Rdn. 235 ff.) eine Einschränkung dahingehend angenommen, dass allein eine Belastung mitsamt einer solchen an dem Geschäftsbetrieb (heutzutage würde man eher von dem Unternehmen an sich sprechen), auf den sich die

Der Nießbrauch

Firma bezieht, möglich ist. Dies wird aus § 23 HGB geschlossen, wonach auch eine Übertragung einer Firma ohne das Unternehmen nicht möglich ist (s. etwa Lange Rdn. 1475 m. w. N.).

Anzumerken ist hier freilich, dass, wenn über derartige Rechte disponiert wird, dies nicht unter Zuhilfenahme des sachenrechtlichen BGB-Instrumentariums geschieht, sondern dass stattdessen sog. Lizenzverträge (s. dazu zusammenfassend Forkel FS Kraft 1998, S. 85 ff.) geschlossen werden. Praktisch ist ein Nießbrauch hier doch eher selten.

2.7.1.3.1.2 Lizenzen

Es kommt weiter ein Nießbrauch an den an einem Immaterialgüterrecht eingeräumten Lizenzen in Frage. Hier kommt es nicht darauf an, ob die Lizenzen ihrerseits schuldrechtlicher (In diesem Fall handelt es sich genau genommen um einen Nießbrauch an der jeweiligen Forderung aus dem Lizenzvertrag) oder dinglicher Natur sind (vgl. dazu Forkel a. a. O.), denn der Nießbrauch fragt auch ansonsten nicht danach. Es reicht allein aus, dass die Lizenzen ihrerseits übertragen werden können, was grundsätzlich der Fall ist (s. aber für die urheberrechtlichen Lizenzen das Zustimmungserfordernis nach § 34 f. UrhG. Für Lizenzen an Persönlichkeitsrechten, sofern möglich, wird man hier jedoch restriktiver sein müssen, vgl. dazu näher Ahrens a. a. O.).

Ungeachtet dessen bleibt es bei dem Umstand, dass ein sog. Lizenzsicherungsnießbrauch an einer Lizenz selbst nicht ansetzen kann. Er würde letzten Endes ins Leere gehen (s. insoweit o. Rdn. 15a).

2.7.1.3.2 Wettbewerbsrechtliche Positionen

100a In diesem Zusammenhang dürfte sich mittlerweile auch die Möglichkeit bestimmter wettbewerbsrechtlicher Positionen stellen. Unter dem Aspekt des sog. wettbewerbsrechtlichen ergänzenden Leistungsschutzes (s. insoweit auch § 4 Nr. 9 UWG, wo diese bisher – d. h. vor der UWG-Reform – ungeschriebene Variante ausdrücklich als einen Beispielsfall des unlauteren Wettbewerbs genannt wird), der geradezu in Richtung einer Schaffung von „Quasi-Ausschließlichkeitsrechten" mittels UWG führt (s. hierzu – krit. – Emmerich § 11.8.), wurden bereits bereicherungsrechtliche Ansätze diskutiert (s. Fournier, S. 164 ff.). Vor allem aber auch eine Rechtseinräumung an sog. Know-how (s. § 17 UWG) ist von hohem wirtschaftlichem Interesse.

Es wäre nur ein kurzer Schritt von diesem Ansatz zu einem lizenzrechtlichen, welcher zugleich in die Richtung einer Übertragbarkeit und schlussendlich auch zu einer sonstigen dinglichen Belastung führt. Indessen kann es hier nur bei einer Prognose bleiben, denn diesen Weg hat man über wenige Andeutungen hinaus noch nicht beschritten. Nach wie vor sprechen die besseren Gründe dafür, die Möglichkeit dinglicher Belastungen (auch über den Kanon des BGB hinaus mit sog. dinglichen Lizenzen) hier zu versagen. Das Wettbewerbsrecht knüpft insoweit nicht an ausschließlichen Rechten an, sondern an verhaltensbezogenem Unrecht. Auf das BGB übertragen bedeutet das, den Schutz nach § 826 BGB (Diese Norm ist zu § 3 UWG – vormals § 1 UWG – strukturgleich; die UWG-Reform hat an dieser Strukturgleichheit nichts geändert) zu einem nießbrauchsfähigen zu machen, was nun aber ganz und gar nicht angenommen wird.

Lizenzrechtlich findet sich dazu eine Entsprechung, als es hier auch allein zu sog. negativen Lizenzen kommen könnte, die allein die wettbewerbsrechtlichen Abwehransprüche betrifft, ohne dem Lizenznehmer echte „positive" Nutzungsbefugnisse zu gewähren (s. etwa Bartenbach/ Gennen Rdn. 80 ff.; Benkard/Ullmann § 15 Rdn. 61). Diese Lizenzen wären ihrerseits nießbrauchsfähig, wären aber jedenfalls für einen Lizenzsicherungsnießbrauch ungeeignet (s. o. Rdn. 15a).

2.7.1.4 Gesellschaftsanteile

Häufiger ist hier schon der Nießbrauch an Gesellschaftsanteilen, sprich: an Mitgliedschaften an Gesellschaften (s. hierzu auch den Überblick bei Kruse RNotZ 2002,69 ff.). Diese unterscheiden sich von den vorgenannten Rechten dadurch, dass sie ein komplexes Bündel an Rechten und Pflichten in jeweils unterschiedlichsten dogmatischen Formen in sich vereinen. Entsprechend hat man hier auch zu differenzieren:

101

2.7.1.4.1 Allgemeines

Ein Nießbrauch an einem Gesellschaftsanteil wird allgemein zugelassen, nur streitet man sich über den Umfang der Befugnisse des Nießbrauchers. Der Grund liegt darin, dass der Nießbraucher nicht selbst Gesellschafter wird (Hier könnte sich insoweit als Alternative eine Treuhandübertragung anbieten), er andererseits aber auch durchaus dinglich Berechtigter an diesem Anteil ist (anders als bei der Unterbeteiligung, die als solche nur schuldrechtlicher Natur ist). Die Befugnis der Nutzungsziehung (§§ 1068, 1030 BGB) ihrerseits beinhaltet auch eine nicht zu übersehende Beschränkung.

Unproblematisch sind insoweit die vermögenswerten Rechte (Gewinnansprüche, Aufwendungsersatzansprüche, Rückgewähransprüche, Ansprüche aus Surrogation, s. insoweit § 718 II BGB, Teilnahmerecht am Liquidationserlös u.ä.; für letzteren wird nach a.A. ein Recht auf Nießbrauchsbestellung entsprechend § 1079 BGB vertreten, so Palandt-Bassenge § 1068 Rdn. 3 a. E.; s. insoweit auch Kruse RNotZ 2002,79 betr. einer Analogie zu § 1075 BGB; s. a. für Kapitalgesellschaften Milatz/Sonneborn DNotZ 1999,139). Lediglich an dem personengesellschaftlichen Gesamthandsvermögensanteil wird man einen Nießbrauch verneinen müssen. Insoweit spricht § 719 BGB eine klare Botschaft: Das Gesellschaftsvermögen in seiner gesamthänderischen Bindung soll allein der Gesellschaft um der Erreichung ihres Zwecks willen zur Verfügung stehen.

Die eigentliche Problematik findet sich im Bereich der gesellschafterlichen Mitverwaltungsrechte. Kann hier der Nießbraucher etwa anstelle des Gesellschafters das Stimmrecht oder sonstige Mitwirkungsbefugnisse kraft seiner dinglichen Rechtstellung wahrnehmen? Herkömmlich wurde dieses in Abrede gestellt (OLG Koblenz NJW 1992,2164; Staudinger/Frank, Anh. Zu §§ 1068, 1069, Rdn. 70; Schmidt ZGR 1999,607 ff.), jedoch findet sich zumindest eine Tendenz dahingehend, dass dort, wo sich die Mitverwaltungs- oder Teilhaberechte auf die Nutzungen, die dem Nießbraucher ja zustehen, beziehen, auch seiner Stimmrechtsausübung unterliegen sollen (Baumbach/Hopt § 105 Rdn. 46; Bechtold, S. 160 ff.; Gschwendtner NJW 1995,1876; vgl. auch die Grundaussagen bei BGHZ 108,187, hier die Dauertestamentsvollstreckung an Gesellschaftsanteilen betreffend; s. schließlich Schön ZHR 158 (1994),260 ff. – gemeinsame Ausübung!), oder zumindest im Interesse des Nießbrauchers ausgeübt werden müssen (vgl. den Hinweis bei Schmidt § 61. II. 3, auf BGH NJW 2002,1647 – dort für Verwaltungsrechte aus Wohnungseigentum).

Das drohende Szenario, dass den übrigen Gesellschaftern, wenn auch unter dem Deckmantel einer „nur beschränkt dinglichen Belastung", faktisch ein Neugesellschafter ohne deren Zutun aufgebürdet wird, liegt freilich auf der Hand. Im Kapitalgesellschaftsrecht ist dieses ohne weiteres hinzunehmen, jedoch im Personengesellschaftsrecht hat man für die Vollübertragung dem einen Riegel vorgeschoben – hier ist die Übertragung von Gesellschaftsanteilen zustimmungspflichtig (s. dazu zusammenfassend etwa Schmidt § 19. IV. 2.). Den Nießbrauch versucht man insoweit in den Griff zu bekommen, dass man ihn von Anfang an nicht gänzlich auf die Mitgliedschaft erstreckt.

Mit diesen Aussagen lässt sich auch die Frage klären, ob bzw. wie ein Nießbraucher an Bezugsrechten (etwa nach § 186 AktG) berechtigt ist. Dieses Recht steht dem Gesellschafter zu, aber es ist gleichfalls mit dem Nießbrauch belastet (OLG Bremen DB 1970,1436).

Generell ist aber wieder zu exakten Absprachen zu raten: Für die Bestimmung der einzelnen vermögensbezogenen Befugnisse, auf die sich der Gesellschaftsnießbrauch erstrecken soll, ist das in jedem Fall so. Weiterhin aber sollte gerade was die Verwaltungsbefugnisse betrifft, zu eigenen Absprachen gegriffen werden. Hier ist tendenziell zu unterscheiden:

Man könnte daran denken, die nießbraucherlichen Befugnisse als Inhalt des dinglichen Rechts selbst festzuschreiben. Indessen sollte man hier vorsichtig sein. Die Details sind allen grundsätzlichen Klärungen zum Trotz immer noch nicht hinreichend geklärt. Auf keinen Fall sollte man den Bestand des dinglichen Rechts an sich durch allzu kühne Gestaltungen riskieren.

Es bietet sich eine gewissermaßen dem Gesellschaftsrecht an sich nahe stehende Regelung an. Man sollte gegebenenfalls den Gesellschafter außerhalb der Frage des Nießbrauchsumfangs intern binden, indem man ihm bestimmte Ausübungspflichten im Vertragsweg auferlegt. Anders gewendet, kann man die gesellschafterlichen Pflichten in das dingliche Recht begleitenden Absprachen manifestieren (vgl. insoweit die grundsätzliche Systematisierung o. Rdn. 4a, vgl. insoweit auch für den Kapitalgesellschaftsnießbrauch u. Rdn 103).

Wie dem letztendlich auch sei, ein Klarstellungsbedürfnis bezüglich der Details ist in jedem Fall gegeben. Nähere Absprachen sind im Ergebnis stets anzuraten, gleich, wo man sie letztendlich verorten mag.

2.7.1.4.2 Insbesondere Personengesellschaften

2.7.1.4.2.1 Allgemeines

Entsprechend kann ein Nießbrauch im Personengesellschaftsrecht sich auf die Mitverwaltungsrechte nicht beziehen (vgl. jedenfalls für Grundlagenbeschlüsse BGH NJW 1999,571). Entsprechendes lässt sich mit der Wertung, die das Gesetz in § 717 BGB selbst getroffen hat, und auf die § 1069 II BGB Bezug nimmt, ohne weiteres begründen. Weitergehende Befugnisse als die einer Teilhabe an den vermögensrechtlichen Positionen einer Mitgliedschaft mögen dem Nießbraucher gegebenenfalls durch besondere Ermächtigungen (etwa zur Stimmrechtsausübung) oder durch Zustimmung der übrigen Gesellschafter (analog zur den Regeln über die Vollübertragung einer Mitgliedschaft, dazu Rdn. 108) zugebilligt werden können (OLG Düsseldorf DNotZ 1999,441, jedoch kann über den Gesellschaftsanteil nicht derart verfügt werden, dass der Nießbrauch erlischt, a. a. O., S. 442 – s. insoweit auch § 1071 BGB); Gegenstand eines Nießbrauchs sind sie jedenfalls nicht (Diese Ansicht ist insoweit kongruent zu

102

der Auffassung des BGH hinsichtlich der Belastung von Wohnungseigentum, s. dazu o. Rdn. 99).

Sofern es um Rechte geht, die kein aktives Einwirken auf die Gesellschaftsbelange gestatten – so namentlich bei Kontroll- und Auskunftsrechten – mag es angemessen erscheinen, diese zumindest auch dem Nießbraucher zuzusprechen. Der Rechtsklarheit dienlicher ist es aber, wenn man sie bei dem Gesellschafter belässt und dem Nießbraucher gegenüber dem Gesellschafter einen auf das Innenverhältnis beschränkten Anspruch auf Information zugesteht. Jedenfalls besteht nicht nur die Möglichkeit insoweit vertraglicher Absprachen, sie sind in jedem Fall auch dringendst zu empfehlen (s. hierzu auch Kruse RNotZ 2002, 77 f. sowie a. a. O. S. 85 ff. mit einem umfassenden Vertragsformulierungsvorschlag).

Im Gegenzug zu dem Gesagten trifft den Nießbraucher aber auch keine Haftung gegenüber Dritten. Diese verbleibt allein bei dem Gesellschafter (s. a. Petzoldt DStR 1992, 1176).

Von den zivilrechtlichen Strukturen her hat der Personengesellschaftsanteilsnießbrauch eine gewisse Konkurrenz durch besondere erbrechtliche Phänomene erhalten.

Das gilt jedenfalls für Nachfolgekonzepte. Die bei der Vererbung von Personengesellschaftsanteilen bekanntlich angenommene Singularsukzession, welche zu verschiedenartigsten Gestaltungen die Möglichkeit gibt (etwa Nachfolgeklauseln, seien es einfache, seien es sog. qualifizierte, welche nur einzelnen von mehreren Erben den Anteil zuweisen sollen; s. dazu etwa den Überblick bei Wollny Rdn. 4736 ff.; Demuth, in: Söffel/Thümmel Kap. 5. Rdn. 38 ff.), erlaubt individuelle Nachfolgekonzepte, so dass sachenrechtliche Konzepte insoweit auf ansonsten nicht gegebene Alternativen stoßen (s. insoweit auch – wie auch für verschiedene Unternehmensnachfolgekonzepte im Überblick – Hille VW 1998, 1364 ff.). Allein dem Nießbrauch vorbehalten bleibt insoweit allerdings die Möglichkeit, Vermögensverteilungen bereits zu Lebzeiten des originären Gesellschafters vorzunehmen und gegebenenfalls einen Nachfolger schrittweise in die betroffene Gesellschaft einzuführen, wenn auch hier mit dem Erfordernis der Beteiligung der Mitgesellschafter (die nämlich der Vererblichkeitsstellung des Personengesellschaftsanteils ebenfalls zustimmen müssten. Ansonsten würde der Versterbende ersatzlos aus der Gesellschaft ausscheiden und allenfalls ein Ausgleichsanspruch nach § 783 I Satz 2 BGB in den Nachlass fallen. Hier käme es naturgemäß zu der in § 1922 I BGB üblicherweise vorausgesetzten Universalsukzession).

Das Zustimmungserfordernis auch hier ergibt sich aus § 1069 I BGB (s. a. Rdn. 108).

In ertragssteuerlicher Sicht jedenfalls erweist sich aus dem Gesagten, dass der Gesellschafter, sofern die sonstigen Voraussetzungen einer hinreichenden unternehmerischen Initiative gepaart mit dem unternehmerischen Risiko, auch sonst vorhanden sind (vgl. insoweit § 15 II Nr. 2 EStG), nach wie vor als Mitunternehmer anzusehen ist (s. a. EStR H 138 (1) – Nießbrauch; vgl. auch Petzoldt DStR 1992,1175 hinsichtlich der Berechtigung an den stillen Reserven). Eine Betriebsaufgabe (vgl. § 16 I Nr. 2, III EStG) scheidet aus (vgl. ansonsten u. Rdn. 135a a. E.).

2.7.1.4.2.2 Einmannpersonengesellschaftsnießbrauch?

Was den Nießbrauch an Personengesellschaftsanteilen betrifft, so ist mittlerweile eine weitere Variante in der Diskussion. Nach h. M. kann ein Einzelner nur einen einheitlichen Anteil an einer Personengesellschaft halten, so dass, wenn mehrere Anteile sich in einer Person vereinigen, diese zu einem einzigen verschmelzen. Wenn nun diese Anteile sich in einer Person vereinigen, die nun auch sämtliche Anteile hält, führt dies nach h. M. zu einem Erlöschen der Gesellschaft, denn eine Einmann-Personengesellschaft gibt es demzufolge nicht (was aber durchaus bestritten wird, a. A. Baumann FS Otte 2005, S. 15 ff.; s. a. Baumann NZG 2005,919 f.; Esch BB 1996,1621 ff.; Lüttge NJW 1994,5 ff. s. ferner Priester DB 1998,55 für die Vereinigung von Kommandit- und Komplementärsanteil ein und derselben KG; für die h. M. s. Fett/Brand NZG 1999,45 ff.; OLG Schleswig ZIP 2006,615 ff.).

102a

Die nießbrauchsbezogene Variante ist diejenige, ob sich etwas ändert, wenn diese beschriebene Person als zuletzt übriggebliebener Gesellschafter zusätzlich zu dem bereits gehaltenen einen Gesellschaftsanteil erhält, welcher dinglich belastet ist. Diese dingliche Belastung kann auch in einem Nießbrauch bestehen (dagegen OLG Schleswig a. a. O.; OLG Stuttgart NZG 2004,766; s. aber auch LG Hamburg NZG 2005,926 f. sowie konsequent die Vorgenannten, die bereits eine Einmann-Personengesellschaft als solche nicht von vornherein verneinen). Von Bedeutung ist diese Frage etwa, wenn ein Gesellschaftsvertrag unter Vorbehalt eines Nießbrauchs im Rahmen der vorweggenommenen Erbfolge oder vergleichbarer Konstellationen an einen Mitgesellschafter übertragen wird (so der Fall OLG Schleswig a. a. O.; vgl. auch o. Rdn. 7).

Es handelt sich letztendlich um eine Frage der Konsequenz (s. dazu auch Ahrens ZIP 2006,619 f.). Der Fall ist doch derjenige, dass zunächst ein Eigennießbrauch an einem eigenen Anteil bestellt wird – ein solcher

Eigennießbrauch dürfte mittlerweile unproblematisch sein (s. schon o. Rdn. 17ff.). Mit der Vereinigung der Anteile in einer anderen Person (sprich: mit der Übertragung des solchermaßen belasteten Anteils auf diese) wird der Eigennießbrauch zu einem Fremdnießbrauch (Man beachte insoweit § 1059 Satz 1 BGB).

Es ist nur folgerichtig, den Nießbrauch fortbestehen zu lassen, denn dieser hat ebenso wie seinerzeit als Eigennießbrauch – eigentlich ist dieser doch die eher problematische Konstruktion gewesen! – nun auch als Fremdrecht eine Legitimationsbasis. Der dem Eigennießbrauch zugrunde liegende Versorgungs- und Sicherungszweck besteht hier gleichfalls fort (vg. auch u. Rdn. 160). Dieser Fortbestand führt aber zu einer dinglichen Trennung der sich in einer Person vereinigenden Anteile in einen unbelasteten (welcher diese Person schon vorher gehalten hatte) und einen belasteten (den erworbenen nießbrauchsbelasteten); damit führt diese Trennung auch dazu, dass beide Anteile nach wie vor differenziert zu betrachten sind.

Die Struktur der Gesamthand (s. insoweit durchaus zutreffend Fett/Brand NZG 1999,47) steht dem nicht entgegen, denn im übrigen sind entsprechende Sonderzuordnungen von Gesellschaftsanteilen dem geltenden Recht auch sonst nicht fremd (vgl. etwa für Testamentsvollstreckungen an Personengesellschaftsanteilen BGH NJW 1996,1284; für Nachlasszugehörigkeit BGH NJW 1996,2431; für Konkursbefangenheiten OLG Hamm ZEV 1999,234; s. a. § 1927 BGB, vgl. insoweit auch – insoweit weitergehende Schlüsse über diesen ausdrücklichen Fall hinaus ziehend – Baumann FS Otte 2005, S. 24f.)

Gleichwohl stellt sich die Frage, ob man angesichts dieser streitigen Rechtslage nicht alternative Vertragsgestaltungen zuwendet, die einen rechtlich gesicherteren Bestand aufweisen (vgl. insoweit auch für Treuhandmodelle Schmidt § 61. II. 3.). Für den Mandanten könnte das zugegebenermaßen reizvolle „Pionierelement" der hier strittigen Gestaltung eher zu einem Danaergeschenk werden oder bestenfalls, wenn er sich mühsam durch die gerichtlichen Instanzen gekämpft haben mag, zu einem teuer erkauften Phyrrussieg.

Der geschilderte Fragenkomplex wird vorrangig für gesellschaftsrechtliche Modelle diskutiert. Er erweist sich indessen als eine Konstellation, bei der es um die Struktur der Gesamthand an sich geht, so dass er auf jede andere gesamthänderische Konstellation an sich übertragen werden kann.

Ja bei genauer Betrachtung handelt es sich noch nicht einmal um eine spezifische Frage des Nießbrauchs als solchen, denn dingliche Belastungen sind in vielerlei Hinsicht denkbar. Die besagte dingliche Trennung mehrerer Gesamthandsanteile in einer Hand erfolgt doch aus jeder dinglichen Belastung gleich welcher Rechtsnatur heraus (wobei man aber auch hier konstatieren muss, dass die Rechtsprechung tendenziell diese Trennung, sofern keine eindeutigen Regelungen existieren, nicht für den Fortbestand der dinglichen Belastung ausreichen lässt – und somit die hier beschriebene dingliche Trennung als solche negiert, vgl. etwa für die Frage einer Analogie zu § 1276 BGB ablehnend BGHZ 92,280; Wilhelm NJW 1987,1785 ff.; s. a. Ludwig NJW 1989,1458; Palandt/Bassenge, § 1276 Rdn. 5; Tiedtke NJW 1985,1305 sowie NJW 1988,28; differenzierend Leible/Sosnitza JuS 2003,345: Dieses Beispiel betrifft die Analogie einer pfandrechtlichen Norm für Anwartschaftsrechte, aber hier findet sich ein Beispiel für die Problematik, die auch mit derjenige für die zuvor beschriebene Nießbrauchskonstellation im Grundsätzlichen identisch ist).

2.7.1.4.2.3 Umdeutung

Nicht zuletzt stellt sich stets die Frage, ob ein unzulässiger Nießbrauch an einem unübertragbaren Recht nicht in eine schuldrechtliche Ausübungsüberlassung umgedeutet werden kann (Staudinger/Frank § 1069 Rdn. 39).

Für die soeben beschriebene Belastung von Gesamthandsanteilen mit Nießbrauchsrechten, welche sich anschließend in einer Hand vereinigen, würde sich dieselbe Frage stellen. Es müsste aber die besagte Umdeutung stets in schuldrechtliche Ausgleichspflichten münden, denn sie käme schließlich nur dort zum Zuge, wo man eine Nießbrauchsbestellung wegen des Wegfalls des Gesellschaftsanteils (sogar der Gesellschaft an sich) scheitern lassen würde. Damit würde aber jedes dingliche Konzept, welches in diesem Zusammenhang umdeutungsfähig wäre, ausscheiden.

2.7.1.4.3 Kapitalgesellschaften

Im Kapitalgesellschaftsrecht ist die Lage ebenfalls nicht eindeutig. Hier ist immerhin die freie Verfügbarkeit der Anteile vom Gesetz anerkannt, wobei Ausnahmen im Rahmen etwa einer Vinkulierung (§§ 68 II AktG, 15 V GmbHG) zwar denkbar sind, gleichwohl aber doch nur eine Ausnahme darstellen. Jedoch ist auch hier zu beachten, dass es bei der Nießbrauchsbestellung eben doch zu etwas qualitativ Anderem kommt, denn hier tritt neben den Gesellschafter, dessen Stellung als solcher erhalten bleibt, ein weiterer Berechtigter. Es entsteht somit ein Spannungsverhältnis, welches wie zuvor geschildert (Vermögensrechte gebühren dem Nießbraucher, die Verwaltungsrechte bleiben beim Gesellschafter) zu lösen ist

103

(so auch die h. M., s. insoweit Schmidt ZGR 1999, 601 ff. sowie auch die vorgenannten Fundstellen).

Immer noch ist hier die Frage, wie weit ein Nießbrauch reichen kann, in der Schwebe. Letztendlich doch überraschend ist, dass man im Vergleich zum Personengesellschaftsrecht hier allein zu der Möglichkeit eines sog. Ertragsnießbrauchs tendiert (Lieber/Steffens ZEV 2000, 133; s. a. Korn DStR 1999, 1464). Das Überraschungsmoment liegt darin, dass von den Grundstrukturen her es doch eigentlich die Kapitalgesellschaft ist, welche nicht wirklich personenbezogen ist und somit Fremdeinflüssen tendenziell doch aufgeschlossener sein müsste – für Nießbrauchsbelastungen kann nichts anderes gelten. Wie dem aber auch sei, durch Stimmrechtsbindungen oder Stimmrechtsvollmachten infolge zusätzlicher Absprachen, die neben den Nießbrauch (wenn man ihn eben nur als reinen Ertragsnießbrauch anerkennen möchte) als solchen treten, kann man jedenfalls dieselbe Situation erzeugen wie bei einem sog. Vollrechtsnießbrauch (s. a. Lieber/Steffens a. a. O. S. 135). Das sachenrechtliche Instrument wird durch ein gesellschaftsrechtliches gleichsam untermauert.

Bedenkt man dies, so schlagen die Bedenken gegen einen „Vollnießbrauch" auch an einem Kapitalgesellschaftsanteil nicht durch.

Bemerkenswert ist ferner die Diskussion um die ertragssteuerliche Würdigung. Die Finanzverwaltung (s. den Überblick bei Milatz/Sonneborn DNotZ 1999, 140 f.) wendet die bereits geschilderten Grundsätze an (vgl. o. Rdn. 24 ff.), so dass im Fall eines sog. Vorbehaltsnießbrauchs Einkünfte aus einer Gesellschafterbeteiligung dem Vorbehaltsnießbraucher, im Fall des Zuwendungsnießbrauchs die Einkünfte dem Gesellschafter zuzurechnen sind. Ein Vermächtnisnießbrauch wird wie ein Vorbehaltsnießbrauch behandelt. Für die Abschreibungsmöglichkeiten gilt das konsequent entsprechend (Entsprechend orientierte sich auch die seinerzeitige körperschaftsrechtliche Anrechnung an der Einkünftezurechnung, was durch das nunmehr geltende Halbeinkünfteverfahren – s. § 3 Nr. 40 EStG – obsolet geworden ist).

Gleichwohl ist dies in hohem Maße umstritten (s. dazu Milatz/Sonneborn DNotZ 1999, 141 ff.). Man muss hier in Rechnung stellen, dass der Nießbraucher an einer Gesellschafterbeteiligung unternehmerisch und damit eigeninitiativ tätig werden kann und dies oft auch wird. Die zuvor genannte Einteilung in die jeweiligen Nießbrauchsarten wird als zu pauschal empfunden, als dass sie den jeweiligen Einzelfällen hinreichend Rechnung tragen könnte. Man muss einräumen: Da ist Wahres dran! Die Praxis hat sich demgegenüber nach den Vorgaben der Finanzverwaltung zu orientieren.

2.7.1.5 Sonstige Gesamthandsgemeinschaften

Aus dem Gesagten ergibt sich, dass eine Nießbrauchseinräumung auch an sonstigen Gesamthandsbeteiligungen außerhalb des Personengesellschaftsrechts dem Grunde nach möglich ist. Allenfalls kann man über die Reichweite der dadurch dem Nießbraucher erwachsenden Befugnisse des im einzelnen sprechen. *103a*

Die Bestellung richtet sich in Analogie zu den §§ 413, 398 BGB bzw. grundsätzlich reicht eine dingliche Einigung als solche aus.

Jedoch ist eine Nießbrauchseinräumung an einer Miturheberschaft nur in Ausnahmefällen möglich (§ 8 UrhG, vgl. insoweit schon o. Rdn. 100, aber str. Die genannte Analogie orientiert sich insoweit an der Einschlägigkeit dieser Normen im Fall einer Lizenzierung oder einer ausnahmsweise doch einmal zulässigen Übertragung, s. i. e. § 29 UrhG).

Die Belastung eines Miterbenanteils verlangt wiederum nur eine dingliche Einigung, wobei aber für die Form § 2033 I Satz 2 BGB analog zu beachten ist (Also ist eine notarielle Beurkundung erforderlich).

Das Gesamtgut einer ehelichen Gütergemeinschaft kann nicht belastet werden (§§ 1069 II, 1419 BGB).

Insgesamt ist aus den jeweiligen Strukturen der Gesamthand der Nießbrauchszugänglichkeit in hohem Maße eine Grenze gesetzt.

Ergänzend sei angemerkt, dass eine Belastung von Anteilen von Gesamthandsgegenständen in keinem Fall möglich ist. Einen solchen gibt es nämlich nicht, auch wenn manche Vorschriften dies nahe legen könnten (vgl. § 719 I BGB, 1419 I BGB, § 2033 II BGB). Die Gegenstände stehen einheitlich Mehreren zu, es sind also nicht sie geteilt, auch das jeweilige Recht an ihnen nicht – deswegen gibt es den Anteil nicht, sondern die Verfügungsbefugnis an ihnen. Die eben zitierten Vorschriften sind missverständlich bzw. gar falsch, aber selbst wenn man das anders sehen wollte, würden sie eine ebensolche Belastung ausschließen.

2.7.1.6 Bruchteilsgemeinschaften

Entsprechend wie an den genannten Rechten ein Nießbrauch bestellt werden kann, ist dies auch für ideelle Bruchteile an diesen möglich. Gegebenenfalls kann § 1066 BGB analog herangezogen werden (s. dazu Rdn. 96 f., s. a. u. Rdn. 103a a. E.).

2.7.1.7 Schlussfolgerungen

Die genannten Beispiele zeigen auf, dass § 1069 II BGB nur dann einen Nießbrauch ausschließt, wenn eine Vollübertragung zur Gänze ausgeschlossen ist. Bloße Beschränkungen (z. B §§ 35 WEG, 34 UrhG, 68 II AktG, 15 V GmbHG oder das Zustimmungserfordernis hinsichtlich der Übertragung von Personengesellschaftsanteilen) reichen für einen solchen Ausschluss nicht aus. Allenfalls findet eine Aufteilung der einzelnen Befugnisse (so bei Gesellschaftsanteilen oder beim Wohnungseigentum) statt.

2.7.2 Entstehung

104 Die Nießbrauchsbestellung orientiert sich hier, wie auch bei derjenigen an Sacheigentum, an den jeweiligen Vollrechtsübertragungen. Gem. § 1069 I BGB geht diese nach denselben Regeln vonstatten, die an sich für die Übertragung des solchermaßen belasteten Rechts einschlägig sind. dass nur übertragbare Rechte nießbrauchsfähig sind (§ 1069 II BGB), erscheint unter dieser Prämisse nur noch als eine deklaratorische Wiederholung dessen, was sich schon aus der genannten Orientierung ergibt.

2.7.2.1 Forderungen
2.7.2.1.1 Allgemeines

Für die Nießbrauchsbestellung an einer Forderung genügt damit eine dingliche Einigung mit eben diesem Inhalt (§§ 1069 I, 398 BGB). Der Preis für diese Einfachheit besteht darin, dass ein gutgläubiger Erwerb regelmäßig mangels eines besonderen Publizitätsinstruments (Besitz, vgl. § 1006, oder Registereintragung, vgl. § 891 BGB) nicht in Frage kommt.

2.7.2.1.2 Wertpapierrecht

105 Anders kann es nur sein, wenn die Forderung in einem Wertpapier verbrieft ist, was es mit sich bringt, dass infolge dieser Verbriefung nunmehr andere Übertragungsmechanismen greifen. So geht die Übertragung einer verbrieften Forderung in einem Inhaberpapier nebst Einigung durch Übergabe des Papieres (entsprechend §§ 929 ff. BGB, Baumbach/Hefermehl WPR Rdn. 31; vgl. insoweit auch § 935 II BGB) vonstatten, diejenige einer in einem Orderpapier (Wechsel, Scheck, Namensaktie, Papiere nach § 363 HGB) verbrieften durch Papierübergabe und Orderklausel (Baumbach/Hefermehl WPR Rdn. 51 f.). Nach Maßgabe der Besonderheiten des Wertpapierrechts kann hier in der Tat ein gutgläubiger Erwerb auch eines Nießbrauchs zustande kommen.

Der Grund liegt darin, dass in der Verkörperung der Forderung in einem Papier, welche den Übertragungsakt nicht mehr auf die unsichtbare Forderung, sondern auf das sichtbare Papier konzentriert, der vorher genannte Publizitätsakt als Substrat guten Glaubens jetzt vorhanden ist – hierin liegt eine wesentliche ratio legis des Wertpapierrechts. Zugleich kann damit festgehalten werden, dass dort, wo die Übertragung immer noch nach Zessionsrecht (§§ 398 ff. BGB) geschieht, eine Gutgläubigkeit – wenn man von § 405 BGB einmal absieht – keine Rolle spielen kann. Dies ist der Fall bei den sog. Namens- oder Rektapapieren, den qualifizierten Legitimationspapieren (namentlich dem Sparbuch, s. insoweit § 808 BGB) oder auch dort, wo bei Inhaber- und Orderpapieren die Rechtsübertragung nach allgemeinem Zessionsrecht bewirkt wird (Einzelheiten str., s. Ahrens, Wertpapiere, S. 98 f.).

Ein gutgläubiger Zweiterwerb des Nießbrauchs ist jedoch insoweit grundsätzlich niemals möglich, denn ein solcher kann schließlich nicht einmal vom Berechtigten erfolgen (§ 1059 Satz 1 BGB; s. näher dazu Rdn. 148 ff.).

Eine Erleichterung besteht jedoch für den Fall, in dem ein Nießbrauch an einem Inhaberpapier oder an einem Orderpapier mit Blankoindossament (s. etwa Art. 13 II WG) bestellt werden soll. Gem. § 1081 II BGB kann die Einräumung bloßen Mitbesitzes (§ 866 BGB) an dem Papier sowie den Erneuerungsscheinen (sog. Talons, diese teilen rechtlich das Schicksal des „Hauptpapiers", s. a. § 895 BGB) genügen; hier sind die verschiedensten Varianten – etwa die Einräumung auch mittelbaren Besitzes – möglich. § 1081 I Satz 1 BGB besagt insoweit, dass dieser Besitz beiden, dem Inhaber und dem Nießbraucher, gemeinschaftlich zusteht, was in dieser Aussage allein jedoch nur eine schuldrechtliche Bedeutung haben kann; der Besitz muss auch tatsächlich in Vollzug dieser Aussage entsprechend eingeräumt werden. Ebenso ist eine Hinterlegung dergestalt, dass eine Herausgabe nur an den Eigentümer und Nießbrauchsberechtigten gemeinschaftlich erfolgen soll, zur Nießbrauchsbestellung ausreichend (s. i. e. § 1082 BGB). Anders ist es bezüglich der zu dem Papier gehörenden Gewinn-, Renten- oder Gewinnanteilscheine, deren Besitz – ebenso eine rein schuldrechtliche Aussage – allein dem Nießbraucher zusteht (§ 1081 I Satz 2 BGB, s. dazu auch u. Rdn. 115).

Entscheidend ist jedenfalls, dass der Eigentümer seinen Besitz an dem Papier nicht mehr allein ausüben kann. Er muss sich hier in eine Abhängigkeit des Nießbrauchserwerbers begeben. Wo es daran fehlt, ist die Nießbrauchsbestellung missglückt.

106 Für Forderungen aus Inhaberschuldverschreibungen (§§ 793 ff. BGB) oder einem Orderpapier kann eine (streng akzessorische, s. § 1185 II BGB) Sicherungshypothek bestellt werden (§ 1187 BGB).

Diese ist eine Buchhypothek (§ 1185 I BGB). Gleichwohl werden die Vorschriften der §§ 1081 ff. BGB hiervon nicht verdrängt. Wenn also für die genannten verbrieften Forderungen ein Nießbrauch nach Maßgabe der dargestellten Möglichkeiten bestellt wird, erlangt der Nießbraucher sowohl eine solches Recht an der Forderung als auch an der dafür bestellten Sicherungshypothek. Eine Grundbucheintragsänderung ist nun zwar möglich, für den Rechtserwerb aber nicht nötig (s. Palandt-Bassenge § 1187 Rdn. 4 – Übergang der Hypothek schon bei Vollübertragung allein nach § 1153 I BGB).

Ansonsten wird § 1081 BGB jedoch für abdingbar erachtet (Staudinger/ Frank § 1081 Rdn. 2).

2.7.2.2 Dingliche Rechte

107 Der Nießbrauch an beschränkt dinglichen Rechten richtet sich nach den sachenrechtlichen Vorschriften, die sich ihrerseits regelmäßig an der Eigentumsübertragung orientieren. Im Ergebnis werden damit für die hiesige Bestellung ähnliche Resultate erzielt wie beim Eigentumsnießbrauch (s. insbesondere § 1032 BGB).

Der Nießbrauch an beschränkt dinglichen Grundstücksrechten ist insbesondere eintragungspflichtig (§ 873 BGB), so dass auch hier ein gutgläubiger Erwerb vom nichtberechtigten Besteller möglich ist (§ 892 BGB, s. o. Rdn. 45 f.). Für den Nießbrauch an einer Briefhypothek kann eine Bestellung auch außerhalb des Grundbuchs mittels schriftlicher Abtretungserklärung und Briefübergabe vonstatten gehen (s. i. e. §§ 1069 I, 1154 BGB); entsprechend kann auch ein gutgläubiger Erwerb analog § 1155 BGB in Frage kommen. Ferner sind die §§ 1137, 1138 BGB über § 1069 I BGB entsprechend anwendbar. Für die Grundschuld und der Nießbrauchsbestellung an einer solchen gilt insofern dasselbe, als Vorschriften, die die Akzessorietät voraussetzen (namentlich sind das die §§ 1137, 1138 BGB), hier nicht angewendet werden können (vgl. § 1192 I BGB).

Sofern im Mobiliarsachenrecht ein gutgläubiger Erwerb der beschränkt dinglichen Rechte möglich ist, kann auch in entsprechender Anwendung der Gutglaubensvorschriften auch ein Nießbrauch erworben werden.

2.7.2.3 Immaterialgüterrechte

Im Immaterialgüterrecht erfolgt die Nießbrauchsbestellung gem. §§ 1069 I, 413, 398 BGB durch bloße Einigung. Dasselbe gilt für diejenige an immaterialgüterrechtlichen Lizenzen, wobei Zustimmungserfordernisse des Immaterialgüterrechtsinhabers (s. § 34 UrhG) beachtet werden müssen, anderenfalls die Bestellung unwirksam ist.

108

Einen gutgläubigen Erwerb gibt es hier nicht. Sofern Registereintragungen denkbar wären (s. etwa § 27 III MarkenG), sind diese rein deklaratorisch (vgl. § 28 MarkenG). Für einen immerhin möglichen Firmennießbrauch wäre § 23 HGB zu beachten (s. bereits o. Rdn. 100).

2.7.2.4 Gesellschaftsanteile

Auch die Nießbrauchsbestellung an Gesellschaftsanteilen kann gegebenenfalls durch bloße Einigung vollzogen werden. Freilich sind auch hier die eventuellen Zustimmungserfordernisse hinsichtlich der übrigen Gesellschafter, sofern vorhanden, zu berücksichtigen (Schmidt § 61. II.; das ist insbesondere bei der Nießbrauchsbestellung an Personengesellschaftsanteilen zu beachten, wobei insoweit die Zustimmung analog § 185 II Satz 1, 1. Alt., BGB auch noch nachgereicht werden kann – insoweit wäre die Bestellung schwebend unwirksam). Ansonsten würde auch hier die Nießbrauchsbestellung fehlschlagen (s. etwa Petzoldt DStR 1992,1171).

Für Kapitalgesellschaftsanteile können insbesondere Vinkulierungen eine Rolle spielen (§§ 15 IV GmbHG, 68 II Satz 1 AktG; s. insoweit auch Korn DStR 1999,1464).

Formvorschriften sind namentlich bei der Nießbrauchsbestellung an GmbH-Anteilen zu berücksichtigen (§ 15 III GmbHG). Soweit ein Nießbrauch an Aktien bestellt wird, erfolgt die Bestellung nach wertpapierrechtlichen Gegebenheiten (s. o. Rdn. 105, s. a. Scharff, S. 13 ff.).

Fraglich ist, ob Eintragungen im Handelsregister (namentlich bei Nießbrauchsrechten an Kommanditanteilen, um ggf. haftungsrechtliche Klarstellungen zu erlangen) oder im Grundbuch (wenn zum Personengesellschaftsvermögen Grundbesitz gehört) erforderlich sind (s. hierzu Kruse RNotZ 2002,83 ff.). Für die Entstehung des Nießbrauchsrechts können sie jedoch lediglich deklaratorisch sein. Ob sich eine Eintragung zu Dokumentationszwecken (Das kann sehr wohl wünschenswert sein), steht insoweit auf einem anderen Blatt.

Der Neuerwerber eines solchermaßen belasteten Rechts wird zugleich zum aus dem Nießbrauch Verpflichteten. Davon zu unterscheiden ist ein Zweiterwerb des Nießbrauchs an sich. Ein solcher ist nämlich angesichts der grundsätzlichen Unübertragbarkeit des Nießbrauchs (§ 1059 Satz 1 BGB) üblicherweise nicht möglich.

2.7.2.5 Sonstige Gesamthandsanteile

Auch für sonstige Gesamthandsanteile sind die jeweiligen Modalitäten zu berücksichtigen. Das betrifft vor allem Formvorschriften. Sind diese Anteile unübertragbar, können sie auch nicht mit einem Nießbrauch belastet werden (s. bereits o. Rdn. 103a, das ist in erheblichem Umfang der Fall).

2.7.2.6 Anteile an Bruchteilsgemeinschaften

Wird über Bruchteilsgemeinschaftsanteile (s. dazu Rdn. 103a) verfügt (s. insoweit § 747 Satz 1 BGB), so geschieht das nach den Regeln über das Vollrecht (s. etwa Jauernig/Stürner, Anmerkungen zu den §§ 743 bis 748 Rdn. 16). Über § 1069 I BGB gelten diese Regeln denn auch für die Belastung mit einem Nießbrauch. Wird über den Gemeinschaftsgegenstand im Ganzen verfügt (§ 747 Satz 1 BGB, davon sind Verfügungen über eine Vielzahl von Anteilen, gegebenenfalls auch alle, zu unterscheiden – treffen diese in einer Hand zurück, hat die Gemeinschaft damit freilich keinen Bestand mehr), handelt es sich um eine Verfügung um ein einzelnes Recht. Ist dieses seinerseits nicht übertragbar, kann auch über seine Anteile nicht verfügt werden. Für Nießbrauchsbelastungen gilt nichts anderes.

2.7.3 *Inhalt*

109 Der Inhalt eines Rechtsnießbrauchs lässt sich derart pauschal über einen Kamm scheren wie es beim Eigentumsnießbrauch der Fall ist. Der Grund liegt in der Vielfalt der Rechte, die Nießbrauchsgegenstand sein können.

2.7.3.1 Nutzungsziehung

Auf der anderen Seite verbleibt es bei dem, was den Inhalt eines Nießbrauchs ausmacht. Es besteht ein Recht auf Ziehung der Nutzungen, wobei auch hier einzelne (aber wiederum nur als Ausnahme, vgl. o. Rdn. 67) davon ausgeschlossen werden können (§§ 1068 II, 1030 II).

Der Nutzungsbegriff bestimmt sich auch hier nach §§ 100, 99 II BGB (s. dazu o. Rdn. 61 ff.). Grundsätzlich bedeutet ein Nießbrauch, dass sein Inhaber sich so verhalten kann, als sei er der Inhaber des belasteten Rechts. Einschränkungen ergeben sich aus dem Gesetz selbst (vgl. dazu im Anschluss), aus den jeweils belasteten Rechten (s. o. Rdn. 101 ff. für Gesellschaftsanteilsnießbrauch, Rdn. 102, 108 für zu beachtende Zustimmungserfordernisse) oder auch aus dem Nutzungsbegriff selbst. Dort, wo eine Nutzung nicht vorliegt, kann auch ein Nießbrauchsrecht nicht einschlägig sein. So sind insbesondere realisierte Kursgewinne aus einem Verkauf nießbrauchsbelasteter Aktien (dazu o. Rdn. 103, hier kann es sich sowohl um einen Ertragsnießbrauch wie auch um einen Nießbrauch an der Mitgliedschaft selbst handeln) keine Nutzungen und gebühren allein dem veräußernden Aktionär (OLG Bremen DB 1970,1436).

2.7.3.2 Das Leistungsverhältnis gegenüber dem dritten Schuldner

Es entspricht sicherlich den häufigsten Fällen (dies aber nicht zwingend in jedem Fall), dass das nießbrauchsbelastete Recht dem Nießbraucher den Genuss einer Leistung verschaffen soll. Auf der anderen Seite ist der originäre Gläubiger nach wie vor der Inhaber des belasteten Rechts. Für den Schuldner findet sich insoweit gewissermaßen eine Zweiteilung, auf die das Nießbrauchsrecht entsprechend reagiert. *110*

Es findet hier eine Unterscheidung statt. Zunächst geht es um Forderungen, die nur einmal erfüllt werden müssen. Dies ist die denkbar einfachste Struktur: Der Schuldner ist zu einer Leistung verpflichtet, die er durch eine einzige Leistungshandlung bewirken kann. Lediglich stehen ihm hier nun ein Gläubiger und dessen Nießbraucher an der Leistungsverpflichtung gegenüber.

2.7.3.2.1 Allgemeines

Der Nießbraucher einer Forderung ist hier zur (ordnungsgemäßen, s. § 1074 I Satz 2 BGB, so dass Stundungen u. dgl. im Einzelfall gewährt werden können) Einziehung der Forderung berechtigt. Hat dem eine Kündigung vorauszugehen, kann er auch diese wirksam aussprechen; entsprechendes gilt etwa für Mahnungen, Klage oder auch die Leistungsannahme (für die hierdurch eintretende Erfüllungswirkung s. §§ 362 II, 185 BGB). *111*

Dasselbe wird auch für die Ausübung eines Wahlrechts im Fall einer Wahlschuld nach § 262 BGB gelten (§ 263 BGB), denn da der Nießbrauch es doch gerade zum Ziel hat, seinem Inhaber den Leistungsgegenstand zu sichern, soll dieser sicherlich auch entscheiden können, worin dieser Leistungsgegenstand bestehen soll (str., wie hier Palandt-Bassenge § 1074 Rdn. 2; a. A. Westermann § 140.4. a).

Sonstige Verfügungen kann er jedoch nicht vornehmen (s. § 1074 BGB); hierzu bedürfte es einer entsprechenden Ermächtigung seitens des

Forderungsinhabers (§ 185 BGB), was aber mit dem Nießbrauch selbst nichts mehr zu tun hätte.

Klagt der Nießbraucher die Forderung ein, entfaltet ein hier ergehendes Urteil zwischen ihm und dem Schuldner keine Rechtskraft im Hinblick auf den Gläubiger (Staudinger/Frank § 1074 Rdn. 10). Ein Urteil zwischen dem Gläubiger und dem Schuldner seinerseits wirkt zugunsten, aber nicht gegen den Nießbraucher (arg. § 407 II BGB, s. BGHZ 52,143).

112 Erfolgt die Leistung an den Nießbraucher, erwirbt der Inhaber des belasteten Rechts den geleiteten Gegenstand und der Nießbraucher an diesem einen Nießbrauch; es findet mithin eine dingliche Surrogation statt (§ 1075 I BGB, vgl. insoweit auch §§ 1287 BGB, 848 II ZPO). Eine eigene Bestellung ist nicht erforderlich, und gegebenenfalls muss, falls die Leistung in einem Grundstücksrecht besteht, das hierdurch unrichtig gewordene Grundbuch berichtigt werden (§§ 894 BGB, 22 GBO). Wohl gemerkt, das gilt nur für Leistungen an den Nießbraucher. Kommt es zu Leistungen an den Gläubiger, d. h. den Rechtsinhaber, geht der Leistungsgegenstand buchstäblich an dem Nießbrauch vorbei. Hier muss dieses Recht eigens an dem Leistungsgegenstand bestellt werden. Dies gilt sogar dann, wenn an sich der Schuldner nach §§ 1070, 407 I BGB auch gegenüber dem Nießbraucher von seiner Leistung befreit wird (str., s. Palandt-Bassenge § 1075 Rdn. 2 a. E.). Folgend dem Wortlaut des § 1075 BGB erklärt sich das daraus, dass der Gläubiger eben auch nach wie vor Anspruchsinhaber ist und insoweit vom Gesetz geschützt wird. Der Nießbraucher seinerseits ist auf die allgemeinen Schutzmechanismen verwiesen, wonach er regelmäßig aus den zugrunde liegenden Absprachen eine Nießbrauchsbestellung an dem Leistungsgegenstand verlangen kann.

Eine Ausnahme findet sich bei verbrauchbaren Sachen (§ 92 BGB), hier erlangt der Nießbraucher das Eigentum an diesen (§§ 1075 II, 1067 BGB).

Werden gegenüber dem Nießbraucher Handlungen als Leistung erbracht, wird § 1067 BGB analog angewendet. Der Nießbraucher kommt damit berechtigterweise in den Genuss dieser Leistungen, muss aber nach Beendigung des Nießbrauchs gegebenenfalls einen entsprechenden Wertersatz leisten, weil insoweit schon begrifflich keine Nutzungen im Sinne des Gesetzes vorgelegen haben (Soergel/Stürner § 1075 Rdn. 4).

2.7.3.2.2 Verzinsliche Rechte

113 Anders ist es, wenn es nicht nur um ein Recht geht, welches gewissermaßen uno actu getilgt werden kann, sondern dessen Sinne und Zweck es ist, auf Dauer Früchte zu tragen, m. a. W.: wenn es um ein verzinsliches

Recht geht. Das betrifft jedoch nur diejenigen, die kraft Rechtsgeschäfts verzinslich sind (H. M., Staudinger/Frank § 1076 Rdn. 2). Eine Verzinslichkeit kraft Gesetzes (§ 246, 1. Alt., BGB, etwa §§ 288 I – III, 291, s. a. § 352 HGB) reicht nicht aus.

2.7.3.2.2.1 Allgemeines

Das Kapital, welches die Früchte tragen soll, soll „arbeiten". Selbst, wenn es ausbezahlt wird, wird es davon nicht erlöst. Auch in diesem Fall gebührt es dem Gläubiger nicht allein, sondern es soll entsprechend noch dem Nießbrauchsinhaber dienlich sein.

Die Leistung kann deshalb nicht an den Nießbraucher allein erfolgen. Hier bedarf es einer Leistung an ihn, aber auch an den Inhaber des belasteten Rechts – letzteres erklärt sich wieder um daraus, dass das Kapital für den Nießbraucher „arbeiten", ihm aber nicht unbedingt auch endgültig gehören soll. Jeder von beiden kann eine solche gemeinschaftliche Zahlung verlangen; alternativ ist eine Hinterlegung möglich (§ 1077 I BGB, s. hierzu §§ 372 ff. BGB; vgl. ferner die Parallelen zu §§ 432, 1281 BGB). § 1077 I BGB wird erweiternd auch auf hiermit im Zusammenhang stehenden Schadensersatzforderungen angewendet (RGZ 89,432).

Der Nießbraucher erlangt durch die Leistung im Wege einer dinglichen Surrogation oder einer dieser verwandten Erscheinungsform den Nießbrauch an dem Geleisteten. Das gilt auch für den Nießbrauch an verbrauchbaren Sachen, denn insoweit greifen gem. § 1076 BGB die allgemeinen Vorschriften der §§ 1075 II, 1067 BGB nicht (str., a. A. Soergel/Stürner § 1075 Rdn. 1; wie hier Palandt-Bassenge § 1077 Rdn. 1).

2.7.3.2.2.2 Kündigung

Ist hier eine vorherige Kündigung erforderlich, kann sie in Fortführung des Gesagten auch nur von dem Nießbraucher und dem Gläubiger gemeinschaftlich erklärt werden (§ 1077 I Satz 1 BGB). Liegt nur die Erklärung eines Einzelnen vor, reicht das nicht aus, die Kündigung ist unwirksam. Es kommt auch keine Genehmigung durch den Anderen in Betracht, denn als Gestaltungsrecht ist die Kündigung bedingungsfeindlich und kann daher nicht – worauf die Genehmigungsmöglichkeit aber hinausliefe – schwebend unwirksam sein (vgl. insoweit auch §§ 174, 180 BGB).

114

Auch eine Kündigung des Schuldners ist nur wirksam, wenn sie dem Nießbraucher und dem Gläubiger gemeinsam erklärt wird (§ 1077 I Satz 2 BGB). Hier gilt dasselbe, was der Gesetzeswortlaut in dieser Variante ausdrücklich so besagt. Eine Kündigung gegenüber nur Einem ist unwirksam.

Für den Schuldner bedeutet das eine nicht unerhebliche Härte, denn er kann nicht unbedingt von der Nießbrauchsbelastung (welche auch nicht unbedingt durch einen Publizitätsakt kundgetan werden muss, anders bei der Verpfändung § 1280 BGB) wissen. Das Gesetz hat in manchen vergleichbaren Situationen einer Gesamtvertretung anders entschieden und es ausreichen lassen, dass Erklärungen gegenüber einer Person ausreichen (s. etwa §§ 125 II Satz 3 HGB, 78 II Satz 2 AktG, 35 II Satz 3 GmbHG im übrigen handelt es sich hier um einen allgemeinen stellvertretungsrechtlichen Grundsatz, Palandt-Heinrichs § 167 Rdn. 14), und es wäre hier durchaus eine vergleichbare Schutzwürdigkeit des Schuldners gegeben. Indessen lässt sich an dem Wortlaut nichts ändern. Der Schutz des dinglichen Rechts hat hier die Priorität vor den Belangen des Schuldners eingeräumt bekommen. Gegebenenfalls kann es in Betracht kommen, dass eine Nichtinformation des Schuldner über die Nießbrauchsbestellung seitens des Gläubigers bei diesem eine Pflichtverletzung auslöst (§§ 280 ff. BGB).

Eine gewisse Abschwächung des Gesagten besteht darin, dass hinsichtlich des Begriffs der „Gemeinschaftlichkeit" milde Maßstäbe angelegt werden. So reicht es für ein gemeinschaftliches Vorgehen, etwa eine Kündigung, aus, wenn lediglich von dem Zweiten auf die Kündigung Bezug genommen wird. Es muss also nicht auch eine gemeinschaftliche Erklärung im strengsten Sinne der Auslegung vorliegen (str, wie hier Staudinger/Frank § 1077 Rdn. 5; a. A. Soergel/Stürner § 1077 Rdn. 1). Dem, was das Gesetz hier bezweckt, wird auch auf diesem Wege hinreichend Rechnung getragen.

2.7.3.2.2.3 Mahnungen

Somit können auch etwa Mahnungen von einer Person oder gegenüber einer Person wirksam ausgesprochen werden (str., wie hier Soergel/Stürner § 1077 Rdn. 1, a. A. RGRK-Rothe § 1077 Rdn. 3). Auch eine Klage muss nicht in einem Personenverbund erfolgen, sofern das geschieht, liegt eine notwendige Streitgenossenschaft vor (§ 62, 1. Alt., ZPO). Geschieht das nicht, kommt es auch zu keiner Rechtskrafterstreckung (arg. e. contrario §§ 325 ff. ZPO).

2.7.3.2.2.4 Leistungen

115 Die Zinsen selbst oder die sonstigen Früchte können an den Nießbraucher allein mit befreiender Wirkung geleistet werden, denn insoweit ist ein Rückgriff auf § 1074 BGB mangels spezieller Regelungen in den §§ 1076 ff. BGB möglich (Staudinger/Frank § 1076 Rdn. 7). Dies entspricht gerade der ratio des Nießbrauchsrechts. Hierin liegt auch der Grund dafür, dass Nebenpapiere zu einem Inhaber- oder mit einem Blankoindossament versehenen Orderpapier, die den konkreten Einzelanspruch auf eine Leistung verbriefen, dem Nießbraucher allein zum Besitz gebühren (§ 1081 I Satz 2 BGB, s. ansonsten schon o. Rdn. 105). So wie er allein Zugriff auf die einzelne Leistung haben soll, so muss er auch in der Lage sein, die hierfür erforderlichen Instrumente zu nutzen.

2.7.3.2.2.5 Grund- und Rentenschulden

Werden eine Grundschuld oder eine Rentenschuld nießbrauchsbelastet, findet das Gesagte entsprechende Anwendung (§ 1080 BGB, einen eigenen Nießbrauch an der Hypothek gibt es nicht, sondern stattdessen einen solchen an der hypothekarisch gesicherten Forderung).

Das bedeutet, dass die einzelnen Leistungen aus der Rentenschuld dem Nießbraucher zustehen. Soll die grundpfandrechtliche Haftung (§ 1192 I BGB, für die Rentenschuld s. insoweit § 1200 BGB) realisiert werden (§ 1147 BGB), haben der Rechtsinhaber und der Nießbrauchsinhaber den gemeinschaftlichen Zugriff analog § 1077 BGB. Das dingliche Recht in seiner „Totalrealisierung" entspricht dem dort genannten Kapital.

2.7.3.2.3 Schuldnerschutz

Für den Schuldner ist die Rechtslage bei Vorliegen eines Nießbrauchs alles andere als klar. Anders als beim Pfandrecht (§ 1280 BGB) muss ihm die Nießbrauchsbestellung nicht angezeigt werden. Er wird, sofern nicht besondere Publizitätsvorschriften eingreifen, von einer Nießbrauchsbestellung gar nichts erfahren oder überhaupt erfahren können.

116

2.7.3.2.3.1 Allgemeines

Das bedeutet, dass im Regelfall der Schuldner immer noch davon ausgeht, dass der Inhaber des belasteten Rechts nach wie vor sein Gläubiger ist (was ja auch der Wahrheit entspricht) und dass er auch diesem – und zwar diesem allein! – seine geschuldete Leistung zu erbringen hat (was nicht mehr der Wahrheit entspricht, §§ 1074, 1077 BGB). Hier wird er dadurch geschützt, dass § 1070 I BGB auf die Schuldnerschutzvorschriften des Zessionsrechts verweist – was ja auch konsequent ist, denn bereits die Nießbrauchsbestellung hat sich doch schon an dem Zessionsrecht orientiert (§ 1069 BGB).

117

Im einzelnen bedeutet dieser Verweis folgendes:

2.7.3.2.3.1.1 Gegenrechte

Gem. §§ 1070 I, 404 BGB kann der Schuldner auch gegenüber dem Nießbrauchsinhaber dieselben Gegenrechte erheben, die ihm bereits gegenüber dem Gläubiger zustehen.

Das gilt in jedem Fall bereits dann, wenn diese Gegenrechte in ihrem Grunde auch schon vor der Nießbrauchsbestellung angelegt waren, mögen sie in ihrem vollen Tatbestand auch erst nach dieser Bestellung vorgelegen haben (s. dazu Palandt-Heinrichs § 404 Rdn. 4).

Aber man muss sogar noch weiter gehen und auch erst später entstandene Gegenrechte, die ihrem Grunde nach vorher noch nicht entsprechend angelegt waren, ebenso wie dem Gläubiger gegenüber auch gegenüber dem Nießbrauchsinhaber zugestehen. Der Grund liegt in der Art und Weise der dinglichen Verfügung. Sie hat eben nicht zu einer Vollübertragung mit dem entsprechenden Kappen der Verbindungen zu einem früheren Rechtsinhaber geführt, sondern stattdessen ist diese Verbindung aufrecht erhalten worden, und es ist lediglich ein neuer „Quasi-Gläubiger" (genau gesagt: ein Einziehungsberechtigter) hinzugekommen. Der Nießbrauch findet das Hauptrecht nur so vor, wie es tatsächlich existiert. Er kann nicht weiter gehen als dieses selbst. Eben das wäre aber der Fall, würde man erst später angelegte Veränderungen des Hauptrechts nicht auf den Nießbrauch „durchschlagen lassen".

Man kann letztendlich feststellen, dass die Analogie zu § 404 BGB tatsächlich nur deklaratorischer Natur ist. Schon aus der Struktur des dinglichen Rechts allein würde sich ergeben, dass ein Übergang von Gegenrechten – oder besser gesagt: eine Erstreckung dieser Rechte – auch auf den Nießbraucher unproblematisch stattfindet. Es geht hier auch keineswegs um die Einführung dinglicher Rechte mit schuldrechtlichem Einschlag, was unter Umständen als Verstoß gegen einen numerus clausus gedeutet werden könnte (s. dazu aber auch schon Ahrens AcP 200 (2000),141 f.), sondern allein darum, dass Belastungsgegenstand nun einmal ein obligatorisches Recht ist und deshalb (!) das dingliche Belastungsrecht eben auch an sich obligatorischen Gegenrechten ausgesetzt ist (was übrigens auf die allgemeine Frage hinweist, ob ein Nießbrauch an Rechten überhaupt ein dingliches Recht sein kann, dazu im Anschluss Rdn. 122).

2.7.3.2.3.1.2 Aufrechnung

Aus den geschilderten Strukturen folgt schließlich auch die Unanwendbarkeit der Aufrechnungsbeschränkung gem. § 406 BGB. Diese Norm erklärt sich daraus, dass ein Gläubigerwechsel stattgefunden hat und man eine vormals bestehende Aufrechnungslage dem Schuldner erhalten wissen will. Dem ist bei einer bloßen Nießbrauchsbestellung nicht so. Hier kann nach wie vor eine Aufrechnung gegenüber dem ehemaligen und auch aktuellen Gläubiger, den Rechtsinhaber, erklärt werden. Die Folge ist das Erlöschen der Forderung (§ 398 BGB) und somit das Erlöschen des Nießbrauchs (a. A. die h. M., s. etwa Soergel/Stürner § 1070 Rdn. 3).

2.7.3.2.3.1.3 Leistungen an den Nießbrauchsbesteller

Wohl ist aber § 407 I BGB entsprechend anwendbar. Weiß der Schuldner nicht um den Nießbrauch, kann er sehr wohl mit befreiender Wirkung gegenüber dem Nießbrauchsinhaber ungeachtet seiner ihm zustehenden Einziehungsbefugnisse die Leistung allein gegenüber dem Rechtsinhaber, welcher hier nach wie vor auch noch der Gläubiger ist, erbringen. Zwischen diesem und dem Nießbraucher kommt es dann allenfalls zu einem Bereicherungsausgleich nach § 816 II BGB: Entweder ist die Leistung an den Nießbraucher herauszugeben (§ 1074 BGB) oder ihm ist eine Mitbeteiligung nach Maßgabe des § 1077 BGB einzuräumen.

118

Gem. § 407 II BGB gibt es auch einen Schutz auf prozessualer Ebene. Ist nach der Nießbrauchseinräumung ein Rechtstreit zwischen Schuldner und Gläubiger anhängig (etwa also ab Klageeinreichung, nicht erst ab Klageerhebung = Klagezustellung, §§ 261 I, 253 II ZPO) geworden und diesbezüglich ein rechtskräftiges Urteil über die belastete Forderung ergangen, so gibt es insoweit auch eine Rechtskrafterstreckung zu Lasten (nicht zugunsten, s. den Wortlaut von § 407 II BGB) des Nießbrauchers (Nicht hingegen wirkt es zu Lasten des Schuldners, s. a. BGHZ 52,143). Ausgenommen ist diese Wirkung nur, wenn dem Schuldner ab Rechtshängigkeit (hier wieder ab Klageerhebung = Klagezustellung, was man kritisieren mag – denn warum ist der Schuldner nicht schon ab Klageeinreichung = Anhängigkeit schutzwürdig? –, aber allein vom Gesetzeswortlaut gedeckt ist) die Nießbrauchsbestellung bekannt war.

Nicht hingegen kann § 408 BGB wieder anwendbar sein, denn das würde die Übertragbarkeit des Nießbrauchs voraussetzen (s. insoweit § 1059 Satz 1 BGB).

2.7.3.2.3.1.4 Rechtsschein aus Anzeige und Urkunden

Ist die Nießbrauchsbestellung unwirksam, hat sie aber der Gläubiger dem Schuldner angezeigt, muss er sich daran festhalten lassen. Damit werden Leistungen, die an den Nießbraucher je nach im Einklang mit den einschlägigen Vorschriften erfolgen, mit derselben Befreiungswirkung ausgestattet, als würden sie der wahren Rechtslage gemäß an den Gläubiger erbracht (s. dazu §§ 1070 I, 409 BGB).

In diesem Zusammenhang ist auch der Schuldner seinerseits gegenüber dem Nießbraucher in der Geltendmachung seiner Gegenrechte entsprechend § 405 BGB beschränkt, wenn er über seine Schuld eine Urkunde ausgestellt hat. In beiden Fällen geht es um eine Haftung aus Rechtsschein (s. etwa Erman/Westermann § 405 Rdn. 1 sowie § 409 Rdn. 1), die sich über die wahre Rechtslage insoweit hinwegsetzt. Hier mag die Möglichkeit eines Regresses beim Gläubiger allein den zufriedenstellenden Ausgleich bewirken.

2.7.3.2.3.1.5 Sonstiges

119 Die vorgeführten einschlägigen Normen (wie gesagt, greift hier nicht jede Norm des Zessionsrechts, aber str.) finden analoge Anwendung für den Fall, dass andere Rechte als Forderungen mit einem Nießbrauch belastet werden (vgl. auch § 413 BGB).

Es geht hierbei, wie § 1077 I BGB besagt, nur um die Komponenten eines Rechts, kraft deren eine Leistung gefordert werden kann. Das belastete Recht kann aber durchaus auch einen darüber hinausreichenden Inhalt haben, man denke etwa an Immaterialgüterrechte, beschränkt dingliche Rechte (sofern hier nicht infolge einer bestehenden Akzessorietät anders zu entscheiden wäre, vgl. dazu sogleich im Anschluss) oder eine Mitgliedschaft. Sofern es um deren sonstige Komponenten geht (z. B. die Möglichkeit der Lizenzierung eines Immaterialgüterrechts), ist der Verweis in § 1077 I BGB nicht einschlägig.

2.7.3.2.3.2 Besonderheiten

120 Weiterhin kann der Verweis in § 1077 I BGB auf leges speciales dazu führen, dass die Schutzvorschriften des Zessionsrecht gerade nicht eingreifen, auch wenn das im Allgemeinen doch der Fall wäre.

2.7.3.2.3.2.1 Wertpapierrechtlicher Einwendungsausschluss

Dies ist etwa der Fall bei wertpapierrechtlichen Einwendungausschlüssen (§§ 796 BGB, 364 HGB, Art. 16, 17, 40 WG), wonach Gegenrechte, die an sich gem. § 404 BGB übergehen müssten, ausgeschlossen sein können. Hier hilft auch der Hinweis auf die allgemeine Struktur des Nießbrauchs nicht (s. ansonsten zuvor Rdn. 117), denn hier geht es nicht mehr um das belastete Recht als solches. Die wertpapierrechtliche Verbriefung gibt diesem Recht eine eigenständige rechtliche Qualifizierung, die dieses verbriefte Recht einer neuen rechtlichen Beurteilung unterwirft. Ansonsten mag der Hinweis darauf, dass ein Rechtsschein dem Nießbraucher mehr geben kann als den Tatsachen nach eigentlich vorgegeben (vgl. insoweit schon § 405 BGB), auch hier zu Ehren kommen.

2.7.3.2.3.2.2 Hypothekarisch gesicherte Forderungen

Ähnliches findet sich auch bei der Belastung einer hypothekarisch gesicherten Forderung. Hier wird der zessionsrechtliche Schuldnerschutz in Bezug auf die Hypothek ausgeschlossen (s. i. e. § 1156 BGB, vorausgesetzt, es handelt sich um keine Sicherungshypothek, § 1185 II BGB). Die Hypothek soll ungeachtet ihrer grundsätzlichen Akzessorietät hierdurch verkehrsfähiger werden. Diese ratio legis greift nicht nur bei Zessionen (s. hierzu dann § 1153 BGB) ein, sondern auch bei Belastungen beschränkt dinglicher Natur.

Allerdings ist hier zu beachten, dass § 1156 BGB nur später, d. h. nach Belastung mit dem Nießbrauch, entstehende Einreden und Einwendungen betrifft. Sind solche früher entstanden, greift § 1157 BGB, so dass insoweit ein gutgläubiger Erwerb über das Grundbuch (dieses kann durch einen Hypothekenbrief widerlegt werden, § 1140 BGB) nötig ist (s. etwa BGHZ 85,390 f.). Anders als bei § 404 BGB kommt es hier darauf an, dass das jeweilige Gegenrecht auch wirklich und vollständig entstanden ist (s. insoweit den andersartigen Wortlaut des § 1157 BGB: „zusteht").

Anders wäre beim Mobiliarpfandrecht zu entscheiden, denn hier findet sich eine strenge Akzessorietät. Soweit hier über § 1077 I BGB ein Schuldnerschutz gegeben ist, wird sich dieser infolge dieser Abhängigkeit auch gegenüber dem Pfandrecht durchsetzen können.

2.7.3.2.3.2.3 Verwaltung nach § 1052 BGB

Für den Fall einer Verwaltung nach § 1052 BGB (dazu o. Rdn. 94) ergänzt § 1070 II BGB den Schuldnerschutz für alle (!) Rechte, kraft deren eine Leistung gefordert werden kann.

121

Hiernach ist die Übertragung der Verwaltung des nießbrauchsbelasteten Rechts dem Nießbraucher gegenüber erst wirksam, wenn er von der getroffenen Anordnung (positive) Kenntnis erlangt oder wenn ihm eine entsprechende Mitteilung zugestellt wird (auch, wenn er von dieser Zustellung keine Kenntnis erlangt hat; vgl. insoweit auch §§ 1275, 1219 II Sätze 2, 3 BGB). Da sich dieselbe Schutzwürdigkeit hinsichtlich des Bestehens der Verwaltung einstellt, gilt für die Aufhebung der Verwaltung entsprechendes (§ 1070 II Satz 2 BGB).

2.7.3.2.3.3 Fazit

Die Frage nach dem Schuldnerschutz lässt sich für den Nießbrauch an Rechten nicht einheitlich beantworten. Im wesentlichen wird das Zessionsrecht nachgezeichnet, wobei hier aber auch Einschränkungen zu machen sind; so bestehen kein Bedürfnis und ebenso auch kein Grund für eine Analogie zu § 406 BGB. Der Verweis in § 1070 I BGB verlangt durch das Statuieren einer entsprechenden Anwendung der Schuldnerschutzvorschriften auch nichts anderes – einmal mehr muss man sich vergegenwärtigen, dass weder eine Analogie noch eine sonstige entsprechende Anwendung einer oder mehrerer Normen deren buchstabengetreue Übernahme obligatorisch machen. Vielmehr geht es doch darum, die Vorschriften unter Berücksichtigung der nunmehr vorliegenden rechtlichen Situation zur Anwendung zu bringen, so dass Modifikationen durchaus am Platze sind.

Schließlich ist auch zu bemerken, dass manche Erscheinung des Schuldnerschutzes sich auch schon aus der nießbrauchsrechtlichen Struktur selbst erklärt. So ist an sich die Anwendung des § 404 BGB durchaus überflüssig (s. o. Rdn. 117).

2.7.4 Dingliches Recht?

122 Der Nießbrauch an Rechten ist vielfältig – vielfältig wie die belasteten Rechte selbst. Wohl infolge dieses Umstands hat sich die Frage gestellt, ob der Nießbrauch an Rechten auch tatsächlich ein dingliches, ein absolutes, Recht darstellt (s. etwa Soergel/Stürner § 1068 Rdn. 1; Staudinger/Frank § 1068 Rdn. 20; Baur/Stürner § 60 Rdn. 3) Analogie Diskussionen gibt es etwa auch beim Pfandrecht an Rechten, §§ 1273 ff. BGB).

Man nähert sich dem „Warum" dieser Fragestellung am besten von der Vorstellung des Nießbrauchs an einer Forderung her.

Die Forderung selbst ist mit Sicherheit kein absolutes, und damit auch kein dingliches, Recht. Versuche, sie wenigstens unter einzelnen Aspekten in den Kanon des § 823 I BGB aufzunehmen (als sog. Forderungszuständigkeit, s. Larenz/Canaris § 76. II. 4. g), haben sich nicht durchgesetzt.

Wenn nun die Forderung mit einem Nießbrauch belastet wird, kann dieser in seinen Wirkungen nicht weiter reichen als das belastete Hauptrecht selbst. Infolgedessen wirkt dieser Nießbrauch in der Tat selbst auch nur relativ, was durch die mannigfachen Verweise auf das Zessionsrecht mehr oder weniger noch bestätigt wird. Dieser Nießbrauch kann letztendlich auch nicht als ein Recht i. S. v. § 823 I BGB geschützt werden, ebenso wenig wie das bei dem Hauptrecht selbst der Fall ist. Es ist nur ein kleiner Schritt dahin, die Dinglichkeit des Nießbrauchs hier nun auch selbst zur Gänze abzulehnen.

Dem kann man wieder andere Beispiele entgegenhalten. Es gibt sehr wohl Rechte, welche absolute sind, von § 823 I BGB geschützt werden, und, wären sie wie das Eigentum auch körperlichen Gegenständen (§ 90 BGB) verhaftet, als dingliche zu bezeichnen wären (Hier ist allgemein zu vermerken, dass der Begriff der Dinglichkeit auf reine Rechte ohne den genannten Sachbezug ohnehin nur in einem übertragenen Sinne angewendet werden kann, s. hierzu schon ganz grundlegend Forkel, S. 70. Da dieser Usus sich mittlerweile eingebürgert hat, soll er auch hier beibehalten werden – indessen ist der eben gemachte Hinweis hier nach wie vor im Hinterkopf zu behalten).

123

Hier würde der vorher dargestellte Argumentationsstrang versagen bzw. sich geradezu in sein Gegenteil verkehren. Immaterialgüterrechte etwa sind mit Ausschließungsbefugnissen ausgestattet (s. etwa §§ 14 MarkenG, 97 UrhG, 139 PatG), die sie gleichsam als dingliche (Hier ist die Anmerkung im vorigen Absatz zu beachten!) dastehen lassen. Sie genießen auch unproblematisch den Schutz des § 823 I BGB (der neben den speziellen Haftungsnormen der einzelnen Immaterialgüterrechtsgesetze aber keine besondere Rolle spielt). Es ist nur konsequent, hier einen dinglichen Nießbrauch an einem dinglichen Recht anzunehmen.

Somit muss man doch feststellen, dass die Zweifel in Bezug auf die Dinglichkeit des hier dargestellten Nießbrauchs nur einen Teil der Gesamtpalette betreffen kann. Schon das schmälert den Botschaftsgehalt der Negierung eines dinglichen Charakters erheblich.

Nun sollte man zusätzlich bedenken, dass dingliche Rechte nicht stets derart sakrosankt sind, dass sie gänzlich frei wären von schuldrechtlichen Beeinflussungen. Schon der Blick auf das Anwartschaftsrecht lehrt ein anderes (vgl. § 449 I BGB). Hier verhindert das endgültige Vereiteln der Bedingung, deren Eintritt zum Vollrechtserwerb führt, eben diesen Vollrechtserwerb. Dies sind regelmäßig Ereignisse auf schuldrechtlicher Ebene (etwa ein Rücktritt, vgl. hier wieder instruktiv § 449 II BGB; selbst ein gutgläubiger Erwerb des Anwartschaftsrechts wäre hier ausgeschlossen, denn ein Recht, das nicht existiert, kann grundsätzlich nicht erworben werden). Der dingliche Charakter des Anwartschaftsrechts (nicht der ungesicherten Anwartschaft als solcher) ist aber mittlerweile einhellig anerkannt (s. allgemein Baur/Stürner § 13 Rdn. 8). Entsprechendes würde denn auch für einen Nießbrauch an einem solchen Recht gelten, welcher sich im hiesigen Beispiel aber in Analogie zu den Vorschriften über den Nießbrauch am Sacheigentum richten würde.

124 Insgesamt kann man daher feststellen, dass sich die Frage um eine Dinglichkeit des Nießbrauchs unter geradezu jedem Gesichtspunkt stark relativiert hat. Die Trennlinie ist hier keineswegs scharf. Es kann daher durchaus vertreten werden, dass der Nießbrauch, gleich an welchem Recht, ein dingliches Recht darstellen kann. Folgt man dem nicht, wird eine Aussage dahingehend, dass ein Nießbrauch an Rechten außerhalb des Sacheigentums (und deren Anwartschaftsrechten) jederzeit eines dinglichen Charakters ermangele, jedenfalls zu weit gehen. Exakte Differenzierungen wären hier vonnöten. Zusammenfassend kann man aber gleichzeitig feststellen, dass es hier doch weitgehend um eine akademische Frage gehen dürfte.

Wichtig sind hier nämlich vor allem die einzelnen rechtlichen Behandlungen. Der Nießbrauch orientiert sich hier an dem Recht, auf dem er lastet.

Wird dieses Recht als ein Ausschließlichkeitsrecht behandelt, gilt das auch für den Nießbrauch. So wie dort Unterlassungs- und Schadensersatzansprüche in Frage kommen, ist dies denn auch hier der Fall. Das kann etwa den Nießbrauch an Immaterialgüterrechten, an sonstigen dinglichen Rechten oder auch an Mitgliedschaften (s. dazu Habersack, S. 148) betreffen.

Hingegen teilt der Nießbrauch auch die bloß relative Wirkung eines Hauptrechts. Ebenso wenig wie dort die genannten Ausschließungsbefugnisse vorliegen, kann nun auch der Nießbrauch solche für sich beanspruchen.

Als Gesamtresümé kann man aus dem Gesagten schlussfolgern, dass es nun im Belieben des Betrachters liegen mag, ob der Nießbrauch an Rechten ein dingliches Recht darstellt oder nicht. Sowohl Abstufungen im Bereich der Dinglichkeit selbst (vgl. die Ausführungen zum Anwartschaftsrecht) wie auch die unterschiedlichen Beschaffenheiten der „nießbrauchsfähigen" Rechte selbst offenbart eine gewisse Relativität der Diskussion (vgl. auch Baur/Stürner § 60 Rdn. 3). Falsch wäre es mit Sicherheit, den Nießbrauch an Rechten pauschal aus dem Katalog der dinglichen Rechte zu streichen.

2.7.5 Gesetzliches Schuldverhältnis

Auch beim Nießbrauch an Rechten findet sich ein gesetzliches Schuldverhältnis, welches über den Umfang des dinglichen Rechts hinausgeht. Wiederum macht es sich das Gesetz hier vergleichsweise einfach, indem es lapidar auf die Vorschriften über den Nießbrauch an Sachen verweist (§ 1068 II BGB).

Nun kann diese entsprechende Anwendung der dortigen Normen auch hier nicht deren buchstabengetreue Übernahme bedeuten (vgl. insoweit auch den Wortlaut des § 1068 II BGB a. E.). Den Besonderheiten, dass die Anknüpfungsgegenstände unterschiedlich sind (Eigentum dort, sonstige Rechte hier), muss Rechnung getragen werden. Angesichts der Vielfalt der in Betracht kommenden sonstigen Rechte, an denen ein Nießbrauch gem. § 1068 ff. BGB denkbar ist, können nur Grundzüge aufgezeigt werden.

2.7.5.1 Feststellung des Sachzustands und Bestandsverzeichnis

Entsprechend §§ 1034 f. BGB kann jeder Teil auf eigene Kosten verlangen, dass der Zustand einer von dem Rechtsnießbrauch erfassten Sache festgestellt werden und gegebenenfalls ein Verzeichnis aufgestellt werden soll. Geht es um verbrauchbare Sachen, kann entsprechend § 1067 I Satz 2 BGB auf eigene Kosten von jedem Beteiligten der Wert festgestellt werden (§§ 1075 II, 1084 BGB, vgl. hierzu i. e. schon o. Rdn. 86).

2.7.5.2 Erhalt der wirtschaftlichen Bestimmung

Eine wirtschaftliche Bestimmung eines Rechts ist anders als bei Sachen (§§ 1036 II, 1037 II, 1039, 1048 Satz 1 BGB) kaum denkbar oder zumindest kaum ausgeprägt, dasselbe gilt für dessen wesentliche Umgestaltung (vgl. § 1037 I BGB). Ein gewisses Pendant mag man darin sehen, dass der Nießbraucher eines Rechts nicht in der Lage ist, dieses weiter zu übertragen (vgl. insoweit zum Verfügungsnießbrauch schon o. Rdn. 16). dass der Nießbraucher an einem Gesellschaftsanteil in ähnlicher Weise eine Zweckbestimmung der Gesellschaft insgesamt zu wahren hat, erklärt sich bereits daraus, dass schon ein einzelner Gesellschafter selbst regelmäßig nicht in der Lage wäre, hier eigenmächtig eine Änderung vorzunehmen (vgl. insoweit allgemein Schmidt § 16. II.).

Einschränkungen vom Gesagten sind für den Fall zu machen, dass ein Nießbrauch an Rechten zur Nutzung von Sachen eingeräumt wird (etwa an obligatorischen Nutzungsrechten oder dem Dauerwohnrecht nach § 31 ff. WEG, ansonsten scheitert ein Nießbrauch regelmäßig an § 1069

Der Nießbrauch

II BGB, vgl. schon o. Rdn. 99). Allerdings wird hier auch schon der Inhalt des belasteten Rechts selbst dem Belastungsrecht auf dinglicher Ebene die wesentlichen Beschränkungen auferlegen. Gleichwohl spricht nichts dagegen, einzelne Vorschriften mit durchaus konstitutiver Wirkung hier heranzuziehen (etwa §§ 1036 I, 1037 II, 1038, 1039, 1041, 1043, 1044, 1045 f., 1048 BGB).

2.7.5.3 Gefährdungslagen

127 Gefährdungen von Rechten sind denkbar, weshalb hier gegebenenfalls eine Sicherheitsleistung (§ 1051 BGB) verlangt werden kann und auch eine Verwaltung nach § 1052 BGB (gegebenenfalls i. V. m. § 1054 BGB) denkbar ist (s. näher dazu o. Rdn 94, vgl. auch § 1070 II BGB). Entsprechend wird man auch von einer Erhaltungspflicht des Rechts in diesem Rahmen sprechen mögen (vgl. § 1041 BGB). Hingegen kann die Anzeigepflicht bei Rechtsgefährdung, insbesondere Drittanmaßung, ohne weiteres auf den hiesigen Nießbrauch übertragen werden (§ 1041 BGB).

In diesem Zusammenhang kommt auch der Unterlassungsanspruch des Rechtsinhabers nach § 1053 BGB in Frage. Das muss auch dann der Fall sein, wenn das Verhalten des Nießbrauchers an sich überhaupt keine Rechtswirkung zeitigen kann, etwa, wenn er ohne die Möglichkeit einer Rechtsscheinswirkung oder eines gutgläubigen Erwerbs Verfügungen über das belastete Recht vornimmt. Schon die entsprechende Anmaßung der dem Inhaber vorbehaltenen Befugnisse stellt eine Verletzung des gesetzlichen Schuldverhältnisses dar, wird damit doch in letzter Konsequenz die Rechtsinhaberschaft als solche bestritten. Zu beachten ist auch hier wieder, dass eine Abmahnung erforderlich ist. Sofern sonstige Unterlassungsansprüche in Betracht kommen (etwa aus Immaterialgüterrechten), tritt dasselbe Konkurrenzverhältnis auf wie bei den Ansprüchen aus § 1004 BGB zu § 1053 BGB (s. dazu schon o. Rdn. 93).

2.7.5.4 Verwendungsersatz

Umgekehrt ist es für den Nießbraucher möglich, hat er Verwendungen oder dem vergleichbare Leistungen zugunsten des belasteten Rechts getätigt, nach dem Recht der Geschäftsführung ohne Auftrag Ersatz vom Vollrechtsinhaber zu verlangen (§ 1049 BGB, vgl. näher o. Rdn. 87). Hier ist gegebenenfalls eine andersartige Interpretation des Begriffs der Verwendungen am Platze, denn dieser Begriff ist doch stark auf Leistungen zugunsten einer Sache gemünzt.

2.7.5.5 Verjährung

Schließlich sprechen auch keine Gründe dagegen, die Verjährungsfrist des § 1057 BGB zur Anwendung zu bringen (s. hierzu u. Rdn. 163 sowie Birr Rdn. 194).

2.7.5.6 Sonderregeln

Nur vereinzelt stellen die Sonderregelungen für den Nießbrauch an Rechten eigene Vorgaben bezüglich des Inhalts des flankierenden gesetzlichen Schuldverhältnisses zur Verfügung.

128

Selbstverständlich bestehen gegenseitige Förderungspflichten. Der Nießbraucher hat das Recht insgesamt zu achten, und der Rechtsinhaber hat seinerseits zu berücksichtigen, dass dem Nießbraucher die eingeräumten Nutzungen zugute kommen.

Dem gemäß statuiert § 1078 BGB Mitwirkungspflichten bei der Realisierung des Rechts, namentlich der Einziehung oder einer erforderlichen Kündigung. Das Kapital als Stammrecht für die Nutzungen ist sicher anzulegen, wobei insoweit der Nießbrauchsinhaber ein Bestimmungsrecht innehat (s. i. e. § 1079 BGB).

Entsprechende Mitwirkungspflichten normiert § 1083 I BGB für Forderungen, welche in einem Inhaberpapier oder einem mit Blankoindossament versehenen Orderpapier verbrieft sind (§ 1083 BGB). Das durch Papiereinlösung gewonnene Kapital ist entsprechend § 1079 BGB anzulegen, was auch für eine bei Einlösung des Papiers gezahlte Prämie gilt (§ 1083 II BGB).

2.8 Nießbrauch an Vermögen

Als dritte große Kategorie nennt das Gesetz den Nießbrauch an einem Vermögen (§§ 1085 ff. BGB). Der besonders erwähnte Nießbrauch an einer Erbschaft (§ 1089 BGB) hätte einer solchen Erwähnung eigentlich nicht bedurft, hier geht es letztendlich allein darum, die nießbrauchsbelastete Vermögensmasse des Nachlasses von dem sonstigen Eigenvermögen des Erben als nichtbelastete Vermögensmasse zu unterscheiden.

129

Tatsächlich dürfte es sich hier um einer der die praktisch relevantesten Erscheinungsform des Nießbrauchs handeln. Die zuvor geschilderten Zwecke, die man mit einem Nießbrauch regelmäßig verfolgt (s. o. Rdn. 6 ff.), verlangen es ja im wesentlichen, dass nicht nur ein einzelner Gegenstand belastet wird, sondern deren eben eine Vielzahl.

Indessen knüpft dieser Nießbrauch in seiner Dogmatik an den zuvor genannten Varianten an. Aus darstellerischen Gründen ist es daher gerechtfertigt, hier ungeachtet der praktischen Relevanz, es bei dem roten Faden zu belassen, den das Gesetz hier vorgezeichnet hat.

2.8.1 Vermögen

130 Der Begriff des Vermögens ist ein weiter Begriff. Er stellt eine Vielzahl von Gegenständen, gleich welcher Art, dar. Vermögen als solches kann daher sowohl Eigentum als auch die sonstigen nießbrauchsfähigen Rechte erfassen. Sofern sonstige Rechte nicht mit einem Nießbrauch belegt werden können (§ 1069 II BGB), fallen sie auch aus einem Vermögensnießbrauch heraus. Der Vermögensnießbrauch stellt keine Erweiterung des sonstigen Nießbrauch dar. Sofern man also hier noch weiter gehen will als es das Nießbrauchsrecht tut, muss man an seiner nicht fähigen Rechten zusätzliche Vertragsgestaltungen – namentlich schuldrechtliche Gebrauchsüberlassungen – in Erwägung ziehen.

Man muss sogar noch weiter gehen und sagen, dass es den Vermögensnießbrauch als solchen gar nicht gibt. Es bleibt auch hier dabei, dass getreu dem sachenrechtlichen Spezialitätsgrundsatz eine Belastung des Vermögens als solches nicht möglich ist, sondern nur eine solche der einzelnen vermögenszugehörigen Gegenstände. Damit entpuppt sich der Vermögensnießbrauch geradezu als eine potemkinsches Dorf. Er kaschiert den Umstand, dass es nicht um einen einheitlichen Nießbrauch geht, sondern um eine Vielzahl desselben. Man hat es mit einem Bündel an Nießbrauchsrechten jeweils an speziellen Gegenständen zu tun (RGZ 153,31).

Hieraus erklärt sich, dass die §§ 1085 ff. BGB sich denn auch im Wesentlichen auf die Regelungen bezüglich des Nießbrauchs im Verhältnis zum allgemeinen Rechtsverkehr konzentrieren.

2.8.2 Entstehung

131 Aus dem Gesagten folgt, dass die Bestellung eines Nießbrauchs, gleichsam einer Gesamtrechtsnachfolge nahekommend, nicht in Betracht kommt.

2.8.2.1 Allgemeines

Stattdessen muss es zu einer jeweils einzelnen Bestellung an den betreffenden Gegenständen kommen (§ 1085 Satz 1 BGB). Die Art und Weise bestimmt sich nach den konkret einschlägigen Vorschriften. Nießbrauchsbestellungen an vermögenszugehörigen Eigentumsrechten gehen analog der für die Eigentumsübertragung geltenden Vorschriften vonstatten

(s. o. Rdn. 35, 53 ff.), diejenigen an sonstigen Rechten analog der für deren Vollübertragung geltenden Vorschriften (s. o. Rdn. 104 ff.). Auch die Wirkungen der einzelnen Nießbrauchsrechte sind somit nicht einheitlich; sie richten sich gleichfalls nach den Vorschriften, die für den konkreten Einzelnießbrauch gelten (s. o. Rdn. 75 ff. für den Eigentumsnießbrauch, Rdn. 122 ff. für den Rechtsnießbrauch). Dasselbe gilt auch für die jeweiligen gesetzlichen Schuldverhältnisse, auch wenn hier natürlich gemeinsame Grundzüge nicht zu verkennen sind (s. o. Rdn. 82, 125 ff.).

Eine weitere Folge aus diesen Strukturen besteht darin, dass der Vermögensnießbrauch keinesfalls zwingend ein Gesamtvermögen eines Nießbrauchsbesteller zu erfassen braucht. Auch Teile eines Vermögens reichen als solches aus (vgl. auch § 311 b I, II BGB). Schließlich hat es ein Jeder in der Hand, zu entscheiden, wie viele Einzelrechte er an ihm gehörenden Gegenständen vergeben will. Was insoweit für sonstige beschränkt dingliche Rechte gilt, gilt auch hier.

Vor allem aus diesem zuletzt genannten Grund wird ein Unternehmensnießbrauch ganz typisch zugleich ein Vermögensnießbrauch sein (s. dazu Rdn. 135 ff.). Für diesen wird eine Vermögensmasse derart definiert, dass sie sich auf ein unternehmerisches Vermögen bezieht. Sonstige Vermögensgegenstände vor allem des Privatvermögens bleiben davon gänzlich unberührt.

2.8.2.2 Abgrenzungsfragen

Auf der anderen Seite muss der Vermögensnießbrauch abgegrenzt werden von sonstigen Nießbrauchsansammlungen. Hier entscheidet der Inhalt der dinglichen Einigung, sie muss sich definitiv darauf beziehen, nicht nur mehrere Nießbrauchsrechte einzuräumen, sondern weitergehend auch die Nutzung eben einer einheitlichen Vermögensmasse zuzugestehen (Jauernig/Jauernig § 1085 Rdn. 2). Nur wenn das der Fall ist, greifen die sogleich zu besprechenden Sonderregeln (§ 1085 Satz 2 BGB).

132

Weiterhin ist von dem Vermögensnießbrauch derjenige an Sondervermögen zu unterscheiden. Als Beispiel kann man hier den Nießbrauch an einem gütergemeinschaftlichen Vorbehaltsgut oder an einem Gesamthandsvermögen anführen. Eng damit verbunden ist auch der Nießbrauch an einer Gesellschaftsmitgliedschaft (s. dazu o. Rdn. 101 ff.). Hier handelt es sich um rechtliche Phänomene, die einer eigenständigen rechtlichen Erfassung unterliegen. Infolge dieser Eigenständigkeit ist hier ein einheitlicher Nießbrauch möglich, so dass es hier um ein Nießbrauch an einem Recht nach den §§ 1068 ff. BGB handelt. Hier kann allenfalls eine vertragliche Vereinbarung über eine entsprechende Anwendbarkeit der Vorschriften über den Vermögensnießbrauch zwischen den Parteien des dinglichen Geschäfts in Betracht kommen.

Im Endeffekt erweist sich übrigens der „Sondervermögensnießbrauch" in seinem sachlichen Bestand als abgesicherter als der Vermögensnießbrauch. Letzterer kennt vor allem keine dingliche Surrogation (anders etwa §§ 718, 2041, 1418 II Nr. 3 BGB; für die Erbschaft als solche s. a. § 1019 BGB). Auf der anderen Seite aber bleibt der Nießbrauch an Gegenständen, welche weiter übertragen werden, beim Vermögensnießbrauch – weil es eigentlich doch um einen Einzelnießbrauch an diesem Gegenstand geht – bestehen (sofern freilich kein gutgläubig lastenfreier Erwerb eingreift).

2.8.2.3 Verfügungsbeschränkungen

133 Nicht zuletzt sind eventuelle Verfügungsbeschränkungen zu beachten. Solche finden sich namentlich im ehelichen Güterrecht, wenn über das Vermögen im Ganzen bei der Zugewinngemeinschaft verfügt wird (§ 1365 f. BGB). Auch hinsichtlich des Gesamtgutes einer Gütergemeinschaft finden sich entsprechende Parallelen oder gar Weiterführungen (s. i. e. §§ 1423 ff., 1453 BGB). Das betrifft eben auch den Vermögensnießbrauch, auch wenn er rechtstechnisch gesehen keine Einzelverfügung darstellt, sondern von deren ein ganzes Bündel.

Auf der anderen Seite muss man aber doch sehen, dass diese eherechtlichen Beschränkungen nicht allein ein Fall des hier dargestellten Nießbrauchs sind. Schon der „normale" Einzelnießbrauch kann etwa eine gesamtvermögensbezogene Verfügung darstellen, denn hier erfasst die Verfügungsbeschränkung auch schon einzelne Gegenstände, wenn diese das Vermögen im Ganzen (oder dem vergleichbar: das Gesamtgut im Ganzen) ausmachen (s. näher schon o. Rdn. 56).

2.8.3 Annex: Wirksamkeitsfragen des Kausalgeschäfts

134 Unabhängig von der dinglichen Nießbrauchsbestellung stellt sich das schuldrechtliche Kausalgeschäft dar.

Für dieses ist jedoch zu beachten, dass, sofern es darum geht, ein künftiges Vermögen oder einen Bruchteil davon neben der Übertragung eben auch mit einem Nießbrauch zu belasten, die Unwirksamkeit die Folge ist (§ 311 b II BGB). Hier geht es darum, die wirtschaftliche Entscheidungsfreiheit des Verpflichteten, welcher infolge künftiger Entwicklungen gegebenenfalls noch nicht „richtigen Überblick hat", zu wahren (Mot. II, S. 186). Infolge des allgemeinen Abstraktionsprinzips betrifft das jedoch nicht die Verfügungen, welche dann im Rahmen eines Bereicherungsausgleichs rückgängig gemacht werden können. Hier ist jedoch zu beachten, dass eine Kenntnis hinsichtlich der Unwirksamkeit des Verpflichtungsgeschäfts eben solche Rückgewährsansprüche ausschließen wird (§ 814 BGB).

Schuldrechtliche Verträge über eine Nießbrauchsbestellung an gegenwärtigen Vermögen sind wirksam, bedürfen aber der notariellen Beurkundung (§ 311 b III BGB). Anderenfalls sind auch sie unwirksam (§ 125 Satz 1 BGB). Gemäß dem Abstraktionsprinzip treffen diese Rechtsfolgen nicht das Verfügungsgeschäft, so dass – wieder unter Berücksichtigung des § 814 BGB – auch hier gegebenenfalls Bereicherungsansprüche im Raume stehen.

Wann ein Vermögen im Sinne der genannten Vorschriften vorliegt, beurteilt sich nach denselben Grundsätzen wie hinsichtlich des § 1085 BGB.

Gemeint sind nur die Aktiva (RGZ 69,285 mit 420; vgl. auch BGHZ 107,100 f.; BGH NJW 1991,2016); das entspricht durchaus der dinglichen Ebene, denn ein Nießbrauch muss schließlich ein Recht betreffen und nicht etwa reine Verbindlichkeiten (ganz abgesehen, von der sonstigen Argumentation zu § 311 b BGB, wonach die hier genannten Verträge deshalb so riskant sind, weil sie jeglichen künftigen Erwerbsanreiz nehmen könnten, s. BGH a. a. O.). Auch hier entscheidet letztendlich der Wille der Vertragsparteien (s. hierzu näher Staudinger/Wufka § 311 Rdn. 10 ff.; hinsichtlich der Neufassung in § 311 b BGB hat sich insoweit nichts geändert).

Anders als bei den eherechtlichen Verfügungsbeschränkungen (namentlich §§ 1365 f. BGB), werden einzelne Vermögensstücke, auch wenn sie das gesamte Vermögen an sich ausmachen, vom Anwendungsbereich des § 311 b BGB ausgenommen (H. M., BGH ZIP 1990,1544; RGZ 69,420; RGZ 94,317; a. A. Knieper MDR 1970,979 ff.). Auch das steht durchaus in Parallele zu dem dinglichen Nießbrauchsrecht, denn wenn nur ein einzelner Gegenstand betroffen ist, liegt auch nur ein Einzelnießbrauch vor, selbst wenn der wirtschaftliche Wert noch so hoch sein mag (vgl. insoweit auch den Hinweis auf § 311 b BGB bei Palandt-Bassenge § 1085 Rdn. 2).

2.8.4 Annex: Der Unternehmensnießbrauch

Eng mit dem Vermögensnießbrauch im Zusammenhang stehend, aber doch seiner Struktur nach andersartig beurteilt wird der Unternehmensnießbrauch. Um es gleich zu sagen: Ein Unternehmensnießbrauch wird zugleich ein Vermögensnießbrauch sein (Dann greifen auch die §§ 1085 ff.

135

BGB, s. bereits Rdn. 131 a. E., a. A. noch die Voraufl., Rdn. 135). Trotzdem wird er als etwas Eigenständiges begriffen, was ein Vermögensnießbrauch sein kann, nicht aber sein muss (Baumbach/Hopt Einl. v. § 1 Rdn. 50). Qualitativ geht es hiernach nämlich um etwas durchaus Eigenständiges.

Letzteres äußert sich vor allem darin, dass man hinsichtlich des Unternehmensnießbrauchs ein einheitliches Recht anzunehmen geneigt ist (Erman/Michalski § 1085 Rdn. 8; Staudinger/Frank, Anh. §§ 1068, 1069 Rdn. 29; anders RGZ 95,237; Schön, S. 98 ff.; Bökelmann JR 1974,203) – anders als beim Vermögensnießbrauch (s. o. Rdn. 130). Er erfasst als ein solches Rechte in einer Gesamtheit, welche ansonsten auch ihrerseits einzelnießbrauchsfähig sind (vgl. für Markenrechte Fezer § 27 Rdn. 52).

Davon zu unterscheiden ist aber nach allen Auffassungen die Entstehung dieses Rechts. Ungeachtet der hier vertretenen Einheitlichkeit dieses Rechts geht seine Entstehung so vonstatten wie bei der Bestellung mehrerer einzelner Nießbrauchsrechte an jeweils singulären Rechten (s. u. Rdn. 137). Die Besonderheit besteht darin, dass es nicht nur um die Verschaffung der einzelnen Rechte geht, sondern eines kompletten unternehmerischen Wirkungskreises, der von einer bloßen Summierung des Unternehmensvermögens an sich noch lange nicht erfasst wird. Wie immer man dies aber auch würdigen will, die dinglichen Wirkungen sind eben solche, wie man sie von einem Vermögensnießbrauch kennt.

2.8.4.1 Grundsätzliches

2.8.4.1.1 Abgrenzungsfragen

Abzugrenzen ist diese Erscheinungsform von dem reinen Ertragsnießbrauch, welcher den Nießbraucher nicht befähigt, das Unternehmen auch selbst zu betreiben (MüKo-Pohlmann § 1085 Rdn. 14). Das betrifft auch den Quotennießbrauch, welcher nichts anderes ist als ein partieller Ertragsnießbrauch, welcher nur einen Teil der Erträge gewährt (Nieder § 7 Rdn 701; vgl. ansonsten auch Rdn. 136). Tatsächlich wird es hier regelmäßig um eine schuldrechtliche Abrede allein gehen.

Ebenso hat der Unternehmensnießbrauch auch nichts mit einer Nießbrauchsbeteiligung an Gesellschaften zu tun. Diese nämlich ist ein Nießbrauch an einer Mitgliedschaft als eines singulären Rechts (s. dazu o. Rdn. 101 ff.).

2.8.4.1.2 Der Nießbrauchsgegenstand

Zu vorderst geht es also darum, den Nießbrauchsgegenstand überhaupt erst einmal hinreichend zu spezifizieren. Man mag nur allzu voreilig damit sein, eine wie auch immer geartete dingliche Unternehmensbeteiligung als Unternehmensnießbrauch zu klassifizieren. Aber selbst wenn es definitiv um einen Unternehmensnießbrauch im hier verstandenen Sinne geht, muss das fragliche Unternehmen selbst spezifiziert werden. Das ist vor allem der Fall, wenn etwa nur eine Zweigniederlassung eigenständig belastet werden soll (Der sachenrechtliche numerus clausus steht solchen Definitionskompetenzen nicht entgegen, denn er bezieht sich allein auf das belastende Recht, nicht auf das Belastungsobjekt). Damit kann es sein, dass etwa ein Markenrecht von dem Nießbrauch gar nicht erfasst wird, weil es über den konkret belasteten unternehmerischen Bereich räumlich hinausreicht (s. a. Fezer § 27 Rdn. 53, insoweit eine schuldrechtliche Ausübungsüberlassungspflicht annehmend, was auf einen Lizenzvertrag hinauslaufen dürfte). Indessen spricht nichts dagegen, einen räumlich begrenzten Nießbrauch anzunehmen, gleichsam in Analogie zu einer räumlich beschränkten Lizenz (vgl. § 30 I MarkenG). Der Gedanke mag ungewohnt sein, erklärt sich aber aus der Rechtsnatur des Belastungsgegenstands (des Markenrechts als eines Immaterialgüterrechts, s. a. o. Rdn. 100). Dessen Eigenheiten werden beim Rechtsnießbrauch von eben diesem nun einmal partiell zwingend mit übernommen. Ganz unabhängig davon sind spezifizierte Absprachen über die Reichweite der eingeräumten Befugnisse hier in jedem Fall anzuraten. Fehlen solche, dürften die Tendenzen der Auslegung einer Willenserklärung (§§ 133, 157 BGB), wenn zu jemandes Nachteil, dann dies regelmäßig zu Lasten des Nießbrauchsbestellers gehen, denn dieser trägt das grundsätzliche Risiko der Verständlichkeit seiner Erklärung und damit auch, wie weit sie das betreffende Recht definiert.

Alles in allem manifestiert sich hier die Definitionsmacht bezüglich eines Unternehmensvermögens, welches als Belastungsgegenstand, weil Vermögen, in dinglicher Hinsicht auf einen Vermögensnießbrauch hindeutet (Rdn. 131 a. E.).

2.8.4.1.3 Zur Unternehmereigenschaft

135a Wesentlich für den Unternehmensnießbrauch ist, dass der Nießbrauchsinhaber selbst zum Unternehmensträger wird. Er wird damit etwa auch zum Unternehmer i. S. v. § 2 I UStG. Davon zu unterscheiden ist eben der sog. Ertragsnießbrauch, welcher nur zu einer Gewinnbeteiligung führt (Palandt-Bassenge § 1085 Rdn. 4) oder der Nießbrauch an einem Gesellschaftsanteil, bei dem die Gesellschaft selbst noch den Unternehmensträger darstellt (Schmidt § 61 II. 1. a), genau genommen geht es hier nur um eine besondere Ausprägung des Ertragsnießbrauchs, s. a. a. a. O.). Entsprechend seiner Unternehmensträgerschaft ist der Nießbraucher hier denn auch, sofern die handelsrechtlichen Tatbestandsvoraussetzungen vorliegen, Kaufmann (Baumbach/Hopt § 1 Rdn. 30).

Eine weitere und nicht etwa in einem reinen Gegenschluss zu klärende Frage ist die Unternehmereigenschaft des Nießbrauchsbestellers. Zum einen ist das Zivilrecht nicht einheitlich in seiner Antwort, und des weiteren finden sich Unterschiede zum Steuerrecht. Allen Einzelfragen zum Trotz wird man folgende Grundaussagen festhalten können:

Im zivilrechtlichen Sinne ist der Nießbrauchsbesteller üblicherweise kein Unternehmer mehr, er verliert diese Stellung mit Vollzug der Gebrauchsüberlassung und einer damit verbundenen Einstellung eigener unternehmerischer Aktivitäten (Anzumerken ist, dass der Unternehmerbegriff hier spezifischere Bezeichnungen abdeckt, die aber samt und sonders im Ergebnis auf eine Unternehmerschaft abstellen). So ist es im Fall des § 25 HGB (wobei hier vom Kaufmann bzw. seinem Handelsgeschäft gesprochen wird), so ist es im Fall des § 613 a BGB (Hier geht es freilich um die Stellung spezifisch als Arbeitgeber).

Das ist schon dann anders, wenn es um eine nießbrauchsbelastete Mitgliedschaft an einer Personengesellschaft geht, die allerdings ihrerseits nicht mit einem Unternehmensnießbrauch gleichzusetzen ist (Bei einer Kapitalgesellschaft oder einer sonstigen juristischen Person wäre diese allein der Unternehmer). Angesichts der dem Nießbrauchsbesteller/Personengesellschafter verbleibenden Positionen, auch wenn diese im Interesse des Nießbrauchers wahrgenommen werden müssten, verliert er seine Unternehmereigenschaft nicht (s. schon o. Rdn. 102). Mehr noch, der Nießbraucher angesichts seiner fehlenden unternehmerischen Befugnisse und Risiken im Außenverhältnis erlangt eine solche selbst im Regelfall nicht.

Im Steuerrecht ist die Situation vergleichsweise anders. Hier wird regelmäßig nicht allgemein auf den Unternehmer abgestellt (s. aber auch § 2 I UStG), sondern auf tätigkeitsbezogene Momente (so etwa bezüglich der Einkünfteerzielungen im Ertragssteuerrecht).

Der Nießbraucher ist in ertragssteuerlicher Sicht bei Erfüllen eines gesetzlichen Einkünftetatbestands auch Unternehmer. Das wird regelmäßig so sein, denn darauf zielt der Unternehmensnießbrauch schließlich auch ab. Zum Vergleich: Für den Personengesellschaftsnießbrauch wird man weitere Befugnisse fordern müssen, etwa besondere treuhänderische Absprache. Vor allem aber fehlt es, jedenfalls ergibt sich solches aus dem

Nießbrauch und dessen Befugnissen nicht, an dem hinreichenden unternehmerischen Risiko (s. dazu auch Schulze zur Wiesche DStR 1995,319 f.).

Im Gegenzug bleibt ein Personengesellschafter selbst auch als Nießbrauchsbesteller (Mit-) Unternehmer (vgl. schon o. Rdn. 102; s. a. Schulze zur Wiesche a. a. O., S. 320).

Auch die gewerbesteuerliche Würdigung orientiert sich an der ertragssteuerlichen (Blümich/Gosch § 5 GewStG Rdn. 22). Allerdings verlagert § 5 I Satz 2 GewStG den Blick in das Innenverhältnis der Beteiligten, denn hiernach ist derjenige Unternehmer, für dessen Rechnung das Gewerbe betrieben wird (s. a. a. a. O. Rdn. 21). Maßgeblich ist also die Zurechnung der unternehmerischen Erträge, nicht das Auftreten nach außen. Da dies der Nießbraucher an einem Unternehmen geradezu zwangsläufig ist, ist dieser auch hiernach der Unternehmer.

2.8.4.1.4 Insbesondere Betriebsaufgabe und Betriebsaufspaltung

Vergleichsweise ungeklärt erscheint die Situation beim Nießbrauch an einem Einzelunternehmen. Da das Steuerrecht insoweit aber wirtschaftlich ausgerichtet ist und einer ebensolchen Betrachtung zuneigt, kann es allein auf die Frage der Unternehmensüberlassung an sich ankommen – gleich, auf welchem Rechtsgrund diese basiert.

Für die Unternehmenspacht wird von einem ruhenden Gewerbebetrieb ausgegangen, so dass es zu einer Betriebsaufgabe (§ 16 EStG) nicht kommt. Anders ist es, wenn der Gebrauchsüberlasser dem Finanzamt eine sog. Aufgabeerklärung abgibt (s. i. e. dazu R 139 (5) EStR, man beachte die Drei-Monats-Frist a. a. O. – hier würde es um die Vorteile des Freibetrags nach § 16 IV EStG sowie die günstigere Besteuerung nach § 34 EStG gehen, zu den folgenden Einkünftetatbeständen s. § 24 Nr. 1 EStG).

Bei genauer Betrachtung spricht nichts dagegen, diese Situation auch auf den Unternehmensnießbrauch zu übertragen, denn das würde der wirtschaftlichen Betrachtung entsprechen, zumal für den Einkünftetatbestand die konkrete Gestaltung – ob schuldrechtlich oder dinglicher Natur – gleichgültig ist (insoweit aber vom Wortlaut entgegenstehend die Richtlinien a. a. O.; s. aber auch Nieder § 7 Rdn. 702; ganz in diesem Sinne Kirchhof/Reiß § 16 Rdn. 326).

Eine Betriebsaufgabe würde aber in jedem Fall bei einer sog. Betriebsaufspaltung scheitern. Eine solche liegt vor, wenn es zu Gebrauchsüberlassungen von wesentlichem Betriebsvermögen kommt (s. zur Überlassung durch Nießbrauch etwa Blümich/Stuhrmann § 15 Rdn. 621) und zwischen Gebrauchsüberlasser (oft eine Personengesellschaft als sog. Besitzgesellschaft) und insoweit Begünstigtem (oft eine Kapitalgesellschaft als sog. Betriebsgesellschaft) sachliche und personelle Verflechtungen bestehen (s. i. e. EStR H 137, R 137, s. a. umfassend Wollny Rdn. 6502 ff.). Hier werden die geschilderten Grundsätze über die Betriebspacht zugunsten des Fortbestands einer unternehmerischen Tätigkeit auch des Überlassers in jedem Fall verdrängt. Erst bei dem Entfallen des Tatbestands der Betriebsaufspaltung werden sie stillen Reserven in steuerlich relevanter Weise freigesetzt. Man muss auch hier konstatieren, dass der zivilrechtliche Grund für die Gebrauchsüberlassung hier keine Rolle spielen bzw. keinen Anlass für steuerliche Differenzierungen abgeben kann.

Diese Grundsätze können für die Gewerbesteuer keine Geltung beanspruchen. Das liegt daran, dass sie sich mit § 5 GewStG nicht vereinbaren lassen (vgl. auch im vorangegangenen Abschnitt).

2.8.4.1.5 Umsatzsteuer

In umsatzsteuerlicher Sicht sind grundsätzlich sowohl Nießbraucher als auch der Besteller noch Unternehmer. Das hängt schon damit zusammen, dass der Unternehmerbegriff hier von dem, was man üblicherweise unter einem Unternehmen versteht, abweicht bzw. darüber hinausreicht. Jedoch ist für den Besteller eine eventuelle Steuerbefreiung, für Grundstücksüberlassungen § 4 Nr. 12 Satz 1 lit. c) UStG zu berücksichtigen (s. insoweit zuvor Rdn. 58). Eine vollumfängliche Nichtsteuerbarkeit wie im Fall der Unternehmensübertragung (§ 1 I a UStG) verbietet sich anhand des Gesetzeswortlauts (vgl. insoweit auch 5 (1) UStR für die Unternehmensverpachtung).

Anzumerken ist, dass der Nießbrauchsbesteller hier gegebenenfalls eine Vorsteuerberichtigung nach § 15 a UStG (s. a. § 44 UStDV) riskieren könnte.

2.8.4.2 Haftungsfragen und Vertragsübernahmen

Mit einem Unternehmensnießbrauch können haftungsrechtliche Konsequenzen verbunden sein. Diese knüpfen allerdings nicht an dem Nießbrauch als solches an, sondern an jeweils singulären Tatbeständen – eben diese aber können hier eben doch auftreten.

2.8.4.2.1 Firmenfortführung

Der Unternehmensnießbraucher braucht hierzu keine eigene Firma zu führen; alternativ kann er auch die Firma des Nießbrauchsbestellers führen (s. § 22 HGB, dort insbesondere Absatz 2; zum Firmennießbrauch s. a. bereits o. Rdn. 100), muss aber gegebenenfalls haftungsrechtliche Konsequenzen in Kauf nehmen; daran würden auch klarstellende Veränderungen in der Firma wie Nachfolgezusätze nichts ändern (§ 25 f. HGB, zum Vergleich: Der Nießbrauch an Gesellschaftsanteilen kann dies nur in Ausnahmefällen, wenn sich dahinter die Übernahme des Handelsgeschäfts insgesamt verbirgt, bewirken, s. zu der entsprechend weiten Auslegung etwa Schmidt, Handelsrecht, § 8. II. 1. b). Diese können aber unproblematisch durch eine entsprechende Eintragung in das Handelsregister und entsprechende Bekanntmachung sowie durch eine sonstige handelsübliche Bekantmachung beseitigt werden (§ 25 II HGB).

135b

Kommt es zu einer solchen Haftung, handelt es sich um einen gesetzlich angeordneten Schuldbeitritt. Der bisherige Unternehmer wird von seinen durch ihn begründeten Verbindlichkeiten nicht befreit. Es kommt also zu einer Gesamtschuld, welche entgegen der pauschalen Annahme in § 426 BGB zu der Vermutung führen würde, dass diese eben genannten Verbindlichkeiten im Innenausgleich von dem bisherigen Unternehmer vollständig zu tragen sind. Man wird solches aber kaum dem Gesetz allein überlassen, sondern hier konkrete Absprachen treffen müssen.

2.8.4.2.2 Betriebsübergang

Entsprechendes gilt auch für den Betriebsübergang i. S. v. § 613 a BGB (s. dazu auch die Richtlinie 2001/23/EG des Rates zur Angleichung der Rechtsvorschriften der Mitgliedstaaten über die Wahrung von Ansprüche der Arbeitnehmer beim Übergang von Unternehmen, Betrieben oder Unternehmens- oder Betriebsteilen vom 12. 3. 2001 – die sog. Betriebsübergangsrichtlinie, ABl. Nr. L 81 S. 16). Ein solcher Übergang kann nun auch durch Gebrauchsüberlassungen vonstatten gehen (s. für Unternehmenspacht BAG NZA 1998,1233) – für solcher dinglicher Natur muss ebensolches gelten.

Damit kann der Nießbraucher hier in die bestehenden Arbeitsverhältnisse eintreten (zur Weiterhaftung des bisherigen Betriebsinhabers s. § 613 a II BGB: Haftung für arbeitsvertragliche Verpflichtungen, soweit sie ein Jahr vor dem Übergang entstanden sind und Fälligkeit innerhalb eines Jahres nach diesem Übergang; bei Fälligwerden nach Übergangszeitpunkt nur anteilige Haftung bezogen auf den Zeitanteil der Forderungen vor Betriebsübergang). Kündigungen wegen dieses Übergangs an

Der Nießbrauch

sich sind unwirksam, wohl aber solche aus anderen Gründen (§ 613 a IV BGB, betriebsbedingte Kündigungen gem. § 1 II Satz 1, III KSchG werden an sich also nicht ausgeschlossen, vor allem aber auch nicht Kündigungen infolge unternehmenssanierender Maßnahmen, s. ferner dazu auch Art. 4 der Betriebsübergangsrichtlinie), ungeachtet dessen können die Arbeitnehmer ihrerseits deswegen kündigen. Widersprechen sie innerhalb einer Monatsfrist ab einer auch in Textform (§ 126 b BGB) möglichen Unterrichtung über den Betriebsübergang (s. dazu i. e. § 613 V BGB), treten die Folgen des § 613 a I BGB nicht ein.

Des weiteren ist zu beachten, dass auch kollektivarbeitsrechtliche Vereinbarungen (Tarifverträge, Betriebsvereinbarungen, Dienstvereinbarungen) mit dem Betrieb übergehen können (s. näher § 613 a I Satz 1 bis 4 BGB).

2.8.4.3 Haftung für Steuerschulden

135c Beachtlich ist schließlich die Haftung des Betriebsübernehmers für Steuerschulden nach § 75 AO (str., s. Intemann, in: Pahlke/Koenig § 75 Rdn. 34). Wird hiernach ein Unternehmen oder ein in der Gliederung des Unternehmens gesondert geführter Betrieb im Ganzen übereignet, so haftet der Erwerber für die Steuern, welche sich auf den Unternehmensbetrieb gründen (Ertragssteuern, Umsatzsteuer, Gewerbesteuer), sowie für Steuerabzugsbeträge. Es gilt eine zeitliche Begrenzung, wonach die Steuern seit dem Beginn des letzten Jahres vor der Unternehmensübertragung entstanden sein müssen (s. allgemein § 38 AO) und innerhalb eines Jahres nach Anmeldung des Betriebs (§ 139 AO) durch den Erwerber festgesetzt oder angemeldet worden sind (was namentlich die Umsatzsteuer betrifft). Gegenständlich ist die Haftung auf das Unternehmen beschränkt.

Spiegelbildlich dazu werden Erstattungsansprüche auf Steuervergütungen behandelt. Für den Unternehmenserwerb aus Insolvenzen gilt die Regelung nicht (§ 75 II AO), was aber für den Unternehmensnießbrauch nur in wenigen Ausnahmefällen eine Rolle spielen dürfte.

Auch hier bleibt die ursprüngliche Steuerschuld bestehen. Der bisherige Unternehmer als Steuerschuldner wird also nicht entlassen. Auch hier ist der Innenausgleich dringendst vertraglich zu regeln – dies ungeachtet dessen, dass man regelmäßig zu einem vollumfänglichen Einstehenmüssen des bisherigen Unternehmers für diese Verbindlichkeiten bei Fehlen solcher Absprachen gelangen dürfte.

2.8.4.4 Kartellrechtliches

Der Unternehmensnießbrauch führt zu einer Verlagerung des unternehmerischen Bereichs von einem Unternehmensträger auf den anderen. Zugleich kann es hier zu weiteren kooperativen Erscheinungsformen kommen, wie man sie bereits von Unternehmensübertragungen her kennt.   *135d*

Durchaus denkbar sind hier echte Wettbewerbsbeschränkungen vor allem in Gestalt von Konkurrenzverboten. Solche sind Gegenstand eines zunächst weitreichenden Kartellverbots (s. § 1 GWB, Art. 81 I EGV).

Allerdings wird es hier im Regelfall zu besonderen Zwecksetzungen kommen, die zugleich den Wettbewerb auch in ihrer Wirkung nicht beeinträchtigen. Konkurrenzverbote sind bei Unternehmensnachfolgen dazu da, dem Nachfolger den unternehmerischen Bereich überhaupt erst zu erschließen, etwa vor allem den Kundenstamm zu erhalten. Ohne solche Klauseln, deren Pflichteninhalt gegebenenfalls sogar schon mittels Auslegung ermittelt werden könnte (vgl. auch § 241 II BGB), würde das mit dem Unternehmensnießbrauch verfolgte Vertragsziel im Einzelfall sogar vereitelt werden.

Das Kartellrecht erkennt diesen Umstand an. Man vertritt insoweit, dass bei hinreichend sachlichen Gründen das Kartellverbot schon von seinem Tatbestand nicht eingreift (sog. Rule of Reason oder hierzulande auch Immanenztheorie genannt, s. dazu Nordemann, in: Loewenheim/Meessen/Riesenkampff § 1 Rdn. 163 ff., für Unternehmensveräußerungen bis hin zu Unternehmensüberlassungen – für den Unternehmensnießbrauch kann nichts anderes gelten). Es wird eine Wettbewerbsbeeinträchtigung weder bezweckt noch bewirkt (vgl. den Tatbestand der § 1 GWB, Art. 81 I EGV). So wird es bei Übernahmekonzepten oft sein.

Freilich bedeutet dies keinen Freibrief für Konkurrenzverbote im Rahmen von Unternehmensnachfolgen schlechthin. Stets ist die Rule of Reason/Immanenztheorie an dem sachlichen (reasonable) Zweck (reason) zu messen. Wo über das Ziel hinausgeschossen wird und eine weitergehende Wettbewerbsbeeinträchtigung die Folge ist, greift das Kartellverbot ungeschmälert ohne auch nur den Hauch etwa einer geltungserhaltenden Reduktion ein (vgl. insoweit auch die Parallelen zu kartellrechtlichen Freistellungen in § 2 I GWB, Art. 81 III EGV).

Praktisch selten aber doch nicht ausgeschlossen ist auch das Eingreifen der Fusionskontrolle (§§ 35 ff. GWB, Fusionskontrollverordnung des EG-Rechts). Der Fusionstatbestand erfasst nämlich auch über die Fusion im eigentlichen Sinne (Verschmelzung) den sog. Kontrollerwerb (§ 37 I Nr. 2 lit. a) GWB, Art. Art. 3 II lit. a) FKVO), der zu einer Beeinträchtigung des Wettbewerbs, namentlich der Begründung oder Verstärkung einer marktbeherrschenden Stellung führt. Dies kann auch durch eine Nießbrauchsbestellung – und hier vor allem durch einen Unternehmensnießbrauch – geschehen. Im Grundsätzlichen bedeutet dass, dass die Bestellung des Nießbrauchs bei den jeweiligen Kartellbehörden angemeldet werden muss und von dieser genehmigt werden muss. Nichtachtungen können neben Bußgeldern vor allem auch zu einer Entflechtung der Fusion führen, m. a. W.: zur Verpflichtung, den Unternehmensnießbrauch wieder aufzuheben.

2.8.4.5 Konzernrecht

Weiterhin kann vor allem der Unternehmensnießbrauch konzernrechtlich bedeutsam sein. Für den sog. Vertragskonzern ist insoweit die Variante des Betriebsüberlassungsvertrags anerkannt (s. a. § 299 I Nr. 3 AktG). Er führt zu einer Zusammenführung mehrere Unternehmen (eigentlich: Unternehmer) unter einer einheitlichen Leitung (vgl. die allgemein-gültige Konzerndefinition in § 18 AktG). Die Art und Weise der Überlassung kann vielfältig sein, aber ein Unternehmensnießbrauch wird mit Sicherheit dazu gehören.

Grundsätzlich bedeutet dass, dass dann besondere Verfahrensweisen einzuhalten sind. Dem Grunde nach geht es um die Schaffung besonderer Organisationseinheiten (des Konzerns eben), welche entweder nach eigenen Regeln zu behandeln ist (so für AG und KGaA §§ 293 ff. AktG) oder was jedenfalls als Satzungs- oder sonstige Gesellschaftsvertragsänderung zu erachten ist (s. etwa §§ 53 ff. GmbHG). Man bedarf pauschal gesagt besonderer Mehrheiten in den Gesellschaftsgremien, Beschlüsse aller beteiligten Gesellschaften, oft auch besonderer Prüfungsverfahren und gegebenenfalls auch besonderer Handelsregistereintragungen (vgl. etwa § 294 AktG).

2.8.4.6 Grundsätzliche Strukturen

2.8.4.6.1 Die Verschaffung des Unternehmens

136 Die Unternehmensträgerschaft verlangt mehr als die bloße Einräumung der Gebrauchsmöglichkeiten in bezug auf das Anlagevermögen. Zwingend hinzu kommen muss noch die Einräumung des unternehmerischen Tätigkeitsbereiches, namentlich durch entsprechende Einweisung, Überlassung von know-how oder Erteilung von Auskünften. Nur hierdurch erwächst dem Nießbraucher die Möglichkeit, über die bloße Nutzungsziehung, das Nutznießen an sich, auch als Unternehmer tätig zu sein. Die Verschaffung dieser Möglichkeiten steht eng im Zusammenhang mit der Frage, welcher unternehmerische Bereich von dem Nießbrauch überhaupt abgedeckt werden soll bzw. wie weit diese Unternehmensbelastung überhaupt reichen soll, kurz: mit der konkret-einzelfallbezogenen Definition des Wortes „Unternehmen" im Unternehmensnießbrauch (s. bereits o. Rdn. 135 a. E.).

Spätestens jetzt tauchen Zweifel auf, ob es einen solchen Unternehmensnießbrauch überhaupt geben kann. Das beruht vor allem darauf, dass der Nießbraucher eben bei allen weitreichenden Optionen doch „nur Nutznießer" ist. dass ihm darüber hinaus ein eigener Aktionsradius zustehen soll, sieht das Nießbrauchsrecht nicht vor.

Auf den zweiten Blick lösen sich diese Zweifel auf. Zutreffend wird darauf aufmerksam gemacht, dass hier zwischen dinglichem und schuldrechtlichem Geschäft zu differenzieren ist (Schmidt, Handelsrecht, § 6. III. 3.). Es geht hier um umfassende Konzepte, welche teils der einen, teils der anderen Sparte zuzuordnen sind:

Sofern echte Vermögensgegenstände, die eigenen Rechten unterliegen, zur Verfügung gestellt werden, handelt es sich um eine Nießbrauchseinräumung im klassischen Sinne (Das betrifft namentlich das Anlagevermögen, s. etwa MüKo-Pohlmann § 1085 Rdn. 21; Staudinger/Frank Anh. zu §§ 1068, 1069 Rdn. 39). Die Bestellung erfolgt wie bei § 1085 Satz 1 BGB auch (s. o. Rdn. 131) für jeden Gegenstand einzeln nach den jeweils einschlägigen Vorschriften (§§ 1032, 1069 BGB).

137

Im Einzelfall sind die eingeräumten Rechte von ihrem Inhalt und der Reichweite ihrer Belastung hinreichend zu spezifizieren. Das gilt vor allem für Immaterialgüterrechte (etwa Kennzeichenrechte), wenn nur Teilbereiche eines Unternehmens (etwa Filialen) mit einem Nießbrauch belastet werden sollen (s. bereits o. Rdn. 135 a. E.).

Hinzu kommen kann, dass einzelne Gegenstände sogar zur Gänze übertragen werden, was häufig für das Umlaufvermögen so vereinbart wird (Schmidt, Handelsrecht, § 6. III. 3.; Staudinger/Frank a. a. O.); ansonsten ist in jedem Fall entweder von einer konkludenten Ermächtigung zu bestimmungsgemäßen Verfügungen über die hierzu gehörenden Gegenstände oder von einer Analogie zu § 1048 BGB auszugehen (MüKo-Pohlmann § 1085 Rdn. 19.; s. a. Schmidt a. a. O.). Nicht zuletzt könnte auch an eine Analogie zu § 1067 BGB gedacht werden (Nieder Rdn. 701; s. dazu aber auch MüKo-Pohlmann a. a. O.). Wo das geschieht, handelt es sich auch um dingliche Geschäfte, aber nicht um eine Nießbrauchsbestellung.

Wo es um die Verschaffung des Tätigkeitsbereiches, der Unternehmensträgerschaft schlechthin, geht, handelt es sich von vornherein um keine Frage dinglicher Rechte. Hierzu fehlt es an den betreffenden Gegenständen, die eigenen, selbständigen Rechten unterliegen können (str.

für know-how oder dem vergleichbare Ideen und Betriebsgeheimnisse, vgl. dazu Forkel FS Schnorr von Carolsfeld 1973, S. 105 ff. Diese Frage soll hier nicht weiter vertieft werden. Jedenfalls für sonstige Leistungen – etwa Auskünfte oder sonstige Einweisungen oder weitergehende Förderpflichten – bleibt es bei dem Gesagten). Hier erfolgen die entsprechenden Leistungen auf schuldrechtlicher Ebene und haben mit dem Nießbrauch selbst nichts zu tun.

Man kann jedenfalls feststellen, dass – auch wenn man in dem Unternehmensnießbrauch ein einheitliches Recht sehen möchte – für die Bestellung des Rechts über jeden einzelnen Gegenstand einzeln verfügt werden muss (so auch RGZ 95,237).

Schlussendlich sei nochmals darauf hingewiesen, dass es um Vermögensmassen geht, womit die Konkordanz mit dem allgemeinen Vermögensnießbrauch nun nicht mehr geleugnet werden kann (s. o. Rdn. 135).

2.8.4.6.2 Vertragsgestalterische Aspekte

137a All diese Uneinheitlichkeiten verlangen nach einer akkuraten Vertragsgestaltung. Das betrifft auch die Frage, welche Nutzungen überhaupt gezogen werden können. Hier geht es dann darum, welche Erträge der Unternehmensführung durch den Nießbraucher (Fehlt es an dieser, liegt kein Unternehmensnießbrauch vor, sondern ein reiner Ertragsnießbrauch) diesem gebühren sollen. Man tendiert dazu, den Bilanzgewinn zugrunde zu legen, wobei andersartige Verteilerschlüssel ohne weiteres möglich sind und zwar sowohl in Höhe als auch der Berechnung des dem Nießbraucher Zugewiesenen (Nieder Rdn. 701).

Ansonsten gelten die Vorschriften über das gesetzliche Schuldverhältnis entsprechend (s. dazu o. Rdn. 82 ff.; zum Folgenden s. den Überblick bei Nieder a. a. O.). Das bedeutet, dass die Unternehmensführung innerhalb der Grenzen einer ordnungsgemäßen Wirtschaft zu bleiben hat (vgl. § 1048 BGB); modifiziert wird dies dadurch, dass ein gewisser unternehmerische Gestaltungsspielraum dem Unternehmensnießbraucher verbleiben muss, wird doch hier mehr eingeräumt als bloße Sachwerte (vgl. zuvor Rdn. 136). Das Unternehmen selbst darf nicht grundlegend verändert werden, wie es etwa im Fall der Änderung des Unternehmensgegenstands oder der Rechtsform so wäre, ebenso wenig wären Unternehmensbeendigungen möglich. Im Grundsatz gibt dies schon der dingliche Inhalt des Nießbrauchs selbst vor, welcher den Nießbraucher auf die Ziehung von Nutzungen beschränkt, wovon die genannten Maßnahmen aber nicht mehr gedeckt wären. Verstößen kann sowohl schuldrechtlich wie auch mit dinglichen Ansprüchen (§ 1065 BGB) begegnet wären, nicht hingegen wären die genannten Maßnahmen per se unwirksam. Spätestens jetzt erkennt man das faktisch erforderliche besondere Vertrauenspotential, ohne welches eine Nießbrauchsgewährung an einem Unternehmen geradezu zu einem Va-banque-Spiel ausarten würde.

Insoweit mag fraglich sein, ob die Unternehmennießbrauchsverpachtung sich im Rahmen des Nießbrauchs hält. § 1059 Satz 2 BGB in einer Analogie legt das nahe, wohingegen für die Unternehmensverpachtung durch einen Subunternehmer selbst §§ 581 II, 540 BGB und die dortigen Zustimmungsvorbehalte zu berücksichtigen wären. Infolge des eben genannten Vertrauensaspekts sollte man gegebenenfalls vertragliche Unterlassungsansprüche manifestieren. Ansonsten käme man in der Tat zu schwierigen Abgrenzungsfragen, denn hat der Nießbraucher das ihm solchermaßen überlassene Unternehmen erst einmal eine gewisse Zeit lang geführt, wäre es schon fraglich, ob hierdurch nicht ein eigener unternehmerischer Bereich erwachsen ist, über welchen der Nießbraucher mittlerweile selbst im Rahmen des rechtlich Möglichen (Verfügungsgeschäfte wären ausgeschlossen, vgl. § 1059 Satz 1 BGB, hier könnte allenfalls für einzelne Vermögensgegenstände ein gutgläubiger Erwerb in Betracht kommen oder allenfalls ansatzweise eine eigene Berechtigung bzw. Verfügungsbefugnis des Nießbrauchers) disponieren könnte.

Weitergehend ist auf die Statuierung weiterer Pflichten zu achten. Namentlich wenn Betriebs- oder Geschäftsgeheimnisse mit dem Nießbrauch an dem Unternehmen zur Verfügung gestellt werden (vgl. insoweit Rdn. 100a), sind entsprechende Geheimhaltungs-, Vertraulichkeits- und Unterlassungspflichten bezüglich der sonstigen Verwertung ein absolutes Muss, denn solche Geheimnisse werden vom geltenden Recht nur unzulänglich geschützt (s. §§ 17 ff. UWG). Vor allem ist im Auge zu behalten, dass Doppelverwertungen identischen geheimen Know-hows grundsätzlich möglich sind und zudem der Geheimnisschutz allein schon durch Bekanntwerden des Geheimen versagt (s.a. Ahrens, Wettbewerbsrecht, Rdn. 264).

Schlussendlich ist auch die Rückabwicklung nach einer Nießbrauchsbeendigung vertraglich genauer zu regeln als es die marginalen gesetzlichen Regeln tun.

Insgesamt kann man feststellen, dass die vertragsgestalterischen Aspekte hier weiter reichen als es für einen Nießbrauch ansonsten üblich ist. Der Grund liegt in der Komplexität des Ganzen. Die Nutzungseinräumung an einem Unternehmens kommt einer Unternehmensübertragung selbst sehr nahe. Hinzu kommt, das allein auf der Verfügungsebene eine

Der Nießbrauch

solche Transaktion gar nicht möglich ist, es kommen umfassende weitere Dispositionen hinzu.

2.8.4.7 Fazit

138 Zusammenfassend kann gesagt werden, dass das, was hinter dem Unternehmensnießbrauch steht, weitaus komplexerer Natur ist als das, was hier wirklich durch den Nießbrauch repräsentiert wird, selbst. Man muss gewissermaßen aus dem Unternehmensüberlassungskonzept dasjenige herausschälen, was wirklich des Nießbrauchs ist. Hat man das getan, stellt sich heraus, dass tatsächlich wieder ein Bündel von einzelnen Nießbrauchsrechten an einzelnen Gegenständen vorliegt. Insoweit entspricht die Situation derjenigen bei § 1085 Satz 1 BGB (s. o. Rdn. 130; s. a. Müko-Petzoldt § 1085 Rdn. 9. Anzumerken ist hier, dass es auch nicht schlechthin unmöglich gewesen wäre, ein eigenes Recht am Unternehmen anzunehmen, welches selbst als ein solches Gegenstand eines einheitlichen Nießbrauchs hätte sein können. Vergleichbares wird im Lizenzrecht diskutiert, s. dazu Forkel ZHR 153 (1989),511 ff. Hinsichtlich des Nießbrauches wurden derartige Überlegungen noch nicht angestellt, und angesichts der Vorgabe in § 1085 Satz 1 BGB wäre es auch nicht leicht, hier derartig neue Wege zu beschreiten).

Diese Nießbrauchskonzeption fügt sich in weitere vertragliche Regelungen ein, die aber von dem dinglichen Recht des Nießbrauchs selbst nicht erfasst werden. Hier sind anderweitige rechtliche Konzeptionen am Platze. Die Nießbrauchsbestellung allein führt nicht zu dem Unternehmensüberlassungskonzept, welches hier von den Parteien bezweckt wird. Entsprechend könnte sie – was dann aber mit dinglichen Nutzungsrechten überhaupt nichts mehr zu tun hat – durch andere rechtliche Konzeptionen (etwa eine Unternehmenspacht, tatsächlich findet sich insoweit auch für den Nießbrauch das Schlagwort der dinglichen Pacht, Schmidt § 6.III.2.) ersetzt werden.

Unter dem Eindruck des Gesagten kann der Unternehmensnießbrauch in seiner Zulässigkeit nun auch nicht mehr ernsthaft bestritten werden. Schon aus der Struktur dieses dinglichen Rechts ergibt sich seine Zulässigkeit. Es bedarf hierzu auch keiner besonderen Anerkennung in einer speziellen Norm außerhalb des Sachenrechts (Hier wird gemeinhin auf § 22 II HGB hingewiesen. Tatsächlich stellt diese Norm nicht auf den Nießbrauch als solches ab, sondern – zugegebenermaßen versteckt – auf die Übernahme des Handelsgeschäfts, was so zu lesen ist: Übernahme der Trägerschaft des Handelsgeschäfts unter Zuhilfenahme eines Nießbrauchs, oder noch allgemeiner: Übernahme der Unternehmensträgerschaft).

Die Wirkung des Unternehmensnießbrauchs ist dieselbe wie bei den Einzelnießbrauchsrechten im Rahmen eines Vermögensnießbrauchs auch.

Jeder einzelne nießbrauchsbelastete Gegenstand wird nach den speziell für ihn geltenden Regeln geschützt. Der Schutz ist jeweils mit unterschiedlicher Intensität ausgestaltet, was sich im einzelnen an dem Schutz der Vollrechtsinhaberschaft an dem Gegenstand selbst orientiert (vgl. schon o. Rdn. 122 f.).

Was daneben freilich in Frage kommt, ist ein Schutz des Nießbrauchers unter dem Aspekt des eingerichteten und ausgeübten Gewerbebetriebs oder – allgemeiner gesprochen – des Rechts am Unternehmen (zur Diskussion um den Existenz dieses mittlerweile sehr umstrittenen Rechts s. auf der einen Seite Larenz/Canaris § 81. IV.; Zöllner JZ 1997,295, auf der anderen Seite Schildt WM 1996,2264 ff.; Ahrens, S. 130 ff.). Es wäre nicht schlechthin ausgeschlossen, über den Nießbrauch und dessen Schutz auch dieses Recht zum Schutze des Unternehmensnießbrauchers nutzbar zu machen. Letztendlich geht es hierbei um eine Frage der deliktsrechtlichen Dogmatik (s. zu den hier vorliegenden Fragen etwa MüKo-Wagner § 823 Rdn. 184 ff.).

2.8.4.8 Erbschafts- und schenkungssteuerliche Anmerkung

Die unentgeltliche Zuwendung von Betriebsvermögen kann schenkungs- bzw. erbschaftssteuerlich begünstigt sein (s. § 13 a I Satz 1 Nr. 1 ErbSchStG, die allgemeinen Voraussetzungen freilich jeweils vorausgesetzt). Das hat zu der Frage geführt, ob dies auch einen Unternehmensnießbrauch betreffen kann. Die Kernaussage dieser Diskussion ist aber letztendlich doch, dass dem nicht so ist. Auf den Punkt gebracht geht es darum, dass die Nießbrauchsbestellung keinen Übergang von Betriebsvermögen bzw. land- und forstwirtschaftlichen Vermögens betrifft, vielmehr wird dem Erwerber insoweit ein Nutzungsrecht zugewendet, welches zuvor zu dem vorhandenen Betriebsvermögen bzw. land- und forstwirtschaftlichen Vermögen gar nicht gehörte (s. dazu auch Troll/Jülicher § 13 a Rdn. 149).

138a

Das betrifft den Zuwendungsnießbrauch. Wird ein Nießbrauch vorbehalten und das Unternehmen übertragen, greift die Begünstigung durchaus ein, mit der Folge, dass die hier gemachte Zuwendung insgesamt bis zu einem Wert von 225.000 Euro außer Ansatz bleibt (Jülicher a. a. O. Rdn. 150, s. i. e. § 13 a I Satz 1 lit. a) ErbSchStG). Getreu dem Zweck der Begünstigung von Unternehmensnachfolgen muss der Zuwendungsempfänger seinerseits Unternehmer sein. Dem wird regelmäßig so sein (vgl. o. Rdn. 135a, s. nun auch Jülicher a. a. O. im Vergleich zu früheren Auffassungen der Finanzverwaltung). Ausnahmen sind vor allem dort zu erwägen, wo dem Unternehmensübernehmer infolge vertraglicher Absprachen kein unternehmerischer Spielraum verbleibt (vgl. etwa entsprechende Situationen beim Gesellschaftsanteilsnießbrauch bei Stimmbindungsverträgen) oder auch der ihm gebührende Gewinn zu sehr beschränkt wird (s. i. e. Jülicher a. a. O.).

2.8.5 Gesetzliches Schuldverhältnis

139 Auch hier gibt es ein flankierendes gesetzliches Schuldverhältnis. Die §§ 1085 ff. BGB sagen dazu nichts, weil dafür kein Bedürfnis besteht. Das folgt auch hier daraus, dass es hier nicht um einen einheitlichen Nießbrauch an einer Vermögensmasse geht, sondern um ein Bündel einzelner Nießbrauchsrechte.

Diese einzelnen Rechte bestimmen für den konkreten Gegenstand den Inhalt des konkreten Schuldverhältnisses. Genau genommen muss es ebenso viele gesetzliche Schuldverhältnisse geben wie einzelne Nießbrauchsrechte. Man hat es also zugleich mit einem Bündel solcher Schuldverhältnisse zu tun.

Letztendlich gilt dasselbe auch für den Unternehmensnießbrauch, weist er im Ergebnis doch identische Strukturen auf. Vor allem hier ist die wirtschaftliche Bestimmung des Nießbrauchsgegenstandes zu beachten. So darf der Nießbrauchsinhaber den Unternehmenszweck nicht ändern oder seinerseits das Unternehmen andern überlassen oder gar veräußern oder völlig einstellen (vgl. Staudinger/Frank Anh. §§ 1068, 1069 Rdn. 47), kurz gesagt: Sogenannte Grundlagengeschäfte sind ihm verwehrt (vgl. dazu Canaris § 14 Rdn. 13, dort für den Prokuristen, wobei die dort zu findende Interessenlage mit der hiesigen übereinstimmt).

In diesem Zusammenhang steht die Frage, wem Wertsteigerungen, entstanden hinsichtlich des Unternehmens während der Nießbrauchszeit, zustehen. Mit Sicherheit kann diese Frage nicht unter Hinweis auf den dinglichen Umfang des Nießbrauchs gelöst werden. Man wird diese dem Besteller als „Unternehmensinhaber" zusprechen müssen, denn von dem Nutzungsbegriff (s. o. Rdn. 61 ff.) werden solche Wertsteigerungen nicht erfasst. Zutreffend wird hier denn auch allein auf den Reingewinn abgestellt (s. a. Erman/Michalski § 1085 Rdn. 9).

Hier sollten vertragliche Absprachen um einer gerechten Verteilung willen zumindest erwogen werden. Spiegelbildlich dazu fragt sich, wer die

Investitionen für den genannten Zeitraum zu tragen hat, was mangels besonderer Abreden nach dem Recht der Geschäftsführung ohne Auftrag zu lösen ist (vgl. § 1049 sowie o. Rdn. 87), was im Ergebnis aber bedeutet, dass im Regelfall den Nießbraucher diese Last trifft, denn während seines Nießbrauchs tätigt er diesbezüglich keine fremden Geschäfte (vgl. auch Erman/Michalski a. a. O.). Anders könnte es allenfalls bei langfristigen, über den betreffenden Zeitraum hinausreichenden, Investitionen sein. Abgrenzungsschwierigkeiten liegen auf der Hand, weshalb auch hier eine vertragliche Regelung unbedingt und in jedem Fall anzuraten ist!

2.8.6 Haftungs- und vollstreckungsrechtliche Besonderheiten

Auch wenn der Vermögensnießbrauch eigentlich nicht die Besonderheit darstellt, als die er zunächst erscheinen mag, können seine Wirkungen für den Rechtsverkehr verheerend sein. Das betrifft vor allem die Situation der Gläubiger des Nießbrauchsbestellers. *140*

2.8.6.1 Schutz dritter Gläubiger

Ist der Nießbrauch eingeräumt, ohne dass diese Gläubiger bereits auf das betreffende Vermögen Zugriff genommen haben, sehen sie sich mit einem umfassenden dinglichen Recht konfrontiert, welches ihren Ansprüche nunmehr im Range vorgeht. Die Möglichkeit, die Nießbrauchbestellung gegebenenfalls wegen Gläubigerbenachteiligung nach den einschlägigen Vorschriften anzufechten (s. dazu u. Rdn. 158a ff.), wird hier nur für einen Bruchteil der Fälle eine befriedigende Lösung bringen. Auch der ganz unverdächtige und vorwurfsfreie Normalfall des Vermögensnießbrauchs zeitigt die gläubigerbenachteiligende Wirkung. Nicht die Absicht, Vollstreckungsmasse berechtigten Gläubigerinteressen zu entziehen, ist das eigentlich Brisante, dies ist schon allein der Rang des dinglichen Rechts.

Dieser Misere tritt jedoch § 1086 BGB entgegen, wonach Gläubiger des Bestellers grundsätzlich vorrangig vor dem Nießbrauch sich wegen ihrer Ansprüche befriedigen können. Stets muss es sich aber um einen Vermögensnießbrauch handeln (§ 1085 Satz 2 BGB). Ein Nießbrauch an einem Einzelgegenstand, selbst wenn er das gesamte Vermögen des Bestellers ausmacht (s. o. Rdn. 133), oder auch ein Unternehmensnießbrauch, wenn man in ihm nicht zugleich einen solchen Nießbrauch i. S. v. § 1085 BGB sehen will (s. dazu o. Rdn. 135, a. A. die Voraufl.), reichen nicht aus. Man kann hier durchaus Kritik üben, an dem Wortlaut des § 1085 Satz 2 BGB jedoch nichts ändern. *141*

2.8.6.1.1 Voraussetzungen

Voraussetzung ist, dass die Forderungen vor der Nießbrauchsbestellung entstanden sind. Niemand hat Anspruch darauf, dass sein Schuldner sich stets derselben Vermögenssituation erfreut und kann daher auch nicht darauf vertrauen, dass dieser sich seines Vermögens nicht vor Entstehung der Forderung begibt.

Jedoch braucht die Forderung ungeachtet des Gesetzeswortlautes nicht vollständig in ihrem Tatbestand vorhanden sein. Es reicht aus, dass sie dem Grunde nach vorliegt. Somit schaden insbesondere noch nicht eingetretene Bedingungen oder Befristungen nicht. Für wiederkehrende Leistungen reicht aus, wenn schon das Stammrecht entstanden ist. Es gilt insoweit dieselbe Rechtslage wie zu § 38 InsO (MüKo-Pohlmann § 1086 Rdn. 3; Eickmann, in: Heidelberger Kommentar, § 38 Rdn. 11 ff.). Man mag weiterhin noch auf die Parallele zu § 404 BGB hinweisen (s. o. Rdn. 117), was sich daraus rechtfertigt, dass eine Nießbrauchsbestellung einer Übertragung doch recht nahe kommt (vgl. §§ 1032, 1069 BGB). So wie im Zessionsrecht ein Bestandsschutz gerechtfertigt ist, ist er es auch hier (vgl. § 1070 BGB, dazu aber auch o. Rdn. 117 ff.).

Für den Erbschaftsnießbrauch (§ 1089 BGB) kommt es entsprechend auf die Nachlassverbindlichkeiten an (vgl. § 737 II ZPO).

2.8.6.1.2 Rechtsfolgen

Indessen begründet § 1086 BGB keine Eigenhaftung des Nießbrauchers. Es wird lediglich die Nießbrauchsmasse als Haftungsobjekt zur Verfügung gestellt. Haftender ist immer noch der Besteller (anders § 1088 BGB, dazu sogleich im Anschluss). Der Nießbrauchsinhaber ist gem. § 1086 Satz 1 BGB zur Duldung der Befriedigung (der Zwangsvollstreckung) verpflichtet.

Gem. § 737 I ZPO ist die Vollstreckung in einen Vermögensnießbrauch möglich, wenn neben der Verurteilung des Bestellers zur Leistung auch eine solche des Nießbrauchsinhabers zur Duldung der Vollstreckung vorliegt. Dasselbe gilt im Fall eines Erbschaftsnießbrauches für die Nachlassverbindlichkeiten (§ 737 II ZPO). Der Erbe muss zur Leistung, der Nießbraucher zur Duldung verurteilt sein.

2.8.6.1.3 Titelumschreibung

Sofern die Nießbrauchsbestellung an einem Vermögen nach der rechtskräftigen Feststellung einer Schuld des Bestellers erfolgt, kann hinsichtlich der Duldungspflicht des Nießbrauchers eine Umschreibung des Titels wie ansonsten bei einer Titelumschreibung auf den Rechtsnachfolger erfolgen (§§ 738, 727 ZPO). Der Schuldner kann hierzu angehört werden (§§ 738, 730 ZPO). Sofern der Beweis der Pflichten des Nießbrauchers nicht durch öffentliche Urkunden geführt werden kann, muss bei dem Prozessgericht des ersten Rechtszuges auf Erteilung der Klausel geklagt werden (§§ 738, 731 ZPO). Gegen die Erteilung der Klausel, wenn es um die Beanstandung des Fehlens von deren Zulässigkeit geht, ist die Erinnerung statthaft. Zuständig ist das Gericht, von dessen Gericht die Vollstreckungsklausel erteilt worden ist (§§ 738, 731 I ZPO. Hier besteht die Möglichkeit eines vorläufigen Rechtsschutzes nach Maßgabe der §§ 738, 731 II ZPO.

Stets müssen hier aber die Voraussetzungen des § 1086 BGB vorliegen. Ist das nicht der Fall, geht der Nießbrauch den Vollstreckungszugriffen im Range ja vor, so dass der Nießbraucher insoweit schon nichts dulden muss.

2.8.6.2 Eigenhaftung des Nießbrauchers

Eine Eigenhaftung für den Nießbraucher besteht hingegen dann, wenn es *142* um wiederkehrende Leistungen, die bei ordnungsgemäßer Verwaltung aus den Einkünften des Vermögens bestritten werden, oder um Zinsen geht. Sofern die Forderung bereits vor dem Nießbrauch entstanden sind – hier gelten die vorgenannten Grundsätze – oder die Verzinslichkeit entsprechend schon vorher vorlag, kann hier die Leistung auch vom Nießbrauchsinhaber verlangt werden (§ 1088 I BGB). Hier geht es um die Herausgabe von Nutzungen bzw. solchen ähnliche Leistungen, die schon von Anfang an eben nicht dem Nießbraucher zustehen sollten und die durch nachträgliche Transaktionen (der Nießbrauchseinräumung) nicht verlagert werden sollen.

Zu den wiederkehrenden Leistungen gehören etwa Tilgungsraten (OLG Düsseldorf OLGZ 75,341; laut Rspr. auch objektbezogene Steuern, RGZ 153,29 ff. für die – nicht mehr bzw. vielleicht auch nur derzeit nicht existierende – Vermögenssteuer) oder Unterhaltsbeiträge sowie Versicherungsleistungen (Palandt-Bassenge § 1088 Rdn. 1 a. E.). Die Einschränkung in § 1088 I Satz 2 BGB, wonach diese aus der ordnungsgemäßen Verwaltung des Vermögens heraus bestritten werden können, bedeutet hierbei nicht, dass sie das Vermögen als solches nicht übersteigen können (s. a. RGZ 153,35 f.).

Da es hier um den Schutz Dritter geht, ist diese Regelung für das Außenverhältnis nicht abdingbar (§ 1088 II BGB). Alles andere würde zu einem unzulässigen Vertrag zu Lasten Dritter führen.

Daneben besteht freilich noch die Haftung des Bestellers, der ja aus seiner Schuld nicht ohne Zutun des Gläubigers (vgl. § 415 BGB) entlassen werden kann. Tatsächlich hat man es hier mit einem gesetzlichen Schuldbeitritt zu tun (Jauernig/Jauernig § 1088 Rdn. 1), der zu einer Gesamtschuld (§§ 421 ff. BGB) führt.

2.8.6.3 Das Innenverhältnis Nießbraucher – Schuldner

143 Zusätzlich finden sich Regelungen für das Innenverhältnis, die ihrerseits durch anderweitige Absprachen verändert werden können (RGZ 153,31 f.; Staudinger/Frank § 1088 Rdn. 12).

Wird der Besteller für eine der beschriebenen Forderungen i. S. v. § 1086 BGB in Anspruch genommen, kann er von dem Nießbraucher Rückgabe der zur Befriedigung des Gläubigers erforderlichen Gegenstände verlangen.

Ihm steht ein Auswahlrecht zu, welches er jedoch ganz in den Dienst der Gläubigerbefriedigung zu stellen hat, m. a. W.: Ist ein Gegenstand in einem besonderen Maße zur Befriedigung geeignet, kann auch nur dieser vom Nießbraucher beansprucht werden. Soweit ein solcher Gegenstand zur Gläubigerbefriedigung ausreicht, trifft den Besteller dann auch die entsprechende Pflicht zu dieser, denn nur zu diesem Zweck ist die Herausgabe schließlich erfolgt (§ 1087 I BGB).

Ein demgegenüber abweichendes Einbehalten des Gegenstandes durch den Besteller würde zu einer Pflichtverletzung (§§ 280 ff. BGB) führen, daneben gegebenenfalls auch zu einer Verletzung des Nießbrauchs als eines deliktsrechtlich geschützten Rechts (vgl. dazu o. Rdn. 124). Selbstverständlich kann der Nießbraucher kraft des gesetzlichen Schuldverhältnisses auch einen Anspruch auf Gläubigerbefriedigung mittels des dem Besteller überlassenen Gegenstands geltend machen.

2.8.6.4 Vollstreckungsabwendung durch den Nießbraucher

144 Weiter kann (nicht: muss! Eine Verpflichtung besteht lediglich zur Duldung eventueller Vollstreckungsmaßnahmen, s. o. Rdn. 141) der Nießbraucher die Verbindlichkeit durch Leistung des geschuldeten Gegenstandes erfüllen. Gehört der Gegenstand nicht zu dem nießbrauchsbelasteten Vermögen, kann im Eilfall der Nießbraucher einen vermögenszugehörigen Gegenstand zum Zwecke der Gläubigerbefriedigung veräußern, aber auch hier dürfen nur vorzugsweise geeignete Gegenstände ausgewählt werden. Indessen gilt dies nicht, wenn er zum Ersatz des Werts verbrauchbarer Sachen (vgl. § 1067 I BGB) verpflichtet ist (§ 1087 II BGB).

Was Ansprüche auf Zinsen oder wiederkehrende Leistungen (§ 1088 I BGB) betrifft, so ist intern der Nießbraucher dem Besteller gegenüber zur Gläubigerbefriedigung verpflichtet (zur Abgrenzung zu § 1047 BGB s. Schön, S. 198 – Regelung des Innenverhältnisses). Das erklärt sich daraus, dass, wenn er das Vermögen zur Nutzung erhält, er insoweit auch die Lasten tragen soll – es liegt eine anderweitige Regelung vor, die einen sonstigen hälftigen Ausgleich nach § 426 BGB ausschließt. Erst wenn er mit dieser Pflicht in Verzug gerät (§§ 280, 286 ff. BGB), kann der Besteller Herausgabe von vorzugsweise geeigneten Gegenständen zur Gläubigerbefriedigung verlangen (§ 1088 III BGB).

Aus der Botschaft des Gesetzes, dass, wer das Vermögen hat, auch die Lasten tragen soll, wird gefolgert, dass § 1088 III BGB zu eng gefasst ist. Er soll entsprechend auch für weitere Lasten als die in Absatz 1 Genannten gelten, wenn diese von einem ordentlichen Verwalter aus dem Vermögen bestritten würden (vgl. OLG Düsseldorf OLGZ 75,341 ff. für § 1089 BGB).

2.8.6.5 Fazit

Insgesamt bestechen die Vorschriften über das Innenverhältnis nicht gerade durch Klarheit. Umso mehr empfiehlt es sich, hier durch vertragliche Absprachen die Einzelheiten des Innenausgleichs zum besseren Verständnis der Parteien noch einmal festzulegen. Weiterhin kann auch nicht für jeden Einzelfall angenommen werden, dass das Gesetz hier eine adäquate Ausgleichslösung parat hat (etwa, was den Innenausgleich nach § 1088 III BGB betrifft).

145

Die letztere Aussage betrifft vor allem wieder den Unternehmensnießbrauch, welcher wohl zwingend den §§ 1085 ff. BGB unterliegt (s. o. Rdn. 135). Jedoch geht es hier bei der Regelung der internen Ausgleichspflichten nicht oder zumindest nicht in der Gesamtheit um ein echtes nießbrauchrechtliches Problem. Der Nießbrauch als dingliches Recht erfasst hier wesentliche Fragen schon seinem Umfang nach überhaupt nicht.

So werden vor allem das Haftungsverhältnis gegenüber den Gläubigern sowie der interne Ausgleich nicht zum Gegenstand des Nießbrauchs. Hier gibt es keinen Schuldbeitritt des Nießbrauchers als neuer Unternehmer außerhalb von § 1088 I BGB. Er haftet auch nicht ohne weiteres für Altschulden seines Vorgängers in der Unternehmensträgerschaft, also des Bestellers, und wo dies der Fall ist, ist das kein nießbrauchrechtliches Problem (s. etwa §§ 25 HGB, 613 a BGB). Umgekehrt gilt dasselbe, so dass „Unternehmensgläubiger" des Nießbrauchers auch nicht ohne weiteres den Besteller (etwa, wenn er das Unternehmen wieder übernimmt) in Anspruch nehmen können. Ebenso wenig finden sich Regelungen über den Ausgleich der beiden Parteien in bezug auf getätigte Unternehmensinvestitionen oder Beteiligung an Wertsteigerungen an dem Unternehmen (s. bereits o. Rdn. 139). All dies schreit geradezu nach eigenständigen vertraglichen Absprachen, die hier einen adäquaten Ausgleich herbeiführen. Das Gesetz würde hier geradezu eher aus einem Zufall heraus helfen.

2.8.7 Erbschaftsnießbrauch

146 Gem. § 1089 BGB finden auf den Erbschaftsnießbrauch die Regelungen über den Vermögensnießbrauch entsprechende Anwendung. Im wesentlichen gilt also das zum Vermögensnießbrauch Gesagte. Wie schon beim sog. Unternehmensnießbrauch muss zwischen dem Nießbrauch an der Erbschaft insgesamt – nur diese unterliegt § 1089 BGB – und dem reinen Ertragsnießbrauch unterschieden werden (Palandt-Bassenge § 1089 Rdn. 1; vgl. schon o. Rdn. 135 f.).

2.8.7.1 Allgemeines

Auch hier kommt es darauf an, dass der Wille sich darauf bezieht, eben die Erbschaft (den Nachlass) als solche zu belasten und nicht nur einzelne Gegenstände davon. Die Situation entspricht derjenigen beim Vermögensnießbrauch eben in Bezug auf das Vermögen (s. dazu o. Rdn. 130). Ein Unterschied muss allerdings für den – sicherlich seltenen, aber doch denkbaren, – Fall gemacht werden, dass die Erbschaft nur einen einzigen Gegenstand erfasst. Es liegt gleichwohl ein Nachlass vor, der auch mit einem Erbschaftsnießbrauch belastet werden kann, wohingegen ein Vermögensnießbrauch hier ausscheidet (s. o. Rdn. 133). Der Grund findet sich darin, dass der Nachlass kraft Gesetzes entsteht und anders als das Vermögen nicht von den Parteien definiert werden kann.

Gläubiger i. S. v. §§ 1086 ff. i. V. m. § 1089 BGB sind hier die Nachlassgläubiger (§§ 1967 ff. BGB), die mit den Eigengläubigern des Erben in Konkurrenz treten. Diese gehen im schlimmsten Fall dem Nießbrauchsberechtigten im Range nach (vgl. schon o. Rdn. 141; Palandt-Bassenge a. a. O.). Jedoch wird dem Erben das Recht zugestanden, Nachlassgegenstände, deren er zur Erfüllung einer Nachlassverbindlichkeit bedarf, zurückzuhalten (BGHZ 19,312). Hier werden die Wirkungen der §§ 1087 I, 1088 III Satz 2 BGB in Gestalt eines von Anfang bestehenden Leistungsverweigerungsrechts vorweggenommen.

Ein Nießbrauch an einer Erbschaft reicht aus. Nicht nötig ist, dass der Nießbrauch auch von dem wahren Erben bestellt wurde. Es kann auch ein

Nießbrauch gutgläubig vom Erbscheinserben erworben werden (§ 2366 BGB; Staudinger/Frank § 1089 Rdn. 16).

2.8.7.2 Abgrenzungsfragen

Schließlich ist von dem Erbschaftsnießbrauch derjenige an einem Miterbenanteil (§§ 2033 ff. BGB) abzugrenzen (s. insoweit auch Rdn. 108). Letzterer ist ein Nießbrauch an einem Recht (§§ 1068 ff. BGB). Hier kann es zu einer dem Vermögensnießbrauch nicht bekannten dinglichen Surrogation (s. § 2041 BGB) kommen. Wenn aber ein Gegenstand aus dem Nachlass ausscheidet, sind sie auch für den Nießbrauch verloren (Wolff/Raiser § 123. I.). Dieser Verlust erklärt sich daraus, dass der Nießbrauch eben nicht auf dem Einzelgegenstand lastet, sondern auf dem Miterbenanteil. Nur an diesem besteht der Nießbrauch. Man hat es hier gerade nicht mit einem Bündel an Nießbrauchsrechten zu tun, wie es von § 1089 BGB oder den §§ 1085 ff. BGB direkt her bekannt ist.

147

Wird ein Bruchteil an einer Erbschaft belastet, gilt § 1089 BGB ebenfalls nicht; anders ist es nur dann, wenn alle Bruchteile zugunsten ein und desselben Berechtigten belastet werden. Hier ist dann Raum für eine Analogie (so Bamberger/Roth/Wegmann § 1089 Rdn. 4; weitergehend – für die Bruchteilsbelastung allgemein – sogar Soergel/Stürner § 1089 Rdn. 6; RGRK-Rothe § 1089 Rdn. 3; MüKo-Petzoldt § 1089 Rdn. 2).

2.8.7.3 Bestellung

Die Bestellung des Erbschaftsnießbrauchs kann ebenfalls nur vonstatten gehen, indem jeder einzelne Gegenstand einzeln nach den für ihn geltenden Vorschriften (§§ 1032, 1069 BGB) belastet wird. Das unterscheidet den Erbschaftsnießbrauch vor allem vom Miterbenanteilsnießbrauch (Staudinger/Frank § 1089 Rdn. 13; Erman/Michalski § 1089 Rdn. 2).

Von der Erbeneinsetzung unterscheidet sich diese Konstruktion namentlich dadurch, dass es bei der erstgenannten darum geht, eine Eigentümerstellung bzw. diejenige eines sonstigen Rechtsinhabers zu verschaffen (Staudinger/Frank § 1089 Rdn. 5).

Die schuldrechtliche Kausa ist häufig eine Vermächtniseinsetzung, weshalb hier auf besondere Formvorschriften zu achten ist (§§ 2371, 2385 BGB). Die Verschaffung des Vermächtnisses erfolgt nach Nießbrauchsrecht (vgl. § 2171 BGB, s. zu diesen Fragen auch Staudinger/Frank § 1089 Rdn. 12).

2.9 Gemeinsames

148 Der Nießbrauch erscheint uns in verschiedenen Ausgestaltungen, was aber nicht darüber hinwegtäuschen darf, dass es letztendlich stets doch um solche mit einer gemeinsamen Wurzel geht. So nimmt es nicht wunder, dass in mancherlei Hinsicht gemeinsame Grundzüge bestehen, der Nießbrauch, gleich welche Form, jeweils denselben Regelungen unterliegt (Schon bisher haben die dargestellten Verknüpfungen durch die entsprechenden Verweise darauf ja schon hingedeutet).

2.9.1 Dispositionen

Wie kein anderes Recht dokumentiert der Nießbrauch die Aufteilung der Eigentümerbefugnisse auf zwei Parteien, und dies derart, dass dem Eigentümer eben gemessen an seinem Eigentum kaum etwas übrig bleibt. Für den Nießbrauch an sonstigen Rechten gilt dasselbe, wobei der Eigentumsbegriff lediglich durch den weiter gefassten der Rechtsinhaberschaft ersetzt zu werden braucht.

Jetzt liegt die Vorstellung nahe, dass ein Eigentümer oder sonstiger Vollrechtsinhaber immer noch selbst bestimmen möchte, wem er diese weitreichenden Befugnisse einräumen will und bei wem diese verbleiben sollen. Das hat auch das Gesetz erkannt (vgl. Baur/Stürner § 32 Rdn. 1).

2.9.1.1 Dispositionen unter Lebenden

149 Der Nießbrauch ist daher unübertragbar (§ 1059 Satz 1 BGB). Er kann nicht mit dinglicher Wirkung auf andere im Wege einer Zession (Einschlägig wären hier mangels anderer Vorschriften die §§ 413, 398 ff. BGB gewesen) übergehen.

2.9.1.1.1 Allgemeines

Diese ratio legis lässt sich auch nicht durch Umgehungsgeschäfte aushebeln. So kann auch schon nicht der Anspruch auf Einräumung eines Nießbrauchs zediert werden (Palandt-Bassenge § 1059 Rdn. 1; vgl. auch § 1059 e BGB). Wohl hingegen können Ansprüche auf Nießbrauchsbestellung durch eine Vormerkung gesichert werden (LG Traunstein NJW 1962, 2207), möglich sind auch die Ersetzung eines Nießbrauchserwerbers durch einen anderen im Wege entsprechender Bedingungen für den anderen bei Wegfall des ersteren (Palandt-Bassenge § 1059 Rdn. 1) oder eine nachträgliche Erstreckung des Nießbrauchs auf weitere Personen (Palandt-Bassenge a. a. O.).

Auch Einzelbefugnisse aus einem Nießbrauch können übertragen werden, etwa solche auf bestimmte Mietzahlungen (vgl. RGZ 101,7; insoweit besteht hier auch die Möglichkeit einer Drittwiderspruchsklagen nach § 771 ZPO, s. a. a. O.). Diese Befugnisse haben mit dem Nießbrauch nicht zwingend etwas zu tun. Der Nießbrauch weist lediglich die Erträge der Nutzungsrechte dem Nießbraucher zu. Ansonsten bewahren die dahinter stehenden Rechte ihre Selbständigkeit, ganz so, als wären sie bei dem Vollrechtsinhaber vollumfänglich verblieben, der sie schließlich auch hätte selbst abtreten können.

Um der Vermeidung von Umgehungsgeschäften willen kann der Nießbrauch auch nicht beschränkt dinglich belastet werden. Ein Nießbrauch an einem Nießbrauch scheitert an § 1069 II BGB, eine Verpfändung an § 1274 II BGB.

Hierdurch können einzelne Funktionen dieses Rechts durchaus wieder geschmälert werden. So können Sicherungsrechte gerade dadurch interessant sein, dass sie auch verkehrsfähig sind (Man denke hier insbesondere an die Grundpfandrechte). Eben diese Eigenschaft fehlt dem Nießbrauch, weshalb man ihn als Sicherungsrecht (s. dazu o. Rdn. 14 f.) nur nach sorgfältigen Überlegungen in Erwägung ziehen sollte (s. a. Westermann § 121. V. 1. sowie o. Rdn. 15 a. E.). Ist der Nießbrauch als Sicherungsrecht erst einmal bestellt, hat das weitreichende Konsequenzen, denn angesichts seiner weitreichenden Inhalte werden zeitlich nachfolgende Sicherungen über den schlechteren Rang hinaus in einem besonderen Maße uninteressant sein (Lwowski Rdn. 317).

Davon zu unterscheiden ist die Übertragung von Gesamthandsanteilen, wenn sich „in der Gesamthand ein Nießbrauch befindet". Eine Gesamthand lässt den Nießbrauch unberührt, sondern sie verteilt allein die Verfügungsbefugnis auf Mehrere (Das ist im Fall einer Bruchteilsgemeinschaft anders, weswegen hier wegen § 1059 Satz 1 BGB die freie Verfügbarkeit über einen Anteil an dem Nießbrauch – und eben das macht den wesentlichen Unterschied zwischen Gesamthand und Bruchteilsgemeinschaft aus! – ebenso unmöglich ist wie die Verfügbarkeit über des Gesamtrecht selbst). Es wird also hier über den Nießbrauch überhaupt nicht verfügt, wenn ein solcher Anteil übertragen wird (vgl. ansonsten auch u. Rdn. 155).

Von dem eben Gesagten zu unterscheiden ist die Übertragung etwa eines Kapitalgesellschaftsanteils, wenn eine solche Gesellschaft (oder eine sonstige juristische Person, mithin eine Körperschaft) einen Nießbrauch innehat. Hier ändert sich die Berechtigung an dem Nießbrauch, die In-

Der Nießbrauch

haberschaft, in keiner Weise, denn Inhaber ist nach wie vor dieselbe (juristische) Person.

Die genannten vornehmlich gesellschaftsrechtlichen Konstellationen stellen keine Ausnahme zu § 1059 Satz 1 BGB dar. Sie spiegeln vielmehr die allgemeine Möglichkeit der Flexibilisierung von Vermögen wieder, indem man dieses in eine Gesellschaft einbringt, um dann deren Anteile zu den eigentlichen Dispositionsobjekten zu machen. Diese Flexibilisierung geschieht hier im Wege von Einzelrechtsübertragungen, deren Zulässigkeit sich aus allgemeinen Grundsätzen ergibt. An der sonstigen Indisponibilität des Nießbrauchs an sich ändert das aber rein gar nichts.

2.9.1.1.2 Ausnahmen

150 Gewisse Ausnahmen von dem Gesagten finden sich in den §§ 1059 a. ff. BGB (Diese sind gegebenenfalls entsprechend anwendbar für den Rechtsnießbrauch, § 1068 BGB). Für den Vermögens- oder Erbschaftsnießbrauch gilt dies ohnehin, da es hier jeweils ja um ein Bündel von Einzelnießbrauchsrechten und nicht um einen eigenständigen Nießbrauch geht (s. o. Rdn. 130). Dasselbe gilt auch für den Unternehmensnießbrauch (s. o. Rdn. 138). In keinem Fall aber geht es hier um eine Einzelrechtsnachfolge, wie sie einer Abtretung eines Rechts zugrunde liegt (Westermann § 121. I. 2.). Die ratio legis findet sich zum einen in der Kontinuität verselbständigter Organisationsformen sowie der Unternehmenskontinuität.

2.9.1.1.2.1 Gesellschaftsrechtliche Konstellationen

Es muss der Nießbrauch einer juristischen Person oder einer sonstigen rechtsfähigen Personengesellschaft (§ 1059 a II BGB) zustehen. Der Kreis der letztgenannten ist laut Rechtsprechung nunmehr durch die Gesellschaft bürgerlichen Rechts erweitert worden (grundlegend BGH NJW 2001,1056 ff.). Für die Eintragung ins Grundbuch jedoch ist anzumerken, dass die Rechtslage hier nicht eindeutig ist, zumal hier die Grundbuchfähigkeit der GbR bereits verneint worden ist (s. insoweit bereits o. Rdn. 54) – hier müssen alternativ noch die einzelnen Gesellschafter eingetragen werden. Indessen ändert das an der Anwendbarkeit der §§ 1059 a ff. BGB auf diese Gesellschaftsform nichts. Das materielle Recht geht hier gegebenenfalls andere Wege als das Grundbuchrecht. Hat man, um die Aufwändigkeit eines Grundbucheintrags zugunsten einer Vielzahl von Gesellschaftern zu vermeiden, einen Treuhänder als Rechtsinhaber eingetragen, ist das kein Fall im hier beschriebenen Sinne. Das dingliche

Recht steht dann nämlich dem Treuhänder zu, welcher lediglich im Innenverhältnis zur Gesellschaft schuldrechtlich gebunden ist.

2.9.1.1.2.1.1 Gesamtrechtsnachfolgen

Gem. § 1059 a I Nr. 1 BGB geht der Nießbrauch im Wege der Gesamtrechtsnachfolge auf den Rechtsnachfolger einer juristischen Person oder sonstigen rechtsfähigen Gesellschaft (§ 1059 a II BGB), es sei denn, der Übergang würde ausdrücklich ausgeschlossen. Dieser Ausschluss kann entweder bereits bei Bestellung des Nießbrauchs als dessen Rechtsinhalt festgelegt werden oder im Rahmen der genannten Rechtsnachfolge statuiert werden (Palandt-Bassenge § 1059 a Rdn. 1). *151*

Denkbare Fälle sind etwa diejenigen der §§ 46 BGB (Anfall des Vereinsvermögens an den Fiskus), 88 BGB (Anfall des Stiftungsvermögens an den Fiskus) oder vor allem Rechtsnachfolgen nach dem Umwandlungsgesetz (s. a. Bungert BB 1997, 897 ff. für Spaltungen; für bloße Rechtsformänderungen bedarf es des § 1059 a I Nr. 1 BGB aber nicht, Staudinger/Ring § 1059 a Rdn. 12, denn hier fehlt es an einem Übergang von Rechten an sich). Ferner gehört auch der Übergang von nießbrauchsbelasteten Gesamthandsanteilen sowie eine gesellschaftsrechtliche Anwachsung (§ 738 I Satz 2 BGB) hierzu, denn auch hier geht es nicht um eine Einzelübertragung eines Rechts (s. a. Palandt-Bassenge § 1059 a Rdn. 1 i. V. m. § 873 Rdn. 6 ff.; RGZ 155,86; BGHZ 50,309). Eine erbrechtliche Gesamtrechtsnachfolge kommt auf Grund des § 1061 BGB nicht in Betracht.

Auch hier findet sich eine Flexibilisierung von Gesellschaftsvermögen (vgl. insoweit schon Rdn. 149 a. E.), selbst wenn die einzelnen Vermögensrechte nicht disponibel sein sollen. Für Umwandlungsvorgänge liegt hierin ein wesentliches Motiv (s. a. Schmidt § 12. I. 6. b).

2.9.1.1.2.1.2 Internationales Gesellschaftsrecht

Unter dem Eindruck europarechtlicher Entwicklungen wird man sogar noch weiter gehen müssen. *151a*

In der sog. Überseering-Entscheidung hat der EuGH festgestellt, dass die Sitzverlagerung einer Gesellschaft von einem EG-Mitgliedstaat (nicht von einem Drittstaat, s. dazu Ahrens RNotZ 2003,40) in den anderen nicht dazu führen kann, dass dadurch ein Verlust der Rechtsfähigkeit in dem Zuzugsstaat eintritt. Dies würde gegen die Niederlassungsfreiheit (Art. 43, 48 EGV) verstoßen (EuGH NJW 2002,3614). Dies hat zur Folge, dass in jedem Fall auch hinzugezogene ausländische Gesellschaften aus anderen EG-Mitgliedstaaten, waren sie dort rechtsfähig, es auch in Deutschland sein müssen. Auf die Frage, welcher internationalprivatrechtlichen Theorie hier gefolgt würde, käme es dabei nicht an (s. Ahrens RNotZ 2003,32 ff., 388 ff., Kindler NJW 2003,1073 ff.; einerseits, Forsthoff DB 2003,980; Leible/Hoffmann RIW 2002,927 ff. andererseits). In jedem Fall wäre hier wenigstens über § 1059 II BGB (vgl. auch BGH BB 2002,2031 f.; krit. aber etwa Leible/Hoffmann a. a. O.) die Möglichkeit solcher Gesellschaften gegeben, hier einen Nießbrauch innezuhaben. Wie dem aber auch sei, mittlerweile hat der BGH eine doch deutliche Wendung zu der Gründungstheorie vollzogen, wonach aus dem EG-Ausland hinzugezogene Gesellschaften auch hierzulande in der Rechtsform ihres Gründungsorts anzuerkennen seien (BGHZ ZIP 2003,718; s. hierzu auch Ahrens RNotZ 2003,388 ff.). Aus nießbrauchsrechtlicher Sicht ist aber in jedem Fall – gleich der Entscheidung für die eine oder andere international-privatrechtliche Theorie – die Möglichkeit der Inhaberschaft durch eine ausländische Gesellschaft auch für EG-relevante Zuzugsfälle in jedem Fall zu bejahen.

Man hat erwogen, Gesellschaften aus Drittstaaten, die nicht die Qualifikation des Art. 48 EGV erfüllen (d. h. insbesondere nicht nach dem Recht eines Mitgliedstaats gegründet worden), mit Sitzverlagerung in das Gemeinschaftsgebiet als Personengesellschaften des nationalen Rechts fortbestehen zu lassen, also eine gesetzlich nicht geregelte Umwandlung zu erwägen (Schöner/Stöber Rdn. 3010 im Anschluss an den BGH, s. diesen BB 2002,2031 f.). Dieser Weg ist gangbar, aber ob er auch faktisch trägt, ist ungewiss. Die höchstrichterliche Rechtsprechung hat ihn seinerzeit für einige Monate (!) eingeschlagen, um den betroffenen Gesellschaften i. S. v. Art. 48 EGV innerhalb der Sitztheorie die Rechtsfähigkeit zu erhalten, wird der Sitz in das Inland verlagert (vgl. § 124 I HGB, s. wieder für die GbR BGH NJW 2001,1056). Bekanntlich hat der BGH nun die Zeichen ganz auf die Gründungstheorie gesetzt (BGH ZIP 2003,718, s. insoweit auch die Fundstellen im vorigen Absatz). Derzeit ist nicht gesichert, dass die europäisch indizierte Notlösung eines Personengesellschaftsmodells für Drittstaatenfälle fortgeführt würde (Für das Bestehen internationaler Abkommen gelten freilich wieder Sonderregelungen, s. BGH ZIP 2003,720 für das Verhältnis zu den USA unter Beachtung des Handels-, Schifffahrts- und Freundschaftsvertrags, BGBl. 1956 II, S. 488, Art. XXV).

Tatsächlich würde hier im Ergebnis nur noch der rein inländische (vgl. Ahrens RNotZ 2003,37) nichtrechtsfähige Verein als nießbrauchsunfähig ausscheiden (wobei man auch diesen insoweit einer GbR gleichsetzen könnte, denn dies könnte jetzt § 54 Satz 1 BGB durchaus erlauben; ähnlich könnte man auch sog. Vorgesellschaften, d. h. Gesellschaften, welche noch nicht als endgültige juristische Personen konstitutiv in das Handelsregister eingetragen worden sind, aber bei denen die entsprechenden Gesellschaftsverträge bereits wirksam zustande gekommen sind, denn diese kämen nicht rechtsfähigen Vereinen jedenfalls überaus nahe. Allerdings würde für geldwerte Ansprüche jeweils eine Handelndenhaftung eingreifen, s. vor allem §§ 54 Satz 2 BGB, 11 II GmbHG, 41 I Satz 2 AktG). Ganz unproblematisch ist der Fall der Nießbrauchsinhaberschaft durch eine ausländische Gesellschaft, die buchstäblich dort bleibt, wo sie ist, wenn sie nach ihrem Recht, das eben dort gilt, wo sie bleibt, die entsprechende Rechtsfähigkeit aufweist.

2.9.1.1.2.1.3 Grenzüberschreitende Verschmelzungen

Hier hat sich in letzter Zeit darüber hinaus manches getan (s. zu der zuvorigen seinerzeit noch nicht hinreichend abschätzbaren Rechtslage die Voraufl. Rdn. 151 a. E.). War derzeit noch mehr als fraglich, ob die geschilderte Gesamtrechtsnachfolge im Hinblick auf Gesellschaften anderer Rechte als des nationalen überhaupt in Frage kam, so hat sich das geändert.

151b

Aus der Sicht des rein nationalen Rechts hat der EuGH § 1 UmwG nämlich insoweit als mit Art. 43, 48 EGV nicht für konform erklärt, als die dort genannten Umwandlungen auf reine Inlandssachverhalte (d. h. solche Gesellschaften mit Sitz im Inland, wobei man unter dem Sitz hier regelmäßig den satzungsmäßigen Sitz verstand, s. dazu den Überblick bei Bungert BB 2006,53 f. – damit dominierte hier der Gründungsort, so dass nur Gesellschaften deutschen Rechts in den Vorzug des Umwandlungsrechts gelangten) beschränkt werden (EuGH BB 2006,11 – Sevic; dazu etwa Oechsler NJW 2006,812 ff.; Siems EuZW 2006,135 ff. s. insoweit aber auch Bungert BB 2006,53 über die eingeschränkte Kompetenz des EuGH der Feststellung der Unvereinbarkeit nationaler Normen mit Europarecht – indessen lag die Feststellung der Unvereinbarkeit der Beschränkung auf die geschilderten Inlandssachverhalte sehr wohl innerhalb dieses Kompetenzrahmens, insoweit auch von Bungert a. a. O. nicht bestritten). Hier ging es um eine „Hineinverschmelzung" einer EG-ausländischen Gesellschaft auf eine inländische deutschen Rechts.

Insoweit ist also eine Korrektur erforderlich, was zu einer Abkehr vom jedenfalls dem Wortlaut nach bestehenden Analogieverbot des § 1 III UmwG zwingt (s. dazu wieder Bungert BB 2006,54 f.; s. hinsichtlich der Beurteilung des Analogieverbotes aber auch Schmidt § 13. I. 3.). Eingeräumt werden muss, dass das Procedere mangels existierender gesetzlicher

Regelungen mehr als ungeklärt ist (Analogie zum Umwandlungsrecht? Analogie zur Richtlinie über grenzüberschreitende Verschmelzungen – zu dieser sogleich im Anschluss -?). Schon aus diesen faktischen Umständen sollte man hier äußerst vorsichtig sein und soweit wie möglich auf Alternativstrategien ausweichen (etwa auf Beteiligungsmodelle).

Offen scheint – jedenfalls hatte der EuGH darüber nicht befunden – die Frage des „Herausverschmelzens" einer Gesellschaft mit Sitz (i. S. v. § 1 I UmwG) auf eine solche eines EG-Mitgliedstaats zu sein. Das ist nur scheinbar so, denn auch hier ereignet sich ein grenzüberschreitender europäischer Fall – das allein reicht für eine Anwendung der Art. 43, 48 EGV aus.

Anders sieht es immer noch für Verschmelzungen unter Beteiligungen von Gesellschaften aus Drittstaaten bzw. solchen nach Drittstaatenrecht aus. Hier trifft die EG-Niederlassungsfreiheit keine Aussage, so dass die Inlandsbeschränkungen des § 1 UmwG nach wie vor anwendbar sind. Dasselbe gilt regelmäßig auch für Gesellschaften aus Staaten, mit denen entsprechende Abkommen bestehen, die die Achtung einer einmal erlangten Rechtsfähigkeit der Gesellschaften in eben diesen Staaten verlangen (s. für den mit den USA bestehenden Handels-, Schifffahrts- und Freundschaftsvertrag, BGBl. 1956 II, S. 488 – dort Art. XXV, BGH ZIP 2003, 720). Auf Verschmelzungs- oder Umwandlungsfragen gehen solche Abkommen nämlich üblicherweise nicht ein.

Für die Verschmelzung von Kapitalgesellschaften wird die Richtlinie über grenzüberschreitende Verschmelzungen (Richtlinie 2005/56/EG vom 26. 10. 2005, ABl. L 310/1, umzusetzen bis Dezember 2007, Art. 19 dieser Richtlinie; s. dazu auch Nagel NZG 2006, 97 ff.) Rechtsgrundlagen schaffen (zum diesbezüglichen Gesetzentwurf der Bundesregierung s. Müller NZG 2006, 286 ff.). Sie bleibt aber den Kapitalgesellschaften vorbehalten.

Für die nießbrauchsorientierte Frage bleibt festzuhalten: Auch grenzüberschreitende Verschmelzungen erfüllen den Tatbestand des § 1059 a Nr. 1 BGB. Damit eröffnen sich neue Möglichkeiten des grenzüberschreitenden Vermögenstransfers von Gesellschaft zu Gesellschaft unterschiedlicher Rechtsordnungen, sofern der Europabezug gewahrt ist. Etwa über den sog. Unternehmensnießbrauch (s. o. Rdn. 135 ff.) können somit Transaktionen höchsten Ausmaßes getätigt werden.

Das kann durchaus auch hinzugezogene Gesellschaften ausländischen Rechts aus anderen EG-Staaten betreffen (vgl. insoweit zuvor Rdn. 151a).

Der satzungsmäßige Sitz, auf den § 1 I UmwG nach h. M. abstellt, wird immer noch derjenige des Gründungsorts sein, so dass der EG-grenzüberschreitende Bezug immer noch gegeben ist (Vgl. auch Müller NZG 2006, 286 f.; s. aber auch Schmidt § 12. I. 7.; zum Vergleich: Wäre hingegen der effektive Sitz, vgl. insoweit Rdn. 151a, maßgeblich, und liegt dieser im Inland, wäre der Fall ungeachtet der EG-ausländischen Rechtsform ein rein inlandsbezogen. Hier würde § 1 UmwG nach wie vor anwendbar sein, m. a. W.: Die betroffenen Gesellschaften fremden Rechts würden einen Fall der sog. Inländerdiskriminierung erfahren, vgl. insoweit für deren Einklang mit der deutschen Rechtsordnung BGH GRUR 1985, 887 f. – Cocktail-Getränk).

2.9.1.1.2.1.4 Insbesondere die Europäische Aktiengesellschaft

Des weiteren ist mittlerweile die sog. Europäische Aktiengesellschaft, die sog. Societas Europaea ins Leben gerufen worden (s. Verordnung (EG) Nr. 2157/2001 des Rates über das Statut der Europäischen Aktiengesellschaft – SE, ABl. L 294 vom 10. 11. 2001, S. 1, in Kraft getreten am 8. 10. 2004, Art. 70 a. a. O., sowie das dazugehörige nationale SE-Ausführungsgesetz vom 22. 12. 2004, BGBl. I S. 2675). Es bleibt abzuwarten, wie diese Gesellschaftsform sich durchsetzen wird. Gründungstechnisch kann sich eine solche Gesellschaft jedenfalls auch im Wege von gesamtrechtsnachfolgeorientierten Konzepten bilden (s. für grenzüberschreitende Verschmelzungen Art. 2 I, 17 ff. SE-VO sowie §§ 5 ff. SEAG, für formwechselnde Umwandlungen Art. 2 IV, 37 ff. SE-VO). *151c*

Damit ist nicht ausgeschlossen, dass nun auch europaweite Gesellschaftsformen zum Inhaber nationaler dinglicher Rechte avancieren. Wo sie ihren jeweiligen Sitz haben (vgl. Art. 8 SE-VO) spielt insoweit keine Rolle. Letztlich ist dies aber durch die Ermöglichung umwandlungsrechtlicher Gründungsvorgänge mit der damit verbundenen Gesamtrechtsnachfolge auch gewollt.

Das EG-Recht stellt an das Gesellschaftsrecht geradezu täglich neue Anforderungen, damit verbunden aber eröffnet es auch neuartige Gestaltungskonzepte. Dies bleibt nicht ohne Einfluss auf andere Rechtsmaterien. § 1059 a I Nr. 1 BGB bildet eine solche Schnittstelle, in der gesellschaftsrechtliche Konzeptionen auch auf sachenrechtliche durchschlagen. *151d*

2.9.1.1.2.1.5 Abhängigkeit vom Parteiwillen

Allerdings ist die Rechtsfolge des § 1059 a I Nr. 1 BGB in allen Variationen vom Parteiwillen abhängig. Dort, wo vereinbart wird, dass der Nießbrauch nicht mit übergehen soll, erlischt er ohne weiteres, auch wenn die

Tatbestandsvoraussetzungen an sich vorliegen (Palandt-Bassenge § 1059 a Rdn. 1; s. a. bereits zu Beginn von Rdn. 151).

2.9.1.1.2.2 Unternehmenskontinuität

152 Gem. § 1059 a I Nr. 2 BGB geht ein Nießbrauch dann auf einen Erwerber über, wenn ein sonst von einer juristischen Person oder einer rechtsfähigen Personengesellschaft (§ 1059 a II BGB) betriebenes Unternehmen oder einer seiner Teile auf einen anderen übertragen wird, sofern der Nießbrauch den Zwecken des Unternehmens oder seines Teils zu dienen geeignet ist. Hier geht es darum, das Unternehmen in seinem Bestand zu erhalten (Hierbei ist str., wie der Unternehmensbegriff auszulegen ist, namentlich ob Einzelgegenstände eine Unternehmensübertragung bewirken können, s. dazu Wessel DB 1994,1605 f. Man sollte ihn rein funktional verstehen und damit durchaus weit auslegen). Die Verknüpfung mit gesellschaftsrechtlichen Vorgängen (Übergang von einer juristischen Person oder rechtsfähigen Personengesellschaft) rechtfertigt sich daraus, dass es hier in einem besonderen Maße zu Vermögensfluktuationen kommt (vgl. auch allgemein Schmidt § 12. I. 4. c). Diese geradezu in der Natur des Gesellschaftsrechts liegende Eigentümlichkeit soll um des Unternehmenswohls willen nicht durch die fehlende Verkehrsfähigkeit eines Nießbrauchsrechts konterkariert werden.

Jedoch bedarf es für einen solchen Übergang einer konstitutiven Erklärung der obersten Landesbehörde oder der von ihr ermächtigten Behörde, die dann aber auch Gerichte und Verwaltungsbehörden bindet (§ 1059 a I Nr. 2 Satz 2 u. 3 BGB). Die Zustimmung (Überblick bei Palandt-Bassenge § 1059 a Rdn. 1) erfolgt i. d. R. durch den Landgerichtspräsidenten, ansonsten durch den Amtsgerichtspräsidenten (so in Berlin und Hamburg), den OLG-Präsidenten (so in Thüringen) oder den Regierungspräsidenten (so in Hessen, zu den Voraussetzungen s. Wessel DB 1994,1606). Es handelt sich hier um einen Justizverwaltungsakt (§ 23 EGGVG), bei dem es kein Ermessen gibt und der zugleich eine Erklärung nach § 29 II GBO abzugeben in der Lage ist.

2.9.1.1.3 Sonstiges

153 Auch wenn ein Anspruch auf Einräumung eines Nießbrauchs besteht (der ansonsten ja ebenfalls wie der Nießbrauch selbst unübertragbar ist, s. zuvor Rdn. 149), geht dieser unter den Voraussetzungen des § 1059 a BGB über (§ 1059 e BGB).

In den genannten Fällen geht nicht nur das dingliche Recht über. Dasselbe gilt für das gesetzliche Schuldverhältnis (§ 1059 c I Satz 1 BGB) wie auch für darüber hinaus gehende schuldrechtliche Vereinbarungen (§ 1059 c I Satz 2 BGB). Entschädigungsansprüche entstehen in keiner Weise (§ 1059 c II BGB), der Nießbrauchsübergang ist in dieser Hinsicht kostenneutral.

Ist ein nießbrauchsbelastetes Grundstück in dem Zusammenhang mit den genannten Übergangsfällen von dem bisherigen Nießbrauchsinhaber über die Dauer des Nießbrauchs hinaus vermietet oder verpachtet, so genießen die daraus schuldrechtlich Nutzungsberechtigten ab Überlassung des Miet-/Pachtobjekts einen Bestandsschutz gegenüber dem Eigentümer (§§ 1059 d, 566 ff. BGB, s. zu diesem bereits o. Rdn. 4; s. a. u. Rdn. 162). Hier wird § 1056 BGB, der nur die Vermietung oder Verpachtung von dem ersten und einzigen Nießbraucher betrifft, fortgeschrieben (s. a. u. Rdn. 162). Nun gilt dasselbe auch dann, wenn ein Nießbraucher vermietet oder verpachtet hat und es zwischen ihm und dem Eigentümer – zeitlich gesehen – einen weiteren Nießbraucher (eben in den Fällen des § 1059 a BGB) gegeben hat. Für den weiteren Nießbraucher setzen sich die Miet- oder Pachtverhältnisse ohnehin durch, denn insoweit wurden die Nutzungen des Hauptrechts bereits ausgeübt.

§ 1059 d BGB wird analog auch dann angewendet, wenn bereits der Eigentümer vermietet bzw. verpachtet hatte, gegenüber dem zweiten Nießbraucher (Staudinger/Frank § 1059 d Rdn. 4).

2.9.1.1.4 Schuldrechtliche Überlassung

Dingliche Rechtsgeschäfte sind – von den Ausnahmen in den §§ 1059 a ff. BGB abgesehen – gem. § 1059 Satz 1 BGB nicht möglich. Wohl kann hingegen die Ausübung des Nießbrauchs anderen überlassen werden (§ 1059 Satz 2 BGB), m. a. W.: Schuldrechtliche Überlassungen (etwa Verpachtung oder Vermietung) sind möglich (vgl. BGHZ 55,111). Die Befugnis hierzu kann jedoch ausgeschlossen werden (so jedenfalls BGHZ 95,99, was allein mit einer Inhaltsänderung begründet werden kann, § 877 BGB). Anders als bei den Dienstbarkeiten muss dieses aber extra angeordnet werden, wohingegen dort umgekehrt die Ausübungsüberlassung besonders gestattet werden muss.

154

Gegebenenfalls kann eine als solche bezeichnete nicht mögliche Verfügung über den Nießbrauch in eine statthafte schuldrechtliche Überlassungsabrede umgedeutet (§ 140 BGB) werden (Palandt-Bassenge § 1059 Rdn. 2). Es muss hier aber im Einzelfall genau geprüft werden, was zur Ausübung überlassen werden soll, der Nießbrauch oder etwa ein Gegenstand, auf den sich der Nießbrauch erstreckt (vgl. dazu BGHZ 109,111;

OLG Celle MDR 1952,744; s. für die Überlassung von Einzelbefugnissen auch BGHZ 55,116).

Die Ausübungsbefugnis nach § 1059 Satz 2 BGB kann isoliert übertragen werden, was sie mit sonstigen aus einem Nießbrauch folgenden einzelnen Nutzungsbefugnissen gemeinsam hat (s. o. Rdn. 149); auch eine Vererblichkeit ist hier gegeben. Jedoch ist die Dauer dieser Befugnis an den Bestand des Nießbrauchs gekoppelt; insoweit greift auch keine Analogie zu § 1056 II BGB (s. dazu BGHZ 109,111). Keinesfalls kann es also sein, dass ein Nießbrauch nach § 1061 Satz 1 BGB erlischt, die Überlassungsbefugnis aber gleichzeitig im Erbgang mit übergeht.

Die schuldrechtliche Gebrauchsüberlassung kann dazu führen, dass der Nießbraucher auch dann wie ein „Eigentümer-Vermieter" behandelt wird, wenn es um kraft Rechtsnorm vorgegebene Pflichten geht. So ist er ebenfalls nach der Heizkostenverordnung verpflichtet wie ein vermietender Grundstückseigentümer (s. § 1 II Nr. 1 HeizkostenVO; s. näher dazu u. Rdn. 250).

2.9.1.2 Unvererblichkeit

155 Gem. § 1061 Satz 1 BGB ist der Nießbrauch unvererblich. Erlischt eine nießbrauchsfähige Gesellschaft (vgl. zuvor Rdn. 150), erlischt auch der Nießbrauch. Das Erlöschen tritt nicht schon mit dem Vorliegen eines Auflösungsgrundes ein, der aus der Gesellschaft eine Liquidationsgesellschaft bis zur endgültigen Vermögensliquidation macht, sondern erst dann, wenn tatsächlich diese Vollbeendigung eingetreten ist (RGZ 159,199, dort für die beschränkte persönliche Dienstbarkeit). Avanciert während der Liquidationsphase eine Gesellschaft also wieder zu einer sog. werbenden Gesellschaft, bleibt auch der Nießbrauch ohne weiteres erhalten.

Diese Fixierung des Nießbrauchs auf namentlich eine natürliche Person macht dieses Recht für Altersvorsorgekonzepte u. ä. so attraktiv (s. o. Rdn. 7). Dahinter steht wiederum das Bestreben, dem Rechtsinhaber allein die Wahl zu überlassen, zwischen welchen Personen er eine so weitreichende Aufteilung der Inhalte seines Rechts vornehmen möchte.

2.9.1.2.1 Insbesondere die Beteiligung Mehrerer an einem Nießbrauch

Von dem Gesagten ist der Fall zu unterscheiden, dass ein Nießbrauch mehreren Personen zusteht. Für Gesellschaften (§ 1061 Satz 2 BGB) gilt das entsprechend.

Scheidet hier eine Person aus, so besteht der Nießbrauch bei den verbliebenen weiter. Entweder hat hier jeder einen Bruchteil inne (§§ 741 ff. BGB, vgl. zu der Selbständigkeit der Anteile § 747 BGB, s. ansonsten aber auch Rdn. 96 a. E.) oder es findet eine Anwachsung statt (so im Fall des ersatzlosen Ausscheidens aus einer Gesamthand). Sofern der Rechtsinhaber Befugnisse zurückerhält (so etwa, wenn ein Bruchteilsinhaber an dem Nießbrauch verstirbt, denn diesbezüglich greift § 1061 Satz 1 BGB), entsteht hinsichtlich der jeweiligen Nutzungen zwischen ihm und den übrigen Nießbrauchsbruchteilsberechtigten eine Gemeinschaft an den Nutzungen entsprechend §§ 741 ff. BGB (BayObLGZ 55,158). Zugleich kann der Rechtsinhaber und nun zugleich Nießbrauchsanteilserwerber über seinen Anteil gem. § 747 BGB weiter verfügen, was den übrigen Nießbrauchsberechtigten infolge § 1059 Satz 1 BGB verwehrt ist, denn er bezieht seine Berechtigung aus seiner Inhaberschaft an dem belasteten Recht, nicht aus dem Nießbrauch selbst (wobei hier die entsprechende Verfügbarkeit dieses Hauptrechts vorausgesetzt wird). An dem ihm nun zustehenden Bruchteil kann der Rechtsinhaber somit erneut einen Nießbrauch vergeben, der insoweit gleichrangig neben den bereits bestehenden Nießbrauchsanteilen steht. Im Ergebnis wird damit die alte Bruchteilsgemeinschaft an dem Nießbrauch – abgesehen davon, dass eine Personenauswechslung bezüglich des nach § 1061 Satz 1 BGB erloschenen Nießbrauchsanteils stattgefunden hat – faktisch wieder hergestellt.

Will man entgegen der hier angenommenen Ansicht eine Verfügbarkeit des zurückerhaltenen Nutzungsanteils durch den Inhaber des belasteten Hauptrechts nicht annehmen, so müsste zur Auskehr des Rechtsanteils an einen Dritten alternativ konstitutiv ein erneuter Nießbrauch außerhalb der Bruchteilsgemeinschaft vergeben werden. Dies allein würde für den Dritten zu einem schlechteren Zeitrang führen. Dem könnte man dadurch begegnen, dass der Inhaber des belasteten Hauptrechts und zudem eines Nießbrauchsanteils für letzteren einen Rangrücktritt erklärt. Die hier angenommene teleologische Reduktion der Unverfügbarkeit des Nießbrauchsrechts an sich ist dem gegenüber im Vergleich leichter durchzuführen. Dass ferner schuldrechtliche Überlassungen des Nießbrauchsanteils als weitere Alternative möglich wären (§ 1059 Satz 2 BGB), versteht sich von selbst.

Über § 1061 BGB hinaus sind rechtsgeschäftliche Abweichungen möglich. So kann ein Nießbrauch auch auflösend bedingt bestellt werden, wobei nahezu jeder Grund als Bedingung vereinbart werden kann. So kann ein Erbschaftsnießbrauch auch schon etwa mit Wiederheirat des (oder der) Begünstigten erlöschen, so dass die Erbschaft anschließend wieder ungeschmälert in der übrigen Familie des Erblassers bleibt (s. zu solchen

Der Nießbrauch

Konstellationen wie auch zu Wiederverheiratungsklauseln bei der Vor-/Nacherbschaft schon o. Rdn. 9). Ebenso ist es möglich, einen Nießbrauch in einer Gesamthand unter die Bedingung zu stellen, dass diese unter der Prämisse eines bestimmten Mitgliederbestands bestehen soll; wenn nun ein Mitglied ausscheidet, würde der Nießbrauch erlöschen. Eine solche Gestaltung würde einem ansonsten denkbaren Anwachsungsprinzip vorgehen.

Davon zu unterscheiden ist der Fall, dass ein Gesamthandsanteil erworben wird, welcher sich auch auf die Befugnis an einem Nießbrauch bezieht. Hier bleibt der Nießbrauch unverändert, allein die Gesamthand verändert sich (vgl. schon o. Rdn. 149).

2.9.1.2.2 Wiederbestellung des Nießbrauchs und Erbschaftssteuer

Einen echten Rechtsübergang kann es also nicht geben. Vergleichbare Resultate kann man etwa dadurch erzielen, dass man beispielsweise im Vermächtniswege oder via Erbvertrag die Verpflichtung zur Bestellung eines Nießbrauchs statuiert. Solche Vorgänge sind ihrerseits erbschaftssteuerpflichtig (s. § 3 I Nr. 1, 4 ErbSchStG, s. a. Troll/Gebel Zu § 12 V ErbSchStG Rdn. 909).

2.10 Zwangsvollstreckung

156 Der Nießbrauch kommt auch als Vollstreckungsobjekt für außenstehende Dritte in Betracht. Auf der anderen Seite kann er aber den Vollstreckungszugriff auf das belastete Recht einschränken.

2.10.1 Die Vollstreckung in den Nießbrauch

Der Nießbrauch als vermögenswertes Recht kann auch Zugriffsobjekt einer Zwangsvollstrekkung sein.

2.10.1.1 Allgemeines

Auf den ersten Blick scheint die Unübertragbarkeit (§ 1059 Satz 1 BGB) dagegen zu sprechen (vgl. auch § 851 I ZPO). Auch die Ausnahmen der §§ 1059 a ff. BGB sind nicht dazu gedacht, hier zusätzliche Vollstreckungsmöglichkeiten einzuräumen. Gem. § 1059 b BGB ist ein Nießbrauch auf Grund der Möglichkeiten des § 1059 a BGB weder pfändbar, noch verpfändbar (sic!), noch seinerseits mit einem Nießbrauch belastbar.

Da jedoch schuldrechtliche Überlassungen möglich sind (§ 1059 Satz 2 BGB), ist insoweit die Pfändbarkeit nach § 857 III ZPO möglich (Damit ist der zuvor angedeutete Weg der §§ 857 I, 851 I ZPO versperrt; Musielak/Becker § 857 Rdn. 14).

Trotz der generellen Unübertragbarkeit ist es doch der Nießbrauch selbst, der gepfändet wird, nicht etwa ein Anspruch auf Ausübungsüberlassung (BGH NJW 2006,124; BGHZ 62,135 a. E.; OLG Frankfurt MDR 1990,922; BayObLGZ RPfleger 1998,69; Erman/Michalski § 1059 b Rdn. 1 sowie § 1059 Rdn. 7). Der Grund liegt in der sonst drohenden Vollstreckungsvereitelung, die ansonsten durch Aufhebung des Nießbrauchs doch möglich wäre (BGHZ 65,135). Wird die Überlassungsmöglichkeit ausgeschlossen, wirkt sich das auf die Pfändbarkeit nicht aus (BGHZ 95,99). Dies entspricht der allgemeinen Wertung des Gesetzes, wonach rechtsgeschäftliche Verfügungsbeschränkungen vollstreckungsrechtlich irrelevant sein sollen, entweder, weil sie ohnehin keine dingliche Wirkung haben (s. § 137 BGB), sei es, dass dies ausdrücklich so statuiert wird (§ 851 II ZPO; s. a. BGH a. a. O.).

Der Grundstückseigentümer nimmt hier die Rolle des Drittschuldners ein, so dass an ihn allein zugestellt zu werden braucht (§ 829 III ZPO, Musielak/Becker § 857 Rdn. 14). Nicht erforderlich ist eine Grundbucheintragung der Pfändung, aber sie ist möglich und gegebenenfalls zu informatorischen Zwecken auch ratsam (a. a. O.). Dadurch wird ein gutgläubig lastenfreier Erwerb von Dritten, der zugleich dem Pfändungsgläubiger die Vollstreckungsgrundlage entzieht, verhindert (s. a. u. Rdn. 162).

2.10.1.2 Der Umfang der Verwertung

Der Umfang der Zwangsvollstreckung hat jedoch den gesetzlich vorgegebenen Rahmen zu achten. Der Nießbrauchsgegenstand kann nicht selbst vollumfänglich verwertet werden, sondern es können allein die Nutzungen gezogen werden (vgl. auch BGH NJW 2006,1124 ff.; Stöber Rdn. 1712 ff.). Die Einziehung des Nießbrauchs erfolgt entsprechend auch allein zur Verwertung (Musielak/Becker § 857 Rdn. 14).

157

Also ist stets zu beachten, dass aus dem Nießbrauch selbst Beschränkungen der Vollstreckungsmöglichkeiten erwachsen. Die Vollstreckung darf nicht weiter reichen als das gepfändete Recht selbst, sie kann es auch nicht. Daraus erklärt sich, dass ein Herausgabeverlangen bezüglich des Nießbrauchsobjekts gegenüber dem Nießbraucher grundsätzlich scheitern muss. Es fehlt schlicht und einfach an einer Anspruchsgrundlage gegenüber dem Rechtsinhaber – die Inhaberschaft hat sich durch die Vollstreckung ja nicht verändert. Vor allem § 1065 BGB scheidet aus, denn hier geht es allein um den Schutz des Rechtsinhabers (!) gegenüber Beeinträchtigungen. Vollstreckungsgläubiger können sich diese Norm nicht zunutze machen (BGH NJW 2006,1124 f.). Es bedürfte schon besonderer zusätzlicher Möglichkeiten, die das Zwangsvollstreckungsrecht ermöglicht, andererseits aber in der Sache eine Totalbefriedigung aus dem Objekt selbst ebenfalls nicht ermöglichen können – über die Herausgabe an einen Verwalter wird man hier kaum gehen können (s. BGH NJW 2006,1125 für die Zwangsverwaltung).

Dies gilt auch, wenn der Nießbraucher das Vollstreckungsobjekt einem Dritten zur Nutzung überlassen hat (vgl. § 1059 Satz 2 BGB). Gegen jenen kann eine Überlassung des Objekts ebenso wenig verlangt werden wie gegen den Nießbraucher selbst (BGH a.a.O., s. 1126 a.E.).

Die hier vorgenommene materielle Betrachtungsweise findet ihr Gegenstück im Zwangsvollstreckungsrecht bzw. ist mit diesem verknüpft. Dieses wird durch das Verbot der Überkompensation beherrscht, wonach die Vollstreckung nicht weiter gehen darf als zur Gläubigerbefriedigung erforderlich. Was zur Kompensation erforderlich ist, bestimmt das gepfändete Recht (vgl. BGH a.a.O.).

Die Möglichkeit der Nutzungsziehung ist auch nur so weit möglich, wie der gepfändete Nießbrauch im konkreten Fall dies erlaubt. Sind etwa einzelne Nutzungen ausgenommen worden (§ 1030 II BGB), können sie auch nicht durch eine Nießbrauchspfändung einem Gläubigerzugriff unterworfen werden. Das versteht sich in letzter Konsequenz von selbst, denn das Vollstreckungsobjekt hat selbst diese Möglichkeit nicht eingeräumt. Es besteht auch ein Unterschied zu der vorher beschriebenen Variante, in der die schuldrechtliche Überlassungsausübung ausgeschlossen wurde. Dort scheitert eine zwangsvollstreckungsrechtliche Relevanz spätestens an dem Gesetz (§§ 857 I, 851 II ZPO), hier geht es aber um den Umfang des gepfändeten Rechts, den es auch schon kraft Gesetzes zugewiesen bekommen kann (s. eben § 1030 II BGB).

Die Verwertung erfolgt im Ergebnis durch Verwaltung. § 857 IV ZPO lässt das anklingen, indem hier dem Gericht die Möglichkeit besonderer Verwertungsanordnungen, namentlich derjenigen einer Verwaltung bei Zwangsvollstreckungen in Nutzungsrechte. In diesem Fall wird die Pfändung durch Übergabe der zu benutzenden Sache an den Verwalter bewirkt. Eine vorherige Wirksamkeit durch Zustellung des Pfändungsbeschlusses (§§ 857 I, 829 III ZPO) wird dadurch aber nicht ausgeschlossen. Im übrigen richtet sich die Verwaltung an den Vorschriften, wie sie für die Zwangsverwaltung gelten, aus (§§ 146 ff. ZVG, s. BGH NJW 2006,1124).

Die Pfändung bewirkt insoweit eine Verfügungsbeschränkung als die Zwangsvollstreckung hierdurch nicht verhindert werden darf (vgl. insoweit auch allgemein als Aussage § 829 I ZPO). Namentlich ein Aufheben des Nießbrauchs ist ohne Zustimmung des Vollstreckungsgläubigers nicht möglich (Musielak/Becker § 857 Rdn. 14). Nicht als Wirksamkeitsvoraussetzung, aber doch als Ausschluss der Möglichkeit eines gutgläubigen Erwerbs (§§ 892f. BGB), empfiehlt sich gegebenenfalls eine Eintragung der Pfändung in das Grundbuch, sofern möglich (Stöber Rdn. 1524 für die beschränkte persönliche Dienstbarkeit, für den Nießbrauch a.a.O. Rdn. 1709; BGHZ 62,233).

Eine anderweitige Verwertung kann gem. §§ 857 IV, 844 ZPO vom Vollstreckungsgericht angeordnet werden (Stöber Rdn. 1714).

Die Palette der sonstigen Verwertungsmöglichkeiten ist aus dem eingangs Gesagten heraus jedoch eingeschränkt. Über die Nutzungsbefriedigung hinaus wird der Gläubiger kaum kommen. Ganz ausgeschlossen sind besondere Vorgehensweisen indessen nicht, so dass beispielsweise eine Herausgabe zur Eigennutzung an einen Verwalter in Betracht kommt (BGH NJW 2006,1125). Insoweit kann eine Räumung in Betracht kommen (a.a.O.). Von dem eingangs beschriebenen Herausgabebegehren an den Vollstreckungsgläubiger selbst ist dies streng zu trennen.

Man kann mit Fug und Recht behaupten, dass im Endeffekt allein die Möglichkeiten vorhanden sind, welche die Zwangsverwaltung gewährt. Insoweit wird die grundsätzliche Möglichkeit der §§ 857 IV, 844 ZPO letztendlich keine echte eigenständige Alternative bieten können. Wieder ist der Grund der insoweit auf die Nutzungen abzielende und insoweit beschränkte Gläubigerzugriff, geboren aus den Konturen des gepfändeten Rechts selbst.

Schließlich ist der Nießbrauch aber ein eigenständiges Recht, welches sich als solches von dem mit ihm belasteten Recht durchaus emanzipieren kann. Wenn etwa das belastete Recht nur mit Einschränkungen der Vollstreckung unterliegt, gilt das nicht für den Nießbrauch gleichermaßen. Wenn also ein Nießbrauch etwa an einem Urheberrecht besteht (s. dazu o. Rdn. 100), kann er – anders als das Urheberrecht (s. § 113 UrhG) – auch ohne das Erfordernis einer Zustimmung durch den Urheber gepfändet werden. Er ist insoweit auch eigenständiger als eine Lizenz, bei der es die Vertragsfreiheit hier durchaus erlauben könnte, eine Personengebundenheit in dem Vertragspartner zu erzeugen, so dass außenstehenden Gläubigern der Vollstreckungszugriff in die Lizenz versagt bliebe (Hier würde § 851 II ZPO, gegebenenfalls über § 857 I ZPO nicht entgegenstehen, s. dazu hingegen für die Lizenzen auch Ahrens, S. 484ff.). Der Nießbrauch unterliegt den allgemeinen sachenrechtlichen Regeln des Dritten Buchs des BGB, der hier Beschränkungen nicht zulässt. Dies sollte gegebenenfalls dann, wenn man zwischen Nießbrauchsbestellung oder Lizenzvergabe hin und her schwankt, entsprechend berücksichtigt werden.

Für die Vollstreckung in den Vermögensnießbrauch sind die §§ 737, 738 ZPO zu beachten (s. bereits o. Rdn. 141).

Die vergleichsweise eingeschränkten Vollstreckungsmöglichkeiten sind von den Gerichten bzw. Behörden jeweils von Amts wegen zu beachten. Es ist also nicht erforderlich, dass etwa der Nießbraucher (Schuldner) sich mittels einer Vollstreckungsgegenklage zur Wehr setzt (BGH NJW 2006,1125). Gegebenenfalls kommt eine Vollstreckungserinnerung in Betracht (§ 766 ZPO) oder im Fall einer Entscheidung ohne Anhörung die sofortige Beschwerde (§ 793 ZPO).

2.10.2 Die Vollstreckung in das belastete Recht

158 Erfolgt die Vollstreckung gegen den Inhaber des belasteten Rechts, setzt sich der Nießbrauch, sofern er dem Vollstreckungsgläubiger rangmäßig vorgeht, diesem gegenüber durch.

2.10.2.1 Allgemeines

Im Fall einer Zwangsversteigerung wird er hier bei dem geringsten Gebot berücksichtigt (§§ 51 I, 91 I ZVG). Geht er hier im Range nach, erlischt er mit Zuschlag (§§ 52 I, 91 I ZVG) und wird durch den Anspruch auf Wertersatz aus dem Versteigerungserlös als Rente ersetzt (§§ 121, 92 II ZVG). Der kapitalisierte Gesamtwert der Rente ist in den Teilungsplan nach § 121 I ZVG mit aufzunehmen, wobei es maximal um den fünfundzwanzigfachen Jahreswert des Nutzungsrechts gehen kann. Ein nicht unerhebliches Risiko besteht darin, dass schlicht und einfach nicht genügend an Versteigerungserlös erzielt wird, so dass der seinerzeitige Nießbrauchsinhaber allein aus wirtschaftlichen Gründen ausfällt (s. zu dem Gesagten auch Moog DStR 2002,181 f.).

Im Fall der Zwangsverwaltung bedarf es eines zusätzlichen Duldungstitels gegen den Nießbraucher (OLGZ 20,390). Anders wieder, wenn der Nießbrauch im Range vorgeht, hier ist der Vollstreckungsgläubiger auf die Befugnisse beschränkt, die nicht bereits von dem Nießbrauch belegt werden (OLG Köln NJW 1957,1769).

Gegebenenfalls kann der Nießbraucher sich gegen eine Zwangsvollstreckung mit der Drittwiderspruchsklage (§ 771 ZPO) zur Wehr setzen.

2.10.2.2 Die Anfechtung in der Singularvollstreckung

Nun mag man eine Nießbrauchseinräumung als ein Mittel erkennen, welches sich dazu eignet, sein Eigentum faktisch einem Vollstreckungszugriff durch seine Gläubiger zu entziehen. Dieser Effekt kann sich durchaus auch einmal einstellen, allerdings setzt das Anfechtungsgesetz dem Grenzen.

158a

Hiernach sind Rechtshandlungen zum Nachteil von Gläubigern außerhalb eines Insolvenzverfahrens anfechtbar (§ 1 I AnfG). Anfechtungsberechtigt ist jeder titulierte Gläubiger, dessen Forderung fällig ist und der in der Zwangsvollstreckung – und sei es auch nur teilweise – ausgefallen ist oder ausfallen würde (§ 2 AnfG).

Die anfechtbaren Rechtshandlungen werden in den §§ 3 ff. AnfG in zum Teil recht formalisierter Weise formuliert:

Grundsätzlich wäre eine Nießbrauchsbestellung mit dem Vorsatz der Gläubigerbenachteiligung innerhalb von zehn Jahren bis zur Anfechtung (s. zur Fristberechnung § 7 AnfG) anfechtbar, wenn der Nießbraucher diesen Vorsatz kannte. Letzteres wird vermutet bei Kenntnis einer drohenden Zahlungsunfähigkeit des Bestellers und der Gläubigerbenachteiligung durch die Rechtseinräumung.

2.10.2.2.1 Nahestehende Personen

Entgeltliche Rechtsbestellungen zugunsten einer nahestehenden Person (s. insoweit § 138 InsO) können innerhalb eines vor der Anfechtung liegenden Zeitraums von zwei Jahren (s. wieder § 7 AnfG) angefochten werden (Nahestehende Personen sind bei natürlichen Personen: Ehegatten, auch wenn die Ehe erst nach der Nießbrauchsbestellung geschlossen oder im letzten Jahr davor aufgelöst worden ist, Verwandte des Schuldners oder seines Ehegatten in auf- und absteigender Linie, voll- und halbbürtige Geschwister des Schuldners oder Ehegatten sowie deren Ehegatten, Personen der häuslichen Gemeinschaft, auch wenn sie im letzten Jahr vor der Nießbrauchseinräumung als solche mit dem Schuldner zusammen gelebt haben. Bei juristischen Personen sind dies: Mitglieder des Vertretungs- oder Aufsichtsorgans, persönlich haftende Mitglieder, zu mehr als einem Viertel am Schuldnerkapital Beteiligte, gesellschafterähnliche oder organähnliche Personen mit der Möglichkeit der Unterrichtung über die wirtschaftlichen Verhältnisse des Schuldners, all diesen nahestehende Personen i. S. v. § 138 I InsO – s. insoweit wieder die Aufzählung für die natürlichen Personen –, ausgenommen bei gesetzlichen Verschwiegenheitspflichten für Ehegatten und Verwandte). Für den Zeitraum davor bedarf es der Kenntnis der nahestehenden Person von dem Vorsatz der

Gläubigerbenachteiligung (§ 3 II AnfG, anzumerken ist, dass die dort genannten entgeltlichen Verträge, nähme man die Formulierung des Gesetzes genau, niemals benachteiligend wirken könnten, denn als solche beinhalteten sie noch keinen gläubigerschädigenden Vermögenstransfer).

2.10.2.2.2 Unentgeltliche Rechtshandlungen

Unentgeltliche Rechtshandlungen können angefochten werden, ohne dass es irgendwelcher subjektiver Momente bedarf (s. für die Annahme einer Schenkung unter Auflage im Fall eines Vorbehaltsnießbrauchs OLG Köln VersR 1999,764). Die Handlung muss nur längstens vier Jahre vor der Anfechtung zurückgelegen haben (§ 4 I AnfG, Abs. 2 spielt hier keine Rolle, zur Frist s. wiederum § 7 AnfG).

2.10.2.2.3 Eigenkapitalersatz

158b Für den sog. Eigenkapitalersatz (s. dazu näher Rdn. 159a) enthält § 6 AnfG eigene Regeln. Danach sind vor allem Rechtshandlungen anfechtbar, die für eine Forderung eines Gesellschafter auf Rückgewähr eines kapitalersetzenden Darlehen oder für eine gleichgestellte Forderung Sicherung gewährt hat, wenn die Handlung in den letzten zehn Jahren vor der Anfechtung vorgenommen worden ist oder wenn besagte Handlung Befriedigung gewährt hat, wenn die Handlung hier im letzten Jahr vor der Anfechtung vorgenommen worden ist.

Dies kann durchaus auch Nutzungsrechte betreffen. Insoweit hat die Rechtsprechung nämlich entschieden, dass Gebrauchsüberlassungen einem kapitalersetzenden Darlehen wirtschaftlich gleich sind (vgl. auch § 32 a III GmbHG) und an den einschlägigen Regeln teilhaben (Rdn. 159a). Nutzungsrechte können als Sicherheit eingesetzt werden (was für den Nießbrauch weniger wahrscheinlich ist, s. a. a. O., aber gleichwohl denkbar; für sonstige Rechte s. u. Rdn. 161, 232, 236). Die Befriedigung, von der das Gesetz spricht, wird hier kaum eine Rolle spielen, kann aber durchaus denkbar sein (z. B. wenn die Nutzungseinräumung schuldersetzend wirkt).

Die gesellschaftsrechtlichen Konstellationen sind vielfältig, vor allem ist zu beachten, dass auch sog. kapitalistische Personengesellschaften davon erfasst werden können (s. dazu u. a. a. O.).

2.10.2.2.4 Fristen

158c Für die genannten Fristen kommt es auf die Vornahme der Rechtshandlung an. Gem. § 8 I AnfG kommt es auf den Eintritt der rechtlichen Wirkung an. Für den Fahrnisnießbrauch etwa ist dies die Vollendung des Rechtserwerbs. Anders ist es bei eintragungspflichtigen Rechten, namentlich dem Immobiliarnießbrauch, denn hier zählen die übrigen Wirksamkeitsvoraussetzungen, die Bindung der Willenserklärung des Schuldners (s. insoweit § 873 II BGB) und die Eintragungsantragsstellung des anderen (d. h. des künftigen Nießbrauchers). Sicherungen durch Vormerkungen führen dazu, dass deren Eintragungsantrag den eben genannten ersetzt (§ 8 II AnfG). Mögliche Bedingungen oder Befristungen sind irrelevant (§ 8 III AnfG).

Die genannten Anfechtbarkeiten gelten auch gegenüber Rechtsnachfolgern (s. i. e. § 15 AnfG), was hier aber keine Rolle spielt (vgl. §§ 1059 Satz 1, 1061 BGB).

2.10.2.2.5 Rechtsfolgen

Die Rechtsfolge besteht darin, dass der betreffende Gegenstand dem Gläubiger, soweit dies zu seiner Befriedigung erforderlich ist, zur Verfügung gestellt werden muss (§ 11 I AnfG). Der gutgläubige Nießbraucher braucht dies für einen unentgeltlichen Nießbrauchserwerb nur im Fall einer noch vorhandenen Bereicherung zu tun (§ 11 II AnfG), wovon aber bei einem noch bestehenden Nießbrauch unproblematisch ausgegangen werden muss. Für auf Grund des Nießbrauchs gezogene Nutzungen kann es insoweit anders sein (vgl. insoweit § 818 I, II BGB, aber daneben besteht eben auch die Möglichkeit des Bereichungsweinwands gem. § 818 III BGB).

All dies läuft auf eine Duldung der Zwangsvollstreckung hinaus, so dass die zuvor erwähnte Drittwiderspruchsklage insoweit unbegründet wäre. Die Duldung ihrerseits beinhaltet, dass der Nießbrauch de facto nicht ausgeübt werden darf. Eine Aufhebung des Nießbrauchs oder eine sonstige Verfügung ist nicht erforderlich; sie würde auch zu weit führen, denn die Anfechtungswirkungen bestehen nur dem solchermaßen Geschützten, nicht aber gegenüber jedermann, dem als solchen gegenüber der Nießbrauch ja auch wirkt und was nicht über Anfechtungsrecht zunichte gemacht werden kann (vgl. auch BGH NJW 1995,2848 f., dort für ein Wohnrecht, wobei die Situation rechtlich identisch ist). Im Ergebnis wird also der Nießbrauch gegenüber dem Anfechtungsberechtigten wie ein dessen Position nachrangiges Recht behandelt. Sollte diese Position in einem Immobiliarrecht (etwa einem Grundpfandrecht) bestehen, kann zugunsten dessen gestützt auf Anfechtungsgesetz ein Rangrücktritt in das Grundbuch eingetragen werden (§ 880 BGB, s. a. BGH NJW 1995,2249). Damit wird die Nichtausübungspflicht dinglich manifestiert und im Grundbuch nur das nachvollzogen, was ansonsten außerhalb dieses Registers ohnehin rechtlich zu beachten wäre. Eine solche Eintragung wäre in jedem Fall anzuraten, denn sie erscheint manifester und offenkundiger als eine von Fall zu Fall erneut nachzuweisende Anfechtungssituation.

Im Rahmen der Geltendmachung von Abwehransprüchen (vgl. etwa § 1065 BGB) gegen den Gläubiger kann dieser – zunächst auch ohne Titel – die Anfechtbarkeit einredeweise erheben (§ 9 AnfG).

Neben diesen Möglichkeiten erscheinen Schadensersatzansprüche, die als auf Naturalrestitution gerichtete (§ 249 I BGB), als auf identische Folgen gerichtet. Soweit eine Deckung mit dem Anfechtungsgesetz und den dort beschriebenen Konstellationen besteht, treten diese als nachrangig zurück (BGH a. a. O.).

2.11 Insolvenz

159 Ebenso wie der Nießbrauch der Zwangsvollstreckung eröffnet ist, ist dies auch bei der Insolvenz der Fall.

2.11.1 Insolvenz des Nießbrauchers

Gerät der Nießbraucher in die Insolvenz, kann der Nießbrauch durchaus in die Masse fallen (BGHZ 95,99 ff.; OLG Frankfurt/M. NJW-RR 1991,445), ansonsten das Eigentum zu Lasten der Masse entwertet werden könnte (OLG Frankfurt a. a. O., S. 446). Dies gilt ebenso wie bei der Singularvollstreckung auch dann, wenn das Überlassungsrecht nach § 1059 Satz 2 BGB ausgeschlossen ist (BGH a. a. O.). Das erklärt sich schon aus der allgemeinen insolvenzrechtlichen Wirkung, wonach die Inhaberschaft selbst nicht angetastet wird, sondern nur die (hier ohnehin kaum vorhandene) Verfügungsbefugnis.

Auch hier besteht die Möglichkeit der Nutzungsziehung, jetzt im Rahmen des Insolvenzverfahrens. Was soeben für die Singularvollstreckung gesagt wurde, gilt auch hier. Ebenso wie dort, kann eine Konstellation nach § 1059 a BGB auch hier keine Erweiterung der Gläubigeroptionen mit sich bringen. Insoweit ist die Botschaft des § 1059 b BGB allein zu knapp ausgefallen; nichtsdestotrotz gilt sie über § 36 I InsO auch hier (s. dazu auch MüKo-InsO/Lwowski § 35 Rdn. 449 ff.).

Hinsichtlich des Nießbrauchs an verbrauchbaren Sachen fallen diese in die Masse (arg. § 1067 BGB, s Eickmann in: Heidelberger Kommentar § 36 Rdn. 15).

2.11.2 Insolvenz des Nießbrauchsbestellers

Die Insolvenz des Nießbrauchsbestellers oder des Rechtsinhabers (vgl. § 1058 BGB) bringt ihrerseits keine Besonderheiten mit sich. Grundsätzlich kann sich der Nießbrauch hinsichtlich der Nutzungen als Aussonderungsberechtigung (§ 49 InsO) gegenüber den sonstigen Gläubigern durchsetzen. Anderes gilt allerdings für den Fall des § 1086 BGB (s. dazu o. Rdn. 141).

2.11.3 Eigenkapitalersatz

Gerät eine Kapitalgesellschaft in die Insolvenz, kann eine ursprüngliche Nießbrauchsbestellung zu Ihren Gunsten durch einen ihrer Gesellschafter einen sog. Eigenkapitalersatz darstellen (vgl. §§ 32 a. f. GmbHG, BGH NJW 1993,2180; grundsätzlich s. Schmidt § 37. IV. 3. b) sowie zur Kritik an der Gebrauchsüberlassung als Eigenkapital an sich m.w.N.). Ist der Nießbrauch vorzeitig beendet worden, bleibt es zwar in dinglicher Hinsicht dabei, aber der Gesellschafter ist dennoch schuldrechtlich verpflichtet, den Gebrauch, den der Nießbrauch ursprünglich vermittelt hatte, der Gesellschaft unentgeltlich (!) zur Verfügung zu stellen (vgl. insoweit BGHZ 127,17; BGHZ 140,14). Soweit das nicht geschehen ist, hat die Gesellschaft einen entsprechenden Ersatzanspruch, der aber voraussetzt, dass faktische Nutzungsmöglichkeiten bestanden hätten. Das gilt sogar dann, wenn der Insolvenzverwalter selbst das Nutzungsobjekt freigegeben hat (BGH NZG 2005,346).

159a

Der Anspruch ist auf Wiedereinräumung des Nießbrauchs gerichtet. Ist dies nicht oder nicht in dem vormaligen Umfang möglich (z.B. weil mittlerweile vorrangige dingliche Belastungen bestehen), wäre ein finanzieller Ersatz in Erwägung zu ziehen, der als immer noch den Eigenkapitalersatzregeln zugehörig nicht mit Schadensersatzpflichten verwechselt werden darf (Insoweit aber anders nun der Anspruch aus § 143 I Satz 2 InsO für die Insolvenzanfechtung, s. dazu Rdn. 159b; s. insoweit aber wieder BGH a.a.O.). Vorrangig sollte jedoch ein Anspruch auf anderweitige kompensatorische Wiedereinräumungen von Nutzungsmöglichkeiten, etwa auf schuldrechtlicher Ebene, sein.

Soweit der Grundsatz, zu dem es aber auch Ausnahmen gibt.

Für die GmbH ist der Grundsatz noch am weitgefasstesten, hier wird nur der nichtgeschäftsführende Kleingesellschafter mit nicht mehr als zehn Prozent Stammkapitalbeteiligung ausgenommen (vgl. § 32 a III Satz 2 GmbHG), ebenso der Gesellschaftersanierer (§ 32 a III Satz 3 GmbHG).

Für die AG ist der Eigenkapitalersatz ebenfalls als ungeschriebenes Recht anerkannt, jedoch bedarf es für den insoweit betroffenen Aktionär einer sog. unternehmerischen Beteiligung. Diese wird bei einer Grundkapitalbeteiligung von ab 25 Prozent vermutet (BGH NJW 1984,1893). Für die Kommanditaktionäre der KGaA (§§ 278 ff AktG) muss konsequent dasselbe gelten, wobei der dortige Komplementär sicherlich stets nach Eigenkapitalersatzregeln behandelt werden muss, denn er wird stets den hinreichenden unternehmerischen Bezug aufweisen.

Für sog. kapitalistische Personengesellschaften, das sind solche ohne eine natürliche Person als Komplementär, gelten die Eigenkapitalersatzregeln entsprechend (§§ 129 a, 172 a HGB). Es kommt hier auf die Stellung des Gesellschafters nicht an, d. h. auch Kommanditisten sind davon betroffen. Wird also bei einer GmbH & Co KG ein Nießbrauch eigenkapitalersetzend eingesetzt, ist es gleichgültig, ob dies zugunsten der Komplementär-GmbH geschieht (Dann gelten die Eigenkapitalersatzregeln direkt) oder der KG (Dann gelten besagte Regeln über § 172 a HGB entsprechend).

Die genannten Grundsätze gelten allerdings nur, solange die Gesellschaft sich jeweils in der Krise befindet (BGH NJW 2006,225, s. a. Rdn. 160). Für die Dauer der Insolvenz ist das aber in jedem Fall so.

2.11.4 Insolvenzanfechtung

159b Sofern hier der Nießbrauch dazu eingesetzt worden ist, der Insolvenzmasse zugunsten eines Gläubigers Vermögenswerte zu entziehen, kann gem. §§ 129 ff. InsO angefochten werden. Gem. § 116 AnfG kann der Insolvenzverwalter auch die im vorigen Abschnitt genannten Anfechtungsansprüche weiter verfolgen. Rechtshängige Verfahren werden unterbrochen (§ 17 AnfG) und können grundsätzlich nach Beendigung des Insolvenzverfahrens wieder aufgenommen werden (s. i. e. § 18 AnfG).

2.11.4.1 Kongruente Deckung

Anfechtbar ist jede Rechtshandlung, die einem Insolvenzgläubiger Sicherung oder Befriedigung gewährt oder ermöglicht hat, wenn sie in den letzten drei Monaten vor dem Insolvenzantrag bei vorhandener Zahlungsunfähigkeit des Schuldners sowie der entsprechenden Kenntnis des bevorzugten Gläubigers davon erfolgt ist (§ 130 I Nr. 1 InsO); die Kenntnis der dafür wesentlichen Umstände reicht aus (§ 130 II InsO). Für nach dem Insolvenzantrag vorgenommene Handlungen kommt es auf die Kenntnis des Antrags oder der Eröffnung (s. wieder § 130 II InsO) an.

Insolvenz

In beiden Fällen wird bei nahestehenden Personen (§ 138 InsO, s. insoweit die Aufzählung o. Rdn. 158a) die jeweilige Kenntnis vermutet.

2.11.4.2 Inkongruente Deckung

§ 131 InsO betrifft Fälle der sog. inkongruenten Deckung, bei denen ein Insolvenzgläubiger eine Sicherung oder Befriedigung erhält, die er nicht oder nicht in der Art oder nicht in der Zeit zu beanspruchen hatte. Anfechtbarkeit liegt hier vor, wenn die Handlung im letzten Monat vor dem Insolvenzantrag oder nach diesem Antrag vorgenommen worden ist, sie innerhalb des zweiten oder dritten Monats vor dem Antrag bei Zahlungsunfähigkeit des Schuldners vorgenommen worden ist oder Kenntnis von der Benachteiligung der übrigen Insolvenzgläubiger vorlag. Für den letzten Fall zählt auch die Kenntnis der jeweiligen Umstände, was bei nahestehenden Personen (§ 138 InsO) vermutet wird (§ 131 II InsO).

2.11.4.3 Unmittelbare Gläubigerbenachteiligung

Sog. unmittelbar nachteilige (für die Insolvenzgläubiger) Rechtsgeschäfte können gem. § 132 InsO angefochten werden (Dessen Abs. 2 spielt hier allerdings keine Rolle). Sie müssen dazu in den letzten drei Monaten vor Insolvenzantrag bei Zahlungsunfähigkeit sowie der Kenntnis des anderen Teils oder danach und bei Kenntnis des anderen Teils von der Zahlungsunfähigkeit oder des Antrags vorgenommen worden sein. Die Kenntnis von den jeweils die Zahlungsunfähigkeit begründeten Umständen reicht aus (§ 132 III, 130 II InsO), die Kenntnis von Zahlungsunfähigkeit und des Antrags wird bei nahestehenden Personen vermutet (§ 132 III, 130, 138 InsO).

2.11.4.4 Vorsätzliche Rechtshandlungen

Vorsätzliche Rechtshandlungen können nach § 133 InsO angefochten werden. Diese Norm entspricht § 3 AnfG (s. insoweit Rdn. 158a). Ähnliches gilt für die Anfechtbarkeit unentgeltlicher Leistungen nach § 134 InsO, welcher mit § 4 AnfG identisch ist (vgl. o. a. a. O.). Für kapitalersetzende Darlehen entspricht § 135 InsO der Norm des § 6 AnfG (s. o. a. a. O.).

2.11.4.5 Sonstiges

Die übrigen Anfechtungstatbestände sind hier irrelevant.

Die Fristberechnung entspricht denen des Anfechtungsrechts (s. §§ 7 AnfG, 139 InsO). Auch was die Rechtshandlung betrifft, so wird sie wie bei § 8 AnfG ermittelt (§ 140 InsO). Es zählt der Rechtserwerb, bei eintragungspflichtigen Rechten hingegen die Bindung des Schuldners nach § 873 II BGB sowie der Eintragungsantrag des anderen Teils; kommt es hier zu Vormerkungen, wird der maßgebliche Antrag entsprechend vorverlagert (s. schon o. Rdn. 158c).

2.11.4.6 Rechtsfolgen

159c Die Rechtsfolgen einer Anfechtung entsprechen denen der Anfechtung in der Einzelzwangsvollstreckung (§ 143 I InsO). Der im Gesetz genannte Rückgewähranspruch ist auf Wiederherstellung der Rechtslage gerichtet, welche ohne die beeinträchtigende Handlung bestanden hätte. Eine insoweit beeinträchtigende Nießbrauchsgewährung wird insoweit restituiert, als der Nießbrauch gegebenenfalls sogar zurückzugewähren ist, mithin sogar aufgehoben verlangt werden kann. Das steht in Kontrast zu § 11 I AnfG, wonach das Recht nicht geltend gemacht werden darf und gegebenenfalls ein Rangrücktritt in das Grundbuch eingetragen werden kann (vgl. wieder BGH NJW 1995, 1846 ff. sowie zuvor Rdn. 158 c; vgl. insoweit aber auch etwa Kreft, in Heidelberger Kommentar InsO § 143 Rdn. 15: Löschung eines Grundpfandrechts im Grundbuch allein bei Fehlen nachrangiger Rechte, d. h. also wenn das Recht definitiv keine Wirkungen mehr zeitigen kann). Damit sind die Wirkungen der Insolvenzanfechtung weitaus gravierender, erklären sich aber daraus, dass die Insolvenz auf umfassende Befriedigung aller Beteiligten gerichtet ist und insoweit klarere Verhältnisse geschaffen werden müssen als bei einer Einzelzwangsvollstreckung (s. MüKo-InsO/Kirchhof § 143 Rdn. 24, 44 a. E.).

Sofern eine solche Wiederherstellung nicht mehr möglich ist, tritt an dessen Stelle ein Wertersatzanspruch nach §§ 143 I Satz 2 InsO, 819 I, 818 IV, 292 I, 989 BGB (was insoweit ein Verschulden voraussetzt, s. Kreft a. a. O. Rdn. 21; s. demgegenüber noch o. Rdn. 158 c).

Wer durch die anfechtbare Leistung unentgeltlich etwas erlangt hat (z. B. ein Nießbrauch oder die auf Grund dessen gezogene Nutzungen), wird durch Bereicherungsrecht privilegiert (s. insbesondere § 818 III BGB), sofern er nicht von der Gläubigerbenachteiligung wusste oder von dieser hätte wissen müssen (§ 143 II InsO). Dies zielt auf § 134 InsO ab, für andere gegebenenfalls daneben bestehende Anfechtungsgründe gilt diese Privilegierung nicht (vgl. insoweit entsprechend für § 11 II AnfG zuvor Rdn. 158c, auch hier wird es nur um die gezogenen Nutzungen, vgl.

Beendigung

insoweit § 818 I, II BGB, gehen können; s. dazu MüKo-InsO/Kirchhof § 143 Rdn. 60).

Nach Maßgabe des § 145 InsO kann die Insolvenzanfechtung auch gegenüber Rechtsnachfolgern geltend gemacht werden. Angesichts des Umstands, dass der Nießbrauch unvererblich ist und auch nicht übertragen werden kann (§§ 1059 Satz 1, 1061 BGB), spielt dieser Umstand für diesen kaum eine Rolle (vgl. insoweit schon für § 15 AnfG zuvor Rdn. 158c).

2.12 Beendigung

Der Nießbrauch kann aus vielerlei Gründen erlöschen. Damit ist es aber noch nicht getan. Da er ein äußerst komplexes Rechtsverhältnis ins Leben ruft, kann er nicht ohne weiteres verschwinden, es stellen sich vielmehr Fragen der Rückabwicklung sowie solche eventueller Fortwirkungen.

160

Wieder ist zu beachten, dass die Eigenkapitalersatzregeln (vgl. zuvor Rdn. 159a f.) eine Beendigung eines Nießbrauchs faktisch wieder rückgängig machen können. Sie greifen nämlich über den Wortlaut der wenigen gesetzlichen Bestimmungen hinaus auch schon für Gesellschaftskrisen außerhalb von Singularzwangsvollstreckungs- und Insolvenzfällen. Es bleibt zwar dabei, dass ein einmal beendeter Nießbrauch nicht wieder neu entsteht, aber der so entstandene Anspruch auf Wiedereinräumung führt in tatsächlicher Hinsicht eben doch zu einer Revision.

Anders ist es wiederum, wenn die finanzielle Krise der Gesellschaft endet. Dann kann ein auch innerhalb einer Krise aufgehobener Nießbrauch nicht mehr rückbestellt verlangt werden. Die Eigenkapitalersatzregeln dienen nur der Überwindung konkreter Krisen, nicht aber der Sicherung einer allgemeinen Krisenfähigkeit (BGH NJW 2006,225).

2.12.1 Erlöschensgründe

Die Gründe, weswegen ein Nießbrauch erlöschen könnte, sind vielfältig. Sie sollten stets bedacht werden, denn es kann doch sein, dass sich die Umstände derart ändern, dass der ursprünglich mit dem Nießbrauch verfolgte Zweck vereitelt wird. Hiergegen sollte man sich absichern. Der eindrücklichste Fall ist wohl, dass anlässlich von Vermögens- oder sonstigen Nachfolgenden unter Lebenden der eine Zuwendung Erhaltende vor dem Zuwender stirbt, so dass sich die Frage nach dem weiteren Schicksal des Zugewendeten stellt (s. bereits o. Rdn. 7).

2.12.1.1 Erlöschen kraft Rechtsgeschäfts

Ein Nießbrauch kann etwa dann erlöschen, wenn dies in der entsprechenden dinglichen Abrede so vereinbart wurde.

Dies kann etwa durch einen Bedingungseintritt geschehen, woran etwa bei einem Sicherungsnießbrauch bei Fortfall des Sicherungszweck gedacht werden könnte.

Weiterhin kann der Nießbrauch aber auch durch die Beteiligten einvernehmlich aufgehoben werden (vgl. auch § 875 BGB, im Zweifel erstreckt sich die Aufhebung dann auch auf das Zubehör, § 1062 BGB); für den Nießbrauch an dem Eigentum beweglicher Sachen reicht als Ausnahme zu dem Gesagten die Erklärung des Nießbrauchers, dass er sein Recht aufgebe, gegenüber dem Eigentümer aus (§ 1064 BGB). Für den Nießbrauch an sonstigen Rechten (d. h. anderen als des Eigentums, §§ 1068 ff. BGB) gilt dies entsprechend (§ 1072 BGB). Folglich bedarf hier nur die Aufhebung des Nießbrauchs an Immobiliareigentum einer Einigung.

Der Nießbrauch kann auch durch Aufhebung des belasteten Rechts erlöschen, welche aber ohne Zustimmung durch den Nießbraucher nicht möglich ist (§ 1071 I BGB, s. für sonstige Änderungen des Rechts, sofern nießbrauchsbeeinträchtigend, dort Absatz 2; s. für entsprechende Verfügungen über einen Gesellschaftsanteil OLG Düsseldorf DNotZ 1999,441).

Ist der Nießbrauch gepfändet worden, ist die Aufhebung zustimmungsbedürftig in Bezug auf den Pfändungspfandgläubiger (vgl. Palandt-Bassenge § 1064 Rdn. 1; Musielak/Becker § 857 Rdn. 14). Aus diesem Grund empfiehlt sich die Eintragung der Pfändung in das Grundbuch, denn ohne die genannte Zustimmung erlischt der Nießbrauch zwar nicht, aber es steht doch die Möglichkeit eines gutgläubig lastenfreien Erwerbs im Raum (s. a. Rdn. 156).

2.12.1.2 Zusammentreffen mit dem Eigentum

Schließlich erlischt der Nießbrauch an beweglichen (für unbewegliche s. § 889 BGB) Sachen dann, wenn er mit dem Eigentum zusammentrifft, es sei denn, es steht ein rechtliches Interesse des Nießbrauchers entgegen (§ 1063 BGB). Das ist etwa der Fall, wenn ansonsten nachrangige Rechte durch das Erlöschen aufrücken würden (vgl. hierzu auch §§ 1060, 1242 II, 1247 Satz 2 BGB). Jedoch kann dieser Norm nicht eine generelle Aussage über den Wortlaut hinaus hinsichtlich der Zulässigkeit eines Eigentümernießbrauchs entnommen werden (s. dazu o. Rdn. 19).

Für den Nießbrauch an sonstigen Rechten gilt § 1063 BGB entsprechend (§ 1072 BGB).

2.12.1.3 Vereinigung von Gesamthandsanteilen in einer Hand

Dem verwandt ist die Vereinigung mehrerer Gesamthandsanteile in einer Hand, von denen aber jedenfalls einer vor der Vereinigung mit einem Nießbrauch belastet ist (s. schon o. Rdn. 102a).

Hier wurde (entgegen der wohl h. M., jedenfalls weiten Kreisen der Rspr.) der Fortbestand des Nießbrauchs angenommen und damit auch derjenige des Belastungsobjekts als solchen, was zu einer nach wie vor vorhandenen rechtlichen Eigenständigkeit des Anteils ungeachtet der Vereinigung mit anderen in einer Hand führte (s. o. a. a. O). Es ist dies gewissermaßen der umgekehrte Fall zu demjenigen der §§ 1063, 1072 BGB. Dort geht es um die Vereinigung von dinglicher Belastung und belastetem Recht, hier geht es um die Sicherung des Fortbestandes des belasteten Rechts durch die dingliche Belastung.

2.12.1.4 Pfandverwertung

Ein Nießbrauch an beweglichen Sachen kann des weiteren anlässlich einer Versteigerung anlässlich einer Pfandverwertung erlöschen. Das ist dann der Fall, wenn ein Pfandrecht an der Sache wirksam entstanden ist, es zu einer gem. § 1243 I BGB einwandfreien Versteigerung (d. h.: Einhaltung der §§ 1228 II – Pfandreife, 1230 Satz 2 – Unzulässigkeit von sog. Zuvielverkäufen, 1235 – Erfordernis öffentlicher Versteigerung, 1237 – öffentliche Bekanntmachung der Versteigerung, 1240 BGB – grundsätzlich kein Zuschlag von Gold- und Silbersachen unter Gold- und Silberwert) und zu einer Übereignung an den Ersteigerer gekommen ist. In diesem Fall erlöschen nicht nur sämtliche sonstigen Pfandrechte an der Sache sowie auch ein dem verwerteten Pfandrecht nachrangiger Nießbrauch (§ 1242 II BGB, ansonsten kommt allein ein gutgläubig lastenfreier Erwerb gem. § 936 BGB in Betracht, s. dazu Rdn. 49 f.). Ersetzt werden solchermaßen erloschene Rechte durch die dingliche Surrogation gem. § 1247 Satz 2 BGB (so dass auch ein Rechtsnießbrauch an der Forderung entstehen kann – dem nachrangige Pfandrechte am Erlös werden sich hier kaum noch durchsetzen können).

Dasselbe kann auch im Rahmen einer Versteigerung nach Zwangsvollstreckungsrecht geschehen. Hier kommt der Streit über die Rechtsnatur des Pfändungspfandrechts zu Ehren. Sieht man mit der h. M. jedenfalls auch die Vorschriften des Bürgerlichen Gesetzbuchs als auf das Pfändungspfandrecht an, so spricht nichts gegen die Anwendbarkeit des

§ 1242 BGB auch hier (s. dazu etwa BGH NJW 1992,2573 ff.; man spricht hier von sog. privatrechtlichen Theorien, die sich ihrerseits nuancieren lassen; die sog. öffentlich-rechtliche Theorie, die das BGB kategorisch außen vor lässt, hat sich nicht durchsetzen können, s. i. ü. den Überblick zu diesem Meinungsstreit bei Baur/Stürner § 55 Rdn. 47).

2.12.2 Rückabwicklung

161   Erlischt der Nießbrauch, fallen seine rechtlichen Wirkungen nicht gleichzeitig ohne weiteres fort. Das kann nur die dinglichen Wirkungen als solche betreffen. Ansonsten aber sind Fortwirkungen denkbar.

So ist regelmäßig, jedenfalls beim Eigentumsnießbrauch, eine Rückabwicklung erforderlich. Die Sache ist zurückzugewähren (§ 1055 I BGB). Noch umfassender werden derartige Pflichten beim Vermögensnießbrauch sein oder vor allem auch beim Unternehmensnießbrauch. Worin sie bestehen, ist letztendlich eine Frage des konkreten Einzelfalls, welche in keinem Fall dem Gesetzesrecht allein überlassen bleiben sollte. Derartige Pflichten sollten stets in der konkreten vertraglichen Absprache gesondert und detailliert geregelt werden.

Im Fall des Nießbrauchs an einem landwirtschaftlichen Grundstück (s. zum folgenden die jeweiligen Verweisungen in § 1055 II BGB) ist dieses in einem eine ordnungsgemäße Bewirtschaftung erlaubenden Zustand zurückzugewähren (§ 596 I BGB). Wird der Nießbrauch vor dem sog. Pachtjahr (s. dazu Palandt-Weidenkaff § 594 a Rdn. 2: häufig am 1.10. oder 1.11. beginnend) beendet, kann es zu einem Wertausgleich nach Maßgabe des § 596 a BGB kommen.

Dasselbe gilt auch bei der Beendigung eines Nießbrauchs an einem sog. Landgut, d.h. eines jeden zum selbständigen Betriebes der Landwirtschaft geeigneten und eingerichteten Grundstücks (vgl. § 98 Nr. 2 BGB, Palandt-Heinrichs § 98 Rdn. 4). Zusätzlich kann hier noch die Rücklassungspflicht nach § 569 b BGB bestehen. Insoweit wird § 1067 BGB verdrängt (Palandt-Bassenge § 1055 Rdn. 1).

Die genannten Pflichten basieren grundsätzlich auf dem gesetzlichen Schuldverhältnis bzw. ergänzenden vertraglichen Absprachen. Werden sie verletzt, führt das zur Anwendung des allgemeinen Leistungsstörungsrechts (§§ 280 ff. BGB).

Daneben ist freilich § 985 BGB anwendbar, nicht jedoch gilt das grundsätzlich für die sonstigen Ansprüche der rei vindicatio, denn insoweit war der Nießbraucher regelmäßig ja berechtigter (Fremd-)Besitzer. Es besteht allerdings kein Grund, für über den Nießbrauch hinausgehende Be-

Beendigung

sitzlagen die §§ 987 ff. BGB nicht anzuwenden (i. e. sehr str., grundsätzlich wie hier etwa Erman/Hefermehl vor § 987 Rdn. 6; Staudinger/Gursky vor § 987 Rdn. 18; a. A. Baur/Stürner § 11 Rdn. 30; s. a. BGH NJW 1995,2627).

Im Fall des § 1048 II BGB (s. o. Rdn. 92) trägt der Nießbraucher die Gefahr des zufälligen Untergangs und der zufälligen Verschlechterung des Inventars (§ 1048 I Satz 2 BGB). Das vorhandene Inventar ist zurückzugewähren. Der Grundstückseigentümer kann die Übernahme von dem Nießbraucher angeschaffter Inventarstücke ablehnen, welche unter den Aspekten einer ordnungsgemäßen Wirtschaft für ihn überflüssig oder zu wertvoll sind, so dass mit der Ablehnung jedenfalls der Nießbraucher Eigentümer wird (Zuvor ist dies im Wege einer dinglichen Surrogation der Grundstückseigentümer gewesen, § 582 a II Satz 2 BGB). Wertunterschiede zwischen dem übernommenen und zurückzugewährenden Inventar sind auszugleichen, wobei als Zeitpunkt der Berechnung die Nießbrauchsbeendigung maßgeblich ist (§ 582 a III BGB entsprechend).

Wieder sind die Regelungen über den Eigenkapitalersatz (s. näher bereits o. Rdn. 159a) vor allem bei Kapitalgesellschaften zu beachten (für sog. kapitalistische Personengesellschaften s. §§ 129 a HGB, 172 a HGB).

Die gesetzlichen Regeln beschränken sich grundsätzlich nur auf den Insolvenzfall, jedoch ist insoweit einhellig anerkannt, dass das Gesetz nur partielle Aussagen eines ungeregelten größeren Ganzen ausspricht. Somit scheitert eine Rückabwicklung auch außerhalb einer Insolvenzlage, wenn eine sog. Krise der Gesellschaft vorliegt und das Nutzungsrecht eigenkapitalersetzend wirkt (s. o. Rdn. 159a). Erfolgt sie gleichwohl, entstehen Wiedereinräumungsansprüche der Gesellschaft analog §§ 31 GmbHG, 62 AktG (s. des weiteren nun auch für weitere Ansprüche BGH NZG 2005,346 sowie o. a. a. O.).

2.12.3 Insbesondere Nießbrauch und schuldrechtliche Gebrauchsüberlassung

Hat der Nießbraucher über die Dauer seines dinglichen Rechts hinaus ein Grundstück oder auch nur einen Teil davon (s. insoweit MüKo-Petzoldt § 1056 Rdn. 4) vermietet oder verpachtet, finden insoweit die Schutzvorschriften der §§ 566 ff. BGB entsprechende Anwendung (§ 1056 I BGB, s. dazu bereits o. Rdn. 4; s. a. Rdn. 15, 165; vgl. übrigens auch § 2135 BGB für den Fall des nacherbfallsbedingten Erwerbs eines Grundstücks oder – insoweit weitergehend als das Nießbrauchsrecht – eines eingetragenen Schiffs, welches von dem Vorerben vermietet oder verpachtet wurde: entsprechende Anwendbarkeit des § 1056 BGB; vgl. insoweit schon o.

162

Rdn. 10). Hierzu muss eine Überlassung des Miet-/Pachtobjekts stattgefunden haben. In diesem Fall genießt das Gebrauchsüberlassungsverhältnis einen Schutz gegenüber dem Eigentümer, der ja nicht durch die Beendigung des Nießbrauchs in das Mietverhältnis eintritt.

2.12.3.1 Eintritt in das schuldrechtliche Gebrauchsüberlassungsverhältnis

Damit tritt der Grundstückseigentümer in das Miet- oder Pachtverhältnis ein, als hätte er im Rahmen des § 566 I BGB das Grundstückseigentum erworben. Das betrifft den Fall, dass der Nießbrauch seinerseits vor Beendigung dieses Miet- oder Pachtverhältnisses endet, denn bis dato kann der Nießbraucher angesichts seiner umfassenden Befugnisse das Grundstück ohnehin vermieten bzw. verpachten. Der Eigentümer hat dieses hinzunehmen. Erst nach Beendigung des Nießbrauchs könnte er mangels eigener Vertragspartnereigenschaft gegenüber dem Mieter/Pächter Ansprüche aus § 985 BGB geltend machen. Aber eben das verhindert § 1056 I BGB. Wenn also der Nießbrauch bestehen bleibt, etwa in der Zwangsversteigerung (vgl. insoweit Rdn. 158), ist für die Anwendung von § 1056 BGB kein Raum (MüKo-Petzoldt § 1056 Rdn. 7).

2.12.3.2 Die Verantwortlichkeit des Nießbrauchers

Daneben bleibt der Nießbraucher als Vermieter/Verpächter aber durchaus noch in der Verantwortung.

Zum einen erstreckt sich der geschilderte Vertragsübergang nicht auf Rechte und Pflichten, welche zeitlich vor der Beendigung des Nießbrauchs entstanden waren (vgl. BGH NJW 1988,705; BGH NJW 1989,451, dort jeweils für § 566 I BGB direkt, wobei hier nun die Nießbrauchsbeendigung an die Stelle des sonstigen Eigentumsübergangs tritt; s. aber auch für Mieterhöhungsrechte nach § 539 BGB für Maßnahmen vor dieser Rechtsbeendigung KG NJW-RR 2001,81; zur Bindung von Schiedsabreden vgl. auch BGH NJW 2000,2346). Als riskant erweist sich, dass gleichwohl ein Übergang auch der Garantiehaftung nach § 536 a I BGB für anfängliche Mängel des Miet-/Pachtobjekts angenommen wird (BGHZ 49,340; s. zu dieser Haftung im Lichte der Schuldrechtsreform auch Ahrens ZGS 2003,134 ff.). Das erscheint sonderbar, denn es geht um eine anfängliche Leistungsstörung, welche an sich zeitlich vor der Nießbrauchsbeendigung angelegt ist. Indessen empfehlen sich hier wie sonst auch vertragliche Abbedingungen dieser verschuldensunabhängigen Haftung (s. zu der Abdingbarkeit BGHZ 29,295; BGH NJW-RR 1993,519; BGH NJW-RR 1991,714). Man könnte gar darüber räsonnieren, ob anderenfalls die damit verbundene Aufbürdung einer solchen Haftung von Nießbraucher auf den Eigentümer für den Fall des § 1056 I BGB eine Pflichtverletzung darstellt. Für den Eigentümer sollten sich entsprechende klarstellende Manifestationen oder interne Ausgleichsmöglichkeiten in seinen schuldrechtlichen Absprachen mit dem Nießbraucher vorab empfehlen. Es mag sicherlich oft so sein, dass die haftungsbegründenden Mängel im Fall des § 1056 I BGB auf seine Risikosphäre zurückzuführen sind (Es wird schließlich sein Grundstück weiter vermietet oder verpachtet), aber damit ohne weiteres eine Haftung aus gesetzlicher Garantie in Kauf zu nehmen, ist schon sehr weitreichend (Anzumerken ist insoweit, dass das im Fall der direkten Anwendung des § 566 I BGB in jedem Fall so wäre, denn hier hätte der Erwerber das Eigentum in jedem Fall erst zu einem späteren Zeitpunkt erlangt)!

Des weiteren haftet der Nießbraucher als der eigentliche Vermieter/ Pächter dem Mieter/Pächter für Versäumnisse aus dem auf den Eigentümer übergegangenen Vertrag für den zu ersetzenden Schaden wie ein Bürge, der auf die Einrede der Vorausklage verzichtet hat. Teilt der Vermieter dem Mieter die Nießbrauchsbeendigung mit (für die Zulässigkeit einer Stellvertretung vgl. BGH NJW 1966,590), so kann er sich ab dem nächsten zulässigen Kündigungstermin von der Haftung befreien. Der Wortlaut des § 566 II Satz 2 BGB erscheint insoweit missverständlich, als man gestützt auf diesen auch auf eine rückwirkende Haftungsbefreiung schließen könnte (s. wie hier auch Erman/Jendrek § 566 Rdn. 14). Die Mitteilung muss über die Beendigung des Nießbrauchs erfolgen, da diese an die Stelle des Eigentumsübergangs bei § 566 BGB in seiner direkten Anwendung tritt. Man muss hier weitergehende Hinweispflichten auf die Rechtsfolgen in Betracht ziehen, denn die Situation ist hier doch komplexer und komplizierter als diejenige der Grundstücksveräußerung. Es ist fraglich, ob ein Mieter/Pächter die Konsequenzen einer Nießbrauchsbeendigung bei Gebrauchsüberlassung durch einen Nießbraucher wirklich vollumfänglich abschätzen kann. Das Gesetz schreibt insoweit nichts vor, es ist aber nicht ausgeschlossen, dass entsprechende Hinweise aus dem jeweiligen Gebrauchsüberlassungsvertrag resultieren könnten (vgl. § 241 II BGB). Der Nießbraucher sollte sich hierauf einstellen und die zusätzlichen Hinweise zu seinem eigenen Schutz geben, anderenfalls eine Pflichtverletzung drohte.

162a

Einzuräumen ist, dass diese Haftung letztendlich weitergeleitet werden kann auf den Eigentümer. Analog der Bürgschaftsregeln würde nämlich bei Befriedigung des Mieters oder Pächters durch den Nießbraucher die Forderung nicht erlöschen, sondern auf den Nießbraucher übergehen, welcher nun Regress beim Eigentümer nehmen könnte (§§ 774 I, 412, 401

BGB analog). Zu Vermeidung dessen bedarf es entsprechender Vereinbarungen in dem der Nießbrauchsbestellung zugrunde liegenden Vertragsverhältnisses zwischen Nießbraucher und Eigentümer. An deren Wirksamkeit kann nicht gezweifelt werden, denn zum einen wird der eigentlich Geschützte, der Mieter bzw. Pächter im Außenverhältnis, nicht betroffen und zum anderen ist der Nießbraucher als der eigentliche Risikoverursacher, der zudem aber nur zeitweise zur Vermietung/Verpachtung berechtigt ist letztendlich nicht zwingend zum Nachteile des Eigentümers zu schützen.

Schließlich führt die entsprechende Anwendung des Mietrechts gem. § 1056 I BGB noch zu weiteren Konsequenzen:

2.12.3.3 Mietsicherheiten

Mietsicherheiten bleiben in ihrer Wirkung dem Mieter bzw. Pächter erhalten (§ 566 a BGB analog). Der Eigentümer tritt in die durch solche Leistungen begründeten Rechte ein. Der Nießbraucher bleibt subsidiär zur Rückgabe der Mietsicherheit verpflichtet, sollte diese nicht von dem Eigentümer erlangt werden können. Ob er hier Regress beim Eigentümer nehmen könnte, ist fraglich und sollte in jedem Fall vorsorglich vertraglich geregelt werden. An sich besteht kein rechter Grund dafür, denn wiederum ist doch der Nießbraucher im Regelfall der eigentliche Nutznießer des Mietverhältnisses gewesen, wohingegen der Eigentümer letztendlich vor vollendete Tatsachen gestellt wird.

2.12.3.4 Vorausverfügungen und Aufrechnung die Miete betreffend

Eine Vorausverfügung über Miet- oder Pachtforderungen seitens des Nießbrauchers ist entsprechend § 566 b I BGB partiell wirksam. Das ist dann der Fall, wenn sie sich auf Entgelte für den laufenden Kalendermonat bezieht, in dem der Nießbrauch endet; dieser Zeitpunkt ersetzt denjenigen des Eigentumsübergangs in der direkten Anwendung der Vorschrift. Sofern die Nießbrauchsbeendigung nach dem fünfzehnten eines Monats geschieht, ist auch die Vorausverfügung über den kommenden Kalendermonat wirksam. Weiter in die Zukunft reichende Verfügungen muss der Eigentümer nicht gegen sich gelten lassen, denn auf § 566 b II BGB verweist § 1056 I BGB nicht.

Allerdings ist zu berücksichtigen, dass die Leistung nach dem für die §§ 1056 I, 566 I BGB maßgeblichen Ereignis gegebenenfalls an einen Nichtberechtigten, etwa einem Zessionar, erfolgte. Wenn die Forderungen nämlich entstehen und der Vertragseintritt des Eigentümers gem. §§ 1056 I, 566 I BGB erfolgt ist, standen sie von ihrer Entstehung an näm-

Beendigung

lich diesem zu und nicht mehr dem Nießbraucher als Zedenten. Damit greift § 816 II BGB. Ungeachtet dessen, schon zur Vermeidung unerfreulicher bereicherungsrechtlicher Konsequenzen (etwa des Bereicherungswegfalls nach § 818 III BGB), sind auch hier vertragliche Regelungen über hier auftretende Ausgleichsfragen unbedingt anzuraten.

Ähnlich wie Vorausverfügungen sind auch Vorausleistungen an den Nießbraucher oder sonstige Rechtsgeschäfte über die Miet- oder Pachtzinsforderungen (etwa Erlasse, § 397 BGB, Stundungen) für den laufenden Kalendermonat der Nießbrauchsbeendigung oder, wenn diese erst nach dem fünfzehnten dieses Monats erfolgte, auch für den darauffolgenden Monat grundsätzlich wirksam (§ 566 c BGB entsprechend; der Streit, ob die Leistung auf eine Forderung eine Verfügung sein kann, kann hier dahinstehen, denn jedenfalls sind die Rechtsfolgen hier identisch). Allerdings schadet insoweit die Kenntnis des Mieters oder Pächters von der Nießbrauchsbeendigung (Satz 3 a. a. O.). In diesem Fall bleibt besagten Rechtsgeschäften, wenn sie nach dieser Beendigung getätigt wurden, die Wirksamkeit versagt. Wiederum würden sich vertragliche Regelungen empfehlen. Es läge sicherlich im Interesse des Eigentümers, entsprechende Hinweispflichten des Nießbrauchers für potentielle Vermiet- und Verpachtfälle in die beide betreffende vertragliche Regelung mit aufzunehmen.

Für eine Aufrechnung gegen Miet- oder Pachtzinsforderungen gelten Sonderregelungen (§§ 1056 I, 566 d BGB). Sie ist grundsätzlich in dem Umfang möglich, in dem sonstige Rechtsgeschäfte nach § 566 c BGB zugelassen sind. Einschränkend gilt, dass eine Kenntnis des Mieters von der Nießbrauchsbeendigung die Aufrechenbarkeit erst nach dieser Kenntnis entstandener Gegenforderungen ausschließt, was wiederum die im vorigen Absatz vorgeschlagenen Hinweispflichten zugunsten des Eigentümers nahe legt. Des weiteren darf die Gegenforderung des Mieters/Pächters nicht erst nach besagter Kenntnis und später als die Miete bzw. Pachtzinsforderung fällig geworden sein (vgl. insoweit auch die Parallele zu § 406 BGB).

2.12.3.5 Unrichtige Mitteilungen über die Nießbrauchsbeendigung

Unrichtige Mitteilungen des Vermieters/Verpächters (zugleich des Nießbrauchers) an den Mieter/Pächter über die Nießbrauchsbeendigung muss der Erstgenannte gegen sich gelten lassen. Die Mitteilung kann nur mit Zustimmung des Eigentümers zurückgenommen werden (§§ 1056 I, 566 e BGB). Damit stellt sich die Situation so dar, als seien die Wirkungen der §§ 566 ff. BGB nun auch wirklich eingetreten, als sei der Nießbrauch tatsächlich beendigt worden. § 566 e BGB ist insoweit ein Pendant zu § 409 BGB. Mietzahlungen (oder sonstige vergleichbare Zahlungen) können leistungspflichtbefreiend nun auch an den Eigentümer anstelle des Nießbrauchers erbracht werden.

Allerdings wird man aus den Absprachen zwischen dem Eigentümer und dem Nießbraucher gegebenenfalls eine Zustimmungspflicht herleiten können – auch das sollte vorsorglich ausdrücklich in diese aufgenommen werden. Ferner wird der Nießbraucher als Mieter/Pächter nicht zuletzt auch über das Bereicherungsrecht (s. §§ 812 ff., 816 BGB) geschützt – wieder wären präventive vertragliche Regelungen für diese Konstellation denkbar.

2.12.3.6 Grundstücksveräußerungen

Wenn nun der Eigentümer nach der Beendigung des Nießbrauchs sein Grundstückseigentum weiter veräußert, gelten die Schutzvorschriften der §§ 566 ff. BGB, falls es um Wohnraumvermietungen gegangen ist, auch hier entsprechend (§§ 1056 I, 567 b BGB). Hinsichtlich des neuen Erwerbers erscheinen die Konsequenzen sogar noch weitreichender, denn nun gelten für ihn auch die §§ 567, 567 a BGB, welche für den Eigentümer als seinerzeitigen Nießbrauchsbesteller nicht anwendbar waren (vgl. den fehlenden Verweis in § 1056 I BGB auf diese Normen direkt).

Indessen täuscht diese scheinbar größere Reichweite. § 567 BGB erstreckt die §§ 566 ff. BGB auch auf die Vermietung von Wohnraum. Hierauf musste § 1056 I BGB nicht weiter, d. h. über § 567 b BGB hinaus, verweisen. Wohnraum als solcher kann nämlich nicht mit einem Nießbrauch belastet werden. Zwar können auch grundstücksgleiche Rechte belastet werden (s. o. Rdn. 53), die sich auch auf Wohnraum konzentrieren können, aber um diese Fälle geht es hier nicht. Diese würden nämlich schon direkt von den § 1056 I, 566 ff. BGB erfasst werden, ohne dass es § 567 b BGB bedarf. Die Wohnraummiete meint Fälle, in denen der Wohnraum nicht Gegenstand eigener Rechte ist; insoweit könnte auch ein Nießbrauch nicht bestellt werden, da man das mit dessen weitreichenden Umfang nicht vereinbaren könnte (s. § 1030 BGB, hingegen wäre das ein Fall etwa für Dienstbarkeiten).

§ 567 a BGB in seiner direkten Anwendung schützt den Mieter von Wohnraum entsprechend § 566 I, 567 BGB vor sonstigen Grundstücksbelastungen seitens des Vermieters, die ihn beschränken können (so vor allem bei Erbbaurechten, Dauerwohnrechten, Dauernutzungsrechten, Dienstbarkeiten – namentlich Wohnrechten, und schließlich dem Nießbrauch). Der Nießbraucher als Vermieter kann aber über den Nießbrauch nicht verfügen, und die allein möglichen Überlassungen zur Rechtsausübung sind infolge ihrer rein schuldrechtlichen Natur von dieser Schutznorm gar nicht erfasst (s. § 1059 BGB).

Die §§ 1056 I, 567 b BGB betreffen aber Fälle, in denen es einen Nießbrauch gar nicht mehr gibt und es um einen solchen auch gar nicht mehr geht. Hier ist der Verweis auf § 567 b BGB für nachfolgende gebrauchsbeeinträchtigende Verfügungen folglich konstitutiv.

2.12.3.7 Kündigungsrechte

Der Eigentümer kann diese Vertragsverhältnisse nach der gesetzlichen Kündigungsfrist kündigen (s. insoweit §§ 573 c, 580 a BGB für den Mietvertrag, §§ 584, 594 a BGB für den Pachtvertrag). Dies gilt, sofern er nicht selbst von Anfang an aus dem Mietvertrag verpflichtet ist, denn dann fehlt es an der ratio des § 1056 BGB, anderweitig begründete Pflichten auf ihn zu übertragen (s. BGHZ 109,111; LG Stuttgart NJW-RR 1989,1171). Verzichtet der Nießbraucher auf den Nießbrauch, wirkt sich das auf diesen Bestandsschutz nicht aus, so dass das Miet- oder Pachtverhältnis in jedem Fall so lange Bestand hat, solange der Nießbrauch ohne diesen Verzicht weiter bestanden hätte (§ 1056 II BGB). Erst nach dessen Erlöschen unter Zugrundelegung der fiktiven Situation ohne einen solchen Verzicht kann dann gekündigt werden.

162b

Der i. S. v. § 1056 derart schuldrechtlich Nutzungsberechtigte kann den Eigentümer mit angemessener Fristsetzung dazu auffordern, sich bezüglich seines Kündigungsrechts nach § 1056 II BGB zu erklären. Er hat schließlich ein berechtigtes Interesse daran, dass insoweit Klarheit herrscht. In diesem Fall ist die Kündigung nur innerhalb dieser angemessenen Frist möglich (§ 1056 III BGB). Ist die Fristsetzung nicht angemessen – hier ist zu berücksichtigen, dass der Eigentümer durchaus einer Bedenkzeit haben muss, denn er war bislang insoweit ja noch unbeteiligt –, läuft statt der unangemessenen eine angemessene Frist.

Eine Erweiterung dieser Schutznorm auf sonstige vergleichbare Fälle, etwa, dass die Nießbrauchsbestellung selbst schon von Anfang an nicht wirksam war, wird von der Rechtsprechung abgelehnt (BGH NJW 1968,2148).

2.12.3.8 Sonstiges

Ansonsten wird § 1056 BGB durchaus für analogiefähig erachtet. Das wird etwa angenommen, wenn das Mietverhältnis bereits vor Nießbrauchsbegründung bestanden hat und im Rahmen des § 566 I BGB selbst auf den Grundstückseigentümer übergegangen ist (Bamberger/Roth/Wegmann § 1056 Rdn. 6). Der Nießbraucher ist an diese Gebrauchsüberlassung in diesem Fall bereits gem. § 567 b Satz 1, 2. Alt., BGB gebunden.

Stets aber muss es um die Vermietung oder Verpachtung des Grundstücks selbst gehen. Eine Überlassung des Nießbrauchs selbst zum Gebrauch (§ 1059 Satz 2 BGB – im schuldrechtlichen Sinne handelt es sich um eine Rechtspacht, da es eine Miete von Rechten bekanntlich nicht gibt) reicht nicht aus (BGHZ 109,115, aber str., s. a. a. O. zur Gegenansicht). Im tatsächlichen Sinne können zwar weitgehend dieselben Konsequenzen erzielt werden, so dass dogmatische Überlegungen sich hier dem Vorwurf des Formalismus stellen müssen. Gleichwohl aber ist doch zu differenzieren. So kann (und wird) eine schuldrechtliche Gebrauchsüberlassung angesichts eines fehlenden numerus clausus, wie er im Sachenrecht nun einmal vorherrscht, doch anders ausgestaltet sein als eine dinglich orientierte Nutzungsüberlassung. Diesbezügliche Unterscheidungen entbehren also keineswegs eines materiell-rechtlichen Gehalts.

Der Mieter bzw. Pächter eines Grundstücksnießbrauchers mag sich gegen das Risiko einer Kündigung schützen mögen. Hier findet sich ein Motiv für die sog. Sicherungsdienstbarkeit (s. u. Rdn. 164a).

Insgesamt rufen die Regelungen, auf denen § 1056 BGB aufbaut, nach vertraglichen Konkretisierungen. Sie, vergleicht man die Originaltatbestände des Mietrechts mit den insoweitigen Analogien des Nießbrauchsrechts, erschließen sich nur schwer. Im übrigen lassen sie manche Fragen offen und legen Sicherungsbedürfnisse nahe. Dem sollte man nachgeben.

2.12.4 Verjährung

162c Schließlich ist hier die kurze Verjährungsfrist zu beachten. Ansprüche des Eigentümers auf Ersatz wegen Veränderungen und Verschlechterungen verjähren in sechs Monaten. Dasselbe gilt für Ansprüche des Nießbrauchers auf Verwendungsersatz oder auf Gestattung der Wegnahme einer Einrichtung (§ 1057 Satz 1 BGB). Eine vergleichbare Regelung kennt man auch aus dem Recht schuldrechtlicher Gebrauchsüberlassungen, auf den das Nießbrauchsrecht denn auch weitgehend verweist (s. § 548 BGB). Wie dort wird diese kurze Frist, steht sie doch allzu isoliert neben den allgemeinen Vorschriften der §§ 195 ff. BGB, gerne übersehen.

Diese Frist beginnt für den Eigentümer zu laufen, wenn er das Nießbrauchsobjekt zurückerhält. Seine Verjährungsfristen sind faktisch oft an diejenigen des Nießbrauchers (für den § 548 I BGB direkt gilt) gekoppelt

(§§ 1057 Satz 2, 548 I Sätze 2 u. 3 BGB). Der Zurückerhalt des Miet-/Pachtobjekts wird nämlich für beide in einem Akt zusammenfallen.

Der Nießbraucher seinerseits muss wegen seiner eben genannten Ansprüche beachten, dass diese ab Beendigung des Nießbrauchsverhältnisses zu verjähren beginnen, was nicht unbedingt zeitlich mit der Rückgabe der Nießbrauchssache zusammenfällt (§§ 1057 Satz 2, 548 II BGB). Es besteht also ein Abhängigkeitsverhältnis seiner Ansprüche zum Bestand des ihm eingeräumten dinglichen Rechts.

Davon zu unterscheiden sind die eigenen Aufwendungs- und Gestattungsrechte in bezug auf Wegnahmen (s. insoweit § 539 II BGB) des Vermieters oder Verpächters. Für diese gilt § 548 II BGB (gegebenenfalls über § 581 II BGB) direkt (s. zu diesen Ansprüche i. e. Erman/Jendrek § 548 Rdn. 12 f.). Über die §§ 1056 I, 566 I BGB können diese nun gegen den Eigentümer selbst geltend gemacht werden.

Der Sinn dieser kurzen Verjährungsfristen ist derselbe wie im Miet- oder Pachtrecht: Es geht um Ansprüche, die einer kurzfristigen Klärung harren. Infolgedessen ist das Gesetz hier nicht erweiternd auszulegen. Es greift nur für die Ansprüche, die von ihm auch konkret angesprochen werden. Analogien scheiden aus (vgl. a. BGH NJW 2000,3203).

Nicht hingegen unterliegen daher sonstige Ansprüche, die mit der Rückabwicklung zusammenhängen, der kurzen Verjährung. Das betrifft etwa Ansprüche wegen völliger Unmöglichkeit der Rückgabe (Birr Rdn. 194). Soweit Ansprüche aber mit denen in § 1057 BGB kongruent sind, werden sonstige Normen verdrängt. So tritt § 902 BGB (Unverjährbarkeit von Ansprüchen aus im Grundbuch eingetragenen Rechten) hinter § 1057 BGB zurück.

Die kurze Verjährungsfrist, soweit sie gesetzlich ausdrücklich in § 1057 BGB angeordnet ist, ist auf den Nießbrauch an anderen Gegenständen als Sachen entsprechend anwendbar. Allenfalls kann es sein, dass der konkrete Gegenstand Ansprüche, die hier genannt werden, erst gar nicht aufkommen lässt (so ggf. hinsichtlich des Wegnahmerechts).

Ansonsten gelten die allgemeinen Vorschriften über die Hemmung oder Unterbrechung der Verjährungsfristen (§§ 203 ff. BGB). Von Bedeutung ist hier vor allem die Hemmung der Fristen infolge eines selbständigen Beweisverfahrens (§§ 483 ff. ZPO) betreffend die Beschaffenheit des Mietobjekts anlässlich der Rückabwicklung (§ 204 I Nr. 7 BGB, s. a. noch § 548 III BGB a. F. – aufgehoben durch die Schuldrechtsreform 2002, s. davor noch BGH NJW 1995,252; zur jetzigen Übergangsregelung s. Art. 229 § 6 I EGBGB, dazu auch Heß NJW 2002,256). Abändernde Vereinbarungen müssen § 202 BGB beachten. Weiterhin wird die Verjährung nicht dadurch gehemmt, dass gesetzliche Pfandrechte (§§ 562 ff. BGB) geltend gemacht werden, denn insoweit greift der Tatbestand des § 205 BGB nicht (s. a. Jauernig/Teichmann § 548 Rdn. 2).

2.12.5 Annex: Steuerliche Behandlung der Nießbrauchsablösung

162d Wird ein Nießbrauch abgelöst, ist eine Vermögensverschiebung die Folge; ebenso wird sie mit einer Gegenleistung verbunden sein. Für die diesbezügliche steuerliche Behandlung ist zu unterscheiden:

2.12.5.1 Vorbehaltsnießbrauch

Wird ein Vorbehaltsnießbrauch abgelöst, hat dies zur Folge, dass der ursprüngliche Eigentümer als jetziger Nießbrauchsinhaber seine noch verbliebene Berechtigung verliert. Der jetzige Eigentümer erhält sein Eigentum, welches er rechtlich bereits innehat, nun auch wirtschaftlich. Für sonstige Inhaberschaften außerhalb des Eigentums gilt das entsprechend.

Die Finanzverwaltung unterscheidet zwischen der Ablösung des Nießbrauchs im Rahmen einer vorweggenommenen Erbfolge und sonstigen Vermögensübergaben (Ziff. 55 Nießbrauchserlass). In beiden Fällen erlangt der jetzige Eigentümer nun auch sein „wirtschaftliches Eigentum", der frühere Eigentümer, der Nießbrauchsinhaber, verliert seine Berechtigungen. Für andere Inhaberschaften als des Eigentums gilt insoweit dasselbe.

2.12.5.1.1 Vorweggenommene Erbfolge

Wird ein Nießbrauch anlässlich einer vorweggenommenen Erbfolge abgelöst, erhöhen die Ablösungszahlungen die AfA-Bemessungsgrundlage des Eigentümers (Ziff. 57 des Erlasses, s. zur AfA allgemein schon o. Rdn. 24 ff., zur AfA-Berechtigung des Eigentümers nach Erlöschen des Nießbrauchs s. Ziff. 46 des Erlasses).

Beim Nießbraucher stellt die Abstandszahlung als Einmalzahlung eine steuerlich nicht erfassbare Vermögensumschichtung dar (Ziff. 58 Nießbrauchserlass). Werden anstelle einer Einmalzahlung wiederkehrende Leistungen erbracht, so ist der Zins- bzw. Ertragsanteil zu versteuern (Schreiben betr. einkommensteuerrechtliche Behandlung von wiederkehrenden Leistungen im Zusammenhang mit der Übertragung von Privat- oder Betriebsvermögen vom 16. 9. 2004, BStBl. I S. 922, dort Ziff. 57, welches an die Stelle der in Ziff. 59 Nießbrauchserlass genannten Schreiben getreten ist).

2.12.5.1.2 Sonstige Vermögensübertragungen

Bei Ablösungen im Rahmen sonstiger Vermögensübertragungen (s. zum Gesagten Ziff. 59 Nießbrauchserlass) führt eine Einmalzahlung in voller Höhe zu Anschaffungskosten. Wiederkehrende Leistungen tun dies mit ihrem Barwert (§§ 13, 14 BewG i. V. m. Anlage 9, 9a).

Das gilt aber nur, wenn die Leistung auch einen entgeltlichen Charakter aufweist. Daran fehlt es, wenn der Barwert wiederkehrender Leistungen doppelt so hoch ist wie der Wert des übertragenen Vermögens (s. a. § 12 Nr. 2 EStG). In diesem Fall ist ein Abzug nicht möglich, ausgenommen des entsprechend §§ 22 EStG, 55 EstDV in Verbindung mit den Ertragsanteilstabellen zu ermitelnden Zinsanteils (s. Ziff. 59 des Erlasses a. E. für die Vermietung i. V. m. dem Werbungskostenabzug nach § 9 I Satz 3 Nr. 1 EStG).

Bevor die genannte Wertgrenze (doppelt so hoher Barwert wie der Wert der Vermögensübergabe) erreicht wird, ist der Vorgang in einen entgeltlichen und einen unentgeltlichen aufzuteilen. Das betrifft auch Einmahlzahlungen. Der entgeltliche Teil führt zum Steuerabzug, der unentgeltliche zur Nichtberücksichtigung nach § 12 Nr. 2 EStG.

Beim Nießbraucher handelt es sich bei der Zahlung wiederum um eine nichtsteuerbare Vermögensumschichtung (Ziff. 60 Nießbrauchserlass).

2.12.5.2 Zuwendungsnießbrauch

Bei Zahlungen für einen unentgeltlich (s. dazu Ziff. 10 f. Nießbrauchserlass sowie bereits o. Rdn. 25) zugewendeten Nießbrauch greift grundsätzlich § 12 Nr. 2 EStG. Sie sind weder Einkünfte noch Werbungskosten/Betriebsausgaben. Wird anstelle des ursprünglichen Zuwendungsnießbrauchs ein anderweitiger, ein sog. Ersatznießbrauch, eingeräumt, teilt dieser die Beurteilung als Unentgeltlichkeit mit demjenigen, an dessen Stelle er getreten ist (Ziff. 61 Nießbrauchserlass).

Wiederum ist – wie sonst auch – § 42 AO zu beachten (vgl. a. a. O.).

Nicht dazu gehört der Fall, dass ein Grundstückseigentümer die Immobilie bereits selbst nießbrauchsbelastet erworben hat. Hier sind Ablösungszahlungen – bei wiederkehrenden Leistungen mit dem Barwert – absetzbar (Ziff. 62 Nießbrauchserlass).

Zahlungen für die Ablösung eines entgeltlich bestellten Nießbrauchs werden beim Ablösenden als negative Einnahmen veranschlagt; das gilt auch für wiederkehrende Leistungen, bei denen auf die im jeweiligen Jahr geleisteten Zahlungen abzustellen ist. Ist das seinerzeitige Entgelt für die Bestellung des Nießbrauchs bezüglich seine Absetzbarkeit auf mehrere

162e

Jahre verteilt worden (Ziff. 29 Nießbrauchserlass, s. dazu o. Rdn. 25), ist der noch nicht versteuerte Restbetrag beim Eigentümer als Einkunft zu erfassen (Ziff. 63 Nießbrauchserlass).

Die Ablösungszahlungen sind beim Nießbraucher wiederum der privaten Vermögensebene zuzuordnen. Sie sind steuerlich nicht zu beachten.

2.12.5.3 Vermächtnisnießbrauch

Aufwendungen zur Ablösung eines Vermächtnisnießbrauchs (s. dazu o. Rdn. 27) sind nachträgliche Anschaffungskosten und als solche in den Steuerabzug mit einzubeziehen. Beim Nießbraucher sind einmalige Zahlungen nicht steuerbare Vermögensumschichtungen. Bei wiederkehrenden Leistungen ist der Zinsanteil zu versteuern (Ziff. 65 Nießbrauchserlass).

2.13 Sonstige steuerrechtliche Anmerkungen

162f   Im übrigen kann der Nießbrauch auch in sonstigen Konstellationen wiederkehren, welche nicht dezidiert mit ihm zusammenhängen.

Das ist etwa der Fall, wenn er ein sog. Sonderbetriebsvermögen innerhalb einer Mitunternehmerschaft (§ 15 I Nr. 2 EStG) bildet. Das ist dann der Fall, wenn ein Nießbrauch einer solchen (Hier sicherlich regelmäßig einer Personengesellschaft, die ertragssteuerlich gesehen keine eigene Rechtsfähigkeit besitzt) von einem Mitunternehmer zur Ausübung überlassen wird (§ 1059 Satz 2 BGB, eine Übertragung kommt bekanntlich nicht in Betracht).

In diesem Fall kann der Nießbrauch ein sog. Sonderbetriebsvermögen I bilden, mit der Folge, dass er in eine Ergänzungsbilanz aufzunehmen ist. Dafür geleistetes Entgelt führt zu mitunternehmerischen Einkünften, denen gegenüber diejenigen aus Vermietung und Verpachtung zurücktreten (s. § 21 III EStG).

Auch ein sog. Sonderbetriebsvermögen II ist denkbar, welches sich von dem Sonderbetriebsvermögen dadurch unterscheidet, dass es nicht der Mitunternehmerschaft selbst dient, sondern der Beteiligung eines Mitunternehmers an der Mitunternehmerschaft (s. dazu auch Ziff. 13, 14 Mitunternehmererlass, Schreiben betr. Besteuerung der Mitunternehmer von Personengesellschaften – „Mitunternehmererlass", BStBl. I 1978, S. 8, BMF IV B 2 – S 2241 – 231/77). So verhält es sich namentlich mit der Gebrauchsüberlassung eines Grundstücks durch den Mitunternehmer, der selbst nicht Grundstückseigentümer ist, an die Mitunternehmerschaft (s. a. BFH DStR 2005,1048), was sich aber ohne Bedenken auch auf

Sonstige steuerrechtliche Anmerkungen

andere Güter übertragen lässt. Entsprechend können auch die Einräumungen von dinglichen Nutzungsrechten und damit auch eines Nießbrauchs (Für die Belastung anderer Rechte als diejenigen an Grundstücken ist er die einzige Alternative) zu derartigen Ergebnissen führen.

Werden Nießbrauchsentgelte in unangemessener Höhe von einer körperschaftssteuerpflichtigen Organisation, namentlich einer Kapitalgesellschaft, an einen beherrschenden Gesellschafter (KStR 31 (6)) oder eine nahestehende Person (KStR 31(7)) gezahlt, so liegen sog. verdeckte Gewinnausschüttungen vor (vgl. für die schuldrechtliche Überlassung KStR 31 (3) Ziff. 8, für dingliche Überlassungen kann es keinen Unterschied geben). So weit die Unangemessenheit reicht, ist das Entgelt nicht absetzbar (§ 8 III Satz 2 KStG), wohingegen der Empfänger insoweit einkommensteuerpflichtige Einkünfte erzielt (s. § 20 I Nr. 1 EStG).

3. Dienstbarkeiten

163 Eigentlich macht der Begriff der Dienstbarkeiten im wesentlichen den Begriff der dinglichen Nutzungsrechte aus (wenn man einmal von dem Dauerwohnrecht nach §§ 31 ff. WEG absieht). Nach der Überschrift in Abschnitt 4 des Dritten Buchs des BGB fällt auch der Nießbrauch darunter. In der hiesigen Darstellung wurde davon abgewichen. Der Grund lag zum einen darin, dass sich der Nießbrauch durchaus von den sonstigen Dienstbarkeiten in seiner Darstellbarkeit geradezu emanzipiert hat (s. o. Rdn. 6). Im Folgenden wird weiterhin den Wohnrechten, auch wenn sie eigentlich zu den Dienstbarkeiten – auch im hier vertretenen engeren Sinne – gehören (vgl. § 1093 BGB) ein eigener Abschnitt gewidmet (s. im Anschluss Kap. 4, Rdn. 238 ff.). Auch diese dürften sich in ihrer praktischen Bedeutung im genannten Sinne „emanzipiert" haben, so dass diese Vorgehensweise gerechtfertigt erscheint.

3.1 Allgemeines

Die Dienstbarkeit im hier verstandenen, im engeren Sinne, erstreckt sich enger als der Nießbrauch allein auf Grundstücke (§§ 1018, 1090 I BGB) bzw. grundstücksähnliche Rechte (s. u. Rdn. 167 f.). Sie ist insoweit noch enger, als nach dem ausdrücklichen Wortlaut des Gesetzes es um die Grundstücksnutzung „in einzelnen Beziehungen" geht. Hierin liegt das wesentliche Unterscheidungsmerkmal zum Nießbrauch, der grundsätzlich alle Nutzungen, allein mit der Möglichkeit des Ausschlusses einzelner Nutzungen versehen, einräumt (§ 1030 I, II BGB; s. a. Weitnauer DNotZ 1958,359). In Einzelfällen mag diese Unterscheidung nicht so klar sein wie man es hier zunächst meinen könnte, weshalb hinsichtlich des Antrages auf Eintrag des zutreffenden Grundstücksnutzungsrechts beim Grundbuchamt hier doch eine gewisse Aufmerksamkeit abverlangt wird (s. o. Rdn. 69).

Die Differenzierung in eine nur partiell Nutzungsmöglichkeiten einräumende Dienstbarkeit und einen insoweit allumfassenden Nießbrauch ist nämlich keineswegs eindeutig. Man denke nur an den Fall, dass eine Nutzung eingeräumt wird, die aber faktisch das gesamte Grundstück in Beschlag nimmt. Das ist etwa möglicherweise der Fall, wenn Bodenschätze abgebaut werden sollen. Je nach Umfang dieses Unterfangens kann es so sein, dass hier alle weiteren in Betracht kommenden Nutzungsmöglichkeiten damit faktisch unterbunden werden. Per definitionem liegt hier aber nur eine Nutzung in einer einzelnen Beziehung vor (Tatsächlich wird hier deshalb vorgeschlagen, eine Dienstbarkeit zu bejahen, so Schöner/Stöber Rdn. 1362; Staudinger/Ring § 1018 Rdn. 144). Wirtschaftlich gesehen „frisst diese einzelne Nutzungsbeziehungen alle anderen auf", so dass das Sinnieren über sonstige freigebliebene Nutzungsoptionen lediglich reine Theorie darstellen (Daher nimmt die Rspr. hier das Erfordernis eines Nießbrauchs an, so etwa BayObLGZ 1986,622; BayObLG NJW 1990,208; OLG Zweibrücken DNotZ 1982,444; OLG Köln DNotZ 1982,242; s. insoweit auch Baur/Stürner § 32 Rdn. 12 f.).

3.2 Funktion

Insgesamt erscheinen die möglichen Zwecksetzungen einer Dienstbarkeit faktisch variabler als diejenigen des Nießbrauchs. Sie sollen im allgemeinen eine Erstreckung einer bereits bestehenden dinglichen Berechtigung auf weitere Gegenstände ermöglichen (so bei der Grunddienstbarkeit) oder zugleich dafür sorgen, dass diese Erstreckung auch nur einer bestimmten Person zugute kommen soll (so bei der beschränkten persönlichen Dienstbarkeit). Beide Zwecke können mit jeweils unterschiedlichen Nutzungsrechten erfüllt werden. *164*

Man muss jedoch stets beachten, dass die Funktion den Rechtsinhalt nicht ersetzt. Das bedeutet, dass etwa für sonstige Zwecke es weiterer Rechtseinräumungen bedarf. Insbesondere kann man allein aus der Bestellung einer Dienstbarkeit verbunden mit dem Bestreben, dem Begünstigten eine langfristige Position bezüglich eines Grundstücks zu sichern, nicht auf auf die gleichzeitige Einräumung eines Vorkaufsrechts schließen (BGH DNotZ 2004,448, s. dazu auch Härtel a. a. O. S. 451 ff., dort auch allgemein zu gegebenenfalls sanktionswürdigen Umgehungen von solchen Vorkaufsrechten – eine Dienstbarkeit wird aber kaum so umfassend sein, dass sie eine Quasi-Käufersituation auf Seiten des Berechtigten kreiert, s. a. a. a. O.).

3.2.1 Allgemeines

Die Dienstbarkeit erscheint insoweit flexibler als der Nießbrauch, als sie eine funktional auf den konkreten Zweck konzentrierte Nutzungseinräumung gestattet. Der Nießbrauch mit seiner nutzungsrechtlichen Breitenwirkung würde hier in vielen Fällen über das Ziel hinausschießen. Auf der anderen Seite führt die Beschränkung der Grunddienstbarkeiten zum einen auf Grundstücke und zum anderen auf bestimmte Nutzungsarten dazu, dass viele Rechte von dinglichen Nutzungsrechten über den Nießbrauch hinaus schlichtweg ausgeschlossen sind (Für Rechte an immateri-

Dienstbarkeiten

ellen Gütern bietet insoweit die Lizenz einen adäquaten Ersatz). Diese Lücke kann nur durch schuldrechtliche Gebrauchsüberlassungen geschlossen werden, die jedoch immerhin ihrerseits eine gewisse dingliche oder verdinglichte Wirkung (§§ 566 ff. BGB) entfalten können (s. o. Rdn. 4).

Eine Erstreckung mit dinglicher Wirkung über den gesetzlichen Katalog hinaus würde an dem sachenrechtlichen numerus clausus scheitern. Kombinationen sind insoweit aber möglich, als etwa eine Dienstbarkeit in ihrem Entstehen von der Wirksamkeit einer schuldrechtlichen Gebrauchsüberlassungsabrede abhängig gemacht wird (s. BayObLG NJW-RR 1990,208). Es ist also durchaus möglich, eine Dienstbarkeit in ein größeres Ganzes zu integrieren und sie als nur einen Bestandteil eines komplexeren Vertragswerks zu präsentieren. Was etwa für den Unternehmensnießbrauch gilt (s. dazu o. Rdn. 138), gilt auch hier. Ohne weiteres könnte in einen solchen etwa auch eine Dienstbarkeit integriert werden.

Gemessen an diesen Umständen hat die Dienstbarkeit eine durchaus bewegte Geschichte hinter sich, und sie erweist sich gegenüber der allgemeinen Entwicklung überaus resistent. So ist sie in der Lage, jeweils aktuellen Bedürfnissen Rechnung zu tragen. Heute etwa kann sie sich als durchaus nützliches Instrument für Versorgungseinrichtungen (s. insoweit auch § 9 XI GBBerG für die Statuierung beschränkter persönlicher Dienstbarkeiten auf dem Gebiet der ehemaligen DDR, vgl. u. Rdn. 164a a. E.) oder im Rahmen von Telekommunikationseinsrichtungen bewähren (dann nämlich, wenn die nach Telekommunikationsgesetz vorgesehenen öffentlich-rechtlich strukturierten Wegerechte nicht ausreichen, s. dazu aber auch Rdn. 221a) oder auch wenigstens teilweise Wettbewerbsbeschränkungen statuieren. Frühere Bedürfnisse, etwa zur Absicherung von Wegerechten, treten demgegenüber zurück (Schwab/Prütting Rdn. 879). Die Nutzungswünsche mögen sich ändern, die Dienstbarkeit aber behauptet ihren Platz!

3.2.2 *Telekommunikationsrecht*

Das Gesagte gilt ganz unabhängig von der Tatsache, dass für spezielle Bereiche besondere Nutzungsrechte statuiert wurden. So verhält es sich im Telekommunikationsbereich mit §§ 68 ff. TKG, welche spezielle Wegerechte einräumen (s. näher u. Rdn. 278). Sofern deren gesetzlich festgeschriebener Rahmen im Einzelfall überschritten wird, bedarf es zusätzlicher Rechte. Diese können auf privatrechtlichem Wege vereinbart werden, was dann wieder auf die Dienstbarkeiten hinweist. Für Telekommunikationsanlagen der Deutschen Post auf dem ehemaligen DDR-Gebiet gilt § 9 GBBerG entsprechend, so dass dortige Rechte ebenfalls in Dienstbarkeiten übergeleitet werden (§ 9 XI Nr. 1 GBBerG, vgl. dazu im Anschluss die Ausführungen zum Energiewirtschaftsrecht, Rdn. 164a a. E.).

Für die Beeinträchtigung privater Grundstücke erweitert § 76 TKG private Duldungspflichten des Eigentümers in Bezug auf sog. Telekommunkationslinien. Im Ergebnis werden hierdurch gegebenenfalls dienstbarkeitsrechtliche Duldungspflichten durch zusätzlich hinzukommende flankiert (s. u. Rdn. 221a).

Anzumerken ist insoweit, dass das Telekommunikationsrecht durch Richtlinen der Gemeinschaft nun in einem umfassenden Maße europäisch vorgegeben ist. Somit ist auch die Dienstbarkeit – eigentlich ein rein nationales subjektives Recht, soweit es um sie geht, in den Sog europäischer Einflüsse geraten.

3.2.3 Energiewirtschaftsrecht

Etwa noch ganz im Lichte des Privatrechts stellen sich die Wegenutzungsverträge nach § 46 EnWG dar, zu denen die Gemeinden oder ihre Eigenbetriebe (s. a. a. O. Abs. 4) bezüglich ihrer öffentlichen Verkehrswege für die Verlegung und den Betrieb von Leitungen zur Energieversorgung unter Wahrung der Gleichbehandlung verpflichtet sind. Wie diese Verträge rechtsdogmatisch gestaltet sind, regelt das Energiewirtschaftsrecht nicht. Dienstbarkeiten sind hier jedenfalls nicht ausgeschlossen (vgl. insoweit für das Hin zu einem Konzept des Wegenutzungsrechts und für das Fort von einem aus Art. 28 II GG abgeleiteten Wegenutzungsrecht der Gemeinde Scholtka NJW 2005,1426).

Die Dienstbarkeit in Gestalt der beschränkten persönlichen Dienstbarkeit hat eine erhebliche Rolle gespielt, als es um die Sicherung der Energiewirtschaft auf dem Gebiet der ehemaligen DDR ging. § 9 I GBBerG bestimmt dazu, dass die dortigen Leitungsrechte (welche in ihren Voraussetzungen wie auch ihrem Inhalt, weil man im Sozialismus hierauf keinen gesteigerten Wert legt, alles andere als eindeutig waren) in die Rechtsfigur der beschränkten persönlichen Dienstbarkeit übergeleitet wurden (zu Ausnahmen s. a. a. O. Abs. 2). Gem. § 9 III GBBerG besteht im Gegenzug eine Ausgleichspflicht des Versorgungsunternehmens. Zweifelsfragen können durch Bescheinigung der zuständigen Behörden, deren Inhalt in das Grundbuch eingetragen werden kann, beseitigt werden (§ 9 IV, V GBBerG).

Dienstbarkeiten

3.2.4 Insbesondere Sicherungsfunktionen

164a Dienstbarkeiten können schließlich auch der Sache nach als Sicherungsrechte eingesetzt werden. Dies geschieht vor allem in der Weise, dass sie schuldrechtliche Pflichten, die nicht zum Inhalt eines dinglichen Rechts gemacht werden können, manifestieren sollen (s. dazu auch Amann DNotZ 1989, 578 ff.). Namentlich Bierbezugspflichten, die – weil auf eine aktive Handlung des Verpflichteten abstellend – nicht Gegenstand eines dinglichen Rechts ein können, können durch ein sog. Biervertriebsrecht verstärkt werden, einer Dienstbarkeit also, die es dem Verpflichteten verbietet, auf dem belasteten Grundstück eigenständig Bier zu vertreiben (s. hierzu Palandt-Bassenge § 1018 Rdn. 13; Amann a. a. O. Hier kommt vor allem die Grunddienstbarkeit in Betracht, die insoweit die Förderung eines Gewerbebetriebs auf dem herrschenden Grundstück im Auge hat, s. § 1018 BGB, 1. Alt.).

Die Sicherung muss nicht allein rechtlicher Art sein, auch wirtschaftliche Momente können hier ausschlaggebend sein. So kann eine langfristige Dienstbarkeit zur Absicherung von zugunsten eines Grundstücks getätigten Investitionen geeignet sein. Sie bewirkt, dass etwa eine Anlage auf dem Grundstück von einem Investor auch auf lange Sicht von ihm genutzt werden kann (vgl. BFH DStR 2005, 1048).

3.2.4.1 Insbesondere die Absicherung von Insolvenzrisiken

Dienstbarkeiten werden in diesen Zusammenhang auch zur Sicherung vor Insolvenzrisiken oder dergleichen eingesetzt. Insoweit erscheinen sie besser geeignet als ein Nießbrauch, denn häufig ist das Sicherungsinteresse dermaßen beschränkt, dass es eines funktionsspezifischeren Rechts bedarf als gerade eines solchen. Weit verbreitet ist insoweit die Dienstbarkeit neben einem schuldrechtlichen Mietvertrag oder Pachtvertrag mit demselben Nutzungsumfang, den diese Verpflichtungsgeschäfte einräumen. (s. dazu auch Berger GRUR 2004, 21).

Sinn dieser Gestaltung ist die faktische Ausschaltung der Sonderkündigungsrechte gem. §§ 57 a ZVG, 111 InsO, die einem Erwerber (s. insoweit für den Eintritt in die jeweiligen Vertragsverhältnisse § 566 I BGB bzw. §§ 581 II, 566 I BGB) des Miet- oder Pachtobjekts aus einer Insolvenzmasse oder einer Zwangsversteigerung, sollte dieses ein Grundstück sein (für Wohnraum s. des weiteren § 567 BGB), zustehen (wobei namentlich für sog. Baukostenzuschüsse die jeweiligen generellen Ausschlüsse bzw. Beschränkungen nach § 51 c ZVG zu beachten sind). Damit werden die genannten Gebrauchsüberlassungsverträge beendet, aber die Dienstbarkeit bleibt davon unberührt.

Selbiges gilt auch für das ihrer Bestellung zugrunde liegende Verpflichtungsgeschäft, welches selbst keine Verpflichtung zur Gebrauchsüberlassung darstellt, sondern zur Bestellung eines zu einer solchen verpflichtenden Rechts mit anschließender Drittwirkung verpflichtet (vgl. Rdn. 4a). Die besagten Kündigungsvorschriften können daher auch nicht analog angewendet werden und schon gar nicht handelt es sich um irgendeine Art von Gestaltungsmissbrauch (vgl. insoweit auch § 1056 BGB, der ein solches Nebenher von schuldrechtlicher und dinglicher Nutzungsüberlassung voraussetzt, ohne ansonsten hierüber ein missbilligendes Verdikt zu fällen. Zwar betrifft diese Norm den Nießbrauch allein, vgl. §§ 1090 II, 1093 I BGB, aber die grundsätzliche Konstellation des geschilderten Nebenher wird damit doch ausdrücklich für alle Fälle anerkannt.).

Eine Umgehung oder eine sittenwidrige Einschränkung des Kündigungsrechts kann in den geschilderten Maßnahmen nicht liegen, denn das dingliche Recht als ein zugleich nicht akzessorisches hat es nun einmal in seiner ihm arteigenen Struktur, dass es von einem solchen Recht überhaupt nicht berührt wird. Das gilt sogar für § 111 InsO, so dass auch keine hier nach § 119 InsO ausgeschlossene abweichende Vereinbarung in Bezug auf das Kündigungsrecht vorläge (vgl. dazu auch Stapenhorst/Voß NZM 2003, 876).

Man könnte nun fragen, ob eine Sicherungsabrede, die das dingliche Recht mit dem schuldrechtlichen Gebrauchsüberlassungsvertrag verknüpft, nicht hinreichend „schuldrechtlich" ist, dass sie jedenfalls eine nach § 119 InsO unzulässige Vereinbarung darstellt.

Das ist nur vordergründig so, denn bei genauer Betrachtung wird eine solche im Regelfall gar nicht vorliegen. Die Sicherungsdienstbarkeit ist nämlich ein Sicherungsrecht allein dem Namen nach. Das ihr zugrunde liegende Verpflichtungsgeschäft (vgl. o. Rdn. 4a) erschöpft sich in dem Inhalt der Bestellung einer Dienstbarkeit. Diese Dienstbarkeit bedarf keiner eigenen Sicherungsabrede, denn sie erzeugt den gewünschten Sicherungseffekt allein schon durch ihren Bestand. Durch sie werden Nutzungsbefugnisse dinglich eingeräumt, was im Risikofall diejenigen des schuldrechtlichen Gebrauchsüberlassungsvertrags ersetzt. Diese Folge tritt von selbst ein, ohne dass man ein solches noch in einer eigenen Sicherungsabrede vereinbaren müsste. Einen solchen Substitutionseffekt findet man bei „echten" Sicherungsrechten nicht, die auf dinglicher Basis etwa eine Zugriffsmöglichkeit eröffnen, die das abzusichernde Recht niemals gewähren würde. Ein Grundpfandrecht oder ein Mobiliarpfandrecht sichert eine Gläubigerbefriedigung, die an die Stelle eines Zahlungsanspruchs tritt – beides ist voneinander grundverschieden; anders hier: Eine Nutzungsbefugnis wird durch die andere ersetzt – hier herrscht ein rechtlicher Einklang. Es fehlt also von Anfang an an einer Vereinbarung, welche in das Visier des § 119 InsO geraten könnte.

3.2.4.2 Sonstiges

Indessen sind die geschilderten Liquiditätsrisiken, welche zu einem Immobilientransfer führen, nicht die einzigen, vor denen man sich gegebenenfalls absichern möchte (s. a. Stapenhors/Voß NZM 2003, 873). Ebenso kann es um § 1056 II BGB gehen (s. insoweit schon o. Rdn. 162a ff.). Auch der Mieter oder Pächter eines nachlasszugehörigen eingetragenen Schiffs oder Grundstücks als Vertragspartner eines Vorerben ist einem Kündigungsrisiko analog § 1056 II BGB ausgesetzt. Das ist nämlich dann der Fall, wenn der Nacherbfall eintritt (§ 2139 BGB), denn zugunsten des Nacherben findet diese Norm ebenfalls entsprechende Anwendung.

Ähnliches kann eintreten, wenn Grundstücke von einem Erbbauberechtigten vermietet oder verpachtet worden sind und dessen Erbbaurecht erlischt. Zwar gelten auch hier die Grundsätze des „Kauf bricht nicht Miete" (vgl. § 566 I BGB) entsprechend (s. § 30 I ErbbauVO), aber die dadurch bedingte gesetzliche Vertragsübernahme gewährt dem Eigentümer doch auch wieder ein Kündigungsrecht. Dieses besteht auch, wenn das Erbbaurecht durch Zeitablauf erlischt (§ 30 II ErbbauVO, s. dort auch Satz 2 für den vorzeitigen Erbbaurechtsverzicht: hier kann das Kündigungsrecht allein unter den Bedingungen ausgeübt werden, die ohne diesen Verzicht gegeben wären). Zieht man abschließend die Möglichkeit des Mieters oder Pächters in Betracht, gem. § 30 III ErbbauVO den Eigentümer durch angemessene Fristsetzung zur Entscheidung über ein nun nur innerhalb dieser Frist ausübares Kündigungsrecht aufzufordern, sieht man, dass je für ihre Rechte § 30 ErbbauVO und § 1056 BGB einander gleichartig sind.

Auch hier ist ein Sicherungsbedürfnis gegen dieses Kündigungsrisiko nicht von der Hand zu weisen. Eine Sicherungsdienstbarkeit kann auch hier Abhilfe leisten. Sie muss selbstverständlich an dem Grundstück bzw. dem Eigentum daran bestellt werden. Würde man sie an dem Erbbaurecht als eines grundstücksgleichen Rechts bestellen (s. dazu Rdn. 167, 220), würde sie mit diesem erlöschen. Somit kann auch hier die Absicherung allein in Abstimmung mit dem Grundstückseigentümer erfolgen.

Ergänzend sei angemerkt, dass die geschilderten Sicherungen nicht allein den Mieter/Pächter betreffen. Weitere Interessenten können hinzukommen. Das ist namentlich der Fall bei Grundpfandrechtsgläubigern, die an den laufenden Miet- oder Pachteinnahmen ein vehementes Interesse haben (s. § 1123 BGB). Für Verhandlungsstrategien sollte der Mieter oder Pächter insoweit über entsprechende „Allianzen" mit diesen zur Unterstützung seines Vorhabens gegenüber dem Eigentümer nachdenken.

Nicht ausgeschlossen ist es, die Dienstbarkeit auch hier im Rahmen eines sog. Stuttgarter Modells (s. dazu bereits o. Rdn. 15) einzusetzen. Auch hier würde es um eben die Sicherungsfunktionen gehen, welche geschildert wurden. Häufig wird sich hier ein Wohnungsrecht anbieten (s. insoweit näher u. Rdn. 238a). Dienstbarkeiten in ihrer allgemeineren Art (d. h. außerhalb von § 1093 BGB bzw. § 31 I WEG) werden sich dort anbieten können, wo es um Rückvermietungen von anderen Gebäuden als solchen zu Wohnzwecken geht. Anders als der Nießbrauch mögen sie sich auch grundsätzlich zielgerichteter einsetzen lassen können (vgl. insoweit o. Rdn. 15 hinsichtlich der jeweils unterschiedlichen Reichweiten der durch die jeweiligen Rechte vermittelten Befugnisse).

3.3 Arten

Entsprechend der genannten Funktionen differenziert das Gesetz in die Grunddienstbarkeit und die beschränkte persönliche Dienstbarkeit. 165

Bei der erstgenannten geht es um die Erstreckung der dinglichen Berechtigung auf weitere Gegenstände, und zwar in vorrangigstem Maße. Daher ist nur derjenige der Berechtigte, der die dingliche Berechtigung, um deren Erstreckung es gehen soll, innehat. Die Grunddienstbarkeit als deren Erstreckung weist insoweit eine entsprechende Unselbständigkeit auf (§ 96 BGB, näher dazu u. Rdn. 215 f.).

Die beschränkte persönliche Dienstbarkeit stellt nicht auf die Eigenschaft einer Person als eines bestimmten dinglich Berechtigten ab, sondern auf dessen konkrete Persönlichkeit selbst. Nur diese eine Person, die als Berechtigte genannt wird, soll dieses Nutzungsrecht innehaben, niemand sonst (weswegen man hier anstelle von einer – wie das Gesetz es dies tut – „beschränkten" persönlichen Dienstbarkeit durchaus von einer „beschränkt persönlichen" Dienstbarkeit sprechen könnte oder gar sollte, so noch die Vorauflage. Die Beschränkung in der gesetzlichen Formulierung ist, abgesehen vom Nießbrauch, jeder Dienstbarkeit zu eigen. Innerhalb der sonstigen Dienstbarkeiten – zur „Emanzipation des Nießbrauchs" s. soeben Rdn. 163 – ist aber nicht die Beschränkung als solche das Spezifikum der beschränkten persönlichen Dienstbarkeit, sondern die Beschränkung auf eine konkrete Person; s. a. Munzig, in: Würzburger Notarhandbuch Rdn. 2222). Auch insoweit weist diese Dienstbarkeit die daraus folgenden Beschränkungen auf, die bereits vom Nießbrauch hier bekannt sind (s. §§ 1090, 1060 BGB, 1092 BGB). Die beschränkte persönliche Dienstbarkeit kann in ihren Funktionen dem Nießbrauch durchaus ähnlich sein. So können dessen Zielsetzungen der Regelung von Vermögensübergängen unter gleichzeitiger Wahrung der rechtlichen Positionen des bisherigen Vermögensinhabers (für den Nießbrauch s. o. Rdn. 7 ff.) „im kleinen kommen", wenn dieser eben nur an einzelnen Nutzungsbefugnissen interessiert ist (s. dazu auch u. Rdn. 239 zum Wohnungsrecht nach § 1093 BGB).

3.3.1 Die Grunddienstbarkeit

166 Die Grunddienstbarkeit hat ihre gesetzliche Grundlage in den §§ 1018 ff. BGB.

3.3.1.1 Inhalt

Der Inhalt der Grunddienstbarkeit lässt sich in mehrere Gruppierungen unterteilen.

3.3.1.1.1 Herrschendes und dienendes Grundstück

Allen gemein ist der Tatbestand, dass es ein sog. herrschendes und dienendes Grundstück geben muss.

3.3.1.1.1.1 Grundstück

167 Ein Grundstück ist ein Bestandteil der Erdoberfläche, für den ein eigenes Grundbuchblatt existiert (vgl. § 3 GBO). Auch Grundstücksteile können belastet werden, wobei eine ansonsten erforderliche Ausweisung als eigenes Grundstücks (§ 7 I GBO), wenn ansonsten die Rechtsklarheit nicht beeinträchtigt wird, unterbleiben kann (§ 7 II GBO; s. aber insoweit auch für die Nutzung an einem realen Grundstücksteil BayObLGZ 65,267). Gegebenenfalls ist durch ergänzende Kartenwerke dem erforderlichen Informationsgehalt Rechnung zu tragen (a. a. O., Satz 2).

Es ist auch eine einheitliche Grunddienstbarkeit an mehreren Grundstücken möglich, wenn es um die Notwendigkeit einer einheitlichen Nutzung geht (H. M., s. etwa BayObLG 65,270; BayObLG NJW-RR 1990,208, a. A. LG Dortmund RPfleger 1963,197; Böttcher MittBayNotK 1993,134: Alternativ müsste ein Bündel gleichartiger Dienstbarkeiten an den jeweiligen Grundstücken bestellt werden).

Verändert sich der Grundstücksbestand durch Zu- oder Abschreibung, berührt das den Bestand der Dienstbarkeit nicht (Palandt-Bassenge

§ 1018 Rdn. 2 a. E.). Insbesondere erstrecken sich die Nutzungsbefugnisse nicht auf einen zugeschriebenen Grundstücksteil.

3.3.1.1.1.2 Grundstücksgleiche Rechte

Auch sog. grundstücksgleiche Rechte können mit einer Dienstbarkeit belegt werden. Sie stehen dem Grundstückseigentum weitgehend gleich.

So ist es möglich, die Nutzung an dem Sondereigentum eines Wohnungseigentumsrechts einzuräumen. Sofern es aber um Nutzungen geht, die über den nach § 13 I WEG zugewiesenen Herrschaftsbereich hinausreichen, ist das nicht möglich (BGHZ 107,289; s. a. KG OLGZ 76,275; s. a. bezüglich der Begrenzung infolge eines Sondernutzungsrechts OLG Zweibrücken FGPrax 1999,44). Umgekehrt ist es auch möglich, zugunsten von Wohnungseigentum eine Grunddienstbarkeit an einem dienenden Grundstück einzuräumen, was etwa dann Sinn machen kann, wenn es darum geht, dem Wohnungseigentümer weitere Nutzungsflächen (etwa Stellplätze) zu eröffnen (s. dazu Hügel DNotZ 2005,769; a. a. O. auch zu der Möglichkeit, die damit verschaffte Nutzung nach § 10 I, II WEG zu regeln und zugleich zum Inhalt des Sondereigentums zu machen).

Ähnliches gilt für das Erbbaurecht (vgl. § 11 I ErbbauRVO). Dieses kann mit einer Dienstbarkeit belastet werden, allerdings auch nur insoweit, als dieses Recht dem Inhaber selbst auch die konkreten Nutzungen einräumt (KG NJW-RR 1992,214; BayObLG DNotZ 1958,542).

Nicht hingegen können ein Dauerwohnrecht oder ein Dauernutzungsrecht (§§ 31 ff. WEG) mit einer Dienstbarkeit belegt werden, denn diese sind keine grundstücksgleichen Rechte (Bärmann/Pick/Merle § 33 Rdn. 34). Ebensowenig gibt es eine Dienstbarkeit an einer Dienstbarkeit oder einem Grundstücksnießbrauch. Eine Regelungslücke lässt sich insoweit nur vordergründig ausmachen. Besagte Rechte können unproblematisch von einem Rechtsnießbrauch erfasst werden (§§ 1068 ff. BGB). Würde man hier eine Dienstbarkeit zulassen, würde man für ein und dasselbe Bedürfnis lediglich zwei inhaltsgleiche Rechte statuieren.

Das Gesagte lässt ein einheitliches, bei genauer Betrachtung auch nur allzu logisches, System durchschimmern. Man kann konstatieren, dass die Dienstbarkeit nur insoweit Nutzungen einräumen kann wie das belastete Vollrecht diese gewährt. Gewährt letzteres eben nur beschränkte disponible Nutzungen, muss auch die Dienstbarkeit insoweit ihre Grenzen finden.

Dienstbarkeiten

Im folgenden soll der Vereinfachung des Sprachgebrauchs halber allein von Grundstücken gesprochen werden.

3.3.1.1.1.3 Herrschend und dienend

168 Das belastete Grundstück soll durch die Dienstbarkeit in den Nutzungsmöglichkeiten dem Inhaber eines anderen, des sog. herrschenden Grundstücks, dermaßen eröffnet werden, dass dieser sein eigenes Grundstück effektiver nutzen kann (vgl. § 1019 BGB). Hieraus erklärt sich die Definition als herrschendes Grundstück.

Das herrschende Grundstück muss entweder ein solches im grundbuchrechtlichen Sinne (§ 3 GBO) oder auch ein realer Grundstücksteil sein, sofern hierdurch keine Verwirrung (vgl. § 7 II GBO) entsteht (s. hierzu Westermann § 122. III. 1.). Auch Wohnungseigentum kann somit begünstigt werden, etwa zu Lasten eines anderweitigen Wohnungseigentums, welches insoweit als herrschendes Grundstück gilt (s. BGHZ 107,292), womit aber dann auch nichts dagegen spräche, Wohnungseigentum über ein „echtes" Grundstücks herrschen zu lassen, die übrigen Voraussetzung einer Dienstbarkeit freilich stets vorausgesetzt.

Auch hier ist die Bestellung einer einheitlichen Grunddienstbarkeit auch für mehrere Personen (s. § 428 BGB), etwa mehrere Grundstückseigentümer und insoweit auch für mehrere herrschende Grundstücke, die über die Berechtigten gewissermaßen zu einer wirtschaftlichen Einheit zusammengeschweißt werden können, möglich (BayObLG 55,262; Mayer MittBayNotK 2002,289 f., dort auch näher zu den jeweilig möglichen Gemeinschaftsverhältnissen).

3.3.1.1.2 Umfang der Nutzungen

169 Der Umfang der Herrschaft des einen Grundstücks bestimmt denjenigen der Nutzungsbefugnisse an dem dienenden. Nur soweit diese Herrschaft gewahrt ist, kann der Nutzungsrahmen von Bestand sein. Geht der Nutzungsrahmen darüber hinaus, handelt es sich insoweit jedenfalls nicht mehr um den Inhalt der Grunddienstbarkeit (§ 1019 BGB). Freilich sind daneben schuldrechtliche Nutzungseinräumungen möglich (vgl. schon zuvor Rdn. 164), in die gegebenenfalls eine scheinbar dingliche Absprache umzudeuten ist (s. hingegen für die Umdeutung in eine beschränkte persönliche Dienstbarkeit, der die konkrete Eintragung eben als eine Grunddienstbarkeit entgegenstünde, OLG München NJW 1957,1765; s. a. Hügel DNotZ 2005,771).

Der durch die Nutzung gewährte Vorteil muss sich in dem herrschenden Grundstück niederschlagen. Bloße Vorteile für einen konkreten Eigentümer reichen nicht aus. Man muss sich diesen als eine bestimmte Person mit eigenen Wünschen geradezu hinwegdenken können; wenn dann noch ein Vorteil für das Grundstück verbleibt, ist der Rahmen der Grunddienstbarkeit gewahrt (s. etwa Westermann § 122. II. 3. b)bb).

3.3.1.1.3 Subjektiv-dingliches Recht

Der Vorteil muss von Wert sein. Ansonsten aber findet sich eine durchaus großzügige Auslegung. Es wird kein ständiger Vorteil verlangt. Auch bedarf es nicht einer unmittelbaren räumlichen Nachbarschaft der beteiligten Grundstücke, wiewohl sicherlich ab einer bestimmten räumlichen Distanz dieses Herrschafts-Dienstverhältnis mit Sicherheit nicht mehr existieren kann. Ebenso schaden bereits bestehende Nutzungsmöglichkeiten an dem dienenden Grundstück zugunsten des Eigentümers des herrschenden Grundstücks nicht. Auch mittelbare Vorteile, namentlich die Förderung eines Unternehmens, sind ausreichend.

170

Auf der anderen Seite verlangt die Möglichkeit von Nutzungen, dass ein wie auch immer gearteter Gebrauch i. S. v. § 1018 BGB schon vorliegen muss. Daraus folgt, dass bloße Wertsteigerungen des herrschenden Grundstücks an sich mit der Grunddienstbarkeit unter rechtlichen Aspekten nichts zu tun haben, als solche allein also ein derartiges Recht nicht begründen zu vermögen (s. zu dem Gesagten jeweils Palandt-Bassenge § 1019 Rdn. 2 ff. m. w. N.)

Liegt ein Vorteil im Sinne des Gesetzes nicht vor, ist die vermeintliche Grunddienstbarkeit aus dem Grundbuch von Amts wegen zu löschen (§ 53 I Satz 2 GBO, Westermann § 122. II. 3. b)bb).

Die Inhaberschaft an einer Grunddienstbarkeit ist demzufolge abhängig von der Eigenschaft als Eigentümer des herrschenden Grundstücks. Verliert man diese Eigenschaft, verliert man auch die Grunddienstbarkeit. Diese ist gleichsam entpersönlicht. Aus diesem Grunde wird sie über § 96 BGB als Bestandteil des herrschenden Grundstücks deklariert, der als solcher rechtlich unselbständig ist (s. näher dazu u. Rdn. 215 f.).

Infolgedessen wird die Grunddienstbarkeit als subjektiv-dingliches Recht bezeichnet, subjektiv deshalb, weil für die Inhaberschaft konkrete persönliche Eigenschaften Tatbestandsvoraussetzung sind; die Dinglichkeit folgt schon aus der Struktur dieses Rechts selbst.

Zu guter Letzt ist die Inhaberschaft an einer Grunddienstbarkeit zu unterscheiden von der konkreten Nutzungsberechtigung. Keinesfalls kann stets nur der Eigentümer des herrschenden Grundstücks allein, also höchstpersönlich, die Berechtigungen aus der Dienstbarkeit wahrnehmen. Dies können gegebenenfalls auch Dritte, etwa Mieter, sonstige Hausangehörige, Kundschaften u. dgl., sein.

3.3.1.1.4 Eigentümerdienstbarkeit

171 Während die Frage eines Eigentümernießbrauchs doch stark umstritten ist, ist das bei der Eigentümergrunddienstbarkeit vergleichsweise anders. Eine Eigentümergrunddienstbarkeit wird relativ unproblematisch anerkannt (BGH NJW 1988,2362; RGZ 142,234 ff.; zur Entstehung s. u. Rdn. 194).

Der Grund hierfür liegt letztendlich darin, dass es hier hinsichtlich der jeweiligen Befugnisse nicht um dieselbe Kongruenz geht, wie sie uns bei dem Verhältnis Nießbrauch – Eigentum begegnet. Dort geht es um eine weitgehende Verdrängung des Eigentümers, hier nur um den Ausschluss einzelner (!) Nutzungen. Das Unbehagen, welches beim Nießbrauch auftaucht, nämlich die Selbstentwertung des Eigentums bei Beibehalten des selbstentwertenden Rechts, fehlt hier. Damit würde auch ein rechtliches oder berechtigtes Interesse (vgl. schon o. Rdn. 17) hier zugleich keinem besonderen Begründungsaufwand unterliegen. Ein Eigentümer an einem dienenden Grundstück wird regelmäßig darlegen können, dass er zugunsten eines ihm ebenfalls gehörenden herrschenden Grundstücks jederzeit ein künftigen Belastungen des dienenden Grundstücks vorrangiges Nutzungsrecht haben möchte – und dies zwar aus für jedermann nachvollziehbaren Gründen.

3.3.1.2 Nutzungsarten

172 § 1018 BGB beschränkt den Inhalt der Grunddienstbarkeit auf drei Nutzungsarten (deren Abgrenzung im einzelnen durchaus nicht einfach ist, s. BGHZ 107,292). Außerhalb dieser geht es nicht mehr um eben dieses dingliche Recht. Das gilt natürlich auch für weitergehende Berechtigungen. Insbesondere können aktive Handlungspflichten von dem dinglich Verpflichteten nicht aus dieser Dienstbarkeit heraus verlangt werden.

Derartige Pflichten können aus dem flankierenden gesetzlichen Schuldverhältnis – auch hier existiert ein solches – resultieren und gegebenenfalls insoweit auch modifiziert werden (vgl. BGH DNotZ 1959,240).

3.3.1.2.1 Duldung der Benutzung in einzelnen Beziehungen

Gemäß der ersten Alternative des § 1018 BGB kann es die Grunddienstbarkeit gestatten, ein Grundstück in einzelnen Beziehungen zu nutzen. Der Eigentümer des dienenden Grundstücks hat diese Nutzung zu dulden. Selbst aktiv werden muss er nicht, jedenfalls nicht aus dem dinglichen Inhalt der Grunddienstbarkeit heraus (s. etwa für die fehlende Verpflichtung der Wiedererrichtung eines zerstörten Gebäudes auf dem dienenden Grundstück BGH NJW 1980,179). Unterlassungspflichten im Fall seines Ausschlusses von den dem Grunddienstbarkeitsberechtigten zugewiesenen Benutzungen stellen lediglich ein Spiegelbild zu dem dinglichen Recht dar (s. dazu auch BGH NJW 1985,2474).

Nicht umsonst spricht das Gesetz von „Benutzen" und nicht von Nutzungen. Hier wird über den Inhalt des § 100 BGB hinausgegangen. Unter „Benutzung" versteht man jede fortgesetzten und wiederholten Gebrauch (s. etwa Staudinger/Mayer § 1018 Rdn. 92).

3.3.1.2.1.1 Allgemeines

Gängige Erscheinungsformen der Grunddienstbarkeit sind etwa die Berechtigung, von dem dienenden Grundstück Bodenbestandteile (Bodenschätze, Kies, Steine, Erde) oder Wasser zu entnehmen, auf diesem Anlagen zu unterhalten oder Durchleitungen von Energie oder Wasser vorzunehmen, was wiederum die Duldung von entsprechenden Anlagen beinhaltet, oder Wegerechte (s. etwa Jauernig/Jauernig § 1018 Rdn. 4). Da derartige Rechte doch recht umfangreich sein können, können sie im Einzelfall einem Nießbrauch beträchtlich nahe kommen (s. zu der Abgrenzung o. Rdn. 163).

173

Nicht möglich ist das Recht zum Unternehmensbetrieb auf dem dienenden Grundstück, denn ein solcher, sofern keine Unterwerfung etwa unter die Förderung eines Unternehmens auf dem herrschenden Grundstück vorliegt, geht über den Inhalt der Dienstbarkeit nach § 1019 BGB hinaus (Jauernig/Jauernig a. a. O.). Die Förderung eines Unternehmens auf dem herrschenden Grundstück setzt aber voraus, dass auf dem dienenden Grundstück kein eigenes Unternehmen betrieben wird. Der Grund hierfür liegt darin, dass ein eigener Unternehmensbetrieb sich allzu sehr verselbständigen kann, es also an der nötigen Verbindung von herrschendem und dienendem Grundstück fehlt.

§ 1018 BGB setzt hier nicht voraus, dass die Benutzung unter Ausschluss des Eigentümers des dienenden Grundstücks gestattet wird. Es ist also durchaus möglich, dass dieser nach wie vor die konkreten Benutzungen selbst noch vornehmen darf und nur dieselben zusätzlich durch einen

Dienstbarkeiten

weiteren Berechtigten zu dulden hat. Anders gewendet, kann die Grunddienstbarkeit in der genannten Alternative auch nur eine Erstreckung der Benutzungsbefugnisse auf weitere Personen zum Inhalt haben.

Das dingliche Recht kann auch durchaus mehrere einzelne Beziehungen an Nutzungen beinhalten. Es ist also nicht so, dass eine Grunddienstbarkeit nur eine einzige Benutzungsoption allein beinhalten kann, es können deren auch mehrere in einem dinglichen Recht statuiert werden. Auch hierin findet sich somit ein Einfallstor für Abgrenzungsfragen zu einem Nießbrauch (s. bereits o. Rdn. 163).

3.3.1.2.1.2 Veränderungen des Nutzungsrahmens

174 Unbedingt zu beachten ist, dass sich der Umfang der Grunddienstbarkeit im Laufe der Zeit verändern kann. Vor allem ist diese Erscheinung bei Wegerechten zu beobachten.

Wird die Nutzung nur in einem globalen Rahmen festgehalten (z. B. „Überwegsrecht", s. dazu BayObLGZ 96,294 ff., „Fahrtrecht"; s. dazu OLG Karlsruhe OLGZ 78,81 – beide Fundstellen jeweils zu altrechtlichen Dienstbarkeiten -; u. ä.), können die tatsächlichen Gegebenheiten es mit sich bringen, dass der Umfang des Rechts kein statischer ist. Veränderungen im Umfeld und damit verbundene Änderung in dem Maße der Nutzung können durchaus von der Grunddienstbarkeit gedeckt sein. Die Folge ist diejenige, dass die faktische Benutzung eines dienenden Grundstücks Ausmaße annehmen kann, an die beide Parteien bei Bestellung des Rechts nicht im mindesten gedacht haben (BGHZ 44,172 f.; BGHZ 106,350 f.; BGH NJW-RR 1995,15 f.).

Diese Situation muss allerdings aus einer allgemeinen wirtschaftlichen und technischen Situation heraus geboren sein. Willkürliche Änderungen oder solche, die gänzlich unvorhergesehen waren, bleiben ohne Einfluss (BGH NJW 2000,3207, dort insbesondere für den Bereich der Telekommunikation, für den frühere Dienstbarkeiten nicht ohne weiteres für veränderte Umstände in Beschlag genommen werden können). Insbesondere kann man etwa nicht durch die Errichtung eines neuen Unternehmensbetriebes, welcher vorher überhaupt nicht zur Debatte stand geschweige denn vorhersehbar war, den Nutzungsumfang einer Dienstbarkeit manipulieren.

Freilich lässt sich die geschilderte Unsicherheit beseitigen, doch müssen die Parteien hierzu den Inhalt der Grunddienstbarkeit genau festlegen (Ricken WM 2001,984). Wenn sie das aber tun, dann gilt nur noch diese Inhaltsbestimmung. Spätere Änderungen der vom herrschenden Grundstück herrührenden Bedürfnisse bleiben irrelevant (Baur/Stürner § 33 Rdn. 25).

Entscheidend ist in jedem Fall das konkrete Bedürfnis des herrschenden Grundstücks, aber auch nur dieses einen. Daneben bestehende Bedürfnisse weiterer Grundstücke (Bsp.: Mehrere Grundstücke, auf denen Ziegeleien errichtet sind, könnten von einem Lehmabbaurecht eines mit einer Grunddienstbarkeit belasteten Grundstücks profitieren; letzteres dient grunddienstbarkeitsrechtlich nur einem einzigen Grundstück) bleiben außer Betracht (Westermann § 122. II. 3. b)bb).

Der umgekehrte Fall ist freilich auch möglich, nämlich dass das Bedürfnis auf dem herrschenden Grundstück an der konkret eingeräumten Benutzung dermaßen sinkt, dass sich auch der Benutzungsrahmen reduziert oder gar die Dienstbarkeit erlischt (s. a. Schwab/Prütting Rdn. 886; Ricken WM 2001,981). Ein Wegfall des Vorteils nach § 1019 BGB infolge von rechtswidrigen Störungen kann hier natürlich nicht ausschlaggebend sein (Ricken a. a. O.).

Man darf hier allgemein auch nicht zu großzügig mit den Maßstäben sein. Der Fortfall des Vorteils für das herrschende Grundstück muss anhand objektiver Möglichkeiten feststellbar sein. Bloße Wahrscheinlichkeiten genügen dafür nicht. Im Zweifel bleibt das Recht also bestehen (Ricken WM 2001,980).

3.3.1.2.2 Untersagung von Handlungen

Eine weitere Variante der Grunddienstbarkeit besteht darin, dass der Eigentümer des dienenden Grundstücks gewisse Handlungen auf eben diesem nicht vornehmen darf (§ 1018, 2. Alt., BGB). Hier geht es um eine Einschränkung der ansonsten durch § 903 BGB garantierten Eigentümerbefugnisse. Man spricht hier auch von einer negativen oder Unterlassungsdienstbarkeit (Westermann § 122. II. b).

175

3.3.1.2.2.1 Allgemeines

Der Unterschied zu der ersten Alternative des § 1018 BGB besteht darin, dass der Eigentümer hier nicht Benutzungen zu dulden hat, sondern selbst von den ansonsten bestehenden Benutzungen seines Grundstücks ausgeschlossen ist.

Im Einzelfall ist die Unterscheidung nicht leicht zu treffen, denn die Parteien können etwa die Unterlassungspflichten des Eigentümers des dienenden Grundstücks auch „aktiv" durch Gestattungen des Berechtigten unter Ausschluss des genannten Eigentümers formuliert haben (vgl.

hierzu BayObLGZ 1985,285; s. a. BGHZ 107,289). Solange hier nicht versteckt in Wahrheit nicht mögliche aktive Handlungspflichten des Verpflichteten eingeführt werden, ist gegen derartige Formulierungen nichts einzuwenden. Gleichwohl sollte hier auf exakte Formulierungen geachtet werden; allzu groß ist die Gefahr, dass die Begründung einer Dienstbarkeit daran scheitert, dass das Grundbuchamt hier – vielleicht auch unzutreffend, wobei das Missverständnis aber gerade in unklaren Formulierungen wurzelt, – einen mit der Grunddienstbarkeit nicht vereinbaren Inhalt annimmt (ungeachtet dessen, dass schuldrechtliche Absprachen im Umfeld des dinglichen Rechts möglich sind, aber diese haben dann im Eintragungsantrag eben nichts zu suchen).

Diese Art von Dienstbarkeit knüpft an tatsächliche Befugnisse an, nicht an rechtliche. Verfügungsbeschränkungen sind daher als Inhalt eines solchen Rechts nicht möglich, ganz abgesehen davon, dass schon § 137 BGB ein solches nicht zuließe (vgl. OLG Zweibrücken RPfleger 2001,485; Westermann a. a. O.). Dieser Gedanke lässt sich ausweiten auf sämtliche Verbote rechtsgeschäftlicher Dispositionen (s. die umfassenden Beispiele bei Palandt-Bassenge § 1018 Rdn. 22); diese können nicht mittels einer Grunddienstbarkeit manifestiert werden. Möglich sind aber schuldrechtliche Flankierungen, etwa, dass Erlaubnisvorbehalte statuiert werden (BGH NJW 1983,116).

Da diese Dienstbarkeit keinen „negativen Nießbrauch" ersetzen soll, kann es nicht zu einem Totalausschluss der Eigentümerbefugnisse kommen. Wenigstens eine Nutzung muss dem Eigentümer des dienenden Grundstücks verbleiben (BayObLGZ 80,238).

Ansonsten aber ist der Katalog weit gefasst. Man denke etwa an Bebauungsbeschränkungen oder das Unterlassen der Errichtung sonstiger Anlagen, Beseitigungsverbote von Anlagen gleich welcher Art, Verbote bestimmter Nutzungsarten des dienenden Grundstücks (Der Unterschied zu rechtsgeschäftlichen Dispositionsverboten – diese sind, wie eben gesagt, als Inhalt einer Dienstbarkeit unzulässig – liegt darin, dass es hier um die faktische Nutzung in einer bestimmten Weise geht) oder an Verbote bestimmter grundstücksbezogener Nutzungen sonstiger Art (etwa einer bestimmten Art von Energieversorgung). So vielfältig, wie das Leben selbst als etwas Tatsächliches ist, so vielfältig ist naturgemäß auch der mögliche Inhalt einer Unterlassungsdienstbarkeit (s. dazu die Nachweise bei Palandt-Bassenge § 1018 Rdn. 21).

Schließlich wirkt das Verbot infolge dieser Dienstbarkeit von Anfang an, gleichsam automatisch.

Das bedeutet, dass die verbotenen Handlungen von Anfang an nicht ausgeübt werden dürfen, es sei denn, es liegt eine – insoweit allerdings rein schuldrechtliche – Gestattung vor (Westermann § 122. II. 1. b).

Weiterhin richtet sich dieses Verbot an jedermann, wenn er nur Einwirkungsmöglichkeiten auf das dienende Grundstück hat. Somit dürfen auch etwa Mieter eben dieses Grundstücks die durch die Dienstbarkeit gesperrten Handlungen ebenso wenig vornehmen, wie es dessen Eigentümer könnte (Westermann a. a. O.).

3.3.1.2.2.2 Wettbewerbsbeschränkungen

Eine besondere Diskussion hat die Frage ausgelöst, inwieweit Wettbewerbsbeschränkungen über Grunddienstbarkeiten abgesichert werden können. So könnte es in Betracht kommen, dass der Grunddienstbarkeitsverpflichtete es zu unterlassen hat, auf seinem dienenden Grundstück Konkurrenztätigkeiten gegenüber dem Grunddienstbarkeitsberechtigten zu unterlassen. Eine mildere Variante wäre, eine solche Tätigkeit von der Zustimmung des Grunddienstbarkeitsberechtigten abhängig zu machen (s. etwa Staudinger/Mayer § 1018 Rdn. 108; Stürner AcP 194 (1994),267).

176

3.3.1.2.2.2.1 Inhalt

Die Antwort liegt, wie so oft, in der Mitte: Es kann nicht jede Konkurrenztätigkeit schlechthin auf diesem Wege verhindert werden, aber doch deren einige.

Ausgangspunkt ist wieder die Grundstücksbezogenheit. Es muss ein Zusammenhang zwischen der Unterlassung auf dem dienenden Grundstück und einem Vorteil auf dem herrschenden Grundstück bestehen. Daher ist es ohne weiteres möglich, Konkurrenztätigkeit auf dem dienenden Grundstück mittels einer Dienstbarkeit zur Gänze zu untersagen oder an Zustimmungsvorbehalte zu knüpfen (vgl. BGH NJW 1979,2149; BGH NJW 1981,344). Man kann entsprechend auch nur einzelne Modalitäten einer Konkurrenztätigkeit der Unterlassungspflicht unterwerfen, etwa, dass bestimmte Arten von Warenvertrieb nicht gestattet sind (BayObLGZ 97,131). Auch zeitliche Begrenzungen sind nicht unmöglich (vgl. Palandt-Bassenge § 1018 Rdn. 25).

Hingegen kann es nicht zum Gegenstand einer Grunddienstbarkeit gemacht werden, dass geschäftliche Kontakte zu bestimmten Personen im Rahmen einer Konkurrenztätigkeit verboten sein sollen oder der Vertrieb oder die sonstige Verwendung bestimmter Warengattungen untersagt werden soll (BGHZ 29,247 ff.; BGH NJW 1985,2474; BayObLG

NJW 1985,2485 f.; s. a. BGH NJW 1981,344; a. A. etwa noch Walberer NJW 1965,2138). Hier fehlt es an dem hinreichenden Bezug zu dem Grundstück. Dem herrschenden Grundstück kann nur das Unterlassen bestimmter Tätigkeit den hinreichenden Vorteil bieten, nicht aber, dass bestimmte Personen von dem jeweiligen Geschäftsverkehr ausgeschlossen werden; dasselbe gilt insoweit für die Einschränkung auf bestimmte Waren oder Warengattungen. Hier geht es um persönliche Beziehungen, die auch nur Personen nützen können, nicht aber in verobjektivierter Form einer Sache. Wohl kann man sich neben einer Dienstbarkeit schuldrechtlich verpflichten, den Kontakt zu bestimmten Personen zu meiden, aber zum Inhalt des dinglichen Rechts wird diese Verpflichtung nicht.

Beide Fallgruppen können hingegen faktisch dasselbe Ergebnis zeitigen, nämlich dass letztendlich ein Vertrag mit nur einem Unternehmer abgeschlossen werden kann. Soweit ein solches rechtlich (so die zweite, unzulässige, Variante) erreicht werden soll, kann das über § 1018 BGB nicht bewirkt werden. Soweit rechtlich eine unternehmerische Tätigkeit gänzlich untersagt wird, im Einzelfall aber eine Ausnahme gestattet wird – hier besteht diese Ausnahme regelmäßig darin, dass eben eine vertragliche Bindung allein mit dem Inhaber des herrschenden Grundstücks eingegangen werden kann –, also faktisch bzw. mittelbar eine vertragliche Bindung erzeugt wird, ist dagegen nichts einzuwenden (s. a. BGH NJW 1985,2485; Stürner AcP 194 (1994),272).

3.3.1.2.2.2.2 Befristungen

177 Gerade was die in diesem Zusammenhang beabsichtigten Ausschließlichkeitsbindungen an einen Unternehmer betrifft, kommt es hier durchaus zu unwirksamen Abreden. Namentlich die Laufzeit dieser Vertriebsbindungen sind ein Problem (Die Rspr. lässt ab etwa 15 Jahren die Nichtigkeit der Abrede nach § 138 I BGB eingreifen; s. etwa BGH WM 1992,953 f. Zu beachten ist, dass die kartellrechtlich intendierten Fristen teilweise kürzer sind, vgl. etwa Art. 5 Nr. a) der Verordnung Nr. 2790/1999 der Kommission über die Anwendung von Artikel 81 Absatz 3 des Vertrages auf Gruppen von vertikalen Vereinbarungen und aufeinander abgestimmten Verhaltensweisen: 5 Jahre! Über § 2 II GWB in der Fassung der siebten Kartellrechtsreform hat diese zeitliche Begrenzung nun auch Aussagekraft für das deutsche Kartellrecht, s. a. u. Rdn. 179, wobei allerdings die Gebrauchsüberlassung an sich nicht unter diese Regelung fällt, s. Nordemann, in: Loewenheim/Meessen/Riesenkampff § 1 Rdn. 164. S. aber auch Münch ZHR 157 (1993),588. Jedoch hat das

Grundbuchamt insoweit grundsätzlich keine Prüfungspflicht, BayObLG MDR 1981,759). Indessen geht es hier (so etwa bei den Laufzeiten) um Wirksamkeitsfragen des schuldrechtlichen Kausalgeschäfts, so dass das Abstraktionsprinzip hier nicht ohne weiteres auf die Nichtigkeit auch der Dienstbarkeit schließen lässt (so in der Tat BGH WM 1992,953 f.; BGH NJW 1988,2364; s. a. Stürner AcP 194 (1994), 286 f. Insoweit ist man auch mit der Annahme einer Erstreckung des § 138 I BGB auf das Verfügungsgeschäft deutlich zurückhaltend, s. jeweils a. a. O.).

Das dem zu Recht so ist, folgt schon daraus, dass dingliche Rechte grundsätzlich ohne Befristungen möglich, ja sogar die Regel sind (s. a. Amann DNotZ 1986,580). Es geht wieder um die Frage der Zuordnung. Der Ort für Dauerhaftigkeitsabreden ist die Verpflichtungsebene, nicht die Verfügungsebene. Hier entscheidet sich das Verdikt der Sittenwidrigkeit. Das dingliche Recht wird im Bejahensfall allenfalls ein Gegenstand der Rückabwicklung. Verknüpfungen wie etwa bei § 139 BGB können angesichts des hierzulande geltenden Abstraktionsprinzips nur in äußersten Ausnahmefällen angenommen werden (s. zu dem Gesagten auch BGH NJW 1989,519).

3.3.1.2.2.2.3 Kartellrecht

Wie auch beim Nießbrauch kann die Dienstbarkeit somit in Konflikt mit dem Wettbewerbs- und Kartellrecht kommen. *178*

Das erklärt sich daraus, dass mittels einer Dienstbarkeit der Betrieb eines (Konkurrenz-) Unternehmens auf dem dienenden Grundstück durchaus untersagt werden kann. Auch die an sich, wenn auch mit Einschränkungen, mögliche Untersagung von Warenvertrieb und ähnlichem trägt dazu bei.

Jedoch ist auch hier die sog. Immanenztheorie zu beachten, welche andernorts auch gern als sog. rule of reason bezeichnet wird (Genau genommen könnte dieses Problem auch beim Nießbrauch auftreten, praktisch hat es sich jedoch im Rahmen der Dienstbarkeit gezeigt). Durchaus kann eine Dienstbarkeit im Rahmen horizontaler Wettbewerbsbeschränkungen im Ausnahmefall gerechtfertigt sein, etwa, wenn sie im Rahmen von Unternehmensübergabekonzepten die Aufnahme des unternehmerischen Betriebs durch den Erwerber erst ermöglichen soll (s. hierzu Immenga/Mestmäcker § 1 Rdn. 272 ff. u. a. a. O. für Unternehmensübergaben Rdn. 291 f.).

Jedoch muss auch hier beachtet werden, dass angesichts der sonst drohenden schleichenden Unterminierung des Kartellverbots hier Vorsicht angesagt ist: Diese Einschränkung kann nur unter engsten Voraussetzungen herangezogen werden (zur Kritik s. etwa Emmerich, Kartellrecht, § 37.7. a) a. E.). Die Kautelarjurisprudenz hat sich stets dessen bewusst zu sein, dass die Immanenztheorie keinen Freibrief für Wettbewerbsabsprachen jeglicher Art abgibt!

179 Im Rahmen sog. vertikaler Systeme, d. h. solchen, in denen die Parteien der Wettbewerbsbeschränkung auf unterschiedlichen wirtschaftlichen Stufen stehen, kommt die Dienstbarkeit ebenfalls durchaus vor (s. hierzu Immenga/Mestmäcker § 16 Rdn. 33).

Im Rahmen dieser Systeme kann es zu sog. Vertriebsbindungen kommen, welche seit der siebten Kartellrechtsnovelle zum Juli 2005 (BGBl. 2005 I, S. 1954) sowohl nach § 2 II GWB n. F. sowie nach EG-Recht im wesentlichen Gegenstand von Gruppenfreistellungsverordnungen ist (s. umfassend zu der Novelle BT-Drucks. 15/3640). Außerhalb dieser kann es zu Einzelfreistellungen kommen (s. insoweit die in der Sache identischen Art. 1 KartellVO, § 2 I GWB n. F.), welche ohne behördliche Anordnung unter den Voraussetzungen des Art. 81 III EGV (dem entsprechend § 2 I GWB n. F.) von dem grundsätzlichen Kartellverbot freistellen (sog. Legalausnahmesystem, anders das vormalige Anmeldesystem nach Art. 4 der Vorgänger-Kartellverordnung bzw. § 7 GWB a. F., vgl. Insoweit auch Erwägungsgrund 17 der Kartellverordnung).

Hier können, etwa durchaus üblich bei Mineralöl- und Bierlieferungskonzepten, schuldrechtliche Vertriebsbindungen durch Dienstbarkeiten abgesichert werden (Hier kommen auch beschränkte persönliche Dienstbarkeiten in Betracht, s. insoweit u. Rdn. 223). Freilich kann hier das dingliche Recht allein an tatsächlichen Unterlassungen ansetzen, etwa, dass ein Bezug von Produkten auf dem dienenden Grundstück generell verboten ist. Damit hat man aber eine ausschließliche Wirkung durchaus erzielt, die man schuldrechtlich zugunsten Einzelner wieder aufheben kann. So ist es möglich, trotz der Dienstbarkeit dem an dem Vertriebssystem Beteiligten durch schuldrechtliche Absprache den durch das dingliche Recht gerade ausgeschlossenen Vertrieb doch wieder zu erteilen. Man erreicht damit, dass auf dem betreffenden Grundstück nur noch diejenige unternehmerische Tätigkeit ausgeübt werden kann, der man selbst die Zustimmung erteilt hat. Ohne eine solche Zustimmung kann diese Tätigkeit jederzeit untersagt werden bzw. verstößt sie von Anfang an gegen ein dingliches Recht.

Die kartellrechtliche Problematik liegt auf der Hand, jedoch muss man dazu sagen, dass es nicht originär um die Problematik einer Dienstbarkeit als eines dinglichen Rechts geht. Diese erweist sich vielmehr als ein untergeordneter Bestandteil eines umfassenderen Vertriebskonzepts.

Dieses letztgenannte ist es schließlich, welches zur kartellrechtlichen Überprüfung ansteht. Es wird somit kaum ein Vertriebskonzept allein daran scheitern, dass man sich hier auch einer Dienstbarkeit bedient hat. Allenfalls kann dieses Recht infolge seiner absoluten Ausschließlichkeitswirkung ein zusätzliches Moment für ansonsten bereits bestehende kartellrechtliche Bedenklichkeiten liefern. Wenn beispielsweise ein umfassendes „Dienstbarkeitsnetz" gespannt wird, ist die Vernetzung das eigentlich Brisante, nicht die Dienstbarkeit als solche.

Bestätigt wird dies in Bezug auf die genannte Gruppenfreistellung allein schon dadurch, dass die Gebrauchsüberlassung als solche dieser gar nicht unterliegt (s. a. Nordemann, in: Loewenheim/Meessen/Riesenkampff § 1 Rdn. 164). Für das dingliche Recht gilt dies gleichermaßen. Es bedarf für eine kartellrechtliche Relevanz schon eines „größeren Ganzen", und wenn diese Relevanz vorliegt, kann auch nur dieses der jeweilige Auslöser dafür sein.

Gleichwohl stellt sich die Frage, ob die Kartellrechtswidrigkeit einer Absprache auch zur Nichtigkeit der Dienstbarkeit als eines Verfügungsgeschäfts (vgl. Art. 81 II EGV, § 1 GWB i. V. m. § 134 BGB) führt (Für Art. 81 EGV offengelassen in BGH WM 1992,954; die dortige Aussage, jedenfalls stehe eine Freistellung nach EG-Recht dem entgegen, ist eine Selbstverständlichkeit; dagegen wegen nationaler Ausgestaltungsvorbehalte etwa in Form eines Abstraktionsprinzips Stürner AcP 194 (1994),286 f.; Münch ZHR 157 (1993),591; s. a. Walter/Maier NJW 1988,377 ff.).

180

Bei genauerer Betrachtung kommt ein solches kaum in Betracht. Das gilt für das nationale Recht wie für das EG-Recht gleichermaßen. Der Grund dafür liegt nicht so sehr in der Autonomie nationaler Rechtsordnungen – Art. 81 II EGV stellt hierzu wohl doch gerade eine Durchbrechung dar – (a. A. Stürner sowie Münch a. a. O. unter Berufung auf Art. 222 EGV – jetzt Art. 249 EGV), sondern darin, dass eine Dienstbarkeit allein ein Kartell kaum erzeugen kann. Maßgeblich sind komplexere zugrunde liegende Abreden oder sonstige Koordinationen sowie vielleicht noch eine faktische Vernetzung mehrerer – hier aber immer noch eigenständiger – Dienstbarkeiten. Man kann also das Kartell zu einem Ende bringen und gleichzeitig die singuläre Dienstbarkeit bestehen lassen. Schon hierdurch zeigt sich, dass die Dienstbarkeit „nicht das Kartell ist", sondern diesem gewissermaßen nur „dient". Aus dieser Dienerstellung kann es aber herausgenommen werden. Man muss schon den kaum akut werdenden Fall bemühen, dass eine Dienstbarkeit allein den Kern des Kartells ausmacht, um auch dessen Nichtigkeit vertreten zu wollen.

Dienstbarkeiten

Insgesamt bleibt doch festzuhalten, dass diese Variante an Dienstbarkeit trotz des objektgebundenen Bezuges an ein herrschendes Grundstück weitreichende Optionen bietet.

3.3.1.2.2.3 Veränderungen des Nutzungsrahmens

181 Auch hier ist der zuvor dargestellte (s. o. Rdn. 174) situationsabhängige Charakter des Inhalts der Dienstbarkeit zu betonen. Auch hier ist es nicht ausgeschlossen, dass infolge nicht gänzlich unvorhergesehener Ereignisse oder willkürlicher Veränderungen sich der Inhalt der Dienstbarkeit im Endeffekt ganz anders darstellt als ursprünglich gewollt. In dieser Alternative des § 1018 BGB mag dieses Problem nicht ganz so brisant sein wie bei der ersten, aber doch sollte man diesen Risikofaktor stets im Auge behalten. Auch hier sollten die Parteien darauf bedacht sein, den genauen Inhalt der Dienstbarkeit durch entsprechende Beschreibungen zu konkretisieren.

3.3.1.2.3 Ausschluss von Eigentümerbefugnissen

182 Als dritte und letzte Alternative nennt § 1018 BGB die Möglichkeit, mittels einer Grunddienstbarkeit die Ausübung von Rechten aus dem Eigentum an dem belasteten Grundstück auszuschließen.

Anders als bei der vorgenannten zweiten Alternative der sog. negativen oder Unterlassungsdienstbarkeit geht es hier darum, ansonsten bestehende Beschränkungen des herrschenden Grundstücks aus diesem Eigentum an dem dienenden Grundstück heraus auszuschließen. Es werden also übergreifende Wirkungen des Eigentums an dem dienenden Grundstück auf dasjenige an dem herrschenden verhindert. Beiden Alternativen gemeinsam ist der dogmatische Anknüpfungspunkt: In beiden Fällen geht es um Einschränkungen der Eigentümerbefugnisse aus § 903 BGB.

Die Voraussetzung entsprechen weitgehend denjenigen wie bei der Unterlassungsdienstbarkeit (§ 1018, 2. Alt., BGB). Auch hier wird an faktische Gegebenheiten angeknüpft, nicht an rechtliche.

183 Deshalb können auch hier rechtsgeschäftliche Dispositionen nicht kraft der Dienstbarkeit unterbunden werden (wieder freilich ungeachtet daneben herlaufender schuldrechtlicher Unterlassungspflichten, s. § 137 Satz 2 BGB). Auch ein Verzicht auf Schadensersatzansprüche aus Haftungsrecht ist nicht ein tauglicher Inhalt einer Grunddienstbarkeit (Palandt-Bassenge § 1018 Rdn. 26), denn das Haftungsrecht ist von den eigentlichen dinglichen Ansprüchen (dazu Medicus, Bürgerliches Recht, Rdn. 436) unabhängig, ganz abgesehen davon, dass insoweit auf sie schon wesentlich einfacher nach § 397 BGB verzichtet werden kann und das auch noch gegebenenfalls im voraus (Die Voraussetzungen eines solchen antizipierten Verzichts entsprechen denen der Vorauszession, d. h. die Ansprüche müssen hinreichend bestimmbar sein). Dasselbe würde auch für jeden anderen Anspruch geltend, der nicht aus dem dinglichen Rechts beruht, sondern allein auf schuldrechtlichen Gegebenheiten basiert (Palandt-Bassenge a. a. O.).

An sich sind auch Beschränkungen, die schon kraft Gesetzes bestehen, nicht als Inhalt einer Grunddienstbarkeit denkbar. Diesem Recht würde es hier an einem eigenständigen Gehalt fehlen. Auf der anderen Seite aber sind gesetzliche Eigentumsbeschränkungen im Einzelfall nicht exakt ermittelbar, weshalb hier bei Unklarheiten entsprechende Fixierungen durch eine Grunddienstbarkeit schon zugelassen wurden (anders RGZ 119,211; wie hier aber RGZ 130,354 f.).

Diese Art von Dienstbarkeit setzt also an eigentumsrechtlichen Unterlassungsansprüchen an. Diese sind es, die gem. § 1018, 3. Alt., BGB ausgeschlossen werden können. Dasselbe gilt für deren Surrogate, d. h. Entschädigungsansprüchen, die insoweit von Haftungsansprüchen zu unterscheiden sind.

So kann der Eigentümer eines Grundstücks die Zuführung von sog. Imponderabilien (s. i. e. § 906 I BGB) nicht untersagen, auch wenn sie wesentlich sind, wenn sie infolge einer ortsüblichen Benutzung erfolgen und nicht durch wirtschaftlich zumutbare Maßnahmen verhindert werden können (§ 906 II Satz 1 BGB); jedoch entsteht hier ein Ausgleichsanspruch, wenn die Beeinträchtigung über das Ortsübliche hinausgeht oder den Grundstücksertrag unzumutbar beeinträchtigt (s. i. e. § 906 II Satz 2 BGB). Hieran ansetzend kennt das Verwaltungsrecht seinerseits Ausgleichsansprüche dann, wenn an sich Abwehransprüche bestehen, die maßgeblichen behördlichen Genehmigungen aber unanfechtbar geworden sind (s. näher § 14 BImSchG, 7 AtomG, 11 LuftVG).

184

Über das positive Gesetzesrecht (etwa bei Grobimmissionen, die nicht unter § 906 BGB fallen, s. etwa allgemein BGH NJW 1999,3633 ff.) hinaus ist auch ein nachbarrechtlicher Ausgleichsanspruch anerkannt, wenn besondere Gründe einen Abwehranspruch (für das Eigentum dann aus § 1004 I BGB folgend) ausschließen (etwa, weil die Störung faktisch nicht erkannt wurde oder rechtzeitig nicht verhindert werden kann oder insoweit ein besonderes nachbarschaftliches Gemeinschaftsverhältnis zu einer besonderen Situation führt; s. dazu etwa BGH NJW 2001,1865 ff.; umfassende Beispiele bei Palandt-Bassenge § 906 Rdn. 44). Hier geht es (s. jeweils BGH a. a. O.) regelmäßig nicht um Abwehr-, sondern um Entschädigungsansprüche (S. a. BGH NJW 2003,2377; BGH NJW 1999,1896; BGH NJW 2000,1029; s. a. BGH NJW 2004,2377; s. a. den Überblick bei Neuner JuS 2005,491).

Allen Fallkonstellationen gemein ist, dass eine Eigentumsbeeinträchtigung vorliegt. Der Entschädigungsanspruch basiert nicht auf einer Schadenskompensation, sondern darauf, dass trotz der Rechtsbeeinträchtigung ein Unterlassungs- oder ein dem ähnlicher Anspruch ausgeschlossen ist, mithin eine Duldungspflicht besteht. Auf der anderen Seite bewirkt die Beeinträchtigung, dass ein Ausgleich zu leisten ist – dies auf Grund einer Beeinträchtigung, die, anders als im Haftungsrecht, nicht nach einem Vorwurf seitens des Beeinträchtigenden fragt. Es ist dies der klassische Fall eines „Dulde und liquidiere".

Der Entschädigungsanspruch ist somit ein aliud zum Unterlassungsanspruch (freilich insoweit ein minus zum letztgenannten). Insoweit schreibt er aber den Unterlassungsanspruch fort. Deshalb kann er wie auch ein Unterlassungsanspruch zum Gegenstand einer Dienstbarkeit gemacht werden. Konkret gesagt, kann eine Grunddienstbarkeit die angesprochenen Entschädigungsansprüche mit dinglicher Wirkung ausschließen. Sie geht über einen Verzicht nach § 397 BGB insoweit hinaus, als sie sich zugunsten eines jeden Eigentümers eines herrschenden Grundstücks, nicht also nur gegenüber dem Partner eines entsprechenden Verzichtsvertrages (so eben im Fall des § 397 BGB) auswirkt.

Auch hier ist eine grundsätzliche Inhaltsänderung der Dienstbarkeit infolge nachträglicher Veränderungen der konkreten Situation möglich. Die Dienstbarkeit kann hier also gleichfalls geradezu eine besondere Dynamik entfalten. Somit empfiehlt sich auch hier eine genaue Festlegung ihres Inhalts.

3.3.1.2.4 Annex: Einbindung in komplexe Vertragssysteme

185 Im Prinzip begegnet dem Rechtsanwender bei der Dienstbarkeit dasjenige, was bereits aus dem Nießbrauchsrecht bekannt ist: Der Inhalt sowie der Umfang des dinglichen Rechts sind beschränkt – zu beschränkt, als dass man sich für den konkreten Fall damit zufrieden geben sollte. Auch das hier wiederum bestehende gesetzliche Schuldverhältnis (s. u. Rdn. 210) kann daran nichts ändern.

Vielmehr wird es häufig so sein, dass sich die Dienstbarkeit als ein Ausschnitt aus einer weiter angelegten Strategie erweist. Wenn dem so ist, füllt sie den verfolgten Zweck oft nicht aus. Weitere Regelungen sind möglich und oft auch nötig. Sie können aber regelmäßig nicht dinglicher

Natur sein, und auch das flankierende gesetzliche Schuldverhältnis wird hier nicht alle anstehenden Fragen beantworten.

Man wird also weitere Absprachen treffen, die schuldrechtlicher Natur sind. Gehen sie über das, was das Recht der Dienstbarkeit regelt, hinaus, sind sie dogmatisch von diesem unabhängig und dem „reinen" Schuldrecht zugehörig. Damit wird die Dienstbarkeit in ein komplexes Vertragswerk integriert, so dass man jeweils genau zu prüfen hat, wo eine konkrete Klausel zu lokalisieren ist (Inhalt der Grunddienstbarkeit? Dann besteht auch eine Drittwirkung. Inhalt des gesetzlichen Schuldverhältnisses? Dann besteht eine bloß relative Wirkung, die aber im wesentlichen von den §§ 1020 ff. BGB in ihrem Inhalt vorgegeben ist. Inhalt sonstiger Absprachen? Auch hier ist die Wirkung relativ, aber der Vertragsfreiheit sind kaum Grenzen gesetzt).

Diese Erscheinung ist keineswegs neu. In ihrem wohl höchsten Ausmaß findet man selbiges beim Unternehmensnießbrauch, welcher gerade auf Grund seines komplexen Regelungswerks doch so in der Diskussion stand (s. o. Rdn. 138). Nun bringt es die Vertragsfreiheit aber mit sich, dass man ähnlich komplexe Regelungen auch bei sonstigen dinglichen Rechten treffen kann.

186

So ist es beispielsweise denkbar, dass eine Grunddienstbarkeit auch mit einem Unternehmensnießbrauch gewissermaßen verbunden werden kann, wenn der Nießbrauchsbesteller als Eigentümer eines herrschenden, unternehmerisch genutzten, Grundstücks Inhaber einer Grunddienstbarkeit ist. Diese könnte für den Unternehmensbetrieb auf dem herrschenden Grundstück, welcher nunmehr von einem Nießbraucher ausgeübt werden sollt, interessant sein. Zwar kann die Grunddienstbarkeit nicht selbständig übertragen werden – auch eine Belastung mit einem Nießbrauch kommt nicht in Betracht –, da § 96 BGB dem entgegensteht (s. u. Rdn. 215 f.), aber eine schuldrechtliche Überlassungsverpflichtung der Nutzungen (vgl. §§ 1059 Satz 2 BGB, 1090 II, 1059 Satz 2 BGB) kommt in Betracht. Diese lässt sich mit einer Ermächtigung (analog § 185 BGB) verknüpfen, dass die aus der Dienstbarkeit fließenden Rechte und Befugnisse auch von dem Unternehmensnießbraucher ausgeübt werden können (Eine komplette Abtretung zumindest der dinglichen Schutzansprüche würde an § 399, 1. Alt., BGB scheitern, vgl. dazu schon o. Rdn. 14, 98). Im Endeffekt lässt sich also durch schuldrechtliche Gestattungen faktisch die Wirkung eines dinglichen Rechts durchaus auch auf einen Dritten übertragen. Tatsächlich liegt ein solches, die Grunddienstbarkeit in dem geschilderten Beispiel, ja auch vor. Dass sie gewissermaßen nur bei einem beschränkten Personenkreis (dem jeweiligen Eigentümer des herrschenden Grundstücks) geparkt ist, hindert ein solches nicht.

Dienstbarkeiten

Zur Verstärkung der schuldrechtlichen Verpflichtungen kann man sie im Wege der Vereinbarung von Bedingungen ohne weiteres zu Entstehungs- und Bestandsvoraussetzungen des dinglichen Rechts machen. Man kann etwa die Erfüllung von Gegenleistungen als Bedingung für die Grunddienstbarkeit einsetzen. Was insoweit für den Nießbrauch gesagt wurde (s. o. Rdn. 14), gilt auch hier.

3.3.1.2.5 Annex: Sonstiges

187 Im übrigen gelten die allgemeinen Grundsätze. Ist das Verpflichtungsgeschäft unwirksam, kann die bereits bestellte Dienstbarkeit kondiziert werden.

Da die Dienstbarkeit nicht derart umfassend wirkt wie ein Nießbrauch, bestehen hier einige Unterschiede. Eine Dienstbarkeit kann daher nicht unter § 311 b BGB fallen, auch wenn das Vermögen allein in dem belasteten Grundstück besteht (Palandt-Bassenge § 1018 Rdn. 33, s. hierzu bereits o. Rdn. 130). Insoweit lässt sich aus dessen Absatz 3 ohne weiteres ein Umkehrschluss ziehen.

188 Fraglich könnte sein, ob die Bestellung einer Dienstbarkeit dem Zustimmungserfordernis nach §§ 1365 f. BGB unterliegen könnte (s. zu deren allgemeinen Voraussetzungen o. Rdn. 56). Das kann dabei aber nicht für alle Fälle angenommen werden, sondern allein für diejenigen, in denen die Dienstbarkeit sich kaum noch von einem Nießbrauch unterscheidet, mithin die bereits geschilderten (s. o. Rdn. 163) Abgrenzungsprobleme bestehen. Das ist der Fall, wenn sich das dingliche Recht auf eine Nutzung bezieht, die, wenn auch als solche nur eine einzelne, das gesamte dienende Grundstück (aber immer noch weitere Nutzungen beinhaltende) in Beschlag nimmt, hier aber doch noch eine Dienstbarkeit angenommen wird. Schon diese Gratwanderung zwischen den genannten Rechten zeugt aber von der Seltenheit eines solchen Falls (s. a. Staudinger/Mayer § 1018 Rdn. 38).

Schon nach der herkömmlichen, allein auf eherechtliche Fragen bezogenen, Diskussion wurde hier die ratio der jeweiligen Verfügungsbeschränkungen (Im Fall der § 1365 f. BGB ist dies die Sicherung künftiger Zugewinnausgleichsansprüche) betont. Hieraus rührt auch die im Vergleich zu § 311 b BGB erweiterte Auslegung der hier einschlägigen Vorschriften durch die herrschende Meinung. Geht man diese Richtung konsequent weiter, so wird man hinsichtlich derart weitreichender Dienstbarkeiten gleichfalls die Anwendbarkeit eherechtlicher Verfügungsbeschränkungen bejahen müssen. Schwierigkeiten in der Beurteilung von deren Einschlägigkeit im Einzelfalls sind damit sicherlich vorprogrammiert, können aber als solche das Eingreifen von Schutzvorschriften – wo sollen diese denn regelmäßig helfen, wenn nicht gerade in Schwierigkeiten? – nicht verhindern.

Jedenfalls würde das Grundbuchamt hierdurch nicht übermäßig belastet werden, bestehen doch insoweit keine eigenen Nachforschungspflichten (BGHZ 30,258), sondern solche nur bei konkreten Verdachtsmomenten (so jedenfalls die Rspr., s. etwa BGHZ 64,250; BayObLG NJW 1960,821; OLG Zweibrücken FamRZ 1989,869; OLG Fankfurt FamRZ 1991,942; zum Streitstand Soergel/Lange § 1365 Rdn. 46). Nachträgliche Korrekturen, hat man etwa ein Zustimmungserfordernis übersehen, sind über die Eintragung eines Amtswiderspruchs möglich (§ 53 I Satz 1 GBO). Daneben kann der „übergangene" Ehegatte seinerseits einen Widerspruch erwirken (s. Palandt-Brudermüller § 1365 Rdn. 28 a. E.).

3.3.1.2.6 Annex: Kollision mit anderen dinglichen Rechten

Vor allem die Dienstbarkeit ist ein Recht, welches nicht unbedingt das gesamte Grundstück in Beschlag nimmt. Ungeachtet dessen, dass die konkrete Nutzung sicherlich einen breiten Raum einnehmen kann, ist es doch vom Grundgedanken her so, dass neben der Dienstbarkeit andere dingliche Rechte an dem Grundstück bestehen können. Dies ist zwar auch beim Nießbrauch so, aber dieser wird zumindest andere Rechte weitgehend wirtschaftlich entwerten (vgl. insoweit Lwowski Rdn. 318).

189

3.3.1.2.6.1 Rechte unterschiedlichen Ranges

Hier ergeben sich bereits bekannte Konstellationen. Der Rang entscheidet, welches Recht welchem Recht an dem Grundstück vorgeht. Hier gilt das Prioritätsprinzip, welches entsprechend auch vom Grundbuchamt zu berücksichtigen ist (§ 879 BGB, s. a. §§ 17, 45 GBO, für einen Verstoß hiergegen jedoch BGHZ 21,98: keine Unwirksamkeit der infolge des Verstoßes im Range falschen Rechte und auch keine Kondizierbarkeit; str., a. A. etwa Erman/Hagen/Lorenz § 879 Rdn. 22). Es zählt insoweit die Eintragung, selbst wenn die materielle Einigung – diese spricht an sich doch die entscheidenden Worte – zeitlich nachfolgt (§ 879 I, II BGB). Davon abweichende Rangbestimmungen sind eintragungsbedürftig (§ 879 III BGB).

Hier hat die Dienstbarkeit hinter dem vorrangigen Recht zurückzustehen. Es handelt sich um die übliche Erscheinung, wie man sie gemeinhin aus dem Sachenrecht her kennt.

Dienstbarkeiten

3.3.1.2.6.2 Gleichrangige Rechte

190 Nun ist es aber auch möglich, dass konkurrierende Rechte auf gleicher Rangstufe stehen. Das geschieht namentlich dann, wenn die Dienstbarkeit mit anderen Nutzungsrechten (andere Dienstbarkeiten, Nießbrauch, Dauerwohnungsrecht, Dauernutzungsrecht, altrechtliche Dienstbarkeiten, s. Staudinger/Mayer § 1024 Rdn. 4; kurz: alle Rechte, denen dieses Buch gewidmet ist, aber auch Erbbaurechte) zusammentrifft.

Der wesentliche Grund besteht darin, dass hier die Nutzungsrechte tatsächlich gleichrangig bestellt werden können. Nur vereinzelt findet sich ein Ausschluss, der aber gegen den Eigentümer gerichtet ist (so bei den Wohnungsrechten, denen das nachfolgende Kapitel gewidmet ist), ansonsten aber ist es ohne weiteres möglich, dieselbe Nutzung durch mehrere Rechte zu vergeben (Sofern man hier gegen Absprachen des Inhabers des zeitlich ersten Rechts verstößt, hat man freilich namentlich haftungsrechtliche Konsequenzen zu befürchten).

Eine weitere Konstellation des geschilderten Konflikts ergibt sich daraus, dass sich die genannten Rechte auf einzelne Nutzungen beschränken, so dass gegebenenfalls auch eben die einzeln vergebenen Nutzungen parallel ausgeübt werden können. Das ist auch im Fall der Kollision mit einem Nießbrauch möglich (vgl. § 1060 BGB), etwa, weil hier einzelne Nutzungen ausgenommen werden können (§ 1030 II BGB), die dann für eine Dienstbarkeit frei wären oder weil sich der Katalog des § 1018 BGB nicht unbedingt mit dem Nutzungsziehungsrecht des § 1030 BGB decken muss.

Auf der anderen Seite kann die faktische Ausübung dieser Rechte dann doch miteinander in Kollision geraten. Eine Nutzung kann in tatsächlicher Hinsicht dazu führen, dass anderweitige, die ihrerseits Gegenstand eines gleichrangigen Rechts sind, nicht oder wenigstens nicht in dem ohne die Erstnutzung möglichen Umfang vorgenommen werden können.

Diesen Fall regelt § 1024 BGB.

3.3.1.2.6.2.1 Ausgleich

Hiernach wird ein Ausgleich verlangt, der der Billigkeit entspricht. Das Gesetz hält sich hier weise zurück und verzichtet auf nähere Konkretisierungen, denn es kann hier kaum jedem Einzelfall gerecht werden.

Jedenfalls stellt das Gesetz fest, dass es zu einer Verdrängung eines der konkurrierenden Rechte nicht kommt. Stattdessen hat es zu einem vergleichsähnlichen Kompromiss zu kommen, bei dem gegebenenfalls jeder zurückzustecken hat. Eine Totalnegierung eines der beteiligten Rechte trägt § 1024 BGB jedoch nicht.

Hier ist gegebenenfalls dringend anzuraten, mit den Inhabern der auf gleicher Rangstufe konkurrierenden Rechte schon von vornherein zu einer vertraglichen Einigung zu gelangen, welche den Umfang und die Grenzen der jeweiligen Rechte exakt festschreibt. Ansonsten droht ein nicht zu unterschätzendes Risiko dahingehend, dass über § 1024 BGB Ergebnisse erzielt werden müssen, die so vielleicht sogar von niemanden gewollt sind. Dort, wo eine solche Einigung nicht in Sicht ist, sollte man sich wenigstens des Umstands bewusst sein, dass der wirtschaftliche Wert des Nutzungsrechts nicht unbedingt dem entspricht, was man unter rein formalen und rechtlichen Beurteilungen vermuten möchte. Wenigstens sollte dieser Umstand eine entsprechende „Verhandlungsmasse" gegenüber dem Besteller bieten, wenn es um die Vereinbarung der Höhe einer etwaigen Gegenleistung geht.

3.3.1.2.6.2.2 Inhaltsänderung?

Es ist umstritten, ob der Inhalt des § 1024 BGB, so ungewiss er im Einzelfall auch sein mag, gem. § 877 BGB als eine Inhaltsänderung der beteiligten Rechte in das Grundbuch eingetragen werden kann (so etwa Jauernig/Jauernig § 1024 Rdn. 1; konsequent wird aus § 1024 BGB ein entsprechender Eintragungsanspruch hergeleitet, welcher dann nach § 894 I ZPO vollstreckbar wäre, a. a. O.; s. a. Erman/Küchenhoff/Grziwotz § 1024 Rdn. 2; a. A. RGRK-Rothe, wo insoweit eine Anspruchserhebung nach § 1004 BGB mit der jeweiligen Verweisungsnorm angenommen wird).

191

Eine Inhaltsänderung kann deshalb angenommen werden, weil § 1024 BGB ja durchaus den Inhalt des Rechts, welches ohne das Bestehen gleichrangiger Nutzungsrechte in einem größeren Umfang ausgeübt werden könnte, konstitutiv bestimmt. Die Quintessenz dessen läge darin, dass die Beschränkung des jeweiligen Nutzungsrechts nunmehr auch mit einer dinglichen und damit auch einer Drittwirkung ausgestattet werden könnte, die hinreichend kundgetan werden könnte. Damit könnte sich auch der allgemeine Rechtsverkehr ohne weiteres über die konkreten Folgen aus § 1024 BGB informieren.

Letztendlich muss dem in der dargestellten Allgemeinheit aber doch widersprochen werden (so auch RGRK-Rothe § 1024 Rdn. 4; Staudinger/Mayer § 1024 Rdn. 10). Der Inhalt eines Rechts, welcher gem. § 877 BGB verändert werden kann, kann zum einen allein rechtsgeschäftliche Änderungen betreffen, welche nicht in einer Verfügung (§ 873 BGB), Aufhe-

Dienstbarkeiten

bung (§ 875 BGB) oder Rangänderung (§ 880 BGB) des betroffenen Rechts bestehen (Palandt-Bassenge § 877 Rdn. 3). Zumindest also, wenn schon aus § 1024 BGB ohne entsprechende Absprachen ein Ausgleich herzuleiten ist, ist § 877 BGB daher nicht anwendbar, denn dann handelt es sich um eine systemimmanente Beschränkung. Die Alternative, die Rechtsbeschränkung als etwas eigenständiges zu erachten, würde aber zu einer partiellen Aufhebung führen, für die dann eher ein Rückgriff auf § 875 BGB angezeigt wäre.

Weiterhin kann man in § 1024 BGB auch allein den Ausfluß eines gesetzlichen Schuldverhältnisses erkennen, denn insoweit besagt die Norm selbst, dass man lediglich eine billigkeitsorientierte Regelung „verlangen kann". Der Inhalt des dinglichen Rechts bleibt also unberührt, nur auf schuldrechtlicher Ebene ist die Ausübung des Rechts in vollem Umfang verwehrt. Da das Grundbuch aber allein eine dingliche Rechtslage dokumentiert, fehlt es somit an der Eintragungsfähigkeit. Erfolgt gleichwohl eine Eintragung, könnte diese an dem dinglichen Recht insoweit nichts ändern. Die schuldrechtliche Situation könnte ebenso wenig konstitutiv manifestiert werden, so dass spätestens in Bezug auf Außenstehende die konkrete Beschränkung aus § 1024 BGB ohne Abstellen auf eine Grundbucheintragung jederzeit neu eruiert werden müsste.

Schließlich darf nicht vergessen werden, dass jedenfalls die Dienstbarkeit in ihrem Umfang flexibel ist, als dass es hier auf die konkrete Situation ankommt. Je nachdem, wie sich diese konkret gestaltet, kann der Umfang des Rechts sich entsprechend verändern (s.o. Rdn. 174). Das kann auch Auswirkungen auf § 1024 BGB haben. Nun kann aber das Grundbuch, welches eine auf den Eintragungszeitpunkt bezogene statische Bestandsaufnahme – und nur eine solche! – vornehmen kann, dem kaum Rechnung tragen.

3.3.1.2.6.2.3 Rechtsnachfolge

192 In diesem Zusammenhang wird auch darüber gestritten, welche Auswirkungen die Ausübungsbeschränkungen auf Rechtsnachfolger im Wege einer Singularsukzession haben (Freilich sind hier die Besonderheiten zu berücksichtigen, dass gerade in der hier beschriebenen Materie doch erhebliche Einschränkungen bestehen, s. für den Nießbrauch – § 1060 BGB – §§ 1059 ff. BGB, für die Grunddienstbarkeit § 96 BGB sowie u. Rdn. 215 f. und die beschränkte persönliche Dienstbarkeit § 1092 BGB. Ansonsten für einen Übergang Palandt-Bassenge § 1024 Rdn. 2, dagegen Staudinger/Ring § 1024 Rdn. 4 – hier geht es denn üblicherweise auch um den Fall des Eigentümerwechsels hinsichtlich des belasteten Grundstücks). Letztendlich kann dies dahinstehen, denn in jedem Fall würde bei gleicher Sach- und Rechtslage dann eben das gesetzliche Schuldverhältnis mit neuen Beteiligten mit demselben Inhalt entstehen, den es bereits zuvor mit den alten Beteiligten hatte (s. a. Amann DNotZ 1989,539 ff.). Nur wirklich modifizierende Absprachen müssten rechtsgeschäftlich übernommen werden.

Für die Gesamtrechtsnachfolge (vgl. insoweit hier §§ 1059 a Nr. 1 BGB, ansonsten §§ 1061, 1092 BGB, beachte weiter § 96 BGB) würde im Ergebnis selbst bei Annahme keines Übergangs (Der geschilderte Streit bezieht sich allein auf die Singularsukzession) vom Ergebnis her dasselbe gelten. Wie man es dreht, § 1024 BGB mit seinen Ausübungsbeschränkungen gilt.

3.3.1.2.6.2.4 Verjährung

Der Anspruch aus § 1024 BGB wird als ein unverjährbarer gem. § 902 BGB erachtet (so Palandt-Bassenge § 1024 Rdn. 2). Dagegen spricht jedoch, dass er eben nicht aus dem dinglichen Recht selbst erwächst (s. soeben) – nur solche dinglichen Ansprüche meint § 902 BGB – sondern aus einem daneben bestehenden gesetzlichen Schuldverhältnis, welches hier zwischen den einzelnen Inhabern der betroffenen Nutzungsrechte seine Geltung beansprucht. Mangels anderer Angaben läuft hier die allgemeine Frist von drei Jahren (§ 195 BGB).

3.3.1.2.6.3 Schuldrechtliche Nutzungen

Nicht anwendbar ist § 1024 BGB bei der Kollision von dinglichem Recht mit schuldrechtlichen Nutzungsrechten oder allein von solchen.

193

Im erstgenannten Fall setzt sich, sofern bereits eine Überlassung des Grundstücks an den schuldrechtlich Berechtigten erfolgt ist, dessen Recht gegenüber dem dinglichen durch (§ 567 BGB, s. für Dienstbarkeiten gerade dessen Satz 2, Palandt-Weidenkaff § 567 Rdn. 4). Tatsächlich kann hier, was unter der Ägide von § 1024 BGB nicht möglich wäre, das obligatorische Recht sich völlig gegenüber dem dinglichen durchsetzen. Hiernach kann nämlich etwa der Mieter (für den Pächter s. § 581 II BGB), soweit sein Gebrauch beeinträchtigt wird, die völlige Unterlassung verlangen. Ganz anders erweist sich doch gerade § 1024 BGB, welcher auf einen Kompromiss ausgerichtet ist.

Freilich bleibt es hier dem insoweit zurückstehenden dinglich Nutzungsberechtigten unbenommen, aus dem schuldrechtlichen Kausalgeschäft,

Dienstbarkeiten

welches seiner Rechtseinräumung zugrunde liegt, entsprechende Sekundäransprüche gegen den Besteller geltend zu machen.

3.3.1.3 Entstehung

194 Die Grunddienstbarkeit kann nur als ein Immobiliarrecht ent- und bestehen. Insoweit unterscheidet sie sich vom Nießbrauch.

3.3.1.3.1 Rechtsgeschäftliche Bestellung
3.3.1.3.1.1 Allgemeines

Voraussetzung für eine rechtsgeschäftliche Bestellung vom Berechtigten sind demnach die materielle Einigung über das betreffende Recht und die Eintragung in das Grundbuch (§ 873 BGB). Besonderheiten zu sonstigen dinglichen Rechten finden sich hier nicht. Nach Unwiderruflichkeit der Einigungserklärung gem. § 873 II BGB eintretende Verfügungsbeschränkungen schaden nicht (§ 878 BGB). Es entsteht auch hier dann ein Anwartschaftsrecht (vgl. o. Rdn. 54).

Die materielle Einigung richtet sich nach den allgemeinen Regeln. Eine Ausnahme findet sich nur hinsichtlich der Bestellung einer Eigentümergrunddienstbarkeit. Hier genügt die einseitige Erklärung (vgl. insoweit wieder BGHZ 41,208f., vgl. näher dazu schon o. Rdn. 21). Hier mag § 1196 BGB einen allgemeingültigen Gedanken aufstellen.

Fraglich kann hier wieder der Minderjährigenschutz in seiner Reichweite sein. Es stellen sich dieselben Fragen wie bei einer Nießbrauchsbestellung oder dem Erwerb eines mit einem Nutzungsrecht belasteten Grundstücks. Diese Fragen sind von ihrer Grundstruktur einheitlich zu klären (s. insoweit o. Rdn. 36 – das dort Gesagte gilt auch hier, wobei auf die andersartige h. M. hinzuweisen ist, s. i. e. a. a. O.).

Auch das Insichgeschäft wäre hier ebenso zu behandeln wie bei der Bestellung anderer dinglicher Rechte auch (a. a. O.).

3.3.1.3.1.2 Insbesondere der Eintragungsantrag

195 Für den Eintragungsantrag ist zu berücksichtigen, dass der Inhalt der Dienstbarkeit hinreichend exakt festgelegt werden muss.

Das Grundbuchamt hat hier nur einen begrenzten Entscheidungsspielraum und kann insbesondere nicht eigenständig entscheiden, welches Recht es hier eintragen möchte. Auf der anderen Seite kann der Antrag notfalls auch ausgelegt werden (vgl. OLG Hamm RPfleger 1986,364; zur Möglichkeit von Hilfsanträgen, die hier im Einzelfall hilfreich sein könnten, s. o. Rdn. 69). Allgemeingültige Floskeln wie etwa der Hinweis auf die allgemeine Denkmalpflege oder ein Verweis auf baurechtliche Vorschriften reichen nicht aus (s. etwa OLG Düsseldorf RPfleger 1979,305). Auch aus § 874 BGB folgt nichts Gegenteiliges. Wohl kann aber im Eintragungsvermerk der Inhalt der Dienstbarkeit schlagwortartig (etwa: Bauverbot, Wegerecht, Leitungsrecht u. dgl.; s. a. OLG Hamm a. a. O.) angegeben werden (vgl. BGHZ 35,378 ff.; BayObLG NJW-RR 1998,879; BayObLG RPfleger 1989,230; OLG Düsseldorf NJW-RR 1996,15). Nicht ausreichend ist nur die Umschreibung als Nutzungsrecht selbst, denn das träfe auf jede andere Dienstbarkeit auch zu (BayObLG RPfleger 1995,13).

Fraglich ist, was geschieht, wenn einer der Inhalte einer Dienstbarkeit nicht mit eingetragen wird. Hier kann insoweit kein dingliches Recht entstanden sein, auch eine Bezugnahme nach § 874 BGB kann eine Eintragung insoweit nicht ersetzen (OLG Nürnberg NJW-RR 2000,1257).

Schließlich ist grundsätzlich auch der Berechtigte anzugeben (OLG Frankfurt/M. RPfleger 1980,185). Das gilt, obwohl die Grunddienstbarkeit als subjektiv-dingliches Recht an sich an einer bestimmten Person nicht „klebt", sondern nur an deren Eigenschaft als Eigentümer eines herrschenden Grundstücks (s. insoweit hinsichtlich der Ermittelbarkeit des Berechtigten über die Eigentümerstellung auch OLG Frankfurt a. a. O.). Jedoch hält sich dieses Erfordernis in den allgemeinen Schranken, denn schließlich ist es nur in Ausnahmefällen einer Grundstücksbelastung eigen, dass sie nur in einer einzigen Person existieren kann (s. etwa für Nießbrauch und beschränkte persönliche Dienstbarkeit §§ 1059 Satz 1, 1092 I Satz 1 BGB).

Die Eintragung der Grunddienstbarkeit erfolgt in Abteilung II des Grundbuchs. Es kommt hier zu zwei Eintragungen, einer in das Grundbuch des dienenden Grundstücks, aber auch einer solchen in dasjenige des herrschenden Grundstücks; letztere stellt jedoch nur einen deklaratorischen Vermerk dar (Jauernig/Jauernig § 1018 Rdn. 8).

Wird das dienende Grundstück geteilt, ist dies grundsätzlich ein Fall des § 7 II GBO.

Davon zu unterscheiden sind örtliche Ausübungsregelungen auf einem ungeteilten Grundstück (§ 1023 BGB). Soll die örtliche Regelung von vornherein als Inhalt der Grunddienstbarkeit manifestiert werden, ist dieses im Grundbuch wie natürlich auch schon im Eintragungsantrag entsprechend anzugeben. Gegebenenfalls kann man auf unterstützende Kartenwerke verweisen (vgl. wieder § 874 BGB, s. hierzu weiter BGH RPfleger 1969,128).

Dienstbarkeiten

3.3.1.3.1.3 Gutgläubiger Erwerb

195a Einem gutgläubigen Erwerb steht auch hier nichts im Wege. Er vollzieht sich nach der allgemeinen Regelung des § 892 BGB (vgl. entsprechend dazu o. Rdn. 55 f. für den Nießbrauch).

Ein gutgläubiger Erwerb in Bezug auf eine fehlende Verfügungsbefugnis kommt in Betracht im Fall des § 81 II InsO sowie im Ergebnis auch (jedenfalls nach h. M.), wenn es um die Nichtbeachtung einer Verfügungsbeschränkung nach § 1365 BGB geht (s. jeweils o. Rdn. 56).

3.3.1.3.2 Entstehung kraft Gesetzes

196 Auch hier gibt es Entstehungsgründe außerhalb des Rechtsgeschäfts.

3.3.1.3.2.1 Ersitzung

Neben der rechtsgeschäftlichen Entstehung kann eine Grunddienstbarkeit auch ersessen werden (§ 900 II BGB). Es gilt das bereits zum Nießbrauch Gesagte (s. o. Rdn. 57). Die Dienstbarkeit stellt hier ein Recht im Sinne dieser Norm dar, dessen Ausübung Besitzschutz genießt (s. Palandt-Bassenge § 900 Rdn. 2, s. a. Rdn. 202 f.).

3.3.1.3.2.2 Öffentliches Recht

197 Ferner können Dienstbarkeiten auch kraft öffentlichen Rechts begründet werden. Dies geschieht dann, wenn großräumige Projekte ein entsprechendes Bedürfnis nahe legen. Eine gesetzliche Grundlage muss freilich stets vorhanden sein.

Im bauplanungsrechtlichen Umlegungsverfahren (s. i. e. §§ 45 BauGB, s. a. schon o. Rdn. 58) können nach Maßgabe des § 61 BauGB auch Dienstbarkeiten begründet werden (s. hierzu etwa Ernst/Zinkahn/Bielenberg § 61 Rdn. 57).

Gem. § 61 I Satz 1 BauGB können Nutzungsrechte durch den Umlegungsplan nicht nur aufgehoben und verändert, sondern auch neu begründet werden. Gem. § 61 I Satz 2 BauGB können zur zweckmäßigen und wirtschaftlichen Ausnutzung der Grundstücke Flächen für hintere Zuwege, gemeinschaftliche Hofräume, Kinderspielplätze, Freizeiteinrichtungen, Stellplätze, Garagen, Flächen zum Ausgleich i. S. v. § 1 a III BauGB oder andere Gemeinschaftsanlagen in Übereinstimmung mit den Zielen des Bebauungsplanes festgelegt und ihre Rechtsverhältnisse geregelt werden. Diese zuletzt genannte Regelung der Rechtsverhältnisse kann durch die Begründung von Dienstbarkeiten vonstatten gehen.

Die Flurbereinigung widmet sich der Neuordnung von ländlichem Grundbesitz zur Verbesserung der Produktions- und Arbeitsbedingungen in der Land- und Forstwirtschaft sowie zur Förderung der allgemeinen Landeskultur und der Landwirtschaft (§ 1 FlurbG). In ihrem Rahmen ist es möglich, wenn der Zweck der Flurbereinigung es erfordert, neben Reallasten, Erwerbsrechten an einem Grundstück sowie persönlichen Rechten, die zum Besitz oder zur Nutzung eines Grundstücks berechtigen oder die Benutzung beschränken, eben auch Dienstbarkeiten aufzuheben (§ 49 I Satz 1 FlurbG). Soweit diese Rechte durch die Flurbereinigung nicht entbehrlich geworden sind, sind sie u. a. durch gleichartige Rechte als Abfindung zu ersetzen (§ 49 I Satz 3 f. FlurbG). In diesem Zusammenhang kann es auch zur (Neu-) Begründung von Dienstbarkeiten kommen.

In den genannten Fällen erfolgt die Begründung der Dienstbarkeiten durch Verwaltungsakt. Ihr Inhalt wiederum richtet sich nach dem Zivilrecht. Es liegen hier sog. privatrechtsgestaltende Verwaltungsakte vor.

3.3.1.4 Teilung des Grundstücks

Werden die beteiligten Grundstücke geteilt, stellt sich hier die Frage, inwieweit eine Grunddienstbarkeit davon betroffen sein kann. Das Gesetz sagt hierzu folgendes:

198

3.3.1.4.1 Teilung des herrschenden Grundstücks

Eine Teilung des herrschenden Grundstücks darf den Inhalt der Grunddienstbarkeit selbst nicht verändern. In keinem Fall wird ihr Inhalt dadurch erweitert.

Soweit das durch die Teilung des herrschenden Grundstücks neu entstandene Grundstück von der Dienstbarkeit nicht profitieren kann, kann dieses auch kein herrschendes Grundstück sein. Das Gesetz spricht hier nicht für alle Fälle ganz korrekt von einem Erlöschen der Dienstbarkeit, tatsächlich kann es hier auch darum gehen, dass deren Inhalt eben dieses neue Grundstück von vornherein gar nicht betreffen kann (vgl. § 1019 BGB). Ansonsten besteht jedenfalls auch schon von Anfang an eine Verpflichtung zur örtlichen Ausübungsbeschränkung (s. § 1023 BGB).

Im übrigen besteht die Dienstbarkeit für die Grundstücksteile, die nun eigene und insoweit mehrere herrschende Grundstücke darstellen, fort (§ 1025 BGB). Es entsteht hier eine Bruchteilsgemeinschaft an der Dienstbarkeit (s. BayObLG NJW-RR 1990,1043; s. dazu aber auch MüKo-Falckenberg § 1025 Rdn. 2).

Dienstbarkeiten

Es kommt hier nicht darauf an, was für eine Art von Teilung vorliegt, eine reale oder eine ideelle (Palandt-Bassenge § 1025 Rdn. 1).

3.3.1.4.2 Teilung des dienenden Grundstücks

Spiegelbildliches gilt für die Teilung des dienenden Grundstücks. Hier kann es nun zu mehreren dienenden Grundstücken kommen, die eben vormals Teile eines einheitlichen dienenden Grundstücks waren.

Muss ein Grundstück hier nach dem Inhalt der Dienstbarkeit nicht dienen, wobei es hier aber allein um die Frage der rechtlichen Frage geht, nicht um denjenigen, ob eine Nutzung dieses Grundstücks nur rein tatsächlich ausgeschlossen ist (BayObLG DNotZ 1989,166), ist es auch mit keiner Dienstbarkeit belastet. Hier geht es allein um die Ermittlung des Inhalts der Dienstbarkeit (vgl. insoweit gerade BayObLG a. a. O.), nicht etwa um Fragen eines wie auch immer gearteten nachträglichen Erlöschens. Korrekter als im Fall des § 1025 BGB spricht das Gesetz denn hier auch von einem Freiwerden von der Dienstbarkeit (§ 1026 BGB).

3.3.1.5 Schutzansprüche

199 Die Grunddienstbarkeit ist als ein dingliches Recht auch ein sogenanntes absolutes Recht. Somit entfaltet sie auch Drittwirkungen gegenüber jedermann, d. h. auch gegenüber Personen, die an sich mit der Begründung der Dienstbarkeit nichts zu tun gehabt haben.

3.3.1.5.1 Unterlassungs- und Beseitigungsansprüche

3.3.1.5.1.1 Allgemeines

Unterlassungsansprüche bestehen in entsprechender Anwendung des § 1004 BGB wie auch der gesetzlich nicht ausdrücklich geregelten Varianten der vorbeugenden gem. § 1027 BGB. Wer auch immer die Nutzungsmöglichkeiten, die eine konkrete Grunddienstbarkeit gewährt, beeinträchtigt, kann auf Unterlassung in Anspruch genommen werden. Dieser Anspruch besteht unabhängig davon, ob insoweit ein Verschulden vorliegt oder nicht. Dieser Anspruch besteht auch gegenüber dem Eigentümer des dienenden Grundstücks, denn die Absolutheit der Dienstbarkeit, ihre Dinglichkeit, wirkt auch gegenüber diesem (s. i. e. entsprechend o. Rdn. 75 ff.). Werden Unterlassungen bei bereits eingetretenen Störungen verlangt, so wird die hier erforderliche Wiederholungsgefahr vermutet, für die sog. Erstbegehungsfälle muss die dafür nötige (Erstbegehungs-) Gefahr konkret nachgewiesen sein (s. o. a. a. O. mit Rdn. 77).

Ist die Störung bereits eingetreten, existieren die entsprechenden Beseitigungsansprüche.

Auch hier empfiehlt sich vor Beschreiten des Rechtsweges eine Abmahnung zur Vermeidung der sonst drohenden Kostenfolge aus § 93 ZPO. Weiterhin würde sich auch hier die Aufforderung zur Abgabe einer strafbewehrten Unterlassungserklärung empfehlen (s. i. e. o. Rdn. 77). Dies gilt auch für den Störer selbst, denn er beseitigt somit die Wiederholungs- bzw. Erstbegehungsgefahr, ohne die eine Unterlassungsklage gegen ihn nunmehr scheitern würde.

Steht das herrschende Eigentum im Miteigentum Mehrerer, kann jeder Miteigentümer den Anspruch geltend machen (BGH NJW 1992,1101; s. a. BGH NJW-RR 1999,167). Auch der Nießbraucher an dem herrschenden Grundstück, der insoweit die Nutzungen auch aus der Dienstbarkeit an dem dienenden Grundstück ziehen kann, kann gem. § 1065 BGB gegen Störer vorgehen.

Es ist aus dem Rechtsgedanken des § 912 I BGB heraus möglich, Einschränkungen der Dienstbarkeit zuzustimmen, was etwa im Rahmen eines Ausgleichs nach § 1024 BGB (dazu o. Rdn. 190 ff.) angezeigt sein kann. In diesem Fall ist der Unterlassungsanspruch nach § 1004 II BGB ausgeschlossen (so BGHZ 39,5; BGH MDR 1966,749). In diesem Fall wird dann aber entsprechend § 912 II BGB eine Entschädigung durch Geldrente, deren Höhe sich nach dem Zeitpunkt der Störung bemisst, vertreten (s. Palandt-Bassenge § 1027 Rdn. 2 a. E.).

Dem letztgenannten Gedanken wird man in dieser Pauschalität entgegentreten müssen. Es ist ohnehin schon nicht ganz zweifelsfrei, ob der gesetzlichen Ausgleich nach § 912 BGB für den sog. Überbau für rechtsgeschäftlich bestellte Rechte, deren Inhalt von Fall zu Fall variieren kann, seinem Gedanken nach ohne weiteres anwendbar ist. Angemessener erscheint es hier, allein den Ausgleich nach § 1024 BGB zur Anwendung kommen zu lassen und in den sonstigen Fällen allenfalls vertragliche Absprachen als Grundlage ausreichen zu lassen. Nur so kann für den konkreten Einzelfall eine angemessene Lösung erzielt werden. Jedenfalls aber ist das Statuieren eines Ausgleichs nach § 912 II BGB ohne Wenn und Aber für jeden Fall der geduldeten Beeinträchtigung einer Dienstbarkeit abzulehnen. Es kann nicht ausgeschlossen werden, dass der hierin liegende Verzicht, gleich welcher Natur er sein mag (u. U. hinsichtlich der sonstigen Ausgleichsansprüche § 397 BGB?), eben auch den Ausschluss jeglicher Geldansprüche mit umfasst. Diese einzelfallbezogene Fragestellung würde aber durch eine Analogie zu § 912 II BGB zu sehr überspielt werden.

3.3.1.5.1.2 Beeinträchtigender Überbau

200 Anders ist es, wenn eine Grunddienstbarkeit durch einen Überbau (zu dem Begriff s. etwa BGH NJW-RR 1989,1039: einheitliches Gebäude, wobei es hier auf eine funktionale Betrachtung ankommt) auf das dienende Grundstück – aber eben nur durch einen solchen – beeinträchtigt wird. Hier kann der Berechtigte die entsprechenden Rechte aus den §§ 912 ff. BGB geltend machen. Das ordnet § 916 BGB ausdrücklich an.

Eine Einschränkung ist hier jedoch damit verbunden, dass gegen den Überbau sofort Widerspruch erhoben werden muss, anderenfalls eine Duldungspflicht besteht. Anders ist es nur bei vorsätzlichem oder grob fahrlässigem Überbau. Hier ist eine Ausgleichsrente (§ 912 II BGB) zu zahlen, und zwar im voraus (§ 915 II BGB).

Dieses Rentenrecht entsteht ohne Eintragung in das Grundbuch (§ 914 II BGB, anders hingegen der Verzicht auf dieses Recht oder vertragliche Feststellungen der Rentenhöhe). In seinem Rang geht es allen anderen dinglichen Rechten an dem Grundstück – sogar dann, wenn diese älter sind! – vor (§ 914 I Satz 1 BGB a. E.).

Abgesichert wird es durch einen Verweis auf die für Reallast geltenden Vorschriften (§ 914 III BGB; s. insoweit Palandt-Bassenge § 914 Rdn. 4). Damit greift insoweit eine Haftung des herrschenden Grundstücks nach Maßgabe des Hypothekenrechts (§ 1107 BGB) und haftet der Eigentümer des herrschenden Grundstücks persönlich (s. i. e. § 1108 BGB). Auch hier liegt ein subjektiv-dinglicher Einschlag vor, so dass berechtigt der jeweilige Eigentümer des herrschenden Grundstücks ist (§ 1110 BGB). Nach der Teilung kann sich die Rente nur auf den Teil beziehen, welcher auch tatsächlich durch den Überbau beeinträchtigt ist (§ 1109 III BGB).

Das Recht aus § 912 BGB (i. V. m. § 916 BGB) wird als ein wesentlicher Bestandteil nach § 96 BGB angesehen (s. etwa Jauernig/Jauernig § 96 Rdn. 1), womit es gewissermaßen an das Grundstück gekettet wird, von dem der Überbau ausgegangen ist (s. insoweit die Ausführungen zur Grunddienstbarkeit als Bestandteil nach § 96 BGB, u. Rdn. 215 ff.).

Das Rentenrecht erlischt jedoch, wenn der Überbau beseitigt wird (§§ 916, 914 I Satz 2 BGB).

201 Gem. §§ 916, 915 BGB kann der Rentenberechtigte jederzeit verlangen, dass der Verpflichtete ihm gegen Übertragung des Eigentums des Teils an dem überbauten (hier: dienenden) Grundstücks dessen Wert ersetzt, den dieser Teil zur Zeit der Grenzüberschreitung gehabt hatte. Behandelt wird dieser Vorgang in seiner Abwicklung nach Kaufrecht. Der Rentenanspruch besteht dann bis zur Übertragung eben dieses Eigentums.

Es sei aber nochmals darauf hingewiesen, dass hier nicht jeder Überbau ausreicht. Es muss gem. § 916 BGB auch die Dienstbarkeit konkret beeinträchtigt sein.

3.3.1.5.2 Schadensersatz

Daneben kann im Fall einer verschuldeten Beeinträchtigung Schadensersatz verlangt werden. Insoweit stellt nämlich die Dienstbarkeit nämlich ein sonstiges Recht i. S. v. § 823 I BGB a. E. dar. *202*

Hinsichtlich verschuldeter Beeinträchtigungen durch den Eigentümer des dienenden Grundstücks liegt daneben noch eine Pflichtverletzung infolge des gesetzlichen Schuldverhältnisses (s. dazu im Anschluss Rdn. 210) vor (§ 280 BGB). Daneben kommt eine solche aus dem Kausalgeschäft hinzu. Um eine absolute Wirkung handelt es sich hier freilich nicht.

3.3.1.5.3 Besitzschutz
3.3.1.5.3.1 Allgemeines

Schließlich kommen Besitzschutzansprüche in Betracht (§§ 858 ff. BGB). Diese sind wie die Unterlassungsansprüche nicht von einem Verschulden abhängig. Angeknüpft wird hier allerdings nicht an dem Schutz der Dienstbarkeit selbst, sondern an dem faktischen Herrschaftsverhältnis (§ 854 I BGB) an dem dienenden Grundstück. Neben dem Schutz der Dienstbarkeit spielt dieser Schutz nur eine flankierende – und hier bloß eine untergeordnete – Rolle. *203*

3.3.1.5.3.2 Der sog. Rechtsbesitz

Der Besitzschutz kann aber seine Grenze darin finden, dass der Eigentümer selbst gar keinen Besitz an dem dienenden Grundstück hat, obwohl er diesbezüglich Nutzungsoptionen hat. Das kann der Fall sein, wenn es um eine Unterlassungsdienstbarkeit oder um eine solche, die lediglich Eigentümerbefugnisse aus dem dienenden Grundstück heraus ausschließt (§ 1018 BGB, Alt. 2 u. 3). *204*

Weiter kann es dazu kommen, dass der eigentlich Profitierende aus der Grunddienstbarkeit gar nicht der Eigentümer des herrschenden Grundstücks selbst ist oder dass dies zumindest dieser Eigentümer nicht allein ist.

Weitere Personen, die das herrschende Grundstück nutzen, kommen hier in Betracht (vgl. schon o. Rdn. 171). So wie sie dieses aber nutzen können, können sie auch die Grunddienstbarkeit als dessen Bestandteil (§ 96 BGB) nutzen. Im Ergebnis können sie also zwei Grundstücke nutzen (das dienende selbstverständlich nur insoweit, als es der Rahmen der Grunddienstbarkeit erlaubt).

Nun wird hier der nutzungsberechtigte Nichteigentümer, der aber immerhin Besitz am herrschenden Grundstück innehat, bei Beeinträchtigungen der Nutzungsoptionen auf dem dienenden Grundstück dem ohne einen speziellen Schutz kaum etwas entgegensetzen können. Ein dingliches Recht, welcher er insoweit geltend machen könnte, steht ihm nicht zu (sondern dem Eigentümer des herrschenden Grundstücks), und auch ein Besitz an dem dienenden Grundstück kommt nur selten in Betracht. Die Grunddienstbarkeit selbst könnte durch Wahrnehmung der durch sie vermittelten Befugnisse allenfalls im Fall des § 1018, 1. Alt. BGB, im Ergebnis diesbezüglich zu einer entsprechenden Besitzlage führen. Aber auch hier ist das nicht stets zwingend, denn etwa nur kurzzeitige und momentbezogene Nutzungen können zu einer Besitzbegründung nicht ausreichen.

Hierauf aufbauend hat das Gesetz ein Bedürfnis nach rechtlichem Schutz auch in solchen Situationen erkannt und in der Form des – fälschlich so genannten (Besitz kann es nur an Sachen geben, s. etwa Staudinger/Mayer § 1029 Rdn. 1) – Rechtsbesitzes geregelt (§ 1029 BGB). In Betracht kommt er namentlich bei der sog. negativen Dienstbarkeit (Baur/Stürner § 7 Rdn. 5).

3.3.1.5.3.2.1 Inhalt

205 Gem. § 1029 BGB kann der Besitzer (Dieser kann auch eine juristische Person oder eine sonstige rechtsfähige Vereinigung sein, s. insoweit Staudinger/Mayer § 1029 Rdn. 5; s. für die Gesellschaft bürgerlichen Rechts noch MüKo-Falckenberg, Vorauft., § 1029 Rdn. 2, wobei hier aber die Problematik seit BGH NJW 2001,1056 merklich bereinigt sein dürfte), welcher in einer seinerseitigen Ausübung einer für den Eigentümer eingetragenen Grunddienstbarkeit auf dem dienenden Grundstück gestört wird, die Möglichkeit, hiergegen in entsprechender Anwendung der Besitzschutzvorschriften vorzugehen. Die Besitzerstellung wird weit ausgelegt, so dass sogar Besitzdienern die Stellung eines Besitzers im Sinne dieser Vorschrift zugebilligt wird (Müko-Falckenberg a. a. O.; s. für Pächter auch Staudinger/Mayer § 1029 Rdn. 10). Wie weit der Schutz reicht, wird von dem konkreten Nutzungsrahmen der konkreten Dienstbarkeit bestimmt, was letztendlich durch den Grundbucheintrag zu ermitteln ist (Staudinger/Mayer § 1029 Rdn. 11).

Umstritten, aber zu verneinen, denn das Gesetz verlangt ein solches nicht, ist, ob es hier auf subjektive Momente wie einen Störungswillen in Bezug auf die Dienstbarkeit ankommt (Soergel/Stürner § 1029 Rdn. 2; MüKo-Falckenberg § 1029 Rdn. 5; Staudinger/Mayer § 1029 Rdn. 10; a. A. Erman/Grziwotz § 1029 Rdn. 4).

Die genannte Möglichkeit besteht allerdings nur, soweit die Dienstbarkeit innerhalb eines Jahres vor der Störung – und sei es auch nur einmal – ausgeübt worden ist. Es geht hier um eine spezielle Regelung der sog. Verwirkung, welche ansonsten in § 242 BGB verortet ist (dazu allgemein Birr Rdn. 236 ff.). Wer die Dienstbarkeit ausübt, ist dem Gesetzeswortlaut zufolge egal. Es kommt hier nicht darauf an, dass eine bestimmte Person diese ausübt, sondern dass diese überhaupt von irgendjemandem ausgeübt wird. Ist dem nicht so, ist die Dienstbarkeit in den Augen des Gesetzes offensichtlich nicht für alle Beteiligten interessant genug, als dass auch Nichtinhaber dieses Rechts sich darauf berufen können.

206

Fraglich ist, wie diese Jahresfrist, die anders als die üblichen Fristen ja keinem Ereignis nachfolgt, sondern diesem vorausgeht, zu berechnen ist. Man wird in entsprechender Anwendung der §§ 187 I, 188 II, 1. Alt., BGB die letztmalige Ausübung der Dienstbarkeit i. S. v. § 1029 BGB zu ermitteln haben und diesen Tag als den Beginn einer sog. Ereignisfrist zu betrachten haben. Das bedeutet, dass dieser Tag nicht mitgezählt wird und die Frist am nächsten Tag um 0 Uhr zu laufen beginnt. Gem. § 188 II, 1. Alt., BGB entsprechend würde sie an dem Datum des gleichen Tages des Ereignisses – nur jetzt im darauffolgenden Jahr – um 24 Uhr enden. Vor diesem Ende muss die Störung i. S. v. § 1029 BGB stattgefunden haben. Erfolgte sie später, ist das Jahr, welches § 1029 BGB verlangt, bereits verstrichen, der Rechtsbesitz bzw. die aus ihm folgenden Ansprüche schon nicht mehr entstanden.

Einzuräumen ist, dass diese Regelung zu nicht unerheblichen Beweisproblemen führen kann. Die Beweislast obliegt hier nämlich dem Anspruchsinhaber, dem Besitzer und Nichteigentümer an dem herrschenden Grundstück (Baumgärtel/Laumen § 1029 Rdn. 1 f.). Wenn aber eine Dienstbarkeit nur sporadisch ausgeübt wird, kann die Ausübung im Einzelfall nur schwer nachzuweisen sein. Hinzu kommt in den letzten beiden Alternativen des § 1018 BGB, dass es hier um Unterlassungen geht, welche hier als solche naturgemäß faktisch nur andeutungsweise in Erscheinung treten. In diesen Fällen wird man davon ausgehen können, dass das bloße Beachten der Unterlassungspflichten als Ausübung der Dienstbarkeit betrachtet werden kann, denn es wäre geradezu lebens- und weltfremd, würde man alternativ von dem Besitzer des herrschenden Grundstücks oder sonst einem Dienstbarkeitsberechtigen verlangen, dass er von

Zeit zu Zeit um der Einhaltung der Jahresschranke willen in formalistischer Weise bei dem Grunddienstbarkeitsverpflichteten vorstellig wird und ihn ohne besonderen Grund zur Einhaltung seiner Unterlassungspflichten anhält.

Neben der Möglichkeit, sofort gegen Störungen einzuschreiten (s. § 859 BGB), werden vor allem der Beseitigungs- und Unterlassungsanspruch (§ 862 BGB) von Bedeutung sein. Anders als im Besitzschutzrecht in seiner direkten Anwendung gestaltet sich der sog. Rechtsbesitz aber als ein Schutzsystem, welches durchaus in der Lage ist, einen Rechtsstreit nicht nur vorläufig zu entscheiden.

3.3.1.5.3.2.2 Einwendungsbeschränkungen?

Gem. BGB kann sich der Anspruchsgegner nur auf sog. possessorische Einwendungen berufen, nämlich, dass sein Tun keine verbotene Eigenmacht sei. Sog. petitorische Einwendungen, etwa, dass er ein Recht zu seinem Tun habe, sind im Besitzschutzrechtsstreit ausgeschlossen (§ 863 BGB).

Freilich kann in einem späteren Rechtsstreit, in dem der Anspruchsgegner, welcher infolge dieser Einschränkung den Besitzschutzrechtsstreit verloren hat, seinerseits in die Offensive gehen und nunmehr selbst die petitorischen Einwendungen im Rahmen eines von ihm angestrengten Anspruchs als Grundlage für diese Einwendungen geltend machen. Das Besitzschutzrecht allein führt somit nur zu einer vorläufigen Regelung, die allerdings zugegebenermaßen durch eine sog. petitorische Widerklage (§ 33 ZPO), also eine solche ihrerseits gestützt auf eben petitorische Einreden bzw. Einwendungen, durchaus auch unterlaufen werden kann (str., s. hierzu etwa Baur/Stürner § 9 Rdn. 18 m. w. N: zum Streitstand).

207 Diese Beschränkung auf possessorische Einwendungen kann jedoch in einem Streit aus § 1029 BGB resultierend jedenfalls nicht pauschal greifen (insoweit nicht hinreichend konkret die allgemeinen Hinweise, s. etwa Staudinger/Mayer § 1029 Rdn. 16; MüKo-Falckenberg § 1029 Rdn. 7; RGRK-Rothe § 1029 Rdn. 4; Bamberger/Wegner § 1029 Rdn. 4). Der darauf folgende Anspruch kann ja nur darauf beruhen, dass die Ausübung einer Dienstbarkeit beeinträchtigt wird. Man muss also schon den Inhalt dieses Rechts im konkreten Fall ermitteln. Diese Feststellung aber würde sich aus der Sicht des Störers, des Anspruchsgegners, nicht als possessorische Einwendung erweisen, sondern als petitorische. Spiegelbildlich zu der Anspruchserhebung müsste er nämlich entgegnen, dass sein Handeln keine Beeinträchtigung der Dienstbarkeit wäre. Das aber wäre wieder nur durch eine konkrete Prüfung der materiellen Rechtslage, wie sie sich auch endgültig darstellen würde, m. a. W.: durch die konkrete Ermittlung des Inhalts der Dienstbarkeit, zu ermitteln. Der Streit um einen sog. Rechtsbesitz nach § 1029 BGB kann sich im Endeffekt nicht vorläufig lösen lassen, wie es im echten Besitzschutzrechtstreit nach den §§ 858 ff. BGB in ihrer direkten Anwendung möglich ist. Infolgedessen müssen hier, d. h. im Fall des § 1029 BGB, auch petitorische Einwendungen zugelassen sein. Der Verweis auf die Besitzschutzansprüche kann nicht dazu führen, dass man hier so tut, als läge auch ein echter Besitzschutzrechtsstreit vor (Der Begriff des Rechtsbesitzes ist an sich – wie eingangs gesagt – eben nicht korrekt!). Damit aber kann man die ratio des Besitzschutzrechts in seiner direkten Anwendung, gewissermaßen eine Art des vorläufigen Rechtsschutzes darzustellen, hier ebenfalls zur Anwendung bringen zu wollen (ganz abgesehen davon, dass dem vorläufigen Rechtsschutz nach materiellem Recht insoweit der Rang durch denjenigen des Verfahrensrechts, s. insoweit §§ 916 ff. ZPO, ohnehin abgelaufen wurde).

3.3.1.5.3.2.3   Deliktsrechtliche Anschlussfragen

Schließlich könnte man fragen, ob über § 1029 BGB auch der deliktische Schutz des Besitzes nach § 823 I BGB (s. für den sog. berechtigten Besitz etwa BGH NJW 1998,380; s. a. den Überblick bei Czeguhn/Ahrens, S. 150) dem sog. Rechtsbesitzer zugute käme.

208

Indessen deckt § 1029 BGB ein solches nicht ab. Hier wird ausdrücklich nur auf die Besitzschutzansprüche nach Sachenrecht verwiesen. Würde man hier weitergehen, würde man dem Rechtsbesitzer dieselbe Stellung verschaffen, als wäre er Inhaber des dinglichen Rechts selbst (ganz unabhängig von der Frage, dass er natürlich auch eben dieser Inhaber sein kann. Dann aber wird er haftungsrechtlich eben durch das dingliche Recht abgesichert und nicht durch den Rechtsbesitz). Es läge gewissermaßen ein „abgeleitetes quasi-dingliches Recht" vor. Eine solche Erstreckung kann aber schon aus dogmatischen Gründen kaum angenommen werden. Der sog. Rechtsbesitzer leitet seine Position nur von dem Rechtsinhaber ab, ohne eine vollständige mit diesem gleichwertige Position zu erlangen. Gegebenenfalls mag der Rechtsinhaber als solcher (nicht allein als Rechtsbesitzer) gegen den Eigentümer des herrschenden Grundstücks einen Anspruch aus vertraglichen Beziehungen haben, dass dieser ihm die Ausübung der Grunddienstbarkeit ermögliche und bei Nichtnachkommen gewährleistungs- oder in sonstiger Weise leistungsstörungsrechtlich in Anspruch genommen werden kann. Mittelbar können somit haftungsrechtliche Ansprüche gegen den Eigentümer des herrschenden Grundstücks wegen der Beeinträchtigung der Dienstbarkeit realisiert werden, wobei dieser dann die hier erlittenen Ausfälle von dem wahren Störer (etwa über § 823 I BGB wegen Missachtung seines ihm zustehenden dinglichen Rechts, der Dienstbarkeit) ersetzt verlangen kann (Im Einzelfall aber könnte hier § 254 BGB zu beachten sein, so dass in jedem Fall der Eigentümer des herrschenden Grundstücks entsprechende Hinweisen eines sog. Rechtsbesitzers nicht mit Missachtung strafen, sondern zeitig reagieren sollte!). Eine direkte Liquidierung haftungsrechtlicher Ansprüche des Rechtsbesitzers gegen einen Störer ist aber nicht angezeigt, nicht möglich und – wie gerade gezeigt – regelmäßig auch nicht nötig.

3.3.1.5.3.2.4 Passivlegitimation

Zu guter Letzt sei noch darauf hingewiesen, dass § 1029 BGB nicht auf eine konkrete Person als Beeinträchtigenden hinsichtlich der Ausübung der Dienstbarkeit abstellt. Dies kann sicherlich der Eigentümer oder ein sonstiger Besitzer bezüglich des dienenden Grundstücks sein. Zwingend ist das aber nicht. Auch jeder beliebige Dritte, der ansonsten keinerlei Beziehung zu den betreffenden Grundstücken aufweist, kann ebenso Anspruchsgegner gem. § 1029 BGB sein. Es spricht sogar nichts dagegen, diese Norm auch gegenüber einem beeinträchtigenden Eigentümer des herrschenden Grundstücks anzuwenden!

3.3.1.5.3.3 Verjährungsfragen

209 Dingliche Ansprüche hinsichtlich eingetragener Rechte sind an sich gem. § 902 I Satz 1 BGB unverjährbar. Anders ist es nach § 1028 BGB für Beseitigungsansprüche in Bezug auf die Errichtung Anlagen auf dem belasteten Grundstück, durch welche die Grunddienstbarkeit beeinträchtigt wird (§ 1028 I Satz 1 BGB). Hier greift die dreijährige Regelverjährungsfrist (s. i. e. §§ 195, 199 I, IV, V BGB, s. Palandt-Bassenge § 1028 Rdn. 1, wo diese Verjährungsfrist jedoch auf alle Ansprüche aus § 1027 BGB erstreckt wird, was allerdings mit dem einschränkenden Wortlaut des § 1028 BGB nicht im Einklang steht). Soweit hier eine Verjährung eingetreten ist, erlischt insoweit auch die Dienstbarkeit (§ 1028 I Satz 2 BGB), m. a. W.: Eine Beseitigung der Anlage kann nicht verlangt werden. Bemerkenswert ist insoweit, wie hier eine Einrede (s. § 226 BGB) hinsichtlich des dinglichen Rechts zu einer, wenn auch partiellen, Einwendung führt. Insoweit kann das Grundbuch nach § 894 BGB bzw. aus verfahrensrechtlicher Sicht nach § 22 GBO berichtigt werden (OLG Hamburg FGPrax 1996, 211).

Erwirbt ein Anderer das herrschende Grundstück, gilt auch für ihn die Verjährung und das damit verbundene Erlöschen der Dienstbarkeit, ist all dieses erst einmal eingetreten. Einen gutgläubigen Erwerb gibt es insoweit nicht (§ 1028 II BGB). Anders ist es, wenn die Anlage beseitigt worden ist. Hier kann die Grunddienstbarkeit gutgläubig mit dem ursprünglichen Inhalt, der eine solche Anlage an sich ausschließt, erworben werden. Alles andere würde darauf hinauslaufen, dass jede Beeinträchtigung durch eine entsprechende Anlage, hat eine solche auch nur zeitlich begrenzt existiert, für die Zukunft nunmehr erlaubt ist. Das hingegen verlangt § 1028 BGB nicht; hier geht es lediglich darum, eine konkrete Beeinträchtigung mit Ablauf der Verjährungsfrist mit einem gewissen Bestandsschutz zu versehen, nicht aber, nunmehr für die Zukunft für gleichartige Beeinträchtigungen einen Freibrief auszustellen. Das nötige Korrektiv stellt hier die Option eines gutgläubigen Erwerbs dar (s. insoweit auch Soergel/Stürner § 1028 Rdn. 2; anders etwa RGRK-Rothe § 1028 Rdn. 5).

3.3.1.6 Gesetzliches Schuldverhältnis

Wie auch beim Nießbrauch findet sich bei der Grunddienstbarkeit ein flankierendes gesetzliches Schuldverhältnis. Im Gegensatz zu diesem aber ist dasjenige der Grunddienstbarkeit nicht einmal andeutungsweise so komplex ausgestaltet wie dort. Der Grund liegt darin, dass bereits die Grunddienstbarkeit als solche selbst nicht derart komplex ist wie der Nießbrauch. Vor allem aber fehlt dem hiesigen gesetzlichen Schuldverhältnis der hinreichend konkret-personale Bezug. Hier wird ja allein darauf abgestellt, dass der Berechtigte Eigentümer eines bestimmten Grundstücks ist. Hinter dieser Eigenschaft treten besondere echte persönliche Merkmale zur Gänze zurück. Nicht zuletzt können die Pflichten aus diesem gesetzlichen Schuldverhältnis auch nicht im Vordergrund stehen, denn in diesem Fall hat das Gesetz anstelle der Grunddienstbarkeit die Reallast vorgesehen (vgl. BGHZ 106,350).

210

3.3.1.6.1 Allgemeines

Es kann hier gewissermaßen zu Überlappungen der schuldrechtlichen Pflichten mit dem dinglichen Inhalt der Grunddienstbarkeit kommen. Die allgemeinen Schonpflichten (dazu sogleich) kraft des gesetzlichen Schuldverhältnisses mögen sich auch schon allein dadurch ergeben, dass man den Inhalt des dinglichen Rechts ermittelt. Ungeachtet dessen ist aber zu beachten, dass es hier um zweierlei geht. So können die schuldrechtlichen Bestimmungen als solche über die Dinglichkeit nichts aussagen (S. demgegenüber aber Westermann § 122. IV. 3., der § 1020 BGB sowohl auf die dingliche wie auch die schuldrechtliche Komponenten an-

211

gewendet wissen will, vgl. auch BGHZ 95,145 ff. für die Frage eines gesetzlichen Schuldverhältnisses überhaupt).

Allgemein verlangt § 1020 BGB eine schonende Ausübung der Dienstbarkeit durch den Berechtigten. Insoweit muss er gegebenenfalls auch schon darauf achten, dass die Dienstbarkeit räumlich dort auf dem dienenden Grundstück ausgeübt wird, wo sie den Verpflichteten am wenigsten beeinträchtigt (BGH BB 1965,1125) – hier würde sich eine genauere vertragliche Fixierung allemal empfehlen.

3.3.1.6.2 Unterhaltungspflichten für Anlagen

212 Hält er im Rahmen dieses Rechts eine Anlage (sprich: eine von Menschen geschaffene Einrichtung, die der Grundstücksbenutzung dient und daher von dem Grundstück selbst zu unterscheiden ist, s. etwa BGH NJW 2002,678. Das kann aber etwa auch schon ein Weg sein, OLG Celle MDR 2000,81; vgl. insoweit auch § 907 BGB sowie BGH BB 1965,1125; anderes häufiges Beispiel: Leitungen, s. hierzu wieder BGH NJW 2002,678, wonach eben eine weite Auslegung greift) auf dem dienenden Grundstück, hat er sie in einem ordnungsgemäßen Zustand zu erhalten, soweit der Eigentümer des dienenden Grundstücks ein entsprechendes Interesse daran hat. Das hier genannte Eigentümerinteresse ist das sog. Integritätsinteresse an dem Bestand seines Eigentums (BGH DNotZ 2005,620).

Im Zusammenhang mit dieser Schonpflicht muss der Eigentümer des herrschenden Grundstücks seinerseits unbedeutende Beeinträchtigungen auf dem dienenden Grundstück hinnehmen, etwa Absperrungen zur Nachtzeit u. ä. (s. etwa OLG Frankfurt/M. NJW-RR 1986,763).

Für den Grunddienstbarkeitsberechtigten ist hier zu beachten, dass er, wenn die von ihm gehaltene Anlage ein entsprechendes Risikopotential in sich trägt, auch Verkehrssicherungspflichten in Bezug auf die Allgemeinheit begründet werden können (s. a. Amann DNotZ 2005,622). Er hat insoweit Vorsorge zu tragen, dass auch unbeteiligte Außenstehende durch diese Anlage nicht geschädigt werden können. Jedoch obliegt die Verkehrssicherungspflicht im Allgemeinen doch dem Eigentümer (Hier ist str., ob diese Verkehrssicherungspflichten mit dinglicher Wirkung nebst Grundbucheintragung auf den Dienstbarkeitsberechtigten übertragen werden kann, dafür BayObLG, MittBayNotK 1990,172; a. A. OLG Köln RPfleger 1990,409, wobei das Risiko der Auferlegung dienstbarkeitswidriger aktiver Handlungspflichten die Bedenken doch stützen dürften). Dem Dienstbarkeitsinhaber obliegen solche Pflichten nur, soweit die Verkehrssicherungspflicht durch die Anlage selbst bedingt ist (vgl. a. BGH DNotZ 2005,620).

3.3.1.6.2.1 Allgemeines

Nach § 1020 Satz 2 BGB ist an sich der Grunddienstbarkeitsberechtigte zur Unterhaltung der Anlage auf dem dienenden Grundstück verpflichtet. Hier kann aber auch Anderes vereinbart werden (§ 1021 I Satz 1 BGB). Die grundsätzliche Pflicht nach § 1020 Satz 2 BGB gilt auch, wenn der Eigentümer die Anlage mitbenutzen darf; insoweit stellt § 1021 BGB keine abschließende und die Aussage des § 1020 Satz 2 BGB verdrängende Sonderregelung dar (s. BGH DNotZ 2005,617 ff., dort auch zu dem Meinungsstand, a. A. bislang die h. M., s. a. a. O.). Der Umfang dieser Unterhaltungspflichten wird allein dadurch geschmälert, dass sie sich auf den Eigentümer und den Dienstbarkeitsberechtigten verteilen, wobei entweder der jeweilige Nutzungsumfang das Verhältnis bestimmt, ansonsten § 742 BGB gilt (also: Pflicht zu gleichen Teilen, s. BGH a. a. O. S. 621) – hier sind vertragliche Festlegungen in jedem Falle anzuraten (Amann DNotZ 2005,622 f.).

Da es hier nicht um den dinglichen Inhalt eines Rechts geht, sondern um schuldrechtliche Fragen geht, erübrigt sich eine Eintragung in das Grundbuch (s. dazu auch BayObLGZ 1979,372; s. aber auch Amann DNotZ 2005,623). Es geht hier auch um keine Inhaltsänderung nach § 877 BGB (a. A. BayObLG a. a. O. mit der entsprechenden Annahme einer dinglichen Einordnung des § 1021 BGB; diesem zustimmend Palandt-Bassenge § 1021 Rdn. 1, wobei hier aber betont wird, dass ohne Eintragung die Unterhaltungspflicht nach § 1021 BGB nur zwischen den Parteien wirkt. Indessen ist eine Verdinglichung dieser Pflicht durch Eintragung in das Grundbuch vom Gesetz zumindest nicht ausdrücklich vorgesehen).

Auch wenn die Eigentümer beider Grundstücke diese Anlage benutzen dürfen, kann hier eine entsprechende vertragliche Aufteilung der Unterhaltungspflicht vereinbart werden. § 1021 I Satz 2 BGB drückt dies exemplarisch aus; der hier geschilderte Fall, dass bei Mitbenutzungsmöglichkeiten der Berechtigte kraft Vereinbarung die Anlage zu unterhalten hat, soweit es für das Benutzungsrecht des Eigentümers erforderlich ist, stellt beileibe nicht die einzige Variante dar. Allerdings würde eine Unterhaltungspflicht des Berechtigten, wenn er die Anlage gar nicht nutzen darf, den Rahmen des gesetzlichen Schuldverhältnisses sprengen, entfernt es sich doch zu sehr von dem Inhalt der Dienstbarkeit (s. a. BayObLGZ 90,8; OLG Köln RPfleger 1990,409 f.; freilich können außerhalb dieses Schuldverhältnisses insoweit ein eigenes, rein vertragliches, begründet werden).

Auf die Pflichten, die von § 1021 I BGB mit umfasst werden, findet das Recht der Reallast entsprechende Anwendung, was zu einer persönlichen

Haftung des insoweit Verpflichteten hinausläuft (§§ 1021 II, 1108 BGB, RGZ 131,163). Zugleich wird die Dienstbarkeit hier mit echten Handlungspflichten untermauert – Handlungspflichten, die als solche nicht zum Inhalt des dinglichen Rechts gehören (s. a. BGH DNotZ 2005,619).

3.3.1.6.2.2 Insbesondere die Teilung des herrschenden Grundstücks

Für die Teilung des herrschenden Grundstücks stellt sich die Frage, ob § 1025 BGB von § 1109 BGB verdrängt wird.

Das würde bedeuten, dass die nach Dienstbarkeitsrecht erst einmal bestehende Unterhaltungspflichten für die einzelnen Teile des herrschenden Grundstücks fortbestehen, sofern der Verweis in § 1021 II BGB greift; dieser Verweis auf Reallastrecht würde so umfassend verstanden werden, dass er sogar Situationen, für die das Dienstbarkeitsrecht an sich Lösungen bietet, nach Reallastrecht behandelt wissen will. Bei Teilbarkeit dieser Pflicht bestimmt sie sich nach den diesbezüglichen Anteilsgrößen (wohl eher selten), alternativ kommt es zu einer Anwendung des § 432 BGB.

Gem. § 1109 I Satz 3 BGB darf die Unterhaltungslast im Zweifel nicht einen größeren Umfang annehmen als ursprünglich vereinbart. Es handelt sich hierbei um eine Auslegungsregel, die zum einen insoweit exaktere vertragliche Regelungen empfehlenswert werden lässt, und zum anderen sich wesentlich von der doch dinglichen Bestimmung des § 1025 BGB unterscheidet, nach der ein Umfang der Grunddienstbarkeit durch eine Teilung des herrschenden Grundstücks in keinem Fall veränderbar ist (s. o. Rdn. 198).

Gem. § 1109 II Satz 1 BGB kann der Berechtigte (bzw. die Berechtigten) bestimmen, dass die Unterhaltungspflicht nur mit einem bestimmten Teil des geteilten herrschenden Grundstücks verbunden werden soll. Hierzu bedarf es einer Grundbucheintragung, was insoweit von Besonderheit ist, als dass vertragliche Absprachen i. S. v. § 1021 BGB hiervon eigentlich berührt werden könnten – Absprachen, die an sich einer solchen Eintragung doch gar nicht bedürften (wie zuvor gesagt, i. e. aber str.).

Daher ist der Pauschalverweis auf § 1109 BGB mehr als zweifelhaft (s. insoweit auch Palandt-Bassenge § 1021 Rdn. 4). In seiner direkten Anwendung macht er Sinn, denn hier geht es um eine Beschränkung der Reallast als eines dinglichen Rechts, welches auch positive Handlungspflichten mit umfassen kann (Palandt-Bassenge § 1109 Rdn. 3). Hier aber geht es eben nicht um den Umfang eines dinglichen Rechts, denn die Unterhaltungspflicht einer Anlage ist für die Dinglichkeit der Grunddienstbarkeit, wie zuvor gezeigt, kein Thema. Mithin kann § 1109 II Satz 2 BGB hier trotz des Verweises in § 1021 BGB, der wie ein Verweis ansonsten auch keine kritiklose und formalistische Übernahme aller Normen, auch der unpassenden, verlangt, nicht anwendbar sein (vgl. insoweit auch allgemein für die fehlende Eintragungsfähigkeit von Pflichten aus dem gesetzlichen Schuldverhältnis Jauernig/Jauernig, Anmerkungen zu den §§ 1020 – 1022, Rdn. 2).

Anders kann es auch mit § 1109 II Satz 3 BGB nicht sein, wonach der Berechtigte, wenn er einen Teil des (herrschenden) Grundstücks veräußert, mangels anderweitiger Bestimmungen mit den ihm verbliebenen Teil auch den Anlagenunterhaltungsanspruch behält. Als Bestandteil allein des gesetzlichen Schuldverhältnisses kann dieser Anspruch nur in Zusammenhang mit dem Verbleib des dinglichen Rechts gesehen werden. Wenn aber § 1025 BGB eine Aufteilung dieses Rechts in letzter Konsequenz anordnet, muss diese Aufteilung auch für den Unterhaltungsanspruch gelten. Alles andere würde zu einer nicht vertretbaren Abtrennung von Inhalten des gesetzlichen Schuldverhältnisses von dem zugrunde liegenden dinglichen Recht führen.

Dass nach § 1109 III BGB die Unterhaltungslast nur von demjenigen getragen soll, der mit seinem herrschenden Grundstücksteil auch davon profitiert, ist an sich nichts Besonderes und könnte auch bereits aus den Vorschriften über die Grunddienstbarkeit (vgl. §§ 1021, 1025 BGB) hergeleitet werden.

Letztendlich muss man die Anwendbarkeit von § 1109 BGB hier doch sehr in Frage stellen (s. a. Palandt-Bassenge § 1021 Rdn. 4). Auf jeden Fall findet sich dadurch nicht überall grundlegend Neues. Bedeutsam ist hingegen der Verweis auf die Vorschriften über die Hypothekenhaftung (§§ 1021 II, 1107 BGB) sowie die persönliche Haftung nach § 1108 BGB.

3.3.1.6.2.3 Sonstiges

Ferner sind nicht anwendbar – trotz § 1021 II BGB – § 1110 BGB (Die hier erwähnte subjektive Dinglichkeit wird bereits von den §§ 1018 ff. BGB vollumfänglich geregelt) sowie § 1111 BGB (Hier geht es um ein subjektiv-persönliches Recht, welches die Grunddienstbarkeit nun einmal nicht ist).

Es besteht ferner die Möglichkeit des Ausschlusses unbekannter Berechtigter gem. §§ 1021 II, 1112, 1104, 1170 BGB. Da auch die Reallast ein subjektiv-dingliches Recht sein kann (§ 1111 BGB), besteht, übertragen auf die Grunddienstbarkeit, insoweit eine gleichartige Situation. Insoweit kann im Rahmen des § 1021 BGB der dortige Verweis in Absatz 2 greifen.

Gem. § 1022 BGB hat für den Fall, dass die Grunddienstbarkeit es erlaubt, auf einer baulichen Anlage des dienenden Grundstücks eine bauliche Anlage zu halten, mangels anderweitiger Vereinbarungen der Eigentümer des dienenden Grundstücks seine Anlage so zu unterhalten, wie sie dem Interesse des Grunddienstbarkeiten dient. Auch hier findet sich ein Verweis auf das Recht der Reallast mit der Folge der persönlichen Haftung wie auch der Anwendung hypothekenrechtlicher Vorschriften (§§ 1022 Satz 2, 1021 II BGB; s. dazu die vorangegangenen Ausführungen).

Jedoch muss hier das Halten der baulichen Anlage auf einer solchen des Verpflichteten auch Inhalt der Grunddienstbarkeit selber sein. Anderenfalls greift statt § 1022 BGB die allgemeine Schonpflicht aus § 1020 BGB (RGZ 112, 370 f.).

3.3.1.6.3 Ausübungsverlegung

213 Laut § 1023 BGB kann der Grunddienstbarkeitsverpflichtete, wenn die Ausübung der Dienstbarkeit sich auf einen Teil des Grundstücks beschränkt, dann, wenn ansonsten eine besondere Beschwerlichkeit vorläge, verlangen, dass die Ausübung auf einen ihm genehmeren Teil verlegt wird. Die entstehenden Kosten hat der jedoch vorschußweise und auch endgültig zu tragen, insoweit besteht also eine Vorleistungspflicht. Dies gilt auch, wenn die örtlichen Gegebenheiten insoweit durch Rechtsgeschäft näher bestimmt worden sind.

Dieses Recht ist rechtsgeschäftlich unabdingbar (§ 1023 II BGB).

Die Variante des § 1023 BGB darf gleichfalls nicht mit dem Inhalt des dinglichen Rechts verwechselt werden. Wenn schon dessen Inhalt – dinglich – festlegt, dass ohnehin nur eine räumliche Einschränkung bezüglich der Nutzungen vorliegt, hat es damit sein Bewenden. Dieser dingliche Inhalt kann nicht nach § 1023 BGB verändert werden (vgl. insoweit auch BGHZ 90, 183). Hier ist der Fall gemeint, dass der dingliche Inhalt die Nutzung auf dem gesamten Grundstück betrifft. Als Ausfluss der allgemeinen Schonfrist aus § 1020 BGB (s. BGH WM 1981, 499) kann sich hier eine rein schuldrechtliche Verpflichtung zur Selbstbeschränkung ergeben.

Daraus ergibt sich, dass es auf Grundbucheintragungen hier nicht ankommen kann (s. dazu auch BGH MDR 1976, 479 m. w. N.; zustimmend etwa Jauernig/Jauernig § 1023 Rdn. 2; s. demgegenüber KG NJW 1973, 1128). Das Grundbuch dokumentiert allein dingliche Gegebenheiten. Um solche geht es hier aber nicht. Hier stehen allein schuldrechtliche Beschränkungen dem insoweit weiter gefassten dinglichen Inhalt gegenüber, anders ausgedrückt: Man darf nicht das, was man kann. Infolgedessen kann es auch um keine Inhaltsänderung nach § 877 BGB gehen, die sich auf die dingliche Komponente bezieht (vgl. etwa Palandt-Bassenge § 1023 Rdn. 3).

Das äußert sich auch in der jeweiligen Art und Weise der Geltendmachung eines Verlegegungsanspruchs. Gehört er zum dinglichen Inhalt, lautet der Anspruch auf Eintragung dieser Beschränkung, geht es um die schuldrechtliche Komponente (§ 1023 BGB), lautet er auf Verlegung selbst und allein bzw. auf Unterlassung der Ausübung der Dienstbarkeit an der beanstandeten Stelle.

Die Kostenregelung in § 1023 BGB ist analogiefähig (BGH WM 1998, 490 f.).

Nicht zuletzt sollte aber nochmals darauf aufmerksam gemacht werden, dass ein Verlegungsanspruch nach § 1023 BGB nicht ohne weiteres anzunehmen ist. Das Gesetz spricht hier von einer „besonderen Beschwerlichkeit" für den Verpflichteten als Voraussetzung. Schon diese Formulierung lässt davor warnen, hier allzu voreilig entsprechende Ansprüche geltend zu machen. Vor allem ist zu berücksichtigen, dass der dingliche Inhalt zunächst einmal zu respektieren ist. Wer sein Grundstück erst einmal belastet hat, steht im Wort. Es ist nur in Ausnahmefällen möglich, den dinglichen Inhalt der Belastung durch schuldrechtliche Einschränkungen nachträglich zu verändern. Hier ist also Vorsicht geboten.

3.3.1.6.4 Sonstiges

Das gesetzliche Schuldverhältnis verlangt seine Beachtung wie jedes andere Schuldverhältnis auch. Schuldhafte Verstöße zeitigen hier die Rechtsfolgen einer Pflichtverletzung (§ 280 BGB). Hinsichtlich der Verschuldensvoraussetzungen greift auch hier die Beweislastumkehr des § 280 I Satz 2 BGB. Auch eine Verschuldenszurechnung nach § 278 BGB ist möglich (BGHZ 95, 145).

214

Das gesetzliche Schuldverhältnis der §§ 1020 ff. BGB lässt zwar seine Grundzüge erkennen, ist aber auf der anderen Seite alles andere als präzise. Hier sind vertragliche Absprachen, die die einzelnen Rechte und Pflichten gegebenenfalls näher konkretisieren, anzuraten.

Gehen derartige Absprachen über die bloß flankierende Charakterisierung der Schonpflichten aus §§ 1020 ff. BGB hinaus, erlangen sie einen Inhalt, der mit dem gesetzlichen Schuldverhältnis nichts mehr gemein hat.

Das Recht der Grunddienstbarkeit kennt eben nur eng an die Wahrung des dinglichen Rechts angelehnte Pflichten der jeweiligen Beteiligten. Indessen kann eine solche „überschießende" Absprache daran nicht scheitern. Sie bleibt als schuldrechtliche Abrede durchaus bestehen, nur dass sie eben keine Konkretisierung des gesetzlichen Schuldverhältnisses mehr darstellt. Sie ist dann eben eine zusätzliche Absprache, die als solche, als Verpflichtungsgeschäft, insoweit eigenständig ist und neben das gesetzliche Schuldverhältnis tritt. Ein solches wird vom geltenden Recht keineswegs verboten.

3.3.1.7 Dispositionen

215 Die Grunddienstbarkeit kennt zwar einen Berechtigten und damit eine Person, diese ihrerseits muss aber Eigentümer eines herrschenden Grundstücks sein. Ohne Grundstück keine Dienstbarkeit. Deshalb ist die Grunddienstbarkeit ein sog. subjektiv-dingliches Recht.

3.3.1.7.1 Verfügungen

Somit ist die Grunddienstbarkeit an ein Grundstück gekoppelt, ohne dass sie nicht allein vorstellbar ist. Diese Abhängigkeit ist es, die diese Art von Dienstbarkeit als einen wesentlichen Bestandteil des herrschenden Grundstücks erscheinen lässt. Sie ist als ein selbständiger, d. h. insoweit unwesentlicher, Bestandteil schlechterdings nicht denkbar. Das Gesetz zieht diese Konsequenz in § 96 BGB, wonach alle subjektiv-dinglichen Rechte eben als wesentliche Bestandteile eines Grundstücks gelten. Die Grunddienstbarkeit gehört ebenfalls dazu (BayObLG NJW-RR 1990,1044). Auch Anwartschaftsrechte an einer Grunddienstbarkeit – etwa auf Grund einer Vormerkung – gehören dazu (OLGZ 68,453).

Infolgedessen kann die Grunddienstbarkeit gar nicht selbständig übertragen werden oder überhaupt Gegenstand einer eigenen Verfügung sein. Verfügt werden kann nur über das Grundstück, und allein diese Verfügung erfasst dann auch die Grunddienstbarkeit.

Wenn also das herrschende Grundstück belastet wird, wird damit auch die Grunddienstbarkeit als dessen Bestandteil nach § 96 BGB belastet – hierin soll gerade die ratio der eben genannten Norm liegen (s. für die hypothekarische Haftung RGZ 83,200).

216 Dispositionen verfügungsrechtlicher Art können über die Grunddienstbarkeit nur mittelbar und in keinem Fall isoliert nur bezüglich dieser getroffen werden.

3.3.1.7.2 Schuldrechtliche Überlassungen

Anders ist es hingegen, wenn es um schuldrechtliche Überlassungen geht. Hier ist es ohne weiteres denkbar, dass der Rechtsinhaber einem Anderen den Gebrauch, den die Dienstbarkeit vermittelt, einräumt. Schuldrechtliche Geschäfte fragen schließlich nicht nach der dinglichen Zuordnung, stattdessen kann hier der Leistungsgegenstand privatautonom und eigenständig definiert werden. Es wird hier regelmäßig um einen Miet- oder Pachtvertrag gehen (s. a. OLG Hamm RPfleger 1980,225, dort auch noch einmal zu der fehlenden Möglichkeit einer Abtrennung der Grunddienstbarkeit von dem Eigentum an dem herrschenden Grundstück, welche auch nicht durch eine Belastung mit einem Erbbaurecht bewirkt werden kann. Die Dienstbarkeit bleibt mithin beim Eigentum und geht nicht auf das Erbbaurecht über). Stets aber ist es das herrschende Grundstück, auf das sich die Gebrauchsüberlassung bezieht. Die Dienstbarkeit wird davon mit erfasst. Man kann den Überlassungsgegenstand freilich definieren, indem man von Fall zu Fall entscheiden kann, ob der Gebrauchsüberlassungsvertrag die Dienstbarkeit an dem dienenden Grundstück mit umfassen soll oder nicht, denn anders als das Sachenrecht unterliegt das Schuldrecht hier keinem numerus clausus. Allerdings wird im Regelfall davon auszugehen sein, dass eine Grundstücksüberlassung auch die insoweit vorhandenen Grunddienstbarkeiten erfassen soll. Dies wird jedenfalls das übliche Ergebnis einer Auslegung nach §§ 133, 157 BGB sein.

3.3.1.7.3 Verfügungen von Todes wegen

Ebenso wenig wie über die Grunddienstbarkeit unter Lebenden eigenständig verfügt werden kann, ist dies hinsichtlich Verfügungen von Todes wegen der Fall.

Nur das herrschende Grundstück geht als der eigentliche Gegenstand in dieser Hinsicht über. Die Grunddienstbarkeit hingegen wird – wiederum mittelbar – mit dem Grundstückseigentum gewissermaßen mitgezogen. Auch hier ergibt sich dies aus der allgemeinen Aussage in § 96 BGB.

Spiegelbildlich zu lebzeitigen Dispositionen sind auch hier rein schuldrechtliche möglich. So könnte etwa eine im Erbgang mit dem Eigentum an dem herrschenden Grundstück übergegangene Grunddienstbarkeit zu einem eigenständigen Vermächtnisgegenstand deklariert werden. Jedoch kann es hier in Vollzug des Vermächtnisses allein darum gehen, dem Vermächtnisnehmer den faktischen Gebrauch zu ermöglichen. Eine eigenständige Verfügung als Erfüllung des Vermächtnisses würde wiederum an § 96 BGB scheitern.

Dienstbarkeiten

3.3.1.7.4 Fazit

217 Insgesamt ist die Grunddienstbarkeit ungeachtet ihrer Bindung an ein herrschendes Grundstück damit doch insgesamt im Rechtsverkehr flexibler als eine beschränkte persönliche Dienstbarkeit (dazu u. Rdn. 230 ff.) oder gar ein Nießbrauch (Rdn. 148 ff.)

Entsprechend ist hier auch ein gutgläubiger Erwerb (§§ 892 ff. BGB) denkbar. Hinsichtlich der Verjährung des Beseitigungsanspruchs bezüglich einer beeinträchtigenden Anlage (s. § 1028 I BGB in Abkehr von § 902 BGB) und dem damit verbundenen teilweise Erlöschen der Dienstbarkeit ist ein solcher jedoch kraft Gesetzes ausdrücklich nicht möglich (§ 1028 II BGB).

Ist eine Einigung über die Bestellung einer Grunddienstbarkeit gem. § 873 II BGB bindend geworden, ist insoweit ein Anwartschaftsrecht entstanden. Dies kann ebenso mit dem Eigentum an dem herrschenden Grundstück übergehen wie das Vollrecht selbst (s. insoweit auch OLG Hamburg NJW-RR 1990, 1297).

3.3.1.8 Beendigung

218 Besondere Beendigungsgründe für die Grunddienstbarkeit sieht das Gesetz nicht vor. Da sie nicht an eine einzige Person gebunden ist (s. soeben die vorangegangenen Ausführungen), ist sie dem Grunde nach beständiger als es etwa ein Nießbrauch oder eine beschränkte persönliche Dienstbarkeit sind.

3.3.1.8.1 Erlöschen kraft Rechtsgeschäfts

Eine Grunddienstbarkeit kann einvernehmlich aufgehoben werden (§ 875 BGB). Stets muss hier der Berechtigte zustimmen, auch wenn die Dienstbarkeit nicht auf einem in seinem Eigentum stehenden Grundstück lasten sollte (§ 876 BGB). Die Aufhebung erfolgt im wesentlichen spiegelbildlich zur Bestellung, so dass eine Grundbucheintragung nötig ist.

Steht die Dienstbarkeit unter einer Bedingung, kann deren Eintritt oder Fortfall zu einem Erlöschen führen. Hierzu bedarf es keiner Grundbucheintragung, denn die Bedingung als solche ist hiervon nicht abhängig. Freilich sollte zur Vermeidung einer Gutglaubenswirkung (§§ 891 ff. BGB) das Grundbuch berichtigt werden, unter dem Gesichtspunkt der materiellen Rechtslage ist diese aber rein deklaratorisch (§ 22 GBO).

3.3.1.8.2 Vorteilswegfall, Grundstücksteilung

Die Grunddienstbarkeit kann den Keim des Verfalls auch gewissermaßen in sich selber tragen. Sie ist in ihrem Bestand ja von einem Vorteil für das herrschende Grundstück abhängig (§ 1019 BGB). Ist dieser Vorteil rechtlich oder tatsächlich für immer fortgefallen, führt auch das zu einem Erlöschen des beschränkt dinglichen Rechts (BGH NJW 1984,2157; s. dazu auch grundlegend Ricken WM 2001,980 f.). Auch hier wäre eine Grundbuchberichtigung nicht konstitutiv, aber unter dem zuvor genannten Aspekt in jedem Fall anzuraten.

Von dem genannten Fall ist derjenige zu unterscheiden, unter dem die Grunddienstbarkeit unter dem Aspekt von Treu und Glauben nicht mehr aufrecht erhalten werden kann. Das ist dann der Fall, wenn infolge nachträglicher Veränderungen der Nutzen für das herrschende Grundstück in keinem Verhältnis mehr zu einem Schaden für das dienende Grundstück stehen würde. Hier kann ein Anspruch auf Verzicht auf die Grunddienstbarkeit in Frage kommen, der aber dann noch erfüllt werden muss (s. OLG Koblenz DNotZ 1999,511). Bei genauerer Betrachtung handelt es sich hier um einen Fall der nachträglichen Veränderung der Geschäftsgrundlage, so dass insoweit zunächst ein Anpassungsanspruch besteht und erst subsidiär ein Aufhebungsanspruch (vgl. § 313 BGB).

Scheinbar können Grundstücksteilungen zu einem Rechtserlöschen führen. Die Terminologie ist hier jedoch nicht ganz klar. In Wahrheit geht es immer nur um eine unter veränderten Gesichtspunkten vorzunehmende Neubestimmung des Inhalts der Dienstbarkeit. Erst wenn ausnahmsweise der Vorteil für das herrschende Grundstück zur Gänze entfallen ist, ist das Schicksal der Grunddienstbarkeit besiegelt. Das kann man aber nun nicht bei jeder Teilung annehmen können.

In diesem Zusammenhang sind auch die sog. Unschädlichkeitszeugnisse nach Landesrecht (s. die entsprechenden Nachweise bei MüKo-Säcker Art. 120 Rdn. 6) zu sehen, welche nach Art. 120 I EGBGB noch möglich sind. Danach ist es möglich, im Fall einer Veräußerung eines Teils des belasteten Grundstücks behördlich feststellen zu lassen, dass dieser Teil von der Belastung freigestellt wird, wenn dieses für den Berechtigten unschädlich ist. Grundbuchrechtlich ersetzt dieses Zeugnis die Bewilligung nach § 29 GBO (s. § 117 GBO).

3.3.1.8.3 Zuschlag in der Zwangsversteigerung

Schließlich kann eine Dienstbarkeit im Rahmen einer Zwangsversteigerung des herrschenden Grundstücks erlöschen, wenn sie nämlich dem Recht, um deren willen versteigert wurde, im Range nachgeht (Erlöschen durch Zuschlag, § 91 I ZVG). Eine Beteiligung an dem Versteigerungserlös ist demgegenüber jedenfalls oft nur ein schwacher Trost (vgl. auch Moog DStR 2002,181 f., dort für den Nießbrauch).

3.3.1.9 Beendigung und schuldrechtliche Gebrauchsüberlassung

Es gibt für die Grunddienstbarkeit keine Regelung, die § 1056 BGB entspricht. Damit wird derjenige, welcher sie auf schuldrechtlicher Basis nutzen darf (s. o. Rdn. 215), nicht gegenüber dem Eigentümer, sei es des herrschenden, sei es des dienenden Grundstücks, geschützt (vgl. auch u. Rdn. 232 für die beschränkte persönliche Dienstbarkeit, dort auch zu leistungsstörungsrechtlichen Konsequenzen, die sich hier wie dort gleichermaßen darstellen). Hier kehrt die grundsätzliche Unselbständigkeit des dinglichen Rechts (§ 96 BGB) wieder.

3.3.2 Die beschränkte persönliche Dienstbarkeit

219 Neben der Grunddienstbarkeit kennt unser Recht die beschränkte persönliche Dienstbarkeit (§§ 1090 ff. BGB).

3.3.2.1 Allgemeines
3.3.2.1.1 Unterschiede zur Grunddienstbarkeit

Diese entspricht in weiten Bereichen derjenigen nach § 1018 BGB, weist aber einen wesentlichen Unterschied auf. Sie ist kein subjektiv-dingliches Recht, sondern sie bezieht sich auf eine konkrete Person als solche. § 1090 I Satz 1 BGB spricht dies deutlich aus. Nur diese als Berechtigte bezeichnete Person (bzw. sonstige insoweit rechtsfähige Organisationseinheit) ist also auch Inhaberin der Dienstbarkeit (s. zu den möglichen Inhabern einer solchen Dienstbarkeit Hügel DNotZ 2005,770). Darauf, ob sie Eigentümerin eines anderen, herrschenden, Grundstücks ist, kommt es nicht an, ja darf es gar nicht ankommen. Nutzt die beschränkte persönliche Dienstbarkeit faktisch einem anderen Grundstück, ist das mehr oder weniger ein Rechtsreflex. Wechselt das Eigentum an diesem Grundstück, geht die Dienstbarkeit nicht als ein Bestandteil gem. § 96 BGB gerade nicht mit auf den Erwerber über. Diese Dienstbarkeit ist subjektiv, aber nicht dinglich. Tatsächlich kommt sie insoweit dem Nießbrauch nahe.

3.3.2.1.2 Funktionen

220 Der letztgenannte Aspekt bewirkt, dass die beschränkte persönliche Dienstbarkeit in ihren Funktionen weitgehend dem entspricht, wozu auch

der Nießbrauch eingesetzt wird. Tatsächlich kann sie auch innerhalb komplexer Vermögensregelungen sinnvoll eingesetzt werden. Sie erlaubt auch anders als der Nießbrauch punktuellere Regelungen, die dem Einzelfall in einem gesteigerten Maße und somit angemessener Rechnung tragen können (s. bereits o. Rdn. 164 sowie für das Wohnungsrecht u. Rdn. 239). Da sie mehr oder weniger genauso auf eine konkrete Person fixiert ist wie der Nießbrauch (s. §§ 1092 I BGB, 1090 II, 1061 BGB), eignet sie sich in einem besonderen Maße oder jedenfalls in einem besseren Maße als die Grunddienstbarkeit für Regelungen, die die Versorgung einer – und eben nur einer! – Person bezwecken.

Die Personenbezogenheit, die eine faktische Verknüpfung mehrerer Grundstücke nicht kennt, macht die beschränkte persönliche Dienstbarkeit in einem besonderen Maße für Sicherungszwecke interessant. Tatsächlich ist sie der Prototyp der sog. Sicherungsdienstbarkeit (s. o. Rdn. 164a). Zwingend als beschränkt persönliche Dienstbarkeit ist eine Sicherungsdienstbarkeit freilich nicht.

Ein weiterer Aspekt besteht darin, dass sich die beschränkte persönliche Dienstbarkeit hervorragend als Instrument der Sicherung öffentlicher Versorgungsprojekte (Energie, Wasser) einsetzen lässt (was von der eben erwähnten Sicherungsdienstbarkeit zu unterscheiden ist. Diese soll ein rechtliches Risiko absichern, wohingegen es hier um faktische Sicherungen geht). Wenn etwa eine Gemeinde als Inhaberin eines solchen Rechts Leitungen über private Grundstücke verlegen lassen kann, kommt dies dem Gemeinwohl zugute. Eine Grunddienstbarkeit könnte diese Aufgabe nicht hinreichend sicher erfüllen, denn hier dominiert die Eigenschaft als Eigentümer eines herrschenden Grundstücks – einer Rolle eben, die auch wechseln kann. Ein Nießbrauch würde zu weit gehen. Die beschränkte persönliche Dienstbarkeit aber bewirkt eine Fixierung ihrer Selbst eben in der Gemeinde oder einem sonstigen rechtsfähigen Versorgungsträger allein (vgl. wieder § 1092 BGB sowie §§ 1090 II, 1061 BGB) – anders ein subjektiv-dingliches Recht – und konzentriert sich auf das Wesentliche, indem es die Nutzungsart entsprechend absteckt – anders ein Nießbrauch (§ 1030 BGB). Da der Versorgungsträger regelmäßig als juristische Person gleichsam unsterblich ist (vor allem als juristische Person des öffentlichen Rechts) oder dies zumindest dem Grunde nach sein kann, stellt die beschränkte persönliche Dienstbarkeit die von ihr „garantierte" Versorgungsleistung auch auf längere Zeit sicher.

Insoweit wurden ehemalige DDR-Leitungsrechte im Energiesektor nicht umsonst in beschränkte persönliche Dienstbarkeiten umfunktioniert (s. bereits o. Rdn. 164). Mehr noch, vereinzelt wurde die beschränkte persönliche Dienstbarkeit als Ansatzpunkt dafür genutzt, durch die entschädigungspflichtige Erweiterung von Befugnissen des Berechtigten die Versorgung im Telekommunikationsbereich auch für künftige Bedürfnisse sicherzustellen (Rdn. 212 a). Diese Vorgehensweise ist gleichsam akzessorisch zur Dienstbarkeit an sich, denn ohne diese gibt es jene Befugnisse nicht.

Aus dem Gesagten heraus liegt es auf der Hand, dass die erweiterten Befugnisse nach § 76 TKG vornehmlich an einer beschränkten persönlichen Dienstbarkeit ansetzen werden (s. dazu Rdn. 221a; vgl. auch schon zuvor Rdn. 164).

Die beschränkte persönliche Dienstbarkeit lässt sich auch gewissermaßen in umgekehrter Richtung nutzbar machen, indem sie als Auflage für die Befreiung von öffentlich-rechtlichen Bauvorschriften zugunsten beispielsweise einer Gemeinde dienen kann (Anzumerken ist, dass auch hier die Gebundenheit der Dienstbarkeit an einen Berechtigten von eminenter Bedeutung ist – hier kann grundsätzlich allein ein Hoheitsträger als Rechtsinhaber in Frage kommen).

Hierdurch kann es geschehen, dass ein Hoheitsträger rechtsgeschäftlich das bekommt, was er ansonsten anlässlich eines öffentlich-rechtlichen Enteignungsverfahrens sich erst verschaffen müsste. Eine Präferenz zugunsten dieses Verfahrens gegenüber einer rechtsgeschäftlichen Lösung, wie sie die Dienstbarkeitseinräumung eben eine wäre, besteht nicht. Andererseits ist es nicht möglich, über jene der auch verfassungsrechtlich gebotenen (s. Art. 14 III GG) Enteignungsentschädigung zu entgehen. Wird also über eine Dienstbarkeit einem Hoheitsträger zugebilligt, was alternativ nur im Wege einer Enteignung möglich wäre, ist die entsprechende Entschädigung hier wie dort verpflichtend (s. hierzu auch BGH NJW 1993,457 ff.).

3.3.2.1.3 Gemeinsamkeiten mit der Grunddienstbarkeit

221a Ansonsten bestehen aber nicht zu übersehende Gemeinsamkeiten zwischen beiden Dienstbarkeiten.

3.3.2.1.3.1 Belastungsgegenstand

So ist der Belastungsgegenstand hier derselbe wie bei der Grunddienstbarkeit (Palandt-Bassenge § 1090 Rdn. 2). Es können also auch grundstücksgleiche Rechte mit einer beschränkten persönlichen Dienstbarkeit belastet werden. Eines Grundstücks im Rechtssinne bedarf es dazu nicht zwingend (s. i. e. o. Rdn. 168).

3.3.2.1.3.2 Berechtigte

Auch hinsichtlich der Frage, wer Berechtigter einer solchen Dienstbarkeit sein kann, braucht es keiner besonderen Ausführungen. Natürliche und juristische Personen wie auch rechtsfähige Personengesellschaften gehören dazu (s. wieder für die Gesellschaft bürgerlichen Rechts BGH NJW 2001,1056, für ausländische Gesellschaften s. o. Rdn. 150). Ansonsten kann die Dienstbarkeit auch mehreren Personen in einer sonstigen, nicht rechtsfähigen, Gemeinschaft zustehen (s. etwa BGHZ 46,253). Die konkrete Struktur vor Ort entscheidet dann über die Ausgestaltung der Berechtigung, etwa, ob eine Gesamthand (Bsp.: Es wird eine Dienstbarkeit zugunsten einer Miterbengemeinschaft rechtsgeschäftlich bestellt – man beachte hier, dass ein Erbfall nicht möglich ist, §§ 1090 II, 1061 BGB) oder eine Bruchteilsgemeinschaft vorliegt. Ferner kann auch eine Dienstbarkeit zugunsten eines einzelnen Miteigentümers an dem Gesamtgrundstück bestellt werden (s. insoweit LG Wuppertal RHNotK 1989,172 für ein Wohnungsrecht nach § 1093 BGB, welches aber gleichfalls eine beschränkte persönliche Dienstbarkeit darstellt).

Auch eine Eigentümerdienstbarkeit ist hier möglich (s. o. Rdn. 171). Hier wird wieder das Erfordernis eines berechtigten Interesses diskutiert (vgl. insoweit BGHZ 41,208, wo aber letztendlich die Anforderungen – Bestellung auf Grund späterer Veräußerungsabsicht ausreichend – doch recht großzügig formuliert sind; vgl. auch LG Wuppertal a. a. O. im vorangegangen Absatz a. E, wonach eine partielle Eigentümer- und eine partielle Fremddienstbarkeit, vereint in einem Recht, möglich ist), doch sollte man auch hier aus grundsätzlichen Erwägungen heraus davon absehen (vgl. insoweit schon die Diskussion um den Eigennießbrauch o. Rdn. 17 ff.). Dogmatische Gründe für diese Beschränkungen sind nicht ersichtlich. Vielmehr sind gerade im Grundstücksrecht (vgl. § 899 BGB sowie o. Rdn. 18) beschränkt dingliche Rechte am „eigenen" Eigentum doch recht eindeutig vom geltenden Recht gebilligt worden.

3.3.2.2 Inhalt

Hinsichtlich des möglichen Inhalts einer beschränkten persönlichen Dienstbarkeit findet sich eine völlige Kongruenz. § 1090 I BGB verweist mehr oder weniger komplett auf § 1018 BGB. Darin liegt auch die Begrenzung: Mehr als das kann mit dinglicher Wirkung nicht vereinbart werden. Unberührt bleibt die Möglichkeit, insoweit flankierende schuldrechtliche Absprachen zu treffen, die dann aber mit dem dinglichen Recht an sich nichts zu tun haben (s. insoweit bereits o. Rdn. 185).

221b

Wie weit die Potentiale einer Dienstbarkeit reichen, soll an dem Beispiel eines in der öffentlichen Diskussion befindlichen Baus einer Moschee im Münchener Ortsteil Sendling aufgezeigt werden (hier referiert nach einem Bericht der ZDF-Sendung „Länderspiegel" vom 30. 9. 2006 – anzumerken ist hier, dass der Sachverhalt vom Verfasser hier nicht detailgetreu, sondern nur einem hier interessierenden grundsätzlichen Gedanken nach übernommen wurde). Hierüber wird lokalpolitisch derzeit (hier abstellend auf die zweite Jahreshälfte 2006) kontrovers diskutiert. Am Rande tauchten Bedenken einer Lärmbeeinträchtigung durch das Rufen eines Muezzins auf, welche von der Stadtverwaltung in den Medien dadurch ausgeräumt wurden, dass „man in das Grundbuch hineingeschrieben habe, dass der Muezzin nicht rufen dürfe" (Die Details dieser Unterlassung seien hier nicht weiter verfolgt). Ungeachtet dessen, welche Strategien in concreto verfolgt wurden, können solche Unterlassungspflichten per Dienstbarkeit festgeschrieben werden (Es wird sich hier um eine beschränkte persönliche Dienstbarkeit gehandelt haben, in Gestalt der Unterlassungsdienstbarkeit). Der muslimische Vertragspartner (d. h. nach der hier gewählten Darstellung der Eigentümer des Baugrundstücks) wird hier kaum übermäßig beeinträchtigt, denn die Etablierung einer solchen Dienstbarkeit kann ohne seine Zustimmung bekanntlich nicht erfolgen. Bemerkenswert erscheint hier doch, wie sehr vergleichsweise „archaische" Rechte nun auch im Lichte der interkulturellen Auseinandersetzungen auftauchen und hier über den Einigungswege konfliktschlichtend wirken können (Bei genauer Betrachtung handelt es sich hier um nichts anderes als eine tagesaktuell gefärbte Nachbarschaftsstreitigkeit; für solche Streitigkeiten aber waren die dinglichen Nutzungsrechte von Anbeginn ihrer Existenz an ganz typische Schlichtungsinstrumente, so dass sie hier gewissermaßen nichts anderes getan haben, als schlussendlich doch wieder zu ihrer traditionellen Rolle zurück zu finden. Gibt es ein konstruktiveres Beispiel für die Beständigkeit eines dinglichen Rechts im Spiegel der Zeiten?)!

3.3.2.2.1 Duldung der Nutzung in einzelnen Beziehungen

Auch hier kann das belastete Grundstück in einzelnen Nutzungsmöglichkeiten dem Berechtigten eröffnet werden (§ 1090 I, 1. Alt., BGB).

3.3.2.2.1.1 Allgemeines

Wie bei § 1018, 1. Alt., BGB auch wird hier nicht von Nutzungen im Rechtssinne, sondern von einem Benutzen in einzelnen Beziehungen als eines Faktums gesprochen. Rechtliche Befugnisse unterscheiden sich davon und können nicht zum Gegenstand einer beschränkten persönlichen Dienstbarkeit gemacht werden. Das Benutzen muss eine tatsächliche Handlung zum Gegenstand haben.

Im übrigen kann auf die Ausführungen zur Grunddienstbarkeit verwiesen werden (s. o. Rdn. 172 ff.). Ein Unterschied liegt insoweit vor, als die Nutzungshandlung auf dem belasteten Grundstück keinem herrschenden Grundstück zugute kommen muss. Insoweit eröffnen sich für die Nutzungen weitere Optionen. Wenn etwa das Möglichkeit zu einem Unternehmensbetrieb im Rahmen einer beschränkten persönlichen Dienstbarkeit eröffnet wird, ist dies grundsätzlich ohne Einschränkung möglich. Es kommt nicht darauf an, ob bzw. dass ein bereits vorhandenes Unternehmen auf einem anderen Grundstück davon profitiert (vgl. insoweit für die Grunddienstbarkeit o. Rdn. 173; s. a. Jauernig/Jauernig § 1018 Rdn. 4, wo für den regelmäßigen Ausschluss einer Grunddienstbarkeit auf den hier nicht anwendbaren § 1019 BGB – s. stattdessen § 1091 BGB – abgestellt wird). Die Vergabe eines solchen Rechts ist diesbezüglich gewissermaßen isoliert möglich, wenn nur irgend jemandes Bedürfnis befriedigt wird (s. a. BGH NJW 1985,1025).

Es kommt in diesem Zusammenhang durchaus vor, dass dem Dienstbarkeitsberechtigten zusätzliche Zustimmungsvorbehalte bezüglich der Nutzung des dienenden Grundstücks eingeräumt werden.

Zu denken wäre etwa an schuldrechtliche Zustimmungsvorbehalte bei Vermietungen von Wohnungen, die an sich kraft Eigentums (§ 903 BGB) erlaubt wären. Man stelle hier etwa an den Fall vor, dass eine Gemeinde mittels derartiger Vorbehalte in Verbindung mit einer Dienstbarkeit die Vermietung nur an bestimmte Personen steuern will (s. dazu auch Westermann § 123.1.). Ein Vermietungsverbot würde, weil es auch an einer rechtlichen Dispositionsfreiheit ansetzen könnte und als solches keinen tauglichen Dienstbarkeitsinhalt bietet, bedenklich sein (s. a. Westermann a. a. O.). Jedoch kann es hier nur um eine flankierende schuldrechtliche Absprache gehen, denn das Zustimmungsrecht selbst stellt kein faktisches Benutzen des Grundstücks dar (str., vgl. Westermann a. a. O.).

Alternativ dazu müsste schon dem Berechtigten selbst die Benutzungsmöglichkeit eingeräumt werden, so dass er in dem geschilderten Beispiel selbst als Vermieter aufträte. Im erstgenannten Fall wäre eine Vermietung gegen den Willen bzw. ohne Zustimmung des Berechtigten in jedem Fall wirksam und könnte allenfalls zu Schadensersatzpflichten führen (für den Fall einer bloß schuldrechtlichen Einordnung: § 280 ff. BGB, für den Fall auch einer dinglichen Einordnung, zusätzlich § 823 I BGB).

Die beschränkte persönliche Dienstbarkeit wird sich hier in einem besonderen Maße für gemeinwohlorientierte Benutzungen (etwa Rohrleitungsrechte, Rechte zum Betrieb von Versorgungseinrichtungen, s. a. § 46 EnWG, dazu schon o. Rdn. 164) eignen. Hier wird es üblicherweise von Interesse sein, dass ein bestimmter Versorgungsträger Inhaber dieses Rechts ist.

3.3.2.2.1.2 Telekommunikationsrechtliche Nutzungserweiterungen

221c Es ist eben dieses Recht ein solches, welches sich für die Zwecke des § 76 I Nr. 1 TKG in besonderem Maße eignet (vormals § 57 I Nr. 1 TKG in der früheren Gesetzesfassung). Die besagte Norm des Telekommunikationsrechts (vgl. dazu zuvor Rdn. 164) statuiert hier besondere Duldungspflichten, die als solche eigentlich nicht Inhalt der Dienstbarkeit sind.

Der Hintergrund dieser Regelung ist, dass u. a. durch dingliche Rechte Leitungsrechte an Grundstücken begründet worden waren. Diese betrafen oftmals nicht die sog. Telekommunikationslinien (§ 3 Nr. 26 TKG: unter- oder oberirdisch geführte Telekommunikationsanlagen einschließlich einschließlich ihrer zugehörigen Schalt- und Verzweigungsreinrichtungen, Masten und Unterstützungen, Kabelschächte und Kabelkanalrohre), sondern sonstige Leitungen. Diese aber hatten das Potential, für solche Telekommunikationslinien herzuhalten (so insbesondere für Energieversorgungsanlagen, s. Säcker/Dörr § 76 Rdn. 14). § 76 I Nr. 1 TKG eröffnete nun ohne eine zusätzliche Rechtseinräumung durch den privaten Grundstückseigentümer dieses Potential für Telekommunikationslinien (zur Sozialbindung i. S. v. Art. 14 I Satz 2 GG in Verbindung mit Art. 87 f GG s. BVerfG NJW 2000,799; BVerfG NJW 2001,2961; BVerfG NJW 2003,198; BGHZ 145,26 f.).

Hiernach hat der Grundstückseigentümer oder sonstige Berechtigte (Erbbauberechtigte, Nießbraucher, Inhaber sonstiger Dienstbarkeiten, Säcker/Dörr § 76 Rdn. 20) die Errichtung, den Betrieb und die Erneuerung von Telekommunikationsanlagen (s. dazu § 3 Nr. 23 TKG) zu dulden, wenn auf dem Grundstück eine durch ein Recht gesicherte Leitung oder Anlage für die Errichtung, den Betrieb und die Erneuerung einer Telekommunikationslinie (§ 3 Nr. 26 TKG) genutzt wird und keine dauerhafte zusätzliche Nutzbarkeit des Grundstücks eingeschränkt wird (s. dazu BGH NJW 2002,680; BGHZ 146,22 f.; OLG Frankfurt/M. NJW 1997,3031; OLG Frankfurt/M. NJW 1999,163). Es handelt sich also um einen Fall des § 1004 II BGB.

Er kann aber von dem jeweiligen Betreiber oder dem Eigentümer des Leistungsnetzes einen angemessenen Ausgleich in Geld verlangen, wenn eine hinreichend unzumutbare Beeinträchtigung der Grundstücksbenutzung oder des Grundstücksertrags die Folge ist (zur Verjährung s. §§ 77 TKG, 195, 199 I BGB). Für erweiterte Nutzungen solcher Telekommunikationsanlagen kann ein einmaliger finanzieller Ausgleich verlangt werden, sofern bisher keine entsprechenden Leitungswege vorhanden waren (sog. entschädigungspflichtige Sozialbindung des Eigentums, s. Säcker/Dörr § 76 Rdn. 35).

Kommt es zu Beschädigungen, besteht eine verschuldensunabhängige Beseitigungspflicht, die auf eine Naturalrestitution hinausläuft (vgl. auch § 249 I BGB; zur Anspruchsberechtigung für die genannten Ansprüche s. jeweils BGH MMR 2003,103 f.: Beseitigungsansprüche allein für den Eigentümer, sonstige auch für anderweitige Nutzungsberechtigte).

Insgesamt besteht bei mehreren insoweitigen Störern (etwa der Netzbetreiber und der „Netzeigentümer") eine Gesamtschuldnerschaft (vgl. auch den Hinweis auf § 840 I BGB analog, in § 76 II TKG a. E., welcher aber letztendlich doch rein deklaratorisch ist).

Wie gesagt geht es also darum, Grundstückseinwirkungen über den Umfang, den ein Nutzungsrecht an einem Grundstück in Bezug auf Telekommunikationskabelanlagen gewährt, hinaus zu Wartungs- und ähnlichen Zwecken zu erweitern. Vorausgesetzt wird aber stets ein Nutzungsrecht – es kann eben dies die Dienstbarkeit im beschriebenen Sinne sein (ungeachtet dessen, dass auch sonstige Rechte, etwa schuldvertraglicher Natur, in Betracht kämen, s. dazu auch Holznagel/Enaux/Nienhaus Rdn. 579 mit Fußn. 605).

Begünstigt wird also nur der Inhaber des Nutzungsrechts selbst, keine sonstigen Dritten (Säcker/Dörr § 76 Rdn. 18).

Stets muss die Beeinträchtigung aber erheblich sein, damit § 76 I Nr. 1 TKG eingreift, denn bei unwesentlichen Beeinträchtigungen besteht die Duldungspflicht ohnehin nach § 76 I Nr. 2 TKG, ohne dass hier ein Nutzungsrecht überhaupt vorzuliegen bräuchte (s. Säcker/Dörr § 76 Rdn. 3). Die Orientierung an § 906 I BGB ist ganz offensichtlich (a. a. O. Rdn. 7).

3.3.2.2.2 Untersagung von Handlungen

Auch eine negative oder Verbotsdienstbarkeit ist möglich (§ 1090 I, 1018, 1. Alt., BGB). Es gilt das zu § 1018, 2. Alt., BGB Gesagte (s. o. Rdn. 175 ff.). Das Unterlassen richtet sich hier auf tatsächliche Gegebenheiten. Rechtliche Beschränkungen (etwa Verfügungsbeschränkungen) können nicht Inhalt dieser Form von beschränkter persönlicher Dienstbarkeit sein – wieder ungeachtet der Möglichkeit, insoweit weitere Ab-

222

sprachen zu treffen, die dann aber mit der Dienstbarkeit selbst nichts zu tun haben.

Von dem dinglichen Inhalt kann schuldrechtlich abgewichen werden, was aber den Bestand und den Umfang des dinglichen Rechts nicht verändert (BGH NJW 1988,2364, vgl. dazu auch sofort im Anschluss bezüglich Wettbewerbsbeschränkungen).

Tatsächlich erweist sich die beschränkte persönliche Dienstbarkeit auch hier in mancherlei Hinsicht als flexibler als eine Grunddienstbarkeit. Das betrifft namentlich die Verdinglichung von Wettbewerbsbeschränkungen (s. insoweit schon o. Rdn. 176 ff.; s. insoweit auch Westermann § 123.1.). In diesem Zusammenhang wird auch hier gern von einer Sicherungsdienstbarkeit gesprochen, denn es geht hier häufig um die Absicherung von Bezugspflichten (etwa Getränken, Energie usw., s. a. BayObLG NJW-RR 1997,913 m. w. N.). Um ein echtes Sicherungsrecht geht es hier freilich nicht, denn die Dienstbarkeit soll nicht erst in einem Sicherungsfall „aktiviert werden", sondern sie soll von Anfang an kraft ihres Verbotsinhalts schon im „Normalfall" ihre ihr innewohnende Wirkung zeitigen.

Man kann hier wie für die dinglichen Nutzungsrechte generell feststellen, dass Sicherungsinteressen von ihnen durchaus abgedeckt werden können. Der Sicherungsfall kann hier höchst facettenreich definiert werden (s. a. MüKo-Joost § 1090 Rdn. 17 ff. m. w. N.).

223 Die Grunddienstbarkeit verlangt hier einen Vorteil für ein herrschendes Grundstück und bindet somit die Wettbewerbsbeschränkung an einen Gegenstand, ein Objekt. Persönliche Interessen und Motivationen mögen hier zu kurz kommen.

Anders bei der beschränkten persönlichen Dienstbarkeit: Hier können Wettbewerbsbeschränkungen ganz auf die Bedürfnisse einer Person hin zugeschnitten werden. Die einzige Begrenzung liegt in dem dinglichen Recht selbst, in seinem Umfang. Natürlich kann nicht ein umfassendes Wettbewerbsverbot vereinbart werden, welches jede Konkurrenztätigkeit schlechthin untersagt. Es kann hier nur um das Unterlassen von Nutzungen auf dem belasteten Grundstück gehen – dies aber ganz im Dienste persönlicher Bedürfnisse (Zu den kartellrechtlichen Aspekten s. o. Rdn. 178 ff; hier muss beachtet werden, dass an sich mögliche schuldrechtliche Absprachen hinsichtlich weiterer Wettbewerbsbeschränkungen die kartellrechtlichen Bedenken noch verstärken werden!).

Natürlich muss man hier auch klarstellen, dass es um Unterlassungen tatsächlicher Art geht, nicht um solche rechtlicher Art (krit. insoweit etwa Joost NJW 1981,309 f., s. insoweit aber etwa BGHZ 29,248 f.; BGH NJW

1983,116; s. a. BayObLG NJW-RR 1997,913). Allein darauf bezieht sich das dingliche Recht, welches sich insoweit von der Grunddienstbarkeit nicht unterscheidet. Damit können auch hier keine dinglichen Verbote statuiert werden, etwa von bestimmten Unternehmern Produkte zu beziehen oder mit diesen sonstige grundstücksbezogene Kontakte zu pflegen, denn auch hier geht es im Ergebnis nicht um Fragen der Grundstücksnutzung, sondern um eine Einschränkung der Vertragsfreiheit (s. insoweit auch schon o. Rdn. 175).

Anders wäre es hinsichtlich eines Verbotes des Vertriebs bestimmter Waren auf dem Grundstück, weil dem hier jeglicher Bezug zu konkreten Personen abgeht und daher wieder die Grundstücksnutzung als solche im Vordergrund steht (s. insoweit auch Palandt-Bassenge § 1018 Rdn. 23 f. m. w. N.; s. a. o. a. a. O.; krit. etwa Walberer NJW 1965,2138 ff., s. insoweit auch Westermann § 123.1., mit Kritik an der h. M., wonach hier ansonsten Alleinbezugspflichten – und damit des Inhalts einer Dienstbarkeit nicht fähige aktive Handlungspflichten – durchgesetzt werden könnten).

Wer also mittels einer Dienstbarkeit – gleich ob nach § 1018 oder nach § 1090 BGB – eine Alleinbelieferungspflicht oder dergleichen durchsetzen möchte, kann dies nicht mit dieser allein tun. Er kann eben nicht sein Recht derart spalten, dass sein Gegenüber ein dingliches Verbot trifft, allein von der Konkurrenz nichts anzunehmen. Vielmehr muss die Dienstbarkeit jede Abnahmepflicht untersagen; im Anschluss daran kann der Lieferant (der Inhaber der Dienstbarkeit) schuldrechtlich eine Ausnahme bewilligen – eine Ausnahme dahingehend, dass von ihm (aber auch nur von ihm!) eine Abnahme gestattet sei (s. insoweit etwa BGHZ 74,293 ff.; BGH NJW-RR 1992,549; Schöner/Stöber Rdn. 1223 ff.; Walter/Maier NJW 1988,377 f., 388).

Kombinationen von dinglicher Rechtsmacht mit schuldrechtlichen Sonderregelungen sind schließlich gerade im Bereich der hier dargestellten Rechte keine Besonderheit (vgl. schon o. Rdn. 176 ff., Rdn. 180; s. a. Westermann § 123.1. a. E.). Man wird hierin auch kaum ein Scheingeschäft sehen können, denn tatsächlich ist die dingliche Wirkung ja durchaus gewollt; allein die Vergabe schuldrechtlicher Berechtigungen ändert daran nichts, weil sie auf einer dogmatisch anderen Ebene stattfindet (a. A. etwa Joost NJW 1981,312, wie hier BGH WM 1985,809; Münch ZHR 157,562 f.; s. aber auch Westermann a. a. O.).

Auch hier müssen Bezugspflichten, die durch eine Grunddienstbarkeit abgesichert werden sollen, zeitlich begrenzt sein (s. insoweit etwa BGHZ 143,115 f.; hinzu kommen kartellrechtliche Aspekte; großzügig für Wärmebezugspflichten BGH NJW 1995,2351 – hiernach keine gegebenenfalls sogar überhaupt keine zeitliche Begrenzung!). Fehlt es an Befristungen, orientiert sich die Frage, ob der schuldrechtliche Vertrag damit schlechthin unwirksam ist oder ob er nur auf eine entsprechende Frist zu reduzieren ist, nach § 139 BGB. Jedoch bleibt die einmal bestellte Dienstbarkeit wegen des Abstraktionsprinzips hier regelmäßig wirksam (s. a. BGH NJW-RR 1992,594 f.). Sie ist dann aber jedenfalls im Rahmen eines Bereicherungsausgleich aufzuheben (enger BGH a. a. O, wo ein solcher Ausgleich grundsätzlich allein nach einer Sicherungsabrede und bei Fehlen einer solchen eher überhaupt nicht gewährt wird).

Im Ergebnis stellen sich hier eventuelle Befristungserfordernisse als ein Aspekt der schuldrechtlichen Ebene dar.

3.3.2.2.3 Ausschluss von Eigentümerbefugnissen

224 Schließlich ist auch der Ausschluss einzelner Rechte, namentlich aus dem Grundstückseigentum, gegenüber dem Berechtigten möglich (§§ 1090 I, 1018, 3. Alt., BGB, s. i. e. dazu o. Rdn. 182 ff.). Auch hier kommt es wieder allein auf die Bedürfnisse und Interessen des Berechtigten als Person, nicht als Inhaber irgendeines Rechts, an (s. a. RGZ 119,211 ff.).

In telekommunikationsrechtlicher Sicht dürfte diese Variante an Relevanz jedenfalls verloren haben. Zunächst können entsprechende Dienstbarkeiten schon als solche auf Duldungsansprüche verstanden werden (s. o. Rdn. 221a). Des weiteren hat § 76 TKG für Duldungspflichten auch außerhalb privater Gestattungen eine überaus bedeutsame Erweiterung allein kraft Gesetzes vorgenommen. So wie man für den Ausschluss der Eigentümerbefugnisse im Rahmen von § 906 BGB keine eigene Dienstbarkeit braucht, ist das nun auch innerhalb des § 76 TKG der Fall.

3.3.2.2.4 Umfang der Nutzungen

§ 1019 BGB kann hier naturgemäß nicht anwendbar sein. An seine Stelle tritt § 1091 BGB, wonach sich der Umfang einer beschränkten persönlichen Dienstbarkeit im Zweifel nach den persönlichen Bedürfnissen des Berechtigten bestimmt.

Hier fällt schon die großzügigere Formulierung auf. Während § 1019 BGB immerhin noch einen Vorteil verlangt, wird hier allein von Bedürfnissen gesprochen. Schon der Wortlaut legt hier einen milden Maßstab nahe, wenn nur ein schutzwürdiges Bedürfnis überhaupt anerkannt wird (s. a. RGZ 111,392; BGH NJW 1985,1025; MüKo-Joost § 1091 Rdn. 3). Es ist dabei schon sehr fraglich, ob hierin wirklich eine echte rechtliche Schranke gesehen werden kann. Das Bedürfnis wird naturgemäß von den

Parteien oder vielleicht gar von dem Berechtigten allein definiert; ist das geschehen, hat die Rechtsordnung dies hinzunehmen. Dieselbe Definitionsmacht, die einer Eigentümerdienstbarkeit eigen ist (vgl. insoweit wieder BGHZ 41,208 sowie o. Rdn. 171, auch das hier Gesagte spricht dort gegen das Erfordernisses eines berechtigten Interesses), findet sich hier wieder.

Weiterhin wird auch nicht verlangt, dass der eigentliche Nutzen direkt von dem Berechtigten selbst gezogen wird. Auch Wirkungen zugunsten Dritter sind insoweit anerkannt, was gerade bei Dienstbarkeiten zugunsten hoheitlicher Vorsorgungsträger (etwa Gemeinden) eine wesentliche Rolle spielt (BGH NJW 1984,924, wo die grundsätzliche Zulässigkeit öffentlicher Aufgaben mit Mitteln des Privatrechts in diesem konkreten Fall noch einmal ausdrücklich statuiert wird; Baur FS Mühl 1981, S. 75 f. sowie für sog. Fernwärmedienstbarkeiten a. a. O. Fußn. 15).

Seinem ausdrücklichen Wortlaut zufolge („im Zweifel") ist § 1091 BGB eine Auslegungsvorschrift. Das Auslegungsergebnis selbst ist freilich von einer dinglichen Wirkung. Auch hierin liegt ein wesentlicher Unterschied zu § 1019 BGB, was hinsichtlich der beschränkten persönlichen Dienstbarkeit eine durchaus weitreichende Gestaltungsfreiheit verleiht. Umso mehr ist es ratsam, den Inhalt der beschränkten persönlichen Dienstbarkeit exakter festzulegen, als es das Gesetz hier tut. Unvorhergesehene Rechtsstreitigkeiten könnten ansonsten die unerwünschte Folge sein.

Nicht zuletzt fehlt der beschränkten persönlichen Dienstbarkeit das *225* zeit- und situationsabhängige Element, wie es bei der Grunddienstbarkeit in Erscheinung tritt (s. dazu o. Rdn. 174, 181). Dort kann sich der Umfang der Dienstbarkeit gegebenenfalls ändern. Hier jedoch ist der Umfang entweder über die konkrete Absprache oder über § 1091 BGB konkreter festgelegt. Die Auslegung kann nur an Absprachen ansetzen und somit auch nur auf den Zeitpunkt fixiert sein, in dem die Absprache zustande kam. Allenfalls kann, sofern es nicht um außergewöhnliche Sonderfälle geht, die spätere Sachlage Rückschlüsse auf das Bedürfnis zur Zeit der Absprache ermöglichen.

Zum Abschluss sei noch einmal darauf hingewiesen, dass die im Vergleich zur Grunddienstbarkeit doch gegebene größere Gestaltungsfreiheit in dem sachenrechtlichen Gesamtsystem selbst seine Grenzen findet. Dort, wo es darum geht, die Grundstücksnutzungen vollumfänglich zu gewähren, wird daher keine Grunddienstbarkeit, sondern ein Nießbrauch am Platze sein (s. insoweit schon o. Rdn. 163. Da es sowohl beim Nießbrauch wie auch bei der beschränkten persönlichen Dienstbarkeit nicht

Dienstbarkeiten

um subjektiv-dingliche Rechte geht, werden bei diesen Rechten die geschilderten Abgrenzungsprobleme wohl am häufigsten auftreten).

Weiterhin können auch hier gleichrangige Nutzungsrechte zusammentreffen, etwa mehrere beschränkte persönliche Dienstbarkeiten, eine solche mit einer Grunddienstbarkeit oder mit einem Nießbrauch. Wie bei den anderen genannten Rechten auch soll sich hier der Ausgleich nach § 1024 BGB vollziehen (s. § 1090 II BGB, s. näher dazu o. Rdn. 190 ff.).

Wird das belastete Grundstück geteilt, so bleibt der Inhalt der Dienstbarkeit dadurch unverändert, jedenfalls wird er hierdurch nicht geschmälert. Dies stellen die §§ 1090 II, 1026 BGB sicher, wobei hier spiegelbildlich dazu – insofern vielleicht etwas missverständlich – gesagt wird, dass nicht benötigte Grundstücksteile von der Dienstbarkeit befreit werden (s. näher dazu o. Rdn. 198).

3.3.2.3 Entstehung

3.3.2.3.1 Entstehung durch Rechtsgeschäft

226 Die beschränkte persönliche Dienstbarkeit entsteht rechtsgeschäftlich wie die Grunddienstbarkeit auch durch Einigung und Eintragung in das Grundbuch (§ 873 BGB). Hinsichtlich der Modalitäten gilt das zur Grunddienstbarkeit Gesagte, wenn man einmal davon absieht, dass es hier keinen (auch bei der Grunddienstbarkeit nur deklaratorischen) Eintrag in das Grundbuchblatt eines herrschenden Grundstücks gibt (s. i. e. Rdn. 195 ff.). Auch hier bestehen vor allem die ähnlichen Fragen hinsichtlich der Abfassung des Inhalts dieses Rechts, was gewissermaßen die Kehrseite der ansonsten doch recht beträchtlichen Gestaltungsfreiheit hinsichtlich des Rechtsinhalts darstellt.

Wird eine Eigentümerdienstbarkeit bestellt, tritt an die Stelle der dinglichen Einigung eine einseitige Erklärung entsprechend § 1196 II BGB (s. a. BGHZ 41, 208 ff.).

3.3.2.3.2 Ersitzung

Weiter kann die beschränkte persönliche Dienstbarkeit ebenfalls ersessen werden (§ 900 II BGB, Palandt-Bassenge § 900 Rdn. 2, s. näher o. Rdn. 196).

3.3.2.3.3 Entstehung durch Hoheitsakt

Und schließlich kann auch eine beschränkte persönliche Dienstbarkeit durch Hoheitsakt begründet werden, wenn das Gesetz ein solches erlaubt

(s. etwa § 61 BauGB, 49 FlurbG, s. insoweit bereits o. Rdn. 197). Ferner kann sie durch Umwandlung sonstiger Rechte in eben eine Dienstbarkeit begründet werden, wie es bei DDR-Leitungsrechten geschehen ist – auch hier lag bezogen auf die Dienstbarkeit ein Hoheitsakt vor, selbst wenn zunächst andersartige Rechte bereits bestanden hatten (s. bereits o. Rdn. 220, 164).

3.3.2.3.4 Keine Umwandlung von Grunddienstbarkeit und beschränkter persönlicher Dienstbarkeit

Eine Umwandlung einer Grunddienstbarkeit in eine beschränkte persönliche Dienstbarkeit – und umgekehrt – ist nicht möglich (OLG Hamm RPfleger 1989,448). Dazu sind beide Rechte doch zu verschieden. Das zeigen schon der Blick auf den Umfang beider Rechte (s. § 1019 BGB einerseits, § 1091 BGB andererseits) sowie der Umstand, dass schon an die jeweilige Inhaberschaft unterschiedliche Anforderungen an die jeweiligen Qualifikationen (Eigentümerstellung über ein herrschendes Grundstück bei der Grunddienstbarkeit, nicht aber bei der beschränkten persönlichen Dienstbarkeit) gestellt werden. Weiter kommt noch hinzu, dass beide Rechte jeweils in der Eintragung unterschiedlich ausgewiesen werden. Der Weg einer bloßen Inhaltsänderung (§ 877 BGB) ist nicht gangbar.

Will man also von einem Recht zu dem anderen wechseln, kann da nur so vonstatten gehen, dass das eine Recht aufgehoben und ersatzweise das andere neu bestellt wird. Das kann nur mit der jeweiligen ex-nunc-Wirkung geschehen.

Insbesondere bleibt der damalige Rang des aufgehobenen Rechts für das neue nicht erhalten. Im Einzelfall sollte man sich also doch überlegen, ob man nicht statt einer solchen Auswechslung es nicht bei dem bisherigen Recht belassen sollte (Sprichwörtlich wäre hier etwa „der Spatz in der Hand doch lieber als die Taube auf dem Dach"). Eventuelle Änderungen des Rechtsverhältnisses im Ganzen sollten vielmehr auf schuldrechtlicher Ebene mittels hier stattfindender Absprachen angestrebt werden. Das ist dann aber keine Angelegenheit des dinglichen Nutzungsrechts und gehört vor allem nicht zu seinem Inhalt.

3.3.2.4 Schutzansprüche

Die beschränkte persönliche Dienstbarkeit ist wie die Grunddienstbarkeit auch ein beschränkt dingliches Recht, somit auch ein Ausschließlichkeitsrecht. Hinsichtlich der daraus folgenden rechtlichen Konsequenzen ergeben sich so gut wie keine Unterschiede.

227

Dienstbarkeiten

3.3.2.4.1 Unterlassung und Beseitigung

Wer die Berechtigung aus einem solchen Recht beeinträchtigt, kann auf Unterlassung in Anspruch genommen werden und muss erfolgte Beeinträchtigungen beseitigen (§§ 1090, 1027, 1004 BGB). Dieser Anspruch ist verschuldensunabhängig. Ungeschriebenes Recht ist der vorbeugende Unterlassungsanspruch. Kurz, es gilt dasselbe wie bei Grunddienstbarkeit und Nießbrauch (s. o. Rdn. 199 ff.). Wieder müssen jeweils Wiederholungsgefahr bzw. Erstbegehungsgefahr vorliegen. Wie grundsätzlich bei allen Unterlassungsansprüchen erweist sich die vorprozessuale Abmahnung mitsamt der Aufforderung zur Abgabe einer strafbewehrten Unterlassungserklärung als sinnvoll (s. o. Rdn. 199, 77).

3.3.2.4.2 Schadensersatz

Weiterhin wird auch die beschränkte persönliche Dienstbarkeit als sonstiges Recht i. S. v. § 823 I BGB geschützt. Wer hier schuldhaft das Recht beeinträchtigt (§ 276 BGB), ist zum Ersatz des sich daraus ergebenden Schadens verpflichtet.

Daneben können auch Schadensersatzansprüche wegen Verletzung flankierender Schuldverhältnisse entstehen (§ 280 ff. BGB). Mit der Drittwirkung der Dienstbarkeit als eines dinglichen Rechts hat das auch hier freilich nichts zu tun.

3.3.2.4.3 Besitzschutz und Rechtsbesitz

Besitzschutzansprüche (s. §§ 858 ff. BGB) kommen ebenfalls in Betracht. Geschützt wird hier insoweit aber nicht die Dienstbarkeit selbst, sondern tatsächlich der Besitz als ein faktisches Herrschaftsverhältnis. In diesem Zusammenhang kommt auch ein deliktischer Besitzschutz über § 823 I BGB in Betracht.

Weiter kennt auch die beschränkte persönliche Dienstbarkeit den sog. Rechtsbesitz (§§ 1090 II, 1029 BGB, vgl. insoweit schon die Ausführungen o. Rdn. 204 ff., die hier, von dem gleich zu nennenden Unterschied in den Voraussetzungen abgesehen, gleichfalls zutreffen).

Hier liegt allerdings ein Unterschied, dass es keinen Besitzer eines herrschenden Grundstücks geben kann. In entsprechender Anwendung des § 1029 BGB, die zugleich aber auch einen eigenständigen Sinn macht, kommt es auf eine Besitzlage hier (§ 1090 II BGB) also überhaupt nicht an. Wäre dem anders, könnte allein der Besitz an dem belasteten Grundstück relevant sein, aber dann würde doch schon der allgemeine Besitzschutz eingreifen und den §§ 1090 II, 1029 BGB jede Bedeutung nehmen.

Es reicht also aus, dass allein eine beschränkte persönliche Dienstbarkeit besteht und diese beeinträchtigt wird, was konsequent nur der Berechtigte, nicht aber sonstige Personen rügen können (RGRK-Rothe § 1090 Rdn. 11). Ist das geschehen, finden die Vorschriften über den Besitzschutz analoge Anwendung, sofern die Dienstbarkeit innerhalb eines Jahres vor der Störung, und sei es auch nur einmal, ausgeübt worden ist.

Wie in seiner direkten Anwendung auch, kann § 1029 BGB auch mit § 1090 II BGB die Charakteristika des Besitzschutzes nicht völlig übernehmen. Aus bereits geschilderten Gründen (s. o. Rdn. 207) geht es hier nicht stets, wie sonst im Besitzschutz in seiner direkten Anwendung, um einen bloß provisorischen Rechtsschutz.

Auch hier eröffnet § 1029 BGB keinen weiteren Anwendungsfall für § 823 I BGB, was angesichts dessen, dass unabhängig vom sog. Rechtsbesitz die beschränkte persönliche Dienstbarkeit ohnehin schon selbst durch diese Norm geschützt wird, auch von keiner Relevanz wäre.

Insgesamt präsentiert sich der Schutz der beschränkten persönlichen Dienstbarkeit also in den allgemeinen, hinlänglich bekannten, Strukturen.

3.3.2.4.4 Verjährung

Hinsichtlich der Verjährung (s. ansonsten § 902 BGB) ist auch hier anzumerken, dass ein Beseitigungsanspruch wegen einer die beschränkte persönliche Dienstbarkeit beeinträchtigenden Anlage einer solchen sehr wohl unterliegt. Ist die Verjährung eingetreten, erlischt hinsichtlich des Beseitigungsanspruchs – aber nur hinsichtlich eben diesen! – die Dienstbarkeit. Die Möglichkeit eines gutgläubigen Erwerbs ist insoweit ausgeschlossen (§§ 1090 II, 1028 BGB, s. a. schon o. Rdn. 209).

3.3.2.5 Gesetzliches Schuldverhältnis

Auch hier besteht ein gesetzliches Schuldverhältnis. Das Gesetz arbeitet – wie bei bereits manchen zuvor genannten Aspekten auch – hier mit einer Verweisung auf das Recht der Grunddienstbarkeit (§ 1090 II BGB). Hier begegnet einem mancherlei Bekanntes.

228

3.3.2.5.1 Schonende Ausübung

Wie dort wird auch bei der Grunddienstbarkeit als das allgemeine Credo die Verpflichtung zur schonenden Ausübung der beschränkten persönlichen Dienstbarkeit statuiert (§§ 1090 II, 1020 BGB).

Anlagen (Dieser Begriff ist weit auszulegen, s. schon o. Rdn. 211. Auch etwa Rohrleitungen können dazu gehören), die auf dem belasteten Grundstück unterhalten werden, sind im Eigentümerinteresse in einem ordnungsgemäßen Zustand zu erhalten.

Hier kann man Abweichendes vereinbaren, namentlich, was die Unterhaltungspflichten der Anlage betrifft (vgl. §§ 1090 II, 1021 BGB, s. näher dazu o. Rdn. 211). Sofern der Eigentümer des belasteten Grundstücks Unterhaltungspflichten übernimmt, haftet er dafür nach dem Recht der Reallast (§§ 1090 II, 1021 II BGB), was namentlich eine hypothekenähnliche Grundstückshaftung (§ 1107 BGB) sowie sogar eine persönliche Haftung (§ 1108 BGB) nach sich zieht (s. dazu auch schon o. Rdn. 211 a. E.).

Soweit eine die Anlage des Berechtigten auf einer solchen des Verpflichteten gehalten wird, hat letzterer in Bezug auf die seine Anlage mangels anderer Absprachen die Unterhaltungspflicht im Interesse des Berechtigten. Auch hier gilt insoweit das Recht der Reallast (s. i. e. §§ 1090 II, 1022 BGB, s. a. schon o. Rdn. 211 ff.).

Im Rahmen der allgemeinen Schonpflicht (§§ 1090 II, 1020 BGB) kann auch die räumliche Verlegung einer Ausübung einer beschränkten persönlichen Dienstbarkeit verlangt werden (s. dazu §§ 1090 II, 1023 I BGB sowie schon o. Rdn. 213). Die dadurch entstehenden Kosten trägt der Eigentümer (§ 1023 I Satz 2 BGB). Dieses Verlegungsrecht ist unabdingbar (§ 1023 II BGB).

Auch hier ist zu unterscheiden: Die §§ 1090 II, 1023 BGB betreffen allein den Fall, dass die Dienstbarkeit sich grundsätzlich auf das gesamte Grundstück bezieht und lediglich seine konkrete Ausübung aber des Gesamtgrundstücks nicht bedarf. Im Endeffekt beschränkt sich die Ausübung vor Ort daher nur auf einen Grundstücksteil. Nicht hingegen geht es hier um den Fall, dass schon kraft seines dinglichen Inhalts sich das Recht nur auf einen Grundstücksteil bezieht, andernorts also von Anfang an nicht ausgeübt werden kann.

3.3.2.5.2 Abweichende Vereinbarungen als Inhaltsänderungen?

229 Auch hier stellt sich die Frage, ob hier vorhandene eigene Vereinbarungen als Inhaltsänderung (§ 877 BGB) in das Grundbuch eingetragen werden müssen. Das wird von weiten Teilen in der Lit. bejaht. Dem ist entgegenzuhalten, dass das gesetzliche Schuldverhältnis eben nur ein Schuldverhältnis ist und somit nicht an dem dinglichen Inhalt der beschränkten persönlichen Dienstbarkeit teilhat (s. o. Rdn. 211, 212). An-

gesichts der Strittigkeit in diesem Punkt sollte jedoch in der Praxis ein entsprechender Eintragungsantrag in Erwägung gezogen werden.

Weiterhin ist hier gleichfalls zu berücksichtigen, dass das gesetzliche Schuldverhältnis nicht beliebig erweitert werden kann. Irgendwann ist der Punkt erreicht, in dem der Boden der allgemeinen Schonpflicht (§§ 1090 II, 1020 BGB) als sedes materiae verlassen wird und man sich in einem Bereich bewegt, der hiermit nichts mehr zu tun hat (s. insoweit auch schon o. Rdn. 211).

Das nimmt einer solchen vermeintlich über das Ziel hinausschießenden Vereinbarung nicht die Wirksamkeit, nur handelt es sich um eine rein rechtsgeschäftliche. Das damit hervorgerufene rechtsgeschäftliche Schuldverhältnis tritt neben das gesetzliche. Abgesehen davon, dass die Wurzel beider Verhältnisse jeweils unterschiedlich ist, ergeben sich keine Unterschiede. Das rechtsgeschäftliche Schuldverhältnis muss genauso beachtet werden wie das gesetzliche. Wie sonst auch, gibt es insoweit keine Abstufen (Pointiert gesagt: Ein Schuldverhältnis ist ein Schuldverhältnis, egal, woher es stammt).

3.3.2.6 Dispositionen

Hinsichtlich ihrer Dispositionsmöglichkeit ähnelt die beschränkte persönliche Dienstbarkeit stark dem Nießbrauch.

230

3.3.2.6.1 Verfügungen

So kann (s. insoweit auch BayObLGZ 80,176 ff.) über sie nicht mit dinglicher Wirkung verfügt werden (§ 1092 I Satz 1 BGB). Dasselbe gilt auch für den Anspruch auf Einräumung einer solchen Dienstbarkeit (vgl. insoweit auch § 1059 e BGB), denn ansonsten wäre eine Umgehung problemlos möglich (s. a. Soergel/Stürner § 1092 Rdn. 2; Staudinger/Mayer § 1092 Rdn. 3; s. aber auch BGHZ 28,99 für den Fall, dass der Vertragspartner und der Begünstigte von Anfang an auseinanderfallen sollten, sprich: für eine Drittbestellung). Ausnahmen ergeben sich lediglich aus den Absätzen 2 und 3 des § 1092 BGB.

Gem. § 1092 II BGB sind die §§ 1059 a ff. BGB entsprechend anwendbar. Es kann insoweit vollumfänglich auf die Ausführungen zum Nießbrauch verwiesen werden (s. o. Rdn. 150 ff.). Die ursprüngliche Nichterwähnung von Personengesellschaften in § 1092 II BGB a. F. – von Anfang an als Redaktionsversehen erachtet (s. etwa RGZ 159,207; BGHZ 50,310; für die Gesellschaft bürgerlichen Rechts beachte insoweit ergänzend BGH NJW 2001,1056) – ist mittlerweile korrigiert worden.

Dienstbarkeiten

Beschränkte persönliche Dienstbarkeiten mit dem Inhalt der Benutzung eines Grundstücks für Energieversorgungsanlagen, Telekommunikationsanlagen, Transporte zwischen zwei Betriebsstätten, Straßenbahn- oder Eisenbahnanlagen unterliegen einer besonderen Übertragbarkeitsoption nach § 1092 III BGB. Voraussetzung ist, dass sie einer juristischen Person oder einer rechtsfähigen Personengesellschaft (s. insoweit wiederum o. Rdn. 150) zustehen. Hier – und das ist die Besonderheit – bedarf es keiner Übertragung mit einem Unternehmen oder einem Teil eines solchen (anders §§ 1092 II, 1059 a I Nr. 2 BGB).

Im übrigen gelten die §§ 1059 b bis d BGB entsprechend (§ 1092 III Satz 4 BGB). Bemerkenswert ist insoweit, dass § 1059 e BGB hier also nicht anwendbar ist; übertragbar nach Maßgabe des § 1092 III BGB ist nur das dingliche Recht selbst, nicht der Anspruch auf Einräumung desselben. Dass der schuldrechtliche Anspruch in Bezug auf die Nutzungen ansonsten nur so weit reichen kann wie das dingliche Recht selbst, ist an sich eine Selbstverständlichkeit (Bassenge NJW 1996, 2779).

Diese besondere Vorschrift wurde erst jüngst eingeführt (s. dazu Bassenge NJW 1996, 2777 ff.). Sie dient dazu, Restrukturierungsmaßnahmen im Versorgungssektor effektiv zu ermöglichen. Dies kann nur durch eine gewisse Übertragbarkeit der beschränkten persönlichen Dienstbarkeiten, die hier naturgemäß eine wesentliche Rolle spielen, geschehen.

Durch die Übertragbarkeitserleichterung in § 1092 II, III BGB ist jedoch nicht die Möglichkeit einer sonstigen dinglichen Belastung der beschränkten persönlichen Dienstbarkeit eröffnet. Gem. dem entsprechend anwendbaren § 1059 b BGB ist dies ausgeschlossen. Zwar wird hier nur von der Belastung mittels Nießbrauch gesprochen, welche ausgeschlossen sein soll, die entsprechende Anwendbarkeit aber führt dazu, dass auch sonstige Belastungen für die beschränkte persönliche Dienstbarkeit ausscheiden. Schließlich bedeutet die Statuierung einer entsprechenden Anwendung eben nicht die buchstabengetreue Übernahme einer Vorschrift auf verwandte, aber eben nicht exakt gleiche, Fallkonstellationen.

Dass Verfügungen namentlich über Gesellschaftsanteile, wenn die (rechtsfähige) Gesellschaft ein dingliches unverfügbares Recht hält, mittelbar auch eine Disposition über eben dieses Recht beinhaltet, folgt wiederum aus den allgemeinen Regeln und stellt keine Umgehung des § 1092 I Satz 2 BGB dar (s. insoweit bereits o. Rdn. 149).

3.3.2.6.2 Schuldrechtliche Überlassungen

231 Nicht ausgeschlossen ist die schuldrechtliche Überlassung, wobei diese aber gestattet werden muss (§ 1092 I Satz 2 BGB). Insoweit findet sich

hier im Vergleich zum Nießbrauch eine besondere Einschränkung. Auch hier wird angenommen, dass diese Gestattung dinglicher Wirkung ist, dass sie also den Inhalt der Dienstbarkeit selbst verändert (BayObLGZ 80,176).

Diese Gestattung prägt also den Inhalt der Dienstbarkeit selbst. Damit muss sie in das Grundbuch eingetragen werden (Palandt-Bassenge § 1092 Rdn. 8; Jauernig/Jauernig § 1092 Rdn. 2; nach BGH NJW 1962,1393 soll die Eintragung jedoch nur für die Wirkung einer Rechtsnachfolge von Bedeutung sein; s.a. BayObLGZ 82,250; s. dazu auch für die Insolvenz u. Rdn. 237). Das mutet zunächst merkwürdig an, denn es geht hier doch eigentlich um eine schuldrechtliche Frage. Tatsächlich würde derjenige, der hier in den Genuss einer Überlassung gelangte, selbst kein dingliches Recht, sondern lediglich eine Einrede (bzw. ggf. eine Einwendung nach § 986 I BGB) gegen Schutzansprüche des Eigentümers des belasteten Grundstücks wie auch des Dienstbarkeitsberechtigten erlangen. Auf der anderen Seite ist die Disponibilität eines Rechts eben doch auch ein Bestandteil seines Inhalts. Hat dieser Inhalt einen dinglichen Charakter, erfasst dieser eben auch diesen Aspekt.

Nicht zuletzt kann man freilich Alternativkonstruktionen zu der generellen Unübertragbarkeit wählen. Hat A eine Dienstbarkeit bekommen, die später auf B „übergehen" soll, kann man sich auch hier das Institut der Bedingung zunutze machen: A erhält eine auflösend bedingte Dienstbarkeit, B eine aufschiebend bedingte. Der Bedingungseintritt ist jeweils dasselbe Ereignis (Bassenge NJW 1996,2777f.). B kann schon vorher durch eine Vormerkung gesichert abgesichert werden (s. Soergel/Stürner § 1092 Rdn. 3). Da beide Dienstbarkeit durchaus auch gleichrangig sein können, würde B gegenüber A in seiner vormaligen Position bei Bedingungseintritt auch nicht schlechter stehen.

Es ist nun wieder denkbar, dass mit der Dienstbarkeit faktisch die Möglichkeit einer Grundstücksvermietung verbunden ist. Wenn dem so ist, können zusätzliche Pflichten eingreifen. Das betrifft namentlich solche aus der Heizkostenverordnung (s. § 1 II Nr. 3), welche neben dem Grundstückseigentümer auch einen zur Nutzung Ausübungsberechtigten treffen können (s. näher u. Rdn. 250, dies dürfte aber regelmäßig die Überlassung von Wohnungsrechten betreffen).

3.3.2.6.3 Unvererblichkeit

Die beschränkte persönliche Dienstbarkeit ist wie der Nießbrauch auch unvererblich (§§ 1090 II, 1061 BGB).

232

3.3.2.7 Beendigung

Eine beschränkte persönliche Dienstbarkeit unterliegt im wesentlichen denselben Beendigungs- oder Erlöschensgründen wie die bereits zuvor dargestellten Rechte.

Unproblematisch kann sie etwa durch Aufhebung (§ 875 BGB) erlöschen. Weiterhin kann sie auch, sofern entsprechendes vereinbart wurde, durch Bedingungseintritt erlöschen (vgl. o. Rdn. 218).

Wie der Nießbrauch auch erlischt sie, wenn der Berechtigte stirbt oder – so im Fall des Gesellschaftsrechts – liquidiert wird. Wieder ist anzumerken, dass dort, wo gerade juristische Personen des öffentlichen Rechts Inhaber der Dienstbarkeit sind, diese jedoch faktisch in einem besonderen Maße existenzfest ist (vgl. schon o. Rdn. 219).

Es ist umstritten, ob in das Grundbuch eine Löschungserleichterung derart eingetragen werden kann, dass eine Löschung mit Nachweis des Todes des Berechtigten erfolgen kann; insoweit bedürfte es dann allein der Bewilligung des Grundstückseigentümers (s. dazu Erman/Grziwotz, Vorbemerkung vor § 1018 Rdn. 2; ablehnend OLG Frankfurt NJW-RR 1989,146). An der materiellen Situation – es muss auch tatsächlich ein Todesfall eingetreten sein, sonst bleibt das Recht bestehen – ändert das nichts.

Grunddienstbarkeiten können fortfallen, wenn sie keinen Vorteil mehr bieten können (s. BGH NJW 1984,2157). Parallel könnte man – hier freilich im Lichte des § 1020 BGB – Ähnliches auch für die beschränkte persönliche Dienstbarkeit annehmen. Da jedoch jeder wie auch immer geartete Vorteil für ihren Bestand ausreicht und dasjenige, was ein Vorteil ist, ganz von der Warte des Berechtigten aus zu beurteilen ist (s. insoweit o. Rdn. 224), wird zumindest tatsächlich kaum ein solcher Beendigungsfall eintreten können.

Ebenso wenig wie bei der Grunddienstbarkeit (s. o. Rdn. 198), kann eine Teilung des belasteten Grundstücks einen Erlöschensfall darstellen.

Auch hier ist auf die Möglichkeit eines Unschädlichkeitszeugnisses (Art. 120 I EGBGB) hinzuweisen (s. o. Rdn. 218).

Partiell kann eine beschränkte persönliche Dienstbarkeit nach § 1028 I Satz 2 BGB erlöschen (s. o. Rdn. 218; s. a. Rdn. 209).

Nicht zuletzt kann auch eine beschränkte persönliche Dienstbarkeit durch Zuschlag erlöschen, wenn sie entsprechend nachrangig ist (§ 91 I ZVG).

3.3.2.8 Annex: Eigenkapitalersatz

Auch für Dienstbarkeiten kann grundsätzlich der gesellschaftsrechtliche Eigenkapitalersatz eingreifen, wenn nämlich in einer sog. Krise der Gesellschaft solche Rechte bestellt werden, obwohl an sich eine Eigenkapitalausstattung angezeigt wäre (vgl. Rdn. 160). Wie sonst auch sind solche Situationen nicht auf Insolvenz und Zwangsvollstreckung beschränkt. Dienstbarkeiten haben ungeachtet ihrer vergleichsweise anderen Strukturen zu Gebrauchsüberlassungen (Sie sind eher auf Duldungen ausgerichtet) das Potential, wie eine partielle Gebrauchsüberlassung zu wirken. Nichts spricht also dagegen, sie in den Reigen eigenkapitalersatzfähiger Positionen mit einzureihen.

Man muss freilich bedenken, dass der Eigenkapitalersatz in seinen Folgen eine Beendigung des Rechts nicht hindert. Eine Aufhebung bleibt wirksam. Es besteht allein ein Anspruch auf Wiedereinräumung eines neuen Rechts zu denselben Bedingungen, unter denen das vormalige existierte.

3.3.2.9 Beendigung und schuldrechtliche Gebrauchsüberlassung

Mit der Beendigung einer Dienstbarkeit fällt im Fall der gestatteten Ausübungsüberlassung (s. Rdn. 231) das Nutzungsobjekt fort, der entsprechende Überlassungsvertrag wird nachträglich unmöglich (§ 275 I BGB). § 1056 BGB (s. dazu Rdn. 162 ff.) findet hier mangels eines entsprechenden Verweises in § 1090 II BGB keine Anwendung. Der Pächter einer Dienstbarkeit genießt also keinen Schutz analog der §§ 566 ff. BGB. Von dem Grundstückseigentümer kann nichts verlangt werden, allenfalls kommen Ansprüche aus Leistungsstörung gegen den ehemaligen Dienstbarkeitsinhaber in Betracht (s. § 275 IV BGB). Zu beachten ist, dass es hier keine verschuldensunabhängige Einstandspflicht für den Bestand des Rechts gibt (anders allenfalls im Fall des Wegfalls des dinglichen Rechts schon vor Abschluss des entsprechenden Überlassungsvertrages, s. §§ 581 II, 536 I, 1. Alt., BGB – § 311 a BGB tritt insoweit zurück; diese Garantiepflicht ist allerdings abdingbar, s. BGHZ 29,295; BGH NJW-RR 1993,519; BGH NJW-RR 1991,714).

3.4 Zwangsvollstreckung

Im Ergebnis unterliegen beide Arten von Dienstbarkeiten, die Grunddienstbarkeit und die beschränkte persönliche Dienstbarkeit, der Zwangsvollstreckung. Infolge der jeweiligen Unterschiede hinsichtlich ihrer Disponibilität ist jedoch entsprechend zu differenzieren.

233

Dienstbarkeiten

Vorab kann für beide Rechtstypen vermerkt werden, dass auch sie dem Anfechtungsrecht der Einzelzwangsvollstreckung unterliegen können (vgl. dazu Rdn. 158 a ff.). Praktisch sind solche Konstellationen aber sicherlich selten (vgl. aber demgegenüber für den Sonderfall des Wohnungsrechts u. Rdn. 252 f.). Das betrifft auch hier die Grundsätze des gesellschaftsrechtlichen Eigenkapitalersatzes (s. zuvor Rdn. 232 a. E.). Liegen solche Fallgestaltungen vor, kann grundsätzlich allein verlangt werden, dass das dingliche Recht nicht ausgeübt wird, nicht aber dessen Aufhebbarkeit. Daneben kommt ein Rangrücktritt in Frage (s. a. BGH NJW 1995, 2248 ff., s. a. o. Rdn. 158 c).

3.4.1 Die Grunddienstbarkeit

Die Grunddienstbarkeit ist faktisch einem Vollstreckungszugriff nicht entzogen. Rechtlich kann dies aber nur mittelbar geschehen. Das erklärt sich daraus, dass sie als wesentlicher Bestandteil eines herrschenden Grundstücks keine hinreichende rechtliche Selbständigkeit genießt (§ 96 BGB).

Das herrschende Grundstück unterliegt seinerseits allen Optionen, die das Zwangsvollstreckungsrecht bietet (Eintragung einer Sicherungshypothek, Zwangsversteigerung, Zwangsverwaltung). Wer als Gläubiger hier vorrangig daran interessiert ist, in den Genuss der Dienstbarkeit zu gelangen, ist insoweit gut beraten, den Weg der Zwangsverwaltung einzuschlagen.

Wird in das dienende Grundstück vollstreckt, bleibt der Bestand der Grunddienstbarkeit hiervon grundsätzlich unberührt. Wenn ein dingliches Recht, welches im konkreten Fall die Vollstreckung gewährt, rangmäßig vorgeht, erlischt die Dienstbarkeit jedoch mit Zuschlag (§ 91 I ZVG). An ihre Stelle tritt der Anspruch auf Wertersatz nach § 92 ZVG (welcher übrigens keinerlei Dispositionsbeschränkungen mehr unterliegt, insoweit anders als die Dienstbarkeit selbst, vgl. LG Frankfurt/M. RPfleger 1974, 122 – dort für eine beschränkte persönliche Dienstbarkeit).

Im Fall einer Eigentümerdienstbarkeit ist eine Vollstreckung durch den Eigentümer des herrschenden Grundstücks, der zugleich Eigentümer des dienenden Grundstücks ist, nicht möglich. Infolge der Wirkungen aus § 96 BGB müsste er nämlich insoweit in sein eigenes Eigentum an dem herrschenden Grundstück vollstrecken.

3.4.2 Beschränkte persönliche Dienstbarkeit

Die Rechtslage bei der beschränkten persönlichen Dienstbarkeit ähnelt wieder mehr derjenigen beim Nießbrauch als bei der Grunddienstbarkeit.

234

Eine Pfändung scheitert grundsätzlich an der Unübertragbarkeit (§ 1092 I Satz 1 BGB), was sich im Zwangsvollstreckungsrecht fortsetzt (§§ 851 I, 857 III ZPO). Eine Einziehung ist hier nicht möglich.

Auf der anderen Seite gilt auch hier § 857 III ZPO, wonach eine Pfändung insoweit möglich ist, als die Ausübung einem anderen überlassen werden kann. Jedoch führt diese Pfändung auch nur zu dem, was die Ausübung selbst gewähren kann, d. h. sie führt zu einem Benutzungsrecht – nicht mehr, aber auch nicht weniger (s. a. schon o. Rdn. 157).

Die Möglichkeit der (schuldrechtlichen) Überlassung richtet sich nach § 1092 I Satz 2 BGB. Danach bedarf es für die Ausübung einer eigenen Gestattung, die darüber hinaus noch im Grundbuch eintragungspflichtig ist (letzteres str., s. o. Rdn. 231). Fehlt es an einer solchen Gestattung, scheitert daran auch die Pfändbarkeit. Letztendlich hat es der Besteller der Dienstbarkeit in der Hand, zu entscheiden, ob den Gläubigern des Dienstbarkeitsinhabers ein Zugriff auf die Dienstbarkeit ermöglicht wird oder nicht.

Das mag zunächst verdächtig erscheinen, liegen die Gläubigerinteressen doch völlig in der Hand einer Person, die regelmäßig vermutlich dem Schuldner näher steht als den Gläubigern. Gleichwohl bleibt es dabei. Die dogmatische Ausgestaltung der Dienstbarkeit ermöglicht diese Konsequenzen und stellt sie somit als durchaus legitim dar. Nur in extremen Ausnahmefällen mag hier § 826 BGB eingreifen (mit der Folge eines Anspruchs auf Gestattungserteilung, um die Pfändbarkeit zu ermöglichen, was hier schon aus dem Grundsatz der Naturalrestitution nach § 249 I BGB folgt. Wenn man nun aber berücksichtigt, dass es gewissermaßen kein Recht gegen den Besteller der Dienstbarkeit als eines Dritten besteht, möglichen Gläubigern Haftungsmasse zur Verfügung zu stellen, erweist sich, auf welch tönernen Füßen auch nur die Möglichkeit eines solchen Anspruchs steht!).

In dem eben genannten Zusammenhang wird sogar diskutiert, ob den Gläubigern, lag eine Gestattung vor und haben sie dementsprechend nach § 857 III ZPO gepfändet, durch einen nachträglichen Verzicht auf die Dienstbarkeit das Vollstreckungsobjekt sogar wieder entzogen werden kann. Man muss dem jedoch widersprechen, denn auch hier (vgl. schon o. Rdn. 156) ist es das dingliche Recht selbst, nicht die Ausübungsberechtigung, die gepfändet wird. Das dingliche Recht wird gleichsam arretiert und steht nicht mehr zur Disposition der Vertragsparteien (dafür etwa Staudinger/Ring § 1092 Rdn. 12; Stöber Rdn. 1523; OLG Bremen NJW 1969,2147; zustimmend BGH RPfleger 1974,186).

Davon zu trennen ist die konkrete Überlassung selbst. Diese ist zugegebenermaßen eine rein schuldrechtliche Angelegenheit. Die Gestattung ermöglicht diese erst und prägt somit das dingliche Recht selbst, um das es in der Vollstreckung geht. Die Ansprüche aus der schuldrechtlichen Überlassung unterliegen der Pfändung.

Anzumerken ist hier freilich, dass auch nach der Gegenansicht jedenfalls in Extremfällen, in denen die Gläubigerschädigung allein im Vordergrund steht, jedenfalls ein Haftungsfall nach § 826 BGB gegeben ist.

235 Auch die Übertragungsmöglichkeiten nach § 1092 II, III BGB bilden insoweit keine Erweiterung der Vollstreckungsmöglichkeiten. Danach ist nämlich § 1059 b BGB anwendbar (§ 1092 II a. E., III Satz 4 BGB), der den hier genannten Übertragbarkeiten eben keine Option für die Zwangsvollstreckung folgen lässt.

Hinsichtlich der Vollstreckung in eine Eigentümerdienstbarkeit durch den Eigentümer empfiehlt sich hier eine analoge Anwendung des § 1197 BGB (vgl. insoweit schon o. für den Nießbrauch Rdn. 22). Eine Vollstreckung durch den Eigentümer selbst ist danach nicht möglich.

Wird in das belastete Grundstück vollstreckt, wird die beschränkte persönliche Dienstbarkeit je nach ihrem Range wie eine Grunddienstbarkeit auch berücksichtigt. Hier kann sie freilich nach § 91 I ZVG durch Zuschlag erlöschen, wobei sie durch einen Wertersatzanspruch (§ 92 ZVG) ersetzt wird (Dieser ist wiederum frei disponibel, LG Frankfurt/M. RPfleger 1974,122).

3.5 Insolvenz

236 Auch hinsichtlich der Insolvenz ergeben sich aus der jeweiligen Struktur folgende Unterschiede in der rechtlichen Behandlung der einzelnen Dienstbarkeiten. Das schließt die Anwendung allgemeiner insolvenzrechtlicher Grundsätze freilich nicht aus, was vor allem wieder die Insolvenzanfechtung betrifft (vgl. dazu o. Rdn. 159 b). Dass der Grundsatz des Eigenkapitalersatzes für Gesellschaften hier ebenfalls anwendbar ist (s. Rdn. 159a), versteht sich nach dem bereits Festgestellten von selbst (s. zuvor Rdn. 232). Auch hier kann sogar die Aufhebung der Dienstbarkeit – damit verbunden auch ihre Löschung im Grundbuch – verlangt werden (vgl. o. Rdn. 159a).

Insolvenz

3.5.1 Die Grunddienstbarkeit

Die Grunddienstbarkeit kann sehr wohl in eine Insolvenzmasse fallen. Das ergibt sich daraus, dass eben das herrschende Grundstück dies tun kann und infolge ihrer rechtlichen Unselbständigkeit (§ 96 BGB) die Grunddienstbarkeit gewissermaßen mit sich zieht. Auch das weitere Schicksal der Dienstbarkeit – etwa im Fall einer Grundstücksverwertung durch den Insolvenzverwalter – ist an dasjenige des betreffenden Grundstücks gekoppelt.

Der Inhaber einer Grunddienstbarkeit kann hinsichtlich seines Rechts, wenn der Besteller insolvenzbehaftet ist, Absonderungsrechte nach §§ 49 InsO, 10 ZVG geltend machen. Jedoch kann er zur Realisierung seines Rechts (s. allgemein dazu Eickmann, in Heidelberger Kommentar, § 49 Rdn. 9) nicht die Zwangsversteigerung des herrschenden und massezugehörigen Grundstücks betreiben, denn so weit reicht schon der Inhalt der Dienstbarkeit nicht. Hier bleibt der Weg der Zwangsverwaltung.

Ist der Inhaber der Grunddienstbarkeit in der Insolvenz befindlich und wird hierbei das Grundstückseigentum des Bestellers nicht beachtet, kann dieser insoweit sein Aussonderungsrecht geltend machen.

3.5.2 Die beschränkte persönliche Dienstbarkeit

Auch die beschränkte persönliche Dienstbarkeit kann – ungeachtet der Regelung des § 1092 BGB – in eine Insolvenzmasse fallen. Jedoch muss auch hier eine Gestattung der Ausübung gem. § 1092 I Satz 2 BGB vorliegen. Fehlt es an einer solchen, ist wie in der Singularvollstreckung auch die Dienstbarkeit der Insolvenzmasse entzogen, s. § 36 I InsO (Soergel/Stürner § 1092 Rdn. 4, dort auch zur Unpfändbarkeit, wobei insoweit zutreffend auf § 851 I ZPO verwiesen wird; BGH NJW 1963, 2319; Eickmann, in: Heidelberger Kommentar § 36 Rdn. 11).

237

Die Gestattung ist dabei auch hier eintragungspflichtig (s. o. Rdn. 231, s. a. A. MüKo-InsO/Lwowski Rdn. 455, 458 – fakultativ eintragbar ist sie allerdings nach der Gegenansicht, was für eine Rechtsnachfolge von Bedeutung sein soll; daran kann man durchaus zweifeln, denn die Gestattung gestaltet durchaus den Inhalt des dinglichen Rechts selbst und wirkt als solche für bzw. gegenüber jedermann. Ergänzend sei angemerkt, dass eine Rechtsnachfolge mangels Übertragbarkeit und Vererblichkeit des Nutzungsrechts nur eine Sukzession in ein solchermaßen belastetes Grundstück sein kann). Man mag auch hier Kritik daran üben, indessen ändert das an der geltenden Rechtslage nichts.

Man beachte hier übrigens wieder den wesentlichen Unterschied zum Nießbrauch: Dort kann die Ausübungsüberlassung ausgeschlossen wer-

Dienstbarkeiten

den (BGHZ 95,99), hier fehlt sie ganz und gar, wenn sie nicht angeordnet wird.

Ebenso konsequent ist es, wenn man hier über die Möglichkeit eines nachträglichen Verzichts auf die Dienstbarkeit raisonniert, mit der Folge, dass nachträglich der Masse dieses Recht entzogen werden kann. Aus bereits geschilderten Gründen ist das aber abzulehnen (s. schon o. Rdn. 234, aber str.). Es fällt eben das dingliche Recht selbst in die Masse, nicht nur eine schuldrechtliche Überlassungsberechtigung.

Anders ist es, wenn die Dienstbarkeit nach § 1092 II BGB i. V. m. §§ 1059 a ff. BGB übertragbar ist. Hier kommt es auf eine Gestattung zwar nicht an. Diese Vorschriften gestatten jedoch keine Pfändbarkeit (s. Rdn. 231), was sich über § 36 I InsO auch auf die Insolvenz auswirkt. Damit kann die beschränkte persönliche Dienstbarkeit in diesem Fall auch nicht in die Insolvenzmasse fallen. Die Rechtslage entspricht konsequent derjenigen beim Nießbrauch (s. dazu o. Rdn. 159).

Und schließlich muss das eben Gesagte auch für die beschränkte persönlichen Dienstbarkeiten im Fall des § 1092 III BGB gelten. Die Situation entspricht derjenigen bei § 1092 II BGB: Die Dienstbarkeit ist nach den dortigen Voraussetzungen zwar übertragbar, aber deswegen noch nicht pfändbar, denn auch hier steht § 1059 b BGB entgegen (§ 1092 III Satz 4 BGB).

Sofern eine schuldrechtliche Überlassung einer Dienstbarkeit zum Gegenstand wird, ist das ein Fall des § 108 InsO. Danach besteht das Überlassungsverhältnis grundsätzlich fort (s. zu den Folgen i. e. Marotzke, in: Heidelberger Kommentar, § 108 Rdn. 18 ff.).

3.6 Annex: Steuerliche Behandlung der Ablösung von Dienstbarkeiten

237a Dienstbarkeiten können zu ähnlichen oder gar identischen Zwecken eingesetzt werden wie etwa ein Nießbrauch (s. o. Rdn. 164). Wenn dem so ist, muss eine einheitliche steuerliche Behandlung die Folge sein. Für Wohnrechte (vgl. insoweit Rdn. 239) spricht der sog. Nießbrauchserlass dies auch so aus (Ziff. 66 des Erlasses, s. näher u. Rdn. 273a ff.). Wenn man nun bedenkt, dass diese Rechte ihrerseits Dienstbarkeiten sind oder wenigstens auf deren Strukturen aufbauen (vgl. u. Rdn. 239 sowie Rdn. 254, s. a. Rdn. 163), ergibt sich diese Konsequenz.

Sofern also den in den einschlägigen Erlassen vergleichbare Sachverhalte vorliegen, sind die dortigen Grundsätze auch auf Dienstbarkeiten anzuwenden, welche dort nicht expressis verbis genannt werden. Eine andere Frage ist die praktische Relevanz, welche in ihrer Häufigkeit im Vergleich zu Nießbrauch und Wohnrechten deutlich eingeschränkt sein dürfte.

3.7 Annex: Umsatzsteuer

Die Bestellung von Dienstbarkeiten, die ja allein an Grundstücken möglich ist, kann ein Fall für die Umsatzsteuerbefreiung gem. § 4 Nr. 12 Satz 1 lit. c) UStG sein (vgl. insoweit o. Rdn. 58). Im Interesse der Erlangung eines Vorsteuerabzuges kann ein Verzicht auf diese Befreiung (§ 9 I, II UStG) attraktiv erscheinen. Die hinreichende Unternehmensbezogenheit, die § 9 I, II UStG verlangt, wird gerade hier oft vorliegen.

3.8 Annex: Sonstiges

Die Grundsätze für Sonderbetriebsvermögen wie auch für verdeckte Gewinnausschüttungen gelten naturgemäß auch hier (s. bereits o. Rdn. 162f, s. a. u. Rdn. 273d).

4. Wohnungsrechte

238 Ein einheitliches Wohnungsrecht existiert nicht. Insgesamt hat diese Art von Rechten aber doch zumindest faktisch eine dermaßen eigenständige Stellung eingenommen, dass es gerechtfertigt ist, ihnen einen eigenen Abschnitt zu widmen (s. schon o. Rdn. 6).

4.1 Allgemeines

Wohnungsrechte haben im heutigen Rechtsleben eine bedeutende Rolle eingenommen. Aus gewissermaßen rechtshistorischer Sicht war das nicht zwingend vorgegeben, ja es war ursprünglich vielmehr so, dass eigenständige Rechte an Wohnungen beim BGB-Gesetzgeber verpönt waren. So ließ Art. 182 EGBGB das sog. Stockwerkseigentum, welches vor dem Inkrafttreten des Bürgerlichen Gesetzbuchs bestand, zwar bestehen, schaffte es aber im übrigen ab (s. hierzu Thümmel JZ 1980,125 ff.). Art. 182 EGBGB betrifft das sog. echte Stockwerkseigentum, welches allein ein Eigentumsrecht an einem Gebäudeteil betrifft. Die Begründung sog. unechten Stockwerkseigentums, welches als solches nicht selbständig ist, sondern durch Eigentum auch an dem Grundstück vermittelt wird, ist dem Landesgesetzgeber über Art. 131 EGBGB möglich (s. hierzu auch MüKo-Säcker Art. 131 Rdn. 1 sowie Art. 62 BayAGBGB: Hiernach gilt das seinerzeitige Stockwerkseigentum als Miteigentum an dem Grundstück mit der Maßgabe, dass jedem Miteigentümer die ausschließliche und dauernde Benutzung der Teile des Gebäudes zusteht, die ihm oder seinem Rechtsvorgänger zum 1. 1. 1900 – Inkrafttreten des BGB – gehörten. Ein Aufhebungsanspruch in Bezug auf die Gemeinschaft ist ausgeschlossen, anders ansonsten § 749 BGB. Benutzungs- und Verwaltungsregelungen gelten gegenüber Rechtsnachfolgern – insoweit s. für die Übertragbarkeit des Anteils § 747 – nur im Fall des Grundbucheintrags, § 1010 I BGB entsprechend, s. ansonsten anders § 752 BGB. Der Bayerische Landesgesetzgeber ist insoweit der einzige, welcher von der Ermächtigung im EGBGB Gebrauch gemacht hat, Säcker a. a. O.).

4.1.1 Arten

Nur als beschränkte persönlichen Dienstbarkeit, die aber durchaus eine besondere Ausgestaltung erfahren hat, ist ein Wohnungsrecht auch dem Bürgerlichen Gesetzbuch bekannt geblieben.

Allgemeines

Hinzu ist nunmehr das Dauerwohnungsrecht gem. §§ 31 ff. WEG gekommen, welches infolge einer eigenen dogmatischen Ausgestaltung Bedürfnisse befriedigt, zu denen das BGB-Wohnungsrecht mit seiner Anbindung an die beschränkte persönlichen Dienstbarkeit nicht in der Lage war.

Allgemein geht es bei einem Wohnungsrecht darum, ein eigenes dingliches Recht an Wohnraum zu vermitteln, was auch unter Ausschluss des Eigentümers geschehen soll. Wirtschaftlich gesprochen geht es quasi um ein „kleines Eigentum".

4.1.2 Schenkungs- und Erbschaftssteuer

Sofern solche Rechte unentgeltlich eingeräumt werden, ist dies schenkungssteuerpflichtig (vgl. insoweit schon o. Rdn. 25 für den Nießbrauch).

4.1.3 Pflichtteilsrecht

Zudem können auch hier Pflichtteilsergänzungsansprüche ausgelöst werden (§ 2325 BGB, wenn auch in geringerem Umfang spricht an sich nichts dagegen, die Diskussion, die insoweit für den vorbehaltenen Nießbrauch geführt wird, s. dazu o. Rdn. 7a, jedenfalls auf das Wohnungsrecht zu übertragen, denn dieses ist, wie sogleich zu zeigen sein wird, dem Nießbrauch durchaus verwandt).

4.1.4 Wohnungsrechte und schuldrechtliche Gebrauchsüberlassungen

Auch hier können dingliche Nutzungsüberlassungen mit schuldrechtlichen in Konkurrenz treten (s. a. Rdn. 240). In diesem Fall wird etwa der Mieter gem. §§ 568, 578 BGB geschützt. Auch Grundstücksübertragungen unter Vorbehalt eines dinglichen Wohnrechts haben keinen Einfluss auf bestehende Mietverhältnisse (§ 567 BGB bzw. folgt das gegebenenfalls schon daraus, dass die Vertragsparteien sich gar nicht geändert haben).

238a

Schließlich ist es auch hier ohne weiteres denkbar, dass neben dem Mietverhältnis ein dingliches Wohnrecht bestellt wird (BGH DNotZ 1999,500, s. a. des weiteren im Anschluss). In diesem Fall ist trotz der gleichartigen bzw. gar identischen Zielsetzung darauf zu achten, dass jedes Gebrauchsüberlassungsverhältnis eigenen Regeln unterliegt BGH a. a. O., s. a. Rdn. 4 f.). Wird das schuldrechtliche Verhältnis gekündigt, hat das noch keinen Einfluss auf das dingliche Recht; erlischt letzteres, beeinflusst dieses per se noch nicht das schuldrechtliche Gebrauchsüberlassungsverhältnis (Wohl gemerkt, es geht hier nicht um das Verpflichtungsgeschäft, kraft dessen ein Anspruch auf Einräumung des dinglichen Rechts besteht; dieses gewährt aus sich heraus überhaupt keinen Gebrauchsüberlassungsanspruch, s. o. Rdn. 4a). Für Rechtsstreitigkeiten gilt dasselbe, so dass ein mietrechtliches Räumungsurteil keine Aussagen enthält über dingliche Berechtigungen und diesbezüglich schon gar keine Rechtskraft entfalten kann. Es ist eben diese Unabhängigkeit, welche die dinglichen Rechte für Sicherungszwecke der Gebrauchsüberlassung an sich so tauglich macht. Sie schützen gegebenenfalls auch dort, wo die schuldrechtliche Abrede an ihre Grenzen stößt (vgl. o. Rdn 164a).

4.1.5 Insbesondere das sog. Stuttgarter Modell

Das Stuttgarter Modell verdankt seine Bezeichnung den internen Anweisungen der baden-württembergischen Finanzverwaltung. Gemeint ist damit, dass ein Grundstück übernommen wird, von dem Übernehmer sogleich aber dem Übergeber zum Gebrauch wieder überlassen wird. Damit wird bewirkt, dass auf Übernehmerseite Einkunftstatbestände, aber auch Abschreibungsmöglichkeiten erzeugt werden. Damit oft übernommene Versorgungsleistungen können ebenfalls abgesetzt werden und werden (jedenfalls heute noch) auf Übergeberseite allein mit dem Ertragsanteil versteuert. Schließlich besteht die Möglichkeit der Minderung der Erbschaftssteuer (s. dazu Mayer/Geck DNotZ 2005, 1421 ff.).

Man mag darüber streiten, ob hier nicht ein sog. Gestaltungsmissbrauch vorliegt, aber dies wird gemeinhin abgelehnt (s. a. BFH DStR 2004, 454 BFH DStR 2004, 455). Ausnahmen können vor allem dann vorliegen, wenn durch jeweilige Gestaltungen das Resultat einer unentgeltlichen Nutzung erzielt wird (s. a. a. O., man könnte ebenso gut fragen, ob hier überhaupt ein Einkünftetatbestand vorliegt).

Auch hier können dingliche Nutzungsrechte involviert sein (s. bereits o. Rdn. 15, 164a), aber man kann sich gut vorstellen, dass es vor allem um dingliche Wohnungsrechte gehen wird. Vor allem können dingliche Rechte hier wieder für das schuldrechtliche Verhältnis absichern wirken (vgl. zuvor Rdn. 164a). Einzuräumen ist, dass die Vertragsgestaltung angesichts der Komplexität des Gesamtsystems (vgl. Rdn. 4, 4a) nicht geringe Anforderungen an die Betroffenen sowie deren Rechtsbeistand stellt. Indessen wird es hier vornehmlich um solche Aspekte der schuldrechtlichen Absprachen gehen, nicht hingegen so sehr um das dingliche Rechts selbst (s. dazu auch Mayer/Geck DNotZ 2005, 1471 ff., a. E. auch mit dem Hinweis, nicht allein steuerliche Aspekte als entscheidungsrelevant zu erachten).

4.2 Das Wohnungsrecht gem. § 1093 BGB

Das Wohnungsrecht nach § 1093 BGB ist an sich der beschränkten persönlichen Dienstbarkeit zugeordnet, trägt aber zugleich Züge, die es gleichsam einem Nießbrauch ähnlich erscheinen lassen. Deshalb kann neben ihm ein Nießbrauch nicht bestehen, und umgekehrt (Schlesw.-Holst. OLG FGPrax 1997,168).

239

4.2.1 Allgemeines

Tatsächlich dürfte hier die Abgrenzung zwischen beiden genannten Rechten im Vergleich zu derjenigen zu sonstigen Dienstbarkeiten hier relativ einfach sein; allzu exakt ist doch der Tatbestand des § 1093 BGB gefasst. Er bezieht sich dezidiert auf eine einzelne Nutzungsart, so dass ein Nießbrauch hier ohnehin kaum in Frage kommt (s. a. Jauernig/Jauernig § 1093 Rdn. 3).

4.2.1.1 Versorgungsfunktionen

Das Wohnungsrecht nach § 1093 BGB eignet sich in einem besonderen Maße zur Altersversorgung. Es erlaubt seinem Inhaber das Innehaben einer Wohnung – aber auch nur ihm. Infolge der Unübertragbarkeit auch dieses Rechts (§§ 1092 I BGB, s. insoweit u. Rdn. 250) sowie seiner Unvererblichkeit (§§ 1090 II, 1061 BGB – infolge des Umstands, dass es auch hier um eine beschränkte persönlichen Dienstbarkeit geht, sind diese Normen hier anwendbar) kann es nur eine Person geben, die Inhaber des Rechts ist (Die Variante des § 1092 II BGB ist zwar denkbar aber doch sehr unwahrscheinlich).

Damit kann das Wohnungsrecht gewissermaßen „im Kleinen" ähnliche Versorgungsfunktionen übernehmen wie es „im Großen" der Nießbrauch tut. Man denke nur an die Möglichkeit, dass im Rahmen eines Vermögensübergabekonzepts auf die nächste Generation der Zuwendende sich eben ein Wohnungsrecht zum Erhalt eines Daches über den Kopf zurückbehält. Tatsächlich findet sich dieses Recht in der Praxis häufig im Zusammenhang mit sog. Altenteilsverträgen (s. dazu auch Art. 96 EGBGB).

Aus dem Gesagten heraus kann man sich gut vorstellen, dass es eben dieses Wohnungsrecht ist, welches sich für das sog. Stuttgarter Modell (s. soeben Rdn. 238a) gut eignen könnte.

4.2.1.2 Sicherungsfunktionen

Schließlich kann das Wohnungsrecht auch Sicherungsbedürfnisse befriedigen, wie man sie von den Dienstbarkeiten an sich auch kennt

(s. insoweit schon o. Rdn. 164a). Auch hier können infolge fehlender Dinglichkeit bestehende Unzulänglichkeiten reiner Gebrauchsüberlassungsverträge beseitigt werden. Es sind dies die Fälle der §§ 111 InsO, 57 a ZVG, 1056 II BGB, 2135 BGB, 30 ErbbauVO (s. a. a. O.). Die erwähnte Nießbrauchsähnlichkeit steht dem nicht entgegen, denn hinsichtlich des vergleichsweise begrenzten Umfangs ist das Wohnungsrecht immer noch wie alle anderen Dienstbarkeiten auch strukturiert. Anders als es bei einem Nießbrauch sonst also der Fall wäre, würde also der Umfang des Rechts nicht über einen möglichen Sicherungszweck hinausreichen.

Bei genauer Betrachtung ist dies nicht ungewöhnlich. Immer noch handelt es sich hier lediglich um eine besondere Spielart der beschränkten persönlichen Dienstbarkeit, welche schon von ihren grundsätzlichen Strukturen her im Regelfall die Sicherungsdienstbarkeit stellen wird (s. o. Rdn. 220).

4.2.1.3 Berechtigte

Hinsichtlich der Frage, wer Berechtigter eines Wohnungsrechts sein kann, finden sich keine Besonderheiten.

Sowohl natürliche als auch juristische Personen können dies sein, ebenso auch sonstige rechtsfähige Gesellschaftsformen (auch hier wieder: seit BGH NJW 2001,1056 die Gesellschaft bürgerlichen Rechts). Es kann auch eine sonstige Personenmehrheit in Frage kommen. Diesen können entweder jeweils einzelne, auch gleichrangige (zum Ausgleich s. dann §§ 1090 II, 1024 BGB, s. schon o. Rdn. 190) Rechte bestellt werden, oder es kommen entsprechende Inhaberschaften an einem einzigen Recht in Frage (s. insoweit etwa BGH NJW 1982,170 ff.). In Betracht kommen Bruchteils- oder Gesamthandsgemeinschaften und hinsichtlich der Berechtigung etwa die §§ 428 ff. BGB.

Auch ein Eigentümerwohnungsrecht wird allgemein für zulässig gehalten (s. i. e. Palandt-Bassenge § 1093 Rdn. 7).

Dagegen steht nicht, dass § 1093 BGB davon spricht, dass gerade der Eigentümer ausgeschlossen werden kann. Hierin ist nichts anderes zu sehen als der Hinweis auf eine besondere Ausschlussfunktion, wie sie der Dienstbarkeit im übrigen abgeht. Dass der Eigentümer aber als Rechtsinhaber ausgeschlossen werden muss, besagt das Gesetz nicht (s. hierzu auch Weitnauer DNotZ 1958,357, dort für ein Recht nach § 31 WEG, bei dem sich aber die Ausschlussfunktion gleichermaßen findet wie hier).

Auch hier sollte man von einem berechtigten Interesse und dergleichen absehen (s. schon o. Rdn. 17 ff.). Selbst wenn man das anders sehen sollte, würde man das Vorliegen eines solchen doch nur in Ausnahmefällen verneinen können.

4.2.2 Abgrenzungsfragen

Es gibt verschiedenste Arten der Wohnungsüberlassung. Bei allen stellt sich die Frage der rechtlichen Einordnung und daraus folgend eine Abgrenzungsproblematik. Für das dingliche Wohnrecht gilt nichts anderes.

4.2.2.1 Schuldrechtliche Gebrauchsüberlassung

Als problematisch kann sich im Einzelfall die Abgrenzung zu einem schuldrechtlichen Mietverhältnis erweisen. Das betrifft jedenfalls die schuldrechtliche Absprache, mit der eine Wohnungsberechtigung erteilt werden soll. Diese kann schon ein Mietvertrag selbst sein oder erst ein obligatorisches Kausalgeschäft für den dinglichen Bestellungsakt. 240

Die Lösung ergibt sich aus den allgemeinen Auslegungsgrundsätzen. Jedenfalls kann der Sprachgebrauch selbst missverständlich sein. So kann etwa mit dem Begriff „Miete" auch das Entgelt für die Einräumung eines Wohnungsrechts gemeint sein (s. dazu Palandt-Bassenge § 1093 Rdn. 2).

Es ist sogar möglich, neben einem Wohnungsrecht einen eigenen Mietvertrag über dasselbe Vertragsobjekt zu schließen (BGH RPfleger 1974,187; BGH DNotZ 1999,500; s. a. bereits o. Rdn. 4a). Ein Konkurrenz- oder gar ein Exklusivitätsverhältnis zwischen obligatorischer und dinglicher Gebrauchs- oder Nutzungsüberlassung ist nicht vorhanden. Dann geht jedes Rechtsverhältnis aber auch seine eigenen Wege. Wer hier den Mietvertrag kündigt, hat damit noch lange nicht das Wohnungsrecht oder die diesem zugrunde liegende Kausalabrede tangiert (vgl. zu dieser Unterscheidung auch BGH a. a. O.). Es ist nur folgerichtig, wenn Räumungsurteile sich in ihrer Rechtskraft nicht auf die Frage des Bestands eines daneben existierenden Wohnungsrechts erstrecken können (BGH a. a. O.; s. wieder o. Rdn. 4a, s. a. Rdn. 238a).

In Zweifelsfragen wird generell eine schuldrechtliche Gebrauchsüberlassung angenommen denn ein dingliches Nutzungsrecht (Blank, in: Schmidt/Futterer, Vorbemerkung zu § 535 Rdn. 127). Man geht hier gewissermaßen von einem kleinsten gemeinsamen Nenner aus. Von praktischer Seite aus ist zu berücksichtigen, dass Wohnrechte häufig in letztwilligen Verfügungen eingeräumt werden (was etwa im Vermächtniswege möglich ist). Man kann den Zuwendenden also nicht mehr fragen, auch wenn außerhalb von wechselbezüglichen Verfügungen (vgl. § 2270 BGB) oder gegenseitigen Absprachen in Erbverträgen allein sein Wille entscheidet (s. zu Erbrecht und Auslegung allgemein Lange/Kuchinke § 34.III.). In vielen Fällen wird das Interesse des Begünstigten wie auch sein Verständnishorizont nicht die geringste Rolle spielen. Exakte Rechtsbestimmungen in den jeweiligen letztwilligen Verfügungen tun also not.

4.2.2.2 Wohnungsreallast

Schließlich kann sich auch die Frage der Abgrenzung zu einer sog. Wohnungsreallast stellen, welche aber an sich eine gewöhnliche Reallast i. S. der §§ 1105 ff. BGB darstellt. Das Wohnungsrecht nach § 1093 BGB verleiht insoweit aber eine größere Rechtsmacht, als hier der Eigentümer von einer Eigennutzung des Vertragsobjekts selbst ausgeschlossen ist. Diese Ausschlussbefugnis geht der Reallast ab, wobei freilich auch hier dieses Recht durch eine flankierende schuldrechtliche Absprache verstärkt werden könnte (Palandt-Bassenge vor § 1105 Rdn. 3).

Auf der anderen Seite ist für die Reallast zu berücksichtigen, dass sie echte Handlungspflichten statuieren kann. Das ist für das dingliche Nutzungsrecht, wenn überhaupt, nur in höchst eingeschränktem Maße der Fall. Insoweit reicht die Reallast weiter. Gegebenenfalls kann man zu Kombinationen beider Rechte greifen, wobei diese aber ungeachtet dessen jeweils eigenständig sind (vgl. auch Rdn. 251).

Vor allem ist, was das Wohnrecht angeht, für den Eigentümer relevant, dass er anfallende Reparaturen zu tragen hat, sofern keine anderweitigen (schuldrechtlichen) Absprachen vorliegen (Blank, in: Schmidt/Futterer, Vorbemerkung zu § 535 BGB Rdn. 126). Ausgenommen sind lediglich die Wartungsarbeiten, die sich aus der allgemeinen Schon- und Erhaltungspflicht aus dem gesetzlichen Begleitschuldverhältnis ergeben (Rdn. 247).

4.2.2.3 Nießbrauch

Der Nießbrauch reicht in seinem Umfang deutlich weiter als ein Wohnungsrecht. Allein schon anhand dieses Merkmals wird hier eine Unterscheidung leicht zu treffen sein.

4.2.2.4 Sonstige Dienstbarkeiten

Die sonstigen Dienstbarkeiten erlauben es, anders als das Wohnungsrecht (s. u. Rdn. 242) nicht, den Eigentümer von seinen Benutzungsbefugnissen auszuschließen. Ebenso wenig ist eine Anwendung des § 1093 II BGB ausgeschlossen, auch eine Analogie kommt nicht in Betracht

(Blank, in: Schmidt/Futterer Vorbemerkung zu § 535 BGB Rdn. 125). In den Genuss dieses Rechts kommen also allein die jeweils Bezeichneten, nicht aber ohne weiteres deren Familienangehörige oder sonstige nahestehende Personen (s. dazu Rdn. 243).

4.2.3 Inhalt
4.2.3.1 Allgemeines

Ausweislich des § 1093 I BGB ist das Wohnungsrecht eine beschränkte persönliche Dienstbarkeit. Sie hat den Inhalt, ein Gebäude oder einen Teil eines Gebäudes unter Ausschluss des Eigentümers als Wohnung zu benutzen. *241*

Der Belastungsgegenstand entspricht demjenigen bei einer beschränkten persönlichen Dienstbarkeit. Der Wortlaut des § 1093 I BGB erscheint insoweit missverständlich. Auch hier wird ein Grundstück belastet, wobei der Inhalt stets auf einen Wohnzweck gerichtet ist (vgl. auch BayObLG NJW-RR 1987,328). Weiter kommen die sog. grundstücksgleichen Rechte (namentlich Wohnungseigentum, Erbbaurecht) in Betracht (s. dazu näher o. Rdn. 168).

4.2.3.1.1 Gebäude oder Gebäudeteil

Nun nennt das Gesetz hier ein Gebäude oder einen Gebäudeteil, aber damit ist eben nicht der Belastungsgegenstand gemeint. Tatsächlich handelt es sich hier um eine räumliche Begrenzung der beschränkten persönlichen Dienstbarkeit. Etwa mit § 1023 BGB (s. dazu o. Rdn. 213) hat das nichts zu tun (s. bezüglich der Analogiefähigkeit dieser Norm aber auch Bärmann/Pick/Merle § 31 Rdn. 29).

Das Gebäude oder der betreffende Teil müssen hinreichend genau bezeichnet werden (s. BayObLG NJW-RR 1999,1691). Sollten hier den Parteien Wahlrechte vorbehalten sein, muss das in Form einer Bedingung entstehen. Die Ausübung des Wahlrechts präsentiert sich hier als Entstehungsvoraussetzung des dinglichen Rechts (BayObLG MittBayNotK 1988,127).

Eine Teilung des Grundstücks lässt den Inhalt des Wohnungsrechts unberührt. Naturgemäß kann es schon kraft seiner räumlichen Beschränkung dazu kommen, dass infolge einer solchen Grundstücksteile davon frei werden. Bei genauerer Betrachtung freilich hat das Wohnungsrecht diese freiwerdenden Teile von Anfang an faktisch niemals betroffen (vgl. §§ 1090 II, 1026 BGB). Es fehlt insoweit an einem Bedürfnis, das Recht für die Teile, die von Anfang an nicht tangiert waren, aufrecht zu erhalten.

Die fragliche Gebäudeeinheit muss als Wohnung benutzt werden können. Sonstige Gebäude oder Gebäudeteile müssen auf andere Weise zur Nutzung freigegeben werden, etwa durch schuldrechtliche Gebrauchsüberlassung (s. etwa für Garagen Blank, in: Schmidt/Futterer, Vorbemerkung zu § 535 Rdn. 112).

4.2.3.1.2 Inhalt

Inhalt dieser Dienstbarkeit ist die Berechtigung, das Grundstück, räumlich begrenzt auf ein Gebäude oder einen Gebäudeteil, als Wohnung zu nutzen. Ohne diesen Wohnzweck kann es um ein Recht nach § 1093 BGB nicht gehen

Dies ist hier der Hauptzweck, was untergeordnete Nebenzwecke nicht ausschließt; gegebenenfalls ist für diese letztgenannten Zwecke eine eigene „normale" Dienstbarkeit oder ein Dauernutzungsrecht (s. Rdn. 258) zu bestellen (MüKo-Joost § 1093 Rdn. 4; s. a. OLG Frankfurt/M. OLGZ 83,31, wonach bei Nichtnennung bestimmter Räume unter Umständen eine Auslegung dahingehend getroffen werden könnte, dass alle Räume genutzt werden können. Ungeachtet dessen sollte man sich aber nicht auf Auslegungen seitens des Grundbuchamts oder des Gerichts verlassen, sondern den Rechtsinhalt exakt bestimmen!). Hier könnten etwa Mitbenutzungsrechte an gemeinschaftlichen Einrichtungen neben der Gebäudenutzung zu Wohnzwecken in Betracht kommen. Sofern der Wohnzweck dominiert, können auch diese untergeordneten Aspekte an der Dinglichkeit teilhaben.

Nicht hingegen kann die Entgeltlichkeit für die Einräumung eines solchen Rechts mit dinglicher Wirkung vereinbart werden (Holland, in: Würzburger Notarhandbuch, Rdn. 2057). Bei genauer Betrachtung aber handelt es sich um keine Besonderheit, die Nichtdinglichkeit von Entgeltsabsprachen findet sich gemeinhin bei allen anderen dinglichen Rechten auch. Hier bedarf es anderweitiger Sicherheiten (vgl. auch im Anschluss Rdn. 242 a. E).

4.2.3.1.3 Künftige Gebäude

Jedoch verlangt der Wohnzweck nicht, dass auch schon tatsächlich ein dauerhaft bewohnbares Gebäude vorliegt. Wohnungsrechte können auch an noch zu errichtenden Gebäuden oder deren Teilen bestellt werden (OLG Hamm DNotZ 1976,231).

Eine solche Bestellung kommt einer Vorausverfügung schon sehr nahe (Das Grundstück existiert regelmäßig bereits, nur die räumliche Beschränkung kann noch nicht aktuell sein). Ebenso wie bei einer solchen muss hier freilich der zu nutzende Teil des Grundstücks (das Gebäude, der Gebäudeteil) ex ante bestimmbar sein. Fehlt es daran, was auch etwa dadurch geschehen kann, dass die konkrete Errichtung des Gebäudes mit der Festlegung in den Plänen nichts mehr gemein hat, ist die Bestellung von Anfang an unwirksam gewesen. Sicherlich wird man hier – wenn auch in engen Grenzen – mittels Auslegung eine solche Konsequenz im Einzelfall vermeiden können. Gleichwohl sollte man sich darauf nicht verlassen, sondern anstelle guter Hoffnungen den Weg einer hinreichend exakten Festlegung des Nutzungsrahmen gehen.

4.2.3.2 Ausschluss des Eigentümers
4.2.3.2.1 Allgemeines

Das Recht nach § 1093 I BGB gestattet die Nutzung zu Wohnzwecken unter Ausschluss des Eigentümers (s. dort Satz 1). *242*

Das ist die eigentliche Quintessenz des Wohnungsrechts. Bislang konnte das Gesagte durchaus auf jede beschränkte persönlichen Dienstbarkeit zutreffen. Bei der „normalen" Dienstbarkeit ist jedoch dem Eigentümer die Benutzung neben dem Dienstbarkeitsberechtigten grundsätzlich nicht verwehrt. Er darf nur nicht die Benutzung durch den Berechtigten beeinträchtigen. Dort, wo er das nicht tut, kann er selbst das Grundstück auf dieselbe Art und Weise nutzen, wie es der konkrete Inhaber einer konkreten Dienstbarkeit kann. Hierin liegt zugleich die wesentliche Abgrenzung zwischen dem Recht aus § 1093 BGB und demjenigen, welches sich allein nach den §§ 1090 bis 1092 BGB richtet (Jauernig/Jauernig § 1093 Rdn. 2).

Wird etwa ein vermeintliches Wohnungsrecht dergestalt eingeräumt, dass der Eigentümer neben dem Wohnungsberechtigten zur Nutzung des betreffenden Wohnraums berechtigt ist, ist ein solches durchaus zulässig. Nur handelt es sich hier dann nicht mehr um ein Recht i. S. v. § 1093 BGB, sondern um eine gewöhnliche beschränkte persönlichen Dienstbarkeit (Westermann, § 123.4).

Davon wiederum zu unterscheiden ist der Fall, dass der Eigentümer sich und noch weiteren Personen ein einheitliches Wohnungsrecht bestellt. Dies kann wiederum ein solches nach § 1093 BGB sein, denn ein Eigentümerwohnungsrecht ist, wie zuvor gesagt ja zulässig, und es spricht auch nicht dagegen, dass es hier zu einer Mischung aus Eigentümer- und Fremdrecht kommt. Ebenso spricht nichts dagegen, dass der Eigentümer an seiner eigenen Wohnung einem Anderen ein Wohnrecht bestellt, aber gleichwohl faktisch die Wohnung daneben noch selbst nutzt (s. a. Palandt-Bassenge § 1093 Rdn. 7, aber str., s. a. a. O. – alternativ müssten hier gleichrangige Rechte je für sich getrennt bestellt werden; a. A. etwa Blank, in: Schmidt/Futterer, Vorbemerkung zu § 535 BGB, Rdn. 113). Derartige Konstellationen sind vor allem im familiären Bereich denkbar, wenn ein Eigentümer seine Angehörigen begünstigen will, ohne seine eigenen Interessen aufzugeben (Beispielsfall: Ein Ehepartner räumt seinem anderen Ehepartner ein Wohnungsrecht an seinem von ihm selbst bewohnten Grundstück ein).

4.2.3.2.2 Annex: Die Gegenleistung

Das Wohnungsrecht gibt allein das Recht, ein Gebäude oder einen Gebäudeteil als Wohnung zu nutzen. Über eine mögliche Gegenleistung wird insoweit nichts gesagt. Diese folgt allenfalls aus einer schuldrechtlichen Kausalabrede, die mit dem Inhalt des dinglichen Rechts nichts zu tun hat (s. a. BFH NJW 1998,3144; BayObLG NJW-RR 1993,283). Diese Abrede hat nichts mit einem Mietvertrag zu tun, da hier die gegen Entgelt zu erbringende Leistung nicht in der Gebrauchsüberlassung, sondern in der Verschaffung eines dinglichen Rechts besteht (s. a. BGH NJW-RR 1999,377).

Selbstverständlich können auch hier Bedingungszusammenhänge (§ 158 BGB) zwischen dem Bestand des Wohnungsrechts und der ordnungsgemäßen Erbringung der Gegenleistung, der Zahlung eines Entgelts, vereinbart werden (s. insoweit auch BayObLGZ 97,246). Aber dieses muss auch hier wieder ausdrücklich geschehen. Ansonsten bleibt es bei dem sachenrechtlichen Trennungs- bzw. Abstraktionsprinzip.

4.2.3.2.3 Annex: Stimmrechtsaufteilung in der Wohnungseigentümerversammlung?

Wieder stellt sich die Frage, ob die Belastung von Wohnungseigentum (s. insoweit bereits o. Rdn. 241 a. E.) Einflüsse auf das Stimmrecht in der Wohnungseigentümerversammlung hat (s. hierzu den Überblick bei Blank, in: Schmidt/Futterer, Vorbemerkung zu § 535 BGB Rdn. 111).

Ein Gedanke wäre es, das Stimmrecht, soweit es um die zur Nutzung unter Ausschluss des Eigentümers freigegebenen Gebäude oder Gebäudeteile geht, dem Wohnungsrechtsinhaber zuzuweisen (so die Rspr., a. a. O.). Dagegen spricht, dass der solchermaßen Berechtigte mittels seines Rechts noch nicht zum Mitglied der Wohnungseigentümerversammlung wird. Folglich spricht mehr dafür, die organisatorischen Gefüge un-

Das Wohnungsrecht gem. § 1093 BGB

angetastet zu lassen und das Stimmrecht vollumfänglich dem Eigentümer zu belassen (so auch Blank a. a. O.). Wohl besteht eine Pflicht gegenüber dem Wohnungsberechtigten, das Stimmrecht in dessen Interesse auszuüben (vgl. insoweit bereits o. Rdn. 99).

4.2.3.3 Nutznießer

Gem. § 1093 II BGB ist der Berechtigte auch befugt, seine Familie sowie die zur standesgemäßen Bedienung oder zur Pflege erforderlichen Personen in die Wohnung aufzunehmen. Diese Vorschrift erlangt ihre Bedeutung dann, wenn diese Personen nicht ohnehin bereits Mitinhaber des Wohnungsrechts geworden sind. *243*

Auch hier geht es um den Inhalt des dinglichen Rechts selbst. Anspruchsinhaber ist insoweit der an diesem Berechtigte, nicht die genannten dritten Personen selbst.

Anderweitige Personen nehmen an dem dinglichen Recht nicht teil. Seine Ausübung kann ihnen durch Gestattung (§ 1092 I Satz 2 BGB, da es auch hier um eine beschränkte persönlichen Dienstbarkeit geht, ist diese Norm anwendbar) überlassen werden.

§ 1093 II BGB wird als abdingbar erachtet (BGH NJW 1982,1869). Wird dieser Weg beschritten, sollte man hier auf einer Eintragungspflichtigkeit im Grundbuch beharren. Hier geht es um den Inhalt des dinglichen Rechts selbst, nicht um die Konturierung der Pflichten des gesetzlichen Schuldverhältnisses. Es ist zwar zutreffend, dass ein gutgläubiger Erwerb insoweit kaum in Frage kommt (vgl. insoweit Rdn. 68: Auch hier ist das dingliche Recht unübertragbar, und ein Wechsel auf Grundstückseigentümerseite führt zu keiner Veränderung des Umfangs der dinglichen Belastung), aber immerhin gilt es, die Vermutung des § 891 BGB zu entkräften.

4.2.3.3.1 Familie

Der Begriff der Familie ist nicht formaljuristisch, sondern nach allgemeinem Sprachgebrauch auszulegen (Palandt-Bassenge § 1093 Rdn. 12). Weiterhin fallen unter diese Norm auch Partner einer nichtehelichen Lebensgemeinschaft oder auch solche im Sinne des Lebenspartnerschaftsgesetzes (vgl. für die bereits länger zurückliegende Diskussion um die nichteheliche Lebensgemeinschaft BGHZ 84,36 zum Wohnungsrecht nach § 1093 BGB; BGH NJW 1993,1000 f. zu § 569 a a. F. – jetzt § 563 b BGB –; a. A. Heinz FamRZ 1982,763 ff.). Stets geht es aber im Rahmen des § 1093 II BGB nur um ein abgeleitetes Recht auf Mitbenutzung. Ein alleiniges Benutzungsrecht, unabhängig von den Befugnissen des Rechtsinhabers, gibt es nicht.

4.2.3.3.2 Zur standesgemäßen Bedienung oder zur Pflege erforderliche Personen

Die zur standesgemäßen Bedienung erforderlichen Personen haben heutzutage mit Sicherheit erheblich an Bedeutung verloren. Anders wird es mit den zur Pflege erforderlichen Personen sein. Wenn man nur bedenkt, dass das Wohnungsrecht gerade ein gebräuchliches Instrument der Altersversorgung darstellt, wird dies mehr als offenkundig.

Sind die genannten Personen erst einmal in die Wohnung eingezogen, gelangen sie ohne Wenn und Aber in den Genuss des Wohnrechts, solange dieses besteht. Das gilt sogar dann, wenn etwa die pflegebedürftige Person ihrerseits die Wohnung auf Dauer verlässt (etwa wegen eines Umzugs in ein Alten- und Pflegeheim, OLG Oldenburg NJW-RR 1994,468). Fraglich kann allerdings sein, ob die Person dann überhaupt noch im Sinne des Gesetzes „zur Pflege erforderlich ist".

4.2.3.3.3 Mitbenutzungsrechte

Schließlich gewährt § 1093 III BGB ein Recht zur Mitbenutzung der gemeinschaftlich zum Gebrauch der Bewohner bestimmten Anlagen und Einrichtungen, wenn sich das Wohnungsrecht lediglich auf einen Gebäudeteil beschränkt. Auch hier handelt es sich um einen dinglichen Inhalt des Wohnungsrechts. Die in § 1093 II BGB genannten Personen kommen ebenfalls in den Genuss eines solchen Mitbenutzungsrechts. Für sonstige Personen, sofern sie nicht selbst Inhaber eines Wohnungsrechts sind, kann eine entsprechende Gestattung nur außerhalb des dinglichen Rechts erteilt werden.

Noch einmal sei darauf hingewiesen, dass das Mitbenutzungsrecht im Vergleich zu dem Recht auf Nutzung der Wohnung nur eine untergeordnete Rolle spielt. Dort, wo es zu einem Hauptrecht avanciert, liegt jedenfalls kein Fall des § 1093 BGB mehr vor.

4.2.3.4 Sonstiges

244 Zu einem Gebäude gehört regelmäßig auch Zubehör (§ 97 BGB). Das Wohnungsrecht kann sich auch auf dieses erstrecken, wenn insoweit der Wohnzweck realisiert wird.

Insoweit muss eine entsprechende Einigung vorliegen, dass sich das Recht auf das Zubehör erstrecken soll. Entsteht dann das Wohnungsrecht, erfasst es auch dieses (§§ 1092 I Satz 2, 1031, 926 I BGB). Steht das Zubehör nicht im Eigentum des Bestellers, kann entsprechend § 926 II BGB sich das Wohnungsrecht kraft guten Glaubens dennoch auf dieses erstrecken, wenn entsprechend der §§ 932 ff. BGB bei Besitzerlangung eben ein solcher vorlag. Gegenüber dem wahren Eigentümer liegt dann ein entsprechendes Recht zum Besitz vor, welches insoweit seinen Anspruch aus § 985 BGB ausschließt. Dasselbe gilt auch für Unterlassungs- und Beseitigungsansprüche (vgl. § 1004 II BGB).

Kollidiert das Wohnungsrecht mit gleichrangigen dinglichen Nutzungsrechten, kommt es zu einem Ausgleich nach §§ 1090 II, 1024 BGB (näher dazu o. Rdn. 198).

4.2.4 Entstehung

Da das Wohnungsrecht nach § 1093 BGB gerade kein Recht an einem Gebäude und dergleichen ist, sondern ein solches an einem Grundstück – nur die konkrete Ausübung ist räumlich begrenzt –, entsteht es wie grundsätzlich jedes andere Grundstücksrecht auch durch eine dingliche Einigung und Eintragung in das Grundbuch (§ 873 BGB).

245

Hier dürften die Probleme der Spezifizierung des Rechts sowohl in der Einigung wie auch in dem Eintragungsantrag (Auch hier ist eine Bezugnahme nach § 874 BGB ohne weiteres denkbar) wohl nicht so problematisch, wie es bei den zuvor dargestellten Rechten gegebenenfalls sein kann. Das Wohnungsrecht wird auch von dem Gesetz vergleichsweise exakt definiert, was nicht ohne einen positiven Einfluss auf seine Abfassung durch die Parteien sein kann.

Selbstverständlich besteht auch hier die Möglichkeit eines gutgläubigen Erwerbs (§ 892 BGB).

Auch hier ist bezüglich des Minderjährigenschutzes auf die bereits gemachten Ausführungen zu verweisen (s. o. Rdn. 36, 194).

4.2.5 Schutzansprüche

Das Wohnungsrecht ist eine beschränkte persönliche Dienstbarkeit. Als solche ist sie ein dingliches Recht. Seine Wirkungen gegenüber Dritten bestimmen sich damit nach den allgemeinen Regeln, wie sie auch für jede andere beschränkte persönlichen Dienstbarkeit gelten (s. i. e. o. Rdn. 199 ff.).

246

Damit existieren verschuldensunabhängige Unterlassungs- und Beseitigungsansprüche (§§ 1090 II, 1027 BGB) wie im Fall einer schuldhaften Beeinträchtigung Schadensersatzansprüche (§ 823 I BGB).

Wohnungsrechte

Auch der sog. Rechtsbesitz (§§ 1090 II, 1029 BGB) ist hier durchaus anwendbar. Jedoch wird er hier kaum eine praktische Rolle spielen, denn der Inhaber des Wohnungsrechts wird doch üblicherweise auch Besitzer sein, denn ein entsprechendes Recht steht ihm ja zu (§§ 1093 I Satz 2, 1036 I BGB). Dies gilt auch gegenüber dem Grundstückseigentümer, zumal dieser ja gerade, soweit das Wohnungsrecht reicht, selbst von einer gleichartigen Benutzung ausgeschlossen ist. Damit greift der allgemeine Besitzschutz (§§ 858 ff. BGB) schon direkt ein, ohne dass es auf § 1029 BGB noch ankäme (Ein Beispiel, wo das noch anders sein könnte, wäre derjenige, in denen Personen zur standesmäßigen Bedienung i. S. v. § 1092 II BGB, die etwa hinsichtlich der Wohnung nur Besitzdiener, § 855 BGB, wären, Besitzschutzansprüche geltend machen wollten. Indessen zeigt dieses Beispiel schon, dass die praktische Relevanz der §§ 1090 II, 1029 BGB sich in Grenzen hält).

Wird das Wohnungsrecht durch eine Anlage beeinträchtigt, unterliegt dieser Anspruch der Verjährung. Ist diese eingetreten, erlischt insoweit partiell das Wohnungsrecht. In Bezug auf die Verjährung und das damit verbundene Erlöschen des dinglichen Rechts kann es auch keinen gutgläubigen Erwerb geben (§ 1090 II, 1028 BGB).

Hier muss man sich vergegenwärtigen, dass das Wohnungsrecht als Dienstbarkeit ja auf dem gesamten Grundstück lastet, allein seine Ausübung ist räumlich begrenzt. Damit kann aber jede auf dem Grundstück errichtete Anlage, ganz gleich wo sie sich genau befindet, das Wohnungsrecht durchaus beeinträchtigen.

Auf der anderen Seite ist freilich auch der Eigentümer gegen Beeinträchtigungen seitens des Wohnungsberechtigten kraft seines Eigentums geschützt. Nicht hingegen kann er aber im Fall der unberechtigten Weitervermietung des Wohnungsrechts neben den üblichen Schutzansprüchen auch Herausgabe der Nutzungen verlangen (BGHZ 59,57; a. A. Baur JZ 1972,631).

4.2.6 Gesetzliches Schuldverhältnis

247 Hinsichtlich der Ausgestaltung des begleitenden gesetzlichen Schuldverhältnisses offenbart sich ein weiterer wesentlicher Unterschied des Wohnungsrechts zu den sonstigen beschränkten persönlichen Dienstbarkeiten. Die Verweise in § 1093 I Satz 2 BGB lassen dieses nämlich in einem besonderen Maße in die Nähe des Nießbrauchs gelangen.

4.2.6.1 Inhalt

Beide Parteien können jeweils auf Eigenkosten den Zustand der Wohnung bzw. des räumlichen Abschnitts, auf den sich das Wohnungsrecht bezieht, durch Sachverständige feststellen lassen (§§ 1093 I Satz 2, 1034 BGB).

4.2.6.1.1 Besitzrecht und Erhaltungspflichten

Das Besitzrecht (§§ 1093 I Satz 2, 1036 I BGB) ergibt sich bereits aus dem Inhalt des dinglichen Rechts selbst. Dieses wirkt auch schon kraft seiner Dinglichkeit gegenüber dem Eigentümer. Man kann also – wie beim Nießbrauch auch – darüber diskutieren, ob § 1036 I BGB Ausfluss der Dinglichkeit oder eines gesetzlichen Schuldverhältnisses ist – dies allerdings ohne jeglichen praktischen Unterschied im Ergebnis.

Der Wohnungsberechtigte hat den vorgegebenen Bestand der Wohnung zu respektieren und darf sie vor allem nicht umgestalten oder wesentlich verändern. Weiterhin hat er sie ordnungsgemäß zu verwalten und erhalten (§§ 1093 I Satz 2, 1036 II, 1037 I, 1041 BGB; der Verweis auf § 1037 II BGB dürfte praktisch leer laufen). Ausbesserungspflichten bestehen nur innerhalb der gewöhnlichen Unterhaltung der Sache (§ 1041 Satz 2 BGB). Anders gewendet, obliegen dem Berechtigten die Wartungsarbeiten, nicht aber etwa Schönheitsreparaturen (Blank, in: Schmidt/Futterer, Vorbemerkung zu § 535 BGB, Rdn. 115).

4.2.6.1.2 Vorsorge- und Anzeigepflichten

Es bestehen zur Schadensvorsorge oder -beseitigung Anzeigepflichten. Dasselbe gilt für den Fall, dass ein Dritter sich Rechte an dem Belastungsobjekt anmaßt (§§ 1093 I Satz 2, 1042 BGB). Letzteres kann man aber kaum in einem derartig unbeschränkten Maße verlangen wie beim Nießbrauch oder einer Dienstbarkeit, die auch einen auf die Gesamtimmobilie bezogenen Nutzungsrahmen aufweist. Satt dessen muss man eine Einschränkung dahingehend zulassen, dass ein Bezug zur genutzten Wohnung schon vorhanden sein muss.

4.2.6.1.3 Betretungsrechte des Eigentümers

Fraglich ist, ob der Eigentümer ein Besichtigungsrecht an der Wohnung hat, um Schäden und dergleichen feststellen zu können. Die genannten Anzeigepflichten wie auch das Recht der Zustandsfeststellung sprechen grundsätzlich dagegen. (LG Fulda NJW-RR 1998,777, aber str., a. A. Blank a. a. O.). Man wird ein solches Recht dem Eigentümer daher nur

Wohnungsrechte

in krassen Ausnahmefällen zugestehen können (z. B. bei schwerwiegenden Verdachtsmomenten konsequenter Pflichtverletzungen durch den Wohnungsberechtigten oder in Eilfällen).

4.2.6.1.4 Duldungspflichten

Ausbesserungsmaßnahmen müssen von dem Wohnungsrechtsinhaber geduldet werden (§§ 1093 I Satz 2, 1044 BGB). Ein Betretungsrecht des Eigentümers hinsichtlich der Wohnung kann aber nur im Rahmen eben solcher Maßnahmen nach vorherige Ankündigung angenommen werden (was im Mietrecht aber nur unter engen Voraussetzungen möglich ist, etwa bei längerer Abwesenheit des Mieters, vgl. Eisenmschid, in: Schmidt/Futterer § 535 Rdn. 212 – dieselbe Interessenlage trifft auch hier zu). Das zuvor abgelehnte Besichtigungsrecht ist davon zu unterscheiden, denn dieses bezieht sich auf eine allgemeine Schadenskontrolle ohne konkreten Anlass.

4.2.6.1.5 Allgemeine Schonpflicht

248 Im Zusammenhang mit den eben genannten Pflichten steht die allgemeine Schonpflicht nach den §§ 1090 II, 1020 BGB.

Anlagen auf dem Grundstück, die kraft des Wohnungsrechts benutzt werden können, können zum Gegenstand von Unterhaltungspflichtvereinbarungen nach Maßgabe der §§ 1090 II, 1021 I BGB gemacht werden. Insoweit findet wieder Reallastrecht entsprechende Anwendung (§ 1021 II BGB, s. näher dazu o. Rdn. 211 ff.).

Der Verweis auf § 1022 BGB in § 1090 II BGB dürfte hinsichtlich des Wohnungsrechts irrelevant sein. Dasselbe gilt weitgehend für die Verlegung der Ausübung der Dienstbarkeit (§§ 1090 II, 1023 BGB), denn insoweit ist das Wohnungsrecht kraft seines Inhalts von Anfang an räumlich beschränkt, so dass es ohnehin in seiner Ausübung nicht verlegt werden kann. Ein Anwendungsbereich bleibt lediglich für Randnutzungen in Bezug auf Einrichtungen außerhalb der eigentlichen Wohnung (etwa, wenn es um Mitbenutzungsrechte nach § 1093 III BGB geht). Insoweit ist der Verlegungsanspruch unabdingbar (§§ 1090 II, 1023 II BGB).

4.2.6.2 Verwendungsersatz

Im Fall von Verwendungen auf den Vertragsgegenstand, zu denen der Wohnungsberechtigte nicht verpflichtet war, kann Schadensersatz nach den Regeln der Geschäftsführung ohne Auftrag verlangt werden (§§ 1093 I Satz 2, 1049, 677 ff. BGB). Fehlt es an diesen Voraussetzungen, kann ein

Bereicherungsausgleich in Betracht kommen (§ 684 Satz 1 BGB als Rechtsgrundverweis auf die §§ 812 ff. BGB).

Zu beachten ist hier die überaus kurze Verjährungsfrist von sechs Monaten (§§ 1093 I Satz 2, 1057 BGB, s. schon o. Rdn. 162).

4.2.6.3 Leistungsstörungen

Werden die jeweiligen Pflichten aus dem gesetzlichen Schuldverhältnis verletzt, kommen Schadensersatzansprüche in Frage (§§ 280 ff. BGB). Nicht jedoch haftet der Wohnungsberechtigte für gewöhnliche Abnutzungen (§§ 1093 I Satz 2, 1050 BGB).

249

Ersatzansprüche des Eigentümers wegen Veränderung oder Verschlechterung des Vertragsgegenstandes verjähren gleichfalls in sechs Monaten (s. näher §§ 1093 I Satz 2, 1057 BGB mit Verweis auf § 548 I Satz 2 u. 3 sowie Absatz 2, s. schon o. Rdn. 162).

Daneben bestehen die Eigentumsschutzregeln fort. Bei Überschreiten des Umfangs des dinglichen Rechts kann gem. § 1004 I BGB hiergegen vorgegangen werden (Für Unterlassungsansprüche ist wieder auf das grundsätzliche Abmahnerfordernis hinzuweisen, ebenso auf eine opportune strafbewehrte Unterlassungserklärung, vgl. insoweit schon mit Allgemeinaussagencharakter o. Rdn. 77). Bei schuldhaften Eigentumsverletzungen greift ein Anspruch nach § 823 I BGB. Wäre insoweit die Bestellung des Wohnungsrechts unwirksam, wäre das ein ganz klassischer Fall des sog. Fremdbesitzerexzesses (vgl. bereits o. Rdn. 81).

4.2.6.4 Zusätzliche schuldrechtliche Abreden

Hier kann wie ansonsten auch ein eigenes, rein rechtsgeschäftliches, Schuldverhältnis neben das gesetzliche treten (s. a. Rdn. 4a). Das ist dann der Fall, wenn Abreden getroffen werden, die den Rahmen des letztgenannten sprengen, wie es etwa bei der Statuierung eigener aktiver Handlungspflichten, die über den insoweit begrenzten Inhalt des Gesetzes hinausgehen. Auch hier hindert das die Wirksamkeit eigenständiger rein rechtsgeschäftlicher Vereinbarungen nicht. Allein in der dogmatischen Wurzel unterscheiden sich beide Schuldverhältnisse.

Eine Eintragbarkeit von solchen Pflichten ist grundsätzlich abzulehnen, auch wenn sie in Zusammenhang mit dem Inhalt des dinglichen Wohnrechts steht, denn sie ist nach wie vor eine rein schuldrechtliche. Es stimmt einfach nicht, wenn man darin eine Erweiterung des dinglichen Rechts sehen will (a. A. die h. M., s. Blank, in: Schmidt/Futterer, Vorbemerkung zu § 535 Rdn. 120). Angesichts dessen, dass dies nicht allenorts so gesehen wird, sollte prophylaktisch eine Grundbucheintragung vorgenommen werden. Bei genauer Betrachtung könnte sie aber allenfalls deklaratorisch sein. Eine Rechtsnachfolge könnte unabhängig von dem Eintrag lediglich durch Vertragsübernahme (§ 415 BGB) oder – sofern anwendbar – über § 566 BGB erfolgen.

4.2.7 Dispositionen

250 Die Frage, inwieweit Dispositionen über das Wohnungsrecht möglich sind, beantwortet sich nach dem Recht der beschränkten persönlichen Dienstbarkeit (s. i. e. o. Rdn. 215).

4.2.7.1 Verfügungen

Damit ist eine Verfügung ausgeschlossen (§ 1092 I Satz 1 BGB), was auch für den Anspruch auf Einräumung des Wohnungsrechts gilt (vgl. § 1059 e BGB).

Eine Ausnahme findet sich nur in den entsprechend anwendbaren Fällen des § 1059 a BGB (§ 1092 II BGB; s. näher o. Rdn. 150 ff.); jedoch ist der Anspruch auf Einräumung dieses Rechts nicht übertragbar (s. insoweit den fehlenden Verweis auf § 1059 e BGB in § 1092 II BGB a. E. – anders als bei § 1092 I Satz 2 BGB hat das Gesetz hier durch dieses Unterlassen ein klares Wort gesprochen). Diese Konstellation könnte für den Bereich von Wohnungsbaugesellschaften u. ä. durchaus von Interesse sein.

Der Fall des § 1092 III BGB ist für das Wohnungsrecht nicht denkbar.

Schließlich ist es auch hier möglich, an sich unübertragbare Rechte derart zu „flexibilisieren", indem man sie in Gesellschaften einbringt und über deren Anteile verfügt (s. insoweit bereits o. Rdn. 149). Es handelt sich wie beim Nießbrauch (a. a. O.) um keine echte Ausnahme zur generellen Unverfügbarkeit, sondern um die Anwendung allgemeiner Rechtsgrundsätze. Davon zu unterscheiden ist die Unverfügbarkeit von Bruchteilsinhaberschaften an einem Wohnungsrecht, der dogmatische aber anders strukturiert ist als ein Gesellschaftsanteil unabhängig von der Rechtsnatur der Gesellschaft selbst. Bruchteilsinhaberschaften setzen an dem konkreten Recht selbst an – ist dieses unverfügbar, gilt das auch für den Anteil. § 747 BGB tritt dem gegenüber zurück.

4.2.7.2 Schuldrechtliche Überlassungen
4.2.7.2.1 Allgemeines

Eine schuldrechtliche Überlassung ist möglich, wenn dies gestattet ist (§ 1092 I Satz 2 BGB). Eine solche Gestattung muss also konkret vorliegen. Fehlt sie, ist das Recht auch auf schuldrechtlicher Ebene nicht disponibel.

Die Gestattung ist grundbucheintragungsfähig und richtigerweise auch grundbucheintragungspflichtig (s. o. Rdn. 231, aber str., s. a. Rdn. 237 für den Insolvenzfall – eingetragen werden sollte hingegen die Gestattung wegen der von der h. M. angenommenen Wirkung gegenüber Rechtsnachfolgern allemal!). Die Gestattung wird dabei so verstanden, dass es um eine entsprechende Einigung zwischen Besteller und dem Erwerber geht, also entgegen dem vielleicht missverständlichen Wortlaut des Gesetzes eine einseitige Erklärung nicht ausreicht (Musielak/Becker § 857 Rdn. 15; BGH NJW 1963,2319). Das folgt daraus, dass mit der Überlassungsmöglichkeit der Inhalt des dinglichen Rechts dieses selbst modifiziert wird; so aber wie die Rechtsbestellung an sich einer Einigung bedarf, so ist das auch für sonstige Festlegungen seines Inhalts der Fall.

4.2.7.2.2 Annex: Heizkosten

Wird das Wohnungsrecht jemand anders schuldrechtlich überlasen, so treffen den Wohnungsrechtsinhaber die Pflichten nach der Heizkostenverordnung (s. a. a. O. § 1 II Nr. 1), die grundsätzlich auch nicht rechtsgeschäftlich abbedungen werden können (§ 2 HeizkostenVO, ausgenommen bei Gebäuden mit nicht mehr als zwei Wohnungen, von denen der Vermieter eine bewohnt).

Es sind dem gemäß der anteilige Gebrauch der Nutzer an Wärme und Warmwasser zu erfassen (§ 4 HeizkostenVO), die dazu erforderlichen Ausstattungen (Zähler etc.) anzubringen (§ 5 HeizkostenVO) und die Kosten anteilig aufzuerlegen (§§ 6 ff. HeizkostenVO).

4.2.7.3 Unvererblichkeit

Schließlich kann auch das Wohnungsrecht nicht vererbt werden (§§ 1090 II, 1061 BGB) – ein Umstand, welchem es gerade seine Eignung für eine individuelle Altersversorgung verdankt (s. o. Rdn. 239).

Wohnungsrechte

4.2.8 Beendigung

251 Das Wohnungsrecht kann unter denselben Voraussetzungen erlöschen wie eine sonstige beschränkte persönlichen Dienstbarkeit (s. o. Rdn. 232).

4.2.8.1 Allgemeines

Sie kann aufgehoben werden (§ 875 BGB) oder, falls das vereinbart wurde, mit Eintritt einer entsprechenden Bedingung.

Die Aufhebung erstreckt sich auch auf das eventuell mit von dem Wohnungsrecht erfasste (s. insoweit §§ 1093 I Satz 2, 1031 BGB) Zubehör (§§ 1093 I Satz 2, 1062 BGB). § 1062 BGB ist in seiner direkten Anwendung eine Auslegungsregel, wird hier aber stets und zwingend dieses Ergebnis mit sich bringen. Die Aufhebung eines Wohnungsrechts, welches hinsichtlich des Zubehörs aber weiter besteht, ist nicht denkbar. Das Wohnungsrecht wird von dem Wohnzweck bestimmt; fällt dieser weg, ist es nicht mehr existenzfähig.

Weiter erlischt es mit dem Tod des Berechtigten (§ 1090 II, 1061 BGB).

Hingegen kann der Fortfall eines Bedürfnisses für dieses Recht kaum in Betracht kommen (s. schon o. Rdn. 224).

Auch ein Unschädlichkeitszeugnis (Art. 120 EGBGB) kann einen eigenständigen Erlöschensgrund darstellen (s. o. Rdn. 232). Gleiches kann prinzipiell auch für eine Grundstücksteilung in Betracht kommen (s. o. Rdn. 232); jedoch dürfte dieser Fall infolge der von Anfang bestehenden Beschränkung der jeweiligen Ausübungsbefugnisse auf eine Wohnung kaum denkbar oder wenigstens extrem selten sein.

Teilweise kann das Wohnungsrecht nach § 1090 II, 1028 I Satz 2 BGB erlöschen (s. insoweit o. Rdn. 209).

Nicht aber kann das Recht dadurch erlöschen, dass subjektive Hinderungsgründe in der Person des Berechtigten eintreten. Das kommt hier recht häufig vor, denn im Rahmen der Altersversorgung kann etwa eine erforderliche Heimunterbringung den eigentlichen Sinn des Wohnungsrechts konterkarieren (s. hierzu OLG Oldenburg NJW-RR 1994,468; OLG Düsseldorf RPfleger 2001,543).

4.2.8.2 Insbesondere die Zerstörung des Gebäudes

4.2.8.2.1 Allgemeines

Fraglich ist, was dem Wohnungsrecht widerfährt, wenn das betreffende Gebäude zerstört wird. Insoweit wird angenommen, dass, wenigstens dann, wenn die Wiedererrichtung auf Dauer ausgeschlossen ist, ein Erlöschen eintritt – die Frage einmal dahingestellt, wann das eigentlich genau feststehen soll (s. zum Streitstand Staudinger/Mayer § 1093 Rdn. 56 ff.).

Dagegen spricht, dass das Wohnungsrecht als Dienstbarkeit auf dem nach wie vor vorhandenen Grundstück lastet und in seiner räumlichen Ausübung doch grundsätzlich jederzeit wieder reaktiviert werden kann. § 275 I BGB ändert daran nichts, denn hier geht es um den Inhalt eines bereits eingeräumten dinglichen Rechts, nicht um schuldrechtliche Absprachen (a. A. Blank, in: Schmidt/Futterer, Vorbemerkung zu § 535 Rdn. 123).

Damit dürfte der letzteren Auffassung der Vorzug zu geben sein (s. dazu Palandt-Bassenge § 1093 Rdn. 19 m. w. N.). Allerdings muss doch beachtet werden, dass eine Reaktivierung nicht bei jeder Wiedererrichtung eines Gebäudes denkbar ist. Der Umfang des Wohnungsrechts kann sich nur an demjenigen des ursprünglichen Inhalts orientieren, oder – strenger gesagt – er muss mit diesem kongruent sein. Kann sich eine Benutzung an dem neuen Gebäude faktisch nicht mit derjenigen decken, die an dem ursprünglichen, zerstörten, Gebäude kraft des dinglichen Rechts erlaubt war, ist insoweit eine Reaktivierung nicht möglich. Faktisch kann das Wohnungsrecht insoweit auf Dauer ruhen. Ungeachtet dessen ist dieser Zustand der Auffassung vorzuziehen, die das dingliche Recht vorzeitig und –eilig in seiner Existenz negiert.

4.2.8.2.2 Möglichkeiten der Absicherung

Man sieht, es liegt eine nicht zu unterschätzende Rechtsunsicherheit für den Fall der Gebäudezerstörung vor. Ganz schutzlos ist man einem solchen Risiko gegenüber, auch was den Bestand des Wohnungsrechts betrifft, aber nicht. Absichern kann man sich durch die zusätzliche Einräumung einer Wohnungsreallast (§§ 1105 ff. BGB; s. insoweit auch o. Rdn. 31, 240). Mittels einer solchen kann das Recht begründet werden, ein Wohnobjekt unabhängig von dem konkreten Gebäudebestand zu unterhalten (Holland, in: Würzburger Notarhandbuch, Rdn. 2058, Formulierungsbeispiel a. a. O. Rdn. 2060).

Ebenso kann eine schuldrechtliche Verpflichtung begründet werden, für den Fall der Zerstörung des Wohnobjekts ein erneutes Nutzungsrecht zu begründen, dieses seinerseits kann durch die Eintragung einer Vormerkung (§§ 883 ff. BGB) abgesichert werden (Holland a. a. O. mit Formulierungsbeispiel Rdn. 2059 für die sog. Brandvormerkung, zur entsprechenden Absicherung von künftigen Ansprüchen s. § 883 I Satz 2 BGB). Darauf folgende Verfügungen (s. hingegen für Vermietungen BGH NJW 1989, 451, insoweit aber str. !) sind dann relativ unwirksam, als sie dieses

Wohnungsrechte

Einräumungsanspruch beeinträchtigen würden (§ 883 II BGB, für eventuelle Löschungsansprüche s. § 888 I BGB). Das daraus resultierende Anwartschaftsrecht wird bereits mit der Vormerkungsentstehung als ausschließliches Recht geschützt. Des weiteren genießt die Vormerkung den Schutz der §§ 106 InsO, 48 ZVG.

Entsprechende Vorsichtsmaßnahmen sollten hier gegebenenfalls getroffen werden. Man vermeidet somit unnötige Unklarheiten für den schlimmsten aller anzunehmenden Fälle.

4.2.8.3 Beendigung und schuldrechtliche Gebrauchsüberlassung

Ist das Wohnungsrechts infolge einer vorliegenden Gestattung Anderen zum Gebrauch überlassen worden, genießen diese keinen Schutz im Fall seines Erlöschens. Die Situation ist dieselbe, wie bei der beschränkten persönlichen Dienstbarkeit überhaupt (s. bereits o. Rdn. 232). Es gibt keine Norm, welche die §§ 566 ff. BGB für entsprechend anwendbar gegenüber dem Grundstückseigentümer erklärt (s. demgegenüber für den Nießbrauch § 1056 BGB, für das Dauerwohnrecht u. Rdn. 270). Wie bei der genannten Art von Dienstbarkeit überhaupt äußert sich auch hier, dass die Überlassung an Dritte kein Primärzweck des dinglichen Rechts ist, dieses vielmehr auf konkrete Berechtigte fixiert ist. In leistungsstörungsrechtlicher Sich handelt es sich bei einer Beendigung des zur Ausübung überlassenen dinglichen Rechts um eine nachträglich eingetretene Unmöglichkeit (s. o. Rdn. 232).

Es wäre hier zugunsten des dritten Nutzers also anzuraten, auch mit dem Grundstückseigentümer Abreden zu treffen, welche für Beendigungsfälle absichernd wirken.

4.2.9 Zwangsvollstreckung

252 In das Wohnungsrecht kann nach § 857 III ZPO nur vollstreckt werden, wenn eine Überlassung der Ausübung gestattet ist (§ 1092 I Satz 2 BGB). Bedenken unter dem Gesichtspunkt einer Vollstreckungsvereitelung bestehen nicht (s. o. Rdn. 234). Eine Verzichtsmöglichkeit auf das Recht nach seiner Pfändung besteht gegenüber den Gläubigern nicht (s. o. a. a. O.). Die Vollstreckung kann jedoch nur auf Ausübung des Wohnungsrechts gerichtet sein.

Hier wird es sich im Einzelfall empfehlen, von Anfang an auf eine Ausübungsüberlassung zu verzichten, mithin die Gestattung nach § 1092 I Satz 2 BGB zu versagen. Damit wird dem häufigen Zweck einer individuellen Altersversorgung, der ein Gläubigerzugriff abträglich wäre, Rechnung getragen. Da diese Möglichkeit kraft der Struktur des Rechts vorgegeben ist, handelt es sich bei der Gestattungsversagung nicht um ein auch nur irgendwie beanstandenswertes Verhalten. Für die Zwangsvollstreckung greift auch § 851 II ZPO nicht ein. Diese Vorschrift betrifft den Fall, dass ein grundsätzlich übertragbares Recht über § 399, 2. Alt., BGB zu einem unübertragbaren umfunktioniert wird. Es ist dies nicht der Fall des § 1092 I Satz 2 BGB.

Eine Vollstreckung in das Grundstück selbst kann ein Wohnungsrecht nur dann beeinflussen, wenn es einen entsprechend schlechten Rang hat, mithin wegen eines vorrangigen Rechts vollstreckt wird. In diesem Fall kann es durch Zuschlag erlöschen (§ 91 I ZVG).

Diskutiert wird, ob auch ein Sozialhilfeträger (s. §§ 90 ff. BSHG) Zugriff auf das Wohnungsrecht nehmen kann. Das muss man ablehnen, denn ein solcher Zugriff würde das Recht in seinem Inhalt zu sehr verändern – eben diese Möglichkeit besteht aber gerade nicht (s. hierzu Staudinger/Mayer § 1093 Rdn. 55).

Gegebenenfalls kann die Gewährung eines Wohnrechts anfechtbar sein (s. insoweit o. Rdn. 158 a ff.). Ist dem so, kann nicht die Aufhebung des Rechts verlangt werden, sondern grundsätzlich nur seine Nichtausübung, gegebenenfalls verbunden mit einem Rangrücktritt nach § 880 BGB (BGH NJW 1995, 2248 ff., vgl. schon o. Rdn. 158c).

4.2.10 *Insolvenz*

4.2.10.1 Allgemeines

Dieselbe Parallele zur „normalen" beschränkte persönlichen Dienstbarkeit findet sich auch in der Insolvenz (s. o. Rdn. 237).

253

Im Fall einer Ausübungsüberlassungsgestattung (§ 1092 I Satz 2 BGB – aber nur dann, § 36 I InsO!) kann das Wohnungsrecht in die Insolvenzmasse fallen. Aber auch hier kann es letztendlich nur genutzt, nicht aber vollständig liquidiert werden.

In den Fällen der § 1092 II, III BGB (aber in der Praxis selten bis undenkbar) scheitert die Insolvenzfähigkeit an § 1059 b BGB (auf den jeweils verwiesen wird) i. V. m. § 36 I InsO.

Für das schuldrechtliche Überlassungsgeschäft ist ggf. auf § 108 InsO zu achten. Hiernach bleiben schuldrechtliche Überlassungen zwar auch gegenüber der Insolvenzmasse fort (a. a. O. Abs. 1), aber es bestehen Kündigungsrechte (§§ 111 InsO, 57 a ZVG).

Wohnungsrechte

4.2.10.2 Sonderkündigungsrechte für entgeltliche Wohnungsrechte?

Für dingliche Nutzungsrechte gilt dies nicht, der Wortlaut des § 108 I Satz 1 InsO ist insoweit auch eindeutig auf Miet- und Pachtverhältnisse beschränkt (MüKo-InsO/Eckert § 108 Rdn. 41 mit Hinweis auf BGH NZM 1998,105 – wo es im Ergebnis aber um kein dingliches Recht ging, so dass man über den hier relevanten Aussagewert dieser Entscheidung durchaus im Zweifel sein kann). Nun besteht aber gleichwohl die Tendenz, mancherlei dingliche Gebrauchsüberlassungen gleichwohl dieser Norm zu unterwerfen (Eckert a. a. O. Rdn. 15, dort für Nießbrauch und Wohnrecht). Das soll so sein, wenn das jeweilige Recht entgeltlich überlassen wird, d. h. also, wenn die dingliche Nutzungseinräumung ein Pendant zur Gebrauchsüberlassung bildet.

Dem muss jedoch widersprochen werden. Das dingliche Recht bleibt ohnehin in der Insolvenz erhalten, so dass es einer Aufrechterhaltung nach § 108 I Satz 1 InsO nicht bedürfte. Weiterhin beinhaltet das schuldrechtliche Verpflichtungsgeschäft auch nicht die Verpflichtung zur Gebrauchsüberlassung, sondern zu einer Bestellung eines dinglichen Rechts – erst dieses schafft diese Verpflichtung. Die schuldrechtliche causa erschöpft sich in der Pflicht zur dinglichen Bestellung, mehr beinhaltet sie auf Bestellerseite nicht (vgl. bereits o. Rdn. 164a, s. a. allgemein Rdn. 4a).

Für die Gegenleistungspflicht könnte man eine Masseschuld nach § 55 I Nr. 2 InsO erwägen. Insoweit greift nicht § 108 InsO, sondern § 103 InsO. Letztere Norm verlangt eine noch nicht vollständige Erfüllung eines gegenseitigen Vertrages, aber sofern die Entgeltleistung in laufenden Raten erbracht werden müsste, wäre das doch indessen der Fall (was ganz sicher auch üblich ist, vgl. ansonsten BGH NZM 1998,105).

Letzten Endes kehrt hier eben das wieder, weswegen Dienstbarkeiten als Sicherungsrechte gegen den Insolvenzfall so geeignet sind (s. o. Rdn. 164a, 232). Sie lassen sich in das insolvenzrechtliche System nicht wie eine schuldrechtliche Gebrauchsüberlassung einordnen, so dass sie auf der anderen Seite aber auch keinen Sonderkündigungsrechten Raum lassen. Alles weitere ist nichts anderes als eine logische Konsequenz daraus. Für den anderen Teil, d. h. den Besteller, sollten gegebenenfalls vertragliche Kündigungsrechte für den Insolvenzfall (oder für jegliche Vermögensverschlechterung, welche in Zahlungsstockungen mündet, überhaupt) in Erwägung gezogen werden. Sie sind zwar auch kraft Gesetzes denkbar, müssen sich aber im Vergleich an wesentlich ungenaueren Tatbestandsmerkmalen messen lassen.

Sollte man für entgeltliche dingliche Nutzungsrechte eine Anwendbarkeit von § 108 InsO bejahen, wäre schließlich eine Analogie zu § 111 InsO mit den dortigen Sonderkündigungsrechten ebenfalls nicht ausgeschlossen.

Damit könnten entgeltlich bestellte dingliche Wohnungsrechte als Insolvenzsicherung ausfallen. Bei genauer Betrachtung ist das nicht der Fall, denn es ist nicht das Sicherungsrecht entgeltlich, sondern die schuldrechtliche Gebrauchsüberlassung (sprich: der daneben bestehende Miet- oder Pachtvertrag). Kurz und gut, es darf für solche Sicherungsmaßnahmen niemals das dingliche Recht selbst mit einer entgeltlichen Gegenleistungspflicht versehen werden!

Ansonsten sollte alternativ dazu zu sonstigen Sicherungsdienstbarkeiten mit dem Inhalt des § 1018 BGB gegriffen werden. Zu denken wäre etwa eine Absicherung einer schuldrechtlichen Gebrauchsüberlassung mit einer Dienstbarkeit, kraft derer vergleichbare Gebrauchsüberlassungen ansonsten generell ausgeschlossen würden. Ein solches wäre dann doch zu sehr von den Grundfällen des § 108 InsO entfernt, als dass man hier noch eine Analogie in Erwägung ziehen könnte; das würde dann für § 111 InsO gleichermaßen gelten.

4.2.10.3 Sonstiges

Fällt das Grundstück in die Insolvenzmasse, wird das Wohnungsrecht davon nicht berührt. Wenn vorrangige Rechte ausgesondert werden, kann nach den Vorschriften des Zwangsversteigerungsgesetzes wiederum ein Erlöschen nach § 91 I ZVG in Betracht kommen (s. § 49 InsO).

Auch hier kann die Gewährung eines Wohnrechts durch den Insolvenzverwalter gegebenenfalls angefochten werden (Rdn. 159 b). Wieder kann dies zur Löschung bzw. Aufhebung des Rechts führen (§ 143 I InsO), denn wiederum reichen die Wirkungen der Insolvenzanfechtung weiter als diejenigen des § 11 I AnfG (MüKo-InsO/Kirchhof § 143 Rdn. 44 sowie a. a. O. Rdn. 26).

4.3 Das Dauerwohnrecht gem. §§ 31 ff. WEG
4.3.1 Allgemeines

Das Wohnungsrecht nach § 1093 BGB konnte letztendlich nicht alle Bedürfnisse des Rechtsverkehrs stillen. Vor allem seine Unübertragbarkeit stand dem entgegen. Dies führte zu einer Kehrtwende in der Rechtsetzung dergestalt, dass – nach einer grundsätzlichen Abneigung gegenüber jeder Art von Stockwerkeigentum (Art. 131, 182 EGBGB) – in das Woh-

254

nungseigentumsgesetz das sog. Dauerwohnrecht integriert wurde. Damit wurde ein auch übertragbares beschränktes Ausschließlichkeitsrecht in die geltende Rechtsordnung integriert.

Somit ist die primäre Funktion des Dauerwohnrechts vorprogrammiert. Es stellt eher ein Instrument zur Kapitalbeschaffung dar denn ein solches für eine individuelle Altersversorgung. Die Erstreckung auf sonstige Räume als ein sog. Dauernutzungsrecht (s. u. Rdn. 258) hat diese Möglichkeit noch erweitert.

4.3.1.1 Funktionen

254a Im praktischen Rechtsleben ist das Dauerwohnrecht vergleichsweise selten, wobei es auch aus praktischen Aspekten heraus an Bedeutung eingebüßt haben dürfte.

Eingesetzt werden kann es vor allem zur Absicherung von Baukostenzuschüssen, wobei seine Vererblichkeit den Sicherungszweck auch nicht an die Lebenszeit des Gesicherten knüpft (MüKo-Engelhardt § 31 WEG Rdn. 1; vgl. insoweit auch bezüglich der Analogie zum Erbbaurecht Bärmann/Pick § 31 Rdn. 2); hier wären Fortbestehungsvereinbarungen nach § 39 WEG nahe zu legen (s. dazu Rdn. 272). Ebenso kann es im Rahmen familiärer oder ähnlicher Zuwendungen sowie bei Vermögensauseinandersetzungen ein adäquates Ausgleichsinstrument darstellen (Bärmann/Pick § 31 Rdn. 6). Ferner kann es bei geplantem künftigen Wohnungseigentum als eine Vorstufe desselben den Zeitraum bis zu dessen Bestellung überbrücken (Bärmann/Pick a. a. O.).

Schließlich fand das Dauerwohnrecht Akzeptanz als Mittel zur Erlangung der Eigenheimzulage (vgl. Mayer DNotZ 2003,908), was sich infolge der jüngsten Steuerreformgesetzgebung jedenfalls für die Zukunft erledigt hat.

Fraglich ist – vor allem im Hinblick auf mögliche Time-sharing-Modelle (s. dazu Rdn. 278 ff.), wie lange ein Dauerwohnrecht „dauern muss", damit es ein **Dauer**wohnrecht ist. Die Rechtsprechung steht hier auf dem Standpunkt, dass eine Beschränkung auf wochenmäßige Benutzungen nicht ausreicht, was allein schon mit der Bezeichnung des Rechts begründet wird (OLG Stuttgart NJW 1987,2023; OLG Köln NJW-RR 1992,1333; ablehnend grundsätzlich die Lit., s. Mäsch DNotZ 1987,184). Man muss sagen, dass allein die grammatikalische Auslegung kaum dazu angetan ist, hierzu etwas beizutragen. Es handelt sich bei der Bezeichnung als ein dauerhaftes Wohnrecht nur um eine Unterstreichung eines dinglichen Pendants zu dem Dauerschuldverhältnischarakter obligatorischer Nutzungsrechte, welche ihrerseits aber bekanntlich auch auf vergleichsweise enge Zeiträume begrenzt sein können. Im übrigen kann die Benutzungsregelung auch nach § 33 IV Nr. 4 WEG alternativ eine Option bieten (s. u. Rdn. 263 a. E.).

Schlussendlich kann das Dauerwohnrecht theoretisch auch für dieselben Zwecke eingesetzt werden wie das Recht gem. § 1093 BGB (s. o. Rdn. 239), aber infolge seiner Disponibilität wird es jenem kaum den Rang ablaufen können. Es ist allzu sehr auf uneingeschränkte Verwertungen ausgerichtet als dass es für Zuwendungen z. B. im Rahmen von Versorgungskonzepten speziell adäquat wäre. Sofern man sich nicht allein auf solche Konzepte konzentrieren möchte, sondern dem Begünstigten weitergehende Optionen eröffnen möchte, mag das Dauerwohnrecht durchaus ein taugliches Mittel sein. Das ist der Fall, wenn Versorgungskonzepte mit zuvor beschriebenen Auseinandersetzungskonzepten zusammentreffen. Insoweit können dem bislang doch recht vernachlässigten Recht noch ungeahnte Potentiale innewohnen.

4.3.1.2 Abgrenzung zum Wohnungseigentum

Von dem Wohnungseigentum, mit dem es schließlich die Verortung in ein und demselben Gesetz teilt, unterscheidet es sich durch seinen Umfang; man kann generell sagen, dass das Dauerwohnrecht dem Wohnungseigentum dort vorzuziehen ist, wo auch die dinglichen Befugnisse über solche, welche grundsätzlich auf schuldrechtlicher Ebene ein Mietvertrag verleihen würde, nicht hinausreichen sollen (s. a. Weitnauer/Mansel Vor § 31 Rdn. 27; vgl. insbesondere für die Befristbarkeit v. Randenorgh DNotZ 2000,86). Hier spiegelt sich in einem besonders gelagerten Fall nichts anderes wieder als die allgemeine Differenzierung von Eigentum und daran möglichem beschränkt dinglichem Recht – das Dauerwohnrecht ist nämlich ein solches letztgenanntes. *254b*

Nicht ausgeschlossen erscheint es, die Bestellung von Wohnungseigentum gem. § 140 BGB in diejenige eines Dauerwohnrechts umzudeuten (§ 140 BGB, s. a. Mansel a. a. O.).

4.3.1.3 Dauerwohnrecht und Dienstbarkeiten

Von seiner Struktur her baut das Dauerwohnrecht auf dem Recht der Dienstbarkeit auf. Es ist kein subjektiv-dingliches Recht und steht somit der beschränkten persönlichen Dienstbarkeit näher als einer Grunddienstbarkeit. Gleichwohl bestehen markante Unterschiede, weshalb etwa eine Umwandlung (§ 877 BGB) in eine andere Dienstbarkeit – und umgekehrt – nicht möglich ist (OLG Hamm RPfleger 1957,251; s. a. LG

Münster DNotZ 1953,148; s. aber für die Umwandlung des schuldrechtlichen Bestellungsakts BGH NJW 1963,339).

4.3.1.4 Dauerwohnrecht und schuldrechtliche Gebrauchsüberlassungen

Gemeinsamkeiten mit schuldrechtlichen Gebrauchsüberlassung jedenfalls in der grundsätzlichen Funktion sind erkennbar, gleichwohl ist aber – wie sonst auch – jeweils genau zu differenzieren (s. dazu auch Weitnauer/Mansel Vor § 31 Rdn. 24 ff.). Insbesondere sind die mietrechtlichen Vorschriften auf das Dauerwohnrecht nicht analog anwendbar (LG Frankfurt/M. NZM 2000,872).

Steht das Gewünschte in Zweifel, wird man generell von einer bloß schuldrechtlichen Gebrauchsüberlassung ausgehen können (a. A. Mansel a. a. O., konkret einzelfallbezogene Auslegungen der Erklärungen können freilich auch zu anderen Ergebnissen führen). Wie sonst auch ist der Grund derjenige, dass dingliche Positionen im allgemeinen gravierendere Einschnitte in die Position des Disponierenden beinhalten als schuldrechtliche (s. insoweit aber auch o. Rdn. 4). Eine schuldrechtliche Überlassung wird somit wenigstens den kleinsten gemeinsamen Nenner darstellen, wobei hier das Element der Gemeinsamkeit das entscheidende Wort spricht.

4.3.2 Berechtigte

254c Berechtigte an einem solchen Recht können dieselben sein, die auch bei den sonstigen Dienstbarkeiten in Betracht kommen. Auch ein Dauerwohnrecht zugunsten des Eigentümers ist zulässig (BayObLGZ 97,164; wie bei § 1093 BGB auch stellt der Hinweis auf den Ausschluss des Eigentümers kein Verbot einer Eigenbestellung dar, sondern lediglich eine allgemeine Charakterisierung seines Rechtsinhalts (s. hierzu auch Weitnauer DNotZ 1958,357). Auch hier kann auf erschwerende, ohnehin nie ganz zweifelsfrei feststellbare (oder, ganz wie man will, ablehnbare) Umstände, wie etwa ein Bedürfnis oder ein berechtigtes Interesse oder ähnlichem, verzichtet werden (so auch BayObLG a. a. O. m. w. N. zum Streitstand; s. a. o. Rdn. 17; s. a. Bärmann/Pick § 31 Rdn. 9).

4.3.3 Inhalt

255 Nach § 31 I Satz 1 WEG stellt das Dauerwohnrecht eine Belastung eines Grundstücks dar, kraft derer der Berechtigte unter Ausschluss des Eigentümers eine bestimmte Wohnung in einem auf dem Grundstück errichteten Gebäude bewohnen oder in anderer Weise nutzen kann.

4.3.3.1 Grundstücke und grundstücksgleiche Rechte

Auch hier wird also ein Grundstück insgesamt belastet. Allein die Benutzung ist räumlich auf die Wohnung beschränkt. Die Situation ist dieselbe wie bei dem Wohnungsrecht nach § 1093 BGB.

Auch grundstücksgleiche Rechte können so belastet werden (BGH DB 1979,545; für ein Gesamtrecht an mehreren Belastungsgegenständen – einheitliche Nutzung vorausgesetzt – Böttcher MittBayNotK 1993,133; LG Hildesheim NJW 1960,49; aber str. für Miteigentumsanteile, s. BayObLGZ 57,110; für die Belastung eines Erbbaurechts s. ausdrücklich § 42 WEG; s. a. Weitnauer DNotZ 1953,119 ff. sowie für ein sog. Wohnungserbbaurecht nach § 30 WEG a. a. O., S. 124).

4.3.3.2 Wohnung

Die räumliche Beschränkung der Ausübung des dinglichen Rechts muss sich auf eine bestimmte Wohnung beziehen.

256

4.3.3.2.1 Begriff

Eine Wohnung ist die Summe aller Räume, welche die Führung eines Haushalts ermöglichen. Nebenräume allein, die diesen Zweck per se nicht erfüllen, können nur Annex zu einer solchen Wohnung sein, nicht aber allein Bezugspunkt eines Dauerwohnrechts sein (Palandt-Bassenge § 1 WEG Rdn. 2).

Es muss sich um eine bestimmte Wohnung handeln. Es muss daher etwa bei Vorhandensein mehrerer Wohnungen genau bestimmt werden, welche von diesen genau kraft des dinglichen Rechts benutzt werden kann.

4.3.3.2.2 Insbesondere die Abgeschlossenheit

Nicht hingegen kommt es darauf an, dass die Wohnung abgeschlossen ist. § 32 I WEG scheint ein anderes nahezulegen, ist aber nur eine Sollvorschrift. Ein Verstoß hiergegen allein hindert die Entstehung eines Dauerwohnrechts nicht (Palandt-Bassenge § 32 Rdn. 1; s. a. u. Rdn. 259).

An dieser Stelle kann sich die Frage stellen, ob eine Abgeschlossenheit für das Bejahen von Wohnungseigentum verlangt werden muss (s. dazu allgemein § 3 II WEG), wenn es darum geht, dass der Wohnungseigentümer weiteren Wohnraum etwa auf Grund eines Wohnrechts hält.

Da beide Rechte voneinander doch getrennt und keineswegs voneinander abhängig sind, wird man von dem Abgeschlossenheitserfordernis hinsichtlich des Wohnungseigentums nicht absehen können (s. a. Müller

Rdn. 18 mit Hinweisen auf die Gegenansicht, u.a. auch aus der Rspr.; für Bauherrenmodelle und die hierbei verbunden Bestrebungen der Verschaffung abgeschlossener Wohneinheiten s.a. Reithmann NJW 1992,650).

4.3.3.3 Ausschluss des Eigentümers

256a Die Nutzung kann unter Ausschluss des Eigentümers erfolgen. Das unterscheidet das Dauerwohnrecht von der gewöhnlichen beschränkten persönlichen Dienstbarkeit, gibt ihm aber dieselbe Befugnis, die sich auch bei dem Wohnungsrecht nach § 1093 BGB findet. Eines zwingenden Ausschlusses des Eigentümers bedarf es hier aber eben gerade nicht.

4.3.3.4 Sonstiges

Die Wohnung kann zu jedem beliebigen Zweck genutzt werden. Das Gesetz nennt exemplarisch die Nutzung zu Wohnzwecken. Nichts spricht dagegen, die Nutzungen im einzelnen festzulegen und gegebenenfalls auch einzelne Nutzungen mit dinglicher Wirkung auszuschließen (vgl. § 33 IV Nr. 1 WEG, wonach als Inhalt des Rechts Vereinbarungen getroffen werden können über Art und Umfang der Nutzungen).

Schließlich kann ein Dauerwohnungsrecht auch an einer noch nicht existenten Wohnung bestellt werden (s. hierzu eingehend Bärmann/Pick/Merle § 31 Rdn. 39). Die Rechtslage entspricht derjenigen beim Wohnungsrecht gem. § 1093 BGB (s. dazu schon o. Rdn. 242).

Für das Dauerwohnungsrecht wurde das angesichts der speziellen Regelungen des Wohnungseigentumsgesetzes unnötig diskutiert (s. Bärmann/Pick/Merle a.a.O. Rdn. 38), etwa, indem man einen Umkehrschluss aus dem Wohnungseigentum ziehen wollte (etwa mit dem Argument, ein Wohnungseigentum an künftigen Wohnungen sei deshalb möglich, weil dort die Wohnungseigentümer – jedenfalls wohl üblicherweise – an der Entstehung des rechtlichen Zuordnungsobjekts, der Wohnungseigentumsanlage, auch mitwirkten, was hier aber – wiederum wohl jedenfalls üblicher weise, aber wer weiß das schon so genau? – nicht der Fall sei). Indessen sollte man sich nicht in speziellen Vorschriften mit einem diesbezüglich doch mehr als vagem Aussagehalt verlieren, sondern die Antwort in allgemeinen dogmatischen Erwägungen suchen. Unser Recht kennt aber Vorausverfügungen, und es ist nicht einzusehen, weshalb das hier nicht der Fall sein soll.

Diese Variante kann gerade bei noch zu realisierenden Wohnungsbauprojekten durchaus von Relevanz sein.

4.3.3.5 Verfügungsbeschränkungen

Hier ist es sogar möglich, ein Verfügungsverbot als Inhalt des Rechts zu vereinbaren (§ 35 WEG), und zwar dergestalt, dass Verfügungen an die Zustimmung des Eigentümers oder eines Dritten (etwa einer Wohnungsverwaltungsgesellschaft) gebunden werden.

257

Dies hat zur Folge, dass Verfügungen wie auch das zugrunde liegende Verpflichtungsgeschäft ohne eine solche Zustimmung nicht von vornherein wirksam werden (§§ 35 Satz 2, 12 III WEG, schwebende Unwirksamkeit, BGHZ 33,76).

Str.ist hier, ob die Genehmigung rückwirkend die Wirksamkeit herbeiführt (dazu Bärmann/Pick/Merle § 12 Rdn. 41). Hier sollte sich die Antwort in allgemeinen Grundsätzen finden, s. insoweit §§ 185 II Satz 1, 1. Alt., 184 BGB – also: Rückwirkende Genehmigung.

Materiell-rechtliche Fristen, wie etwa bei §§ 177 II,108 III BGB, gibt es hier nicht (Palandt-Bassenge § 12 WEG Rdn. 12). Es ist damit ratsam, via Vereinbarung Fristen zu vereinbaren, innerhalb derer hinsichtlich der Wirksamkeit der jeweiligen Verfügung Klarheit geschaffen werden soll, sei es, dass die Zustimmung innerhalb einer solchen Frist erklärt werden muss und bei Fristversäumung sie als erteilt gilt (beachte hier für AGB aber § 308 Nr. 5 BGB!) oder (angesichts der rechtlichen Bedenken gegen fingierte Erklärung im allgemeinen doch vorzugswürdig) dass eben wie bei §§ 107, 108 III BGB die schwebende Unwirksamkeit der Verfügung sich zu einer endgültigen ausweitet. Ein Fristbeginn könnte sich etwa ebenfalls an einer Aufforderung wie im Fall der eben genannten Vorschriften orientieren.

Das Verfügungsverbot erfasst dann auch Verfügungen, die im Rahmen der Zwangsvollstrekung oder der Insolvenz getroffen werden (§ 12 III WEG):

Eine Einschränkung für das Verfügungsverbot besteht darin, dass grundsätzlich nur bei Vorliegen eines wichtigen Grundes die Zustimmung versagt werden darf. Weiter können weitere Fälle, in denen eine Zustimmung erteilt (nicht: verweigert!) werden muss, vereinbart werden (§ 12 II WEG, s. näher auch u. Rdn. 265).

4.3.3.6 Außerhalb des Gebäudes liegende Grundstücksteile

Das Dauerwohnrecht kann sich auch auf außerhalb des Gebäudes liegende Teile des Grundstücks erstreckt werden. Wirtschaftlich muss aber die Wohnung den Hauptzweck des Recht darstellen (§ 1 I Satz 2 WEG).

Als Beispiel kann man sich etwa die Ausdehnung des dinglichen Rechts auf Parkplätze, Garagen oder Gartenanlagen vorstellen.

Ist die Erstreckung nicht möglich, weil die untergeordnete Rolle der außerhalb des Gebäudes liegenden Teile des Grundstücks nicht mehr gegeben ist, muss nicht zwingend von einer Gesamtunwirksamkeit des Gesamtrechts ausgegangen werden. Es erscheint angemessener, das Dauerwohnrecht nichtsdestotrotz bestehen zu lassen und nur die Erstreckung nicht mit dinglicher Wirkung eintreten zu lassen (anders für das Erbbaurecht, s. insoweit § 1 II ErbbauRVO, BayObLG NJW-RR 1991, 718). Eine andere Frage wäre diejenige, ob ein Eintragungsantrag in einem solchen Fall nicht zurückzuweisen wäre, was um der Rechtssicherheit willen zu bejahen wäre.

4.3.3.7 Mitbenutzungsrechte

Wie bei § 1093 III BGB findet sich auch hier ein Mitbenutzungsrecht hinsichtlich gemeinschaftlich genutzter Teile, Anlagen und Einrichtungen von Gebäude bzw. Grundstück. Hier kann der Inhalt des Rechts aber auch anderweitig festgelegt werden (§ 33 III WEG). Auch hier geht es um die Festlegung des dinglichen Inhalts. Exakte Festlegungen sind hier für den Einzelfall dringendst anzuraten.

4.3.3.8 Grundstücksteilungen

Auch hier lässt eine Grundstücksteilung den Bestand des Dauerwohnrechts unberührt. Es besteht notfalls, auch ohne dass das unbedingt vom Gesetz ausdrücklich gesagt zu werden braucht, fort. Für Grundstücksteile, die von der räumlich begrenzten Ausübung des Rechts ohnehin auch schon vor der Teilung verschont waren, hat es von Anfang an keine Wirkung gehabt. Das ist selbstverständlich auch nach der Teilung so, so dass das Recht infolge seiner Wirkungslosigkeit hier nicht weiterbesteht.

4.3.3.9 Dauernutzungsrecht

258 Mit dem Dauerwohnrecht nahezu gleich präsentiert sich das Dauernutzungsrecht (s. dazu auch Schöner/Stöber Rdn. 3003). Hierbei geht es um das dingliche auf einem Grundstück lastende Recht, unter Ausschluss des Eigentümers nicht zu Wohnzwecken dienende Räume in einem auf dem Grundstück errichteten oder zu errichtenden Gebäude zu nutzen (§ 31 II WEG). Es folgt denselben Regeln wie das Dauerwohnrecht (§ 31 III WEG). Gemeinsame Bestellungen beider Rechte sind möglich, wobei

aber jedes für sich einzutragen ist (BayObLG NJW 1960,2100, s.a. sogleich im Anschluss, aber str.).

Der Unterschied liegt darin, dass die betreffenden Räume nicht zu Wohnzwecken dienen. Ansonsten gilt aber, alles, was über das Wohnungsrecht gesagt wird, entsprechend.

Ändern sich die Zwecke der jeweiligen Gebäudeteile, ist eine Umwandlung von Dauernutzungsrecht in ein Dauerwohnungsrecht und umgekehrt möglich. Beide Rechte sind hinreichend miteinander verwandt. Hier geht es um eine reine Inhaltsänderung (§ 877 BGB, Palandt-Bassenge § 31 WEG Rdn. 3 a. E.).

Ansonsten aber sind beide Rechte voneinander zu unterscheiden. Es ist damit nicht möglich, ein einheitliches Recht zu statuieren, welches sich vollumfänglich auf Gebäudeteile zu Wohnzwecken und solchen zu andern Zwecken dergestalt, dass beide Zwecke gleichwertig sind, bezieht (a. A. Bärmann/Pick § 31 Rdn. 12). Hier müssen zwei Rechte jeweils gesondert bestellt werden, die freilich einander im Rang entsprechen können. Selbst, wenn man dem widersprechen mag, wird man jedoch wenigstens bei der Eintragung keine einheitliche Bezeichnung wählen können. Stattdessen müsste man schon Formulierungen wie „Dauerwohnrecht und (!) Dauernutzungsrecht" wählen (BayObLG NJW 1960,2100; s.a. Bärmann/Pick a. a. O.).

In der Praxis hat es das Dauernutzungsrecht jedoch schwer. Der Grund dafür liegt darin, dass es infolge des sachenrechtlichen numerus clausus nicht die oftmals gewünschte Gestaltungsfreiheit aufweist. Somit greift man schließlich doch wieder auf schuldrechtliche Gestaltungen zurück, welche man dann gegebenenfalls mit einer Sicherungsdienstbarkeit (s. o. Rdn. 164a) dinglich absichern kann (vgl. auch Stapenhorst/Voß NZM 2003,874).

Ansonsten wird es weitgehend mit dem Dauerwohnrecht funktionsgleich sein (vgl. insoweit Rdn. 254a).

4.3.4 *Entstehung*

Das Dauerwohnrecht (entsprechend das Dauernutzungsrecht, § 31 III WEG) ist trotz seiner insoweit missverständlichen Bezeichnung ein Grundstücksrecht (vgl. § 31 I, II WEG). Es entsteht auch hier durch Eintragung und Eintragung. Die bereits dargestellten Grundsätze des Minderjährigenschutzes (vgl. o. Rdn. 26, 194, 245) beanspruchen auch hier ihre Geltung.

259

4.3.4.1 Einigung

Die Einigung ist die auch sonst dem Grunde nach übliche mit dem jeweiligen dinglichen Inhalt.

Anders als bei den sonstigen geschilderten Nutzungsrechten ist hier jedoch die Vereinbarung von Bedingungen unzulässig (§ 33 I Satz 2 WEG). Damit sind vor allem Bestellungen nur bis zum Tode des Berechtigten nicht möglich, so dass das Dauerwohnungsrecht eben nicht die Rolle einnehmen kann, die das Wohnungsrecht des § 1093 BGB (vgl. dort §§ 1090, 1061 BGB) spielen soll.

Anders ist es mit Befristungen; diese werden nicht ausgeschlossen. Sie unterscheiden sich von einer Bedingung darin, dass sie exakt berechenbar ablaufen und nicht von ungewissen Ereignissen abhängen.

Damit kann das Dauerwohnrecht namentlich für sog. Time-sharing-Modelle genutzt werden, wonach die Rechte für bestimmte Zeiträume bestimmten Personen bestellt werden (str., s. LG Hamburg NJW-RR 1991, 823 einerseits, LG Stuttgart NJW 1987, 2023; s. hierzu auch Bärmann/Pick § 31 Rdn. 17, s.a. zuvor Rdn. 254a).

4.3.4.2 Eintragung

260 Das Wohnungsrecht wie auch das Dauernutzungsrecht bedürfen der Eintragung in das Grundbuch, dort Abt. II (Palandt-Bassenge § 31 WEG Rdn. 6).

4.3.4.3 Besonderheiten

Die Wohnung soll in sich abgeschlossen sein (§ 32 I Satz 1 WEG), damit die Voraussetzungen einer Eintragung gegeben sind. Insoweit verweist § 32 I Satz 2 WEG auf § 3 III WEG.

Die Wohnung muss also von den übrigen Räumlichkeiten abschließbar sein, also insbesondere einen eigenen Zugang zu diesen haben, ansonsten aber eine baulich bedingte Abgrenzung aufweisen (s. näher Palandt-Bassenge § 1 WEG Rdn. 7 m.w.N., die dortigen Ausführung zum Wohnungseigentum beanspruchen hier eine entsprechende Geltung).

Indessen hindert eine Nichtbeachtung dieser Sollvorschrift die Entstehung des Rechts nicht (s.a. o. Rdn. 255).

Wie in jedem anderen grundbuchrechtlichen Verfahren regelmäßig auch bedarf es hier einer grundbuchrechtlichen Bewilligung (§ 29 GBO).

Im Eintragungsverfahren kann zur näheren Bezeichnung des Gegenstandes und des Inhalts des Dauerwohnungsrechts auf diese Bezug genommen werden (§ 32 II Satz 1 WEG). Dies dient der Verhinderung einer Überfrachtung des Grundbuchs. Anders als bei § 874 BGB kann hier eben weitergehend auf die Beschreibung des Gegenstands (nähere Bezeichnung der Wohnung) Bezug genommen werden (s. hierzu Bärmann/Pick/Merle § 32 Rdn. 5) und nicht nur auf den Rechtsinhalt.

Weiter sind der Eintragungsbewilligung als Anlagen beizufügen (§ 32 II Satz 2 WEG):

– Eine von der Baubehörde mit Unterschrift und Siegel oder Stempel versehene Bauzeichnung, aus der die Aufteilung des Gebäudes sowie die Lage und Größe der dem Dauerwohnrecht unterliegenden Gebäude- und Grundstücksteile ersichtlich ist (Aufteilungsplan). Hier sind alle zu demselben Dauerwohnrecht gehörenden Einzelräume sind mit der jeweils gleichen Nummer zu kennzeichnen. Diese Nummern sollen mit solchen, die in der Eintragungsbewilligung verwendet werden, übereinstimmen (§ 32 II Satz 2 Nr. 1 WEG).

– sowie eine Bescheinigung der Baubehörde, dass die Voraussetzungen des § 32 I WEG (Abgeschlossenheit der Wohnung) vorliegen (§ 32 II Satz 2 Nr. 2 WEG).

Gem. § 32 III WEG soll (nicht: muss!) das Grundbuchamt die Eintragung des Dauerwohnrechts ablehnen, wenn bestimmte Vereinbarungen nicht getroffen worden sind. Das Erstaunliche liegt hier darin, dass es nicht allein um Fragen des dinglichen Inhalts des Rechts geht, sondern auch um Fragen eines begleitenden Schuldverhältnisses (s. insoweit auch zur Prüfungspflicht durch das Grundbuchamt Bärmann/Pick/Merle § 32 Rdn. 15). All dies muss in der Eintragungsbewilligung (§ 29 GBO) aufgeführt werden.

261

Insoweit findet sich ein weitgehender Verweis auf § 33 IV WEG; allein das hier erwähnte Recht des Eigentümers, bei bestimmten Voraussetzungen Sicherheit zu verlangen (s. dort Nr. 5), ist in § 32 III WEG ausgespart worden. Im einzelnen werden als indirekte Eintragungsvoraussetzungen folgende Voraussetzungen statuiert:

Es muss eine Einigung über Art und Umfang der Nutzungen des Rechts vorliegen (§ 33 IV Nr. 1 WEG). Allein bei dieser handelt es sich um eine solche, die einen dinglichen Bezug hat. Es geht hier um das dingliche Recht selbst.

Es muss eine Vereinbarung über die Instandhaltung und Instandsetzung der dem Dauerwohnrecht unterliegenden Gebäudeteile vorliegen (§ 33 IV Nr. 2 WEG).

Wohnungsrechte

Es muss eine Vereinbarung über die Pflicht des Berechtigten zur Tragung öffentlicher oder privatrechtlicher Lasten des Grundstücks vorliegen.

Es muss eine Vereinbarung über die Versicherung des Gebäudes und seinen Wiederaufbau im Fall der Zerstörung vorliegen.

Es muss eine Vereinbarung über den Heimfallanspruch (§ 36 I WEG) und über die Entschädigung beim Heimfall (§ 36 IV WEG) vorliegen.

Wird ungeachtet fehlender Vereinbarungen eingetragen, ist das Recht wirksam entstanden. § 32 III WEG in seiner Ausgestaltung als Sollvorschrift geht nicht soweit, hier ein Entstehungshindernis zu statuieren.

Selbstverständlich bestehen auch hier die Möglichkeiten eines gutgläubigen Erwerbs vom Nichtberechtigten.

4.3.5 *Schutzansprüche*

262 Das dingliche Recht wird als ein solches geschützt. § 34 II WEG verweist insoweit auf den Eigentumsschutz.

Damit existieren die Unterlassungs- und Beseitigungsansprüche entsprechend § 1004 BGB (vgl. dazu näher o. Rdn. 75 ff., für das grundsätzliche Erfordernis einer Abmahnung sowie dem Anraten der Abgabe einer strafbewehrten Unterlassungserklärung s. o. Rdn. 77). Gegenüber dem nichtberechtigten Besitzer existiert ein Herausgabeanspruch nach § 985 BGB; daneben kommen auch Bereicherungsansprüche in Betracht.

Ein deliktischer Schutz besteht nach § 823 I BGB.

Weiter greifen auch hier ergänzend Besitzschutzvorschriften (§§ 858 ff. BGB) ein. § 1029 BGB ist hier nicht anwendbar, denn § 34 II WEG verweist insoweit auf den Schutz des Eigentums, nicht auf denjenigen einer Dienstbarkeit. Praktisch bedeutsam ist dies allerdings kaum (vgl. insoweit schon für § 1093 BGB o. Rdn. 246).

Wiederum nicht mit absoluter Wirkung ausgestaltet, aber gegenüber dem Eigentümer doch bedeutsam, sind flankierende Ansprüche wegen Leistungsstörungen aus flankierenden Schuldverhältnissen.

4.3.6 *Gesetzliches Schuldverhältnis*

263 Das gesetzliche Schuldverhältnis, welches sich naturgemäß auch hier findet, folgt hier spezialgesetzlichen Regelungen.

4.3.6.1 Inhalt

Weitgehend wird hier auf das für das Wohnungseigentum geltende Recht verwiesen, welches insoweit entsprechende Anwendung findet (§§ 33 II, 14 WEG).

4.3.6.1.1 Rücksichts- und Instandhaltungspflichten

Demnach hat der Dauerwohnberechtigte Instandhaltungspflichten sowie Rücksichtnahmepflichten hinsichtlich des Gebrauchs dieses Rechts im Hinblick auf sonstige das Gebäude bewohnende Personen. Insoweit muss er auch darauf achten, dass Personen, die zu seinem Hausstand oder Geschäftsbetrieb (dieses im Fall eines Dauernutzungsrechts) gehören oder denen er das Wohnrecht überlassen hat, dieselben Pflichten beachten (§ 14 Nr. 1, 2 WEG).

Wenn Andere, die aber diese Pflichten beachtet haben (Wohnungseigentumsberechtigte, Dauerwohn- oder -nutzungsberechtigte sowie die sonstigen soeben genannten Personen), von ihren Rechten Gebrauch machen, gleichwohl aber eine Beeinträchtigung des Dauerwohnrechts damit verbunden ist, besteht insoweit eine Duldungspflicht (§ 14 Nr. 3 WEG).

Auch wenn das Dauerwohnrecht eine Ausschließungsbefugnis verleiht (§ 31 I WEG), hat der Berechtigte die Betretung seiner Wohnung im Rahmen von erforderlichen Instandhaltungsmaßnahmen zu dulden. Sollte hierbei ein Schaden entstehen, kann dieser ersetzt verlangt werden (§ 14 Nr. 3 WEG).

4.3.6.1.2 Verwendungsersatz

Wenn der Dauerwohnberechtigte Verwendungen tätigt, zu denen er nicht verpflichtet ist, kann er nach den Regeln der Geschäftsführung ohne Auftrag Ersatz verlangen (§§ 34 I WEG, 1049 BGB, s. insoweit o. Rdn. 87).

Auch hier ist die kurze (6 Monate) Verjährungsfrist zu beachten (§§ 34 I WEG, 1057 BGB).

4.3.6.1.3 Pflichtverletzungen

Eine Verletzung der Pflichten aus diesem Schuldverhältnis führt wiederum, Verschulden vorausgesetzt, zu Schadensersatzansprüchen. Bei besonders schweren Pflichtverletzungen wird eine Rückabwicklung aus § 242 BGB vertreten (Bärmann/Pick/Merle § 36 Rdn. 77), jedoch werden hier ein Abstellen auf § 323 BGB oder wenigstens eine Orientierung an dieser Norm vorzuziehen sein.

4.3.6.1.4 Konkretisierende Vereinbarungen

Dieses Schuldverhältnis ist nicht gerade präzise gefasst. Umso mehr sollten die Rechte und Pflichten insoweit näher konkretisiert werden. § 33 IV Nr. 2 bis 5 WEG legt das im übrigen nahe. Hier kommt noch hinzu, dass solche Vereinbarungen grundsätzlich (ausgenommen ist die in Nr. 5 a. a. O. genannte Vereinbarung über mögliche Sicherheitsleistungen) für das Eintragungsverfahren relevant sind; ohne solche nämlich soll der Eintragungsantrag zurückgewiesen werden (§ 32 III WEG, wobei hier freilich eine Prüfung der Einigung auf ihren Inhalt hin nicht stattfindet. Insoweit würde es auch ausreichen, dass man lediglich im Rahmen einer Vereinbarung auf die gesetzlichen Vorschriften verweist. Praktisch ratsam ist das, wie zuvor betont, nicht).

Auch im Rahmen einer Rückabwicklung kann das Schuldverhältnis Regelungen erfahren. Insoweit ist ein sog. Heimfallanspruch vorgesehen (§ 36 WEG, dazu u. Rdn. 269).

Auch hier können die Vereinbarungen über den Regelungsgegenstand des gesetzlichen Schuldverhältnis hinausgehen, dieses gleichsam verlassen. Sie sind grundsätzlich wirksam und haben dann lediglich eine originäre eigene, nämlich rein rechtsgeschäftliche, Grundlage. Angedeutet wird dies in § 33 IV WEG, wobei hier allerdings nicht weiter unterschieden wird zwischen Pflichten aus einem gesetzlichen Schuldverhältnis (bzw. deren Abänderung, so bei Instandhaltungspflichten, Nr. 2, Lastentragung, Nr. 3, Versicherung und Wiederaufbau, Nr. 4) und einem sonstigen (so bei der Möglichkeit der Vereinbarung von Sicherheitsleistungen, Nr. 5) oder gar dem originär dinglichen Inhalt (so etwa bei Nr. 1: Vereinbarungen über Art und Umfang der Nutzungen).

Bemerkenswert für die Ausübungsregelungen ist hier, dass mit dinglicher Wirkung die Befugnisse aus dem Dauerwohnrecht beschränkt werden können. Dies kann eine Rolle namentlich für Time-sharing-Verträge spielen (s. a. Mäsch DNotZ 1997,184), bei denen Nutzungsbefugnisse nur für eine zeitlich begrenzte Dauer eingeräumt werden sollen (vgl. schon zuvor Rdn. 254a, s. a. u. Rdn. 278a ff., – es ist aber auch die immer noch unklare Rechtslage bezüglich der „Dauer des Dauerwohnrechts zu beachten, s. o. Rdn. 245a). Dies kann vor allem dann eine Rolle spielen, wenn das Recht Mehreren zusteht (s. insoweit für eine Bruchteilsgemeinschaft BGH NJW 1995,2639).

4.3.6.2 Rechtsnachfolge

264 Wird das Dauerwohnrecht veräußert, gehen auch die aus den Schuldverhältnissen, nicht nur aus dem gesetzlichen (s. für das Grundgeschäft etwa

Soergel/Stürner § 38 WEG Rdn. 4), resultierenden Pflichten auf den Erwerber über (§ 38 I WEG). Da es hier um schuldrechtliche Pflichten geht, kann es auf einen gutgläubigen Erwerb frei von diesen nicht gehen.

In diesem Zusammenhang offenbart sich die auf den ersten Blick merkwürdige Regelung, wonach auch schuldrechtliche Pflichten zum Inhalt des Rechts gemacht werden können (s. etwa § 33 IV WEG, s. dazu schon o. Rdn. 261).

Hier soll die Eintragung dieser Pflichten den Übergang bewirken, dass sie auf einen Rechtsnachfolger übergehen. Geschieht diese Eintragung nicht, kommt es danach eben nicht zu diesem Übergang, und auch § 38 I WEG soll nicht anwendbar sein (Palandt-Bassenge § 38 WEG Rdn. 1; Bärmann/Pick/Merle § 38 Rdn. 17).

Hier sind Zweifel angebracht, denn es soll doch eigentlich die Folge aus § 38 I WEG sein, dass der Übergang des Dauerwohnrechts an den gegenseitigen Rechten (Hier scheint das Gesetz im übrigen sogar noch zu eng gefasst, indem es nur von Pflichten spricht; vgl. demgegenüber für schuldrechtliche Gebrauchsüberlassungsverträge § 566 BGB. Man kann aber insoweit davon ausgehen, dass die Berechtigung durch die Erwerberstellung vorausgesetzt worden ist) und Pflichten nichts ändern soll.

Weiterhin kann der Wortlaut etwa des § 33 IV WEG auch nichts daran ändern, dass die dortigen Vereinbarungen, wenn sie auch zu einem wie auch immer gearteten Inhalt des Rechts gemacht werden können, immer noch rein schuldrechtliche sind (Ausnahme: Nr. 1, hier geht es um das dingliche Recht selbst), so dass eine Eintragung hier für Fragen eines Übergangs ohnehin nicht von Belang sein können, insoweit auch im Fall einer solchen einen Übergang der Rechte und Pflichten aus der Vereinbarung nicht bewirken können. Der einzige Übergang auf schuldrechtlicher Ebene kann hier eben nur durch § 38 I WEG bewirkt werden (s. insoweit auch Soergel/Stürner § 38 WEG Rdn. 4; anders wieder hinsichtlich § 33 IV Nr. 1 WEG: Wird hier ein „Mehr" an Nutzungen eingetragen, ist insoweit kein dingliches Recht entstanden, aber es besteht die Möglichkeit eines gutgläubigen Erwerbs nach § 892 BGB. Wird anders ein „Weniger" eingetragen, ist insoweit kein dingliches Recht entstanden, vgl. § 873 BGB).

Damit offenbart sich auch der Sinn der §§ 32 III, 33 IV Nr. 1 bis 4 WEG (s. dazu o. Rdn. 261). Es geht nicht um die eventuelle Ermöglichung eines Übergangs schuldrechtlicher Beziehungen auf einen Rechtsnachfolger, sondern es geht allein darum, bestimmte Aspekte dieses Rechtsverhältnisses auch öffentlich zu dokumentieren (s. andererseits aber auch BGH WN 1968,1085). Einzuräumen ist zwar, dass § 33 IV WEG von einem „Inhalt des Dauerwohnrechts" hinsichtlich der hier genannten Abreden spricht (genau genommen trifft das nur auf Nr. 1 a. a. O. zu), aber das spricht letztendlich nicht gegen die hier vertretene Ansicht (a. A. die h. M., s. die vorangegangenen Fundstellen, vgl. insoweit auch für diesen Begriff Bärmann/Pick/Merle § 33 Rdn. 3 ff.). § 38 I WEG unterscheidet nämlich kraft seines Wortlauts nicht zwischen einzelnen schuldrechtlichen Aspekten, so dass hier ein Ausschluss des Übergangs der in § 33 IV WEG genannten Aspekte eben nicht möglich ist, ganz gleich, ob sie einen Rechtsinhalt ausmachen oder nicht. Zu mehr als Dokumentationszwecken ist das Grundbuch hier also nicht in der Lage!

4.3.6.3 Annex: Grundstücksveräußerung

Ähnliches gilt, wenn das Grundstück, auf dem das Dauerwohnrecht lastet, veräußert wird; hier tritt der Erwerber in die Rechte aus dem Rechtsverhältnis zum Dauerwohnberechtigten ein, was auch für Veräußerungen im Zwangsversteigerungsverfahren gilt, vorausgesetzt natürlich, das Dauerwohnrecht erlischt hier nicht gem. § 91 I ZVG (§ 38 II WEG). Vorausverfügungen über ein mögliches Entgelt sind aber gegenüber dem Erwerber wirksam (s. insoweit auch Palandt-Bassenge § 38 WEG Rdn. 3).

Es bedurfte dieser besonderen Rechtsnachfolge deswegen, weil die sonstigen Sukzessionsvorschriften bzw. Eintrittsregelungen sich auf andere Überlassungen beziehen als diejenigen durch ein Dauerwohnrecht.

Davon getrennt zu beurteilen ist der Eintritt des Erwerbers in ein daneben bestehendes etwa mietrechtliches Verhältnis, welches sich nach den §§ 566 ff. BGB beurteilt. Man kann insoweit nicht annehmen, dass die Bestellung des Dauerwohnrechts allein schon ein Überlassen im Sinne dieser Vorschrift beinhaltet. Es gilt nach wie vor das Postulat der Unabhängigkeit beider Gebrauchsüberlassungsverhältnisse, des Dauerwohnrechts einerseits und des Mietrechts andererseits (s. a. o. Rdn. 254b a. E.). Für den Fall des Grundstückseigentümerwechsel besteht kein Grund, davon abzuweichen (a. A. Weitnauer/Mansel Vor § 31 Rdn. 26). Zwecks Meidung eines Leistungsstörungsfalls auf der Veräußererseite sollte gegebenenfalls dafür gesorgt werden, dass dessen Mietvertragspartei keine Schmälerung ihrer Positionen erfährt, was etwa durch Schuld- oder Vertragsübernahmen bewirkt werden kann.

Schlussendlich doch bemerkenswert ist, dass ein solcher Eintritt in bestehende Rechtsbeziehungen auch für den Erwerb eines Dauernutzungsrechts gilt (§ 31 III WEG). Das Bemerkenswerte daran ist, dass solche Instrumentarien üblicherweise auf Wohnzwecke konzentriert sind oder jedenfalls auf Rechtsverhältnisse, die Wohnzwecken dienen können. Das

Dauernutzungsrecht schafft ein solches Verhältnis gerade nicht (§ 31 II WEG).

4.3.7 Dispositionen

Das Dauerwohnrecht ist in einem besonderen Maße disponibel. Gerade daraus schöpft es ja seine Existenzberechtigung.

4.3.7.1 Verfügungen

So kann über dieses Recht mit dinglicher Wirkung verfügt werden. Es kann übertragen werden (§ 33 I Satz 1 WEG). Hier wird zwar von Veräußerung gesprochen, jedoch ist die Entgeltlichkeit der Verfügung kein zwingendes Tatbestandsmerkmal.

Die Übertragung erfolgt nach den allgemeinen Regeln (§ 873 BGB). Hier sind auch Bedingungen zulässig, denn § 33 I Satz 2 WEG gilt nur für die erstmalige Bestellung (Palandt/Bassenge § 33 WEG Rdn. 3). Anzumerken ist, dass für das Verpflichtungsgeschäft § 311 b BGB nicht gilt, denn es wird nicht über ein Grundstück verfügt.

4.3.7.1.1 Verfügungsbeschränkungen

Einschränkungen kraft Vereinbarung sind möglich. So kann ein Zustimmungserfordernis mit dinglicher Wirkung (eine bemerkenswerte Ausnahme zu § 137 BGB!) zum Inhalt des Rechts gemacht werden (§ 35 WEG, s. a. schon o. Rdn. 256). Hierzu bedarf es einer Eintragung in das Grundbuch, denn die Einschränkung der Verkehrsfähigkeit betrifft den Inhalt des dinglichen Rechts selbst.

Die erforderliche Zustimmung kann jedoch nur bei Vorliegen eines wichtigen Grundes versagt werden (§§ 35 I Satz 2, 12 II Satz 1 WEG).

Der wichtige Grund ist also die Ausnahme. Generell besteht eine Verpflichtung zur Erteilung der Zustimmung. Ein solcher Grund kann nur in der Person des Erwerbers oder in der beabsichtigten Nutzung liegen, wobei letztere ohnehin von § 31 WEG – je nachdem, ob Dauerwohnrecht oder Dauernutzungsrecht – vorgegeben ist und somit hier insoweit kaum relevant sein dürfte (s. hierzu Palandt-Bassenge § 12 Rdn. 8).

Weiter muss man bei dem Recht nach § 31 WEG gegebenenfalls strengere Maßstäbe anlegen müssen als bei der direkten Anwendung des § 12 WEG, der sich ja eigentlich auf Wohnungseigentum bezieht. Dort hat § 12 WEG den Sinn, das Eindringen Dritter in eine kraft rechtlicher Strukturen eng verbundene Gemeinschaft zu verhindern (Palandt-Bassenge Rdn. 1). Dort, wo in Wohnungseigentumsanlagen „eingedrungen" wird, kann eine gewisse soziale Kontrolle infolge einer Zustimmungsbefugnis Sinn machen. Dort aber spätestens, wo entsprechende Strukturen nicht vorhanden sind, etwa wenn ein in Alleineigentum stehendes Gebäude mit einem Recht nach § 31 WEG belegt wird, mithin die Situation faktisch einer allerorts üblichen Weitervermietung entspricht, wird man einen wichtigen Grund zur Zustimmungsverweigerung so gut wie nie annehmen können.

Eine Erweiterung der Fallkonstellationen, in denen eine Zustimmung erteilt werden muss, ist möglich (s. § 12 II Satz 2 WEG). Nicht hingegen ist vorgesehen, die Optionen einer Zustimmungsverweigerung einzuschränken.

Jedoch muss die Zustimmung auch dann, wenn kein wichtiger Grund vorliegt, erteilt werden. § 12 II WEG gibt insoweit nur einen Anspruch auf Zustimmung, ersetzt diese aber nicht.

Es kämen hier auch keine irgendwie gearteten Zurückbehaltungsrechte in Betracht. § 320 I BGB scheidet schon aus, weil es hier kaum um ein Gegenseitigkeitsverhältnis im Sinne des Gesetzes geht, und auch § 273 I BGB kommt nicht in Betracht. Der Sinn der Zustimmungsbefugnis lässt es nicht zu, dass eine Verknüpfung mit einer vom Verfügenden zu erbringenden Leistung durch ein Zurückbehaltungsrecht erfolgt. Der beabsichtigten „sozialen Kontrolle" wird hierdurch nicht gedient (vgl. hierzu auch allgemein für den Ausschluss von Zurückbehaltungsrechten Ahrens Rdn. 203).

Bei Fehlen der Zustimmung sind sowohl das Verpflichtungs- als auch das Verfügungsgeschäft schwebend unwirksam. Eine Genehmigung führt rückwirkend die Wirksamkeit herbei (§ 185 II Satz 1, 1. Alt., BGB, aber str., s. dazu schon o. Rdn. 256).

4.3.7.1.2 Begleitschuldverhältnisse

Begleitende Schuldverhältnisse, die an sich nur relativ wirken, können nach Maßgabe des § 38 I ZVG auf den Erwerber mit übergehen (s. zuvor Rdn. 264).

4.3.7.1.3 Belastungen

Auch sonstige Belastungen mit Verfügungswirkung sind zulässig, sie müssen sich aber auch auf das Belastungsobjekt beziehen können. Das ist der Fall bei der Verpfändung (§§ 1273 ff. BGB) sowie der Nießbrauchsbestellung (§§ 1068 ff. BGB), nicht aber bei beschränkt dinglichen Rechten, mit

Das Dauerwohnrecht gem. §§ 31 ff. WEG

denen nur ein Grundstück oder ein grundstücksgleiches Recht belastet werden kann. Das Dauerwohnrecht stellt nämlich infolge seiner vergleichsweise eingeschränkten Wirkung kein grundstücksgleiches Recht dar. Somit fallen hier etwa Grundpfandrechte oder auch Dienstbarkeiten aus.

Aus alledem folgt, dass die Beleihbarkeit im üblichen Sinne hier nicht möglich ist (s. a. van Randenborgh DNotZ 2000,86; s. insoweit auch auf ein fehlendes eigenes Grundbuchblatt Reithmann NJW 1992,650). Als klassische Kreditsicherungsmittel fallen Dauerwohnrechte wie auch Dauernutzungsrechte somit aus. Auch hierin dürfte ein nicht unerhebliches Manko liegen, welches die mangelnde Verbreitung dieses Rechts erklärt.

Für hier mögliche Belastungen gilt auch § 873 BGB, d. h. es müssen eine dingliche Einigung und eine Eintragung in das Grundbuch erfolgen.

4.3.7.2 Schuldrechtliche Überlassungen

Schuldrechtliche Überlassungen (Hier kommt regelmäßig eine Pacht in Frage, weil es hier ja um die Überlassung eines Rechts geht, § 581 I BGB) sind ohne weiteres möglich. Hier ist auch keine Gestattung (vgl. § 1093 I Satz 2 BGB) oder ein Zustimmungserfordernis (vgl. § 12 WEG) vorgesehen; wird solches vereinbart (Jedoch sollten auch hier die engen Grenzen des § 12 II WEG eine Gesamtaussage dahingehend treffen, dass eine Zustimmungsverweigerung nur bei vorliegen eines entsprechenden wichtigen Grundes erfolgen darf, vgl. dazu schon o. Rdn. 257), führt die Nichtbeachtung regelmäßig nicht zu einer Unwirksamkeit des Vertrages, sondern zu einer Pflichtverletzung. 266

Wird ein solchermaßen überlassenes Dauerwohnrecht weiter übertragen, kann der Erwerber hier in das Pachtverhältnis eintreten (§§ 581 II, 566 BGB, s. dazu auch o. Rdn. 6).

Man muss weiterhin darauf achten, ob nicht anderweitige schuldrechtliche Normen hier nicht einschränkend wirken. § 33 I WEG steht dem keinesfalls entgegen, geht es hier doch einzig und allein um Verfügungen. Im Fall einer Unterverpachtung etwa können Zustimmungsvorbehalte eingreifen (§§ 581 II, 540 BGB, s. weiterhin § 549 I BGB), deren Missachtung freilich noch nicht zu einer Unwirksamkeit der weiteren Gebrauchsüberlassung führt. Um der hinreichenden Klarheit willen empfehlen sich in den vertraglichen Absprachen ggf. entsprechende antizipierte Zustimmungen.

Auch hier können denjenigen, welcher ein solches Recht zur Nutzung überlässt, die Pflichten aus der Heizkostenverordnung treffen (§ 1 II Nr. 1 HeizkostenVO, s. a. o. Rdn. 250).

4.3.7.3 Vererblichkeit

Schließlich ist das Dauerwohnrecht verblich (§ 33 I WEG a. E.). Wie bei der Verfügung zu Lebzeiten auch ist hier – anders bei der Bestellung (s. § 33 I Satz 2 WEG) – die Statuierung von Bedingungen möglich. Wohl gemerkt, es geht hier allein um Bedingungen die Verfügungen von Todes wegen betreffend. In keinem Fall wäre es möglich, etwa die Vererblichkeit dadurch zu beeinflussen – sprich: auszuschließen –, indem man insoweit eine auflösende Bedingung vereinbart, hier müsste ggf. eine Amtslöschung erfolgen (§ 53 GBO).

Will man eine Vererbung zumindest faktisch verhindern, muss man entweder entsprechende Vermächtnisse für Dritte aussetzen oder einen entsprechenden Heimfallanspruch vereinbaren (§ 36 I Satz 1 WEG a. E.). Auch eine zulässige Befristung kann sich hier anbieten.

4.3.8 Beendigung

267 Das Dauerwohnrecht endet prinzipiell auf dieselbe Art und Weise wie auch die bereits genannten Nutzungsrechte (s. hierzu den Überblick bei Bärmann/Pick § 31 Rdn. 28).

4.3.8.1 Allgemeines

Das Dauerwohnrecht kann aufgehoben werden (§ 875 BGB). Jedoch tritt die Folge des Erlöschens nicht ein, wenn ein Heimfallanspruch als Inhalt dieses Rechts vereinbart wurde und die Aufhebung insoweit kraft Vereinbarung verdrängt wird (§ 36 WEG). Die Realisierung des Heimfallanspruchs führt nicht zum Erlöschen des Rechts, sondern zu einem Eigenrecht des Grundstückseigentümers (s. o. Rdn. 270 a. E.).

Ein weiterer Erlöschensgrund ist der Eintritt einer Befristung. § 33 I Satz 2 WEG steht dem nicht entgegen, wird hier doch nur der Bestellungsakt als bedingungsfeindlich eingestuft.

Auch hier stellt sich die Frage, was geschieht, wenn die Wohnung (bzw. der bei einem Dauernutzungsrecht sonst zu nutzende Gebäudeteil) zerstört wird. Wie bei dem Wohnungsrecht nach § 1093 BGB (s. o. Rdn. 251) kann man auch hier durch die Zerstörung allein kein Erlöschen des Rechts annehmen. Erst wenn feststeht, dass eine Wiedererrichtung ausscheidet, kann man so weit gehen (str., enger etwa Bärmann/Pick a. a. O., wonach für den Fortbestand des Rechts eine Wiedererrichtungspflicht verlangt wird).

Schlussendlich können auch die in § 31 WEG genannten Rechte durch Zuschlag erlöschen, wenn sie die entsprechende Nachrangigkeit aufweisen (§ 91 I ZVG).

4.3.8.2 Vereinbarung über den Fortbestand

Hier besteht jedoch die Möglichkeit, dass das Dauerwohnrecht nach Maßgabe des § 39 WEG weiterbesteht.

268

Danach kann als sein Inhalt vereinbart werden, dass es im Fall der Zwangsversteigerung auch dann bestehen bleiben soll, wenn die Vollstreckung auf Grund eines vorrangigen Grundpfandrechts oder einer solchen Reallast betrieben wird. Die Inhaber dieser Rechte müssen dem freilich zustimmen (Absatz 2).

Jedoch ist diese Vereinbarung nur wirksam für den Fall, dass der Dauerwohnberechtigte (oder Dauernutzungsberechtigte) im Zeitpunkt der Feststellung der Versteigerungsbedingungen seine fälligen Zahlungsverpflichtungen gegenüber dem Eigentümer erfüllt hat. Die Vereinbarung weiterer Voraussetzungen ist möglich (§ 39 III WEG). Es handelt sich insoweit um auflösende Bedingungen.

Diese Regelung bedarf der Eintragung in das Grundbuch, ist sie doch dinglicher Natur (Bärmann/Pick § 39 Rdn. 8 ff.).

Diese Regelung trägt dem Umstand Rechnung, dass die genannten Nutzungsrechte eben nicht an erster Stelle stehen müssen, auf der anderen Seite aber eine besondere Schutzbedürftigkeit gerade deswegen vorhanden ist (Baur/Stürner § 29 Rdn. 57).

Insbesondere kann infolge dieses Rangverhältnisses der Inhaber eines Dauerwohnungsrechts schlechter stehen als etwa ein Mieter, der insoweit einen eigenen Schutz über das Zwangsvollstreckungsgesetz innehat (s. insoweit auch Bärmann/Pick § 39 WEG Rdn. 5 f., wo insbesondere auf den Schutz des sog. Aufbaumieters nach § 57 c ZVG hingewiesen wird, der hier eben durch § 39 WEG bewirkt werden soll). Gläubiger werden dadurch kompensiert, dass zum einen ihre Zustimmung vonnöten ist und des weiteren der Dauerwohnungsberechtigte stets seine Zahlungen gewissenhaft leistet (§ 39 III Satz 1 WEG). Bei Bedarf können diesem ggf. noch weitere Pflichten auferlegt werden.

Weiter kann die Option des § 39 WEG dort von Interesse sein, wo gleichsam dem Wohnungseigentum möglichst beständige Rechte, allerdings beschränkt auf den Inhalt der §§ 31 ff. WEG, kreiert werden sollen.

Wohnungsrechte

Das betrifft namentlich den Fall, dass das Recht aus § 31 WEG geleistete Baukostenzuschüsse absichern soll (s. schon zuvor Rdn. 254).

4.3.8.3 Erlöschen des Nutzungsrechts und sonstige Rechte

Mit dem Erlöschen des Dauerwohn- oder Dauernutzungsrechts erlöschen auch Miet- oder Pachtverhältnisse zwischen dem Nutzungsberechtigten und Dritten (§ 37 I WEG). Von dem Dritten kann direkt Herausgabe aus § 985 BGB verlangt werden. Insoweit kann man nur abraten oder zumindest davor warnen, von einem Dauerwohnberechtigten zu mieten oder zu pachten.

Auf der anderen Seite überlebt das Dauerwohnrecht (oder Dauernutzungsrecht) den Heimfall eines Erbbaurechts (§ 42 II WEG; vgl. insoweit auch § 37 II WEG, im letztgenannten Fall bedarf es aber noch weiterer Voraussetzungen, namentlich einer Überlassung des Mietobjekts. Hier hingegen reicht schon die wirksame Entstehung des dinglichen Rechts aus). Wohl aber erlischt es mit dem Erbbaurecht (§§ 42 I, 37 I WEG) Insgesamt erweist es sich also auch nicht als beständiger als ein schuldrechtliches Gebrauchsüberlassungsverhältnis.

4.3.8.4 Heimfallanspruch

269 Wie schon gesagt, kann an die Stelle der Aufhebung des Dauerwohnrechts auch ein Heimfallanspruch treten (§ 36 WEG, das Vorbild findet sich im Heimfall des Erbbaurechts, § 3 f. ErbbauVO). Ein solcher Anspruch, so wird gesagt, soll auf dinglicher Ebene ein Kündigungsrecht ersetzen, welches als solches eben auf dieser Ebene nicht denkbar ist (Bärmann/Pick § 36 Rdn. 1). Eigenartig ist insoweit nur, dass es eben zu keinem Heimfall mit dinglicher Wirkung kommt. Tatsächlich kann man insoweit kaum einen Unterschied zu einem Kündigungsrecht erblicken.

4.3.8.4.1 Rechtsnatur

Die Wirkungen des Heimfalls sind nämlich zunächst schuldrechtlicher Natur. Es entsteht eine Rückübertragungspflicht an den Eigentümer oder an eine sonstige von diesem zu bezeichnende Person (§ 36 I Satz 1 WEG). Der Anspruch erinnert insoweit an ein subjektiv-dingliches Recht, als er an das Grundstückseigentum gebunden ist, er kann von dem Grundstückseigentum nicht getrennt werden (§ 36 I Satz 2 WEG).

In der Tat streitet man über die rechtliche Einordnung. Bleibt es bei einer rein schuldrechtlichen Wirkung oder gibt es auch deren eine dingliche, welche etwa auch in der Insolvenz oder gegenüber Rechtsnachfolgern zu beachten ist (s. zum Streitstand Bärmann/Pick § 36 Rdn. 4 ff., 7 – hier wird für die Dinglichkeit eingetreten, dort auch für eine Vormerkungsähnlichkeit; ebenso auch Mayer DNotZ 2003,928 f.; s. demgegenüber aber auch Weitnauer/Mansel § 36 Rdn. 1 sowie u. Rdn. 273)?

Man kann hier durchaus, insoweit auch gestützt auf den Wortlaut der Norm (s. dort: „Inhalt des Dauerwohnrechts") sowie auf § 36 I Satz 2 WEG (s. insoweit hinsichtlich der Verbundenheit mit dem Eigentum auch § 96 BGB) eine gewisse Dinglichkeit annehmen. Eine Parallele findet sich im Bürgerlichen Gesetzbuch beim dinglichen Vorkaufsrecht (§§ 1094 ff. BGB). Somit liegt auch der Gedanke an die erwähnte Vormerkungswirkung nahe (vgl. § 1098 II BGB), wobei aber hier der Heimfallanspruch infolge seiner Nähe zu einem hier sonst nicht vorhandenen Kündigungsrecht eine solche erst ab Geltendmachung zeitigen kann.

Die Auswirkungen wären zugunsten des Heimfallberechtigten vor allem in der Insolvenz zu merken (s. u. Rdn. 273). Des weiteren würde eine entsprechende relative Unwirksamkeit zwischenzeitlicher den Heimfall beeinträchtigender Verfügungen für den Berechtigten streiten (vgl. § 883 II BGB, analog § 888 BGB wäre von dem insoweit Eingetragenen, der in die Nutznießung dieser widersprechenden Verfügung gekommen wäre, ein Anspruch auf Bewilligung der jeweiligen Grundbuchberichtigung die Folge).

Vollumfänglich gesichert ist diese Ansicht nicht (s. a. u. Rdn. 273). Man sollte hier sichergehen und für den Heimfallanspruch eine eigene Vormerkung bestellen, wenn man auf deren Wirkungen Wert legt (vgl. insoweit für die Sicherbarkeit künftiger Ansprüche § 883 I Satz 2 BGB).

Der Heimfallanspruch ist untrennbar mit dem Grundstückseigentum verknüpft. Nur an den Grundstückseigentümer kann das Dauerwohnrecht bzw. Dauernutzungsrecht zurückfallen. Hieraus folgt, dass dieses Recht einen wesentlichen Bestandteil des Grundstücks nach § 96 BGB darstellt (Schulze, in: Niedenführ/Schulze § 36 Rdn. 1).

4.3.8.4.2 Inhalt

Der Heimfallanspruch entsteht allein kraft Vereinbarung. Daher können seine Voraussetzungen auch von den Parteien im einzelnen festgelegt werden. Insoweit besteht eine weitgehende Vertragsfreiheit (Bärmann/Pick § 36 Rdn. 10 ff.). Unter Bejahung des dinglichen Aspekts dieses Rechts ist eine Eintragung im Grundbuch erforderlich. Geschieht dies nicht, steht eigentlich nichts im Wege, hier ein nur rein schuldrechtliches Heimfallrecht, welches auch nur relativ zwischen den Parteien wirkt, anzunehmen (vgl. Palandt-Bassenge § 36 Rdn. 1).

Infolge dieses Konsensprinzips sind die Parteien frei, die konkreten Heimfallgründe festzulegen. Allerdings wird man hier doch verlangen müssen, dass diese schon einigermaßen gewichtig sind, anderenfalls eine zu große Benachteiligung des Nutzungsberechtigten die Folge wäre. In Betracht kommen etwa Pflichtverletzungen, Zwangsvollstreckungen gegen den Nutzungsberechtigten oder dessen Insolvenz oder Gründe, die im Mietrecht ein Kündigungsrecht nach sich ziehen würden (s. Bärmann/ Pick a. a. O.).

Liegen heimfallauslösende Pflichtverletzungen vor, hat es dabei grundsätzlich sein Bewenden. Daran ändert sich auch nichts, wenn die versäumten oder unterlassenen Pflichten nachgeholt werden (BGH NJW-RR 1988,715).

Skeptisch ist man hinsichtlich einer Weiterveräußerung des Nutzungsrechts als Heimfallgrund. Hier würde § 33 I WEG mit seiner Statuierung der grundsätzlichen Veräußerlichkeit unterlaufen werden können (s. Bärmann/Pick/Merle § 35 Rdn. 68, allerdings mit Einschränkungen für den Fall, dass Verfügungsbeschränkungen, § 35 WEG, vorliegen).

Jedoch ist auf der anderen Seite es durchaus zulässig, an sich veräußerliche Rechte dort, wo das Gesetz es zulässt, durch Verfügungsverbote zu arretieren (s. etwa § 399, 2. Alt., BGB). Warum sollte das hier nicht gelten? Das Heimfallrecht ermöglicht ein solches insoweit in seiner Wirkung über § 137 BGB hinaus, und es ist § 33 I WEG auch keinesfalls zu entnehmen, dass die Flexibilität des Dauerwohn- oder Dauernutzungsrechts stets gewahrt sein muss. Vielmehr spricht § 35 WEG doch eine andere Sprache, wobei man diese Norm auch nicht so lesen kann, dass sie Verfügungsbeschränkungen nur innerhalb ihres Anwendungsbereichs zulässt. Das liefe auf ein Konkurrenzverhältnis von § 35 WEG und § 36 WEG hinaus, welches dem Gesetz aber mit keiner Silbe zu entnehmen ist. Diesbezüglich offeriert das Gesetz nur eine Option; ob diese von den Parteien denn auch tatsächlich wahrgenommen wird, ist eine andere Frage.

Auch der Rechtsverkehr wird hierdurch nicht übermäßig benachteiligt, denn um eine Drittwirkung zu entfalten, muss der Heimfallanspruch schließlich in das Grundbuch eingetragen werden, womit er dem Rechtsverkehr gegenüber publiziert wird. Schließlich wird das Dauerwohnrecht nicht sinnwidrig ausgehöhlt. Eine wesentliche ratio ist zwar seine Verkehrsfähigkeit, aber diese ist nicht eine zwingende Voraussetzung. Die ratio eines Rechts ist den Beteiligten vorgegeben, aber inwieweit sie sich diese zunutze machen, obliegt den Beteiligten allein. Das Gesetz bietet hier eine Option, mehr nicht (s. a. mit einem umfassenden Überblick über die Diskussion Mayer DNotZ 2003,911 ff.).

Aus dem Gesagten ergibt sich weiter, dass auch ein Heimfall bei Tode *270 des Berechtigten unproblematisch möglich ist. Was für Verfügungsbeschränkungen unter Lebenden gilt, gilt entsprechend für Beschränkungen hinsichtlich der Vererblichkeit (s. a. Diester § 36 Rdn. 4; S. a. Mayer DNotZ 2003, 925 f. mit Nachweisen zum Streitstand).

Eine Einschränkung findet sich jedoch für den Fall, dass die betreffenden Räume, wären sie denn alternativ vermietet worden, dem Mieterschutz unterliegen. Dann kann der Heimfallanspruch nur unter denselben Voraussetzungen entstehen wie im Vergleich zu einer Vermietung ein Kündigungsrecht auf Seiten des Vermieters (§ 36 II WEG). Grob zusammengefasst bedarf es hier für einen Heimfall eines berechtigten Interesses (etwa Eigenbedarf), welches ggf. in Konflikt mit seinerseitigen schutzwürdigen Interessen des Berechtigten tritt, was dieser wiederum durch Widerspruch geltend machen kann. Zuzüglich sind Kündigungsfristen analog zu beachten (s. hierzu auch Weitnauer/Mansel § 36 Rdn. 3 mit Verweis auf die §§ 556 a – c, 564 b – 565 e BGB a. F., heute §§ 574 – 574 c, 573 – 573 c, 575, 576 – 576 b BGB).

Dem wird entgegengehalten, dass der Verweis in § 36 II WEG seinerzeit sich auf kriegsbedingte Schutzvorschriften bezog, welche heute gar nicht mehr existieren. Zugleich wird ein Auswechseln der Mieterschutzvorschriften (d. h. der zuvor bei Weitnauer a. a. O. genannten anstelle der durch die Kriegsereignisse geschaffenen) für bedenklich erachtet (Mayer DNotZ 2003, 927 f.). Art. 14 GG stünde dem indessen nicht entgegen (a. A. Mayer a. a. O.), ebenso wenig wie nachträgliche Einführungen von besonderen Schutzvorschriften generell möglich sind, auch wenn sie faktisch das Eigentum in seinen Gebrauchsmöglichkeiten beeinträchtigen. Das § 36 II WEG insoweit durchaus seinen Sinn verändern kann, ist in dieser Hinsicht hinzunehmen.

Jedoch wird auch hier eine Befristung ohne weiteres für zulässig gehalten (Weitnauer § 36 Rdn. 7 a. E.). Jedoch müsste hier § 575 BGB entsprechend beachtet werden.

Schließlich führt die Realisierung des Anspruchs keineswegs dazu, dass das Dauerwohnungsrecht bzw. Dauernutzungsrecht erlischt. Es existiert nämlich keine gesetzliche Vorschrift, welche für das Zusammentreffen von Grundstückseigentum und Dauerwohnrecht ein Erlöschen statuieren. Es kommt damit zu einem Eigenrecht des Eigentümers, welches wieder ausgekehrt werden kann – und dies mit dem Zeitrang seiner damaligen Erstbestellung (s. a. Schulze, in: Niedenführ/Schulze § 36 Rdn. 1).

Wohnungsrechte

4.3.8.4.3 Verjährung

Der Anspruch verjährt in sechs Monaten ab Kenntniserlangung von dem Heimfallgrund, spätestens in zwei Jahren (§ 36 III WEG). Aber auch hier werden anderweitige Absprachen für zulässig erachtet (§ 202 BGB, zu der Erleichterung entsprechender Absprachen im Vergleich zu § 225 BGB a. F. s. RegBegr, abgedruckt bei Canaris, Schuldrechtsmodernisierung, S. 625 – hier wird die Erweiterung der Abspracheoptionen gerade für kurze Verjährungsfristen propagiert).

4.3.8.4.4 Entschädigung

Nicht zuletzt kann eine Entschädigung mitsamt ihrer Bezifferung im Einzelfall als Inhalt des Dauerwohnrechts vereinbart werden (§ 36 IV WEG). Bei sog. langfristigen Dauerwohnrechten (solche mit einer Laufzeit ab mehr als zehn Jahren, § 41 I WEG) ist eine Entschädigungspflicht sogar zwingend (§ 41 III WEG, auch hier sind Absprachen möglich, BGHZ 27,158 – h. M.; a. A. etwa OLG Celle NJW 1960,2293).

Insoweit besteht ein Zurückbehaltungsrecht des Nutzungsberechtigten auf Rückgewähr Zug um Zug gegen Leistung der Entschädigung. Es handelt sich hier um ein solches nach § 273 I BGB, denn es fehlt an einem Synallagma, wohingegen auf der anderen Seite aber die hinreichende sog. Konnexität gegeben ist (s. hierzu allgemein Ahrens Rdn. 173 ff.; insoweit anders aber BGHZ 111,554 – dort für das Erbbaurecht und die Vergütung nach § 32 ErbbauVO, wonach Entschädigungsansprüche grundsätzlich erst nach Erfüllung des Heimfallanspruchs entstehen. Das kann man hier jedenfalls dann anders sehen, wenn die Entschädigung auf Vereinbarungen beruht, die die genannte Konnexität regelmäßig wenigstens im Auslegungswege mit sich bringen – eben diese Gestaltungsfreiheit steht den Beteiligten aber doch zu, vgl. insoweit auch Mayer DNotZ 2003,911).

4.3.8.4.5 Heimfall und schuldrechtliche Gebrauchsüberlassung

Ist das Dauerwohnrecht vermietet oder verpachtet (vgl. a. § 581 II BGB) worden, greift gegenüber dem Heimfallanspruchsberechtigten der Bestandsschutz der §§ 566 ff. BGB (§ 37 II WEG, s. dazu bereits o. Rdn. 4). Damit ist hier auch wesentlich, ob die betreffenden Gebäudeteile dem Mieter bereits überlassen worden sind.

Das war für das Wohnungsrecht nach § 1093 BGB anders, bei dem eine Fixierung auf bestimmte Berechtigte ungeachtet der Möglichkeit der Überlassungsgestattung dominiert (s. o. Rdn. 251 a. E.). Das Dauerwohnrecht ist demgegenüber im Vergleich flexibler und insoweit auch der Analogie zu Mieterschutzvorschriften aufgeschlossener.

Angesichts des Umstands, dass der Gesetzgeber für konkrete Fälle detailliert und umfassend für Eintrittsregelungen in Gebrauchsüberlassungsverhältnisse gesorgt hat (s. etwa §§ 566 ff. BGB, 1056 BGB, 38 WEG), kann man auch keine planwidrige Gesetzeslücke annehmen, welche im Wege einer Analogie ausgefüllt werden könnte. Fälle, in denen die Anwendbarkeit der mietrechtlichen Bestandsschutzvorschriften nicht ausdrücklich angeordnet sind, sind damit solche verringerter Schutzmöglichkeiten für den schuldrechtlich Nutzungsberechtigten.

4.3.8.4.6 Zuständigkeit des Amtsgerichts
Das Amtsgericht des belegenen Grundstücks ist streitwertunabhängig zuständig für Streitigkeiten zwischen dem Eigentümer und dem beschränkt dinglichen Nutzungsberechtigten über den Heimfall (§ 52 ZVG). Das betrifft aber nicht die Entschädigung nach § 36 IV WEG.

4.3.9 *Zwangsvollstreckung*
4.3.9.1 Allgemeines

Die Zwangsvollstreckung in das Dauerwohnrecht wie auch in das Dauernutzungsrecht ist grundsätzlich möglich. Das folgt schon daraus, dass das Recht übertragbar ist (§ 33 I Satz 1 WEG).

271

Insoweit kommt es auf § 857 III ZPO nicht an. Diese Vorschrift hat ihren Anwendungsbereich dort, wo Veräußerungsbeschränkungen (§ 35 WEG) statuiert worden sind. So kann einer vollstreckungsweisen Verwertung im konkreten Fall eine Verfügungsbeschränkung nach §§ 35, 12 WEG entgegenstehen. Bei Fehlen eines wichtigen Grundes besteht allerdings ein Anspruch auf Zustimmung zu den jeweiligen Verfügungen (s. näher o. Rdn. 258, 265). Eine solche kann auch im Rahmen einer Veräußerung im Wege der Zwangsvollstreckung verlangt werden (§ 12 III Satz 2 WEG). Aus dieser Vorschrift folgt zugleich, dass die Pfändung ohne weiteres zulässig ist, lediglich hinsichtlich der weiteren Verwertung können Beschränkungen durch Zustimmungsvorbehalte entgegenstehen (Allerdings ist auch hier die Schranke nicht allzu manifest und in jedem Fall durchlässiger als im Fall der Veräußerung von Wohnungseigentum, s. o. Rdn. 265).

Besteht ein Anspruch auf Zustimmung, kann dieser seinerseits gesondert gepfändet und eingefordert werden. Die Vollstreckung richtet sich diesbezüglich nach § 894 I ZPO (s. a. BayObLGZ 77,40).

Auch hier wird in das dingliche Recht selbst vollstreckt, nicht allein in die Ausübungsüberlassung als solche (s. insoweit schon o. Rdn. 156).

Eine Zwangsverwaltung kommt hier regelmäßig nicht in Betracht. Der Dauerwohnberechtigte nimmt sein Recht selbst kraft eben dieses Rechts wahr, so dass eine solche Verwaltung keinen Nutzen zu bringen vermag (s. a. Bärmann/Pick § 31 Rdn. 33).

272   Insgesamt erweist sich das Dauerwohnrecht letztendlich infolge seines dinglichen Charakters als vergleichsweise unbeständig. Vorrangige Rechte als Auslöser einer Zwangsversteigerung können es prinzipiell letztendlich zum Erlöschen bringen (§ 91 I ZVG). Abhilfe kann insoweit § 39 WEG schaffen.

Anfechtungen von Dauerwohnrechtsgewährungen reichen auch hier (nur) für eine Pflicht, das Recht gem. § 11 I AnfG nicht auszuüben (s. schon zuvor Rdn. 253).

4.3.9.2 Das Verhältnis zu Grundpfandrechten

Grundstücke können selbstverständlich mit Grundpfandrechten (Hypotheken, Grundschulden, Rentenschulden) belastet werden. Diese gewähren grundsätzlich Zugriffsrechte im Vollstreckungswege (§ 1147 BGB). Es liegt auf der Hand, dass es hier zu Konflikten mit Dauerwohnrecht und Dauernutzungsrecht kommen kann. Dieses Konflikts hat sich das Gesetz angenommen, ohne ansonsten das Gesamtsystem aus den Angeln zu heben. Grundsätzlich entscheidet also auch hier der Rang des jeweiligen Rechts.

Wird aus vor- oder gleichrangigen Grundpfandrechten oder Reallasten vollstreckt, ist ggf. § 39 WEG zu beachten (s. zu dieser Fortbestehungsvereinbarung o. Rdn. 268). Danach bleibt das Dauerwohnungsrecht bestehen, muss dazu aber in das geringste Gebot aufgenommen werden (s. dazu Bärmann/Pick § 39 Rdn. 2 sowie a. a. O. Rdn. 13 für Zweifelsfragen bezüglich der Voraussetzungen des § 39 WEG).

Für die Haftung des Entgelts für Rechte aus § 31 WEG in Bezug auf Grundpfandrechte – natürlich nur, soweit diese den entsprechenden Rang haben, – gilt § 1123 BGB nicht direkt (so, allerdings überaus unklar, § 40 I Satz 2 WEG, der ansonsten noch die §§ 556 b, 556 c BGB, 108, 110, 111 InsO ausschließt – für § 57 b ZVG gilt dies nur im Fall des Bestehenbleibens des Dauerwohnrechts nach § 39 WEG, s. Palandt-Bassenge § 40 Rdn. 1). Hier greift als Sonderregelung § 40 I Satz 1 WEG, ebenso für öffentliche Lasten, die in wiederkehrenden Leistungen bestehen. Der Sinn dieser Vorschrift ergibt sich daraus, dass das Entgelt für Dauerwohn- und -nutzungsrechte eben keine solche aus Miet- oder Pachtverhältnissen sind, die von den in § 40 I Satz 2 WEG ausgeschlossenen Rechten an sich erfasst werden; kurzum geht es hier also um den Ausschluss einer Analogie (vgl. auch Bamberger/Roth § 40 Rdn. 1).

Erst danach werden die §§ 1123 f. BGB – aber eben nur diese! – auf die genannten Entgeltansprüche für entsprechend anwendbar erklärt.

Damit fallen die Entgeltforderungen in den grundpfandrechtlichen Haftungsverband (§ 1123 BGB). Vorausverfügungen über diese Forderungen sind grundsätzlich wirksam, aber hier gibt es auf zeitliche Begrenzungen abstellende Ausnahmen (§ 1124 I, II BGB). § 40 I WEG ist insoweit unklar formuliert: Satz 1 ist die Ausnahme, Satz 2 die Regel (s. a. Palandt-Bassenge a. a. O.).

Gem. § 40 II WEG ist es möglich, als Inhalt des Dauerwohnrecht zu vereinbaren, dass Verfügungen über den Anspruch auf Entgelt in Gestalt wiederkehrender Leistungen (nur als solcher!), gegenüber dem vorrangigen oder gleichrangigen Grundpfandrechts- oder Reallastgläubiger wirksam sind. Auch hier bedarf es aber deren Zustimmung (§§ 40 II Satz 2, 39 II WEG). Wie im Fall des § 39 WEG bedarf es insoweit der Grundbucheintragung.

Ist das Dauerwohnrecht vermietet oder verpachtet worden, so greift gegenüber einem Erwerber eben dieses Rechts in der Zwangsversteigerung auch der Sukzessionsschutz der §§ 566 ff. BGB entsprechend. Allerdings tritt dem auf der anderen Seite ein Kündigungsrecht nach § 57 a ZVG entgegen (§ 37 III WEG, es bedurfte dieser Sonderregelung, weil hier ja nicht das Grundstück selbst erworben wird, sondern das Dauerwohnrecht).

4.3.10 Insolvenz

Weiter kann auch das Dauerwohnrecht in eine Insolvenzmasse fallen. Dasselbe gilt auch für den schuldrechtlichen Bestellungsanspruch. Steht dem ein synallagmatischer Anspruch gegenüber, existiert ein Wahlrecht des Insolvenzverwalters nach § 103 InsO (s. hierzu Bärmann/Pick § 31 Rdn. 35). Für die schuldrechtliche Kausalabrede ist zu beachten, dass hinsichtlich der hiesigen Entgeltansprüche § 108 InsO keine Geltung hat (§ 40 I Satz 2 WEG, s. dazu im vorigen Abschnitt).

273

Im Fall von Verfügungsbeschränkungen (§§ 35, 12 WEG) gilt das zur Zwangsvollstreckung (s. dazu im vorangegangenen Abschnitt) Gesagte (s. a. § 12 II Satz 2 WEG).

Gerät hingegen der Eigentümer in die Insolvenz, berührt das das einmal entstandene Dauerwohnrecht nicht (Bärmann/Pick § 31 Rdn. 34).

Noch einmal ist auf den Heimfallanspruch (§ 36 WEG) zurückzukommen. Gerät der Inhaber des Rechts aus § 31 WEG in die Insolvenz, kann dieser für den Grundstückseigentümer durchaus interessant werden. Nimmt man hier einen dinglichen Charakter an (s. dazu Rdn. 269), ist das in der Insolvenz zu berücksichtigen.

Hierzu wird eine Vormerkungswirkung vertreten (s. o. a. a. O.), was hier zu einer analogen Anwendung des § 106 InsO führt, sofern der Heimfallanspruch geltend gemacht wird. Im Endeffekt weist der Heimfallanspruch durchaus eine Insolvenzfestigkeit auf. Wenn man sich weiter vergegenwärtigt, dass der genannte Insolvenzfall als Grund für einen Heimfall statuiert werden kann, erweist sich § 36 WEG als eine durchaus interessante Strategie, mit der Vergabe eines Dauerwohnrechts sich nicht allzu sehr den Gläubigern des diesbezüglichen Erwerbers zu entblößen. Auf der anderen Seite greifen hier die Anfechtungsmöglichkeiten der §§ 129 ff. InsO (Braun/Kroth § 106 Rdn. 16), so dass eine absolute Insolvenzfestigkeit wie sonst auch hier nicht existiert.

Indessen ist diesem Szenario aber doch mit Zweifeln zu begegnen. Es ist dem Gesetz nicht zu entnehmen, dass Vormerkungswirkungen gerade so vorhanden sind, wie es die §§ 883 ff. BGB, 106 InsO statuieren. Sicher, liegt ein dingliches Heimfallrecht vor, wirkt es (zumal es im Grundbuch so steht) auch gegenüber dem Rechtsnachfolger. Verfügungsbeschränkungen hingegen stellt es nicht auf (s. a. Weitnauer/Mansel § 36 Rdn. 1). Letztendlich kann die Ähnlichkeit mit einer Vormerkung nur einer bildlichen, instruktiven Darstellung dienen, mehr aber nicht! Es entfällt somit § 106 InsO. Auf der anderen Seite aber steht nichts dem entgegen, den Heimfallanspruch durch eine echte Vormerkung abzusichern (str., s. hierzu den Überblick bei Bärmann/Pick/Merle § 36 Rdn. 7).

Auch hier ist nicht ausgeschlossen, das Dauerwohnrecht zur Insolvenzrisikoabsicherung einzusetzen (vgl. o. Rdn. 164a, 253). Wieder wäre darauf zu achten, dass der Anwendungsbereich der Vorschriften der §§ 108, 111 InsO nicht eröffnet wird (s. o. Rdn 253). In der Praxis behilft man sich freilich doch eher wieder mit der beschränkten persönlichen Dienstbarkeit, denn diese infolge ihrer Unübertragbarkeit bzw. Unvererblichkeit kann den Absicherungszweck wesentlich besser festschreiben als ein voll disponibles Dauerwohnrecht, welches auch anderweitigen Zweckerfüllungen frönen kann; damit könnte sein Inhaber dieses Recht durchaus auch einmal mit Wirkung nach außen „zweckentfremden" (vgl. o. Rdn. 254).

Annex: Steuerliche Aspekte

Schließlich greifen auch hier die Insolvenzanfechtungsregeln, auch hier mit der Rechtsfolge, dass gem. § 143 I InsO sogar die Aufhebung des Rechts verlangt werden könnte (s. o. Rdn. 253, 159a).

4.4 Annex: Steuerliche Aspekte
4.4.1 Ertragssteuerlich

Wohnrechte werden oft zu denselben Zwecken eingesetzt wie ein Nieß- *273a*
brauch (s. o. Rdn. 239 sowie Rdn. 254 für das Dauerwohnrecht – bei letzterem freilich wird eine solche Zwecksetzung eher selten sein, s. a. a. O.). Lediglich ihr Umfang ist ein geringerer als bei jenem. Für steuerliche Würdigungen bedeutet dies einen grundsätzlichen Gleichklang.

4.4.1.1 Zuwendungswohnrecht
So kann auch ein Wohnrecht gleich einem Zuwendungsnießbrauch zugewendet werden (vgl. o. Rdn. 25). So verwundert es nicht, dass die steuerliche Behandlung im allgemeinen identischen Grundsätzen folgt (Ziff. 33 Nießbrauchserlass).

4.4.1.1.1 Entgeltlich
Auch hier stellt sich die Frage der Entgeltlichkeit (bzw. Unentgeltlichkeit), die hier wie dort einheitlich zu beantworten ist. Es muss eine Ausgewogenheit von Leistung und Gegenleistung für die Entgeltlichkeit vorhanden sein, was im Leistungsaustausch zwischen einander nicht nahestehenden Personen grundsätzlich vermutet wird (Ziff. 33, 10 ff. a. a. O.). Auch hier kann es zu Aufteilungen des Vorgangs in einen entgeltlichen und einen unentgeltlichen kommen (Ziff. 33, 13 a. a. O., s. a. Ziff. 31 a. a. O.).

Es liegt darüber hinaus ein entgeltlicher Vorgang vor, wenn ein Grundstück mit der Verpflichtung erworben wird, dort ein Gebäude zu errichten, um daran dem Veräußerer ein dingliches Wohnrecht zu bestellen (Ziff. 33 Satz 3 des Erlasses).

4.4.1.1.2 Unentgeltlichkeit
Im Fall eines unentgeltlichen Wohnrechts kommen, werden etwa durch Überlassungen an Dritte gegen Entgelt getätigt, Abschreibungen für den dinglich Nutzungsberechtigten also nur eingeschränkt in Betracht (s. für den Eintritt in bestehende Mietverhältnisse – §§ 567 bzw. 567, 578 BGB – wiederum Ziff. 14 ff. Nießbrauchserlass). Die AfA scheidet grundsätz-

Wohnungsrechte

lich aus (Ziff. 33 mit 19 Nießbrauchserlass). Eine AfA auf das dingliche Recht selbst gibt es nicht (Ziff. 33, 20 a. a. O.). Sonstige Werbungskosten auf Grund vertraglicher oder gesetzlicher Kostentragungspflichten sind, wenn diese tatsächlich entstanden sind, abziehbar (Ziff. 33, 21). Es besteht kein Grund, freiwillig übernommene Kosten hier auszunehmen (wobei aber § 1043 BGB des Nießbrauchsrechts hier nicht anwendbar ist). Auch hier darf der Erhaltungsaufwand nicht auf mehr Jahre verteilt werden (s. § 82 b EStDV) als das Wohnrecht dauert (Ziff. 33, 22 a. a. O.).

Im Gegenzug dazu ist die unentgeltliche Überlassung beim Eigentümer grundsätzlich steuerneutral (Ziff. 33, 23 f. a. a. O.).

Bei der Überlassung entgeltlich erworbener Nutzungsrechte kann der Berechtigte auch hier die AfA abziehen. Im Fall der Koppelung des Rechts an die Lebenszeit einer Person (was bei dem Recht aus § 1093 BGB nicht selten ist), ist der Abzug auf die mutmaßliche Lebenszeit dieser Person zu verteilen. Gegebenenfalls können auch die laufenden Zahlungen als Werbungskosten abgesetzt werden. Die Abzugsmöglichkeit besteht auch für sonstige Aufwendungen (s. Ziff. 33, 26 f. Nießbrauchserlass).

Das Entgelt für das Wohnrecht hat der Eigentümer zu versteuern. Dem entspricht die Abschreibungsmöglichkeit sowie der Abzug sonstiger Aufwendungen (Ziff. 33, 30 a. a. O.). Infolge der im Vergleich zum Nießbrauch bestehenden Begrenztheit des Wohnrechts geht es hier nur um den davon betroffenen Gebäudeteil (Ziff. 34 a. a. O.).

4.4.1.2 Vorbehaltswohnrecht

273b Ebenso gelten die Grundsätze des Vorbehaltsnießbrauchs (Ziff. 49 f. Nießbrauchserlass).

4.4.1.2.1 Der Inhaber des vorbehaltenen Rechts

Das bedeutet, dass im Fall, in dem ein Grundstück übereignet wird, der Übereignende sich aber ein Wohnrecht vorbehält, dieser im Fall der Einkünfteerzielung infolge der Überlassung des Wohnrechts zur Ausübung an Dritte die jeweiligen Abschreibungen vornehmen kann. Das gilt auch für die AfA, so dass zunächst kein Unterschied zur vorigen Eigentümerstellung besteht. Es findet auch keine Anrechnung der Gegenleistung statt (Ziff. 49, 41 ff. Nießbrauchserlass).

Nun muss allerdings berücksichtigt werden, dass das Wohnrecht im Vergleich zum vormaligen Eigentum in seinem Umfang begrenzt ist. Das muss sich auch auf die AfA auswirken, welche entsprechend nur noch anteilig möglich ist.

4.4.1.2.2 Der Eigentümer

Letzteres gilt auch für den Eigentümer, welcher im Fall von entsprechenden Anschaffungskosten (sprich: bei entgeltlichem Erwerb) insoweit die AfA nur bezüglich des unbelasteten Teils seines Gebäudes (welches bekanntlich steuerlich anders als im Zivilrecht als eigenständiges Wirtschaftsgut begriffen wird) in Anspruch nehmen kann (Ziff. 50 Nießbrauchserlass).

4.4.1.2.2.1 Die AfA-Bemessungsgrundlage

Die Ermittlung der AfA-Bemessungsgrundlage gestaltet sich wie folgt (a. a. O.):

Das Wohnrecht bleibt unberücksichtigt, insbesondere stellt es kein Entgelt dar. Erlangt wird letztendlich das Vermögen, welches um das Nutzungsrecht zu mindern ist. Es findet eine Aufteilung des Kaufpreises auf Grund und Boden sowie auch das Gebäude nach dem Verkehrswert statt. Die Minderung um das Wohnrecht betrifft allein das Gebäude bzw. dessen Verkehrswert, denn allein auf das Gebäude bezieht sich dieses Recht ja. Ermittelt man nun das Verhältnis des Verkehrswerts des unbelasteten Teils des Gebäudeteils zum Verkehrswert des Gesamtgebäudes abzüglich des kapitalisierten Wert des Nutzungsrechts, kommt man zu dem Anteil des unbelasteten Gebäudes an den tatsächlichen Gebäudeanschaffungskosten.

4.4.1.2.2.2 Beispiel

Der Nießbrauchserlass nennt hierzu folgendes Beispiel, welches hier übernommen werden soll.

V überträgt sein Zweifamilienhaus gegen Übernahme der Verbindlichkeiten i. H. v. 350.000 Euro an K. Dabei behält sich K ein lebenslängliches dingliches Wohnrecht an der Wohnung im Obergeschoss vor (Kapitalwert im Erwerbszeitpunkt 150.000 Euro). Die Erdgeschosswohnung ist weiterhin vermietet. Beide Wohnungen sind gleich groß. Die Verkehrswerte betragen für das Gebäude 500.000 Euro und für Grund und Boden 100.000 Euro (ohne Berücksichtigung des Wohnrechts).

Die AfA-Bemessungsgrundlage ist in zwei Schritten zu ermitteln.

Wohnungsrechte

Zunächst sind die Anschaffungskosten in Höhe von 350.000 Euro auf Grund und Boden und Gebäude im Verhältnis der Verkehrswerte zu ermitteln.

Der Verkehrswert für Grund und Boden von 100.000 Euro macht 22,22 % der Anschaffungskosten aus, derjenige des Gebäudes 77,78 % (Ermittlung wie folgt: Verkehrswert Gebäude, 500.000 Euro, abzüglich Kapitalwert Nutzungsrecht, 150.000 Euro, ergibt 350.000 Euro, das sind die besagten 77,78 % des Gebäudeverkehrswerts).

Der Kaufpreis (350.000 Euro) beträgt auf Grund und Boden 77.770 Euro (22,22 % von 350.000 Euro), auf das Gebäude 272.230 Euro (77,78 % von 350.000 Euro).

Anschließend ist die Afa-Bemessungsgrundlage zu ermitteln. Für das genannte Beispiel gestaltet sich das wie folgt:

Das Gebäude hat einen Verkehrswert von 500.000 Euro, welcher sich hälftig auf die beiden Wohnungen verteilt (jeweils 250.000 Euro). Der Kapitalwert des Nutzungsrecht (150.000 Euro) ist abzuziehen, was die damit belastete Wohnung betrifft (d.h.: 250.000 Euro abzüglich 150.000 Euro, ergibt einen Verkehrswert von 100.000 Euro), aber auch den Verkehrswert des Gebäudes an sich (also: 500.000 Euro abzüglich 150.000 Euro, ergibt hier einen Verkehrswert von 350.000 Euro).

Nach Ermittlung der Anschaffungskosten auf Grund und Boden und Gebäude im Verhältnis der Verkehrswerte kann die AfA-Bemessungsgrundalge ermittelt werden.

Der Verkehrswert des Gebäudes beläuft sich in dem Beispiel auf 500.000 Euro, wovon sich die Hälfte auf die beiden Wohnungen bezieht (je 250.000 Euro). Hiervon ist der Kapitalwert des Nutzungsrechts (150.000 Euro) abzuziehen, was zu einem Verkehrswert des Gebäudes von 350.000 Euro, der belasteten Wohnung von 100.000 Euro (Hier ist der Kapitalwert zu subtrahieren) und der unbelasteten von 250.000 Euro (Hier ändert sich nichts) führt.

Der Kaufpreis (272.230 Euro, s. zuvor die Berechnung im ersten Schritt) verteilt sich mit 250/350 auf die unbelastete Wohnung und 100/350 auf die belastet Wohnung. Damit ergeben sich für die unbelastete Wohnung als AfA-Bemessungsgrundlage 194.450 Euro und auf die belastete 77.780 Euro.

Anzumerken ist, dass hier auf den unbelasteten Teil § 11 d EStDV anzuwenden ist. Es liegt nämlich ein teilentgeltlicher Erwerb vor, wobei der unbelastete Teil unentgeltlich erworben worden ist.

4.4.1.3 Die Ablösung von Wohnungsrechten

Auch hier können die Regeln des sog. Nießbrauchserlasses angewendet werden. Wie erwähnt unterscheidet der Erlass nicht zwischen den einzelnen Nutzungsrechten (s. bereits o. Rdn., s. a. Ziff. 66 Nießbrauchserlass, vgl. ferner für obligatorische Nutzungsrechte Ziff. 67 a. a. O.). *273c*

Das bedeutet im einzelnen:

4.4.1.3.1 Vorbehaltene Nutzungsrechte

Im Rahmen der vorweggenommenen Erbfolge erhöhen einmalige Ablösungszahlungen die Anschaffungskosten und damit die AfA-Bemessungsgrundlage.

Beim Nutzungsberechtigten liegt eine nicht steuerbare Vermögensumschichtung vor (Ziff. 56 ff. Nießbrauchserlass, s. näher o. Rdn. 162e).

Für entgeltliche Nutzungsrechte im Rahmen sonstiger Vermögensübergaben gilt, dass Ablösungszahlungen zu Anschaffungskosten führen, sei es in der tatsächlichen Höhe, sei es mit dem Barwert. Beim Nutzungsrechtsinhaber liegt wieder eine nicht steuerbare Vermögensumschichtung vor, wobei gegebenenfalls Zinsanteile oder Ertragsanteile zu beachten sind (s. näher o. Rdn. 162d sowie Ziff. 59 f., jeweils a. a. O. auch zu Fragen der Entgeltlichkeit bzw. Unentgeltlichkeit sowie hier erfolgender Aufteilungen; s. des weiteren Schreiben betr. einkommensteuerrechtliche Behandlung von wiederkehrenden Leistungen im Zusammenhang mit der Übertragung von Privat- oder Betriebsvermögen vom 16. 9. 2004, BStBl. I S. 922, dort Ziff. 57, welches an die Stelle der in Ziff. 60 genannten Schreiben getreten ist).

4.4.1.3.2 Zugewendete Nutzungsrechte

Bei unentgeltlich zugewendeten Nutzungsrechten fallen die Zahlungen grundsätzlich unter § 12 Nr. 2 EStG. Das gilt dann nicht, wenn das Grundstück bereits mit dem Nutzungsrecht belastet erworben wurde (Ziff. 61 f. Nießbrauchserlass).

Für entgeltliche erworbene Nutzungsrechte gilt für deren Ablösung, dass die geleisteten Zahlungen negative Einnahmen darstellen. Beim Wohnberechtigten sind sie hingegen nicht steuerbar (Ziff. 63 f. Nießbrauchserlass, s. näher o. Rdn. 162e).

Wohnungsrechte

4.4.1.3.3 Vermächtniswohnrechte

273d Aufwendungen zur Ablösung von Vermächtniswohnrechten sind nachträgliche Anschaffungskosten des Grundstückseigentümers, beim Nutzungsrechtsinhaber grundsätzlich nicht steuerbare Vermögensumschichtungen (Ziff. 65 Nießbrauchserlass, vgl. auch o. Rdn. 27).

4.4.2 Umsatzsteuer

273e Die Einräumung von Wohnungsrechten gleich welcher Art ist grundsätzlich nach § 4 Satz 1 Nr. 12 lit c) UStG steuerbefreit. Anders als bei Nießbrauch und sonstigen Dienstbarkeiten wird hier ein Verzicht von dieser Steuerbefreiung hier wenn überhaupt nur äußerst selten in Betracht kommen. Der Grund findet sich in § 9 I, II UStG, der Leistungen an einen Unternehmer, welcher seinerseits unternehmerische nicht steuerbefreite Umsätze durchführt, als Verzichtsvoraussetzung verlangt. Vorliegend wird es regelmäßig im Endeffekt um die private Gebrauchs- und Nutzungsüberlassung gehen. § 9 I, II UStG wäre insoweit nicht einschlägig (vgl. i. ü. bereits Rdn. 58, 237a).

Anders könnte es allenfalls bei mehreren „Kettengebrauchsüberlassungen" von Wohnungsrechten zu jeweils unternehmerischen Zwecken sein, hier wieder den Fall ausgenommen, dass zu guter Letzt das Wohnrecht doch wieder einem Nichtunternehmer zur Verfügung gestellt wird und der diesbezügliche Überlassende einen solchen Verzicht nicht erklären kann. Wie dem auch sei, dass es hier um Ausnahmefälle gehen dürfte, dürfte weitgehend eindeutig sein.

Dem gegenüber im Vergleich unproblematisch jedoch wird ein Verzicht auf eine Umsatzsteuerbefreiung für den Fall der Überlassung von Dauernutzungsrechten sein, die sich auf andere Zwecke als diejenigen des Wohnens beziehen (§ 31 II WEG).

4.4.3 *Sonstiges*

Wie jedes andere Nutzungsrecht auch, können die hier vorgestellten Wohnungsrechte sowie das Dauernutzungsrecht in den Sog sonstiger steuerrechtlicher Würdigungen gelangen. Das betrifft etwa die verdeckten Gewinnausschüttungen, wenn etwa das Entgelt für ein solches Nutzungsrecht von einer körperschaftssteuerpflichtigen Organisation unangemessen ist (s. insoweit bereits o. Rdn. 162 f). Ebenso können solche Rechte, werden sie einer Mitunternehmerschaft zur Verfügung gestellt, um entweder dieser oder der Beteiligung des Mitunternehmers zugute zu kommen, sog. Sonderbetriebsvermögen ausmachen (s. o. a. a. O.).

Sicher mögen solche Konstellationen hier vergleichsweise ungewöhnlich erscheinen, ausgeschlossen sind sie hingegen nicht. Das ungewöhnliche Element liegt allein darin, dass Wohnungsrechte gewöhnlich nicht mit derartigen „geschäftlichen" Transaktionen in Verbindung gebracht werden. Ungewöhnliche Wege sind hier trotzdem nicht verschlossen. Das könnte vor allem das im Vergleich zum traditionellen Recht aus § 1093 BGB höchst flexible dingliche Nutzungsrecht (Dauerwohnrecht und Dauernutzungsrecht) der §§ 31 ff. WEG betreffen.

5. Sonstiges
5.1 Altrechte

274 Nutzungsrechte hat es selbstverständlich schon vor der Entstehung der heutigen Rechtsordnung – namentlich dem Inkrafttreten des BGB sowie der Errichtung der heutigen Grundbuchämter – gegeben, ja sie dürften seinerzeit dem allgemeinen Rechtsempfinden mehr verhaftet gewesen sein als heute. Das Bürgerliche Gesetzbuch konnte mit diesen sog. Altrechten nicht einer tabula rasa gleichsam kurzen Prozess machen, sondern es hatte sie zu respektieren und deren Verhältnis zu seinen Vorschriften klarzustellen. Das geschah wie sonst auch durch das Einführungsgesetz zum bürgerlichen Gesetzbuch.

5.1.1 Grunddienstbarkeiten

Gem. Art. 187 I EGBGB sind die altrechtlichen Grunddienstbarkeiten bestehen geblieben, dies sogar dann, wenn sie seinerzeit keiner Eintragung in ein Grundbuch bedurften. Diese Fähigkeit, auch ohne Eintragung Bestand zu haben, sind ihnen ausdrücklich erhalten geblieben (Art. 187 I Satz 1 EGBGB). Auf der anderen Seite kann der Berechtigte oder der Eigentümer bei jeweiliger Kostentragungspflicht jedoch verlangen, dass sie in das Grundbuch eingetragen werden (Art. 187 I Satz 2 EGBGB). Auch hier handelt es sich aber um keine Wirksamkeitsvoraussetzung, sondern es geht allein darum, das Grundbuch zu einem Medium auszugestalten, welches in der Lage ist, auch vollumfänglich über sämtliche dingliche Belastungen – auch die „aus alten Zeiten" – Auskunft zu geben.

Per Landesgesetz kann mit der Möglichkeit der Beschränkung auf einzelne Grundbuchbezirke vorgesehen werden, dass auch altrechtliche Grunddienstbarkeiten einzutragen sind. Auch hier handelt es sich aber um keine Wirksamkeitsvoraussetzung für den Weiterbestand. Unterbleibt eine Eintragung, kann aber die Möglichkeit eines gutgläubig lastenfreien Erwerbs in Frage kommen (Art. 187 II EGBGB, s. zu den landesrechtlichen Regeln Palandt-Heldrich Art. 187 Rdn. 3). Diese Regelung führt dort, wo es solche Landesgesetze gibt, faktisch zu einem Eintragungszwang. Eigentlich können Rechte, deren Bestand grundbuchunabhängig sind, in ihrem Bestand nicht durch einen guten Glauben an die fehlende Grundbucheintragung außer Kraft gesetzt werden. Anders eben Art. 187 II EGBGB (s. i. e. § 31 BWAGBGB: Eintragungsfrist bis zum 31. 12. 1977, ausgenommen Schafweide- und Fischereirechte, Art. 56 ff. BayAGBGB: kein Eintragungszwang, aber Aufgebotsverfahren, § 37 III BAGBGB: grundsätzlicher Eintragungszwang, §§ 44 ff. HbgAGBGB: Eintragungszwang bis 31. 12. 1929, für preußische Gebietsteile bis 31. 12. 1979; das danach angenommene Erlöschen der Dienstbarkeiten ist allerdings von Art. 187 EGBGB nicht gedeckt; für Hessen und Rheinland-Pfalz s. MüKo-Säcker Art. 187 Rdn. 6: Aufhebung der seinerzeitigen einschlägigen Bestimmungen).

Man tut hier also gut daran, eine altrechtliche Grunddienstbarkeit doch noch zur Eintragung in das Grundbuch zu bringen.

Zum einen verhindert man ggf. einen gutgläubig lastenfreien Erwerb, zum anderen tut man auch sich selbst einen beweisrechtlichen Gefallen, denn ein Grundbucheintrag wird doch mehr zählen als gewissermaßen „die bloßen Erinnerungen aus alten Zeiten" über Bestand und Inhalt eines solchen Rechts.

Auf den Inhalt der Grunddienstbarkeit finden nunmehr die Vorschriften des Bürgerlichen Gesetzbuchs entsprechende Anwendung (s. insoweit die jeweiligen Hinweise bei Palandt-Bassenge §§ 1021 ff. jewils a. E., s. für den Besitzschutz aber auch Art. 191 EGBGB, der neben § 1027 BGB aber kaum noch eine besondere Bedeutung haben dürfte).

5.1.2 Sonstige dingliche Nutzungsrechte

Ansonsten bleibt regelmäßig es bei der Grundregel des Art. 184 Satz 1 EGBGB: Altrechte – gleich, ob eine Sache oder ein Recht belastend – bleiben bestehen. Jedoch richtet sich ihr weiteres dogmatisches Schicksal nach den jetzt geltenden Vorschriften des Bürgerlichen Gesetzbuchs (Art. 189 EGBGB). Eine Ausnahme gilt allein für die Aufhebung eines solchen Rechts (Art. 189 III EGBGB).

5.2 Überleitung des Rechts der DDR

Mit der deutschen Wiedervereinigung stellte sich das Problem der Überleitung der Rechtsordnung der DDR in diejenige der Bundesrepublik. Während nach Art. 8 des Einigungsvertrages im weiten Bereichen die bundesdeutsche Rechtsordnung dem hier so genannten Beitrittsgebiet übergestülpt wurde, konnte man hinsichtlich sachenrechtlicher Gegebenheiten so nicht verfahren.

Sonstiges

5.2.1 Nutzungsrechte in der DDR

In der DDR waren Nutzungsrechte zum einen nicht unbekannt und zum anderen ein gängiges Instrument des praktischen Rechtslebens.

Gem. §§ 287 ff. ZGB konnte Bürgern zur Errichtung und persönlichen Nutzung eines Eigenheims oder anderen persönlichen Bedürfnissen dienendes Gebäude ein Nutzungsrecht an sog. volkseigenen Grundstücken verliehen werden. Dies geschah durch staatliche Verleihung. Ähnliches konnte durch Verleihung solcher Rechte durch landwirtschaftliche Produktionsgenossenschaften oder sonstige sozialistische Genossenschaften geschehen (§§ 291 ZGB). Bei nicht bestimmungsgemäßen Gebrauch bestand eine Entzugsmöglichkeit (§§ 290, 294 ZGB). Weiter bestand die Möglichkeit der Nutzungsüberlassung nicht land- oder forstwirtschaftlicher Bodenflächen an Bürger zu Erholungs- und Freizeitzwecken (§§ 312 ff. ZGB) – es waren dies die allbekannten Datschen.

Hier fiel schon die vergleichsweise marginale Aussagekraft des Gesetzes auf. Mit keinem Wort wurde auf die dogmatischen Ausgestaltung im Detail eingegangen. Es fehlte hier schlicht an dem diesbezüglichen Interesse.

Den Dienstbarkeiten dürften die Mitbenutzungsrechte nach §§ 321 ff. ZGB noch am nächsten gekommen sein, welche auf Grund einer Einigung von Nutzungsberechtigten zustande kamen (vgl. insoweit auch BGH VIZ 1000,489 – Gleichstellung von konkludenter Dienstbarkeitsbestellung mit konkludenter Bestellung eines eben solchen Mitbenutzungsrechts).

Hinzu kam, dass man es in der DDR mit der Einhaltung der eigenen Normen selbst nicht immer ganz genau nahm. So wurden auch Nutzungsrechte ohne gesetzliche Grundlage – eigentlich also schon contra legem – verliehen (s. etwa Stürner JZ 199,1076 f.). Man hatte es hier geradezu mit einem juristischen Wildwuchs zu tun.

5.2.2 Die Angleichung an das bundesdeutsche Recht

277 Den eben beschriebenen Befund konnte man nach der Wiedervereinigung nicht ohne weiteres ignorieren geschweige denn negieren. Neue Interessenkonflikte traten auf, die man behutsam miteinander in Einklang bringen musste.

Gem. Art. 233 § 4 II EGBGB blieben die Nutzungsrechte der §§ 287 ff., 290 ff. ZGB bestehen. Sie konnten weiterhin nicht infolge eines gutgläubig lastenfreien Erwerbs (§ 892 BGB, diese Rechte entstanden ja durch staatliche Verleihung, ohne dass es auf eine Grundbucheintragung ankam) erlöschen, wenn ein auf Grund dieser Rechte zulässig ein Eigenheim oder ein sonstiges Gebäude in dem für den öffentlichen Glauben maßgebenden Zeitraum ganz oder teilweise errichtet und der dem Erwerb zugrunde liegende Eintragungsantrag vor dem 1. 1. 2001 gestellt worden war. Gegebenenfalls konnte Aufhebung dieser Nutzungsrechte verlangt werden, wobei aber hier doch ein recht großzügiger Bestandsschutz gewährt wurde. Das äußerte sich etwa darin, dass der Schaden des Eigentumserwerbers infolge des Nutzungsrechts erheblich größer sein musste als derjenige des Nutzungsrechtsinhabers.

Auch wenn das Gebäude zerstört oder sonst wie untergegangen war, überlebte das Nutzungsrecht. Es gestattete hier sogar einen Wieder- oder Neubau (Art. 233 IV EGBGB). Eine Aufhebung des Nutzungsrechts nach Maßgabe des § 875 BGB (hier ggf. auch ohne Grundbucheintrag, dann nämlich, wenn das Recht selbst nicht im Grundbuch eingetragen war) war möglich (s. Art. 233 VI EGBGB).

Man konnte aber Aufhebung des Nutzungsrechts verlangen, wenn sein Inhaber unredlich gem. § 4 VermG gewesen war. Gem. § 4 III VermG lag Unredlichkeit insbesondere dann vor, wenn der Rechtserwerb nicht im Einklang mit dem DDR-Recht stand und der Erwerb das gewusst hatte oder hätte wissen müssen (Nr. 1), ein Fall von Korruption oder Ausnutzung einer persönlichen Machtstellung vorlag (s. i. e. Nr. 2) oder eine Zwangslage oder eine Täuschung ausgenutzt wurde (Nr. 3). Dieser Anspruch musste jedoch bis zum 31. 12. 2000 rechtshängig gemacht werden (s. i. e. Art. 233 V EGBGB).

Mitbenutzungsrechte wurden in die dogmatische Struktur beschränkter dinglicher Reche umgeleitet, soweit ihre Begründung der Zustimmung des Eigentümers bedurfte. Sie wurden per Gesetz auch grundbuchfähig (s. i. e. Art. 233 § 5 EGBGB; s. für die Eintragungspflichtigkeit grundsätzlich bis zum 31. 12. 1995 § 8 GBBerG; s. insoweit auch für das Erlöschen von Nutzungsrechten außerhalb des Grundbuchs AG Neuruppin VIZ 2005,3217; s. schließlich auch BGH VIZ 2003,488). Hier fand eine echte Überleitung in die sachenrechtlichen Strukturen des bundesdeutschen Rechts statt (s. Baur/Stürner § 63 Rdn. 50). Gem. §§ 116 ff. Sachen-RBerG bestand ein Anspruch des Mitbenutzers gegen den Eigentümer auf Bestellung einer beschränkten persönlichen Dienstbarkeit (für die Unanwendbarkeit des § 8 I Satz 1 GBBerG s. BGH VIZ 2004,195).

Die Regelungen des EGBGB konnten keine Konflikte vor Ort lösen. Hier trafen die Interessen von Grundstückseigentümern, die jahrzehntelang ihr Eigentum nicht ausüben konnten, mit denen der Nutzungsberechtigten, die ihrerseits lediglich seinerzeit geltendes und auch unter politischen Aspekten unverdächtiges Recht, weil insoweit durchaus ein Vertrauensschutz nicht in Abrede gestellt werden konnte, in Anspruch genommen hatten, aufeinander.

Diesem Ausgleich wie auch der einzelfallbezogenen Überleitung in bundesdeutsche Rechtsvorschriften weg vom DDR-Recht widmete sich das Sachenrechtsbereinigungsgesetz (s. insoweit § 3 SachenRBerG, neben einer umfangreichen Kommentarliteratur finden sich Überblicke etwa bei Stürner JZ 1993,1074 ff.; Eickmann DNotZ 1996,139; Grün NJW 1994,2641).

Grundsätzlich wird der Nutzer geschützt, indem er ein Wahlrecht hat (§ 15 SachenRBerG, zu den Ausnahmen s. § 16 sowie § 29 SachenRBerG) zwischen dem Kauf des von ihm genützten Grundstücks (§§ 61 ff. SachenRBerG, man beachte hier die sog. Halbwertklausel in § 68!) oder dem Erhalt eines Erbbaurechts (§§ 32 ff. SachenRBerG). Hier geht ganz klar Bestandsschutz vor Eigentumsschutz.

Parallel dazu – das sei der Vollständigkeit halber erwähnt – widmet sich das Schuldrechtsanpassungsgesetz obligatorischen Nutzungsverhältnissen, bei denen sich die geschilderte Problematik analog stellt (zur Abgrenzung beider Rechtsgebiete s. etwa Schnabel DtZ 1997,376).

5.3 Abgrenzung zu öffentlich-rechtlichen Nutzungsbefugnissen

278 Nutzungen werden nicht allein durch das Privatrecht eingeräumt. Auch das öffentliche Recht kennt solche Möglichkeiten – Möglichkeiten, die an zivilrechtliche Pendants erinnern und nicht zuletzt infolge dieses Näheverhältnisses nicht ohne Einfluss auf zivilrechtliche Verhältnisse sind.

5.3.1 Baulasten

Zu nennen ist hier die sog. Baulast, wie sie sich in manchen Bauordnungen der Bundesländer findet. Stellvertretend sei hier auf § 83 der nordrhein-westfälischen Bauordnung abgestellt.

Gem. § 83 NRWBauO ist es möglich, mittels formbedürftiger (s. dort Abs. 2, grundsätzlich empfiehlt sich hier eine öffentliche Beglaubigung) Erklärung gegenüber der Bauaufsichtsbehörde öffentlich-rechtliche Pflichten, bestehend in einem Tun, Dulden oder Unterlassen, zu übernehmen, wobei diese sich aber nicht schon bereits aus öffentlich-rechtlichen Vorschriften selbst ergeben dürfen. Es besteht ein Zustimmungserfordernis eines Erbbauberechtigten, und die Baulast wird unbeschadet der Rechte Dritter erteilt. Sie wird in das bei der genannten Behörde geführten sog. Baulastverzeichnis eingetragen und wirkt auch gegenüber Rechtsnachfolgern.

Damit weist die Baulast inhaltlich durchaus Ähnlichkeiten mit einer Dienstbarkeit auf (s. umfassend hierzu Steinkamp MittRNotK 1998,117 ff.; das betrifft freilich nicht die Variante, dass kraft der Baulast ein Tun verlangt werden kann, vgl. dazu auch im Anschluss). In Bundesländern (Bayern, Brandenburg, s. Steinkamp a.a.O., S. 124), denen sie unbekannt ist, hat die privatrechtliche Dienstbarkeit deren Aufgaben zu übernehmen.

Der Zweck der Baulast besteht darin, dort, wo an sich baurechtliche Zulässigkeitsvoraussetzungen nicht gegeben sind, diese durch entsprechende Verpflichtungen herbeizuführen. Als Beispiel möge man an den Fall denken, dass ein Grundstück die für ein Bauvorhaben nötige Zufahrtsmöglichkeit nicht aufweist; diese Zufahrtsmöglichkeit kann dadurch geschaffen werden, dass etwa der Inhaber eines Nachbargrundstücks sich per Baulast verpflichtet, die Zufahrt zu ermöglichen. Spätestens jetzt wird klar, dass man eben dieses auch durch ein ganz klassisches Wegerecht in Gestalt einer privatrechtlichen Dienstbarkeit bewerkstelligen könnte. Damit offenbart sich das zuvor genannte Näheverhältnis.

Ungeachtet dessen sind zivilrechtliche Nutzungsrechte und öffentlich-rechtliche Institute zwei paar Schuhe und dogmatisch streng auseinanderzuhalten.

Ein verbindendes Element kann sich aber in dem gesetzlichen Schuldverhältnis der Dienstbarkeit finden – das nämlich etwa dann, wenn die Dienstbarkeit ursprünglich eine bestimmte Nutzung eines Grundstücks eröffnen sollte, ein solches aber kraft öffentlich-rechtlicher Bauvorschriften (etwa infolge deren Änderung) nun nicht mehr möglich ist. Hier wird eine Verpflichtung zur Einräumung einer Baulast als Mittel, den mit der Dienstbarkeit verfolgten Zweck doch noch zu erreichen, aus dem gesetzlichen Schuldverhältnis bejaht. Den Umstand, dass an sich aktive Handlungspflichten (hier: Die Erteilung einer solchen Last) doch dem Recht der dinglichen Nutzungsrechte fremd ist, versucht man mit dem Kunstgriff zu lösen, dass man hier einfach eine Nebenpflicht annimmt (s. hierzu BGHZ 106,348 ff.; s.a. BGH NJW 1992,2885; s.a. Steinkamp MittRNotK 1998,125 f.).

Im Ergebnis kann man dem durchaus zustimmen, jedoch erscheint die Verortung einer solchen Baulasterteilungspflicht in dem gesetzlichen Schuldverhältnis fraglich. Angemessener wäre die Herleitung einer solchen Pflicht aus dem schuldrechtlichen Kausalgeschäft, welches ggf. infolge einer Änderung der Geschäftsgrundlage (etwa hervorgerufen durch

Änderungen im Bauordnungsrecht) entsprechend anzupassen wäre (s. § 313 I BGB). Damit würde sich auch die doch etwas gezwungene Einordnung dieser Pflicht als Nebenpflicht erledigen. An dem Ergebnis ändert sich, wie gesagt, freilich nichts.

5.3.2 Wegerechte des Telekommunikationsrechts

Besondere Wegerechte kennt auch das Telekommunikationsrecht (s. bereits o. Rdn. 164; s. a. für die insoweit aber gleichlautende Vorläuferfassung Schütz NVwZ 1996,1053 ff.), §§ 68 ff. TKG. Es handelt sich hierbei aber wiederum um solche des öffentlichen Rechts, welche kraft Gesetzes bestehen und nicht rechtsgeschäftlich bestellt werden müssen.

Hiernach ist der Bund befugt, öffentliche Verkehrswege im Rahmen der Widmung zu nutzen (s. i. e. § 68 TKG, zur Übertragung an Betreiber öffentlicher Telekommunikationsnetze s. § 69 TKG). Grundstückseigentümer haben die Errichtung, den Betrieb und die Erneuerung von Telekommunikationslinien nach Maßgabe des § 76 TKG zu dulden, was hier aber eine Verbindung zu einer Dienstbarkeit herstellt (s. o. Rdn. 221a).

5.3.3 Der öffentlich-rechtliche Nießbrauch an Kulturgütern

Das sog. Entschädigungs- und Ausgleichslastengesetz (EALG) bezweckt den Ausgleich zwischen Eigentümern, die ihre Rechte anlässlich der Ereignisse nach 1945 verloren haben und den tatsächlichen Inhabern der jeweiligen Positionen. Hierzu kennt das geltende Recht den sog. unentgeltlichen öffentlichen Nießbrauch gem. § 5 II EALG, dessen Sinn es ist, über Restitutionsansprüche ein „Leerräumen von Museen und Forschungseinrichtungen zu verhindern". Es geht darum, den grundsätzlichen Rückgewähranspruch nach § 5 I EALG wenigstens zeitweise zu unterbinden (s. dazu auch Habenicht VIZ 2000,703 ff.; s. nun auch BVerfG VIZ 2001, 195).

Hiernach bleiben ein für die Öffentlichkeit bestimmtes Kulturgut oder wesentliche Teile der Ausstattung eines denkmalgeschützten, der Öffentlichkeit zugänglichen Gebäudes für zwanzig Jahre unentgeltlich den Zwecken der Nutzung seitens der Öffentlichkeit gewidmet. Ist das Kulturgut mehr als zwei Jahre der Öffentlichkeit nicht zugänglich gemacht worden, so endet der Nießbrauch auf Antrag, sofern die oberste Landesbehörde keine triftigen Gründe für die Nichtzugänglichkeit und den Fortbestand des Rechts feststellt. Auch wenn das Gesetz selbst von einem unentgeltlich öffentlichen Nießbrauch spricht, täuscht das nicht darüber hinweg, dass es um einen Nießbrauch im zivilrechtlichen Sinne nicht geht, denn dieser ist rechtsgeschäftlicher Natur; der hier genannten „Nießbrauch"

Verbraucherschutz

entsteht durch Gesetz oder Verwaltungsakt (str., s. a. a. O., die eben erwähnte Feststellung der obersten Landesbehörde ist in jedem Fall ein konstitutiver Verwaltungsakt), aber in jedem Fall durch Hoheitsakt. Was nicht verwehrt ist, dass Nießbrauchsrecht hier eine entsprechende Anwendung finden kann.

Es kann eine Fortsetzung des Nießbrauchs gegen angemessenes Entgelt verlangt werden (§ 5 II Satz 2 EALG). Hier spricht vom Wortlaut des Gesetzes nichts dagegen, einen rechtsgeschäftlichen Nießbrauch anzunehmen. Das würde bedeuten, dass das öffentlich-rechtliche Nutzungsrecht in jedem Fall endet und nun durch ein eigenständiges Recht abgelöst wird. § 5 II Satz 2 EALG würde im Sinne der nun geltenden Rechtsgeschäftslehre einen ansonsten nicht gegebenen Abschlusszwang statuieren. Aufwendungen für das überlassene Kulturgut würde gleichwohl der Nießbraucher tragen, denn der insoweit einschlägige § 5 III EALG bezieht sich auf sämtliche Fälle des § 5 II EALG. Nun könnte nach dem hier vorgeschlagenen rechtsgeschäftlichen Modell auch anderes vereinbart werden (Der Vertrag würde kraft seiner Struktur zu einem angemessenen Ausgleich führen, den für hoheitliche Strukturen eben das Gesetzesrecht eigens absichern müsste), aber darauf würde sich der Eigentümer wohl nur in Ausnahmefällen einlassen wollen.

5.4 Verbraucherschutz

Dingliche Rechte als solche sind von spezifisch verbraucherschutzbezogenen Fragen unberührt. Das trifft auch auf die dinglichen Nutzungsrechte zu. Anders ist es jedenfalls in mittelbarer Hinsicht, wenn die zugrunde liegenden schuldrechtlichen Abreden den besagten Verbraucherbezug aufweisen. Wie gesagt, dieser Bezug ist mittelbar, denn der Verbraucherschutz findet auf schuldrechtlicher Ebene, derjenigen des Verpflichtungsgeschäfts, statt. Gleichwohl können dortige Begebenheiten faktisch auch das dingliche Nutzungsrecht beeinflussen, wenn auch nicht in seinem Bestand an sich, so doch im Hinblick auf sein weiteres rechtliches Schicksal.

278a

5.4.1 Time-sharing

Nutzungsüberlassungen sind vornehmlich im Bereich des sog. Time-sharing von Relevanz. Regelungen hierzu finden sich in den §§ 481 ff. BGB (welche bekanntlich mit der Schuldrechtsreform das seinerzeitige eigene Teilzeitwohnrechtegesetz abgelöst haben), die die sog. Time-sharing-Richtlinie umsetzen (Richtlinie 97/47/EG des Europäischen Rates und des Europäischen Parlaments vom 26. 10. 1994 zum Schutz der Erwerber im Hinblick auf bestimmte Aspekte von Verträgen über den Erwerb von Teilnutzungsrechten, ABl. EG Nr. L 280, S. 82). Allgemein gesprochen geht es hierbei eben um Nutzungsüberlassungen, dies aber nicht zwingend in dinglicher Form (aber eben doch auch) und auch nur unter bestimmten Voraussetzungen. Greifen diese aber ein, so sind sie zu Lasten des Verbrauchers grundsätzlich unabdingbar (§ 487 BGB).

5.4.1.1 Time-sharing und dingliche Nutzungsrechte

Inwieweit dingliche Rechte hier einsetzbar sind, ist freilich noch stark in der Schwebe. Die Problematik liegt darin, dass der numerus clausus der Sachenrechte sich nicht mit dem praktisch gewünschten Umfang verträgt. Die nur teilweise Nutzung ist den dinglichen Nutzungsrechten grundsätzlich fremd. Die Unübertragbarkeit von Nießbrauch (welcher ohnehin in seinem Umfang stets zu weitreichend wäre) und beschränkter persönlicher Dienstbarkeit kommt erschwerend hinzu (s. a. Mäsch DNotZ 1997,182).

Indessen könnte das Dauerwohnrecht nach § 31 WEG hier bedeutsam werden. Indessen ist auch hier die Reichweite der Gestaltungen im einzelnen noch fraglich (s. o. Rdn. 254a).

Nichtsdestotrotz ist es nicht per se ausgeschlossen, dingliche Nutzungsrechte hier zum Einsatz zu bringen. Ergänzend tritt die Möglichkeit hinzu, die Ausübungsbefugnisse auf rein schuldrechtlicher Basis zu regeln, welche die dinglichen Befugnisse insoweit im Ergebnis (nicht hingegen dinglich) einschränken. Immerhin kennt man vergleichbares aus dem Sicherungsbereich, und die grundsätzlich zulässige Flankierung dinglicher Rechte mit schuldrechtlichen Abreden (s. o. Rdn. 4a) ist ebenso ein Beleg für diese Option.

Insgesamt sind also dingliche Gestaltungen auch über Nutzungsrechte nicht auszuschließen. Denkbar wären etwa Bruchteilsgemeinschaften an solchen Rechten mit schuldrechtlichen Ausübungsbeschränkungen. Die oftmals anzutreffende Unübertragbarkeit solcher dinglichen Rechte könnte im konkreten Fall sogar positiv wirken, indem das gesamte Timesharing-System eine gewünschte personale Kontinuität verliehen bekommt (was man im Fall einer Bruchteilsgemeinschaft, s. dazu auch BGH NJW 1995,2369, mit einem Auseinandersetzungsausschluss – s. dazu §§ 749 II, 750 f. BGB unter Beachtung von § 1010 BGB – noch verstärkt werden kann).

Derartige dingliche Rechte werden dann, wenn das Belastungsobjekt sich außerhalb des deutschen Rechtsraums befindet, fremden Rechts sein. Auf dingliche Nutzungsrechte nach hiesigem Recht muss sich das

Verbraucherschutz

Objekt innerhalb desselben befinden. Es entscheidet insoweit für Sachen (§ 90 BGB) die sog. lex rei sitae, das Recht der belegenen Sache (s. Rdn. 279).

5.4.1.2 Voraussetzungen

Wie jede Verbraucherschutzregelung auch wird hier ein Geschäft zwischen einem Verbraucher (s. dazu § 13 BGB, s. sogar für die Möglichkeit einer Gesellschaft bürgerlichen Rechts, Verbraucher zu sein, EuGH NJW 2002,205) und einem Unternehmer (s. dazu § 14 BGB, s. dazu Art. 2 Time-sharing-Richtlinie) (sog. B-C-Geschäft: Business-to-Consumer) verlangt. Inhalt dieses Vertrags ist die Verschaffung eines Nutzungsrechts durch den Unternehmer an den Verbraucher.

Inhalt dieses Rechts ist die Nutzung eines Wohngebäudes oder eines Wohngebäudeteils (§ 481 III BGB) zu einem bestimmten Zeitraum des Jahres für die Dauer von mindestens drei Jahren zu Erholungs- oder Wohnzwecken (§ 481 I Satz 1 BGB). Die Art des Nutzungsrechts ist gleichgültig, sie kann dabei auch dinglicher Natur sein (§ 481 I Satz 2 BGB). Auch „Mehrfachkoppelungen" von Nutzungsrechten aneinander, wie etwa die Gebrauchsüberlassung an Nutzungsrechten oder die Teilhabe an einer Gesellschaft als Inhaberin eines Nutzungsrechts (vgl. insoweit auch § 481 I Satz 2 BGB a. E.), fällt darunter. Auch wenn das Nutzungsrecht noch Wahlmöglichkeiten hinsichtlich eines Bestandes von mehreren Nutzungsobjekten erlaubt, greifen bei Vorliegen der übrigen genannten Voraussetzungen die Verbraucherschutzvorschriften (§ 481 II BGB).

5.4.1.3 Rechtsfolgen

Das damit einschlägige verbraucherschutzrechtliche System folgt allgemeinen Regeln: Geschützt wird der Verbraucher durch Information (vgl. insoweit auch Art. 153 I EGV) wie durch eine „Nachverlagerung der Privatautonomie" durch ein Widerrufsrecht (insoweit in Abweichung von der Grundnorm des § 130 I Satz 2 BGB).

Der Schutz durch Information wird durch die § 482 f. BGB bewirkt (s. a. Art. 3 Time-sharing-Richtlinie). Es ist dem Verbraucher vor Abschluss eines § 481 BGB unterfallenden Vertrages ein Prospekt auszuhändigen (§ 482 I BGB, zur Angaben der Erhältlichkeit des Prospekts in der Werbung s. § 482 IV BGB). Das Nutzungsobjekt (sofern es noch im Bau befindlich ist, auch die Baustadien und die voraussichtlichen Terminierungen) muss beschrieben werden; dazu gehören auch die Angaben der jeweilig befassten Baubehörden. Ebenso müssen das Nutzungsrecht, vor allem in seinem Umfang und seiner genauen zeitlichen Fixierung, wie auch der jeweilige Vertragspartner hinreichend spezifiziert werden (§ 482 II, Art. 242 BGB i. V. m. § 2 BGB-InfoV). Schließlich gehört zur hinreichenden Spezifizierung des Nutzungsrechts auch seine eventuelle nichtdingliche Rechtsnatur, d. h. dass dingliche Rechte nicht eigens als solche gekennzeichnet zu werden brauchen (§ 1 I Nr. 3 BGB-InfoV, s. aber ansonsten für die Beschreibung des Rechts sowie der Erwerbsmodalitäten Nr. 2 a. a. O.).

Änderungen hinsichtlich der angegebenen Momente sind nur insoweit möglich, als die Umstände, auf denen diese beruhen, nicht im Einflussbereich des Unternehmers liegen (§ 482 III BGB, für mögliche Auswirkungen auf den Vertrag s. dann wieder § 313 BGB).

Die Angaben des Prospekts werden grundsätzlich Vertragsinhalt, auch wenn dies gegebenenfalls nicht so vereinbart werden sollte (§ 483 I Satz 3 ff. BGB – man beachte hier die Durchbrechung des grundsätzlichen vertraglichen Konsensprinzips!).

Sowohl der Vertrag als auch der Prospekt sind in der Amtssprache oder, sollte es deren mehrere geben, in der vom Verbraucher gewählten Amtssprache seines Wohnsitzstaats oder des Staates innerhalb von EU oder EWR, dem er angehört, abzufassen (§ 483 I BGB). Notarielle Verträge deutscher Notare sind in einer beglaubigten Übersetzung in der vom Verbraucher solchermaßen gewählten Sprache auszuhändigen. Wird all dies nicht beachtet, ist der Vertrag nichtig (§ 483 III BGB). Für den Prospekt gilt dies nicht, aber Anfechtungsrechte (§§ 119 ff., 123 f. BGB) können die Folge sein (Ein Vertrauensschaden nach § 122 BGB wäre hier zu versagen, denn das Sprachenrisiko wäre vom Unternehmer hervorgerufen, so dass es kein schutzwürdiges Vertrauen gäbe, auf welches er seinen Vertrauensschaden – sic! – begründen könnte). Auch Gewährleistungsrechte (vgl. § 434 I Satz 3 BGB) wären nicht ausgeschlossen.

§ 484 I Satz 1 BGB statuiert die Schriftform für Time-sharing-Verträge (§ 126 BGB). Eine Textform (§ 126 b BGB) ist nicht möglich (§ 484 I Satz 2 BGB). Im Fall der Nichtbeachtung greift § 125 Satz 1 BGB, so dass mögliche Rückabwicklungen über Bereicherungsrecht erfolgen.

Der Verbraucher hat die Vertragsurkunde oder jedenfalls eine Abschrift in einer ihm grundsätzlich verständlichen Sprache zu erhalten (s. i. e. § 484 II BGB).

Gem. § 485 I BGB hat der Verbraucher ein Widerrufsrecht nach § 355 BGB inne. Hier handelt es sich „um Privatautonomie pur", denn dieses kann ohne Gründe ausgeübt werden (vgl. § 355 I BGB a. E.). Es handelt sich um ein Gestaltungsrecht, welches zu einem Rückgewährschuldver-

Verbraucherschutz

hältnis analog §§ 346 ff. BGB führt (§ 357 I BGB; s. aber für den Ausschluss einer Vergütung für geleistete Dienste i. e. § 484 V BGB).

Die Frist für die Ausübung beträgt, sofern die notwendige Widerrufsbelehrung vor oder bei Vertragsschluss erfolgt, zwei Wochen (§ 355 I BGB, dies geht über die Richtlinie hinaus, s. dort Art. 5), bei nachträglicher Belehrung einen Monat (§ 355 II Satz 1 BGB). Gem. § 484 II BGB beträgt die Frist ebenfalls einen Monat, wenn der Prospekt (§ 482 BGB) nicht oder nicht in der nach § 483 I BGB vorgeschriebenen Sprache ausgehändigt worden ist. Die Frist beginnt bei mangelnder Belehrung i. S. v. § 482 II BGB, Art. 242 EGBGB, § 2 BGB-InfoV erst, wenn diese in schriftlicher Form nachgereicht wird (§ 484 IV BGB), wobei aber das Widerrufsrecht gem. § 355 III Satz 1 BGB einer sechsmonatigen Beschränkung unterliegt.

Besonders gravierend sind Fehler hinsichtlich der Widerrufsbelehrung selbst, denn diese führen zu einem unbefristeten Widerrufsrecht (§ 355 III Satz 3 BGB, vgl. insoweit auch EuGH NJW 2002, 281 ff. – Heininger, sowie BGH NJW 2002, 1881, insoweit sei als Muster auf die Anlage 2 zu § 14 BGB-InfoV verwiesen, welche grundsätzlich für Belehrungen verwendet werden sollte). Zu beachten ist, dass auf mögliche Notarskosten (§ 484 V Satz 2 BGB) auch in dieser Belehrung hingewiesen werden muss, anderenfalls diese nicht ordnungsgemäß i. S. v. § 355 III Satz 2 BGB ist.

Das Anzahlungsverbot des § 486 BGB hat auf die dingliche Rechtslage wie auch auf die Gültigkeit der schuldrechtlichen Abrede an sich keinen Einfluss, sondern sie bewirkt allenfalls bereicherungsrechtliche Rückforderungsansprüche (s. aber § 814 BGB!).

5.4.2 Verbundene Verträge

Werden Time-sharing-Verträge i. S. v. § 481 BGB durch andere Verträge finanziert, kann es sich um verbundene Verträge handeln (s. i. e. § 358 III BGB, die Einschränkung in Satz 2 für sog. grundstücksgleiche Rechte betrifft nicht die dinglichen Nutzungsrechte und hier auch nicht den an sich doch umfassenden Nießbrauch; zur Erweiterung der Widerrufsbelehrung s. § 358 V BGB – mit der Folge, dass auch insoweit § 355 III Satz 3 BGB mit der Sanktion der Unbefristetheit des Widerrufs gilt!). Der Widerruf eines der Verträge, die jeweilige Wirksamkeit vorausgesetzt, führt auch für den solchermaßen verbundenen Vertrag zu dessen Rückabwicklung (§ 358 IV BGB). Das aus dem Widerruf des Time-sharing-Vertrags resultierende Rückabwicklungsverhältnis erstreckt sich auch auf den verbundenen Darlehensvertrag, sofern das Darlehen bei Wirksamwerden des Rücktritt (Zugang, § 130 I Satz 1 BGB) zugeflossen ist (a. a. O. Satz 3).

Ergänzt wird § 358 BGB, der sich allein auf die Erstreckung des Widerrufs bezieht, durch den sog. Einwendungsdurchgriff des § 359 BGB. Im wesentlichen werden dem Verbraucher hier Zurückbehaltungsrechte gegenüber dem Darlehensgeber zugestanden, soweit er gegenüber dem Unternehmer seine Leistung verweigern kann. Je nachdem, wie weit die Einwendungen gegenüber dem Unternehmer reichen, sind diese Verweigerungsrechte dilatorisch oder peremtorisch.

5.5 Fragen mit Auslandsbezug

279 Liegt ein Fall mit Auslandsbezug vor, ist das Internationale Privatrecht dazu berufen, zu entscheiden, welche Rechtsordnung Anwendung findet (s. Art. 3 I Satz 1 EGBGB).

5.5.1 Sachenrecht

Für das Sachenrecht erscheint diese Frage leicht beantwortbar. Hier entscheidet das Recht des Staates, in dem die Sache belegen ist, die sog. lex rei sitae (Art. 43 I EGBGB).

Vor allem für inländische Grundstücke bedeutet das, dass hier stets deutsches Recht gilt. Anderenfalls, wenn das Grundstück im Ausland belegen ist, gilt das jeweils fremde Recht. Die lex rei sitae gilt allumfassend, d. h. sie regelt nahezu alle Fragen des dinglichen Rechts von seiner Entstehung über seinen Inhalt – inklusive der gesetzlichen Begleitschuldverhältnisse (vgl. auch Wolff-Raiser § 111.II.) – bis hin zu seinem Untergang (Palandt-Heldrich Art. 43 Rdn. 3).

Damit findet sich das anwendbare Recht vor allem für den Nießbrauch an Grundstücksrechten, Grund- und beschränkter persönlicher Dienstbarkeit sowie der Wohnungsrechte doch recht leicht.

Für die Grunddienstbarkeit wird man es als ausreichend erachten müssen, wenn das dienende Grundstück im Inland belegen ist, nicht aber unbedingt auch das herrschende. Damit kann es hier auch im Immobiliarrecht zu grenzüberschreitenden „originär sachenrechtlichen" Verhältnissen kommen.

Die lex rei sitae entscheidet auch über die Frage des anwendbaren Rechts bei beweglichen Sachen. Das kann hier für den Fahrnisnießbrauch entscheidend sein.

Hier kann es zu sog. Statutenwechseln kommen, wenn nämlich die Sache von einem Staat in den anderen verbracht wird, gleich ob dies rechtswidrig oder rechtmäßig geschieht (Palandt-Heldrich Art. 43 Rdn. 5). Dies führt noch nicht zwingend zu dem Erlöschen des bisherigen Fahrnisnießbrauchs, auch nicht zu einer Umwandlung in ein Rechtsinstitut des neuen Rechts (vgl. etwa Stoll IPRax 2000,260; Pfeiffer IPRax 2000,273). Jedoch entscheidet das neue Recht darüber, wie das bisherige dingliche Recht ausgeübt werden kann (s. BGHZ 100,326). Indessen darf das Recht nach seiner bisherigen Rechtsordnung nicht im Widerspruch zur neuen Rechtsordnung ausgeübt werden (Art. 43 II EGBGB). Anders ausgedrückt, entscheidet im Fall der Verbringung eines nießbrauchsbelasteten Gegenstands ins Ausland dessen Recht darüber, wie der Nießbrauch noch ausgeübt werden kann.

5.5.2 Sonstiges

Auch ansonsten entscheidet das Recht des Belastungsobjekts, was hier den Nießbrauch betrifft.

Wird ein Nießbrauch an Forderungen bestellt, entscheidet über die Einschlägigkeit der jeweiligen Rechtsordnung das Recht, dem diese Forderung unterliegt (vgl. für die Vollrechtsübertragung auch Art. 33 II EGBGB; vgl. auch grundsätzlich v. Bar Rdn. 572 ff.).

Immaterialgüterrechte unterliegen dem sog. Territorialitätsprinzip. Hier gilt die sog. lex loci protectionis, d. h das Recht des Staates, für den der jeweilige immaterialgüterrechtliche Schutz beansprucht wird (s. BT-Drucks. 14/343, S. 9).

Hinsichtlich des Nießbrauchs an einem Gesellschaftsanteil entschied bislang die Sitztheorie, wobei aber nun unter den Vorzeichen der EG-Niederlassungsfreiheit doch eine deutliche Hinwendung zur Gründungstheorie zu verzeichnen ist (s. BGH ZIP 2003,718 sowie o. Rdn. 151).

Der Nießbrauch an Vermögen löst sich geradezu völlig auf bzw. er offenbart sich als das, was er ohnehin ist, nämlich als ein Bündel von Nießbrauchsrechten an den vermögenszugehörigen Gegenständen (s. o. Rdn. 130). Hier gibt es kein einheitliches dingliches Recht, so dass für jeden einzelnen Gegenstand gesondert das anwendbare Recht zu ermitteln ist.

Ebenso ist auch für den Unternehmensnießbrauch zu entscheiden (vgl. dazu auch schon o. Rdn. 138).

Der Erbschaftsnießbrauch knüpft an einem Nachlass an, für den das Recht nach Art. 25 I EGBGB zu ermitteln ist. Danach gilt das Recht des Staates, dem der Erblasser im Zeitpunkt seines Todes angehörte, wobei aber für inländische Immobilien die Anwendbarkeit deutschen Rechts gewählt werden kann (Art. 25 II EGBGB, was ggf. zu einer sog. Nachlassspaltung führen kann, s. dazu Leible/Sommer ZEV 2005,93 ff.).

Selbiges gilt schließlich auch für den Nießbrauch an einem Miterbenanteil, denn auch dieser ist dem Erbstatut unterworfen.

5.5.3 Schuldrechtliche Geschäfte bezogen auf dingliche Nutzungsrechte

281 Das dingliche Recht ist in Deutschland dem Trennungs- bzw. Abstraktionsprinzip unterworfen. Allerdings ist das Abstraktionsprinzip im wesentlichen in anderen Rechtsordnungen unbekannt. Somit können auch Begebenheiten auf schuldrechtlicher Ebene Auswirkungen auf dingliche Nutzungsrechte haben. Unter der Ägide des deutschen Rechts mögen die Anknüpfungen auf dinglicher und schuldrechtlicher Ebene gleich sein (vgl. sogleich im Anschluss für die lex rei sitae), aber sie sind doch strukturell auseinander zu halten.

Das Internationale Privatrecht des Schuldvertragsrechts findet sich in Art. 27 ff. EGBGB, welche das Römische EWG-Übereinkommen über das auf Schuldverträge anwendbare Recht (welches bekanntlich kein Europarecht ist, s. ebda. Art. 18) umgesetzt haben (s. für die Auslegung nach internationalen bzw. einheitlichen Standards insoweit Art. 36 EGBGB, Art. 18 EVÜ).

Ergänzend sei noch bemerkt, dass es sich bei diesen Anknüpfungen samt und sonders um sog. Sachnormverweise handelt, also solche, bei denen im Fall der Einschlägigkeit fremder Rechte deren Internationales Privatrecht unberücksichtigt bleibt (Art. 35 I EGBGB, s. a. Art. 15 EVÜ; für den Sachnormverweischarakter jeglicher Rechtswahlen überhaupt s. a. Art. 4 II EGBGB). Für das sog. interlokale Privatrecht gilt, dass dieses ebenfalls nach den Art 27 ff. EGBGB zu ermitteln ist, s. Art. 35 II EGBGB).

5.5.3.1 Grundsätze

282 Grundsätzlich herrscht eine weitgehende Privatautonomie, denn es wird eine weitreichende Rechtswahl eingeräumt (Art. 27 EGBGB, Art. 3 EVÜ). Liegt eine solche nicht vor, entscheidet das Recht der engsten Verbindung (Art. 28 I EGBGB, Art. 4 I EVÜ). Es handelt sich ganz ohne Zweifel um einen höchst unbestimmten Rechtsbegriff, zu dessen näherer Erläuterung das Gesetz Vermutungstatbestände (zur Widerleglichkeit s. Art. 28 V EGBGB, Art. 4 V EVÜ) zur Seite stellt.

Hier ist vor allem Art. 28 III EGBGB (s. a. Art. 4 III EVÜ) von Interesse, wonach Verträge, welche dingliche Rechte an Grundstücken (also auch den Grundstücksnießbrauch sowie alle sonstigen Dienstbarkeiten) betreffen, die engste Verbindung in der Rechtsordnung des Staates, in dem das Grundstück belegen ist, zu suchen ist; das stellt freilich auch hier eine bloße Vermutung dar, aber es dürfte deren Wirkung gerade hier doch in besonderem Maße zutreffen. Es besteht ein Gleichlauf auf dinglicher Ebene (s. dazu zuvor Rdn. 279) und schuldrechtlicher, als in beiden Fällen auf die lex rei sitae angeknüpft wird – im ersten Fall freilich zwingend, im zweiten im Vermutungswege.

Ansonsten (d. h. den Nießbrauch an sonstigen Rechten betreffend) wird als engste Verbindung das Recht des Staates vermutet, von welchem letzten Endes aus die charakteristische Leistung aus erbracht wird bzw. wo der Schuldnersitz zu finden ist (s. i. e. Art. 28 II EGBGB, Art. 4 II EVÜ).

5.5.3.2 Verbraucherschutz

Eine Einschränkung findet sich im Verbraucherschutzrecht, welches hier vor allem im Rahmen sog. Time-sharing-Modelle zum Tragen kommen kann (s. o. Rdn. 278a).

283

Die Rechtswahl sowie das Recht der engsten Verbindung wird in Art. 29 I, II EGBGB in bestimmten Fällen zugunsten des Schutzniveaus des gewöhnlichen Aufenthalts eingeschränkt; indessen kann dies hier außer Betracht bleiben, denn dort geht es allein um die Lieferung beweglicher Sachen oder die Erbringung von Dienstleistungen.

Ganz anders ist dies im Fall von Art. 29 a EGBGB, welcher übrigens kein Bestandteil des erwähnten EWG-Schuldvertragsübereinkommens darstellt, sondern umgesetztes Europarecht darstellt. Hier geht es u. a. um die genannten Time-sharing-Verträge (Art. 29 a IV Nr. 2 EGBGB).

Danach führt eine Rechtswahl zugunsten der Rechtsordnung eines nicht der EU oder des EWR angehörigen Staates bei einem sog. engen Zusammenhang zu dem Gebiet eines EU- oder EWR-Staates nicht dazu, dass der Schutz nach nationalem Recht, welches eben u. a. die Time-sharing-Richtlinie umgesetzt hat, entzogen wird (Ist die Umsetzung hingegen unterblieben, versagt dieser Schutz. Auf die Richtlinie direkt kann nicht zurückgegriffen werden, vgl. insoweit auch zur fehlenden direkten Anwendbarkeit im sog. Horizontalverhältnis zwischen Privatrechtssubjekten EuGH NJW 1996,1401 – El Corte Ingles SA, wohl aber kann dieses Versäumnis Amtshaftungsansprüche – § 839BGB, Art. 34 GG – auslösen, s. grundlegend EuGH NJW 1992,165 – Francovich).

Ein solcher enger Zusammenhang liegt vor bei Vertragsanbahnungen in einem EU- oder EWR-Staat, in dem der andere Teil (der Verbraucher,

s. dazu § 13 BGB, vgl. a. Art. 2 Time-sharing-Richtlinie, letzter Spiegelstrich) seinen gewöhnlichen Aufenthalt hat (s. i. e. Art. 29 a II EGBGB, man beachte die weite Definition der Vertragsanbahnung, welche schon bei bloßer Werbung angenommen wird!).

Gerade für das Time-sharing-Recht sind die §§ 481 ff. BGB auch dann anzuwenden, wenn das Wohngebäude im Hoheitsgebiet eines EU- oder EWR-Staates liegt, wenn an sich das Recht eines Drittstaates eingreift (Art. 29 a III EGBGB). Bemerkenswert ist hier die Erstreckung deutscher Vorschriften etwa auch für Fälle, in denen allein ein Bezug zu anderen Staaten vorliegt, wenn sie nur EU- oder EWR-angehörig sind.

Die ratio des Art. 29 a EGBGB ist zum einen ein hohes Verbraucherschutzniveau (s. a. Art. 153 EGV), zum anderen aber auch ein europaweit einheitliches. Wenn nur die beschriebenen engen Zusammenhänge vorhanden sind, greift grundsätzlich EU- bzw. EWR-weit der Schutz nach europäisch vorgegebenem Time-sharing-Recht. Im konkreten Fall kann das Schutzniveau durch weitergehendes staatliches Recht noch erhöht werden (vgl. Art. 11 Time-sharing-Richtlinie).

5.5.4 *Formerfordernisse*

284 Sonderregelungen gelten für die Form von Rechtsgeschäften (s. Art. 11 EGBGB). Hier unterscheidet das Gesetz nicht, ob diese schuldrechtlicher oder dinglicher Art sind.

Grundsätzlich herrscht hier das Bestreben vor, das Rechtsgeschäft an Formvorschriften nicht scheitern zu lassen. So reicht es aus, wenn die Formvorschriften des jeweils anwendbaren Rechts oder auch sogar des Vornahmeorts gewahrt sind (s. Art. 11 I, II EGBGB). Gem. Art. 11 III EGBGB kommt es bei Vertretungen darauf an, wo sich der Vertreter befindet.

In sachenrechtlicher Hinsicht stellt Art. 11 IV EGBGB für Grundstücksgeschäfte grundsätzlich wieder auf die lex rei sitae ab. Für sonstige Sachen kommt es auf die Rechtsordnung an, die auf das seinen Gegenstand bildende Rechtsverhältnis anzuwenden ist (Art. 11 V EGBGB).

5.6 Buchungsfreie Grundstücke

285 Gem. § 3 II GBO ist für Grundstücke des Bundes, der Länder, Der Gemeinden und anderer Kommunalverbände, der Kirchen, Klöster und Schulen, die Wasserläufe, die öffentlichen Wege, sowie die Grundstücke, welche einen dem öffentlichen Verkehr dienenden Bahnunternehmen gewidmet sind, ein Grundbuchblatt nur auf Antrag des Eigentümers oder

eines Berechtigten einzurichten. Man spricht hier von sog. buchungsfreien Grundstücken.

Es liegt auf der Hand, dass eine Modifizierung der Begründung von Nutzungsrechten an solchen Grundstücken erforderlich ist. Hier reicht eine dingliche Einigung aus, wobei die Erklärung des Bestellers öffentlich beglaubigt sein muss. Auch Aufgabeerklärungen des Berechtigten gegenüber dem Eigentümer bedürfen einer öffentlichen Beglaubigung; Dritte haben Zustimmungsrechte nach § 876 BGB (s. i. e. Art. 56 I, II BayAG-BGB, § 43 HbgAGBGB, § 29 BWAGBGB, § 30 Nds. AGBGB). Vereinzelt aufzufindende Aufbewahrungspflichten bezüglich der beglaubigten Erklärungen berühren die Wirksamkeit der jeweiligen Rechtsgeschäfte nicht. Es wird hier von Dienstbarkeiten allgemein gesprochen, wobei aber die in diesem Buch geschilderten dinglichen Nutzungsrechte sehr wohl einheitlich unter diesen Terminus gefasst werden können.

Gem. Art. 56 III BayAGBGB (die übrigen landesrechtlichen Vorschriften kennen derartige Regelungen nicht) erlöschen derartige Dienstbarkeiten mit dem Ablauf von zehn Jahren nach der letzten Ausübung bzw. hilfsweise nach der letzten Ausübungsmöglichkeit. Weitgehend greifen hier Vorschriften des Verjährungsrechts entsprechend (§§ 203, 204 I Nr. 1, 4, 6 bis 9, 11 bis 14, II und III, §§ 205 bis 207, §§ 205 bis 213 BGB). Zeitweise Ausübungshindernisse hemmen die Frist jedoch nicht, allerdings endet die Frist hier nicht vor Ablauf eines Jahres ab der Zeit, in der die Ausübung ein zweites Mal zulässig war.

Die Ermächtigung zu diesen Regelungen findet sich in Art. 128 EG-BGB. Wo die Landesgesetzgeber von dieser Möglichkeit keinen Gebrauch gemacht haben, bedarf es zu entsprechenden Belastungen der Einrichtung eines Grundbuchblatts.

Literaturverzeichnis

Ahrens, Wettbewerbsrecht, Grundlagen – Voraussetzungen – Fallgestaltungen, Berlin 2006

Ahrens, Zivilrechtliche Zurückbehaltungsrechte, Voraussetzungen – Rechtsfolgen – verfahrensrechtliche Behandlung, Berlin 2003 (zit.: Ahrens Rdn.)

Ahrens, Die Verwertung persönlichkeitsrechtlicher Positionen – Ansatz einer Systembildung, Würzburg 2002

Ahrens, Wertpapiere in bargeldlosen Zahlungssystemen, dargestellt am Beispiel der Kreditkarte unter Berücksichtigung von Scheckkarten-, Geldautomaten- und POS-Verfahren, Baden-Baden 1997 (zit.: Ahrens, Wertpapiere)

Ahrens, Von der Position als Sicherungsvertragspartei unabhängige Einreden gegen die Sicherungsgrundschuld auf Grund des Kausalgeschäfts AcP 200 (2000),123

Ahrens, Quo vadis societate? Das Internationale Gesellschaftsrecht im Lichte der EG-Niederlassungsfreiheit, RNotZ 2003,32

Ahrens, Quo vadis societate? – Eine Nachlese zu RNotZ 2003,32, RNotZ 2003,388

Ahrens, Mietrechtliche Garantiehaftung – Widersprüchlichkeiten im neuen Schuldrecht, ZGS 2003,134

Ahrens, Anmerkung zu OLG Schleswig vom 2.12.2005 – 2 W 141/05; ZIP 2006,615

Amann, Anmerkung zu BGH DNotZ 2005,617, DNotZ 2005,622

Amann, Leistungspflichten und Leistungsansprüche aus Dienstbarkeiten – ein Beitrag zur Lehre vom Begleitschuldverhältnis, DNotZ 1989,531

Amann, Steuerung des Bierabsatzes durch Dienstbarkeiten – Ein Beitrag zur Lehre von der Sicherungsdienstbarkeit, DNotZ 1986,578

Armbrüster, Stimmrecht und Beschlussanfechtungsrecht beim Nießbrauch an Wohnungseigentums – Bemerkungen zum Beschluss des BayObLG v. 25.6.1998 – 2Z BR 53/98, DNotZ 1999,562

Bärmann/Pick, Wohnungseigentumsgesetz, Kommentar mit der Wohnungsgrundbuchverfügung, der Heizkostennebenverordnung, der Heizungsanlagenverordnung sowie den das Wohnungseigentum betreffenden Gesetzen und Verordnungen, 17. Aufl. München 2006

Bärmann/Pick/Merle, Wohnungseigentumsgesetz, Gesetz über das Wohnungseigentum und das Dauerwohnrecht, Kommentar, 9. Aufl. München 2003

Bamberger/Roth, Kommentar zum Bürgerlichen Gesetzbuch, Band 2, §§ 611 – 1296, WEG, München 2003

Bar, von, Internationales Privatrecht, Zweiter Band, Besonderer Teil, München 1991

Bartenbach/Gennen, Patentlizenz- und Know-how-Vertrag, 5. Aufl. Köln 2001

Battis/Krautzberger/Löhr, Baugesetzbuch, 9. Aufl. München 2005

Baumann, Mehrfachbeteiligungen an Gesamthandsgemeinschaften oder Die Eine-Personen-Erbengemeinschaft (im Vergleich zur Einmann-Personengesellschaft), FS Otte 2005, S. 15

Baumann, Der Nießbrauch am Anteil einer Einmann-Personengesellschaft, NZG 2005,919

Bassenge, Die Übertragbarkeit beschränkt persönlicher Dienstbarkeiten nach der Neuregelung durch Gesetz vom 17. Juli 1996, NJW 1996,2777

Baumbach/Hefermehl, Wechsel- und Scheckgesetz mit Nebengesetzen und einer Einführung in das Wertpapierrecht, 21. Aufl. München 1999

Baumbach/Hopt, Handelsgesetzbuch mit GmbH & Co., Handelsklauseln, Bank- und Börsenrecht, Transportrecht (ohne Seerecht), 32. Aufl. München 2005

Baumgärtel/Laumen, Handbuch des Beweisrechts im Privatrecht, Band 2, BGB Sachen-, Familien- und Erbrecht, Recht der EG, UN-Kaufrecht, 2. Aufl. Köln (u.a.) 1999

Baur, Private Baulandumlegung, FS Mühl 1981, S. 71

Baur, Anmerkung zu BGH, Urteil v. 2.6.1972 – V ZR 154/70 (OLG München), JZ 1972,630

Baur/Stürner, Sachenrecht, 17. Aufl. München 1999

Benkard, Patentgesetz Gebrauchsmustergesetz, 9. Aufl. München 1993 (zit.: Benkard/Bearb.)

Berger, Der Lizenzsicherungsnießbrauch – Lizenzerhaltung in der Insolvenz des Lizenzgebers, GRUR 2004,20

Binninger, Der Vorbehaltsnießbrauch an Kapitalvermögen, DStR 1995,1049

Birr, Verjährung und Verwirkung, Fristen- Beginn – Hemmung – Verwirkung, Berlin 2003

Bechtold, Der Nießbrauch am Kommanditanteil, Dissertation Mainz 1991

Blomeyer, Eigentumsvorbehalt und gutgläubiger Erwerb, AcP 153 (1954),253

Blümich, Einkommenssteuergesetz, 88. Aufl. (zit.: Blümich/Bearb.)

Bökelmann, Anm. zum Beschluss des BayObLG v. 3.7.1973 Breg 2225/73, JR 1974,201, JR 1974,202

Böttcher, Zulässigkeit und Probleme von Gesamtrechten an Grundstücken, Mitt- BayNotK 1993,129

Brambring, Surrogation beim Nießbrauch, DNotZ 2003,565

Braun, Insolvenzordnung (InsO), Kommentar, München 2002 (zit.: Braun/Bearb.)

Brox, Erbrecht, 18. Aufl. Köln (u.a.) 2001

Bülow, Zu den Vorstellungen des historischen Gesetzgebers über die absolute Wirkung rechtsgeschäftlicher Abtretungsverbote, NJW 1993,901

Bungert, Grenzüberschreitende Verschmelzungsmobilität – Anmerkung zur Sevic-Entscheidung des EuGH, BB 2006,53

Bungert, Die Übertragung beschränkt persönlicher Dienstbarkeiten bei der Spaltung (§ 123 I UmwG), BB 1997,897

Canaris, Schuldrechtsmodernisierung 2002, München 2002 (zit.: RegBegr., abgedruckt bei Canaris)
Canaris, Handelsrecht, 24. Aufl. München 2006
Canaris, Die Rechtsfolge rechtsgeschäftlicher Abtretungsverbote FS Serick 1992, S. 9
Czeguhn, Geschäftsfähigkeit, beschränkte Geschäftsfähigkeit, Geschäftsunfähigkeit, Berlin 2003
Czeguhn/Ahrens, Fallsammlung Sachenrecht, Heidelberg 2006

Demharter, GBO, 24. Aufl. München 2002
Demharter, Zum Stimmrecht des Wohnungseigentümers bei Belastung des Wohnungseigentums mit einem Nießbrauch, EWIR 2002,641
Diester, Gesetz über das Wohnungseigentum und Dauerwohnrecht, Köln 1952
Dillmann, Verfügungen während der Vorerbschaft, RNotZ 2002,1

Emmerich, Unlauterer Wettbewerb, 6. Aufl. München 2002
Emmerich, Kartellrecht, 9. Aufl. München 2001 (zit. Emmerich, Kartellrecht)
Eickmann, Die Sachenrechtsbereinigung – Grundzüge einer anspruchsvollen Kodifikation, DNotZ 1996,139
Erman, Handkommentar zum Bürgerlichen Gesetzbuch mit Einführungsgesetz, Verbraucherkreditgesetz, Gesetz zur Regelung der Miethöhe, Produkthaftungsgesetz, Haustürwiderrufsgesetz, AGB-Gesetz, Erbbaurechtsverordnung, Wohnungseigentumsgesetz, Schiffsrechtegesetz, Ehegesetz, Beurkundungsgesetz (teilkommentiert), 1. Band, 11. Aufl. 2004 (zit. Erman/Bearb.)
Erman, Handkommentar zum Bürgerlichen Gesetzbuch mit Einführungsgesetz, Verbraucherkreditgesetz, Gesetz zur Regelung der Miethöhe, Produkthaftungsgesetz, Haustürwiderrufsgesetz, AGB-Gesetz, Erbbaurechtsverordnung, Wohnungseigentumsgesetz, Schiffsrechtegesetz, Ehegesetz, Beurkundungsgesetz (teilkommentiert), 1. Band, 11. Aufl. 2004 (zit. Erman/Bearb.)
Ernst/Zinkahn/Bielenberg, BauGB Kommentar, München, Stand: 1. Januar 2003
Ertl, Dingliche und verdinglichte Vereinbarungen über den Gebrauch des Wohnungseigentums, DNotZ 1988,4

Fett/Brand, Die sog. „Einmann-Personengesellschaft" – Über die Vereinbarkeit des Grundsatzes vom Mehrpersonenverhältnis im Personengesellschaftsrecht mit den Besonderheiten des Erb- und Sachenrechts, NZG 1999,45
Fezer, Markenrecht, 3. Aufl. München 2003
Fikentscher, Schuldrecht, 9. Aufl. Berlin New York 1997
Flume, Der verlängerte und erweiterte Eigentumsvorbehalt, NJW 1950,841
Forkel, Gebundene Rechtsübertragungen, Band I, Erlangen 1977
Forkel, Der Franchisevertrag als Lizenz am Immaterialgut Unternehmen, ZHR 153 (1989),511

Forkel, Zur Übertragbarkeit geheimer Kenntnisse, FS Schnorr von Carolsfeld 1973, S. 105

Forkel, Zur Fortentwicklung unseres Lizenzrechts, FS Kraft 1998, S. 85

Forkel, Zur Zulässigkeit beschränkter Übertragungen des Namensrechts, NJW 1993,3181

Forsthoff, Internationales Gesellschaftsrecht im Umbruch – zugleich Anmerkung zum BGH-Urteil vom 13.3.2003, DB 2003 S. 986, DB 2003,979

Fournier, Bereicherungsausgleich bei Eingriffen in Wettbewerbspositionen im Sinne des § 1 UWG – zugleich ein Beitrag zur Dogmatik des wettbewerblichen Leistungsschutzes, Diss. Gießen 1994

Frank, Anmerkung zu BGH DNotZ 1999,500, DNotZ 1999,503

Gernhuber, Anmerkung zu BGH, Urt. v. 26.2.1065 – V ZR 227/62 (OLG Celle), JZ 1966,112

Goertzen, Nießbrauch und dauernde Lasten im Zusammenhang mit Vermögensübertragungen im Rahmen vorweggenommener Erbfolge, DStR 1994,1553

Gschwendtner, Nießbrauchsbestellung am Anteil einer Personengesellschaft – ein steuerrechtlicher Fingerzeig des BFH, NJW 1995,1873

Habenicht, Der 20-jährige Nießbrauch an Kunstwerken nach dem Ausgleichsleistungsgesetz – Zur Entstehung und zum Fristbeginn des Nießbrauchs sowie dessen Verfassungsmäßigkeit, VIZ 2000,703

Habersack, Die Mitgliedschaft als „sonstiges" Recht, Tübingen 1996

Habersack, Das Anwartschaftsrecht des Auflassungsempfängers – gesicherter Bestand des Zivilrechts oder überflüssige Konstruktion der Wissenschaft? JuS 2000,1145

Härtel, Anmerkung zu BGH DNotZ 2004,483, DNotZ 2004,451

Harder, Zur Lehre vom Eigennießbrauch, DNotZ 1970,267

Hartmann, Testamentsvollstreckung, Nießbrauch und Vorerbschaft zur Sicherung der Nachfolge des Einzelunternehmers im Zivil- und Steuerrecht, WRP 1085,453

Heidelberger Kommentar zur Insolvenzordnung (Verf.: Eickmann/Flessner/Irschlinger/Kirchoff/Kreft/Landfermann/Marotzke), 4. Aufl. Heidelberg 2006 (zit.: Bearb. in Heidelberger Kommentar)

Heinz, Ist der Inhaber eines dinglichen Wohnungsrechts befugt, den Partner einer nichtehelichen Lebensgemeinschaft in die Wohnung aufzunehmen? FamRZ 1982,763

Hille, Unternehmensnachfolge – Theoretische Grundlagen und Einsatzmöglichkeiten von Lebensversicherungen VW 1998,134

Hinz, Behandlung des Stimmrechts bei Belastung des Wohnungseigentums mit einem Nießbrauch, JR 2003,115

Hölder/Schmoll, Patentlizenz- und Know-how-Verträge in der Insolvenz – Teil II: Insolvenz des Lizenzgebers, GRUR 2004,830

Holznagel/Enaux/Nienhaus, Telekommunikationsrecht, 2. Aufl. München 2006
Hombrecher, Die vertragliche Absicherung des Markenlizenznehmers gegen eine Insolvenz des Lizenzgebers WRP 2006,219
Hügel, Die Teilrechtsfähigkeit der Wohnungseigentümergemeinschaft und ihre Folgen für die notarielle Praxis – Zugleich Anmerkung zum Beschl. des BGH v. 2.6.2005 – V ZB 32/05, DNotZ 2005,753

Immenga/Mestmäcker, GWB Gesetz gegen Wettbewerbsbeschränkungen, 3. Aufl. München 2001

Jauernig, Bürgerliches Gesetzbuch – Kommentar, 10. Aufl. München 2003 (zit.: Jauernig/Bearb.)
Jannott/Frodermann, Handbuch der Europäischen Aktiengesellschaft – Societas Europaea, Heidelberg 2005
Jennißen, BGHReport 2002,449
Joost, Sachenrechtliche Zulässigkeit wettbewerbsbeschränkender Dienstbarkeiten, NJW 1981,308
Jülicher, Nießbrauch ist nicht gleich Nießbrauch – Vorbehaltsnießbrauch und Erbschaftssteuerplanung, DStR 2001,1200

Kindler, Auf dem Weg zur Europäischen Briefkastengesellschaft? NJW 2003,1073
Knieper, Der Vermögensbegriff in § 311 BGB und sein Einfluß auf § 419 BGB, MDR 1970,979
Kirchhof, Heidelberger KompaktKommentar EStG, 3. Aufl. Heidelberg 2003 (zit.: Kirchhof/Bearb.)
Korn, Nießbrauchsgestaltungen auf dem Prüfstand (Teil I), DStR 1999,1461
Korn, Nießbrauchsgestaltungen auf dem Prüfstand (Teil II), DStR 1999,1512
Krug, Schulrechtsmodernisierung und Erbrecht – Die Auswirkungen des Schuldrechtmodernisierungsgesetzes auf das Erbrecht, Leimen 2002
Kruse, Nießbrauch an der Beteiligung an einer Personengesellschaft, RNotZ 2002,69

Lange, Marken- und Kennzeichenrecht, München 2006
Lange, Schenkungen an beschränkt Geschäftsfähige und § 107 BGB, NJW 1955,1339
Lange/Kuchinke, Erbrecht, 5. Aufl. München 2001
Langenfeld, Handbuch der Eheverträge und Scheidungsvereinbarungen, München
Larenz, Schuldrecht Allgemeiner Teil, 13. Aufl. München 1982
Larenz/Canaris, Lehrbuch des Schuldrechts, Band II/2, Besonderer Teil, 13. Aufl. München 1994

Leible/Hoffmann, „Überseering" und das (vermeintliche) Ende der Sitztheorie – zugleich eine Besprechung von EuGH RIW 2002,945 – Überseering, RIW 2002,925

Leible/Sommer, Nachlassspaltungen und Testamentsform: Probleme der Testamentsabwicklung bei Nachlassspaltung wegen Grundbesitzes im Ausland, ZEV 2006,93

Leible/Sosnitza, Grundfälle zum Recht des Eigentumsvorbehalts, JuS 2003,341

Lieber/Steffens, Vorweggenommene Erbfolge von Gesellschaftsanteilen unter Vorbehalt von Versorgungsleistungen, ZEV 2000,132

Lindemeier, Die Belastung des Gesamthandsanteils im Grundbuch des zum Gesamthandsvermögen gehörenden Grundstücks – Zugleich ein Beitrag zu Zulässigkeit und Ausgestaltung des Nießbrauchs am Anteil einer Personengesellschaft, DNotZ 1999,876

Link, Nießbrauchsvorbehalt und Pflichtteilsergänzung, ZEV 2005,283

Loewenheim/Meessen/Riesenkampff, Kartellrecht, Band 2, GWB, Kommentar, München 2006 (zit.: Bearb., in: Loewenheim/Meessen/Riesenkampff)

Lwowski, Kreditsicherungsrecht, 8. Aufl. Berlin 2000

Mäsch, Das deutsche Time-Sharing-Recht nach dem neuen Teilzeit-Wohnrechte-Gesetz, DNotZ 1997,180

Martinek, Traditionsprinzip und Geheißerwerb, AcP 88 (1988),573

Mayer, Anm. zu BayObLG, Beschluß vom 21.2.2002 – 22 BR 10/02, MittBayNotK 2002,288

Medicus, Allgemeiner Teil des BGB, 8. Aufl. Heidelberg 2002

Medicus, Bürgerliches Recht, 20. Aufl. Köln (u.a.) 2002 (zit.: Medicus, Bürgerliches Recht)

Mayer, Zur Störfallvorsorge beim Dauerwohnrecht: Heimfallanspruch bei Tod des Berechtigten oder Veräußerung des Rechts, DNotZ 2003,908

Mayer/Geck, Das Stuttgarter Modell – Steuerrechtliche und zivilrechtliche Risiken, Teil I DStR 2005,1425

Mayer/Geck, Das Stuttgarter Modell – Steuerrechtliche und zivilrechtliche Risiken, Teil II DStR 2005,1471

Milatz/Sonneborn, Nießbrauch an GmbH-Geschäftsanteilen: Zivilrechtliche Vorgaben und ertragsteuerliche Folgen, DStR 1999,137

Moog, Die zivilrechtlicher Sicherung des Nießbrauchers, DStR 2002,180

Motive zu dem Entwurf eines Bürgerlichen Gesetzbuches für das Deutsche Reich, Band II, Recht der Schuldverhältnisse, Berlin Leipzig 1888

Müller, Praktische Fragen des Wohnungseigentums, 4. Aufl. München 2004

Müller, Die grenzüberschreitende Verschmelzung nach dem Referentenentwurf des Bundesjustizministeriums, NZG 2006,286

Münch, Die Sicherungsdienstbarkeit zwischen Gewerbe- und Kartellrecht, ZHR 157 (1993),553

Münchener Kommentar zum Bürgerlichen Gesetzbuch, Band 2, Schuldrecht, Besonderer Teil III (§§ 705 – 853, PartGG, ProdHaftG), 4. Aufl. München 2004 (zit.: MüKo-Bearb.)

Münchener Kommentar zum Bürgerlichen Gesetzbuch, Band 3, Aufl. München (zit.: MüKo-Bearb.), Band 4, Sachenrecht (§§ 854 – 1296), Wohnungseigentumsgesetz, Erbbaurechtsverordnung, 4. Aufl. München 2004 (zit.: MüKo-Bearb.)

Münchener Kommentar zum Bürgerlichen Gesetzbuch, Band 11, Internationales Handels- und Gesellschaftsrecht, Einführungsgesetz zum Bürgerlichen Gesetzbuche (Art. 50 – 237), 3. Aufl. München 1999 (zit.: MüKo-Bearb.)

Münchener Kommentar zur Insolvenzordnung, Band 2, 1. Aufl. München 2002 (zit.: MüKo-Inso/Bearb.)

Musielak, ZPO, 4. Aufl. München 2005 (zit.: Musielak/Bearb.)

Nagel, Die Richtlinie zur grenzüberschreitenden Verschmelzung, NZG 2006,97

Neuner, Das nachbarrechtliche Haftungssystem, JuS 2005,385, 487

Niedenführ/Schulze, Handkommentar zum Wohnungseigentumsrecht, 7. Aufl. Heidelberg 2004 (zit.: Bearb., in: Niedenführ/Schulze)

Nieder, Handbuch Testamentsgestaltung, 2. Aufl. München 2000

Oechsler, Die Zulässigkeit grenzüberschreitender Verschmelzungen – Die Sevic-Entscheidung des EuGH, NJW 2006,812

Oertzen, von/ Helios, Der bewertungsrechtliche Kapitalwert des Nießbrauchs an Kapitalgesellschaftsanteilen, ZEV 2004,485

Pahlke/König, Abgabenordnung, München 2004

Palandt, Bürgerliches Gesetzbuch, 65. Aufl. 2006 (zit.: Palandt-Bearb.)

Petzoldt, Nießbrauch an Personengesellschaftsanteilen, DStR 1992,1171

Petzoldt, Vorerbschaft und Nießbrauchsvermächtnis – vergleichende Gegenüberstellung in zivil- und steuerrechtlicher Sicht, BB 1975, Beil. zu Heft 13

Pfeiffer, Der Stand des internationalen Sachenrechts nach seiner Kodifikation, IPrax 2000,270

Pottenstein/Geck; Das Stuttgarter Modell: Steuerrechtliche und zivilrechtliche Risiken (Teil II); DStR 2005,1471

Priester, Die zwingende Einheitlichkeit des Personengesellschaftsanteils – ein überholtes Prinzip, DB 1998,55

Randenborgh, van, Was wird aus den älteren, unmodern gewordenen Wohnungseigentums-Anlagen? – Überlegungen zum Wohnungseigentumsrecht, DNotZ 2000,86

Reiff, Die Dogmatik der Schenkung unter Nießbrauchsvorbehalt und ihre Auswirkung auf die Ergänzung des Pflichtteils, Berlin 1989

Reiff, Vorweggenommene Erbfolge und Pflichtteilsergänzung, NJW 1992,2857

Reithmann, Neue Vertragstypen des Immobilienerwerbs, NJW 1992,649

RGRK, Das Bürgerliche Gesetzbuch mit besonderer Berücksichtigung der Rechtsprechung des Reichsgerichtshofs und des Bundesgerichtshofs, Band III. 1. Teil, §§ 854 – 1011, §§ 954 – 1011, Berlin New York 1979

Renders, Entfällt der Eigenkapitalersatzeinwand bei der Gebrauchsüberlassung in der Gesellschafterinsolvenz? ZIP 2006,1273

RGRK, Das Bürgerliche Gesetzbuch mit besonderer Berücksichtigung der Rechtsprechung des Reichsgerichtshofs und des Bundesgerichtshofs, Band III, 3. Teil, Anh. § 1011: ErbbauVO; § 1018 – 1203; Anh. § 1203, Schiffsregistergesetz, Berlin 1995 (zit. RGRK-Bearb.)

Ricken, Grunddienstbarkeiten bei Veränderungen der tatsächlichen Verhältnisse, WM 2001,979

Rittner, Handelsrecht und Zugewinngemeinschaft (I): Die Bedeutung des § 1365 BGB im Handelsrecht, FamRZ 1961,1

Säcker, Berliner Kommentar zum Telekommunikationsgesetz, Heidelberg 2006 (zit.: Bearb., in: Säcker)

Scharff, Nießbrauch an Aktien im Zivil- und Steuerrecht, 1982

Schildt, Der deliktische Schutz des Rechts am Gewerbebetrieb, WM 1996,2261

Schlieper, Vor- und Nacherbschaft oder Nießbrauchsvermächtnis – zur zweckmäßigen Gestaltung der Verfügung von Todes wegen, MittRhNotK 1995,249

Schmidt, Gesellschaftsrecht, 4. Aufl. Köln (u.a.) 2002

Schmidt, Handelsrecht, 5. Aufl. Köln (u.a.) 1999 (zit.: Schmidt, Handelsrecht)

Schmidt, Stimmrecht beim Anteilsnießbrauch – Besprechung des Urteils BGH NJW 1999,571, ZGR 1999,601

Schmidt-Futterer, Mietrecht Kommentar, Großkommentar zum Wohn- und Gewerberaummietrecht, 8. Aufl. München 2003 (zit.: Schmidt-Futter/Bearb.)

Schnabel, Ausschluss des Sachenrechtsbereinigungsgesetzes bei Baumaßnahmen auf Mietwohngrundstücken, DtZ 1997,376

Schön, der Nießbrauch an Sachen, gesetzliche Struktur und rechtsgeschäftliche Gestaltung, Bonn 1992

Schön, Der Nießbrauch am Gesellschaftsanteil, ZHR 158 (1994),229

Schöner/Stöber, Grundbuchrecht, 13. Aufl. München 2004

Scholz, Kommentar zum GmbH-Gesetz mit Anhang Konzernrecht, I. Band (§§ 1-44, Anhang Konzernrecht), 9. Aufl. Köln 2000 (zit. Scholz/Bearb.)

Schricker, Urheberrecht Kommentar, 2. Aufl. München 1999

Schubert, Die einkommenssteuerliche Behandlung von Nutzungsrechten, DStR 1995,362

Schütz, Wegerechte für Telekommunikationsnetze – Chancen für mehr Wettbewerb auf den liberalisierten Telekommunikationsmärkten? NVwZ 1996,1053

Schulze zur Wiesche, Der Nießbrauch am Geschäftsanteil einer Personengesellschaft, DStR 1995,318

Schwab/Prütting, Sachenrecht, 30. Aufl. München 2002

Siems, SEVIC: Der letzte Mosaikstein im Internationalen Gesellschaftsrecht der EU? EuZW 2006,135

Söffing/Thümmel (Hrsg.), Praxishandbuch der Unternehmensgestaltung, Heidelberg 2003 (zit.: Bearb. in, Söffing/Thümmel)

Soergel, Bürgerliches Gesetzbuch mit Einführungsgesetz und Nebengesetzen, Sachenrecht 3 (§§ 1108 – 1296), 13. Bearb., Stand: 2001

Soergel, Bürgerliches Gesetzbuch mit Einführungsgesetz und Nebengesetzen, Band 7, Familienrecht (§§ 1297 – 1588), VARHG, nichteheliche Lebensgemeinschaft, 12. Bearb., Stand: 1988

Spiegelberger, Die Rennaissance der vorweggenommenen Erbfolge, DStR 2004,1105

Stapenhorst/Voß, Mieterdienstbarkeit als dingliche Absicherung gewerblicher Mietverträge, NZM 2003,873

Staudinger, von, J., Kommentar zum Bürgerlichen Gesetzbuch mit Einführungsgesetz und Nebengesetzen, Zweiter Band, Recht der Schuldverhältnisse (§§ 253 – 314), Neubearbeitung 2001 (zit.: Staudinger/Bearb.)

Staudinger, von, J., Kommentar zum Bürgerlichen Gesetzbuch mit Einführungsgesetz und Nebengesetzen, Drittes Buch, Sachenrecht, §§ 985 – 1011, Neubearbeitung 2002

Staudinger, von, J., Kommentar zum Bürgerlichen Gesetzbuch mit Einführungsgesetz und Nebengesetzen, Band 3, Sachenrecht, ErbbauVO, §§ 1018 – 1192, Neubearbeitung 2002

Steinkamp, Das Verhältnis von Baulast und Dienstbarkeit, MittRNotK 1998,117

Stöber, Forderungspfändung – Zwangsvollstreckung in Forderung und andere Vermögensrechte, Erläuterungsbuch für die Praxis mit Mustern und Beispielen, 14. Aufl. Bielefeld 2005

Stoll, Zur gesetzlichen Regelung des internationalen Sachenrechts in Artt. 43 – 46 EGBGB, IPrax 2000,259

Stürner, Dienstbarkeit heute, AcP 194 (1994),265

Stürner, Sachenrechtsbereinigung zwischen Restitution, Bestandsschutz und Rechtssicherheit, JZ 1993,1073

Stumpf/Groß, Der Lizenzvertrag, 8. Aufl. Frankfurt/M. 2005

Stuhrmann, Einkommenssteuerrechtliche Behandlung des Nießbrauchs und der obligatorischen Nutzungsrechte bei den Einkünften aus Vermietung und Verpachtung aus Vermietung und Verpachtung; DStR 1998,1405

Teichmann, Rechtsnießbrauch an Gesellschaftsanteilen – gesellschaftsrechtlicher Teil, ZGR 1972,1

Thümmel, Abschied vom Stockwerkseigentum (?) – ein Rückblick auf eine aussterbende Eigentumsform und das Baden-Württembergische Ausführungsgesetz zum BGB von 1974, JZ 1980,125

Tiedtke, Gutgläubiger Erwerb im bürgerlichen Recht, im Handels- und Wertpapierrecht sowie in der Zwangsvollstreckung, Berlin New York 1986

Tiedtke, Zur Aufhebung des belasteten Anwartschaftsrechts ohne Zustimmung des Pfandgläubigers, NJW 1988,28

Tiedtke, Die Aufhebung des belasteten Anwartschaftsrechts ohne Zustimmung des Pfandgläubigers, NJW 1985,1305

Tiedtke, Gutgläubiger Erwerb beweglicher und unbeweglicher Sachen kraft guten Glaubens, Jura 1983,460

Troll, Erbschafts- und Schenkungssteuergesetz, 32. Aufl. München März 2006

Walberer, Die Belastung im Sinne von § 1018 BGB bei Wettbewerbsverboten, NJW 1965,2138

Walter/Maier, Die Sicherung von Bezugs- und Abnahmeverpflichtungen durch Dienstbarkeiten, NJW 1988,377

Weitnauer, Wohnungseigentumsgesetz, Gesetz über das Wohnungseigentum und das Dauerwohnrecht, 5. Aufl. 2005 (zit. Weitnauer/Bearb.)

Weitnauer, Die Belastung des Erbbaurechts mit einem Dauerwohnrecht, DNotZ 1953,119

Weitnauer, Können Erbbaurecht und Dauerwohnrecht zugunsten des Eigentümers bestellt werden? DNotZ 1958,352

Westermann, Sachenrecht, 7. Aufl. Heidelberg 1998

Wessel, Die Übertragung von Nießbrauchsrechten bei Unternehmensveräußerung nach § 1059 a BGB, DB 1994,1605

Wieling, Sachenrecht, 4. Aufl., Heidelberg New York 2001 (mit Nachtrag zur 4. Aufl. auf Grund des Schuldrechtsmodernisierungsgesetzes)

Wilhelm, Sachenrecht, 2. Aufl. Berlin 2002

Wilhelm, Das Merkmal „lediglich rechtlicher Vorteil" bei Verfügungen über Grundstücke, NJW 2006,2353

Wilhelm, Das Anwartschaftsrecht des Vorbehaltskäufers im Hypotheken- und Grundschuldverband, NJW 1987,1785

Winkler, Unternehmensnachfolge nach Pflichtteilsrecht – Wege zur Minimierung des Störfaktors „Pflichtteilsansprüche", ZEV 2005,89

Wolff/Raiser, Sachenrecht, Tübingen 1957

Wollny, Unternehmens- und Praxisübertragungen – Kauf, Verkauf, Anteilsübertragung, Nachfolgeregelungen in Zivil- und Steuerrecht, 5. Aufl. Herne/Berlin 2001

Würzburger Notarhandbuch (Hrsg.: Limmer/Hertel/Frenz/Meyer), 2005 (zit.: Bearb. in: Würzburger Notarhandbuch)

Zöllner, Besprechung von Larenz, Karl/Canaris, Claus-Wilhelm, Lehrbuch des Schuldrechts, Band II, Halbband 2, Besonderer Teil, 13. Aufl. München 1994, JZ 1997,293

Stichwortverzeichnis
(Die Zahlen verweisen auf die Randnummern)

A

Abgeschlossenheit, s. Wohnung
Abgrenzung Nießbrauch von Dienstbarkeit   69,
Abmahnung   77, 93, 99, 262
Absicherung von Baukostenzuschüssen, s. Baukostenzuschüsse
Abtretung
– des Herausgabeanspruchs   44, 47
– von Mietforderungen an den Nießbraucher   65a
– -sausschluss   98 f.
AfA-Berechtigung   23 ff.
Akzessorietät   14
Aktiengesellschaft, Europäische   150 c
Altrechte   274 ff.
Altrechtliche Dienstbarkeiten, s. Dienstbarkeiten, altrechtliche
Anfechtung, s. Zwangsvollstreckung, Insolvenz
Angehörige, s. Steuerrecht
Anrechnung auf den Pflichtteil, s. Pflichtteil, Anrechnung auf
Anwartschaft   54, 194, 217
Anweisungsfälle, s. Übergabe
Anzeigepflichten   247
Arbeitsverhältnisse, Übergang   135b
Aufgedrängte Bereicherung, s. Bereicherung, aufgedrängte
Aufrechnung   117
Ausgleichsgesetz, s. Kulturgüter

Ausschließlichkeitsbindungen   177
Ausschluss eigentumsrechtlicher Befugnisse, s. Eigentumsrechtliche Befugnisse, Ausschluss von

B

Baukostenzuschüsse   164a, 254a
Baulast   278
Bauplanungsrecht   58
Bedingung   14
Bereicherung, aufgedrängte   90a
Berliner Testament   7c
Beschränkte persönliche Dienstbarkeit, s. Dienstbarkeit, beschränkte persönliche
Beseitigungsansprüche
– Grunddienstbarkeit   199
– Nießbrauch   77
Besichtigungsrecht   247
Besitz
– Recht zum   66
– -schutz   78, 203, 227
Besitzer, deliktischer   76, 80
Besitzdiener   39
Besitzkonstitut   42, 46
Bestandteil, wesentlicher   215
Betretungsrecht   247
Betreuung   53, s. a. Genehmigung, vormundschaftsgerichtliche
Betriebsaufgabe   135a
Betriebsübergang, s. Arbeitsverhältnisse, Übergang

Betriebsaufspaltung 135a
Brandvormerkung 251, s. a. Vormerkung

D
Dauernutzungsrecht 258
Dauerwohnrecht 254 ff.
– und Erbbaurecht 268
– Beendigung 267 f., s. a. Fortbestehensvereinbarung, Heimfallanspruch
– Inhalt 255 ff.
– Überlassung zur Ausübung 265
– Übertragbarkeit 264
– Vererblichkeit 266
DDR-Recht 276 f.
– Angleichung 277
Deliktischer Besitzer, s. Besitzer, deliktischer
Dienstbarkeiten, altrechtliche 274
Dienstbarkeit, beschränkte persönliche 219 ff.
– Beendigung 232
– Inhalt 221 ff.
– negative 222
– Überlassung zur Ausübung 231
– Übertragung 230 ff.
– Unvererblichkeit 231
Dienstbarkeiten 163 ff.; s. a. Grunddienstbarkeit, Dienstbarkeit, beschränkte persönliche
– altrechtliche
Dingliche Einigung, s. Einigung, dingliche

E
EG-Niederlassungsfreiheit 151
Eigenheimzulage 254a
Eigennießbrauch 14, 17 ff.
Eigentümerdienstbarkeit 171, 194, 226

Eigentumsrechtliche Befugnisse, Ausschluss von 182 ff., 224
Eigentumsvermutung 83 ff.
Eigentumsvorbehalt 2
Eigenkapitalersatz 159a, 161, 232, 236
Einheitslösung, s. Berliner Testament
Einigung, dingliche 35 ff., 226, 244, 259
Einwendungsausschluss 117, 120, s. a. Gegenrechte, Erhalt von
Einzeltheorie, s. Zugewinngemeinschaft
Einziehung, s. Forderungen, Einziehung
Energiewirtschaftsrecht 164, 221
Entschädigungsanspruch 184
Erbfolge, vorweggenommene 7
Erbschaftsnießbrauch, s. Nießbrauch an Erbschaft
Erbschaftssteuer 7d, 10, 138a
Erbverzicht 7
Ergänzungspfleger 24a, 53
Erhaltungspflichten 90 ff.
Ersitzung 52, 57, 196,
Ertragsnießbrauch 103, 135, 136, 146
Erwerb, gutgläubiger, s. a. Verfügungsbefugnis
– Fahrnisnießbrauch 45 ff.
– Grundstücksnießbrauch 55, 72
– lastenfreier 49

F
Fahrnisnießbrauch 34 ff.
Firmenfortführung 135b
Flurbereinigung 58, 197
Fremdbesitzerexzess 81, 247
Früchte, s. Nutzungen
Forderungen
– Einziehung 111 ff.;

- Schuldnerschutz 116 ff.
- verzinsliche 113 ff.
- s. a. Nießbrauch an Forderungen
- Fortbestehensvereinbarung 268, 272

Fusionskontrolle 135c

G

Gebäude, Zerstörung 251
Gebrauchsvorteile, s. Nutzungen
Gebrauchsüberlassung, schuldrechtliche 4 f.
Gegenrechte, Erhalt von 117
Geheißerwerb 40
Genehmigung, vormundschaftsgerichtliche 53
Gesamtgut, s. Gütergemeinschaft
Geschäftsfähigkeit 36
Gesellschaft bürgerlichen Rechts
- Grundbuchfähigkeit 53
- Rechtsfähigkeit 53

Gesellschaftsrecht 150
Gesetzliches Schuldverhältnis, s. Schuldverhältnis, gesetzliches
Gestaltungsmissbrauch, s. Umgehungsgeschäft
Gewerbesteuer 135a
Gewinnausschüttung, verdeckte 162f, 237a, 273d
Grundbucheintragung 53
Grundbuchfähigkeit, s. Gesellschaft bürgerlichen Rechts
Grundbuchberichtigungsanspruch 79
Grunddienstbarkeit 166 ff.
- als wesentlicher Bestandteil, s. Bestandteil, wesentlicher
- altrechtliche, s. Dienstbarkeiten, altrechtliche
- Beendigung 218
- Entschädigungsansprüche 183 f.
- Erbbaurecht 167
- Mehrheit von Grundstücken 167
- negative 175
- Inhalt 169 ff.
- Rangfragen 189 ff.
- Überlassung der Ausübung 216
- Übertragung 215 ff.
- Vererblichkeit 217
- Wohnungseigentum 167

Grundstück
- Begriff 167
- herrschendes 167
- dienendes 168
- Teilung 198

Gütergemeinschaft 32
- fortgesetzte 11
- Gesamtgut 32
- Sondergut 32

Gutgläubiger Erwerb, s. Erwerb, gutgläubiger, s. a. Verfügungsbefugnis

H

Haftung wegen Firmenfortführung, s. Firmenfortführung
Haftung für Steuerschulden, s. Steuerschulden, Haftung
Handlungspflichten 30 ff.
Heimfallanspruch 269 f., 273
Heizkostenverordnung 155, 231, 250
Herausgabeansprüche
- Nießbrauch 75

Hypothek 65, 120

I

Immanenztheorie, s. Kartellrecht
Immissionen 184

411

Imponderabilien, s. Immissionen
Inhaberpapiere, s. Wertpapierrecht
Insichgeschäft 36, 53
Insolvenz 56, s. a. Verfügungsbefugnis
– Anfechtung 159b, 236, 253, 273
– beschränkte persönliche Dienstbarkeit 237
– Dauerwohnrecht 273
– Grunddienstbarkeit 236
– Nießbrauch 159
– -risiko, s. Sicherungsdienstbarkeit
– Sonderkündigungsrechte 164a, 272, 273
– Wohnrecht gem. § 1093 BGB 253
Insichgeschäft 36, 194
Internationales Privatrecht, s. Privatrecht, Internationales
Inventar 72, 162
– und gutgläubiger Erwerb 72

K
Kartellrecht 135c, 178 ff., 223
Kindesvermögen, s. Nutznießungsrechte
Kollision mehrerer Nutzungsrechte 81, 189 ff.
Know-how 100, 237a
Konzernrecht 135c
Kulturgüter 278

L
Leistungsschutz 100
Lex rei sitae 279
Lizenzen 5, 100
– negative 100a
Lizenzsicherungsnießbrauch 15a, 100, 100a

M
Mietrecht, s. a. Gebrauchsüberlassung, schuldrechtliche
– Konkurrenzverhältnis Nießbrauch und Hypothek 65
– Übergang des Mietverhältnisses 4
Minderjährigenschutz 36, 194, 245, 259, s. a. Genehmigung, vormundschaftsgerichtliche
Miterbengemeinschaft 103a
Miturheberschaft 103a

N
Namenspapiere, s. Wertpapierrecht
Nacherbschaft 8 ff.
Nachfolgeklauseln 102
Nebenbesitz 47
Niederstwertprinzip, s. Pflichtteilsergänzungsanspruch
Nießbrauch 6 ff.
– an Forderungen 97 ff., 104 ff.
– an beschränkt dinglichen Rechten 99 ff., 107
– an Erbschaft 146
– an Firma 100, 108
– an Gesellschaftsanteilen 101 ff., 108
– an Immaterialgüterrechten 100, 108
– an Marken 100
– an Miteigentum 96 f.
– an Miterbenanteil 147
– an Rechten 97 ff., als dingliches Recht 123 f.
– an Sondermögen 132
– an Unternehmen 135 ff., 196
– an Urheberrecht 157a, s. a. Nießbrauch an Immaterialgüterrechten
– an Wohnungseigentum 99

– Beendigung 160
– öffentlich-rechtlicher, s. Kulturgüter
– Rückabwicklung 161
– Überlassung der Ausübung 154
– an Vermögen 130 ff.
– Übertragbarkeit 149 ff.
– Unvererblichkeit 155
Nießbrauchserlass 23 ff.
Nutznießungsrecht 32
Nutzungen 61 ff., 109
– Aufteilung zwischen Nießbraucher und Eigentümer 70
– Ausschluss einzelner 67
Nutzungspfand , s. Pfandrecht
Nutzungsrechte, dingliche 1 ff.

O
Orderpapiere, s. Wertpapierrecht

P
Pfandrecht 2, 160
Pfandverwertung 160
Pfändungspfandrecht 160
Pflichtteil 7 ff.
– Anrechnung auf 7c
– -sergänzungsanspruch 7a, 238
Pflichtverletzung 93
Privatrecht, Internationales 279 f.

Q
Quasi-Akzessorietät, s. Akzessorietät
Quotennießbrauch 67, 71, 135

R
Reallast 31, s. a. Wohnungsreallast
Recht der belegenen Sache, s. lex rei sitae
Recht zum Besitz, s. Besitz, Recht zum

Rechtsbesitz 204 ff.
Rechtsfrüchte, s. Nutzungen
Rechtsschein aus Urkunden 118
Rule of Reason, s. Kartellrecht

S
Sachen, verbrauchbare 73, 96
Sachenrechtsbereinigung
Sachfrüchte, s. Nutzungen
Schadenersatzanspruch
– beschränkte persönliche Dienstbarkeit 227
– Dauerwohnrecht 262
– Grunddienstbarkeit 202
– Nießbrauch 80, 93
– Wohnrecht gem. § 1093 BGB 246
Schatz 71
Schenkung 7a
Schenkungssteuer, s. Erbschaftssteuer
Schuldnerschutz 116 ff.
Schönheitsreparaturen 247
Schuldrechtliche Gebrauchsüberlassung, s. Gebrauchsüberlassung, schuldrechtliche
Schuldverhältnis, gesetzliches
– allgemein 4a, 30
– beschränkte persönliche Dienstbarkeit 228 ff.
– Dauerwohnrecht 263 ff.
– Grunddienstbarkeit 210 ff.
– Nießbrauch 82 ff., 125 ff., 139
– Wohnrecht gem. § 1093 BGB 247 ff.
SE, s. Aktiengesellschaft, Europäische
Sicherheitsleistung 94
Sevic-Entscheidung 150 b
Sicherungsdienstbarkeit 164a f., 232, 253
– Erbbaurecht 164b

– Insolvenzrisiko 164a
– Vorerbschaft/Nacherbschaft 164b
Sicherungsnießbrauch 14 ff. 27, 43
Societas Europaea, s. Aktiengesellschaft, Europäische
Sonderbetriebsvermögen 162 f, 237a, 273d
Sondergut, s. Gütergemeinschaft
Sonderkündigungsrechte, s. Insolvenz, Zwangsversteigerung
Steuerrecht 24 ff.; s. a. Vorbehaltsnießbrauch,
Steuerschulden, Haftung 135c
Stoffe, unwägbare, s. Immissionen Zuwendungsnießbrauch
– Angehörige 24
Stockwerkseigentum 238
Strafbewehrte Unterlassungserklärung, s. Unterlassungserklärung, strafbewehrte
Streitgenossenschaft 79 f.
Stuttgarter Modell 15, 24a, 164a, 238a

T
Teilung von Grundstücken, s. Grundstück, Teilung
Teilungsanordnung 13
Telekommunikationsrecht 164, 221a, 224, 278
Time-sharing-Modell 254a, 259, 278a ff., 280; s. a. Verbraucherschutz
Titelumschreibung 141
Traditio brevi manu 41

U
Überbau 200
Übereignung kurzer Hand, s. Traditio brevi manu

Übergabe 39 ff.
Übergang von Arbeitsverhältnissen, s. Arbeitsverhältnisse, Übergang
Übermaßfrüchte 63
Überseering-Entscheidung 150a
Umgehungsgeschäft 24, 238a
Umlegung 58, 197
Umsatzsteuer 58, 135a, 237a,
Umwandlung 150 ff.
Unschädlichkeitszeugnis 232, 251
Unterlassungsanspruch
– beschränkte persönliche Dienstbarkeit 227
– Dauerwohnrecht 262
– Grunddienstbarkeit 199
– Nießbrauch 76, 93
– Wohnrecht gem. § 1093 BGB 246
Unterlassungserklärung, strafbewehrte 77, 93, 99, 262
Unternehmensnießbrauch, s. Nießbrauch an Unternehmen
Unternehmensübergabe 12
Unwägbare Stoffe, s. Immissionen

V
Verarbeiterklauseln 90a
Verbotsdienstbarkeit, s. Grunddienstbarkeit, negative; Dienstbarkeit, beschränkte persönliche, negative
Verbrauchbare Sachen, s. Sachen, verbrauchbare
Verbraucherschutz 278a ff.; s. a. Time-sharing-Modell
– Internationales Privatrecht 280
Verdeckte Gewinnausschüttung, s. Gewinnausschüttung, verdeckte

Verfügungsbefugnis 51, 72; s. a. Insolvenz, Zugewinngemeinschaft
- an Inventar 72
Verfügungsbeschränkung
- Dauerwohnrecht
- Insolvenz 56
- Zugewinngemeinschaft 56, 133, 188
Verfügungsnießbrauch 16
Verjährung 163, 195, 209, 227
Vermächtnisnießbrauch 13, 25, 27
Vermögen 130
- Verträge über 134
Vermögensübergabe 7 ff., 30
Verpflichtungsgeschäft 4a
Verschmelzung 150, 150 b
- grenzüberschreitende 150b
Versicherungs-
- -forderung 65a
- -pflichten 91
Verwaltung, Einsetzung 94
Verwendungsersatz 97
Vindikationszession 44
Vorbehaltsnießbrauch 20, 23c, 26, 50
Vorerbschaft, s. Nacherbschaft
Vormerkung 54, 96a, 149, 251
Vormerkungswirkungen des Heimfallanspruchs, s. Heimfallanspruch
Vormundschaft, s. Genehmigung, vormundschaftsgerichtliche
Vormundschaftsgerichtliche Genehmigung, s. Genehmigung vormundschaftsgerichtliche
Vorsteuer, s. Umsatzsteuer
- -berichtigung 135a
Vorweggenommene Erbfolge, s. Erbfolge, vorweggenommene

W
Wegnahmerecht 88
Wertfeststellung 86
Wertpapierrecht 105
Wesentlicher Bestandteil, s. Bestandteil, wesentlicher
Wettbewerbsbeschränkungen 176 ff., 222 ff.
Wettbewerbsrecht 100a, s. a. Know-how
Wettbewerblicher ergänzender Leistungsschutz, s. Leistungsschutz
Wohnung 256, 256a
- Abgeschlossenheit 256
- künftige 256a
Wohnungseigentum 167, 254b, 256
Wohnungsreallast 240, 251
Wohnungsrecht gem. § 1093 ff. BGB 239 ff.
- Beendigung 251
- Inhalt 241 ff.
- Überlassung zur Ausübung 250
- Übertragung 250
- Unvererblichkeit 250
Wohnungsrechte 238 ff.

Z
Zerstörung des Gebäudes, s. Gebäude, Zerstörung
Zinsen, s. Forderungen, verzinsliche
Zubehör 59, 244
Zugewinngemeinschaft, s. a. Verfügungsbefugnis 54, 133, 188
Zuwendungsnießbrauch 23 b
Zwangsversteigerung, s. Zwangsvollstreckung
Zwangsvollstreckung
- Anfechtung 158a, 233, 252, 273

- beschränkte persönliche Dienstbarkeit 234 f.
- Dauerwohnrecht 271 f.
- Grunddienstbarkeit 233
- Nießbrauch 139 ff., 156 ff.
- Sonderkündigungsrechte 164a
- Wohnrecht gem. § 1093 BGB 252
- Zwangsversteigerung 158